W0336259

# Islande

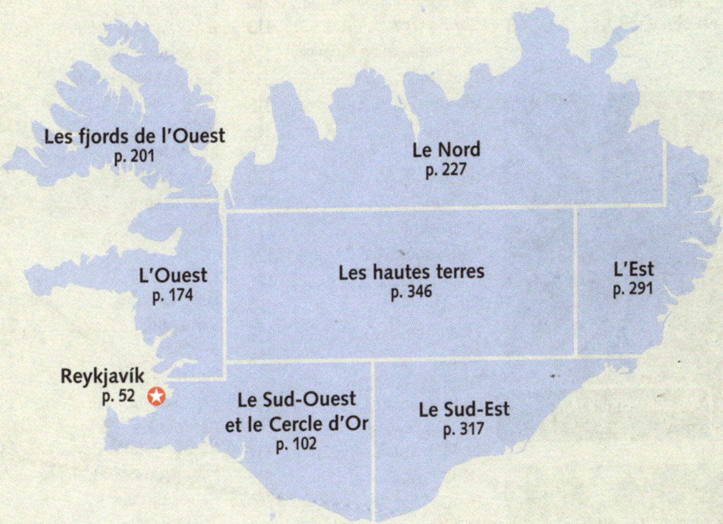


ÉDITION ÉCRITE ET ACTUALISÉE PAR

Carolyn Bain et Alexis Averbuck

## PRÉPARER SON VOYAGE


Bienvenue en Islande ............... 4
Carte de l'Islande......... 6
14 façons de voir l'Islande .......... 8
L'essentiel .............. 18
Quoi de neuf ? .......... 20
Envie de.... .............. 21
Mois par mois........... 24
Itinéraires ............... 28
La Route circulaire....... 36
Activités de plein air ..... 38
Les régions en un clin d'œil.......... 48

HALLGRÍMSKIRKJA P. 59

MARION FARIA PHOTOGRAPHY/GETTY IMAGES ©

JÖKULSÁRLÓN P. 334

JAKKREETHAMPITAKKUL/GETTY IMAGES ©

## SUR LA ROUTE


**REYKJAVÍK ........... 52**
**Environs de Reykjavík ... 99**

**LE SUD-OUEST ET LE CERCLE D'OR... 102**
**Péninsule de Reykjanes........... 103**
Blue Lagoon ............ 103
Keflavík et Njarðvík ....... 107
Nord-ouest de la péninsule de Reykjanes............. 110
Sud-ouest de la péninsule de Reykjanes............. 111
Grindavík ................ 111
Parc national du Reykjanesfólkvangur ... 112
**Cercle d'or ............. 113**
Parc national de Þingvellir.. 113
Laugarvatn .............. 117
Geysir.................. 118
Gullfoss ................ 119
De Gullfoss à Selfoss (Route 35)............. 120
**Le Sud ................ 122**
Hveragerði.............. 123
Þorlákshöfn............ 126
Eyrarbakki ............. 126
Stokkseyri ............... 127
Flóahreppur............ 128
Selfoss ................. 128
Ouest de la vallée de Þjórsárdalur........... 131
Est de la vallée de Þjórsárdalur........... 137
Hella ................. 139
Hvolsvöllur............. 140
De Hvolsvöllur à Skógar ... 143
Skógar ................. 147
Landmannalaugar ........ 149
Trek du Laugavegurinn : de Landmannalaugar à Þórsmörk ............ 151
Þórsmörk............... 155
De Skógar à Vík ......... 161
Vík.................... 164
Est de Vík............... 166
**Vestmannaeyjar ........ 167**
Heimaey................ 167

**L'OUEST ............. 174**
**Hvalfjörður ............ 175**
Akranes ................ 175
**Borgarbyggð ........... 175**
Borgarnes .............. 175
Haut de la vallée du Borgarfjörður......... 182
**Péninsule de Snæfellsnes......... 185**
Stykkishólmur .......... 185
De Stykkishólmur au Grundarfjörður ....... 190
Grundarfjörður .......... 191
Ólafsvík ................ 192
Rif ..................... 193
Hellissandur ............ 193
Parc national du Snæfellsjökull ........ 194
Sud de la péninsule de Snæfellsnes.......... 195
**Dalir ................. 199**
Eiríksstaðir ............. 199
Búðardalur ............. 199
Hjarðarholt ............. 200
Laugar ................. 200

**LES FJORDS DE L'OUEST .......... 201**
**Côte sud.............. 204**
Reykhólar............... 204
Flókalundur ............ 204
Brjánslækur............. 205
**Péninsules du Sud-Ouest ......... 205**
Péninsule de Látrabjarg .. 205
Patreksfjörður........... 207
Tálknafjörður............ 208
Bíldudalur ............. 208
**Péninsules centrales ... 209**
Þingeyri ............... 209
Dýrafjörður ............ 210
Önundarfjörður.......... 211
Flateyri................. 211
Suðureyri............... 212
Ísafjörður .............. 212
Bolungarvík............. 217
Ísafjarðardjúp .......... 218
**Hornstrandir .......... 219**

# Sommaire


**Côte du Strandir....... 223**
De Staðarskáli à Hólmavík .. 223
Hólmavík ............... 223
Drangsnes .............. 224
Bjarnarfjörður ........... 225
Reykjarfjörður ........... 225
Norðurfjörður ........... 226

**LE NORD ............ 227**
**Est d'Húnaflói ......... 230**
Hrútafjörður ............ 230
Hvammstangi ........... 230
Péninsule de Vatnsnes ....231
De Hvammstangi à Blönduós ............ 232
Blönduós ............... 232
**Ouest du Skagafjörður .. 232**
Varmahlíð .............. 232
Öxnadalur .............. 234
Sauðárkrókur ........... 234
Nord de Sauðárkrókur.... 236
**Tröllaskagi .............237**
Hólar í Hjaltadalur ....... 237
Hofsós ................. 237
D'Hofsós à Siglufjörður... 238
Siglufjörður ............ 239
Ólafsfjörður ............ 245
Dalvík ................. 246
D'Akureyri à Dalvík....... 247
**Akureyri .............. 248**
Goðafoss ............... 265
**Région du lac Mývatn .. 265**
Reykjahlíð .............. 270
Est du Mývatn............271
Sud du Mývatn .......... 273
Ouest du Mývatn ........ 273
Nord du Mývatn ......... 274
Krafla ................. 275
**Du Mývatn à Egilsstaðir..276**
Möðrudalur ............. 276
**Húsavík ...............276**
D'Húsavík à Ásbyrgi...... 282
**Jökulsárgljúfur (parc national du Vatnajökull – Nord).. 283**
Ásbyrgi................. 284
Vesturdalur ............. 285
Dettifoss ............... 286

**Circuit du Nord-Est .... 287**
Kópasker ............... 287
Raufarhöfn ............. 287
Rauðanes............... 288
Þórshöfn ............... 288
Langanes ............... 289
Vopnafjörður ............ 289

**L'EST............... 291**
**Intérieur des terres .... 294**
Egilsstaðir ............. 294
Lagarfljót............... 298
Hautes terres de l'Est .... 300
**Fjords de l'Est..........301**
Borgarfjörður Eystri...... 301
Seyðisfjörður............ 303
Mjóifjörður.............. 308
Reyðarfjörður ........... 309
Eskifjörður.............. 309
Neskaupstaður ...........311
Fáskrúðsfjörður ..........312
Stöðvarfjörður ...........313
**La route circulaire : de Breiðdalsheiði à Djúpivogur ...........313**
Breiðdalur ..............314
Breiðdalsvík.............314
Berufjörður .............315
Djúpivogur..............315

**LE SUD-EST.......... 317**
Kirkjubæjarklaustur...... 320
Lakagígar............... 323
Sandar ................ 324
Skaftafell (parc national du Vatnajökull – Sud) .... 326
Du Skaftafell à Jökulsárlón.. 331
Jökulsárlón ............ 334
De Jökulsárlón à Höfn.... 336
Höfn .................. 340
D'Höfn à Djúpivogur ..... 344

**LES HAUTES TERRES..346**
Piste de Kjölur .......... 347
Piste de Sprengisandur .. 352
Piste d'Askja ........... 354
Piste de Kverkfjöll ....... 357


## COMPRENDRE


**L'Islande aujourd'hui ........... 360**
**Histoire ..............362**
**Environnement .........372**
**Culture ............... 380**
**Les Islandais ..........388**
**Cuisine islandaise ......393**


## GUIDE PRATIQUE


**Carnet pratique ....... 400**
**Transports .............414**
**Langue ................426**
**Glossaire .............428**
**En coulisses ..........429**
**Index..................431**
**Légende des cartes .....447**


## COUPS DE PROJECTEUR


**Observation des animaux ...........133**
**Les aurores boréales....156**
**Tourisme hivernal.......241**
**La tournée des hot pots .......... 243**
**De feu et de glace ......252**
**Culture islandaise ..... 254**

# Bienvenue en Islande

*L'énergie est partout palpable sur cette île magique dont les phénomènes naturels inspirent les habitants, accueillants et créatifs, et dont les splendeurs attirent des visiteurs toujours plus nombreux.*

## Symphonie des éléments

L'Islande est en constante évolution. Dans ce vaste laboratoire volcanique, des forces puissantes façonnent la terre en permanence, entre geysers, mares de boue, volcans et glaciers. Son extrême beauté semble vouloir rappeler aux visiteurs leur insignifiance à l'échelle de l'univers. Et elle y parvient : l'air pur et frais et les superbes paysages suffiront à vous transformer.

## La force de la nature

En Islande, l'ordinaire devient vite extraordinaire. Un plongeon dans une piscine prend la forme d'un bain dans une lagune géothermale, une petite balade se change en trek sur une calotte glaciaire étincelante, et une nuit de camping vous place aux premières loges pour contempler le spectacle des aurores boréales ou les nuances rose tendre du soleil de minuit. L'Islande altère aussi les personnalités – ses sagas ont changé des brutes en poètes, et ses histoires de *huldufólk* (peuples secrets) pourraient bien rendre croyant le plus sceptique des visiteurs. Le pays a peut-être la plus grande proportion de rêveurs, d'auteurs, d'artistes et de musiciens du monde. Et tous sont nourris par leur environnement.

## Une révélation intérieure

La chaleur des Islandais est aussi désarmante que leur ardeur au travail. Les habitants ont fait d'énormes efforts pour surmonter la crise économique et permettre au pays d'accueillir chaque année le quintuple de sa population. Considérez une ville française d'environ 300 000 habitants (soit la population islandaise) : donnez-lui à gérer des universités, des aéroports et des hôpitaux implantés dans des endroits reculés, et des centaines d'hébergements touristiques, plus une trentaine de volcans actifs à surveiller. Votre ville s'en sortirait-elle aussi bien que l'Islande, tout en ayant encore le temps de créer une musique à donner la chair de poule et de jolis tricots ?

## Le paradis nordique

L'Islande s'enorgueillit également d'une culture d'une grande richesse. Le formidable patrimoine littéraire va des sagas médiévales aux thrillers contemporains. Et la musique live est partout, tout comme les arts visuels, l'artisanat et la gastronomie. Reykjavík, la capitale la plus septentrionale du monde, est un haut lieu de l'égalitarisme, de la conscience écologique et de l'élégance décontractée qui ont fait la réputation de ses cousines nordiques – le tout sublimé ici par la singularité islandaise.

## Pourquoi j'aime l'Islande

Caroline Bain, auteure

J'étais nerveuse en m'envolant vers l'Islande pour mon troisième séjour en quatre ans. Le nombre de touristes avait doublé au cours de cette période, et je craignais qu'un peu de la magie du pays se soit dissipée. Arrivée à destination, j'ai pu constater qu'il n'en était rien. J'ai retrouvé la fantastique atmosphère islandaise, entre chants vikings et glorieuses victoires footballistiques, balades en kayak parmi les icebergs, observation des macareux sous le soleil de minuit et treks dans les champs de lave. Les habitants n'ont rien perdu de leur débrouillardise, de leur esprit d'entraide, de leur convivialité. Mon amour pour leur pays est intact !

**Pour en savoir plus sur les auteurs, voir p. 448**

Ci-dessus : aurore boréale sur la lagune de Jökulsárlón (p. 334)

# Islande

Cercle polaire arctique
Détroit du Danemark
Hornstrandir
Bolungarvík
Suðureyri
Ísafjörður
Drangajökull
Norðurfjörður
Þingeyri
Bíldudalur
Patreksfjörður
Brjánslækur
Hólmavík
Breiðafjörður
Flatey
Tröllaskagi
Escapade hors de la Route circulaire, pour des panoramas incomparables. (p. 237)
Siglufjörður
Skagafjörður
Húnaflói
Drangey
Skagaströnd
Sauðárkrókur
Blönduós
Hóp
Varmahlíð
Hvammstangi
Fjords de l'Ouest
Pitons rocheux majestueux et fjords silencieux. (p. 201)
Búðardalur
Stykkishólmur
Hellissandur-Rif
Ólafsvík
Snæfellsnes
Grundarfjörður
Eiriksjökull (1 675 m)
Hofsjökull
Langjökull
Péninsule de Snæfellsnes
Un véritable concentré de merveilles naturelles islandaises. (p. 185)
Borgarnes
Faxaflói
PARC NATIONAL DE ÞINGVELLIR
Akranes
Geysir
Gullfoss
Reykjavík
Une vie nocturne trépidante, sans rivale en Islande. (p. 52)
REYKJAVÍK
Kópavogur
Þingvallavatn
Fimmvörðuháls
Cascades rugissantes et vestiges encore fumants d'une éruption. (p. 146)
Keflavík
Njarðvík
Hafnarfjörður
Hveragerði
Selfoss
Landmannalaugar
Hella
Grindavík
Þorlákshöfn
Selvogsgrunn
Eyrarbakkabugur
Hvolsvöllur
Blue Lagoon
Un bain fumant, où l'on se prélasse dans une eau bleu-vert, riche en silice. (p. 103)
Vestmannaeyjar
Un archipel de pics escarpés, à la riche avifaune. (p. 167)
Mýrdalsjökull
Eyjafjallajökull (1 450 m)
Skógar
Heimaey
Vík
OCÉAN ATLANTIQUE NORD
VESTMANNAEYJAR
Surtsey

0
100 km
Cercle polaire arctique
Grímsey
Húsavík
Haut lieu de l'observation des baleines et porte d'entrée vers les terres vierges du Nord-Est. (p. 276)
Raufarhöfn
Þistilfjörður
Öxarfjörður
Þórshöfn
Bakkaflói
Borgarfjörður Eystri
Havre de paix pour les macareux… et les elfes. (p. 301)
Flatey
Ólafsfjörður
Húsavík
JÖKULSÁRGLJÚFUR (PARC NATIONAL DU VATNAJÖKULL – NORD)
Bakkafjörður
Vopnafjörður
Dalvík
Eyjafjörður
Dettifoss
Vopnafjörður
Akureyri
Reykjahlíð
Mývatn
Seyðisfjörður
Des cascades bordent le bassin du fjord de ce village d'artistes. (p. 303)
Askja
Un emboîtement de caldeiras, au beau milieu d'un paradis géologique. (p. 356)
Egilsstaðir
Seyðisfjörður
Neskaupstaður
Eskifjörður
Reyðarfjörður
Askja
Fáskrúðsfjörður
Stöðvarfjörður
Breiðdalsvík
Bárðarbunga (2 009 m)
Djúpivogur
Kverkfjöll (1 860 m)
Grimsvötn (1 719m)
Vatnajökull
Stafafell
SKAFTAFELL (PARC NATIONAL DU VATNAJÖKULL – SUD)
Höfn
Parc national du Vatnajökull
Un parc extraordinaire, réputé pour son énorme calotte glaciaire. (p. 332)
Hvannadalshnúkur (2 110 m)
Skaftafell
Kirkjubæjarklaustur
Jökulsárlón
Icebergs d'un bleu cristallin dérivant dans une lagune sublime. (p. 334)
ALTITUDE
1 500 m
1 000 m
500 m
200 m
0
Glacier

# 14 façons de voir l'Islande

1

## Sources d'eau chaude

**1** Le passe-temps favori des Islandais consiste à se baigner dans les innombrables sources d'eau géothermale du pays. On trouve des *hot pots* (bassins ou Jacuzzis extérieurs chauffés par la géothermie) partout – dans le centre-ville de Reykjavík comme dans les péninsules reculées des fjords de l'Ouest. C'est une bonne manière de se détendre tout en liant connaissance avec les habitants ! Incontournables, le Blue Lagoon (p. 103) et sa lagune fumante d'eau siliceuse ont le bon goût de se situer près de l'aéroport de Keflavík. Alors, pourquoi ne pas finir en beauté votre séjour avant de reprendre l'avion ? À gauche : Blue Lagoon

## Aurores boréales

**2** En hiver, les aurores boréales (p. 156), véritables kaléidoscopes célestes, enflamment la nuit infinie. Ce phénomène apparaît lorsque le vent solaire (flot de particules provenant du Soleil) est attiré vers le pôle Nord par le champ magnétique terrestre après être entré en collision avec l'oxygène, le nitrogène et l'hydrogène de la haute atmosphère. On assiste alors à des feux d'artifice silencieux, voiles féeriques de lumières vertes, blanches, violettes ou rouges. Les ciels dégagés et sombres entre la mi-septembre et la mi-avril sont les plus propices à leur formation, mais il n'en faut pas moins une certaine chance pour en voir...

SERGEY DIDENKO/SHUTTERSTOCK ©

2

NATTHAWAT/GETTY IMAGES ©

JOHNATHAN AMPERSAND ESPER/GETTY IMAGES ©

NICK TSIATINIS/GETTY IMAGES ©

PETER DUCHEK/500PX ©

## Fjords de l'Ouest

**3** Les incomparables paysages islandais trouvent leur paroxysme dans les fjords de l'Ouest (p. 201), terre d'aventure par excellence. De vastes plages ourlent la côte sud dominée par les falaises abruptes des fjords, fiefs d'innombrables colonies d'oiseaux. On y accède par des routes sinueuses contribuant à donner un vrai goût d'expédition. À Hornstrandir, la péninsule la plus au nord aux falaises périlleuses, on se croirait au bout du monde. Les sentiers à travers une nature immaculée peuplée de renards arctiques vous feront toucher du doigt le cercle polaire. En haut à gauche : falaise d'Hornbjarg (p. 222)

## Jökulsárlón

**4** En procession fantomatique, les icebergs d'un bleu lumineux, après s'être détachés du glacier Breiðamerkurjökull, appendice de l'immense calotte glaciaire du Vatnajökull, dérivent doucement à travers la lagune de Jökulsárlón (p. 334) avant de rejoindre l'océan. Cette scène irréelle (tout près de la Route circulaire), vous avez pu la voir dans plusieurs films, comme *Batman Begins*, de Christopher Nolan, et le James Bond *Meurs un autre jour*, de Lee Tamahori. Admirez la lagune à l'occasion d'une sortie en bateau ou simplement à pied depuis la rive, en guettant les phoques.

## Route circulaire

**5** Il n'y a pas de meilleur moyen de découvrir l'Islande que de parcourir la Route 1, ou Route circulaire (p. 36). Goudronnée, longue de 1 330 km, elle fait le tour de l'île, au fil des vallées verdoyantes constellées de cascades, des lagunes glaciaires, des plaines arides et des champs de lave couverts de mousse soyeuse. Bien qu'elle soit spectaculaire, prenez-la comme une artère principale et quittez-la pour suivre les veines qui s'en écartent et vous mèneront dans la nature vierge. Ci-dessus : la Route circulaire dans le Skaftafell (p. 326)

## Péninsule de Tröllaskagi

**6** Parcourir la péninsule de Tröllaskagi (p. 237) est un vrai bonheur, surtout depuis que des tunnels relient les bourgs de Siglufjörður et d'Ólafsfjörður, qui marquaient autrefois le bout de la route. Quelques arrêts sont incontournables, comme la piscine d'Hofsós, au bord du fjord, la pension Lónkot et sa cuisine savoureuse, et Siglufjörður et son formidable musée de l'Ère du hareng. Au programme : beaux paysages, randonnée, ski (l'héliski a le vent en poupe), microbrasseries, observation des baleines, et ferries vers les îles de Grímsey et d'Hrísey. Ci-dessous : piscine d'Hofsós (p. 238)

## Péninsule de Snæfellsnes

**7** Plages sauvages, colonies d'oiseaux, fermes équestres, champs de lave... La péninsule de Snæfellsnes (p. 185), véritable trésor caché, constitue une destination de choix. À découvrir à l'occasion d'une excursion d'une journée depuis la capitale ou d'un long week-end de détente. Riche d'un parc national et d'un stratovolcan surmonté d'un glacier, elle offre un véritable concentré d'Islande. Jules Verne a été bien inspiré en faisant de la couronne de glace du Snæfellsjökull l'entrée vers le centre de la Terre... Ci-dessous : cheval islandais

HORSTGERLACH/GETTY IMAGES ©

SANTIAGO URQUIJO/GETTY IMAGES ©

## Reykjavík, entre café et bière

**8** Question shopping et musées, la petite Reykjavík soutient la comparaison avec d'autres capitales européennes. Elle se distingue en outre par un nombre stupéfiant de cafés par habitant. La culture locale s'organise autour de ces lieux sans prétention, qui s'enflamment en fin de journée, quand on troque son café contre une bière et que l'on pousse les tables pour danser. Cafés d'exception et bières de microbrasseries sont préparés avec la plus grande attention pour des clients branchés, portant à merveille le *lopapeysur* (pull islandais en laine).

## Parc national du Vatnajökull

**9** Le plus grand parc national d'Europe couvre presque 14% du territoire islandais. Il englobe le Vatnajökull (p. 332), la plus grande calotte glaciaire du monde en dehors des pôles. D'innombrables glaciers prennent naissance dans cette masse gelée, qui recouvre volcans actifs et pics montagneux. Venez assister à la rencontre du feu et de la glace : le parc offre une incroyable diversité de paysages, de sentiers et d'activités. Les points d'accès sont nombreux. Privilégiez Skaftafell, au sud ou Ásbyrgi, au nord. Ci-dessus : Fjallsárlón (p. 334)

## Borgarfjörður et Seyðisfjörður

**10** De ces deux fjords de la côte est, le Seyðisfjörður est le plus connu. Et pour cause : à 27 km (par une route goudronnée) de la Route circulaire, il accueille le ferry hebdomadaire en provenance d'Europe dans son anse bordée de montagnes et de cascades. Tout aussi splendide, le Borgarfjörður (p. 301), bordé de pics de rhyolite, est bien moins accessible (à 70 km de la Route circulaire par un chemin cahoteux). On peut observer des macareux pendant la nidification. Ci-dessous : le Seyðisfjörður (p. 303)

## Fimmvörðuháls

**11** Si vous manquez de temps pour une randonnée sur plusieurs jours, une journée de marche (23 km) au Fimmvörðuháls (p. 146) comblera votre envie d'aventure. Partez des cascades argentées de Skógafoss et grimpez dans l'arrière-pays pour découvrir une constellation de chutes d'eau. Sur la pointe des pieds, passez sur les vestiges encore fumants de l'éruption de l'Eyjafjallajökull avant de longer les terrasses de pierre d'un royaume des fleurs jusqu'à Þórsmörk, havre de paix pour campeurs, encerclé d'arêtes de glace. Ci-contre : le Fimmvörðuháls (p. 146)

10

11

## Askja et ses environs

**12** Accessible quelques mois par an seulement, l'Askja (p. 356) est une énorme caldeira entourée de montagnes et emplie d'une eau saphir. On y accède en 4x4, par plusieurs jours de marche ou avec un circuit organisé. Au programme des excursions dans les hautes terres : traversée de rivières à gué, de vastes champs de lave et de majestueux paysages montagneux, découverte de retraites sauvages et bains dans des eaux géothermales. Plus au sud, découvrez le champ de lave le plus récent du pays à Holuhraun. Ci-dessus : cratère du Viti, près d'Askja (p. 356)

## Vestmannaeyjar (îles Vestmann)

**13** À seulement 30 minutes de l'île principale d'Islande, les Vestmannaeyjar (p. 167) semblent pourtant à mille lieues. À l'occasion d'un circuit en bateau, admirez les pics escarpés, les îlots peuplés d'oiseaux de mer criards et les falaises abruptes. La majeure partie des 4 000 habitants de l'archipel se concentre à Heimaey, bourg balayé par les vents et enfermé dans une coulée de lave déchiquetée, poignant rappel du caractère toujours changeant des paysages islandais. En haut à droite : Heimaey (p. 167)

## Macareux et baleines

**14** Les deux espèces emblématiques de la faune islandaise sont le macareux, qui volète et s'affaire comme un bourdon, et la baleine (notamment la baleine bleue), qui évolue au large. En mer comme à terre, les occasions de les contempler sont nombreuses. Le haut lieu de l'observation des baleines est Húsavík (p. 276), mais des croisières partent aussi d'autres villes du Nord et de Reykjavík. Quant aux macareux, ils occupent les falaises des côtes et des îles, à Heimaey, Grímsey, Drangey, Látrabjarg, Borgarfjörður Eystri... En bas à droite : macareux

PATRICK DIEUDONNE / ROBERTHARDING/GETTY IMAGES ©

# L'essentiel

**Pour des informations détaillées, voir l'*Islande pratique* (p. 399).**

## Devise
Couronne islandaise (ISK).

## Langue
Islandais. Anglais très répandu.

## Visa
Non requis pour les ressortissants de l'Union européenne, les Suisses et les Canadiens (pour un séjour de moins de 90 jours).

## Argent
Les Islandais utilisent peu les espèces. Les cartes bancaires sont reines, même dans les endroits reculés (code PIN requis). On trouve des DAB dans toutes les villes.

## Téléphone portable
Très bonne couverture réseau. Itinérance possible avec un téléphone GSM. Achetez une carte SIM locale si vous restez longtemps.

## Heure locale
Quand il est midi à Paris, il est 10h à Reykjavík en été et 11h en hiver (pas de changement d'heure).

## Quand partir

### Haute saison
(juin-août)

➡ Prix et fréquentation au plus haut – surtout à Reykjavík et dans le Sud. Réservez vos hébergements.

➡ Jours sans fin, nombreux festivals et activités.

➡ Routes de montagne ouvertes aux 4x4 à partir de la mi-juin – parfois plus tard ; randonneurs bienvenus.

### Saison intermédiaire
(mai et sept)

➡ Le temps est plus venteux et il neige parfois dans les terres (l'ouverture des routes de montagne dépend des conditions météo).

➡ Période idéale pour ceux qui privilégient le calme et des prix plus bas sur la météo.

### Basse saison
(oct-avr)

➡ Les routes de montagne sont fermées – certaines routes secondaires également, quand les conditions sont mauvaises.

➡ Activités hivernales comme le ski, les raquettes, l'exploration de grottes de glace.

➡ Jours courts, nuits longues et aurores boréales.

## Sites Web

**Visit Iceland** (fr.visiticeland.com). Le portail de l'office national du tourisme.

**Visit Reykjavík** (www.visitreykjavik.is). Le site officiel de la capitale.

**Icelandic Met Office** (en.vedur.is). La meilleure source pour les prévisions météo.

**Icelandic Road Administration** (www.road.is). Tout sur l'état des routes.

**Safe Travel** (www.safetravel.is). Pour voyager en toute sécurité.

**Vivre en Islande** (www.vivreenislande.fr). Actus, articles de fond, art de vivre, culture, balades… Un site très complet.

**Lonely Planet** (www.lonelyplanet.fr). Une présentation de l'Islande dans la rubrique *Destinations* et un forum des voyageurs.

## Numéros utiles

Il n'existe pas d'indicatifs régionaux en Islande.

| | |
|---|---|
| **Urgences (police, ambulance, pompiers, services de recherche et de secours)** | ✆112 |
| **Renseignements** | ✆118 |
| **Indicatif du pays** | ✆354 |
| **Code d'accès international** | ✆00 |
| **Météo** | ✆902 0600 |
| **Informations sur l'état des routes** | ✆1777 |

## Taux de change

| | | |
|---|---|---|
| **Zone euro** | 1 € | 119 ISK |
| **Suisse** | 1 FS | 111 ISK |
| **Canada** | 1 $C | 84 ISK |

Pour des taux de change actualisés, rendez-vous sur : www.xe.com/fr.

## Budget quotidien

### Moins de 18 000 ISK

- Camping : 1 200-1 800 ISK
- Dortoir : 4 500-7 000 ISK
- Petit-déjeuner en auberge de jeunesse : 1 800-2 000 ISK
- Plat dans un bar ou soupe : 1 500-2 200 ISK
- Trajet en bus de Reykjavík à Akureyri : 8 800-9 300 ISK

### 18 000-35 000 ISK

- Chambre double dans une *guesthouse* : 18 000-28 000 ISK
- Repas dans un café : 2 500-3 500 ISK
- Entrée dans un musée : 1 000 ISK
- Location d'une petite voiture : à partir de 10 000 ISK/jour

### Plus de 35 000 ISK

- Chambre double en hôtel de charme : 30 000-40 000 ISK
- Plat dans un grand restaurant : 4 000-7 000 ISK
- Location de 4x4 : à partir de 20 000 ISK/jour

## Heures d'ouverture

Les heures d'ouverture varient selon la période (certains établissements ferment hors saison). En général, les horaires sont étendus de juin à août, et réduits de septembre à mai.

**Banques** 9h-16h lun-ven

**Bars** 10h-1h dim-jeu, 10h-entre 3h et 6h ven-sam

**Cafés** 10h-18h

**Stations-service** 8h-22h ou 23h

**Restaurants** 11h30-14h30 et 18h-21h ou 22h

**Boutiques** 10h-18h lun-ven, 10h-16h sam ; parfois ouvertes le dimanche dans certains centres commerciaux et à Reykjavík.

**Supermarchés** 9h-20h (23h à Reykjavík)

**Vínbúðin** (magasins d'État de vins et spiritueux) : horaires variables ; en dehors de Reykjavík, beaucoup n'ouvrent que quelques heures par jour.

## Arriver en Islande

**Aéroport international de Keflavík** Le principal aéroport international est à 48 km au sud-ouest de Reykjavík. **Flybus** (www.re.is), **Airport Express** (www.airportexpress.is) et **Strætó** (www.bus.is) assurent des transferts en bus entre l'aéroport et Reykjavík. Flybus et Airport Express proposent le transfert depuis/vers des hébergements en ville (vers arrêt de bus/hôtel à partir de 2 100/2 700 ISK) ; les bus Strætó sont un peu moins chers (1 680 ISK, vers arrêt de bus uniquement). Airport Express relie aussi l'aéroport à Akureyri. Si vous devez changer pour un vol intérieur, il vous faudra passer par Reykjavík pour rejoindre l'aéroport domestique. Flybus propose aussi des bus depuis Keflavík (à partir de 2 800 ISK).

- Vous pourrez louer une voiture à l'aéroport.
- En taxi, comptez 15 000 ISK entre l'aéroport et Reykjavík.

## Comment circuler

**Voiture** La location, onéreuse, offre une grande liberté. Un véhicule ordinaire permet de circuler presque partout en été. Un 4x4 est nécessaire dans les hautes terres et sur les routes F.

**Bus** De mi-mai à mi-septembre, les bus desservent les principales destinations et les hautes terres. Hors saison, les liaisons sont plus rares, voire inexistantes. Rendez-vous sur www.publictransport.is.

**Avion** Vols intérieurs pratiques pour gagner du temps.

Plus de détails sur les transports p. 414.

# Quoi de neuf ?

## Un pays en mutation

Avec près de 20% de visiteurs en plus chaque année (1,7 million pour la seule année 2016), l'Islande est devenue une destination touristique majeure. Cette hausse de la fréquentation est à l'origine du développement des sites, activités, tour-opérateurs, hébergements et infrastructures de transport. Mais l'accroissement de la demande a également été assorti d'une inévitable hausse des prix. En Islande encore plus qu'ailleurs, il est impératif de consulter les sites Web des différents prestataires, qui affichent généralement des tarifs actualisés.

## Les charmes de l'hiver

Si la plupart des visiteurs viennent en été, l'hiver attire de plus en plus de monde. Un nombre croissant d'hébergements restent ouverts à l'année, et les activités et circuits hivernaux se développent. La visite des grottes de glace et l'héliski ont le vent en poupe ! (p. 241)

## Réservation au Blue Lagoon

Rançon du succès : il est devenu difficile d'improviser une visite au Blue Lagoon, où il faut désormais réserver. (p. 103)

## Un nouveau champ de lave dans l'arrière-pays

Le paysage islandais est en constante évolution. Ainsi, le champ de lave d'Holuhraun, qui est actuellement le plus récent du pays, est né de l'éruption du Bárðarbunga, en 2014-2015. (p. 326)

## Réglementation en matière de camping

Face à l'essor du tourisme, il est apparu nécessaire de faire évoluer certaines règles en vigueur afin de protéger une nature longtemps préservée. Ainsi, le stationnement sauvage est désormais interdit pour les camping-cars de toutes sortes. Renseignez-vous avant le départ. (p. 407)

## Le boom des hébergements

Les *guesthouses* se multiplient, et on trouve désormais des bungalows ou des chambres à louer dans de nombreuses fermes. Les chaînes d'hôtels ne sont pas en reste. Fosshótel a ainsi ouvert un nouvel établissement à Reykjavík et un autre à l'est de Skaftafell ; cette chaîne a par ailleurs mené une rénovation d'envergure dans son établissement d'Húsavík et a un projet en cours à Mývatn. Icelandair prévoit d'ouvrir, en partenariat avec les hôtels Hilton, des hôtels haut de gamme dans la capitale. Il n'en reste pas moins difficile de trouver une chambre en juillet !

## Nouveaux sites et activités

Reykjavík compte son lot de nouvelles curiosités, comme la Culture House (p. 64) et la chocolaterie Omnom Chocolate (p. 59). La formidable ferme de Wilderness Center (p. 299), dans l'Est, réserve bien des surprises, et les grottes de glace du Langjökull (p. 184) sont époustouflantes. Des sources chaudes ont ouvert à Krauma (p. 182), dans l'Ouest, et le nouveau LAVA – centre islandais de volcanologie et de sismologie (p. 140), à Hvolsvöllur, est d'ores et déjà incontournable. Mais vous pourrez aussi partir pagayer parmi les icebergs dans une lagune glaciaire (p. 336), plonger avec les macareux au large de Grímsey (p. 266) ou filer sur un traîneau à chiens près de Mývatn (p. 268) !

# Envie de...

## Vie sauvage

**Macareux des Vestmannaeyjar** La plus grande colonie de macareux du monde peuple ce sublime archipel. (p. 167)

**Baleines d'Húsavík** Rejoignez le haut lieu de l'observation des baleines et des oiseaux de mer pour une inoubliable excursion en bateau. (p. 281)

**Renards polaires du Hornstrandir** Le seul mammifère endémique d'Islande hante un paysage de falaises abruptes et de rochers moussus. (p. 219)

**Oiseaux du lac Mývatn** Paradis pour les ornithologues, les abords marécageux du lac attirent des oies migratrices et bien d'autres oiseaux. (p. 265)

**Phoques de la péninsule de Vatnsnes** Guettez les pinnipèdes lors d'une croisière au départ de Hvammstangi ou en sillonnant la péninsule. (p. 231)

## Paysages sublimes

Difficile de choisir où s'aventurer, tant il y a de panoramas incomparables.

**De Þingeyri à Bíldudalur** Les embouchures des fjords évoquent autant d'étraves de navires de pierre.

**Breiðafjörður** Des milliers d'îlots émaillent la baie, traversée par un arc-en-ciel à la moindre ondée estivale. (p. 185)

**De Skaftafell à Höfn** Glaciers scintillants, montagnes sombres et lagune hérissée d'icebergs se succèdent sur ces 130 km de côte sud, le long de la Route circulaire. (p. 326)

**Fjords de l'Est** Le Seyðisfjörður attire bien des regards, mais les fjords voisins n'en sont pas moins admirables. (p. 301)

**Þórsmörk** Sublime royaume sylvestre tapi sous d'abrupts pics volcaniques, étendues désertiques et glaciers à l'horizon. (p. 155)

**Askja** Ce lac bleu saphir occupe une immense caldeira, que l'on rejoint en traversant de vastes champs de lave. (p. 356)

**Péninsule de Tröllaskagi** La route s'accroche aux flancs des montagnes, puis débouche, au sortir des tunnels, sur le spectacle d'une eau scintillante. (p. 237)

## Randonnée

**Landmannalaugar et Þórsmörk** Ces hauts lieux de la marche s'explorent à l'envi, et le sentier qui les relie offre une merveilleuse randonnée. (p. 151)

**Hornstrandir** Nature immaculée à perte de vue, aux confins du cercle arctique. (p. 219)

**Skaftafell** On vient arpenter de sinueux sentiers sous les bouleaux, ou approcher la calotte glaciaire du Vatnajökull. (p. 326)

**Jökulsárgljúfur** Une profusion de merveilles géologiques, entre chutes vrombissantes et Grand Canyon islandais. (p. 283)

**Kerlingarfjöll** Un massif isolé marqué par une importante activité géothermique, dont la réputation croît parmi les randonneurs. (p. 351)

**Borgarfjörður Eystri** Départ d'un beau réseau de sentiers – découvrez les rochers géants et les petits lacs verts de Stórurð. (p. 301)

## Hot pots et piscines

**Blue Lagoon** Difficile de ne pas apprécier un bon bain fumant et siliceux dans un extraordinaire cadre de lave figée. (p. 103)

**Mývatn Nature Baths** Relaxez vos muscles endoloris par la marche dans ce pendant septentrional (tout aussi spectaculaire) du Blue Lagoon. (p. 274)

**Krossneslaug** Un Valhalla aux confins du monde, où les eaux de l'Arctique se mêlent à des sources brûlantes. (p. 226)

**Lýsuhólslaug** Un bain dans ces eaux riches en minéraux est terriblement revigorant ! (p. 197)

**Sundlaugin á Hofsósi** La paisible Hofsós, dans le Nord,

doit sa renommée à cette piscine, superbement aménagée en bord de fjord. (p. 238)

**Gamla Laugin** La brume flotte sur le "lagon secret" de Flúðir, parmi les prairies fleuries. (p. 122)

**Víti** Si les eaux d'un bleu laiteux n'ont guère d'intérêt, le cadre – un cratère jouxtant la caldeira d'Askja, dans l'arrière-pays profond – est saisissant. (p. 275)



## Histoire

**The Settlement Exhibition** Une exposition sur la colonisation, organisée autour des fouilles d'une maison viking. (p. 55)

**Musée de la Colonisation** Une plongée dans l'histoire du peuplement de l'Islande et dans la célèbre *Saga d'Egill*. (p. 175)

**Musée de l'Ère du hareng** Une évocation de l'apogée de l'industrie du hareng, autrefois source de revenus et d'activité considérables pour Siglufjörður. (p. 239)

**Víkingaheimar** Un musée remarquable, dont la pièce maîtresse est une reconstitution fidèle du plus ancien vaisseau viking connu. (p. 107)

**Lakagígar** Entrez de plain-pied dans l'une des plus grandes catastrophes volcaniques de mémoire humaine. (p. 323)

**Eldheimar** Le musée de la "Pompéi du Nord" donne un aperçu de l'éruption dévastatrice qui frappa Heimaey en 1973. (p. 167)

**Fáskrúðsfjörður** Un excellent musée présente les liens entre les fameux pêcheurs d'Islande français et le fjord. (p. 312)

**Musée national** Un contexte historique bien documenté, de la colonisation à nos jours. (p. 65)

**Centre de l'émigration islandaise** Un regard sur les

**En haut :** Dynjandi (p. 209)

**En bas :** soupe de poisson

causes et le déroulement de l'émigration massive d'Islandais vers le Nouveau Monde, à la fin du XIXe siècle. (p. 238)

## Gastronomie

**Soupe de poisson** Tout restaurant digne de ce nom propose une soupe de poisson – goûtez celle de Narfeyrarstofa (p. 188) ou de Gamla Rif (p. 193).

**Agneau** Tendre à souhait, il est à la carte de bien des restaurants, dont le Fjallakaffi (p. 276), à Möðrudalur.

**Hákarl** Un plat hérité d'une époque plus rude. Goûtez cette âcre bizarrerie chez Bjarnarhöfn (p. 190).

**Langoustine** À Höfn, les pêcheurs puisent quantité de "homards islandais" (des langoustines) dans les eaux glacées. À déguster simplement grillés, avec du beurre. (p. 340)

**Skyr** Le savoureux yaourt islandais, à l'étal de tous les supermarchés. (p. 394)

**Hverabrauð** Autour de Mývatn, goûtez à ce pain de seigle moelleux, cuit dans la terre grâce à la chaleur géothermique. (p. 265)

## Chutes d'eau

**Dettifoss** Avec le plus fort débit d'Europe, cette cascade est un vivant rappel de la puissance de la nature. (p. 286)

**Goðafoss** La "cascade des Dieux" est chargée d'une dimension spirituelle. (p. 265)

**Skógafoss** Campez à deux pas de cette superbe chute, puis grimpez dans les hautes terres pour en découvrir 20 autres. (p. 147)

**Dynjandi** Cette cascade d'eau arctique dévale sur 100 m (plusieurs terrasses). Retournez-vous pour admirer la vue sur le fjord. (p.209)

**Seljalandsfoss** Un sentier (glissant) dans les rochers donne accès aux coulisses de cette chute idyllique. (p. 144)

**Hengifoss** La deuxième plus haute cascade d'Islande s'abat dans une gorge superbe, zébrée de marron et de rouge. (p. 299)

## Hébergements d'exception

**Hótel Egilsen** Une ancienne maison de marchands devenue une auberge de charme, bien intégrée dans le port. (p. 187)

**Hótel Djúpavík** Ce repaire légendaire satisfera vos envies de fjord. Le groupe de musique Sigur Rós y a tourné une partie de son documentaire intitulé *Heima*. (p. 225)

**Dalvík HI Hostel** Cette auberge de jeunesse au charme vintage est vraiment unique en son genre. Quand petit prix rime avec décor soigné. (p. 247)

**Silfurberg** Faites trempette dans un *hot pot* sous un dôme de verre, dans cette luxueuse pension de charme installée dans la magnifique vallée de Breiðdalur. (p. 314)

**Ion Luxury Adventure Hotel** Un hôtel primé ultra design où vous pourrez nager dans une piscine géothermale et vous régaler de produits bio. (p. 116)

**Wilderness Center** Une reconstitution de *baðstofa* (ancienne pièce de vie/ chambre) vous attend dans cette ferme nichée dans une belle vallée de l'Est. (p. 299)

**Skálanes** Cette ferme isolée au bord d'un fjord, dans une réserve naturelle, a la faveur des écologistes et des ornithologues aspirant au calme. (p. 308)

**Buubble Hotel** Tout au spectacle des aurores boréales, vous pourriez bien ne pas fermer l'œil dans ces singulières tentes-bulles. (p. 120)

**Tungulending** Cet adresse retirée, au bord de l'eau, jouit d'une vue époustouflante. (p. 282)

**Þakgil** Campez dans cette vallée vert émeraude, encadrée par des montagnes désolées et des formations rocheuses. (p. 166).

## Architecture, design et création

**Églises** Les églises sont au nombre des trésors architecturaux emblématiques de l'Islande. Découvrez celles de Stykkishólmur (p. 187), d'Akureyri (p. 249) et de Reykjavík (p. 57).

**Iceland Design Centre** Véritable vitrine des architectes et des designers islandais, il organise chaque année le festival DesignMarch. (p. 59)

**Harpa** À la fois centre culturel et salle de concert, l'éblouissante Harpa illumine les nuits reykjavikoises. (p. 64)

**Maisons de tourbe** Symbole de la vieille Islande, ces charmantes maisons de hobbits ressuscitent le passé. (p. 233)

**Boutiques de créateur à Reykjavík** Élégants porte-monnaie en galuchat, *lopapeysur* (pull de laine islandais) tricotés main, bijoux inspirés de l'extraordinaire environnement naturel de l'île... (p. 91)

**Þórbergssetur** Ce musée célèbre un écrivain local reconnu. Remarquez sa façade évoquant une bibliothèque. (p. 336)

# Mois par mois

**LE TOP 5**

**Iceland Airwaves**, en novembre

**Nuit de la culture**, en août

**Þjódhátíð**, en août

**Bræðslan**, en juillet

**Aurores boréales**, de mi-septembre à mi-avril

## Janvier

**Après les fêtes de fin d'année, janvier peut paraître un peu morne. D'autant que les nuits sont interminables et que le temps est peu clément.**

### Þorrablót

Pour cette fête viking célébrée au milieu de l'hiver (de la fin janvier à mi ou fin-février), tout le pays met son estomac à rude épreuve en dégustant *hákarl* (chair de requin du Groenland faisandée), *svið* (tête de mouton bouillie) et *hrútspungar* (testicules de bélier), le tout accompagné de *brennivín* (eau-de-vie surnommée "mort noire").

## Février

**C'est le mois le plus froid dans la majeure partie du pays. Mais la capitale ne semble pas en souffrir. La campagne sous la neige est somptueuse. La lumière du jour ne dure que sept à huit heures.**

### Winter Lights Festival

À la mi-février, Reykjavík revêt son habit de lumière. Au programme : nocturnes dans les musées et les piscines, illuminations de monuments, concerts et célébrations à l'occasion de la fête des Enfants (www.vetrarhatid.is)

### Food & Fun

En février ou mars, des chefs internationaux s'allient à des restaurateurs locaux et rivalisent pour obtenir des récompenses. Ils préparent leurs chefs-d'œuvre avec les meilleurs produits d'Islande – parmi lesquels figurent l'agneau et le poisson, naturellement. (www.foodandfun.is)

### Sónar Reykjavík

Musique, créativité et technologie au programme de ce festival organisé sur 3 jours dans la salle de concerts Harpa, en février, où se réunissent 70 groupes et DJ d'Islande et d'ailleurs (www.sonarreykjavik.com).

## Mars

**Le pays s'éveille, les sports d'hiver gagnent en popularité et les jours rallongent. La fin de l'hiver approche, mais ne vous réjouissez pas trop vite.**

### Fête de la Bière

Difficile à croire, mais la bière a été interdite en Islande pendant 75 ans. Le 1er mars, on commémore donc ce jour de 1989 où l'interdiction fut levée. Plus encore qu'à l'accoutumée, la mousse coule à flots dans les pubs, restaurants et discothèques de Reykjavík.

### Iceland Winter Games

Les sports d'hiver sont à l'honneur à Akureyri, leur capitale islandaise. Des compétitions internationales de ski *freestyle* et de snowboard sont organisées. Des agences spécialisées proposent de nombreuses activités hivernales : chiens de traîneaux, motoneige, Super-Jeep et vols en hélicoptère. Plus de renseignements sur www.icelandwintergames.com.

### DesignMarch

L'Iceland Design Centre de Reykjavík célèbre les

créateurs locaux pendant 4 jours. Mode, mobilier, architecture, gastronomie… Toutes les disciplines sont représentées, du moment qu'il s'agit d'esthétique. (www.designmarch.is)

## Avril

**Le printemps arrive, les jours rallongent, le thermomètre remonte et l'on célèbre Pâques de manière traditionnelle (chasse aux œufs, agneau rôti). La nature reprend ses droits à la fonte des neiges et des milliers d'oiseaux migrateurs font leur retour.**

### Sumardagurinn Fyrsti

Plutôt ambitieux, les Islandais célèbrent le premier jour de l'été (le jeudi suivant le 18 avril) avec défilés et autres animations. Non, l'hiver ne les a pas rendus fous : c'est un clin d'œil à l'ancien calendrier scandinave qui divisait l'année en deux saisons, l'hiver et l'été.

### Le retour des macareux

Photographes et ornithologues se régalent de la comédie divine des nuées de macareux (10 millions d'après les estimations) pendant la saison des amours. Ils s'installent un peu partout dans le pays avant de repartir vers des climats plus cléments à la mi-août.

## Mai

**Cette saison intermédiaire est intéressante pour visiter le pays, juste avant que la véritable invasion touristique ne commence : les prix sont décents, les jours rallongent, et on profite des fleurs printanières et des milliers d'oiseaux à observer.**

### Reykjavík Arts Festival

Le principal festival culturel du pays. Durant 2 semaines, il célèbre le théâtre, le cinéma, la danse, la musique et les arts visuels du pays et d'ailleurs. (www.listahatid.is)

## Juin

**Voilà l'été, trois mois de courte saison touristique. Avantages : une météo plus clémente, des jours presque sans fin, de nombreux circuits et excursions, et le meilleur choix d'hébergements. Inconvénients : la foule, la hausse des prix, l'impératif de réserver son logement.**

### Fête des Pêcheurs

La pêche fait partie intégrante de la vie de l'île. Pour la fête des Pêcheurs (Sjómannadagurinn), le premier week-end de juin, les bateaux restent au port et les villages de pêcheurs font la fête avec compétitions d'aviron et de natation, tir à la corde, faux sauvetages en mer…

### Festival viking d'Hafnarfjörður

Mi-juin, des hordes de Vikings envahissent cette minuscule ville côtière proche de Reykjavík pour un festival de 4 jours. Au rendez-vous, contes pour toute la famille, spectacles de combats, tir à l'arc et musique. (www.vikingvillage.is).

### Observation des baleines

Onze espèces de baleines sont fréquemment repérées dans les eaux islandaises. On peut en voir toute l'année ; toutefois, la meilleure période s'étend de juin à août. Des excursions d'observation en bateau partent de Reykjavík, d'Akureyri et des environs, mais Húsavík reste la destination phare du pays en la matière.

### Fête de l'Indépendance

La création de la république d'Islande, le 17 juin 1944, est célébrée dans une liesse patriotique généralisée lors des plus grosses festivités du pays. Selon la tradition, le soleil ne doit pas briller ce jour-là… ce qui est souvent le cas !

### Ouverture des routes de montagne

Les hautes terres restent généralement enneigées une bonne partie de l'été. L'ouverture des routes de montagne réservées aux 4x4 (soumise à la météo) a souvent lieu mi-juin. La fermeture intervient en général fin septembre ou en octobre. (www.road.is)

### Soleil de minuit

Exception faite de l'île de Grímsey, l'Islande se trouve juste en dessous du cercle arctique. Aux alentours du solstice d'été (21 juin), il est possible de voir le soleil de minuit (lorsque celui-ci ne disparaît pas totalement à l'horizon), surtout dans le nord du pays. Le jour polaire permet de découvrir les sites naturels au milieu de la “nuit”, sans la foule.

### Secret Solstice

Cet excellent festival de musique (www.secretsolstice.is), où des groupes islandais et étrangers se partagent la scène, coïncide avec le solstice d'été : profitez pleinement du jour le plus long de l'année ! Au parc de Laugardalur, à Reykjavík.

### Solstice d'été

Bien qu'il ne revête pas autant d'importance en Islande que dans le reste de la Scandinavie, le jour le plus long de l'année est célébré en Islande, avec des feux de joie (21-24 juin).

### Fête de la Langoustine

Le *humar* (homard islandais, qui correspond en fait à notre langoustine) fraîchement pêché est sublimé de diverses façons à Höfn, où on le fête chaque année lors de l'Humarhátíð, fin juin ou début juillet.

## Juillet

**La période des festivals bat son plein tandis que les températures montent et que le nombre de touristes augmente. Routes, sentiers, campings, pensions : tout est pris d'assaut. Réservez votre hébergement.**

### Landsmót Hestamanna

La grande compétition équestre islandaise a lieu pendant toute une semaine les années paires (toujours dans une ville différente). Événement très populaire, elle fournit le prétexte à une grande fête champêtre. (www.landsmot.is)

### Festival de musique folklorique

Pendant 5 jours, à Siglufjörður, ce merveilleux petit festival de musique traditionnelle accueille des artistes islandais et étrangers. On peut y prendre des cours de musique, de danse et d'artisanat islandais. (www.folkmusik.is)

### Concerts d'été à Skálholt

Pendant 6 semaines en juillet-août, ce festival de musique religieuse contemporaine et de musique ancienne programme environ 40 concerts, conférences et ateliers publics dans la cathédrale de Skálholt, centre religieux historique. (www.sumartonleikar.is)

### Eistnaflug

Ville reculée des fjords de l'Est, Neskaupstaður voit sa population doubler pour ce festival de heavy metal qui a lieu la deuxième semaine de juillet. Des groupes de métal, hardcore, punk, rock et indé se partagent la scène. (eistnaflug.is)

### Bræðslan

Festival pop/rock de qualité à l'ambiance intime, le Bræðislan attire de grands noms locaux (et quelques groupes internationaux) dans la petite ville retirée de Borgarfjörður Eystri le 3ᵉ week-end de juillet. (www.braedslan.com)

## Août

**La saison touristique se poursuit et il y a encore beaucoup d'animation. Toutefois, les macareux ont déserté à la mi-août (de même que certaines baleines) ; les petits Islandais reprennent l'école à la fin du mois et les nuits s'allongent.**

### Verslunarmannahelgi

Durant un long week-end férié (1er week-end d'août), les Islandais profitent de fêtes rurales et de concerts de rock, et font du camping sauvage.

### Þjóðhátíð

Festivités très animées à Heimaey (dans les Vestmannaeyjar) en mémoire de ce jour de 1874 où le mauvais temps empêcha les habitants de l'île de fêter l'adoption de la Constitution islandaise. Plus de 16 000 personnes descendent dans la rue pour boire au son des concerts et à la lumière des feux d'artifice. (www.dalurinn.is)

### Fête du Hareng

Le premier week-end d'août, Siglufjörður commémore son glorieux passé lié à la pêche du hareng : danses, repas et activités liées à la pêche.

### Nuit de la culture

Mi-août, Reykjavík s'épanouit lors de la Nuit de la culture (Menningarnótt), une journée et une nuit dédiées à l'art, à la musique, à la danse et aux feux d'artifice. Nombre de galeries, ateliers, boutiques, cafés et églises restent ouverts tard. (www.menningarnott.is)

### Marathon de Reykjavík

Mi-août, plus de 15 000 personnes viennent

transpirer sur le semi et le marathon de Reykjavík ou sur des parcours plus accessibles. (www.marathon.is).

### Festival de jazz de Reykjavík

Pendant 5 jours à la mi-août, de grands noms du jazz islandais et internationaux se produisent sur la scène de l'Harpa. (www.reykjavikjazz.is)

### Reykjavík Pride

Depuis 1999, cet événement hisse ses couleurs de carnaval dans la capitale le 2e week-end d'août. Jusqu'à 90 000 personnes (soit plus d'un quart de la population islandaise) assistent à cette marche des Fiertés et aux célébrations. (www.hinsegindagar.is/en)

### Feux d'artifice de Jökulsárlón

Difficile d'imaginer site plus exceptionnel pour un feu d'artifice que la lagune de Jökulsárlón. Lors d'une nuit de la 2e quinzaine d'août, cet événement annuel attire des bus de spectateurs en provenance d'Höfn, Kirkjubæjarklaustur et Skaftafell. (www.visitvatnajokull.is).

## Septembre

**Le flot des visiteurs se tarit de manière significative et les prix baissent : c'est une bonne période pour profiter du pays ! La météo peut être clémente, mais certains hôtels, sites et services baissent déjà le rideau. À la fin du mois, toutes les routes des hautes terres sont fermées.**

### Réttir

Les paysans rassemblent leurs moutons pour l'hiver. Le *réttir* est un événement majeur de l'automne qui se fait généralement à cheval. Une fois rassemblées, les bêtes sont triées (participants et spectateurs sont bienvenus), le tout dans une ambiance très festive.

### Festival international du film de Reykjavík

À partir de fin septembre, ce festival de 11 jours programme des films indépendants, étrangers et islandais. (www.riff.is)

### Festival international de littérature de Reykjavík

Envie d'un bon livre ? Ce festival renommé accueille dans la capitale des auteurs internationaux pour 4 jours de conférences et de débats. (www.bokmenntahatid.is).

## Octobre

**Octobre marque le début de l'hiver : le thermomètre baisse, les nuits s'allongent et les aurores boréales apparaissent.**

### Aurores boréales

Ces voiles colorés résultent de la collision entre les particules chargées du vent solaire et l'atmosphère terrestre. On ne peut en voir que la nuit, lorsque le ciel est dégagé, entre octobre et avril (parfois dès la mi-septembre).

## Novembre

**L'été n'est plus qu'un lointain souvenir. Novembre voit les nuits s'allonger toujours plus (le soleil se couche vers 16h) et le temps se rafraîchir. Mais Reykjavík fait la fête sans faiblir, et rassemble une foule immense lors de son festival de musique.**

### Iceland Airwaves

Ce fantastique festival est l'un des événements annuels phares de la scène des musiques actuelles d'Islande et d'ailleurs. (www.icelandairwaves.is)

### Journées de l'obscurité

L'est de l'Islande (Egilsstaðir et les fjords) célèbre le début de l'hiver lors d'un surprenant festival de 10 jours de début à mi-novembre : les Journées de l'obscurité (Dagar Myrkurs), marquées par des danses sombres, des histoires de fantômes, des spectacles de magie et des processions éclairées à la torche.

### Grottes de glace

La beauté glacée des grottes naturelles en bordure de glacier est accessible entre novembre et mars. Pour des raisons de sécurité, il est impératif d'être accompagné d'un guide. Contactez les agences dans le Sud-Est, entre Skaftafell et Höfn (p. 340).

## Décembre

**L'ambiance festive apporte du réconfort au cœur de l'hiver. Les marchés de Noël, les concerts et les fêtes créent une atmosphère joyeuse et douillette. Ils sont suivis par les réjouissances du Nouvel An. Certains hôtels ferment entre Noël et le Jour de l'An.**

STOCKWITHME/SHUTTERSTOCK ©

## Préparer son voyage
# Itinéraires

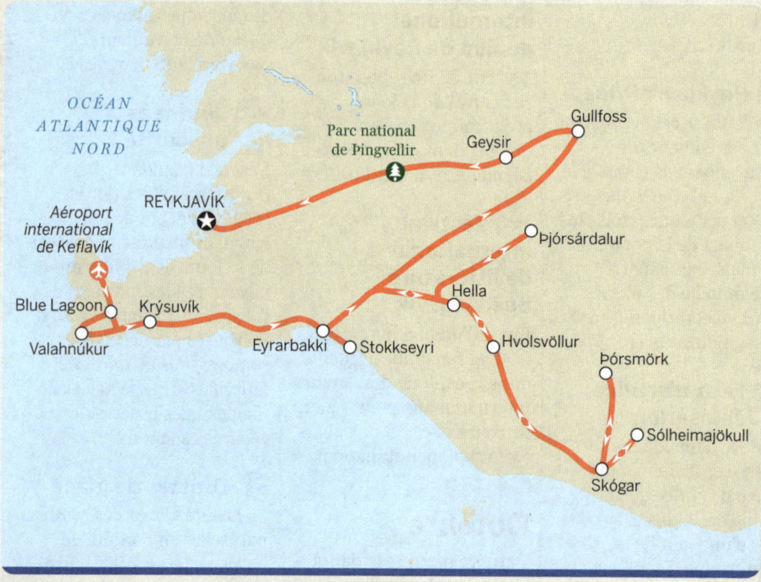

## 4 JOURS Escapade à Reykjavík

Que vous veniez à Reykjavík dans le cadre d'une longue escale ou pour un week-end prolongé, il serait dommage de ne pas partir à la découverte de la campagne et de quelques-unes des merveilles naturelles aux alentours de la capitale. Vous pourrez facilement combiner les principaux sites, dont le circuit du Cercle d'or, avec des détours hors des sentiers battus, tout en gardant du temps pour apprécier le charme singulier de la ville.

Depuis l'**aéroport international de Keflavík**, allez directement au **Blue Lagoon** pour vous délasser. Arpentez les sols fumants de la péninsule de Reykjanes, près de **Valahnúkur** ou de **Krýsuvík**, avant de filer le long de la route côtière pour savourer du poisson frais à **Eyrarbakki** ou à **Stokkseyri**. Rejoignez ensuite **Hella** ou **Hvolsvöllur** pour une balade à cheval à travers la verdoyante vallée de Fljótshlíð, bordée de cascades. Pendant les mois les plus froids, vous aurez peut-être la chance d'admirer des aurores boréales. Les sportifs apprécieront la splendide

Geysir (p. 118)

randonnée du Fimmvörðuháls qui monte depuis **Skógar**, franchit la crête entre deux larges calottes glaciaires, passe par le site de l'éruption de l'Eyjafjallajökull en 2010, puis descend vers la vallée de **Þórsmörk**, boisée et parsemée de fleurs sauvages. Une autre possibilité consiste à choisir un circuit en Super-Jeep ou en bus amphibie jusqu'à Þórsmörk, puis à faire des randonnées d'une journée dans la vallée. Si vous manquez de temps, contentez-vous d'un trek le long de la langue glaciaire du **Sólheimajökull**.

En repartant vers l'ouest, explorez le **Þjórsárdalur**, une large vallée fluviale volcanique ponctuée de sites disparates : une ferme de l'époque de la colonisation, des cascades, les contreforts du volcan Hekla... À moins que vous ne préfériez découvrir la rugissante cascade de **Gullfoss**, les colonnes d'eau de **Geysir** et les failles du **parc national de Þingvellir** – soit le circuit classique du Cercle d'or. Terminez par **Reykjavík**, la capitale animée qui offre un bel éventail de boutiques design, d'intéressants musées et galeries, d'excellents restaurants et bars fréquentés, mais aussi de belles possibilités d'observer des baleines depuis le vieux port.

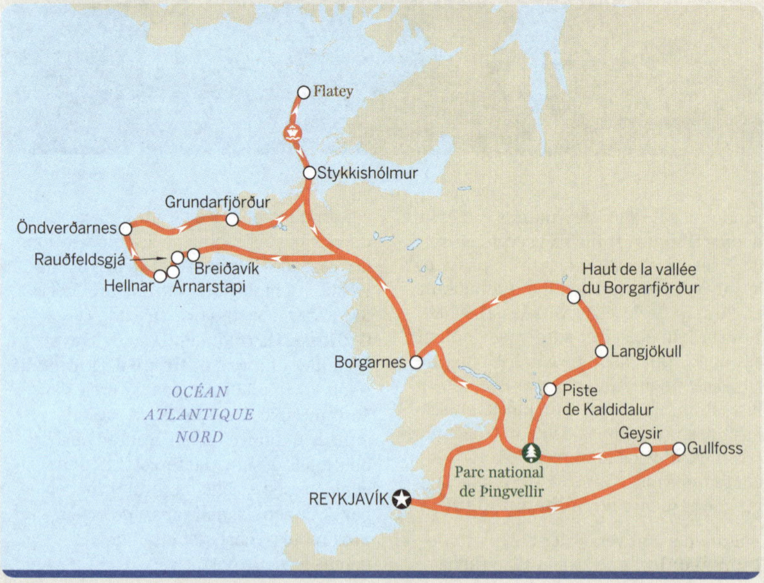
Flatey
Stykkishólmur
Grundarfjörður
Öndverðarnes
Rauðfeldsgjá
Breiðavík
Hellnar
Arnarstapi
Haut de la vallée du Borgarfjörður
Langjökull
Borgarnes
Piste de Kaldidalur
OCÉAN ATLANTIQUE NORD
Geysir
Gullfoss
Parc national de Þingvellir
REYKJAVÍK

RAMIRO TORRENTS/GETTY IMAGES ©

CULTURA EXCLUSIVE/TIM E WHITE/GETTY IMAGES ©

En haut : Arnarstapi (p. 196)
En bas : Langjökull (p. 184)

## 1 SEMAINE Le meilleur de l'Ouest



**Avec une semaine devant vous, vous pourrez vous aventurer au-delà du Cercle d'or et du Sud-Ouest, particulièrement touristiques. De Reykjavík, partez vers le nord-ouest pour rejoindre l'ouest du pays. Bien moins fréquentée, cette région chargée d'histoire offre des paysages fantastiques, entre champs de lave, larges fjords et calottes glaciaires, et un parfum de solitude inégalé.**

Après avoir profité des musées, des cafés et des bars de **Reykjavík**, parcourez en une journée le Cercle d'or en faisant halte au **Gullfoss**, à **Geysir** et au **parc national de Þingvellir**, où vous constaterez l'éloignement progressif des plaques continentales. Les aventuriers s'enfonceront dans les terres par la cahoteuse **piste de Kaldidalur** qui contourne des glaciers. Une halte s'impose au **Langjökull** : parcourez le réseau scintillant de tunnels et de grottes, ou glissez sur la glace à motoneige ou en traîneau à chiens. Prochaine étape : le haut de la vallée du **Borgarfjörður**, où vous pourrez passer la nuit et explorer d'énormes tunnels de lave. Si la difficulté de la piste de Kaldidalur vous rebute, rejoignez **Borgarnes** par la route côtière et découvrez l'histoire des sagas dans l'excellent musée de la Colonisation.

Explorez ensuite la splendide péninsule de Snæfellsnes. Commencez par une balade à cheval dans la baie de **Breiðavík** ou faufilez-vous dans l'étrange gorge de Rauðfeldsgjá. Puis rejoignez à l'ouest **Arnarstapi**, où vous pourrez longer à pied le chemin côtier jusqu'à **Hellnar**, ou participer à un circuit sur le glacier du Snæfellsjökull. Le secteur fait partie du parc national du Snæfellsjökull. Il offre de multiples randonnées, entre falaises peuplées d'oiseaux, cratères, tunnels de lave et tapis de fleurs.

À la pointe de la péninsule près d'**Öndverðarnes**, repérez des bancs d'orques ou optez pour un circuit d'observation des baleines ou des macareux à proximité de **Grundarfjörður**. Gagnez ensuite la charmante **Stykkishólmur**, où vous pourrez visiter d'intéressants musées et vous régaler de moules. Si vous en avez le temps, prenez le ferry *Baldur* pour une excursion d'une journée à l'île de **Flatey** : vous vous couperez ainsi totalement du monde, avant de regagner la capitale.

10 JOURS

# Le grand classique : la Route circulaire

**Merveilleux territoire sauvage, l'Islande est aussi étonnamment compacte. La Route circulaire vous mènera à la découverte de la plupart des sites les plus connus. Mais, bien sûr, si vous avez davantage de temps, vous pourrez ajouter de multiples aventures en chemin.**

Profitez un peu de **Reykjavík**, puis entamez le circuit dans le sens des aiguilles d'une montre. Arrêtez-vous à **Borgarnes**, qui possède un passionnant musée de la Colonisation, des sites historiques et d'excellents restaurants. Filez ensuite jusqu'à **Stykkishólmur**, un charmant village en surplomb d'une baie ponctuée d'îlots. Si vous avez le temps, faites un détour par la péninsule de Snæfellsnes. Reprenez la Route circulaire et quittez-la à nouveau pour découvrir les bourgades pittoresques de la **péninsule de Tröllaskagi** avant de rejoindre **Akureyri**, la capitale officieuse du nord de l'Islande. Cap ensuite sur les trésors géologiques de la région de **Mývatn**, avec une halte à la puissante cascade de **Dettifoss**. Continuez vers l'est, en bifurquant par **Borgarfjörður Eystri**, où les macareux se rassemblent en été. Faites étape à **Seyðisfjörður** avant d'entamer le trajet sinueux le long des fjords de la côte est.

Arrêtez-vous à **Höfn** pour déguster des langoustines, puis partez à l'assaut du **Vatnajökull** à motoneige. Ne manquez pas la magnifique lagune glaciaire de **Jökulsárlón** ou celle de Fjallsárlón, sa voisine. Enchaînez par une marche à **Skaftafell**, puis dirigez-vous vers le sud à travers des champs de lave et d'immenses deltas jusqu'à **Vík**, avec sa plage ponctuée de colonnes de basalte et ses falaises peuplées de macareux. S'il vous reste assez d'énergie, effectuez la fantastique randonnée reliant **Skógar** à la verdoyante vallée intérieure de **Þórsmörk**. Ou continuez vers l'ouest par la Route circulaire en passant par les énormes chutes d'eau de **Skógafoss** et **Seljalandsfoss**, puis écartez-vous une dernière fois pour découvrir les sites du Cercle d'or : **Gullfoss**, **Geysir** et le **parc national de Þingvellir**. Revenez enfin à **Reykjavík**, pour passer vos derniers jours de vacances à bavarder avec les habitants dans les piscines géothermales de la capitale ou à l'occasion de longues soirées dans les pubs.

ALEXEY STIOP/SHUTTERSTOCK ©

JUSTIN FOULKES/LONELY PLANET ©

En haut : Stykkishólmur (p. 185)
En bas : Dettifoss (p. 286)

Péninsule
de Tröllaskagi
Akureyri
Mývatn
Dettifoss
Borgarfjörður
Eystri
Seyðisfjörður
Stykkishólmur
Borgarnes
Parc
national
de Þingvellir
Geysir
Gullfoss
REYKJAVÍK
Vatnajökull
Höfn
Skaftafell
Jökulsárlón
Þorsmörk
Seljalandsfoss
Skógar
Skógafoss
Vík

Hornstrandir
Grímsey
Langanes
Ísafjörður
Norðurfjörður
Siglufjörður
Húsavík
Ásbyrgi
Djúpavík
Bíldudalur
Hofsós
Dalvík
Dettifoss
Borgarfjörður Eystri
Dynjandi
Hólmavík
Patreksfjörður
Akureyri
Vopnafjörður
Mývatn
Rauðasandur
Látrabjarg
Seyðisfjörður
Stykkishólmur
Eskifjörður
Askja
Péninsule de Snæfellsnes
Haut de la vallée du Borgarfjörður
Djúpivogur
Kverkfjöll
Borgarnes
Parc national de Þingvellir
Langjökull
Vatnajökull
REYKJAVÍK
Höfn
Aéroport international de Keflavík
Landmannalaugar
Lakagígar
Skaftafell
Jökulsárlón
Blue Lagoon
Stokkseyri
Þórsmörk
Kirkjubæjarklaustur
Vestmannaeyjar
Vík

STANDRET/SHUTTERSTOCK ©

MENNO SCHAEFER/SHUTTERSTOCK ©

En haut : Búðir (p. 197), sud de la péninsule de Snæfellsnes
En bas : macareux, péninsule de Látrabjarg (p. 205)

# 4 SEMAINES Le grand circuit

**Profitez d'un séjour prolongé pour vous aventurer au-delà de la Route circulaire, dans les splendides fjords de l'Ouest, ou en 4x4 dans les hautes terres.**

À **Keflavík**, louez un véhicule et allez vous délasser au **Blue Lagoon**, avant de rejoindre **Stokkseyri**, où vous laisserez votre voiture pour marcher de **Landmannalaugar** à **Þórsmörk**. Prenez ensuite un bateau pour les **Vestmannaeyjar**, puis faites halte à **Vík**.

À **Kirkjubæjarklaustur**, grimpez jusqu'au **Lakagígar**, un ensemble de cratères résultant d'une éruption linéaire sur le Laki. Faites une randonnée sur la péninsule de **Skaftafell**, un tour en bateau à **Jökulsárlón** et/ou un safari à motoneige sur le **Vatnajökull**. Régalez-vous de langoustines à **Höfn**, puis reposez-vous à **Breiðdalsvík** avant de rallier le paisible **Eskifjörður** et le saisissant **Seyðisfjörður**. Allez observer les macareux de **Borgarfjörður Eystri**, puis montez à travers le **Vopnafjörður** jusqu'aux plaines de **Langanes**. Le circuit par le nord-est passe par **Ásbyrgi** et **Húsavík**, haut lieu de l'observation des baleines. De **Mývatn**, partez à la découverte de la rugissante cascade de **Dettifoss** et d'autres trésors des hauts plateaux comme la caldeira d'**Askja** et les grottes de glace du **Kverkfjöll**. Rejoignez **Akureyri**, puis **Grímsey**. Flânez à **Dalvík** et **Siglufjörður**, puis baignez-vous à **Hofsós**.

Cap ensuite sur les fjords de l'Ouest pour tout apprendre sur la sorcellerie à **Hólmavík**, dormir au bord d'un fjord à **Djúpavík** et vous baigner dans la source géothermale du **Norðurfjörður**. Partez du bel **Ísafjörður** pour visiter la réserve du **Hornstrandir**. Dénichez les chutes de **Dynjandi**, avant d'explorer des fjords fabuleux à partir de **Bíldudalur** ou de Þingeyri. Rejoignez **Patreksfjörður** pour un bon repas, puis admirez les falaises aux oiseaux de **Látrabjarg** et la fabuleuse plage de **Rauðasandur**.

Prenez le ferry pour la jolie **Stykkishólmur** et la **péninsule de Snæfellsnes**. Découvrez sagas et grottes secrètes à **Borgarnes** et dans le haut de la vallée du **Borgarfjörður**. Explorez ensuite les tunnels de glace du Langjökull. Le **parc national de Þingvellir** clôt la leçon d'histoire. Terminez ce voyage épique par **Reykjavík**, l'effervescente capitale.

Préparer son voyage

# La Route circulaire

Pas évident d'organiser son séjour quand la majeure partie du territoire consiste en de vastes contrées inconnues. Mais ne vous inquiétez pas, car le chemin est tout tracé : suivez la Route circulaire.

## Les meilleurs détours

### Péninsule de Snæfellsnes

Une boucle longeant des champs de lave, une côte sauvage et un glacier menaçant ; 200 km.

### Péninsule de Tröllaskagi

Suivez les routes 76 et 82 qui montent vers l'Arctique, entre vertigineux tunnels routiers et panoramas spectaculaires ; 90 km.

### Borgarfjörður Eystri

Prenez la Route 94 le long des falaises de rhyolite et descendez vers ce paisible village, peuplé de macareux et entouré de beaux chemins de randonnée ; 150 km.

### Vestmannaeyjar (îles Vestmann)

Prenez dans le ferry à Landeyjahöfn pour découvrir un archipel d'îlots sauvages ; détour de 30 km et traversée en bateau de 30 minutes.

### Þórsmörk

Garez-vous à Seljalandsfoss et montez dans un bus pour rejoindre cette vallée boisée propice à la randonnée ; détour de 50 km par une route cahoteuse réservée aux véhicules autorisés ; la marche constitue une autre possibilité.

### Le Cercle de diamant

Il part de Mývatn vers le nord pour passer par la baie d'Húsavík peuplée de baleines, le grand canyon et les sentiers d'Ásbyrgi, et les chutes grondantes de Dettifoss ; 180 km.

## Route 1

La Route 1 (Þjóðvegur 1), ou Route circulaire, est le principal axe routier du pays. Cette nationale, généralement à deux voies et en majeure partie asphaltée, court sur 1 330 km à travers des paysages splendides. Elle est jalonnée d'innombrables joyaux ; des routes secondaires conduisent à des destinations plus reculées.

## Quand partir

La Route circulaire est accessible toute l'année (sauf durant les tempêtes hivernales) ; en revanche, de nombreuses routes secondaires sont fermées pendant les mois les plus froids. Consultez www.road.is pour des renseignements sur les fermetures de route et www.vedur.is pour les prévisions météo.

## Dans quel sens

Quel que soit le sens choisi, les paysages de la Route circulaire se dévoilent avec la même intensité dans les deux directions.

Si vous voyagez en fin d'été (d'août à septembre), parcourez-la de préférence dans le sens des aiguilles d'une montre : visitez les sites du Nord en premier, car le temps reste clément plus longtemps dans le Sud.

## En combien de temps ?

Il faut environ 16 heures pour parcourir la Route circulaire sans s'arrêter. Sur une semaine, cela équivaut à 2 heures 30 de conduite par jour en moyenne. Cela peut sembler beaucoup, mais, grâce à la beauté des paysages, on ne sent pas le temps passer ! De plus, les jours sont longs en été.

Néanmoins, il faut au moins 10 jours (ou mieux, 2 semaines) pour apprécier pleinement l'itinéraire. Avec moins d'une semaine, concentrez-vous sur une ou deux régions (par exemple, Reykjavík et le Sud ou l'Ouest ; ou une semaine dans le Nord), plutôt que de chercher à tout voir.

### PAS DE CONFUSION !

- Ne confondez pas la Route circulaire, qui fait tout le tour de l'Islande, avec le Cercle d'or, un itinéraire touristique dans le sud-ouest du pays.
- La Route circulaire ne passe pas par l'intérieur des terres. Deux autres routes traversent les hautes terres du Centre. Elles ne sont ouvertes qu'en été et accessibles en 4x4 uniquement. Des bus tout-terrain les empruntent également en été.

## En voiture

La voiture est de loin le moyen le plus pratique pour explorer le pays. Sans surprise, c'est aussi le plus cher.

### Louer une voiture

Mieux vaut s'y prendre tôt pour bénéficier de tarifs avantageux. Faites vos recherches sur Internet. Assurez-vous que le nom de l'agence de location apparaît sur la réservation et vérifiez que tous les frais sont compris dans le prix indiqué. Réservez bien à l'avance pour l'été car les agences sont parfois à court de véhicules.

### Véhicule ordinaire ou 4x4 ?

Une voiture ordinaire suffit pour la Route circulaire et les principales routes secondaires. Mais, pour l'intérieur des terres (routes de montagne et pistes “F”), il vous faudra un 4x4. Vous pouvez aussi prendre le bus ou faire un circuit en Super-Jeep dans les régions moins accessibles.

En hiver, il est déconseillé de partir avec un véhicule ordinaire (d'autant que les prix chutent) ; par sécurité, louez un 4x4. Les véhicules de location sont équipés de pneus neige en hiver.

### Morceler l'itinéraire

Considérez la Route circulaire comme une ligne directrice offrant la possibilité de détours mémorables. Nous vous recommandons de choisir cinq étapes sur trajet afin de morceler le voyage – une par région traversée : l'Ouest, le Nord, l'Est, le Sud-Est et le Sud-Ouest. Vous passerez ainsi plus de temps à chaque étape et profiterez des meilleurs sites et activités.

## En bus

Bien moins pratique que la voiture, le bus est la solution la plus économique pour les voyageurs en solo. Il faut néanmoins prévoir le double de temps pour effectuer la boucle (le réseau est limité) et s'attendre à devoir passer la majeure partie du voyage à regarder le paysage à travers une fenêtre. À titre indicatif, le prix d'un forfait de bus autour de l'île pour deux voyageurs équivaut à celui de la location d'une petite voiture pendant une semaine (sans l'essence).

## À vélo

Loin de nous l'envie de vous décourager, mais les cyclistes risquent d'en baver plus que prévu sur la Route circulaire ! Le temps changeant rend l'exercice éprouvant. De plus, la route n'est pas assez large pour fournir une distance confortable entre cyclistes et automobilistes. Le vélo peut en revanche être plaisant pour des escapades dans la campagne.

## En stop et covoiturage

Le stop reste la manière la plus économique de parcourir la Route circulaire. Il est assez facile de se déplacer de cette façon en été, mais sachez que cela implique des risques potentiels.

De nombreuses auberges de jeunesse disposent de tableaux proposant du covoiturage dans leur réception. Vous pouvez aussi consulter le site www.samferda.is, consacré au covoiturage.

Landmannalaugar, départ du trek du Laugavegurinn (p. 151)

## Préparer son voyage

# Activités de plein air

L'Islande s'enorgueillit du plus grand parc national d'Europe de l'Ouest, de la plus vaste calotte glaciaire en dehors des pôles, d'un océan peuplé de baleines, des plus importantes colonies de macareux du monde, de montagnes majestueuses, de lacs aux eaux cristallines, de cascades rugissantes, de rivières sinueuses et de côtes émaillées de fjords. Découvrir toutes ces merveilles est aussi facile qu'enthousiasmant.

KOJIN/SHUTTERSTOCK ©

## Meilleure période pour...

**Un trek de plusieurs jours** Attendez le dégel ; la période idéale court de juillet à mi-septembre.

**L'exploration des hautes terres** Les routes de montagne sont ouvertes entre juin et début juillet ; elles ferment fin septembre ou début octobre.

**Le soleil de minuit** Aux alentours du solstice d'été (21 juin), il fait jour en permanence (surtout dans le Nord).

**Les aurores boréales** Par des nuits sombres, sans nuages ; on peut en voir de la mi-septembre à avril environ.

**Le ski** La saison dure de décembre à avril ; les conditions sont optimales (et les jours plus longs) en février et mars.

**L'observation des baleines** Circuits toute l'année, avec un pic de juin à août.

**L'observation des macareux** Pic de mi-mai à début ou mi-août.

**Les activités sur glace** Les randonnées sur les glaciers et les circuits à motoneige sont généralement possibles toute l'année. Les sorties en bateau sur le Jökulsárlón ont lieu d'avril à octobre. La meilleure période pour les grottes de glace s'étend de mi-novembre à mars.

**L'équitation** Les saisons intermédiaires (mai, et septembre à début octobre) sont parfaites pour des randonnées de plusieurs jours : le climat est doux et les touristes sont moins nombreux.

# Activités

## Randonnée

Les possibilités sont infinies, des plaisantes balades d'une heure aux treks de plusieurs jours en pleine nature sauvage. Vous découvrirez de vastes étendues vierges, mais sachez que le temps est imprévisible : la pluie, la brume et le brouillard peuvent transformer une fascinante expédition en calvaire. Soyez toujours préparé.

➡ **Ferðafélag Íslands** (www.fi.is). Gère des refuges et des campings à travers le pays, organise des treks et fournit d'excellents conseils pour les randonnées, notamment pour le Laugavegurinn.

### Le top des randonnées courtes

➡ **Skaftafell** Nombreux itinéraires parmi les glaciers scintillants et les imposantes cascades de la plus belle zone du parc national du Vatnajökull.

➡ **Þórsmörk** Une vallée vert émeraude entre les impitoyables montagnes de l'arrière-pays ; randonnées de niveau moyen à difficile.

➡ **Skógar** Grimpez dans l'arrière-pays pour découvrir un chapelet de cascades, continuez jusqu'à Fimmvörðuháls et descendez dans Þórsmörk pour un parcours d'exception.

➡ **Péninsule de Snæfellsnes** Marches d'une demi-journée dans des champs de lave accidentés ; arpentez le chemin côtier entre Hellnar et Arnarstapi.

➡ **Mývatn** Plat et facile, le rivage marécageux du Mývatn abrite des merveilles géologiques variées et une avifaune abondante.

➡ **Borgarfjörður Eystri** Superbes chemins le long des falaises de rhyolite et montée jusqu'au bout du fjord pour le panorama.

### Le top des treks de plusieurs jours

➡ **Laugavegurinn** Dunes couleur caramel, sols fumants et désert implacable au menu de ce grand classique. Durée : 2 à 5 jours.

➡ **D'Ásbyrgi à Dettifoss** Véritable condensé de géologie, ce trek débute dans le parc national du Vatnajökull, à l'extrémité nord du secteur de Jökulsárgljúfur, d'où il suit une gorge jusqu'à la puissante cascade de Dettifoss. Durée : 2 jours.

➡ **Corne royale** Le plus bel itinéraire du Hornstrandir est jalonné de fjords isolés et de promontoires vert émeraude. Durée : 2 à 4 jours.

➡ **Fimmvörðuháls** Les cascades cèdent la place à un désert entre d'imposants glaciers. Puis apparaissent les pierres fumantes de l'éruption de 2010 avant la descente vers Þórsmörk. Durée : 1 ou 2 jours.

➡ **Boucle du Kerlingarfjöll** Ce circuit dans l'arrière-pays, en grande partie préservé, offre des panoramas aussi beaux que ceux du Laugavegurinn, plus fréquenté. Durée : 3 jours.

## Observation de la faune

La faune islandaise est admirable, bien que peu variée.

### Renards arctiques

Le renard arctique est le seul mammifère endémique d'Islande. Il est rare d'en voir, mais voici les endroits les plus propices :

## CONSEILS POUR UNE RANDONNÉE RÉUSSIE EN ISLANDE

L'équipement requis varie selon l'activité, l'époque de l'année, le degré d'isolement du sentier et la longueur de la randonnée (un ou plusieurs jours, hébergement en dur ou en camping). Une seule constante : la météo changeante, qui présente des risques.

Les remarques qui suivent pourront sembler superflues aux randonneurs chevronnés. Mais les merveilleux paysages islandais incitent bien des novices à enfiler des chaussures de marche…

### Le B.A.-BA

- Des outils de navigation adéquats (cartes topographiques et GPS). Ils sont vitaux.
- Veillez à superposer les bons vêtements. Première couche : sous-vêtements thermaux (en laine ou synthétiques). Deuxième couche : haut en laine légère ou en polaire ; pantalon séchant rapidement. Troisième couche : coupe-vent imperméable (par exemple, en Gore-Tex). Prévoyez une veste de pluie respirante et un surpantalon imperméable. Votre sac à dos doit également être étanche.
- Évitez les vêtements en coton (jeans, T-shirts, chaussettes) – ils n'isolent plus quand ils sont mouillés et mettent des heures à sécher. Préférez le polypropylène, qui sèche vite (mais est inflammable), ou la laine mérinos, qui tient chaud même humide (mais sèche lentement).
- Emportez des gants, un chapeau, des lunettes de soleil et de l'écran solaire, des bottes ou chaussures de marche imperméables et déjà assouplies.

### Pour les longues randonnées

- Votre sac doit être protégé par une gaine imperméable ou un sac en plastique pour garder vos affaires au sec. Il est impératif d'avoir des vêtements de rechange secs.
- Emportez toujours une trousse de premiers secours, une lampe frontale/torche, et un kit de survie (couverture de survie, sifflet, etc.).
- Votre sac de couchage doit vous protéger des températures négatives. Les campeurs prévoiront une tente (imperméable et résistante au vent), un réchaud et des ustensiles de cuisine (parfois utiles dans les refuges).
- Emportez un maillot de bain (pour les sources thermales), des sandales (pour franchir les rivières et garder vos chaussures au sec) et des bâtons de randonnée.
- Les sacs en plastique permettent de séparer le linge sec et mouillé, et de remporter ses détritus.

### Location ou achat ?

- On peut acheter du matériel de randonnée et de camping dans les grandes villes : en dehors de Reykjavík (le meilleur endroit), Akureyri compte quelques boutiques. Sachez que les prix sont élevés en Islande : mieux vaut apporter votre équipement de l'étranger et/ou opter pour la location.
- Certaines agences de location de voitures (et plus encore de camping-cars) louent également du matériel de camping. Sinon, **Gangleri Outfitters** (www.outfitters.is) et **Iceland Camping Equipment** (www.iceland-camping-equipment.com) sont deux bonnes adresses pour en louer à Reykjavík.

- **Hornstrandir** Le principal royaume du renard – des chercheurs installent un camp chaque été.
- **Suðavík** Site du Centre du renard arctique, qui recueille souvent des renards orphelins.
- **Breiðamerkursandur** L'un des principaux lieux de reproduction des grands labbes (ou skuas), le secteur attire un nombre croissant de renards arctiques en quête d'un repas.

### Macareux et autres oiseaux marins

D'innombrables oiseaux de mer, qui vivent souvent en colonies immenses, occupent les falaises côtières islandaises. La meilleure période pour les observer va de juin à mi-août, quand se rassemblent macareux, fous de Bassan, guillemots, petits pingouins, mouettes tridactyles et fulmars.

Phoque à Jökulsárlón (p. 334)



Les plus belles falaises et colonies :

➡ **Vestmannaeyjar** Des volées de macareux vous escortent quand vous entrez dans le port d'Heimaey. Des oiseaux nichent sur le moindre éperon rocheux qui émerge des flots.

➡ **Hornstrandir** Cette réserve comprend une interminable falaise à pic où d'innombrables oiseaux ont élu domicile.

➡ **Borgarfjörður Eystri** Ce village est l'un des meilleurs endroits du pays pour voir des macareux, qui construisent leurs nids élaborés à quelques mètres de la plateforme d'observation.

➡ **Látrabjarg** Falaises peuplées d'oiseaux dans les fjords de l'Ouest.

➡ **Mývatn** Le paysage marécageux de Mývatn, dont l'écosystème, différent des falaises côtières, est un paradis pour les oiseaux migrateurs.

➡ **Langanes** Ces lointaines falaises battues par les vents accueillent de multiples oiseaux ; une nouvelle plateforme d'observation surplombe une colonie de fous de Bassan.

➡ **Ingólfshöfði** Rejoignez en tracteur ce promontoire spectaculaire peuplé de grands labbes et de macareux.

➡ **Grímsey** Pour le plaisir de franchir le cercle polaire et d'observer macareux et sternes arctiques, bien plus nombreux que les quelques habitants.

➡ **Drangey** Cordes et échelles sont nécessaires pour atteindre cette petite île aux falaises abruptes dans le Skagafjörður, où l'on croise des macareux, des guillemots, des fous de Bassan...

## Phoques

Moins nombreux que les oiseaux, les phoques sont amusants à observer.

➡ **Hvammstangi et péninsule de Vatnsnes** Un musée du phoque, des circuits en bateau et une péninsule où se prélassent les pinnipèdes.

➡ **Ísafjarðardjúp** Une côte sinueuse et des plages jonchées de rochers, parfaites pour observer les phoques.

➡ **Jökulsárlón** Outre une belle lagune glaciaire, vous verrez des phoques au milieu des icebergs.

➡ **Húsey** Cette petite ferme isolée propose des excursions à cheval pour observer les phoques.

## Baleines

L'Islande est l'un des meilleurs endroits au monde pour observer baleines et dauphins. Les baleines de Minke et à bosse sont les plus courantes, mais on voit aussi des rorquals communs, des rorquals boréaux et des baleines bleues.

➡ **Húsavík** La destination classique pour observer des baleines, avec un excellent musée et un taux de réussite de 99% en été !

➡ **Eyjafjörður** Les croisières d'observation des baleines sillonnent le plus long fjord d'Islande à partir d'Akureyri, de Dalvík et d'Hauganes.

➡ **Reykjavík** Des bateaux partent du vieux port, dans le centre-ville. Pratique !

## Équitation

Les chevaux tiennent une place de choix dans la vie islandaise. Dans la campagne, de nombreuses fermes proposent de courtes promenades. Quelques écuries sont installées à la périphérie de Reykjavík. Comptez environ 7 000/10 000 ISK pour une promenade de 1/2 heures.

### Le top des régions pour l'équitation

➡ **Le sud de Snæfellsnes** Les plages sauvages à l'ombre d'un glacier étincelant se prêtent à une balade à cheval. Plusieurs grandes écuries sont installées dans le secteur.

➡ **Hella** Les plaines autour d'Hella, nichée au pied du volcan Hekla, abritent de nombreux élevages qui proposent des chevauchées de quelques heures à plusieurs jours.

➡ **Skagafjörður** Le seul comté d'Islande où les chevaux sont plus nombreux que les habitants – fiers d'une tradition d'élevage et de dressage.

## Baignade et spas

Grâce à la géothermie, le bain est une institution en Islande. Presque toutes les villes ont au moins une *sundlaug* (piscine chauffée), et souvent des *hot pots* (bassins extérieurs d'eau chaude), des saunas et des Jacuzzis. L'entrée coûte environ 800 ISK (demi-tarif pour les enfants).

Les règles d'hygiène sont très strictes : il est obligatoire de se doucher sans maillot de bain *avant* de gagner le bassin.

### Pour savoir où faire trempette

➡ **Swimming in Iceland** (www.swimminginiceland.com). Renseignements sur les piscines thermales du pays.

➡ **Thermal Pools in Iceland de Jón G. Snæland et Þóra Sigurbjörnsdóttir**. Ce guide exhaustif des sources thermales d'Islande est en vente dans la plupart des librairies.

➡ **Blue Lagoon** (www.bluelagoon.com). Les thermes favoris du pays et une attraction phare.

➡ **Visit Reykjavík** (www.visitreykjavik.is). Cliquez sur "*What to Do*" pour la liste des piscines de la capitale.

## Randonnée et motoneige sur les glaciers

Un trek sur une étendue de glace pourra compter parmi les expériences les plus mémorables d'un séjour en Islande. Diverses activités offrent un avant-goût de l'hiver durant les mois les plus chauds.

Des règles de sécurité s'appliquent : ne vous approchez pas trop des glaciers ; ne les arpentez pas sans équipement adéquat et sans être accompagné d'un guide.

### Le top des glaciers et calottes glaciaires à explorer

➡ **Vatnajökull** Sorties à motoneige sur la plus vaste calotte glaciaire d'Europe ; randonnées et escalades guidées sur ses dizaines de glaciers secondaires, à organiser à Skaftafell et dans l'est en direction d'Höfn.

➡ **Eyjafjallajökull** Le site de l'éruption de 2010 ; explorez sa surface glacée à bord d'une Super-Jeep, puis marchez jusqu'à Magni pour voir la terre encore fumante.

➡ **Snæfellsjökull** Le *Voyage au centre de la Terre* de Jules Verne commence ici ; circuits en autoneige au départ d'Arnarstapi.

➡ **Langjökull** Une plongée dans les entrailles de ce glacier, non loin de Reykjavík, attire les foules.

➡ **Sólheimajökull** Une langue de glace qui se déploie depuis la calotte glaciaire du Mýrdalsjökull. Pour randonner un après-midi.

## Bateau, kayak et rafting

Vue depuis la mer ou les rivières, la nature islandaise offre un tout autre visage.

### Le top des sites en bateau

➡ **Heimaey** Admirez les falaises escarpées et les oiseaux qui descendent en piqué.

➡ **Stykkishólmur** Faufilez-vous parmi les îles du paisible Breiðafjörður.

➡ **Húsavík** Avec un bateau traditionnel ou un Zodiac, naviguez à travers des eaux peuplées de baleines jusqu'aux îlots voisins (et Grímsey).

### Le top des sites de kayak

➡ **Hornstrandir**, **Ísafjörður**, **Ísafjarðardjúp** Excellents pour le kayak de mer ; expédition de plusieurs jours ou sortie d'une journée jusqu'à l'îlot de Vigur.

➡ **Seyðisfjörður** Le guide charismatique vous charmera tout autant que le fjord !

➡ **Heinabergslón** Pagayez au milieu des icebergs dans cette lagune glaciaire, aussi spectaculaire que silencieuse.

Ci-dessus : cavaliers sur la péninsule de Snæfellsnes (p. 185)

Ci-contre : randonneur près de Þórsmörk (p. 155)

SANDER VAN DER WERF/SHUTTERSTOCK ©

### VOYAGE DURABLE

On ne peut trop insister sur ce point : l'essor fulgurant du tourisme en Islande crée une pression immense sur la population locale, mais aussi sur l'environnement fragile et des infrastructures parfois inadaptées. Vos actions ont des conséquences : essayez d'en tenir compte et de voyager de façon responsable.

- **Écoutez les avertissements et conseils** Personne ne souhaite gâcher votre séjour. Si un Islandais vous dit que votre véhicule n'est pas adapté à une route ou qu'il faut éviter une zone en raison d'un risque d'inondation glaciaire, songez qu'il connaît son pays et ses risques. Soyez souple et prêt à changer vos plans.
- **N'ignorez pas votre impact** Les chiffres parlent d'eux-mêmes : 330 000 habitants contre 1,7 million de touristes en 2016. Vous vous direz peut-être que passer la nuit dans votre camping-car sur le bord de la route ne pose aucun problème, mais ce n'est plus le cas si des milliers de visiteurs font de même. C'est pour cette raison que de nouvelles règles (p. 407) l'interdisent.
- **Soyez prévoyant** Informez-vous sur la météo et les conditions de circulation (sites Web p. 417). N'oubliez pas d'emporter une bonne carte et un équipement adapté ; faites preuve de bon sens et de pas mal de flexibilité. Ne vous lancez pas dans une randonnée en jean, ou dans l'ascension d'un glacier sans les informations ou l'équipement requis ; n'essayez pas de traverser une rivière avec une petite voiture (p. 422).
- **Respectez la nature** Les volcans sous-glaciaires, les sources chaudes et les vastes champs de lave vous ont attiré jusqu'en Islande. Prenez-en soin ! Si vous louez un 4x4, ne quittez pas les pistes – conduire en dehors des routes est illégal et engendre des dommages irréparables dans cet environnement fragile.
- **Voyagez vert** Consultez le site www.nature.is, qui regorge de bonnes idées pour voyager en Islande tout en respectant l'environnement. Vous y trouverez une carte en ligne ; des applications visent à encourager les solutions écologiques.

### Les top des sites de rafting

- **Varmahlíð** Base du rafting dans le nord de l'Islande, avec deux rivières glaciaires (rapides sages ou turbulents).
- **Reykholt** Rafting excitant sur les rapides de la Hvítá et poussée d'adrénaline lors d'une sortie en bateau à hydrojet.

## Cyclotourisme

Vous pourrez envisager de courtes excursions à vélo. Il existe plusieurs loueurs à Reykjavík ; certains organisent des sorties d'une journée vers les sites alentour, notamment sur le Cercle d'or. On peut louer des vélos dans la plupart des villes.

Visiter l'Islande à vélo relève davantage du défi en raison de l'instabilité du temps, des vents parfois violents et de l'absence de voies réservées ou de bandes d'arrêt d'urgence (notamment sur la Route circulaire, où l'on roule près des voitures).

## Plongée et snorkeling

La plongée sous-marine connaît un succès croissant en Islande. Une eau limpide (100 m de visibilité !), une faune passionnante, de spectaculaires ravins de lave, des épaves et des cheminées thermiques en font une destination de plongée incomparable. Les meilleurs sites sont Silfra à Þingvellir et les cheminées géothermiques de l'Eyjafjörður.

Un brevet PADI Dry Suit Diver (plongée avec combinaison étanche) est recommandé ; quelques centres de plongée islandais le délivrent. Le cours PADI Tectonic Plate Awareness (conçu par Dive.is – www.dive.is) permet d'appréhender la tectonique des plaques.

# Circuits organisés

La difficulté du terrain et les tarifs élevés font des circuits organisés une option intéressante en Islande. Ils permettent en outre de gagner du temps et de découvrir des endroits reculés, inaccessibles avec une voiture de location. Pour une liste de prestataires au départ de l'étranger, voir la rubrique *Voyages organisés*, p. 416.

Plongeur à Silfra (p. 116)



De nombreux circuits s'effectuent en bus ; d'autres se font en 4x4 ou en Super-Jeep, et quelques-uns en autoneige, en quad ou en avion léger. Une activité sportive comme le rafting, l'équitation et la randonnée glaciaire est souvent au programme.

Si vous prévoyez de vous baser à Reykjavík et d'explorer le pays en multipliant les excursions, sachez que vous perdrez ainsi beaucoup de temps dans les transports entre la capitale et les trésors naturels de l'île. Mieux vaut séjourner plus près des sites. Autre avantage de cette solution : les circuits les plus intéressants et personnalisés sont souvent proposés par de petits prestataires locaux, qui explorent depuis toujours les grottes glaciaires, glaciers, montagnes et sentiers de leur région. Ils vous parleront bien de ces merveilles familières (contrairement à certains grands organismes établis en ville, qui envoient des bus de touristes vers les destinations les plus populaires).

L'Islande compte d'innombrables tour-opérateurs, petits ou gros. La liste suivante en répertorie quelques-uns, jouissant d'une solide réputation. Consultez leurs sites Web pour avoir une idée des offres et comparez avec d'autres prestataires.

➡ **Air Iceland** (www.airiceland.is). La plus grande compagnie de vols intérieurs du pays propose un éventail d'excursions d'une journée combinant avion, bus, randonnée et/ou 4x4 dans tout le pays depuis Reykjavík et Akureyri. Elle offre aussi des circuits au Groenland à partir de Reykjavík.

➡ **Arctic Adventures** (www.adventures.is). Spécialiste des circuits sportifs ; tourisme classique, VTT, kayak de mer et même surf.

➡ **Grayline Iceland** (www.grayline.is). Une compagnie de bus avec une gamme complète de circuits d'une journée et de nombreuses activités.

➡ **Icelandic Mountain Guides** (www.mountainguides.is). Propose des activités très variées : randonnées de plusieurs jours, circuits escalade, vélo ou ski. Également : expéditions de haut niveau pour grimpeurs confirmés.

➡ **Reykjavík Excursions** (www.re.is). L'agence touristique la plus populaire de Reykjavík ; choix complet de circuits, toute l'année.

➡ **Saga Travel** (www.sagatravel.is). Toute l'année, programme de circuits divers et innovants, surtout dans le nord du pays, au départ de Reykjavík, Akureyri et Mývatn.

# Activités de plein air

## PATREKSFJÖRÐUR

Une base tranquille pour explorer les péninsules méridionales des fjords de l'Ouest : falaises peuplées d'oiseaux de Látrabjarg , plages aux tons rosés de Rauðasandur, péninsule de Þingeyri, pour de belles balades à vélo... (p. 207)

## ÍSAFJÖRÐUR

Logez dans la plus grande ville des fjords de l'Ouest (ou à proximité) pour accéder au Hornstrandir, aux fjords d'Ísafjarðardjúp (hauts lieux du kayak de mer) et aux péninsules centrales déchiquetées. (p. 212)

## PÉNINSULE DE SNÆFELLSNES

Un véritable concentré d'Islande : sentiers de randonnée, équitation, sources chaudes, croisières, observation des macareux et des baleines, et un fabuleux glacier. (p. 185)

## KERLINGARFJÖLL

Cette chaîne de montagnes recèle des merveilles géothermiques et des sommets de rhyolite multicolores. Partez en 4x4 à l'assaut des hautes terres pour accéder à des randonnées reculées. (p. 351)

## REYKJAVÍK

Plaque tournante d'innombrables circuits et expéditions d'aventure dans l'arrière-pays, en particulier à destination du Sud, de l'Ouest et du Cercle d'or. (p. 52)

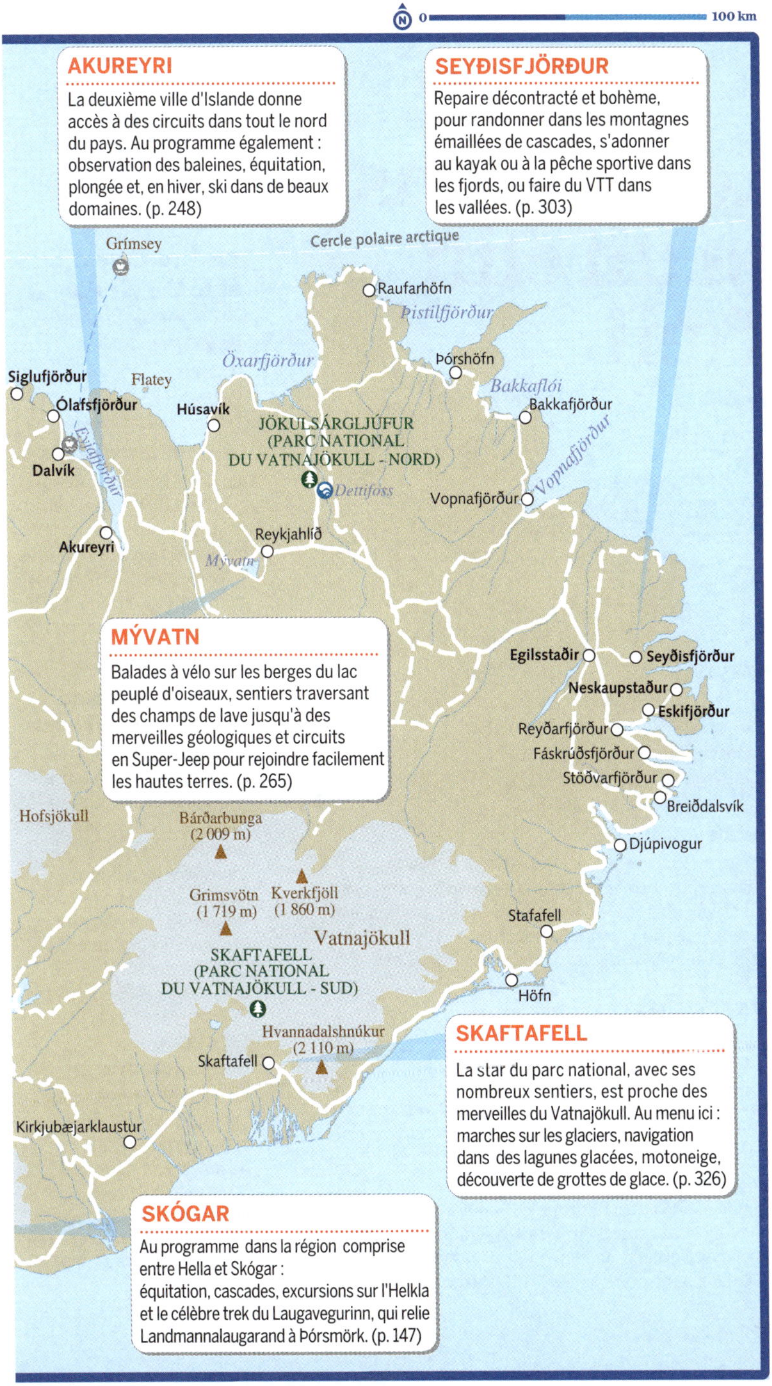


## AKUREYRI

La deuxième ville d'Islande donne accès à des circuits dans tout le nord du pays. Au programme également : observation des baleines, équitation, plongée et, en hiver, ski dans de beaux domaines. (p. 248)

## SEYÐISFJÖRÐUR

Repaire décontracté et bohème, pour randonner dans les montagnes émaillées de cascades, s'adonner au kayak ou à la pêche sportive dans les fjords, ou faire du VTT dans les vallées. (p. 303)

## MÝVATN

Balades à vélo sur les berges du lac peuplé d'oiseaux, sentiers traversant des champs de lave jusqu'à des merveilles géologiques et circuits en Super-Jeep pour rejoindre facilement les hautes terres. (p. 265)

## SKAFTAFELL

La slar du parc national, avec ses nombreux sentiers, est proche des merveilles du Vatnajökull. Au menu ici : marches sur les glaciers, navigation dans des lagunes glacées, motoneige, découverte de grottes de glace. (p. 326)

## SKÓGAR

Au programme dans la région comprise entre Hella et Skógar : équitation, cascades, excursions sur l'Helkla et le célèbre trek du Laugavegurinn, qui relie Landmannalaugarand à Þórsmörk. (p. 147)

# Les régions en un clin d'œil

## Reykjavík

**Culture**
**Vie nocturne**
**Escapades faciles**

### Capitale culturelle

Cernée par la nature à des kilomètres à la ronde, Reykjavík concentre une scène culturelle foisonnante avec d'excellents musées, des galeries ultra-branchées, une scène musicale bouillonnante, des festivals hauts en couleur, et un cercle inspiré d'artisans et de créateurs.

### Nuits blanches

Reykjavík est réputée pour sa vie nocturne enflammée. Les meilleures soirées commencent souvent par un verre dans un café, par un apéro-échauffement chez des amis ou par une tournée des bars à bières, pour s'achever très tard au rythme des meilleurs tubes, DJ sets et concerts.

### Escapades

Escapade idéale entre l'Europe et l'Amérique du Nord, Reykjavík est sillonnée d'itinéraires piétons et cyclistes. Elle permet d'accéder facilement aux paysages magiques de l'Islande, juste au-delà des limites urbaines.

p. 52

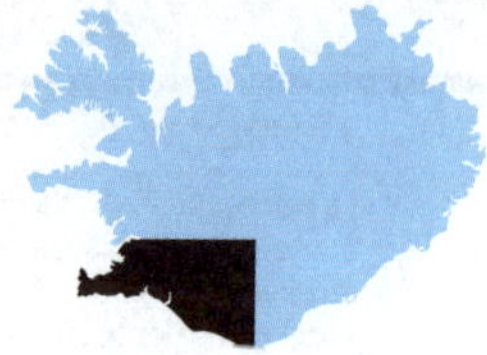

## Le Sud-Ouest et le Cercle d'or

**Paysages**
**Activités**
**Faune**

### Vue sur les volcans

La devise du Sud-Ouest pourrait être “plus c'est loin, meilleur c'est”. Explorez l'arrière-pays à la découverte de panoramas démesurés dominés par le grondement d'une poignée de volcans.

### À cheval et à pied au pays des Vikings

Les montagnes sont un véritable paradis pour les randonneurs, tandis que les alentours d'Hella comptent quantité de fermes équestres bucoliques. Ajoutez-y quelques vestiges datant de l'époque viking, et vous obtenez un éventail d'itinéraires à même de combler tous les visiteurs.

### La magie des macareux

L'archipel des Vestmannaeyjar abrite la plus grande colonie de macareux du monde. L'accueil qu'ils réservent aux ferries, sur lesquels ils s'abattent à leur arrivée au port, est mémorable !

p. 102

## L'Ouest

**Paysages**
**Histoire**
**Activités**

### Une infinité d'îlots

La longue péninsule de Snæfellsnes est un paradis coloré formé de coulées de lave durcie, de prairies vertes striées de cascades, d'eaux bleu arctique et d'une éblouissante calotte glaciaire. L'un de ses meilleurs atouts est le Breiðafjörður, une baie constellée d'îles réfractant la lumière du soleil à travers les nuages.

### Sagas vikings

Avec son passé viking, l'Ouest ravit aussi les férus d'histoire. Ne manquez pas le musée de la Colonisation, dans la dynamique ville de Borgarnes.

### Balades à cheval

Le littoral sud de la péninsule de Snæfellsnes est l'un des meilleurs endroits pour monter le petit et robuste cheval islandais : suivez les crêtes de sable ou trottez dans les collines en quête de sources géothermiques.

p. 174

## Les fjords de l'Ouest

**Paysages**
**Activités**
**Faune**

### Le bout du monde

Sur les cartes, la côte des fjords de l'Ouest évoque des pinces de homard géantes tendues vers le cercle arctique. Saisissants, les paysages de roche et d'océan évoquent de mystérieuses fables.

### À la découverte de l'Arctique

Tutoyant les frontières de l'Arctique, avec ses péninsules accidentées pointant le nord, l'Islande est une terre propice aux activités de plein air : VTT, kayak de mer, voile, ski… La réserve du Hornstrandir en constitue le joyau central.

### Amis des bêtes

Outre les chevaux qui vagabondent, les vedettes ici sont les oiseaux peuplant les falaises et les renards polaires que l'on peut voir détaler entre les buttes herbeuses – en s'y prenant à l'avance, on peut même se porter volontaire pour contribuer à l'étude et à la protection de cette espèce, le dernier mammifère endémique d'Islande.

p. 201

## Le Nord

**Paysages**
**Faune**
**Activités**

### Une nature plurielle

Dans le Nord, la variété des paysages est infinie : îlots perdus au large, péninsules désolées, sommets de glace, élevages de chevaux, eaux bouillonnantes, villages de pêcheurs, cascades, champs de lave tortueux, baleines longeant le littoral…

### Au paradis des baleines

Húsavík est la destination n°1 pour observer les baleines – elle est suivie de près par les localités bordant l'ouest de l'Eyjafjörður, notamment Akureyri.

### Le Nord à 100 à l'heure

Le Nord-Ouest est la meilleure région pour monter à cheval. Les rives du lac Mývatn sont un observatoire sans pareil pour les oiseaux ; mais la lointaine péninsule de Langanes et l'île arctique de Grímsey ne sont pas en reste. Vous pourrez aussi explorer à pied les confins du parc national du Vatnajökull ou skier dans la péninsule de Tröllaskagi.

p. 227

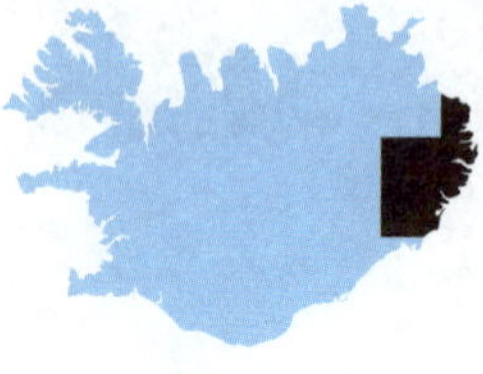

## L'Est

**Paysages**
**Activités**
**Faune**

### Fjord-tastique

La splendeur des fjords de l'Est est à son comble vers les villages du Norðfjörður. Dans les terres, le lac Lagarfljót est un superbe terrain d'exploration, tout comme le mont Snæfell (1 833 m), dans le parc national du Vatnajökull.

### Terre et mer

Faire du kayak sur les eaux du Seyðisfjörður est inoubliable. Pour ceux qui préfèrent la terre ferme, il y a le VTT et les équipées à cheval pour observer les phoques, à Húsey. Les superbes randonnées de la région des fjords offrent, quant à elles, de magnifiques points de vue. Ne manquez pas Borgarfjörður Eystri.

### Créatures de l'Est

Les montagnes de l'Est sont peuplées de rennes sauvages et les oiseaux sont légion dans la région, notamment du côté des fermes reculées d'Húsey et de Skálanes, et de l'admirable plateforme d'observation des macareux à Borgarfjörður Eystri.

p. 291

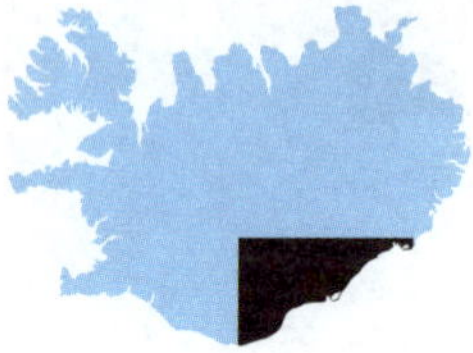

## Le Sud-Est

**Paysages**
**Faune**
**Activités**

### Royaume de glace

Glaciers scintillants, puissantes cascades, icebergs de la lagune de Jökulsárlón, parc de Skaftafell (paradis des randonneurs)... Le Sud-Est figure à juste titre parmi les régions les plus visitées du pays. Les *sandar* apportent une note plus sombre.

### La faune crève l'écran

Des phoques s'ébattent dans la somptueuse lagune de Jökulsárlón et des grands labbes occupent les *sandar*. Au cap d'Ingólfshöfði, c'est dans une remorque tirée par un tracteur que l'on part observer les nids des macareux et d'autres oiseaux marins.

### Aventure sur la glace

Pour le grand frisson : randonnées sur glaciers, motoneige et visites de grottes de glace. Les sorties en bateau ou kayak sur les lagunes glaciaires, parmi les icebergs, sont très recherchées. Kirkjubæjarklaustur est idéal pour les balades à VTT. Et, pour se remettre de ses émotions, dégustation de langoustines à Höfn !

p. 317

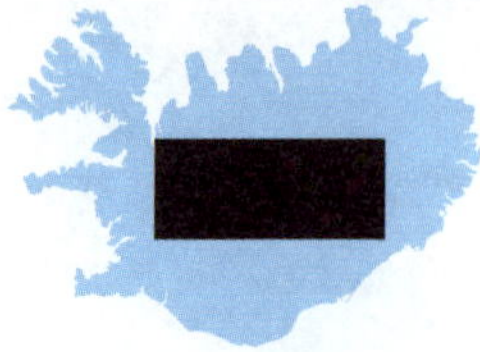

## Les hautes terres

**Paysages**
**Isolement**
**Activités**

### Paysages lunaires

La région est pratiquement inhabitée, à l'exception de quelques hébergements et résidences secondaires. Les astronautes de la NASA s'y entraînaient autrefois. Les récentes éruptions de l'Holuhraun ont donné une nouvelle dimension aux anciens champs de lave.

### Beauté brute

Les hautes terres donnent tout son sens au mot "désolation". La solitude y est grisante, et les panoramas sont saisissants. Si certains sont déçus par l'extrême austérité de l'arrière-pays et son infini désert de sable gris, d'autres s'inclinent face au spectacle d'une nature à l'état brut.

### Randonnées reculées

Explorer les routes intérieures à pied, à vélo ou à cheval est éreintant, mais cela en vaut la peine. D'excellents treks sillonnent le massif du Kerlingarfjöll et la région d'Askja, tandis qu'Hveravellir abrite des sources géothermales. D'autres préféreront découvrir ces sites depuis le confort d'une Super-Jeep !

p. 346

# Sur la route

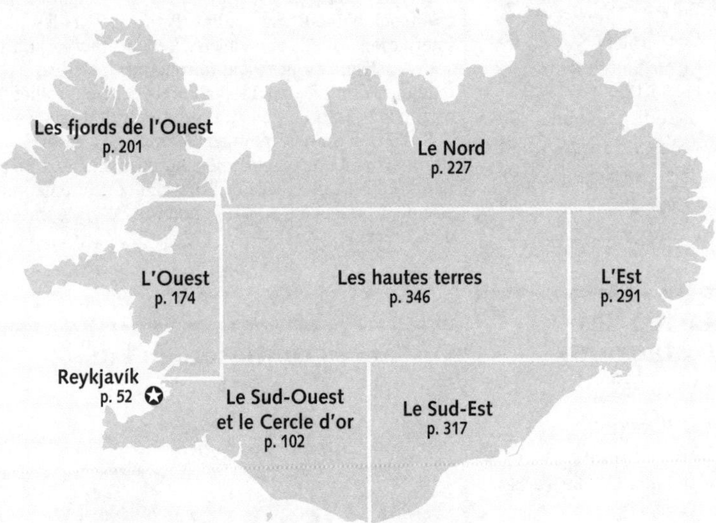
Les fjords de l'Ouest
p. 201
Le Nord
p. 227
L'Ouest
p. 174
Les hautes terres
p. 346
L'Est
p. 291
Reykjavík
p. 52
Le Sud-Ouest
et le Cercle d'or
p. 102
Le Sud-Est
p. 317

# Reykjavík

209 500 HABITANTS

**Dans ce chapitre ➡**


À voir ........................... 54
Activités ....................... 67
Cours ........................... 68
Circuits organisés ........ 68
Où se loger .................... 74
Où se restaurer ............ 80
Où prendre un verre et faire la fête .............. 87
Où sortir ....................... 90
Achats .......................... 91
Comment circuler ........ 98
Viðey ........................... 99
Kópavogur .................. 101


## Le top des restaurants

- Dill (p. 86)
- Snaps (p. 85)
- Messinn (p. 80)
- Matur og Drykkur (p. 82)
- Apotek (p. 81)

## Le top des hébergements

- Kvosin Downtown Hotel (p. 75)
- Black Pearl (p. 74)
- Reykjavík Residence (p. 78)
- Alda Hotel (p. 78)

## Pourquoi y aller

La capitale la plus septentrionale du monde a de multiples attraits, à commencer par des édifices colorés, un penchant pour le design, une vie nocturne endiablée et une atmosphère marquée par une simplicité enjouée.

À bien des égards, Reykjavík est remarquablement cosmopolite pour sa taille. Petite selon les critères internationaux, elle abonde en excellents musées. L'art et la scène gastronomique y sont foisonnants, et les cafés et bars tendance y sont légion. Les habitants cultivent esthétique et originalité créatrice, dans un certain esprit de village.

Si l'on ajoute les montagnes enneigées en arrière-plan (Reykjavík est une base idéale pour des excursions en pleine nature), les eaux agitées et l'air froid et pur, on comprend aisément qu'à peine repartis, nombre de visiteurs songent déjà à revenir.

## Distances routières (en km)

| | Reykjavík | Borgarnes | Ísafjörður | Akureyri | Egilsstaðir | Höfn |
|---|---|---|---|---|---|---|
| Borgarnes | 74 | | | | | |
| Ísafjörður | 457 | 384 | | | | |
| Akureyri | 389 | 315 | 567 | | | |
| Egilsstaðir | 698 | 580 | 832 | 265 | | |
| Höfn | 459 | 519 | 902 | 512 | 247 | |
| Vík | 187 | 246 | 630 | 561 | 511 | 273 |

# À ne pas manquer

1 Le quartier historique du **vieux Reykjavík** (p. 54) et une séance shopping à Laugavegur

2 Le **Musée national** (p. 65), qui retrace l'histoire du pays

3 Le **vieux port** (p. 58), ses musées, ses microbrasseries et ses restaurants

4 La vue sur la ville depuis le clocher de la très moderne **Hallgrímskirkja** (p. 59)

5 Le remarquable **musée d'Art de Reykjavík** (p. 55)

6 **The Settlement Exhibition** (p. 55), avec sa maison longue viking et les vestiges des premiers temps de la ville

7 Un spectacle à l'**Harpa** (p. 64), rutilante salle de concert

8 Le tour des **bars et clubs** (p. 87) de la capitale, comme le Kaffibarinn ou le Kiki

9 Un verre dans un **café typique** (p. 83), tel le Stofan Kaffihús

10 Un bain réconfortant dans la piscine géothermale de **Laugardalur** (p. 67) ou une balade dans les jardins botaniques

## Histoire

Ingólfur Arnarson, un fugitif norvégien, devint officiellement le premier Islandais en 871. La légende veut qu'il ait jeté ses *öndvegissúlur* (piliers du trône) par-dessus bord, et se soit établi sur le rivage où les dieux les auraient poussés, à Reykjavík (baie des Fumées), qu'il nomma ainsi à cause des colonnes de vapeur des sources chaudes. Selon des sources du XIIe siècle, Ingólfur bâtit sa ferme dans l'actuelle Aðalstræti, où une maison longue viking a été mise au jour.

Pendant des siècles, Reykjavík se résuma à un simple ensemble de fermes. Puis, en 1225, un important monastère augustin fut fondé sur l'île de Viðey – il fut détruit pendant la Réforme, au XVIe siècle.

Au début du XVIIe siècle, le Danemark imposa à l'Islande un monopole commercial qui la plongea dans la famine et la misère. Pour contourner l'embargo, le trésorier royal Skúli Magnússon, le "Père de Reykjavík", créa dans les années 1750 des ateliers de tissage, de tannerie et de teinture de la laine, posant ainsi les fondations de la ville.

Reykjavík prit son véritable essor pendant la Seconde Guerre mondiale, grâce aux troupes britanniques et américaines stationnées à Keflavík. La ville connut une croissance ininterrompue jusqu'à la crise économique de 2008. Aujourd'hui, grâce au tourisme et à l'implication de ses habitants, elle a retrouvé le chemin de la prospérité.

## À voir

Balades, artères commerçantes, musée, promenades pittoresques en bord de lac ou sur le front de mer : la plupart des attraits et curiosités touristiques de Reykjavík sont regroupés dans le centre-ville compact.

### Le vieux Reykjavík

**Vieux Reykjavík** SECTEUR

(carte p. 60). Le quartier du vieux Reykjavík, qui englobe plusieurs sites d'intérêt et édifices historiques, constitue le cœur de la capitale, ainsi que le point de convergence de nombreuses visites guidées historiques. Il se déploie entre le Tjörnin, le lac du centre-ville, et le parc Austurvöllur, au nord. Entre les deux se dressent le Raðhús (hôtel de ville) et l'Alþing (ou Althing, Parlement).

### REYKJAVÍK EN...

#### Un jour

Commencez par une promenade dans le **vieux Reykjavík** (p. 54), à proximité du lac Tjörnin. Découvrez ensuite les meilleurs musées de la capitale, en choisissant parmi le **Musée national** (p. 65), le **musée d'Art de Reykjavík** (p. 64), ou **The Settlement Exhibition** (p. 55). L'après-midi, baladez-vous dans Skólavörðustígur, la rue des artistes, pour rejoindre l'**Hallgrímskirkja** (p. 59). Pour profiter d'une vue splendide, prenez l'ascenseur jusqu'en haut du clocher. Une fois redescendu, cap sur Laugavegur, la principale artère commerçante.

Donnez-vous le temps de siroter un verre en observant le ballet des passants, par exemple au **Bravó** (p. 89), en attendant l'heure du dîner. Bon nombre des restaurants les plus fréquentés – dont le **Vegamót** (p. 85) et le **Kex** (p. 89) – se métamorphosent le soir en lieux festifs. Le week-end, adonnez-vous à la fameuse tournée des pubs de Reykjavík. Commencez par le bon vieux **Kaffibarinn** (p. 89) ou par le **Kaldi** (p. 89), paradis des amateurs de bière, puis suivez les habitants qui vous entraîneront dans les lieux branchés de leur ville, ou allez danser au **Kiki** (p. 89).

#### Deux jours

Après une soirée pareille, rien de tel qu'un brunch au **Bergsson Mathús** (p. 81), au **Grái Kotturinn** (p. 84) ou au **Laundromat Cafe** (p. 81). Descendez ensuite au **vieux port** (p. 58) pour une balade, une visite des musées ou un circuit d'observation des baleines. Les sources chaudes, les jardins, le **Café Flóra** (p. 87) et les belles œuvres d'art de Laugardalur vous occuperont pour l'après-midi. Pensez à réserver si vous souhaitez dîner à l'une des meilleures tables islandaises, par exemple au **Dill** (p. 86) ou au **Matur og Drykkur** (p. 82). Si vous voulez ensuite faire la fête jusqu'au bout de la nuit, direction le **Paloma** (p. 87), l'**Húrra** (p 91) ou le **Prikið** (p. 89). Sinon, assistez à un spectacle à l'**Harpa** (p. 64), ou allez voir un film au **Bíó Paradís** (p. 91).

**The Settlement Exhibition** MUSÉE
(Landnámssýningin ; carte p. 60 ; ☎411 6370 ; borgarsogusafn.is/en/the-settlement-exhibition ; Aðalstræti 16 ; tarif plein/enfant 1 500 ISK/gratuit ; 9h-18h). À la fois site archéologique et musée, cette "exposition sur la colonisation" se déploie autour d'une **maison longue viking** du Xe siècle mise au jour en 2001-2002, ainsi que d'autres vestiges de l'âge du peuplement découverts dans le centre de Reykjavík. Associant technologie et archéologie, il offre un aperçu objectif et non romancé de la colonisation de l'Islande. Remarquez le fragment de **mur d'enceinte** à l'arrière du musée, qui proviendrait du plus vieil édifice construit à Reykjavík.

L'exposition exploite admirablement les techniques du multimédia. Un panorama à 360° montre à quoi ressemblaient les lieux à l'époque de la maison longue et une installation permet de découvrir les différentes étapes de sa construction. Vous observerez notamment des os de grand pingouin, des lampes à huile de poisson, une hache en fer, ainsi qu'une fusaïole (rouelle à rayons) gravée de lettres de l'alphabet runique découverte près du site de l'actuel Alþing.

**Musée d'Art de Reykjavík – Hafnarhús** MUSÉE D'ART
(carte p. 60 ; ☎411 6400 ; www.artmuseum.is ; Tryggvagata 17 ; tarif plein/enfant 1 500 ISK/gratuit ; 10h-17h ven-mer, 10h-22h jeu). Cet entrepôt magnifiquement restauré, habillé d'acier et de béton, a été transformé en un vaste espace consacré à des expositions temporaires d'art contemporain (installations, vidéos, tableaux et sculptures). Des peintures d'Erró (Guðmundur Guðmundsson), un artiste engagé islandais, sont exposées de manière permanente. Le **café**, rattaché au marché de producteurs Frú Lauga (p. 86), offre une belle vue sur le port.

**Tjörnin** LAC
(carte p. 60). Le lac Tjörnin est peuplé par quelque 40 espèces d'oiseaux - cygnes, oies et sternes arctiques... Les tout-petits nourrissent les canards. De jolis parcs ornés de sculptures, comme le **Hljómskálagarður** (p. 58), bordent la rive sud. Les sentiers attirent cyclistes et joggeurs. L'hiver, des **patineurs** s'emparent du plan d'eau.

**Austurvöllur** PARC
(carte p. 60). Ce parc s'étend sur l'ancien domaine du premier colon, Ingólfur Arnarson. On y vient pour prendre un café, pique-niquer ou bronzer près de l'Alþing. Des concerts s'y déroulent occasionnellement. Au centre du parc, remarquez la **statue** (carte p. 60) de Jón Sigurðsson, leader de l'indépendance de l'Islande.

## LE MUSÉE D'ART

L'excellent **musée d'Art de Reykjavík** (Listasafn Reykjavíkur ; www.artmuseum.is ; tarif plein/enfant 1 500 ISK/gratuit) est réparti sur 3 sites : l'Hafnarhús (p. 55), un vaste espace moderne en centre-ville dévolu à l'art contemporain ; le Kjarvalsstaðir (p. 64), qui accueille des expositions temporaires d'art moderne dans un parc à l'est de Snorrabraut ; et l'Ásmundarsafn (p. 66), paisible oasis proche de Laugardalur, qui présente des sculptures d'Ásmundur Sveinsson.

Un seul billet, valable 1 journée, couvre les 3 sites (réduction de 50% sur les billets achetés après 15h).

**Alþing** ÉDIFICE HISTORIQUE
(Parlement ; carte p. 60 ; ☎563 0500 ; www.althingi.is ; Kirkjustraeti). GRATUIT Le premier Parlement islandais fut créé à Þingvellir en 930. Colonisé au XIIIe siècle, le pays retrouva peu à peu son autonomie. L'Alþing déménagea dans le bâtiment en basalte actuel en 1881. L'élégante annexe en pierre et verre fut achevée en 2002. Les **sessions parlementaires** (4/semaine de mi-septembre à début juin ; infos sur le site Web) sont ouvertes au public.

**Ráðhús** ÉDIFICE REMARQUABLE
(carte p. 60 ; Vonarstræti ; 8h-16h lun-ven). GRATUIT L'hôtel de ville est une construction postmoderne située sur les berges du lac. Caractérisé par des pilotis en béton, des fenêtres teintées et une enceinte recouverte de végétation, il paraît surgir de l'eau. À l'intérieur, observez l'intéressante carte en relief de l'Islande.

**Musée de la Photographie de Reykjavík** MUSÉE
(Ljósmyndasafn Reykjavíkur ; carte p. 60 ; ☎411 6390 ; www.ljosmyndasafnreykjavikur.is ; 6e ét., Tryggvagata 15, Grófarhús ; 12h-19h lun-jeu, 12h-18h ven, 13h-17h sam-dim). GRATUIT Cet espace muséal, aménagé au-dessus de la bibliothèque de la ville, mérite une visite pour ses excellentes expositions de photographes

## Reykjavík

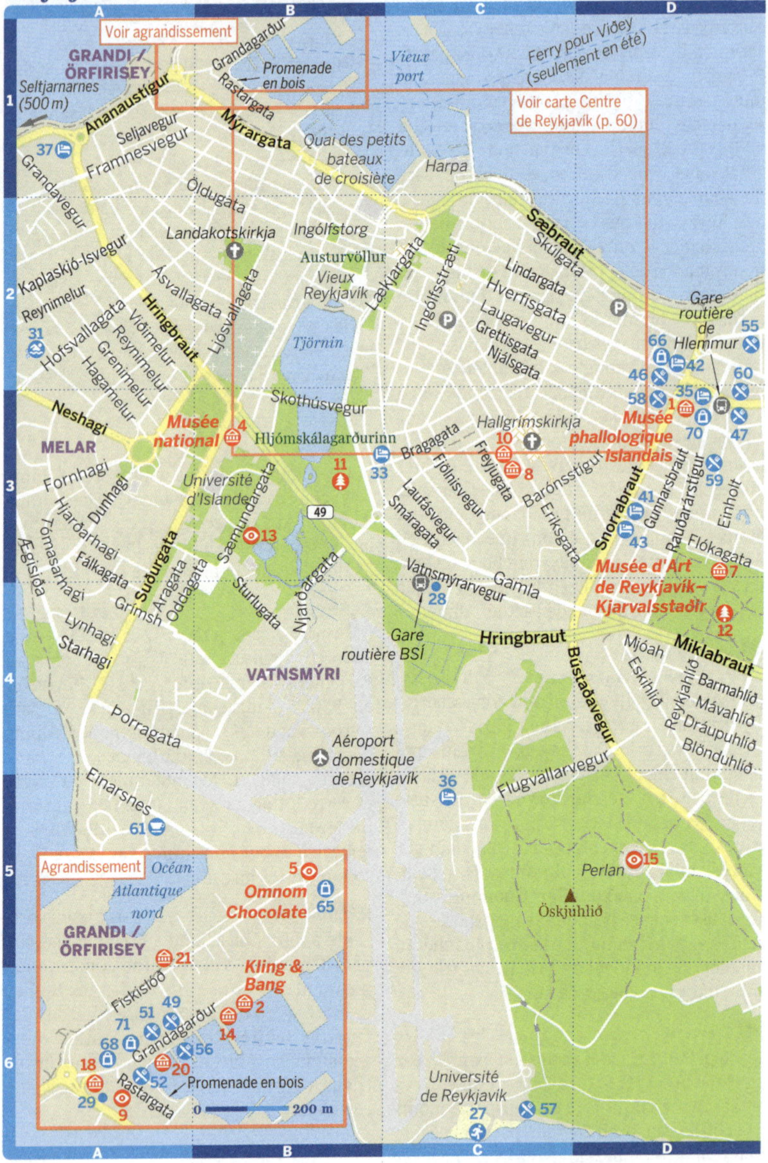


régionaux. Si vous montez par l'ascenseur, redescendez par l'escalier orné de photos anciennes en noir et blanc.

**Volcano House** MUSÉE

(carte p. 60 ; ☎555 1900 ; www.volcanohouse.is/fr ; Tryggvagata 11 ; tarif plein/enfant 1 990 ISK/gratuit ; ⌚9h-22h). Cette salle moderne, dont le hall abrite une exposition consacrée à la lave (on peut toucher les roches), projette 2 films documentaires de 55 minutes (toutes les heures) sur les volcans des Vestmannaeyjar et l'Eyjafjallajökull. Du 15 juin au 15 septembre, une projection en français a

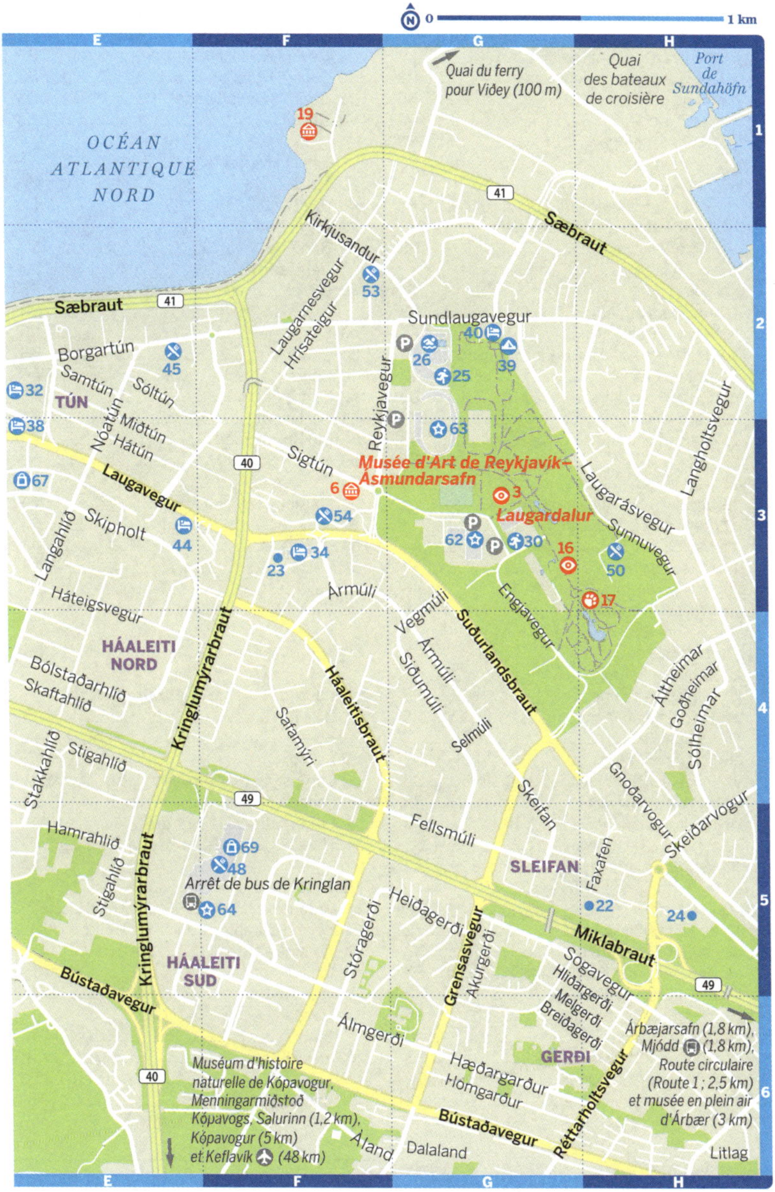


lieu chaque jour (possibilité d'organiser une séance pour les groupes le reste de l'année).

**Dómkirkja** ÉGLISE

(carte p. 60 ; www.domkirkjan.is ; Kirkjustræti ; ⏲10h-16h30 lun-ven, messe 11h dim). La principale cathédrale islandaise est une construction modeste, qui joua pourtant un rôle clé dans la conversion du pays au luthéranisme. Construit au XVIII^e siècle et agrandi en 1848, l'édifice actuel se distingue par de jolies proportions. À l'intérieur, la sobriété du bois est rehaussée de dorures.

## Reykjavík

**Les incontournables**
1 Musée phallologique islandais ... D3
2 Kling & Bang ... B6
3 Laugardalur ... G3
4 Musée national ... B3
5 Omnom Chocolate ... B5
6 Musée d'Art de Reykjavík – Ásmundarsafn ... F3
7 Musée d'Art de Reykjavík – Kjarvalsstaðir ... D3

**À voir**
8 Musée d'Art ASÍ ... C3
9 Aurora Reykjavík ... A6
10 Jardin de sculptures Einar Jónsson ... C3
Gallerí Fold ... (voir 70)
11 Parc Hljómskálagarður ... B3
12 Parc Miklatún ... D4
13 Maison nordique ... B3
14 Nýló ... B6
15 Perlan ... D5
16 Jardin botanique de Reykjavík ... G3
17 Reykjavík Zoo & Family Park ... H3
18 Musée des Sagas ... A6
19 Musée Sigurjón Ólafsson ... F1
20 Musée maritime viking ... A6
21 Whales of Iceland ... A5

**Activités**
22 Bike Company ... H5
23 Eagle Air Iceland ... F3
24 Ferðafélag Íslands ... H5
25 Laugar Spa ... G2
26 Laugardalslaug ... G2
27 Plage géothermale de Nauthólsvík ... C6
28 Reykjavík Excursions ... C4
29 Reykjavík Sailors ... A6
30 Patinoire de Reykjavík ... G3
31 Vesturbæjarlaug ... A2

**Où se loger**
32 Fosshotel Reykjavík ... E2
33 Galtafell Guesthouse ... B3
34 Hilton Reykjavík Nordica ... F3
35 Hlemmur Square ... D3
36 Icelandair Hotel Natura ... C5
37 Oddsson Hostel ... A1
38 Opal Apartments ... E3
39 Reykjavík Campsite ... G2
40 Reykjavík City Hostel ... G2
41 Reykjavík Hostel Village ... D3
42 Skuggi Hotel ... D2
43 Snorri's Guesthouse ... D3
44 Útivist ... E3

**Où se restaurer**
10-11 ... (voir 53)
45 10-11 ... E2
46 Argentína ... D2
47 Ban Thai ... D3
Bergsson RE ... (voir 14)
48 Bónus ... F5
Bryggjan Brugghús ... (voir 20)
49 Burið ... A6
50 Café Flóra ... H3
51 Coocoo's Nest ... A6
52 Fish & Chips ... A6
53 Frú Lauga ... F2
54 Gló Street Food ... F3
55 Johansen Deli ... D2
56 Kaffivagninn ... A6
Matur og Drykkur ... (voir 18)
57 Nauthóll ... C6
58 Noodle Station ... D3
59 Restó ... D3
Valdi's ... (voir 51)
Víkin Cafe ... (voir 20)
Vox ... (voir 34)
60 Yummi Yummi ... D3

**Où prendre un verre et faire la fête**
61 Bike Cave ... A5

**Où sortir**
Compagnie de danse islandaise ... (voir 64)
62 Laugardalshöllin ... G3
63 Stade national Laugardalsvöllur ... G3
64 Théâtre de la ville de Reykjavík ... F5

**Achats**
65 Marché de producteurs ... B5
66 Iceland Camping Equipment Rental ... D2
67 Librairie Iðnú ... E3
Jör ... (voir 46)
68 Kría ... A6
69 Kringlan ... F5
Krínolín ... (voir 49)
70 Lucky Records ... D3
Orr ... (voir 35)
71 Steinunn ... A6

**Hljómskálagarður** PARC
(carte p. 56). GRATUIT Ce parc sur la rive sud-est du Tjörnin présente des sculptures de cinq artistes islandaises : Gunnfríður Jónsdóttir (1889-1968), Nína Sæmundson (1892-1962), Þorbjörg Pálsdóttir (1919-2009), Ólöf Pálsdóttir (1920-) et Gerður Helgadóttir (1928-1975). On peut y voir également des œuvres de la Danoise Tove Ólafsson (1909-1992).

### Le vieux port

**Vieux port** QUARTIER
(carte p. 60 ; Geirsgata ; 1, 3, 6, 11, 12, 13, 14). Toujours en activité, le vieux port est par ailleurs devenu touristique, grâce à la présence de plusieurs musées, de salles projetant des documentaires sur les volcans et les aurores boréales, et d'excellents restaurants

– sans oublier les bateaux de pêche, la salle de concert Harpa et les sommets enneigés en toile de fond, qui participent du caractère du secteur. C'est aussi le point de départ d'excursions d'observation des baleines et des macareux. De nombreux restaurants et magasins se sont installés dans le quartier Grandi (du nom d'une conserverie de poissons), du côté ouest du port.

**Omnom Chocolate** CHOCOLATERIE
(carte p. 56 ; ☎519 5959 ; www.omnomchocolate.com ; Hólmaslóð 4, Grandi ; tarif plein/enfant 3 000/1 500 ISK ; ⏲8h-17h lun-ven). Vous devrez réserver pour visiter cette fabrique de chocolats et découvrir comment les fèves de cacao sont transformées en délicieuses friandises haut de gamme. Des bonbons et barres au chocolat aux saveurs raffinées et joliment emballés sont en vente dans la boutique. On en trouve aussi dans des magasins partout dans le pays.

**Whales of Iceland** MUSÉE
(carte p. 56 ; ☎571 0077 ; www.whalesoficeland.is ; Fiskislóð 23-25 ; tarif plein/enfant 2 900/1 500 ISK ; ⏲10h-18h juin-août, 10h-17h sept-mai ; 🚌14). Vous êtes-vous jamais promené sous une baleine bleue ? Ce musée présente des reproductions grandeur nature des espèces de baleines vivant au large des côtes islandaises. Observez la collection de squelettes de cétacés ; bons audioguides et explications sur écrans. Café et boutique de souvenirs. Réductions en ligne et billets famille (5 800 ISK).

**Musée maritime viking** MUSÉE
(Víkin Sjóminjasafnið ; carte p. 56 ; ☎517 9400 ; www.maritimemuseum.is ; Grandagarður 8 ; tarif plein/enfant 1 500 ISK/gratuit ; ⏲10h-17h ; 🚌14). Ce musée évoque l'histoire maritime de l'Islande et notamment la pêche qui a transformé son économie. Vous y découvrirez aussi des bateaux français ou belges. Visites guidées de l'*Óðinn*, un navire garde-côte (1 200 ISK, billet combiné avec le musée 2 200 ISK ; horaires sur le site Web).

**Musée des Sagas** MUSÉE
(carte p. 56 ; ☎511 1517 ; www.sagamuseum.is ; Grandagarður 2 ; tarif plein/enfant 2 100/800 ISK ; ⏲10h-18h ; 🚌14). Ce musée vous conte l'histoire islandaise, illustrée par d'inquiétants mannequins, avec une bande-son multilingue comportant bruits de hache et cris d'effroi. Ne vous étonnez pas si vous croyez reconnaître des personnages du musée parmi les habitants de Reykjavík : certains ont servi de modèles, à l'instar des filles du directeur – la princesse irlandaise et la petite esclave grignotant un poisson.

### SITES WEB UTILES

**Visit Reykjavík** (www.visitreykjavik.is). Site de l'Office national du tourisme islandais.

**City of Reykjavík** (reykjavik.is). Le site de la municipalité.

**Grapevine** (www.grapevine.is). Excellent journal/site Internet.

**What's On in Iceland** (www.whatson.is). Infos, circuits, manifestations, sites, bonnes adresses... Une section dédiée à Reykjavík, à destination des visiteurs.

**Iceland Review** (www.icelandreview.com). Actualités, sorties, etc.

**I Heart Reykjavík** (www.iheartreykjavik.net). Sympathique blog-guide en ligne, par une Islandaise de Reykjavík.

**Iceland Design Centre** (Hönnunarmiðstöð ; ☎771 2200 ; www.icelanddesign.is ; Aðalstræti 2 ; ⏲10h-18h lun-sam). Le site de ce centre qui promeut les designers et architectes locaux est une véritable mine, avec des actus sur les projets et créations, les expos, les événements... Le Reykjavík Design Guide recense les créateurs (des architectes aux céramistes). Boutique dans le centre.

**Aurora Reykjavík** EXPOSITION
(Northern Lights Centre ; carte p. 56 ; ☎780 4500 ; www.aurorareykjavik.is ; Grandagarður 2 ; tarif plein/enfant 1 600/1 000 ISK ; ⏲9h-21h ; 🚌14). Après vous être documenté sur les légendes entourant les aurores boréales et leur explication scientifique, assistez à une projection panoramique HD (avec système ambiophonique) de 35 minutes des plus belles aurores.

## Laugavegur et Skólavörðustígur

**Hallgrímskirkja** ÉGLISE
(carte p. 60 ; ☎510 1000 ; www.hallgrimskirkja.is ; Skólavörðustígur ; clocher tarif plein/enfant 900/100 ISK ; ⏲9h-21h juil-sept, 9h-17h oct-mai). Cette immense église blanche luthérienne en béton (1945-1986), visible à 20 km à la ronde, est l'édifice vedette de Reykjavík, dont elle domine les toits. Pour une vue imprenable sur la ville, prenez l'ascenseur jusqu'en haut du **clocher** (74,5 m). L'intérieur est tout en

# Centre de Reykjavík

0
200 m
E
F
G
H
1
2
3
4
5
6
7
OCÉAN
ATLANTIQUE
NORD
Harpa
3
38
Sterna
104
Faxagata
Kalkofnsvegur
48
Skúlagata
Ingólfsstræti
Sölvhólsgata
12
Maison
de la Culture
1
149
Lindargata
22
Sæbraut
41
Hverfisgata
139
90
96
Smiðjust
Klapparstígur
Lindargata
Vatnsstígur
Frakkastígur
140
156
Smiðjustígur
46
150
24
Veghst
74
131
Bergstaðastræti
153
146
25
111
170
133
Skólavörðustígur
95
161
145
Parking
Vitatorg
Skúlagata
134
75
123
175
Hverfisgata
118
Vegamótastígur
81
121
58
64
172
174
177
122
Bergstaðastræti
155
169
148
83
Laugavegur
173
132
157
158
171
71
94
Grettisgata
152
160
159
103
86
168
80
124
176
167
107
163
Óðinsgata
Týsgata
Njálsgata
87
53
40
106
61
Frakkastígur
42
56
69
Bjarnarst
54
Kárastígur
141
Vitastígur
Grettisgata
Baldursgata
78
67
Lokastígur
Skólavörðustígur
68
Þórsgata
60
112
Njálsgata
Freyjugata
105
119
88
19
Bergþórugata
Barónsstígur
Bragagata
76
Eiríksgata
Hallgrímskirkja
2
Njarðargata
17
37

# Centre de Reykjavík


**Les incontournables**
1 Maison de la Culture ............ E4
2 Hallgrímskirkja ............ F7
3 Harpa ............ E2
4 i8 ............ B2
5 Galerie nationale d'Islande ............ C6
6 Vieux port ............ B1
7 Vieux Reykjavík ............ C4
8 Musée d'Art de Reykjavík – Hafnarhús ............ C3
9 The Settlement Exhibition ............ B4
10 Tjörnin ............ B6

**À voir**
11 Alþingi ............ C4
12 Árnarhóll ............ E3
13 Collection Ásgrímur Jónsson ............ D7
14 Austurvöllur ............ C4
15 Cinema at Old Harbour Village No 2 ............ B1
16 Dómkirkja ............ C4
17 Musée Einar Jónsson ............ F7
18 Hverfisgallerí ............ D4
Statue de Jón Sigurðsson ............ (voir 14)
19 Statue de Leifur Eiríksson ............ F7
20 Ráðhús ............ B4
21 Musée de la Photographie de Reykjavík ............ B2
22 Le Voyageur du Soleil ............ H4
23 Volcano House ............ B2

**Activités**
24 Arctic Adventures ............ E4
25 Borgarhjól ............ F5
26 Elding Adventures at Sea ............ B1
27 Free Walking Tour Reykjavik ............ D4
28 Haunted Iceland ............ C3
29 Iceland Excursions ............ D3
30 Literary Reykjavík ............ B2
31 Reykjavík Bike Tours ............ B1
32 Reykjavík By Boat ............ B1
33 Reykjavík Sea Adventures ............ B1
34 Reykjavík Viking Adventure ............ B1
35 Skíðasvæði ............ C3
36 Special Tours ............ B1
Sterna ............ (voir 3)
37 Sundhöllin ............ H7
38 TukTuk Tours ............ E2
39 Whale Safari ............ B1

**Où se loger**
40 101 Hostel ............ G6
41 101 Hotel ............ E4
42 Alda Hotel ............ H6
43 Apotek ............ C4
44 Baldursbrá Guesthouse ............ D7
45 Black Pearl ............ B2
46 Canopy by Hilton ............ E4
47 Castle House & Embassy Apartments ............ C6
48 CenterHótel Arnarhvoll ............ E3
49 CenterHótel Plaza ............ B3
50 CenterHótel Þingholt ............ D4
51 Consulate Hotel Reykjavík ............ D3
52 Embassy Apartments ............ A4
53 Forsæla Apartmenthouse ............ G6
54 Grettisborg Apartments ............ H6
55 Guesthouse Butterfly ............ A2
56 Guesthouse Óðinn ............ E6
57 Hótel Borg ............ C4
58 Hótel Frón ............ F5
59 Hótel Holt ............ D6
60 Hótel Leifur Eiríksson ............ F7
61 Hótel Óðinsvé ............ E6
62 Hótel Reykjavík Centrum ............ B4
63 Icelandair Hotel Reykjavík Marina ............ A1
64 KEX Hostel ............ H5
65 Kvosin Downtown Hotel ............ C4
66 Loft Hostel ............ D4
67 Luna Hotel Apartments ............ E6
68 Nest Apartments ............ G6
69 OK Hotel ............ H6
70 Radisson Blu 1919 Hotel ............ C3
71 REY Apartments ............ F5
72 Reykjavík Downtown Hostel ............ B2
73 Reykjavík Marina Residence ............ A1
74 Reykjavík Residence ............ F4
75 Room With A View ............ E5
76 Sunna Guesthouse ............ F7
77 Three Sisters ............ A2
78 Villa ............ F6

**Où se restaurer**
79 10-11 ............ C4
80 10-11 ............ H6
Apotek ............ (voir 43)
81 Austur Indíafélagið ............ G5
82 Bæjarins Beztu ............ C3
83 Bakarí Sandholt ............ F5
84 Bergsson Mathús ............ C4
85 Bónus ............ G6
86 Bónus ............ D5
87 Brauð & Co ............ F6
88 Café Loki ............ F7
89 Café Paris ............ C4
The Deli ............ (voir 140)
90 Dill ............ E4
91 Fiskfélagið ............ B3
92 Fiskmarkaðurinn ............ B3
93 Forréttabarinn ............ A2
Gallery Restaurant ............ (voir 59)
94 Garðurinn ............ F5
95 Gló ............ F5
96 Grái Kötturinn ............ E4
97 Grillmarkaðurinn ............ D4
98 Hamborgara Búllan ............ B1
99 Hamborgara Búllan ............ D4

100 Hlölla Bátar ........ C3
101 Hornið ........ C3
Hverfisgata 12 ........ (voir 90)
Icelandic Fish & Chips ........ (voir 23)
102 Jómfrúin ........ D4
103 Joylato ........ F5
K-Bar ........ (voir 69)
104 Kolabrautin ........ E2
105 Krambúð ........ F7
106 Krua Thai ........ E6
Laundromat Café ........ (voir 136)
107 Lemon ........ G6
108 Lobster Hut ........ D4
109 Messinn ........ C4
110 Nora Magasin ........ C4
111 Ostabúðin ........ E5
Public House ........ (voir 58)
112 ROK ........ F7
113 Sægreifinn ........ B2
Snaps ........ (voir 61)
114 Stofan Kaffihús ........ B3
115 Sushisamba ........ D4
116 Tapas Barinn ........ B3
117 Þrír Frakkar ........ D7
118 Vegamót ........ E5
119 Vitabar ........ G7
120 Walk the Plank ........ B1

**Où prendre un verre et faire la fête**

B5 ........ (voir 99)
121 Bar Ananas ........ F5
122 Boston ........ F5
123 Bravó ........ F5
124 C is for Cookie ........ E6
125 Café Haiti ........ B1
126 Den Danske Kro ........ D4
Dillon ........ (voir 154)
127 English Pub ........ C4
128 Frederiksen Ale House ........ C3
129 Græna Herbergið ........ C4
130 Hressingarskálinn ........ D4
131 Kaffi Mokka ........ E5
132 Kaffi Vínyl ........ G5
133 Kaffibarinn ........ E5
134 Kaffifélagið ........ E5
Kaldi ........ (voir 95)
KEX Bar ........ (voir 64)
135 Kigali Kaffi ........ D5
Kiki ........ (voir 123)
Lebowski Bar ........ (voir 95)
Loft Hostel Bar ........ (voir 66)
136 Loftið ........ C3
Micro Bar ........ (voir 28)
Mikkeller & Friends ........ (voir 90)
137 Ölsmiðjan ........ C4
138 Paloma ........ C3
139 Petersen Svítan ........ E4
140 Prikið ........ E4
141 Reykjavík Roasters ........ F6
142 Sæta Svínið Gastropub ........ C3
143 Skúli Craft Bar ........ B4
Slippbarinn ........ (voir 63)
144 Vínbúðin - Austurstræti ........ C4

**Où sortir**

145 Bíó Paradís ........ G5
146 Café Rosenberg ........ F5
147 Gaukurinn ........ C3
Húrra ........ (voir 147)
148 Mengi ........ E5
149 Théâtre national ........ E4

**Achats**

12 Tónar ........ (voir 171)
66° North ........ (voir 99)
150 Álafoss ........ E4
151 Aurum ........ D4
152 Beautiful Stories ........ G5
153 Blue Lagoon Shop ........ E5
154 Cintamani ........ D4
Dogma ........ (voir 154)
155 Eymundsson ........ E5
Eymundsson ........ (voir 43)
Fjallakofinn ........ (voir 24)
156 Fóa ........ E4
157 Gangleri Outfitters ........ H5
158 Geysir ........ E5
159 Handknitting Association of Iceland ........ G5
160 Handknitting Association of Iceland ........ E5
Heilsuhúsið ........ (voir 95)
161 Hrím ........ F5
162 Kickstart ........ B2
163 Kiosk ........ H6
164 Kirsuberjatréð ........ B3
165 Kogga ........ B3
166 Marché aux puces de Kolaportið ........ C3
Kraum ........ (voir 154)
167 Kron ........ G6
168 KronKron ........ H6
Mál og Menning ........ (voir 75)
169 My Concept Store ........ G5
170 Ófeigur Björnsson ........ E5
171 Orrifinn ........ E5
172 Rammagerðin – Iceland Gift Store ........ E5
173 Reykjavík Foto ........ G5
174 Reykjavík Record Shop ........ F5
175 Reykjavík's Cutest ........ F5
176 Skúmaskot ........ E6
177 Spúútnik ........ F5
Stígur ........ (voir 171)

sobriété – abstraction faite du grand **orgue** aux 5 275 tuyaux, installé en 1992. L'architecture radicale de l'église et ses dimensions ont suscité de vives controverses. Son architecte, Guðjón Samúelsson (1887-1950), ne la vit jamais achevée.

### ♥ Harpa — ÉDIFICE CULTUREL

(carte p. 60 ; ☎ billetterie 528 5050 ; www.harpa.is ; Austurbakki 2 ; ⏲ 8h-0h, billetterie 10h-18h). À la fois salle de concert et centre culturel, l'Harpa, dont les facettes toujours changeantes se reflètent sur l'eau, est une merveille architecturale invitant à la contemplation. Outre une programmation intéressante (certains concerts sont gratuits), l'édifice mérite une halte pour son intérieur étincelant avec vue sur le port. **Visite guidée** (1 950 ISK ; ⏲ 11h, 13h30, 15h30 et 17h30 tlj mi-mai à mi-sept ; 15h30 lun-ven, 11h et 15h30 sam-dim le reste de l'année) de 45 minutes.

### ♥ Maison de la Culture — MUSÉE D'ART

(Þjóðmenningarhúsið ; carte p. 60 ; ☎ 530 2210 ; www.culturehouse.is ; Hverfisgata 15 ; tarif plein/enfant 1 200 ISK/gratuit ; ⏲ 10h-17h mai à mi-sept, fermé lun mi-sept à avr). Fruit d'une collaboration entre le Musée national, la Galerie nationale et quatre autres institutions, cette Maison de la culture est splendide. Les collections couvrent l'histoire artistique et culturelle islandaise de la colonisation à nos jours. Les pièces, pour beaucoup inestimables, sont classées par thèmes. Parmi les joyaux de l'établissement : des manuscrits du XIV^e^ siècle, des œuvres d'art contemporain et le squelette d'un grand pingouin (désormais éteint). Le beau bâtiment de 1908 offre une agréable vue sur le port. Café au rez-de-chaussée ; visites guidées gratuites (consultez le site).

### ♥ Musée d'Art de Reykjavík – Kjarvalsstaðir — MUSÉE D'ART

(carte p. 56 ; ☎ 411 6420 ; www.artmuseum.is ; Flókagata 24, parc Miklatún ; tarif plein/enfant 1 300 ISK/gratuit ; ⏲ 10h-17h). Édifice anguleux de verre et de bois, le Kjarvalsstaðir, qui donne sur le **parc Miklatún** (carte p. 56), doit son nom au peintre islandais Jóhannes Sveinsson Kjarval (1885-1972). Ancien pêcheur, Kjarval étudia à l'Académie des beaux-arts de Copenhague grâce aux membres de son équipage, qui lui payèrent ses études. Ses paysages sont exposés à côté d'autres œuvres, le plus souvent des peintures du XX^e^ siècle.

### ♥ Musée phallologique islandais — MUSÉE

(Hið Íslenzka Reðasafn ; carte p. 56 ; ☎ 561 6663 ; www.phallus.is ; Laugavegur 116 ; tarif plein/enfant 1 250 ISK/gratuit ; ⏲ 10h-18h). Ce musée, unique en son genre et fort bien conçu, abrite une immense collection de pénis. Dans le formol ou en bois pétrifié, 286 attributs sont exposés, représentant tous les mammifères islandais. On voit notamment les organes génitaux d'un grand cachalot et d'un ours polaire ; ceux, minuscules, d'une souris ; et des moulages en argent de ceux de chaque membre de l'équipe nationale de handball. Le seul spécimen humain est celui de l'alpiniste Páll Arason.

## GALERIES D'ART

**Kling & Bang** (carte p. 56 ; ☎ 691 4243 ; this.is/klingandbang ; Grandagarður 20, Marshall Húsið, Grandi ; ⏲ 14h-18h jeu-dim). GRATUIT Les œuvres de jeunes talents prometteurs de l'avant-garde sont exposées dans cet espace récent, très prisé des Reykjavikois.

**i8** (carte p. 60 ; ☎ 551 3666 ; www.i8.is ; Tryggvagata 16 ; ⏲ 11h-17h mar-ven, 13h-17h sam). GRATUIT La crème des artistes islandais d'aujourd'hui. Beaucoup exposent aussi à l'étranger.

**Hverfisgallerí** (carte p. 60 ; ☎ 537 4007 ; www.hverfisgalleri.is ; Hverfisgata 4 ; ⏲ 13h-17h mar-ven, 14h-17h sam). Œuvres d'art contemporain islandais, mises en valeur dans un espace spacieux et central.

**Gallerí Fold** (carte p. 56 ; ☎ 551 0400 ; www.myndlist.is ; Rauðarárstígur 12-14 ; ⏲ 10h-18h lun-sam). GRATUIT Grand marchand d'art islandais et salle de ventes aux enchères.

**Musée d'Art ASÍ** (carte p. 56 ; ☎ 511 5353 ; www.listasafnasi.is ; Freyjugata 41 ; ⏲ 13h-17h mar-dim). GRATUIT Art islandais du XX^e^ siècle et expositions temporaires d'art contemporain.

**NÝLO** (Nýlistasafnið – The Living Art Museum ; carte p. 56 ; ☎ 551 4350 ; www.nylo.is ; Grandagarður 20, Marshall Húsið, Grandi ; ⏲ 10h-18h mar-ven, jusqu'à 21h jeu, 12h-17h sam-dim). GRATUIT Jeunes talents prometteurs et artistes contemporains déjà reconnus. Concerts et pièces de théâtre occasionnels.

### Galerie nationale d'Islande MUSÉE

(Listasafn Íslands ; carte p. 60 ; 515 9600 ; www.listasafn.is ; Fríkirkjuvegur 7 ; tarif plein/enfant 1 000 ISK/gratuit ; 10h-17h mi-mai à mi-sept, 11h-17h mar-dim mi-sept à mi-mai). Ce bel ensemble de salles en marbre et de galeries donnant sur le Tjörnin accueille des expos temporaires puisant dans le fonds de l'institution, riche de 10 000 pièces. Admirez les œuvres de peintres reconnus des XIXe et XXe siècles (dont Jóhannes Sveinsson Kjarval et Nína Sæmundsson) et les sculptures de Sigurjón Ólafsson. Le même billet donne accès à la collection Ásgrímur Jónsson (p. 65) et au musée Sigurjón Ólafsson (p. 66).

### Collection Ásgrímur Jónsson MUSÉE D'ART

(carte p. 60 ; 515 9625 ; www.listasafn.is ; Bergstaðastræti 74 ; tarif plein/enfant 1 000 ISK/gratuit ; 14h-17h mar, jeu et dim mi-mai à mi-sept, 14h-17h dim mi-sept à nov et fév à mi-mai). Ásgrímur Jónsson (1876-1958) fut le premier peintre islandais à vivre de son métier. Il résidait et travaillait ici. On peut visiter son atelier, où sont exposées ses œuvres inspirées par les fables et la nature islandaises.

### Musée Einar Jónsson MUSÉE D'ART

(Listasafn Einars Jónssonar ; carte p. 60 ; 551 3797 ; www.lej.is ; Eriksgata 3 ; tarif plein/enfant 1 000 ISK/gratuit ; 10h-17h mar-dim). Einar Jónsson (1874-1954), l'un des plus grands artistes islandais, est célèbre pour ses allégories de l'Espérance, de la Terre et de la Mort, sculptées dans le basalte. Il a lui-même conçu l'édifice, construit entre 1916 et 1923, en pleine campagne. Le bâtiment abrite son logement, austère, et son atelier au dernier étage, qui offre une belle vue sur la ville.

Dans le **jardin des sculptures** (carte p. 56 ; www.lej.is ; Freyjugata ; 24h/24) GRATUIT, à l'arrière, 26 de ses bronzes se dressent à l'ombre de la Hallgrímskirkja.

### Árnarhóll POINT DE REPÈRE

(carte p. 60). La statue d'Ingólfur Arnarson, premier colon islandais, trône fièrement sur l'Árnarhóll, une grande place herbeuse servant de lieu de rassemblement pour les défilés et les manifestations.

### Le Voyageur du Soleil SCULPTURE

(Sólfar ; carte p. 60 ; Sæbraut). Reykjavík est peuplée de sculptures. Plus que tout autre, *Le Voyageur du Soleil* de Jón Gunnar Árnason frappe l'imagination. Installée en bord de mer, où elle se détache sur de lointaines montagnes enneigées, cette œuvre évoque la silhouette d'un bateau viking.

> **RÉDUCTIONS**
>
> - Le billet du musée d'Art de Reykjavík est valable pour les 3 sites.
> - Il existe un billet combiné (1 500 ISK) pour la Galerie nationale, la collection Ásgrímur Jónsson et le musée Sigurjón Ólafsson.
>
> Avec la **Reykjavík City Card** (www.citycards.is ; 24/48/72 heures tarif plein 3 700/4 900/5 900 ISK, enfant 1 500/2 500/3 300 ISK), vous accéderez librement à la piscine municipale et aux piscines géothermales, ainsi qu'à la plupart des grands musées et galeries d'art. Elle permet d'emprunter librement les bus de ville Strætó et le ferry pour Viðey. Elle est en vente à l'office du tourisme principal, dans des agences de voyages, dans les supérettes 10-11, ainsi que dans les auberges de jeunesse HI et quelques hôtels.

## Au sud du centre-ville

### Musée national MUSÉE

(Þjóðminjasafn Íslands ; carte p. 56 ; 530 2200 ; www.thjodminjasafn.is ; Suðurgata 41 ; tarif plein/enfant 1 500 ISK/gratuit, audioguide 300 ISK ; 10h-17h mai à mi-sept, fermé le lun mi-sept à avr ; 1, 3, 6, 12, 14). La collection de ce musée splendide, qui va de l'âge de la colonisation à l'époque récente, compose un excellent panorama de l'histoire et de la culture islandaises. La section principale est consacrée à la période de la colonisation – pouvoir des chefs de clan, avènement de la chrétienté... Admirez les épées, les cornes à boire, les objets en argent et le petit bronze de Thor. La porte d'église de Valþjófsstaður (XIIIe siècle), sur les reliefs de laquelle on distingue un chevalier, son fidèle lion et une kyrielle de dragons, est un joyau.

### Maison nordique CENTRE CULTUREL

(Norræna Húsið ; carte p. 56 ; 551 7030 ; www.nordichouse.is ; Sturlugata 5 ; 9h-17h lun-ven, 11h-17h sam ; 1, 3, 6, 12, 14). Ce centre culturel consacré à l'Islande et à ses voisins nordiques possède un programme riche en événements, une bibliothèque, un espace d'exposition (11h-17h) et un bistrot.

### Perlan ÉDIFICE REMARQUABLE

(carte p. 56 ; www.perlan.is ; 10h-22h, café 10h-21h ; 18). GRATUIT À 2 km du centre-ville, sur la colline d'Öskjuhlíð, le dôme de verre du Perlan, conçu par Ingimundur Sveinsson, paraît posé au-dessus d'immenses citernes d'eau géothermale. La terrasse panoramique offre une vue à 360° sur Reykjavík et les montagnes. Le café permet d'admirer la vue bien au chaud tout en sirotant un café. Au sommet du dôme, un restaurant gastronomique n'ouvre que le soir.

Deux geysers artificiels raviront les enfants. De nombreux sentiers pédestres et cyclables sillonnent la colline. L'un mène à la plage géothermale de Nauthólsvík (p. 67).

## Laugardalur

**Laugardalur** QUARTIER, PARC

(carte p. 56 ; 2, 5, 14, 15, 17). Ce parc qui s'étend à 4 km à l'est du centre-ville constituait jadis la principale source d'alimentation en eau chaude de Reykjavík. Laugardalur signifie "vallée des sources chaudes" et l'on voit encore au centre du parc les vestiges d'un ancien lavoir. De nos jours, les Reykjavikois apprécient la grande piscine géothermale (p. 67), le spa, le café (p. 88), la patinoire, les jardins botaniques, les stades (pour le sport et les concerts) et le zoo/parc de loisirs.

**Musée d'Art de Reykjavík – Ásmundarsafn** MUSÉE D'ART

(musée Ásmundur Sveinsson ; carte p. 56 ; 411 6430 ; www.artmuseum.is ; Sigtún ; tarif plein/enfant 1 500 ISK/gratuit ; 10h-17h mai-sept, 13h-17h oct-avr ; 2, 5, 14, 15, 17). Il y a quelque chose d'espiègle dans la vaste collection de sculptures d'Ásmundur Sveinsson (1893-1982) exposées ici, dans l'édifice blanc partiellement coiffé d'un dôme qu'il a lui-même conçu, et où il vécut et travailla. Des créations monumentales sont disséminées dans le jardin. À l'intérieur, des œuvres en bois, argile et métal (mobiles pour certaines) abordent des thèmes variés. Admirez les immenses puits de lumière, le marbre blanc et l'amusante coupole à l'acoustique excellente. Chanter n'est pas interdit (c'est le musée qui le dit) !

**Jardin botanique de Reykjavík** JARDIN

(Grasagarður ; carte p. 56 ; 411 8650 ; www.grasagardur.is ; Laugardalur ; 10h-22h mai-sept, 10h-15h oct-avr ; 2, 5, 14, 15, 17). GRATUIT Ce jardin recèle plus de 5 000 variétés de plantes subarctiques et abrite d'innombrables oiseaux (notamment des oies cendrées et leurs oisons duveteux). On y trouve aussi le magnifique Café Flóra (p. 87), ouvert en été.

**Reykjavík Zoo & Family Park** ZOO

(Fjölskyldu og Húsdýragarðurinn ; carte p. 56 ; 411 5900 ; www.mu.is ; Laugardalur ; tarif plein/enfant 840/620 ISK, billet 1/10/20 tours de manège 310/2 500/4 650 ISK, forfait multi-tours 2 150 ISK ; 10h-18h juin à mi-août, 10h-17h mi-août à mai ; ; 2, 5, 15, 17). Ce parc de loisirs attire les familles aux beaux jours. Ici, point de lion ou de tigre, mais des phoques, des renards et des animaux de la ferme dans de simples enclos, ainsi que des aquariums de poissons d'eau froide. La section pour les enfants comprend un circuit de course miniature, des bulldozers adaptés aux petits, un trampoline géant, des bateaux et des manèges.

**Musée Sigurjón Ólafsson** MUSÉE D'ART

(Listasafn Sigurjóns Ólafssonar ; carte p. 56 ; 553 2906 ; www.lso.is ; Laugarnestanga 70 ; tarif plein/enfant 1 000 ISK/gratuit ; 14h-17h mar-dim juin-août, 14h-17h sam-dim sept-nov et fév-mai ; 12, 16). Le sculpteur Sigurjón Ólafsson (1908-1982) avait transformé ce tranquille édifice de bord de mer en atelier. Le musée présente aujourd'hui ses sculptures (bustes, totems, etc.), dans des salles modernes traversées par la brise marine. Le secteur est sillonné par des sentiers offrant une vue dégagée sur Reykjavík. Des **concerts de musique classique** (2 500 ISK) sont programmés à 20h30 le mardi en juillet. Le musée est une annexe de la Galerie nationale ; le même billet est valable dans les deux institutions.

## En périphérie

**Seltjarnarnes** ZONE CÔTIÈRE

(www.seltjarnarnes.is ; 11). À seulement 5 km à l'ouest du centre de Reykjavík, la zone côtière de Seltjarnarnes semble pourtant à mille lieues. Avec plus d'une centaine d'espèces migratrices recensées, l'île de **Grótta**, où se dresse un phare rouge et blanc, est un paradis pour observer les oiseaux. Elle est accessible à marée basse, mais fermée de mai à mi-juillet, pendant la période de nidification. Pour y accéder, suivez le joli **chemin côtier**, fréquenté par des marcheurs, des joggeurs et des cyclistes. Les vagues viennent lécher les roches volcaniques disséminées sur la grève, d'où retentissent les cris des sternes arctiques. Repérez les séchoirs à poisson. Par-delà le fjord, la vue sur le mont Esja (909 m) est sublime.

**Musée en plein air d'Árbær** MUSÉE
(Árbæjarsafn ; www.minjasafnreykjavikur.is ; Kistuhylur 4, Ártúnsholt ; tarif plein/enfant 1 500 ISK/gratuit ; 10h-17h juin-août, à 13h avec visite guidée lun-ven sept-mai ; ; 12, 24). Une vingtaine d'édifices anciens ont été transplantés de leurs sites d'origine jusqu'à l'Árbæjarsafn, un musée en plein air aménagé à 4 km au sud-est du centre-ville, après Laugardalur. À côté des maisons du XIX^e siècle se dressent une église au toit gazonné, des étables, des forges, des granges et des hangars à bateaux.

On voit des artisans à l'œuvre en été. Les enfants peuvent jouer en toute liberté et observer les animaux domestiques. Café sur place.

**Réserve naturelle d'Heiðmörk** PARC
(5, 28). Ce parc, classé réserve naturelle depuis 1950, est situé à 15 km au sud-est du centre-ville. On peut faire de belles balades parmi les épinettes de Sitka et dans les Rauðhólar (collines Rouges), une zone volcanique du champ de lave d'Elliðaárhraun.

## Activités

Vous avez l'embarras du choix : visites guidées, balades à vélo le long des lacs ou du front de mer, nombreux *hot pots*... Reykjavík est aussi le point de départ principal des circuits vers les autres régions islandaises.

**Laugardalslaug** PISCINE GÉOTHERMALE, HOT POT
(carte p. 56 ; 411 5100 ; Sundlaugavegur 30a, Laugardalur ; tarif plein/enfant 900/140 ISK, location maillot/serviette 850/570 ISK ; 6h30-22h lun-ven, 8h-22h sam-dim ; ). Un vaste complexe, avec d'excellents équipements : bassins olympiques intérieurs et extérieurs, 7 *hot pots*, bain d'eau de mer, bain de vapeur et toboggan aquatique en spirale (86 m).

**Laugar Spa** SPA, SALLE DE SPORT
(carte p. 56 ; 553 0000 ; www.laugarspa.com ; Sundlaugavegur 30a, Laugardalur ; forfait journée 5 490 ISK ; 6h-23h30 lun-ven, 8h-22h sam, 8h-20h dim). Cet excellent spa, juste à côté du complexe de Laugardalslaug, offre mille façons de se faire dorloter, avec 6 saunas et bains de vapeur à thème, un bassin d'eau de mer, une immense salle de sport, des cours de fitness, et d'innombrables soins beauté et massages (enveloppements détox, massages faciaux, pierres chaudes). Réservé aux plus de 18 ans, il donne aussi accès au Laugardalslaug. Café (plats 1 200-2 400 ISK) et garde d'enfants (en islandais) sur place.

**Sundhöllin** PISCINE GÉOTHERMALE, HOT POT
(carte p. 60 ; 411 5350 ; Barónsstígur 16 ; tarif plein/enfant 900/140 ISK ; 6h30-22h lun-jeu, 6h30-20h ven, 8h-16h sam, 10h-18h dim ; ). La plus ancienne piscine de Reykjavík, construite en 1937 dans un style Art déco par l'architecte Guðjón Samúelsson, se trouve en plein centre-ville. C'est l'unique bassin couvert de la ville. Depuis les terrasses, on profite d'une belle vue sur la Hallgrímskirkja.

**Plage géothermale de Nauthólsvík** PLAGE
(carte p. 56 ; 511 6630 ; www.nautholsvik.is ; été/hiver gratuit/600 ISK, location serviette/maillot 600/300 ISK ; 10h-19h mi-mai à mi-août, 11h-13h lun-ven, plus 17h-19h30 lun et mer, 11h-15h sam mi-août à mi-mai ; ; 5). Le petit croissant de sable de la plage géothermale de Nauthólsvík, sur la façade atlantique, est bondé lorsqu'il fait beau. En été, l'eau de la source géothermale est utilisée pour maintenir la température du lagon entre 15 et 19°C. Il y a également un *hot pot* très couru (38°C toute l'année), un snack-bar et des vestiaires.

**Vesturbæjarlaug** PISCINE GÉOTHERMALE, HOT POT
(carte p. 56 ; 411 5150 ; Hofsvallagata ; tarif plein/enfant 900/140 ISK ; 6h30-22h lun-jeu, 6h30-20h ven, 9h-18h sam-dim ; ; 11, 13, 15). À courte distance à pied du centre-ville, une piscine de 25 m, un bain de vapeur, un sauna, 3 *hot pots* et un bassin froid.

### L'ART DU BAIN À REYKJAVÍK

Comme ailleurs sur l'île, les sources chaudes sont au cœur de la vie sociale des habitants de Reykjavík. Dans l'eau, les enfants jouent, les ados flirtent, les adultes discutent... La température de l'eau avoisine les 29°C ; les bains comptent en principe des *heitir pottar* (*hot pots*), sorte de bassins dont la température oscille entre 37 et 42°C. Apportez vos serviettes et maillots de bain, ou louez-les sur place. Pour plus de renseignements et d'autres adresses, consultez le site www.spacity.is.

Les Islandais sont très pointilleux quant à l'hygiène. Il est *impératif* de prendre une douche en se savonnant, et sans maillot de bain, avant de rejoindre la piscine.

**Árbæjarlaug** PISCINE GÉOTHERMALE, HOT POT
(411 5200 ; Fylkisvegur 9, Elliðaárdalur ; 6h30-22h lun-jeu, 6h30-20h ven, 9h-18h sam-dim ; 19). Cette piscine située à 10 km au sud-est du centre-ville est connue comme la meilleure adresse du genre pour les familles : semi-couverte, elle comporte de nombreux jeux aquatiques (toboggans et cascades) qui plairont aux petits et aux grands.

**Borgarhjól** VÉLO
(carte p. 60 ; 551 5653 ; www.borgarhjol.is ; Hverfisgata 50 ; 2 600/4 200 ISK/4h/24h ; 8h-18h lun-ven, 10h-14h sam). Location et réparation de vélos.

**Patinoire de Reykjavík** PATINOIRE
(Skautahöllin ; carte p. 56 ; 588 9705 ; www.skautaholl.is ; Múlavegur 1, Laugardalur ; tarif plein/enfant 950/650 ISK, location de patins 450 ISK ; 12h-15h lun-mer, 12h-15h et 17h-19h30 jeu, 13h-19h30 ven, 13h-18h sam-dim sept à mi-mai). Ouverte de septembre à mi-mai.

## Cours

**Creative Iceland** ARTISANAT
(615 3500 ; www.creativeiceland.is). Conception graphique, cuisine, art, artisanat, musique... À vous de choisir ! Et d'aller à la rencontre d'artistes et artisans islandais.

**Icelandic Culture and Craft Workshops** COURS D'ARTISANAT
(869 9913 ; www.cultureandcraft.com ; à partir de 15 900 ISK). Propose, à la demi-journée, des cours de tricot avec de la pure laine islandaise.

## Circuits organisés

### Visites de la ville

L'office du tourisme (p. 96) fournit quantité de plans et de brochures décrivant des circuits thématiques dans la ville. On vous renseignera également sur les visites guidées à pied. Pour un guide de promenades plus détaillé, procurez-vous *Reykjavík Walks* (2014, en anglais), de Guðjón Friðriksson, disponible en librairie.

Vous pourrez télécharger plusieurs applications, comme celles de Locatify Smartguide et de Reykjavík Sightseeing.

**Literary Reykjavík** À PIED
(carte p. 60 ; www.bokmenntaborgin.is ; Tryggvagata 15 ; 15h jeu juin-août). GRATUIT Reykjavík est membre du réseau des villes créatives de l'Unesco. Des visites guidées gratuites dans le centre-ville sur le thème de l'écriture et des écrivains – comme la "Dark Deeds", consacrée au roman policier – partent de la bibliothèque principale. On peut aussi télécharger l'application *Culture Walks,* qui donne différents itinéraires thématiques.

**Free Walking Tour Reykjavik** À PIED
(carte p. 60 ; www.freewalkingtour.is ; 12h et 14h juin-août, horaires réduits en hiver). GRATUIT Balade d'une heure (1,5 km) dans le centre, au départ de la petite tour de l'horloge, place Lækjartorg, en français ou en anglais.

**Haunted Iceland** À PIED
(carte p. 60 ; www.hauntedwalk.is ; tarif plein/enfant 2 500 ISK/gratuit ; 20h sam-jeu juin-début sept). Visite de 1 heure 30 sur les légendes et les fantômes, entre autres. Départ de l'office du tourisme principal.

**TukTuk Tours** EN TUK-TUK
(carte p. 60 ; 788 5500 ; www.tuktuktours.is ; 30 min tarif plein/enfant 4 500/2 500 ISK, 1 heure 15 tarif plein/enfant 7 500/3 500 ISK). Filez en *tuk-tuk* à travers la ville... ou de pub en pub. Départ de la salle de concert Harpa.

**City Sightseeing Reykjavík** EN BUS
(580 5400 ; www.city-sightseeing.com ; tarif plein/enfant 3 500 ISK/gratuit ; toutes les 30 min 9h30-16h30 mi-mai à mi-sept). Bus touristique avec montée et descente à volonté, au fil des grands sites de la ville. Départ de l'Harpa.

**Reykjavík Sightseeing** DIVERS
(497 5000 ; www.reykjaviksightseeing.is). Circuits dans la ville (à pied/à vélo 7 000/10 000 ISK, cuisine et bière 9 000 ISK) et en dehors (Cercle d'or à partir de 9 000 ISK).

### Circuits à vélo

**Reykjavík Bike Tours** À VÉLO
(Reykjavík Segway Tours ; carte p. 60 ; vélo 694 8956, Segway 897 2790 ; www.icelandbike.com ; Ægisgarður 7, vieux port ; location vélo 4 heures à partir de 3 500 ISK, circuits à partir de 6 500 ISK ; 9h-17h juin-août, horaires réduits sept-mai ; 14). Cette agence loue des vélos et offre des circuits dans Reykjavík et sa région – Reykjavík classique (2 heures 30, 7 km) ; la côte de Reykjavík (2 heures 30, 18 km) ; le Cercle d'or à vélo (8 heures, dont 1 heure 30 de vélo sur 25 km). Également : visites de Reykjavík en Segway (12 500 ISK) et à pied (à partir de 20 000 ISK). L'endroit le plus pratique pour louer un vélo avant de prendre le ferry pour Viðey.

## EXCURSIONS D'UNE JOURNÉE

Si vous passez plus d'une journée dans la capitale, pourquoi ne pas prévoir une excursion dans les environs, pour profiter de l'extraordinaire nature islandaise ? En été, les principaux sites attirent une foule de visiteurs. Si vous louez un véhicule, vous pourrez opter pour des lieux moins fréquentés ou vous organiser en dehors des heures les plus courues. À défaut, empruntez les bus Straetó, Sterna et Trex (p. 98), ou passez par Reykjavík Excursions (p. 71).

**Cercle d'or** (p. 113). Avec trois sites majeurs – **Þingvellir** (point de rencontre des plaques continentales et site de l'ancien Parlement islandais), **Geysir** (immense geyser) et les puissantes chutes d'eau de **Gullfoss** –, le Cercle d'or donne un avant-goût irrésistible de l'Islande profonde. On peut combiner ce circuit avec toutes sortes d'activités (quad, spéléo, rafting...). Les excursions à la journée débutent généralement vers 8h30, pour un retour à 18h (les plus courtes partent à midi avec retour à 19h). En été, des excursions sont proposées en soirée (de 19h à minuit). Si vous êtes motorisé, comptez 4 heures environ pour faire le tour complet.

**Blue Lagoon** (p. 103). Immensément populaire, cette piscine géothermale est toujours bondée. Il existe de nombreuses excursions depuis Reykjavík, mais vous pourrez aussi y faire halte sur la route depuis/vers l'aéroport international de Keflavík. En haute saison, venez de préférence de nuit – pensez à réserver si vous ne voulez pas rester à la porte.

**Péninsule de Snæfellsnes** (p. 185). Cette ravissante péninsule (moins fréquentée) peut compléter le Cercle d'or ou constituer un but d'excursion à part entière. Au programme : balades le long des champs de lave, motoneige sur le glacier, villages côtiers, observation des baleines et escapades en bateau vers des îlots peuplés de macareux.

**Côte sud** (p. 122). Une myriade de merveilles géologiques : volcans actifs, paysages fabuleux et calottes glaciaires à explorer. Circuits toute l'année au départ de Reykjavík et des grandes villes régionales.

**Þórsmörk** (p. 155). Cette splendide vallée volcanique est sillonnée par des sentiers de randonnée nécessitant d'avoir plusieurs jours devant soi. Mais il est néanmoins possible d'inclure, en une journée, une courte marche à un circuit en Super-Jeep ou en bus.

**Landmannalaugar** (p. 149). Sur une journée, la visite (très courte) de cette région géothermique (bondée en été) n'est envisageable que dans le cadre d'un circuit en Super-Jeep ou en bus. Sachez que l'on passe la majeure partie du temps sur la route. En chemin, les Super-Jeeps font souvent halte à l'Hekla.

**Jökulsárlón** (p. 334). Cette splendide lagune glaciaire, assez éloignée de la capitale, fait l'objet de l'une des plus longues excursions. Avec un aller-retour dans la journée, vous arriverez sur le site au moment où il y a le plus du monde. Si possible, passez la nuit sur la côte sud pour venir en dehors des heures d'affluence.

**Bike Company** À VÉLO
(carte p. 56 ; ☎590 8550 ; bikecompany.is ; Faxafen 8). Circuits à vélo (à partir de 20 000 ISK) dans toute la région.

### Observation des baleines, pêche et croisières

Les eaux d'Akureyri et d'Húsavík, dans le Nord, sont réputées pour l'observation des baleines, mais des sorties sont aussi organisées à Reykjavík.

Les excursions fonctionnent toute l'année. Les départs sont plus nombreux en été, qui est aussi la meilleure saison. Si vous n'apercevez pas de baleines pendant votre première sortie, la plupart des agences vous remettront un bon pour une autre tentative.

Plusieurs prestataires proposent aussi des sorties de pêche à la ligne en mer, ainsi que des circuits d'observation des macareux, – que l'on aperçoit souvent sur les îlots lors des sorties d'observation des baleines.

**Elding Adventures at Sea** OBSERVATION DES BALEINES
(carte p. 60 ; ☎519 5000 ; www.whalewatching.is ; Ægisgarður 5 ; tarif plein/enfant 9 900/4 950 ISK ; ⏱kiosque du port 8h-21h ; 🚌14). Une agence reconnue et sensible à l'écologie. Une exposition sur les baleines est incluse dans

## EXCURSIONS AUX ÎLES FÉROÉ

Par avion ou par bateau, les aventuriers de l'Arctique peuvent partir explorer les îles Féroé pendant 3 ou 4 jours. Voici quelques-unes des curiosités de cet archipel.

**Tórshavn** Votre première image de la capitale des Féroé sera les incroyables toits gazonnés surmontant les bâtiments colorés du port. Tórshavn, qui compte peu de sites dignes d'intérêt, constitue une bonne base pour passer quelques jours dans l'archipel.

**Gjógv** Il est certainement plus facile de tomber sous le charme de ce village que de prononcer son nom : Gjógv ("jaykf"). De minuscules maisons au toit gazonné sont regroupées autour d'un port qui semble avoir été creusé par la foudre. Il y a une jolie auberge sur place, et de beaux itinéraires de randonnée.

**Mykines** Marquant l'extrémité occidentale de l'archipel, Mykines (*mi*-ki-ness) se distingue par ses innombrables colonies d'oiseaux (des macareux), ses éperons rocheux de basalte surgissant de la mer et ses falaises solitaires. Considérée comme reculée même selon les normes féroïennes (elle ne compte que 11 habitants), l'île est reliée à Vágar par hélicoptère et ferry.

**Hestir** Au sud de Streymoy, Hestir est connue pour ses grottes creusées dans les falaises par le ressac.

la visite. Également : sorties de pêche à la ligne (tarif plein/enfant 13 800/6 900 ISK) et d'observation des macareux (tarif plein/enfant à partir de 6 500/3 250 ISK), circuits combinés, et ferry pour l'île de Viðey.

**Special Tours** OBSERVATION DE LA VIE MARINE
(carte p. 60 ; ☎560 8800 ; www.specialtours.is ; Ægisgarður 13 ; tarif plein/enfant 9 900/4 950 ISK ; ⏲kiosque du port 8h-20h ; 🚌14). Cette agence dotée d'un petit bateau rapide propose des sorties de pêche à la ligne, ou d'observation des baleines (20 min pour rejoindre le site) et des macareux (tarif plein/enfant, 5 500/2 250 ISK), et des circuits combinés.

**Reykjavík Sailors** OBSERVATION DES BALEINES
(carte p. 56 ; ☎571 2222 ; www.reykjaviksailors.is ; Mýrargata 26, vieux port ; tarif plein/enfant 9 900/4 950 ISK ; 🚌14). Le billet pour l'observation des baleines comprend l'entrée au musée Whales of Iceland (p. 59), juste à côté. Également : observation des macareux et des aurores boréales, entre autres.

**Whale Safari** OBSERVATION DES BALEINES
(Mr Puffin ; carte p. 60 ; ☎497 0000 ; www.whalesafari.is ; Ægisgarður 7 ; tarif plein/enfant 9 900/4 950 ISK ; ⏲kiosque sur le port 8h-20h mi-avr à oct ; 🚌14). De petits Zodiacs rapides s'élancent à la rencontre des baleines et des macareux (11 900 ISK).

**Reykjavík Viking Adventure** EN BATEAU
(carte p. 60 ; ☎842 6660 ; www.reykjavikvikingadventure.is ; vieux port ; tarif plein/enfant 11 900/6 900 ISK ; ⏲juin-août ; 🚌14). Quittez le vieux port à bord de la réplique d'un bateau viking, le *Gaukstad*.

**Fish Partner** PÊCHE
(☎571 4545 ; www.fishpartner.com ; journée à partir de 23 900 ISK/pers, plus 29 900 ISK pour le guide). Ce spécialiste de la pêche propose une multitude de circuits sur mesure : pêche à la ligne en mer, à la truite, dans un lac de cratère, en hélicoptère...

**Reykjavík By Boat** CROISIÈRE
(carte p. 60 ; ☎841 2030 ; www.reykjavikbyboat.is ; Ægisgarður 11 ; tarif plein/enfant 4 500/2 200 ISK ; 🚌14). Croisière de 1 heure 30 sur un petit bateau en bois au départ du vieux port, autour de l'îlot d'Engey (colonie de macareux) et jusqu'à Viðey, puis retour.

**Reykjavík Sea Adventures** OBSERVATION DES OISEAUX, PÊCHE
(carte p. 60 ; ☎775 5777 ; www.seaadventures.is ; Ægisgarður 3 ; 🚌14). Sorties de pêche à la ligne (tarif plein/enfant 11 500/6 000 ISK, mi-avr à mi-sept) et d'observation des macareux (4 900/2 500 ISK, mi-mai à mi-sept).

**Iceland Angling Travel** PÊCHE
(☎867 5200 ; www.icelandangling.com). Sorties à la journée et circuits sur mesure pour des sorties de pêche ailleurs en Islande. Nombreux renseignements en ligne.

### Excursions en bus et activités sportives

Si vous disposez de peu de temps, une excursion d'une journée en bus depuis

Reykjavík fait partie des solutions les plus intéressantes (y compris financièrement) pour profiter des paysages et de la nature. Votre sortie pourra combiner découverte et activités (motoneige, équitation, rafting ou plongée).

**Reykjavík Excursions** EN BUS
(Kynnisferðir ; carte p. 56 ; ☎580 5400 ; www.re.is ; gare routière BSÍ, Vatnsmýrarvegur 10). L'agence la plus prisée (notamment auprès des groupes) – et la plus grosse. Elle propose un vaste éventail de circuits d'hiver et d'été (9 000-47 900 ISK), coïncidant souvent avec des fêtes ou des festivals. L'agence vend aussi les billets de bus "Iceland on Your Own" et des forfaits de transport, et gère le Flybus pour l'aéroport international de Keflavík.

**Iceland Excursions** EN BUS
(Gray Line Iceland ; carte p. 60 ; ☎540 1313 ; www.grayline.is ; Hafnarstræti 20). Ce tour-opérateur propose quantité d'excursions en bus à la journée (Cercle d'or 8 700 ISK), alliant visites et activités (rafting, équitation, etc.). Réservez en ligne pour bénéficier des meilleurs prix. Attendez-vous à de nombreux participants.

**Sterna** EN BUS
(carte p. 60 ; ☎551 1166 ; www.sternatravel.com ; Harpa, Austurbakki 2 ; 7h-0h juin-août, 8h-22h sept-mai). Circuits en bus partout en Islande ("Cercle d'or et énergie verte" 9 200 ISK) et forfaits de transport destinés aux voyageurs indépendants.

**Saga Travel** AVENTURE
(☎558 8888 ; www.sagatravel.is). Large choix de circuits en petits groupes ("La classique du Cercle d'or", à partir de 11 900 ISK). Propose également des circuits en groupes plus importants, en partenariat avec des opérateurs locaux.

**Arctic Adventures** AVENTURE
(carte p. 60 ; ☎562 7000 ; www.adventures.is ; Laugavegur 11 ; 8h-22h). Un personnel jeune et enthousiaste pour cette agence spécialisée dans les circuits sportifs : kayak (20 000 ISK), rafting (à partir de 14 000 ISK), équitation, quad, randonnées glaciaires (11 000 ISK), etc. Possède un guichet de réservation et une boutique (pour l'équipement) près de Fjallakofinn (p. 93), dans le centre-ville.

**Icelandic Mountain Guides** AVENTURE
(Iceland Rovers ; ☎587 9999 ; www.mountainguides.is ; Stórhöfði 33). Cette agence spécialisée dans l'alpinisme, le trekking, l'escalade glaciaire (à partir de 23 900 ISK), etc. organise aussi des circuits en Super-Jeep ( "L'Essentiel de l'Islande" 42 900 ISK) sous le label "Iceland Rovers".

**Gateway to Iceland** EN BUS
(☎534 4446 ; www.gtice.is). Excellents échos de la part des voyageurs indépendants pour cette agence qui propose des circuits en minibus ("Cercle d'or" 13 500 ISK, "Sud de l'Islande" 15 900 ISK), accompagnés par des guides compétents.

**Bustravel** EN BUS
(☎511 2600 ; www.bustravel.is). Très apprécié des voyageurs à petit budget. Les guides-chauffeurs sont bien renseignés et les prix sont maintenus au plus bas ("Cercle d'or" à partir de 8 500 ISK) – gros groupes.

**Go Green** EN BUS
(☎694 9890, 551 9854 ; www.gogreen.is ; circuits 45 500 ISK). Cette petite agence haut de gamme avec une démarche écoresponsable possède des véhicules fonctionnant au GPL.

**Reykjavík Hiking** RANDONNÉE
(☎893 2200 ; www.reykjavikhiking.is). Pour gravir le mont Esja (15 000 ISK) ou faire une balade plus tranquille dans le canyon de lave de Búrfellsgjá (12 000 ISK), tous deux proches de Reykjavík.

**Dog Sledding** TRAÎNEAUX À CHIENS
(☎863 6733 ; www.dogsledding.is ; à partir de 17 900 ISK). Excursions en traîneaux à chiens – ce ne sont pas les visiteurs qui guident l'attelage. Lorsqu'il y a de la neige, le départ a lieu à la station de ski de Skálafell, près de Reykjavík. Sinon, le circuit se fait sur terrain sec, à Hólmasel, dans le Sud-Ouest. De mi-mai à mi-juillet, les itinéraires sillonnent généralement le Langjökull, dans l'Ouest. Renseignements à jour sur le site.

**Ferðafélag Íslands** RANDONNÉE
(Iceland Touring Association ; carte p. 56 ; ☎568 2533 ; www.fi.is ; Mörkin 6). L'Association touristique islandaise gère des refuges dans tout l'arrière-pays islandais et propose également quelques circuits.

**Icelandic Knitter** CULTURE
(www.icelandicknitter.com). La créatrice Hélène Magnússon organise des visites thématiques de plusieurs jours incluant filage, tricot, création, folklore, randonnée et tourisme, en partenariat avec l'agence Icelandic Mountain Guides (6 jours à partir de 245 000 ISK).

**Extreme Iceland** AVENTURE
(☎588 1300 ; www.extremeiceland.is). Un catalogue étendu de circuits en bus (Cercle d'or 12 900 ISK, péninsule de Snæfellsnes 19 000 ISK), en Super-Jeep ou en quad ; sorties de spéléologie et d'observation des aurores boréales.

**Iceland Horizons** EN BUS
(☎866 7237 ; www.icelandhorizon.is). Agence dotée de minibus (14 places maximum). Bons retours des lecteurs sur ses 3 circuits.

**Green Energy Travel** EN BUS
(☎453 6000 ; www.get.is ; à partir de 17 900 ISK). Cette agence spécialisée dans les groupes de petite taille projette de se doter de véhicules plus écologiques.

### Circuits en Super-Jeep et Supertruck

Les circuits en Super-Jeep et Supertruck permettent aux groupes de 4 à 6 personnes de vivre une expérience plus personnalisée. Les véhicules, plus rapides, couvrent des distances plus grandes. Sans surprise, les prix sont plus élevés que pour les bus.

Les agences Southcoast Adventure (www.southadventure.is) et Icelandic Mountain Guides (p. 71) organisent aussi des circuits en Super-Jeep. Les brochures de l'office du tourisme recèlent quantité d'autres offres.

**Mountaineers of Iceland** AVENTURE
(☎580 9900 ; mountaineers.is). Cette enseigne emploie des guides chevronnés, pour la plupart membres de l'équipe de secours nationale. Elle offre de nombreux circuits en Supertruck (à partir de 29 900 ISK) ou à motoneige (à partir de 25 500 ISK), souvent sur le Langjökull, où elle possède des bases.

**Superjeep.is** EN JEEP
(☎660 1499 ; www.superjeep.is ; à partir de 36 900 ISK). Circuits en Super-Jeep couplés avec des activités (motoneige, quad, etc.).

**Into the Wild** EN JEEP
(☎866 3301 ; www.intothewild.is). Circuits en Super-Jeep : Cercle d'or (34 900 ISK), l'Eyjafjallajökull et le Landmannalaugar (37 900 ISK)...

### Spéléologie et exploration des tunnels de lave

Explorer le monde souterrain permet de comprendre et d'observer les phénomènes géologiques qui font la particularité de l'Islande. La plupart des tunnels de lave et des grottes ne sont accessibles que dans le cadre de circuits organisés. Les principaux sites à découvrir au départ de Reykjavík sont situés sur la péninsule de Reykjanes et dans le haut du Borgarfjörður. Arctic Adventures (p. 71), Icelandic Mountain Guides (p. 71) et quantité d'agences de circuits en bus et Super-Jeep proposent des expéditions de spéléologie.

**Inside the Volcano** AVENTURE
(☎863 6640 ; www.insidethevolcano.com ; circuits 42 000 ISK ; ⏲mi-mai à mi-oct). Une aventure unique en son genre, qui conduit les amateurs de sensations fortes dans une chambre magmatique vieille de 4 000 ans. Après une marche de 3 km (50 min ; ou par hélicoptère pour 86 900 ISK) jusqu'au cratère Thrihnukagigur, on descend sur 120 m de profondeur, par groupes de six, dans un monte-charge jusqu'au fond de la faille évasée, autrefois remplie de lave en fusion. Il y fait sombre et l'on reste peu de temps. À partir de 12 ans.

**Iceland Expeditions** AVENTURE
(☎777 0708 ; www.icelandexpeditions.is). Propose notamment des sorties de spéléologie dans des tunnels de lave (12 900 ISK).

### Circuits équestres

Galoper sur un cheval islandais dans les champs de lave sous le soleil de minuit est une expérience exceptionnelle ! Les possibilités sont vastes, de la balade de 1 heure 30 à l'expédition de plusieurs jours. On peut combiner l'équitation à d'autres activités (circuit du Cercle d'or, Blue Lagoon, etc.).

**Eldhestar** ÉQUITATION
(☎480 4800 ; www.eldhestar.is ; Vellir, Hveragerði). Ce centre, situé près de Hveragerði, est l'un des plus importants d'Islande. Les balades ont lieu dans les prairies environnantes (1 heure 7 700 ISK, demi-journée à partir de 14 900 ISK) et à travers la région. Possibilité d'hébergement dans des chambres récentes.

**Íshestar** ÉQUITATION
(☎555 7000 ; www.ishestar.is ; Sörlaskeið 26, Hafnarfjörður). Ces grandes écuries établies de longue date proposent de nombreuses sorties, dont des escapades de plusieurs jours dans les champs de lave (30 min/2 heures à partir de 6 600/11 400 ISK).

**Laxnes** ÉQUITATION
(☎566 6179 ; www.laxnes.is ; Mosfellsbær). Cette petite ferme familiale située sur la route de Þingvellir organise des promenades tranquilles, idéales pour les débutants (2 heures 12 000 ISK). Circuits combinés également. Possibilité de prise en charge à votre hôtel.

**Íslenski Hesturinn** ÉQUITATION
(Le Cheval islandais ; ☎434 7979 ; www.theicelandichorse.is ; Surtlugata 3 ; à partir de 14 500 ISK). Proche de la capitale, cette agence composée de guides expérimentés prend soin de choisir un cheval adapté à vos capacités. Sorties en petits groupes.

**Viking Horses** ÉQUITATION
(☎660 9590 ; www.vikinghorses.is ; Almannadalsgata 19). Ce centre tenu en famille est très prisé pour ses balades haut de gamme (à partir de 18 900 ISK) en petits groupes sur la colline Hólmsheiði et autour des lacs environnants.

**Reykjavík Riding Center** ÉQUITATION
(☎477 2222 ; www.reykjavikridingcenter.is ; Brekknaás 9 ; demi-journée/journée 13 900/23 900 ISK). Non loin du principal centre équestre de la capitale, ce prestataire emmène des petits groupes (10 pers au maximum) de tous niveaux dans les Rauðholar et propose une sortie sous le soleil de minuit.

### Randonnée et escalade glaciaires

Marcher sur un glacier est une expérience exaltante. De Reykjavík, la plupart des circuits emmènent les visiteurs au Sólheimajökull, la langue glaciaire la plus accessible de l'immense Mýrdalsjökull. Si l'on peut y randonner toute l'année, l'escalade sur glace ne se pratique qu'entre septembre et avril et demande une bonne condition physique. Vous bénéficierez de tarifs plus intéressants en passant par des guides locaux et en logeant près des glaciers.

Contactez Arctic Adventures (p. 71) et Icelandic Mountain Guides (p. 71).

**Asgard Beyond** AVENTURE
(☎779 6000 ; www.asgardbeyond.com). Randonnées sur glacier (35 000 ISK), escalade (à partir de 72 900 ISK) et autres activités.

### Circuits en quad

Les circuits en quad offrent l'occasion d'explorer les champs de lave de la péninsule de Reykjanes. La plupart des tour-opérateurs de circuits en bus et d'activités sportives, tels Arctic Adventures (p. 71) et Reykjavík Excursions (p. 71), proposent ce type de prestations.

**ATV Reykjavík** EN QUAD
(☎861 0006 ; www.atvreykjavik.is). Circuits en quad autour du Hafrafell (14 900 ISK, supplément quad en solo 3 900 ISK) et au-delà.

### UNE JOURNÉE AU GROENLAND

Il est aussi possible de prévoir une excursion au Groenland depuis Reykjavík – le trajet en avion dure un peu moins de 2 heures. En été, **Air Iceland** (www.airiceland.is) propose des circuits réguliers à destination de Kulusuk, dans l'est du Groenland (environ 1 100 €). Niché dans un tableau de blancs et de bleus, sur une île montagneuse, le village ne compte que 250 habitants. Ses petites maisons de bois colorées et sa baie glacée se révèlent aux visiteurs durant la splendide marche depuis l'aérodrome. Si les danses traditionnelles groenlandaises au son des percussions sont un peu kitsch, vous vivrez le reste de l'expérience comme dans un rêve.

**Greenland Travel** (www.greenland-travel.com) propose des circuits de plusieurs jours.

**Safari Quads** EN QUAD
(Safari Buggy ; ☎414 1533 ; www.quad.is ; Lambhagavegur ; 19 900 ISK/2 heures, conduite en solo supplément 6 000 ISK). Excursions haut de gamme en véhicule tout-terrain et buggy dans les collines de Mosfellsbær. Les sorties du soir permettent d'admirer le soleil couchant et les lumières de la ville.

### Rafting et circuits en bateau à moteur

Ces circuits appréciés des familles partent de Reykholt avec Arctic Rafting (p. 120) ou Iceland Riverjet (p. 120), qui proposent aussi de venir vous chercher à Reykjavík.

### Plongée et snorkeling

L'Islande possède des spots de plongée et de snorkeling exceptionnels. Les agences proposent des plongées à Silfra, une faille sous-marine aux eaux cristallines proche de Þingvellir, sur le Cercle d'or, et une immersion plus technique dans le lac voisin. Il est impératif de réserver. Les agences pourront venir vous chercher à votre logement. En été, vous pourrez prendre un bain de minuit.

Vous pourrez aussi vous tourner vers de gros opérateurs, comme Arctic Adventures et Dive Silfra (www.divesilfra.is).

Le brevet PADI est requis pour la plongée sous-marine.

**Dive.is** PLONGÉE
(☎578 6200 ; www.dive.is ; 2 plongées à Þingvellir 45 000 ISK). L'agence la plus ancienne et la mieux établie d'Islande ; circuits snorkeling (20 000 ISK), plongée et formules combinées.

**Scuba Iceland** PLONGÉE
(☎892 1923 ; www.scuba.is ; 2 plongées à Silfra 39 900 ISK). Plongées en petits groupes à Silfra, au lac Kleifarvatn et dans l'océan. Sorties snorkeling également (17 900 ISK). Un organisme réputé.

### Circuits à motoneige

La plupart des sites à explorer à motoneige sont assez éloignés de la capitale. Plusieurs tour-opérateurs pourront vous conduire au Langjökull, tout proche. Une excursion au Mýrdalsjökull n'est pas envisageable en une seule journée ; les circuits d'une journée au Vatnajökull s'effectuent en avion. Pour 1 heure (avec 2 passagers), comptez environ 29 000 ISK/personne – ceux qui partent en solo devront débourser 35 000 ISK. Les meilleures agences de motoneige de Reykjavík sont Mountaineers of Iceland (p. 72) et **Snowmobile.is** (☎562 7000 ; www.snowmobile.is).

### Observation des aurores boréales

En hiver, la plupart des tour-opérateurs proposent des circuits pour observer les aurores boréales, loin des villes, pour éviter la pollution lumineuse. Les excursions (départ à 21h ou 22h) durent environ 4 heures. Afin d'optimiser ses chances d'admirer les aurores, dont la formation n'est pas garantie, envisagez de passer 1 ou 2 nuits dans un secteur propice à leur observation.

Si votre séjour en Islande ne coïncide pas avec l'apparition d'aurores boréales, allez en voir en images à l'Aurora Reykjavík (p. 59).

### Circuits en avion

Avec un budget conséquent, l'avion permet des excursions à la journée ou des circuits plus longs vers des destinations comme le Mývatn, les fjords de l'Ouest, la côte sud et les hautes terres, les Vestmannaeyjar (îles Vestmann) et même le Groenland.

**Atlantsflug** VOLS PANORAMIQUES
(☎854 4105 ; www.flightseeing.is ; aéroport domestique de Reykjavík). Vols panoramiques depuis Reykjavík, Bakki et Skaftafell. Au départ de Reykjavík, survolez le cratère de l'Eyjafjallajökull ou la péninsule de Reykjanes. Autre option : une excursion d'une journée au Skaftafell et à la lagune glaciaire de Jökulsárlón. Vols jusqu'aux Vestmannaeyjar également.

**Eagle Air Iceland** VOLS PANORAMIQUES
(carte p. 56 ; ☎562 4200 ; www.eagleair.is ; aéroport domestique de Reykjavík). Eagle Air Iceland propose des vols panoramiques au-dessus des volcans (420 €) et des glaciers, ainsi que de nombreux circuits combinés. Dessert aussi 5 lignes fixes au départ de Reykjavík et à destination des Vestmannaeyjar (310 €), d'Höfn (580 €), d'Húsavík et, dans les fjords de l'Ouest, de Bíldudalur et Gjögur.

**Reykjavík Helicopters** VOLS PANORAMIQUES
(☎589 1000 ; www.reykjavikhelicopters.com ; aéroport domestique de Reykjavík ; vols à partir de 47 000 ISK, vol au-dessus de Reykjavík 27 000 ISK). Vols en hélicoptère dans tout le pays, notamment au-dessus de la cascade de Glymur (la plus haute d'Islande ; 77 000 ISK) et de volcans comme l'Eyjafjallajökull et l'Hekla.

**Norðurflug** VOLS PANORAMIQUES
(☎562 2500 ; www.helicopter.is ; vols à partir de 32 000 ISK, vol au-dessus de Reykjavík 27 000 ISK). Vols en hélicoptère au-dessus de Reykjavík, ou au-dessus de cratères, de cascades, de glaciers et d'autres sites naturels. Vaste programme d'excursions – aux fjords de l'Ouest, à Mývatn (439 900 ISK), à Askja...

## Où se loger

De juin à août, les hébergements affichent vite complet. Il est impératif de réserver. Les prix sont élevés : pour limiter votre budget, songez aux auberges de jeunesse, aux campings ou aux appartements en location de courte durée. La plupart des établissements sont ouverts toute l'année et affichent des promotions sur leur site Web.

### Le vieux Reykjavík

**CenterHótel Plaza** HÔTEL €€€
(carte p. 60 ; ☎595 8550 ; www.plaza.is ; Aðalstræti 4 ; d petit-déj inclus à partir de 28 300 ISK ; @). Cet établissement sans surprise est bien situé dans le vieux Reykjavík et fréquenté par une clientèle d'affaires. Parquet ciré et jolie vue depuis les étages supérieurs.

♥ **Black Pearl** APPARTEMENTS €€€
(carte p. 60 ; ☎527 9600 ; www.blackpearlreykjavik.com ; Tryggvagata 18 et 18c ; app 54 600-144 000 ISK ; P @). Cette adresse récente propose 10 appartements spacieux et haut de gamme pour 2 à 6 personnes, à

la décoration épurée, bien équipés et répartis dans des bâtiments à la façade sombre, en retrait du front de mer – lits *king size*, mobilier design et balcons, certains donnant sur la mer. La réception propose une gamme complète de services et un accueil personnalisé (service en chambre, blanchisserie, garde d'enfants).

**Kvosin Downtown Hotel** APPARTEMENTS €€€
(carte p. 60 ; ☎415 2400 ; www.kvosinhotel.is ; Kirkjutorg 4 ; app petit-déj inclus à partir de 46 200 ISK). Un emplacement exceptionnel pour ces appartements de luxe. Du "Big" au "Bigger" en passant par la "Mountain Suite", tous sont confortables et bien équipés. Beaux balcons dans la Mountain Suite.

**Apotek** BOUTIQUE-HÔTEL €€€
(carte p. 60 ; ☎512 9000 ; www.keahotels.is ; Austurstræti 16 ; d petit-déj inclus à partir de 44 100 ISK). Cet hôtel récent occupe une ancienne pharmacie de 1917, dans un bâtiment de Guðjón Samúelsson, très bien rénové. Au cœur du vieux Reykjavík, il comprend des chambres élégantes et contemporaines aux tons doux. Restaurant-bar à tapas très populaire au rez-de-chaussée (p. 81).

**Consulate Hotel Reykjavík** HÔTEL DE LUXE €€€
(carte p. 60 ; www.curiocollection3.hilton.com ; entre Tryggvagata et Hafnarstræti ; @). Cet hôtel Curio de la chaîne Hilton est au cœur de Reykjavík, juste en face de la salle de concert Harpa. Il est composé de bâtiments historiques rénovés et d'un nouvel édifice. Les 50 chambres, arrangées avec goût, sont inspirées de la culture islandaise. En 2018, Hilton ouvrira l'Iceland Parliament Hotel dans Thorvaldsensstræti, sur la place Austurvöllur, à côté du Parlement.

**Hótel Borg** HÔTEL DE LUXE €€€
(carte p. 60 ; ☎551 1440 ; www.hotelborg.is ; Pósthússtræti 9-11 ; d à partir de 41 500 ISK ; @). Cet hôtel de 1930, le plus ancien de la capitale, avec parquet et têtes de lit en cuir, est décoré dans les tons beige, noir et crème, et équipé de TV haut de gamme. Il a conservé son élégance d'origine. Belle suite en duplex avec vue panoramique sur la ville.

**Hótel Reykjavík Centrum** HÔTEL €€€
(carte p. 60 ; ☎514 6000 ; www.hotelcentrum.is ; Aðalstræti 16 ; d/app à partir de 34 600/51 400 ISK ; P). Des mezzanines et un toit vitré rassemblent deux édifices historiques, et confèrent à l'établissement une note contemporaine. Les 89 chambres et appartements aux proportions soignées ont un petit réfrigérateur, la TV satellite et de quoi préparer du café. Les prix en ligne varient considérablement en fonction des dates de séjour.

### LOCATIONS DE COURTE DURÉE

Du fait des prix élevés des hébergements à Reykjavík en été, certains habitants des quartiers prisés louent leur appartement (ou des chambres) aux touristes. Les tarifs sont souvent plus avantageux qu'auprès des professionnels ; en revanche, l'organisation est parfois plus compliquée (remise des clés, etc.), et vous devrez peut-être vous occuper du ménage. Pour loger dans le centre, repérez le code postal Reykjavík 101.

**Radisson Blu 1919 Hotel** HÔTEL €€€
(carte p. 60 ; ☎599 1000 ; www.radissonblu.com ; Pósthússtræti 2 ; d à partir de 43 600 ISK ; @). Voici une adresse qui ne manque pas de charme. Les jolies chambres sont dotées de grands lits et de TV. Un escalier en fer ouvragé dessert de vastes suites douillettes.

## Le vieux port

**Reykjavík Downtown Hostel** AUBERGE DE JEUNESSE €
(carte p. 60 ; ☎553 8120 ; www.hostel.is ; Vesturgata 17 ; dort 4/10 lits 9 100/6 450 ISK, d avec/sans sdb 27 800/23 800 ISK ; @). Bien gérée et d'une hygiène irréprochable, cette auberge de jeunesse réputée attire aussi des voyageurs dont le budget est moins serré. Service sympathique, cuisine pour les hôtes et excellentes chambres. Remise de 700 ISK pour les membres HI.

**Oddsson Hostel** AUBERGE DE JEUNESSE €
(carte p. 56 ; ☎511 3579 ; www.oddsson.is ; Hringbraut 121 ; dort/capsule 5 600/7 500 ISK, d avec/sans sdb 35 000/22 000 ISK ; 14). Impossible de manquer la façade colorée de cette auberge de jeunesse récente près du vieux port. Vaste et surprenante, elle possède des dortoirs, des capsules de couchage et des chambres avec sdb commune ou privative. Certaines ont une belle vue sur la mer. En commun : cuisine, *hot tub* (sorte de Jaccuzi extérieur), terrasse sur le toit, salles de yoga et de karaoké. Bon bar-restaurant (le Bazaar).

**Guesthouse Butterfly** GUESTHOUSE €€
(carte p. 60 ; ☎894 1864 ; www.butterfly.is ; Ránargata 8a ; d avec/sans sdb petit-déj inclus 24 500/18 250 ISK). Dans une rue résidentielle centrale et calme, impossible de manquer la fresque ornant la façade de cette pension. Au programme ici : de jolies chambres meublées avec simplicité, une cuisine commune et une ambiance chaleureuse. Appartements indépendants (à partir de 27 000 ISK) avec cuisine et parfois balcon, idéals pour les familles.

**Three Sisters** APPARTEMENTS €€
(Þrjár Systur ; carte p. 60 ; ☎565 2181 ; www.three-sisters.is ; Ránargata 16 ; app à partir de 25 700 ISK ; mi-mai à août ; @). Un ancien pêcheur tient cette ravissante maison de ville du vieux Reykjavík, aujourd'hui aménagée en 8 studios. Lits douillets, décor cosy et kitchenette pour chaque logement.

♥ **Icelandair Hotel Reykjavík Marina** BOUTIQUE-HÔTEL €€€
(carte p. 60 ; ☎560 8000 ; www.icelandairhotels.is ; Mýrargata 2 ; d 38 900-49 900 ISK ; @). Ce grand hôtel design sur le vieux port joue la carte de l'art et de l'univers marin pour la décoration, et celle des équipements dernier cri pour le confort. L'aménagement des petites chambres est astucieux. Celles sous les toits, côté port, offrent une vue splendide. Dans le hall animé, retransmission en direct d'images satellites de sites de tout le pays. Restaurant tendance, le Slippbarinn (p. 89).

**Reykjavík Marina Residence** SUITES €€€
(carte p. 60 ; ☎560 8500 ; www.reykjavik-marinaresidence.is ; Mýrargata 14-16 ; ste 150 000-300 000 ISK ; @; 14). Sept suites raffinées dans deux demeures historiques. Service d'un concierge, accès aux installations de l'Icelandair Hotel Reykjavík Marina, ameublement haut de gamme et grand confort. Certaines suites donnent sur le port. La plus grande, l'Aðalbjörg, est en duplex.

## Laugavegur et Skólavörðustígur

♥ **Loft Hostel** AUBERGE DE JEUNESSE €
(carte p. 60 ; ☎553 8140 ; www.lofthostel.is ; Bankastræti 7 ; dort 7 600-8 700 ISK, d/qua 27 800/37 600 ISK ; @). Perchée au-dessus de l'animation de Bankastræti, cette auberge moderne attire une clientèle jeune. Les Reykjavikois apprécient son bar branché et son café en terrasse. Ambiance conviviale, dortoirs impeccables avec sdb attenante (draps inclus). Remise de 700/2 800 ISK sur les dortoirs/doubles pour les membres HI.

**101 Hostel** AUBERGE DE JEUNESSE €
(carte p. 60 ; ☎661 4767 ; Laugarvegur 58b ; dort 8 700 ISK). Cette minuscule auberge jaune se cache dans une cour dans Laugavegur. Six dortoirs sans prétention, terrasse commune et pelouse. Réservations sur Booking.com.

**KEX Hostel** AUBERGE DE JEUNESSE €
(carte p. 60 ; ☎561 6060 ; www.kexhostel.is ; Skúlagata 28 ; dort 4/16 lits 7 900/4 900 ISK, d avec/sans sdb 39 700/25 500 ISK ; @). Véritable QG des globe-trotters et rendez-vous prisé des locaux, le KEX est une immense auberge de jeunesse où règne une ambiance chaleureuse. Elle est un peu moins bien tenue que d'autres adresses comparables (beaucoup de clients par sdb), mais sa cour intérieure et son bar-restaurant très animé avec vue sur la mer lui assurent un franc succès.

**Reykjavík Hostel Village** AUBERGE DE JEUNESSE €
(carte p. 56 ; ☎552 1155 ; www.hostelvillage.is ; Flókagata 1 ; dort/d/qua sans sdb à partir de 5 200/23 800/26 600 ISK). Au choix : dortoirs, ou chambres simples, doubles ou quadruples, avec réfrigérateur et bouilloire, répartis dans 5 maisons du quartier. Quelques appartements également. Supplément de 1 500 ISK pour les draps.

♥ **Nest Apartments** APPARTEMENTS €€
(carte p. 60 ; ☎893 0280 ; nestapartments.is ; Bergthorugata 15 ; app à partir de 21 100 ISK). Quatre appartements modernes rehaussés de touches rétro bien choisies, où l'on se sent comme chez soi. Situés dans une haute maison de ville, dans une rue calme et résidentielle (juste au nord de l'Hallgrímskirkja), ils sont tous aménagés différemment. Le plus grand peut accueillir 4 personnes. Deux nuits minimum.

♥ **Forsæla Apartmenthouse** GUESTHOUSE, APPARTEMENTS €€
(carte p. 60 ; ☎551 6046 ; www.apartmenthouse.is ; Grettisgata 33b ; d/tr sans sdb petit-déj inclus 22 700/30 800 ISK, app/maison à partir de 38 200/74 000 ISK). Mention spéciale pour la maison centenaire du vieux Reykjavík, avec poutres apparentes, qui peut loger 4 à 8 personnes. Les 3 appartements possèdent de petites chambres douillettes, un salon, une cuisine et un lave-linge. Également : hébergement en B&B, avec sdb commune. Séjour minimal de 3 nuitées pour les appartements et la maison.

**REY Apartments** APPARTEMENTS €€
(carte p. 60 ; 771 4600 ; www.rey.is ; Grettisgata 2a ; app 23 000-49 800 ISK). Un choix judicieux et plus personnel qu'un hôtel. Plusieurs appartements, du studio au logement de 3 chambres (8 couchages), sont répartis dans un bâtiment de plusieurs étages. Bien entretenus et décorés.

**Grettisborg Apartments** APPARTEMENTS €€
(carte p. 60 ; 666 0655 ; www.grettisborg.is ; Grettisgata 51 ; app 21 200-51 500 ISK). Dans un vrai décor de magazine de design scandinave, cette adresse propose des studios et des appartements astucieusement aménagés. Les plus vastes peuvent accueillir jusqu'à 6 ou 7 personnes.

**Galtafell Guesthouse** GUESTHOUSE €€
(carte p. 56 ; 551 4344 ; www.galtafell.com ; Laufásvegur 46 ; d avec/sans sdb à partir de 25 300/22 100 ISK, app à partir de 26 000 ISK). Dans un quartier tranquille au bord du lac, à courte distance à pied du centre-ville, cette maison ancienne abrite 4 appartements avec une chambre séparée, une cuisine tout équipée et un salon douillet. Trois chambres doubles se partagent une cuisine. Le jardin et l'entrée sont ravissants.

**Villa** GUESTHOUSE €€
(carte p. 60 ; 823 1268 ; www.villa.is ; Skólavörðustígur 30 ; d à partir de 23 700 ISK). Dessinée par le célèbre architecte islandais Guðjón Samúelsson, cette élégante villa est située dans une agréable artère commerçante menant à un autre ouvrage de Samúelsson : l'église Hallgrímskirkja. Bien rénovées, les chambres sont décorées de meubles blancs et de touches colorées. Emplacement très central.

**Baldursbrá Guesthouse** GUESTHOUSE €€
(carte p. 60 ; 552 6646 ; www.baldursbra.com ; Laufásvegur 41 ; s/d sans sdb petit-déj inclus à partir de 11 900/18 500 ISK). Cette *guesthouse* nichée dans une rue calme proche du lac Tjörnin loue des chambres douillettes aux dimensions correctes, avec lavabo. Salon TV et jardin (*hot pot* et barbecue). Un bémol toutefois : certains visiteurs n'ont pas apprécié l'accueil réservé par les propriétaires.

**Hótel Leifur Eiríksson** HÔTEL €€
(carte p. 60 ; 562 0800 ; www.hotelleifur.is ; Skólavörðustígur 45 ; s/d petit-déj inclus à partir de 19 000/22 000 ISK). Très bien situé, au bout de la rue *arty* de Skólavörðustígur, juste en face de la Hallgrímskirkja, cet hôtel abrite 47 chambres avec une vue imprenable sur l'église. Les chambres sont assez petites et la décoration est très basique.

**Castle House & Embassy Apartments** APPARTEMENTS €€
(carte p. 60 ; 511 2166 ; www.hotelsiceland.net). Des appartements agréables et bien équipés bénéficiant d'un emplacement central et calme. Moins impersonnels qu'un hôtel, ils bénéficient d'un service d'étage : serviettes changées, et vaisselle et cuisine nettoyées chaque jour. Mention spéciale aux **Embassy Apartments** (Garðastræti 40 ; app à partir de 19 700 ISK), au nord-ouest du Tjörnin, et à la **Castle House** (Skálholtsstígur 2a ; app à partir de 22 000 ISK), à l'est.

**Sunna Guesthouse** GUESTHOUSE €€
(carte p. 60 ; 511 5570 ; www.sunna.is ; Þórsgata 26 ; d avec/sans sdb petit-déj inclus 29 700/23 900 ISK, app petit-déj inclus à partir de 35 200 ISK ; P @). Des chambres et appartements aux configurations variées (du studio au logement pour 8 personnes), simples, ensoleillés et avec un parquet clair. Plusieurs bénéficient d'une jolie vue sur la Hallgrímskirkja. Parking gratuit (limité).

**Hlemmur Square** AUBERGE DE JEUNESSE, HÔTEL €
(carte p. 56 ; 415 1600 ; www.hlemmursquare.com ; Laugavegur 105 ; dort/d/app à partir de 4 750/25 000/39 000 ISK ; @). Une auberge de jeunesse (3e et 4e étages) et un hôtel dans un immeuble des années 1930. Les grands dortoirs (draps fournis) affichent diverses configurations. Les doubles, spacieuses, ont des lits gigantesques, des sdb modernes et, pour certaines, un balcon avec vue sur l'océan. Ambiance joyeuse et vaste réception dotée d'un café au rez-de-chaussée.

**Guesthouse Óðinn** GUESTHOUSE €€
(carte p. 60 ; 561 3400 ; www.odinnreykjavik.com ; Óðinsgata 9 ; s/d sans sdb petit-déj inclus 16 000/21 600 ISK, d/app à partir de 26 900/39 600 ISK). Tenue en famille, cette *guesthouse* comprend plusieurs chambres basiques et claires. Le buffet du petit-déjeuner (inclus de juin à août) est servi dans une pièce charmante avec vue sur l'océan. Plusieurs appartements de 1 ou 2 chambres.

**Snorri's Guesthouse** GUESTHOUSE €€
(carte p. 56 ; 552 0598 ; www.guesthouse-reykjavik.com ; Snorrabraut 61 ; d avec/sans sdb 25 800/18 700 ISK). À l'angle du grand carrefour de Snorrabraut, cet établissement à la façade en crépi abrite des chambres

impeccablement tenues et décorées de tons doux. Les chambres "familiales" (31 800 ISK) sont intéressantes. Sympathique propriétaire !

**Reykjavík Residence** APPARTEMENTS €€€
(carte p. 60 ; ☎561 1200 ; www.rrhotel.is ; Hverfisgata 45 ; app à partir de 33 300-70 200 ISK ; @). Ambiance luxueuse pour ces appartements aménagés dans deux maisons anciennes dans le centre-ville. Décoration soignée, service attentif et belle lumière dans les chambres. On trouve aussi bien des suites que des studios avec kitchenette, ou des appartements de 2 ou 3 chambres.

**Alda Hotel** BOUTIQUE-HÔTEL €€€
(carte p. 60 ; ☎553 9366 ; www.aldahotel.is ; Laugavegur 66-68 ; d à partir de 34 300 ISK). Cette adresse dans le centre-ville propose des chambres élégantes et confortables. Les clients ont accès à un spa, à un centre de fitness, ainsi qu'à un salon spacieux. Toutes les chambres du 4e étage ont un balcon, les suites comptent souvent 2 sdb, et certaines chambres ont vue sur l'océan.

**Luna Hotel Apartments** APPARTEMENTS €€€
(carte p. 60 ; ☎511 2800 ; www.luna.is ; Baldursgata 36 ; app à partir de 29 000 ISK). Un nouveau venu remarqué parmi les appartements de luxe de Reykjavík, avec ses 15 excellents logements près de Skólavörðustígur. Les rues voisines sont relativement calmes et les appartements gais et lumineux. Du petit studio à l'appartement de 4 chambres pour 8 personnes.

**Canopy by Hilton** BOUTIQUE-HÔTEL €€€
(carte p. 60 ; ☎528 7000 ; www.canopybyhilton.com ; Smiðjustígur 4 ; d à partir de 43 000 ISK ; @). Un hôtel Hilton de la nouvelle gamme "*lifestyle*". Chambres confortables, avec vue sur l'océan ou la montagne pour les meilleures. Location de vélos, petits déjeuners diététiques, dégustation de bière l'après-midi et salle de sport.

**Hótel Holt** HÔTEL DE LUXE €€€
(carte p. 60 ; ☎552 5700 ; www.holt.is ; Bergstaðastræti 37 ; d à partir de 39 000 ISK ; @). Pour une délicieuse plongée dans un luxe à l'ancienne, rendez-vous dans cet établissement construit dans les années 1960. C'est l'un des plus anciens de Reykjavík et sa collection privée de tableaux de peintres islandais serait la plus importante de l'île. Au rez-de-chaussée, découvrez l'impressionnant choix de whiskies single malt dans le ravissant bar-bibliothèque aux tons ambre. Vous pourrez manger au Gallery Restaurant (p. 86) en admirant les œuvres d'art.

**OK Hotel** BOUTIQUE-HÔTEL €€
(carte p. 60 ; ☎578 9850 ; Laugavegur 74 ; studio à partir de 26 400 ISK). Un vent d'originalité souffle sur cette adresse qui loue des chambres au décor personnalisé, à l'instar de la Mona Lisa, avec meubles dépareillés et tableaux. Les studios pour 2 à 6 personnes, au cadre clair et gai, sont pourvus d'une kitchenette. Le K-Bar (p. 86), au rez-de-chaussée, a beaucoup de succès. Certains clients se plaignent parfois d'un service négligent. Réservations sur Booking.com.

**Skuggi Hotel** BOUTIQUE-HÔTEL €€€
(carte p. 56 ; ☎590 7000 ; www.keahotels.is ; Hverfisgata 103 ; d petit-déj inclus à partir de 37 700 ISK ; P). Lits *king-size*, ameublement chic, TV par satellite, situation idéale tout près de Laugavegur et parking gratuit. Une bonne adresse.

**Room With A View** APPARTEMENTS €€
(carte p. 60 ; ☎552 7262 ; www.roomwithaview.is ; Laugavegur 18 ; app 36 000-76 300 ISK). Cette résidence centrale abrite d'élégants studios et des appartements de 1 à 4 chambres (jusqu'à 10 personnes). Décoration scandinave, kitchenettes, lecteurs CD, TV et lave-linge. Vue sur l'océan ou la ville, accès à un solarium et à un Jacuzzi. Les appartements sont de tailles variables. Consultez le site Web. Un bémol : le bruit la nuit.

**101 Hotel** BOUTIQUE-HÔTEL €€€
(carte p. 60 ; ☎580 0101 ; www.101hotel.is ; Hverfisgata 10 ; d à partir de 59 900 ISK ; @). Le 101 joue la polyphonie sensorielle : lits moelleux, accords noir et blanc, systèmes audio pour iPod et douches vitrées. Le spa, la salle de sport et le bar-restaurant glamour renforcent l'impression de luxe.

**CenterHótel Arnarhvoll** HÔTEL €€€
(carte p. 60 ; ☎595 8540 ; www.centerhotels.com ; Ingólfsstræti 1 ; d petit-déj inclus à partir de 40 300 ISK ; @). Un hôtel chic sur le front de mer, avec une vue imprenable sur la baie et le mont Esja – cela vaut la peine de payer un peu plus pour le panorama. Les chambres au décor scandinave (lignes épurées et grandes fenêtres) sont baignées de lumière. Elles sont plutôt petites, mais les lits, extrêmement confortables, compensent cet inconvénient. Le petit sauna, le bain de vapeur et le bar Ský apportent une touche élégante.

**Hótel Óðinsvé** HÔTEL €€€
(carte p. 60 ; ☎511 6200 ; www.hotelodinsve.is ; Þórsgata 1 ; d/ste à partir de 39 800/52 000 ISK ; @). Cette adresse de caractère compte 50 chambres lumineuses avec parquet, décorées d'œuvres d'art et d'un mobilier classique. Elles sont toutes très différentes – certaines sont aménagées en duplex, d'autres possèdent un agréable balcon. La plupart ont une baignoire.

**Fosshotel Reykjavík** HÔTEL €€€
(carte p. 56 ; ☎531 9000 ; www.fosshotel.is ; Þórunnartún 1 ; ⊙d/f petit-déj inclus à partir de 32 500/42 400 ISK). Ce mastodonte de 320 chambres fait partie des nombreux hôtels installés dans des tours du quartier de Tún, à l'est du centre-ville. Ses chambres, modernes, sont bien équipées (TV, sèche-cheveux). Les surfaces et les prix augmentent au fur et à mesure que l'on gravit les étages. On trouve des Fosshotel plus anciens et plus petits un peu partout dans la ville.

**Hótel Frón** HÔTEL €€
(carte p. 60 ; ☎511 4666 ; www.hotelfron.is ; Laugavegur 22a ; d/studio petit-déj inclus à partir de 30 000/32 000 ISK ; @). Cet hôtel reconnaissable à sa façade bleue bénéficie d'une excellente situation, donnant sur Laugavegur. Les chambres à l'avant peuvent être bruyantes le week-end. L'aile récente abrite d'agréables chambres doubles, de grands studios avec kitchenette, et un appartement familial. Les chambres plus anciennes sont moins plaisantes.

**CenterHótel Þingholt** BOUTIQUE-HÔTEL €€€
(carte p. 60 ; ☎595 8530 ; www.centerhotels.com ; Þingholtsstræti 3-5 ; d/ste à partir de 53 300/66 800 ISK ; @). Conçu par l'architecte islandaise Gulla Jónsdóttir, cet hôtel de charme original met les matériaux naturels à l'honneur dans un décor moderne. Les petites chambres sont douillettes – éclairage tamisé, élégant revêtement de sol anthracite, têtes de lit et mobilier gainé de cuir noir. Certaines chambres sont pourvues de belles baignoires.

**Opal Apartments** APPARTEMENTS €€€
(carte p. 56 ; ☎860 1300 ; www.opalapartments.is ; Laugavegur 151 ; app à partir de 57 300 ISK). Huit appartements agréables dans Laugavegur, non loin du Hlemmur Square. Impeccables et très bien équipés, avec cuisine et tout le confort nécessaire.

## Laugardalur

**Reykjavík City Hostel** AUBERGE DE JEUNESSE €
(carte p. 56 ; ☎553 8110 ; www.hostel.is ; Sundlaugavegur 34 ; dort à partir de 4 750, d avec/sans sdb petit-déj inclus 17 900/12 900 ISK ; P@). Une auberge de jeunesse spacieuse, originale et écologique, à l'ambiance sympathique. À 2 km à l'est du centre, dans Laugardalur, elle jouxte le camping et la piscine, et est desservie par le Flybus ainsi que par de nombreux tour-opérateurs. Location de vélos, 3 cuisines communes et vaste terrasse. Remise de 700 ISK pour les membres HI, et de 1 500 ISK pour les 4-12 ans.

**Camping de Reykjavík** CAMPING €
(carte p. 56 ; ☎568 6944 ; www.reykjavikcampsite.is ; Sundlaugavegur 32 ; empl tarif plein/enfant 2 100 ISK/gratuit, bungalow 14 000 ISK ; ⊙mai-sept ; P@). L'unique camping de Reykjavík (à 2 km à l'est du centre-ville dans Laugardalur, à côté de la piscine et du Reykjavík City Hostel) est très fréquenté en été. Mais, avec une capacité de 650 personnes sur 3 terrains, vous trouverez sûrement de la place. Bonnes installations modernes, petits bungalows (3 nuits minimum), douches gratuites, cuisines et coins barbecue. Location de vélos (5 heures 3 500 ISK).

**Hilton Reykjavík Nordica** HÔTEL €€€
(carte p. 56 ; ☎444 5000 ; www.hilton.com ; Suðurlandsbraut 2 ; d à partir de 35 500 ISK ; @). Un vaste hôtel au chic scandinave décontracté, avec un service d'étage 24h/24, une salle de sport, un spa et un restaurant gastronomique, le Vox (p. 87). Les chambres lumineuses aux lits immenses sont décorées dans de subtiles teintes crème et moka. Celles des étages supérieurs jouissent d'une vue splendide sur la mer. À 2 km du centre-ville, près de Laugardalur.

## Au sud du centre-ville

**Icelandair Hotel Natura** HÔTEL €€
(carte p. 56 ; ☎444 4500 ; www.icelandairhotels.com ; Nauthólsvegur 52 ; d à partir de 28 400 ISK ; P@). Ce grand établissement un peu excentré est une bonne adresse pour les usagers de l'aéroport domestique. Il abrite des chambres modernes décorées d'œuvres d'art.

## Où se restaurer

D'innombrables restaurants islandais ou "néonordiques" servent des produits de la mer et de l'agneau déclinés à l'infini, mais la capitale est aussi *le* lieu où l'on peut savourer presque toutes les cuisines du monde.

Le marché aux puces de Kolaportið (p. 92) comporte une section consacrée aux spécialités islandaises.



### Le vieux Reykjavík

**Bæjarins Beztu** HOT DOGS €

(carte p. 60 ; www.bbp.is ; Tryggvagata ; hot dog 420 ISK ; ⏲10h-2h dim-jeu, 10h-4h30 ven-sam ; 👪). D'après les Reykjavikois, ce *food truck* garé près du port (et fréquenté par Bill Clinton et les noctambules) sert les meilleurs hot dogs de la ville. Prononcez la formule magique *Eina með öllu* ("un avec tout") et on vous remettra le hot dog star, avec moutarde sucrée, ketchup et oignons croquants.

**Jómfrúin** SANDWICHS €

(carte p. 60 ; ☎551 0100 ; www.jomfruin.is ; Lækjargata 4 ; sandwich à partir de 1 700 ISK ; ⏲11h-22h). Les Danois se pressent dans ce petit restaurant sans prétention pour sa spécialité, le *smørrebrød* (sandwich danois traditionnel présenté ouvert, avec garnitures nordiques).

**10-11** SUPERMARCHÉ €

(carte p. 60 ; Austurstræti 17 ; ⏲24h/24). Cette chaîne pratique des prix très élevés. Autres enseignes à **Barónsstígur** (p. 85), **Borgartún** (carte p. 56 ; Borgartún 26) et **Laugalækur** (carte p. 56 ; Laugalækur 9).

**Hlölla Bátar** RESTAURATION RAPIDE €

(carte p. 60 ; www.hlollabatar.is ; Ingólfstorg ; sandwich 950-1700 ISK ; ⏲10h-2h dim-jeu, 10h-5h30 ven-sam). Sandwichs longs et gras, typiquement islandais, à engloutir place Ingólfstorg.

♥ **Messinn** PRODUITS DE LA MER €€

(carte p. 60 ; ☎546 0095 ; www.messinn.com ; Lækjargata 6b ; plats déj 1 900-2 100 ISK, plats dîner 2 500-3 800 ISK ; ⏲11h30-15h et 17h-22h). Pour ce qui est du poisson et des fruits de mer, Messinn pourrait bien être la meilleure adresse de la capitale ! La spécialité de la maison : le poisson de votre choix crépitant dans une poêle en fonte, servi accompagné de pommes de terre au beurre et de salade. Ambiance enjouée et service sympathique.

### ESPÈCES MENACÉES DANS L'ASSIETTE

De nombreux restaurants et tour-opérateurs attirent le chaland en proposant les spécialités locales les plus insolites : baleine (*hvál/hvalur*), requin fermenté (*hákarl*) et macareux (*lundi*). Ce qui n'est pas sans conséquence sur les espèces et leurs délicats écosystèmes, sachant que 1,3 million de touristes visitent le pays chaque année.

- On estime qu'entre 40 et 60% de la consommation de viande de baleine en Islande est due aux touristes. Environ 82% des Islandais ne mangent jamais de baleine, et seuls 3% en consomment régulièrement.
- Seulement 15 à 25% d'une baleine de Minke pêchée est consommable, le reste est rejeté dans la mer.
- Le rorqual commun est classé parmi les espèces menacées au niveau mondial ; son statut dans l'Atlantique nord fait l'objet d'un vif débat
- En dépit de la contestation internationale, le ministère des Industries et de l'Innovation islandais soutient que la chasse à la baleine ne pose pas de problème, dans la mesure où elle ne dépasse pas 1% des "réserves" locales.
- Le requin du Groenland, dont la viande sert à préparer l'*hákarl*, a le statut d'espèce quasi menacée.
- En 2002, on estimait à 7 millions le nombre de macareux en Islande. En 2015, leur population serait de 4 millions, soit une baisse de 43%.
- Lors de nos recherches, les macareux connaissaient de graves problèmes de reproduction dans certaines grandes colonies des Vestmannaeyjar (îles Vestmann).

Nous n'avons pas exclu de notre guide les restaurants proposant ces viandes. Pour identifier les adresses qui ne servent pas de viande de baleine, consultez le site www.icewhale.is/whale-friendly-restaurants.

**Nora Magasin** BISTROT €€

(carte p. 60 ; ☎578 2010 ; Pósthússtræti 9 ; plats 1 700-2 500 ISK ; ⏲11h30-1h dim-jeu, 11h30-3h ven-sam). Dans une salle décloisonnée à l'ambiance branchée, ce bistrot-bar animé sert une sélection goûteuse de cuisine de brasserie : petites assiettes créatives, burgers ou poisson frais. On peut consommer du café et des cocktails toute la soirée ; le fourneau ferme à 22h ou 23h.

**Bergsson Mathús** CAFÉ €

(carte p. 60 ; ☎571 1822 ; www.bergsson.is ; Templarasund 3 ; plats 2 000-2 400 ISK ; ⏲7h-21h lun-ven, 7h-17h sam-dim ; 🖉). Ce café pratique et très apprécié propose du pain maison, des produits frais et de copieuses formules déjeuner. Le week-end, les habitants viennent feuilleter des magazines et bavarder en savourant les délicieux brunchs. Formule à emporter à partir de 16h : deux produits pour le prix d'un.

**Icelandic Fish & Chips** BIO, PRODUITS DE LA MER €€

(carte p. 60 ; ☎511 1118 ; www.fishandchips.is ; Tryggvagata 11 ; plats 1 400-3 000 ISK ; ⏲11h30-21h lun-jeu, 11h30-22h ven-dim). Choisissez votre poisson, et le voici pané et frit, à accompagner de bière locale, de salades bio (900 ISK) et de "Skyronnaises", des sauces acidulées à base de *skyr*, le yaourt version islandaise (saveur basilic et ail, à partir de 290 ISK).

**Lobster Hut** PRODUITS DE LA MER €€

(carte p. 60 ; plats 1 700-2 500 ISK ; ⏲11h-2h lun-jeu, 11h-6h ven-sam). Soupe aux langoustines, salade de langoustines, sandwich à la langoustine : ce petit *food truck* spécialisé régale les convives raffinés et pressés. Devant le Hlemmur Square la journée, sur Lækergata (dans le centre-ville) après 21h.

**Laundromat Café** INTERNATIONAL €€

(carte p. 60 ; www.thelaundromatcafe.com ; Austurstæti 9 ; plats 2 000-2 800 ISK ; ⏲8h-23h lun-mer et dim, 9h-0h jeu-sam ; 👪). Cette adresse d'origine danoise très prisée attire Reykjavikois et touristes qui se régalent de plats généreux dans la bonne humeur, entourés de livres de poche d'occasion. Le "Dirty Breakfast" (2 390 ISK) est le remède parfait après une soirée arrosée. Également : machines à laver et sèche-linge (pris d'assaut) au sous-sol (750/750 ISK par machine/séchage de 15 min). Aire de jeux pour les enfants.

**Café Paris** INTERNATIONAL €€

(carte p. 60 ; ☎551 1020 ; www.cafeparis.is ; Austurstræti 14 ; plats 2 800-6 000 ISK ; ⏲8h-0h dim-jeu, 8h-1h ven-sam). Une adresse prisée en été pour profiter de l'animation de la place Austurvöllur. Le soir, dans la salle garnie de cuir, l'ambiance est plus cosy, en mode musique et verre de vin. Mérite le détour pour l'atmosphère plus que pour la cuisine, ordinaire (sandwichs, salades, burgers).

**Hornið** ITALIEN €€

(carte p. 60 ; ☎551 3340 ; www.hornid.is ; Hafnarstræti 15 ; plats 1 700-5 000 ISK ; ⏲11h-23h30). Dans cet agréable café-restaurant de style Art déco, les pizzas sont préparées devant vous, et les plats de pâtes joliment présentés vous sustenteront pour la journée. Viandes et produits de la mer également.

♥ **Apotek** FUSION €€€

(carte p. 60 ; ☎551 0011 ; www.apotekrestaurant.is ; Austurstræti 16 ; plats 3 000-8 000 ISK ; ⏲11h30-1h). Ce beau bar-restaurant est réputé pour sa décoration toute de verre étincelant et son ambiance détendue, autant que pour ses délicieuses petites assiettes à partager et ses excellents cocktails. Au rez-de-chaussée de l'hôtel du même nom.

♥ **Grillmarkaðurinn** FUSION €€€

(Grill Market ; carte p. 60 ; ☎571 7777 ; www.grillmarkadurinn.is ; Lækargata 2a ; plats 4 600-7 000 ISK ; ⏲11h30-14h lun-ven, 18h-22h30 dim-jeu, 18h-23h30 ven-sam). L'élégance et le style sont de mise dans cet établissement avec cuisine gastronomique et service impeccable. Une clientèle mélangée de touristes et de Reykjavikois vient savourer des produits islandais sublimés avec raffinement et imagination. Le menu dégustation (10 400 ISK) offre une sélection de choix.

**Fiskfélagið** PRODUITS DE LA MER €€€

(carte p. 60 ; ☎552 5300 ; www.fishcompany.is ; Vesturgata 2a ; plats déj 2 400-3 000 ISK, dîner 4 900-6 000 ISK ; ⏲11h30-14h30 lun-sam, 17h30-23h dim-jeu, 17h30-23h30 ven-sam). La "Fish Company" propose des plats traditionnels islandais (surtout du poisson) rehaussés d'ingrédients d'horizons plus lointains, de la noix de coco des îles Fidji au chorizo espagnol. On mange dans une salle intimiste habillée de pierre et de bois, agrémentée de lampes en cuivre et d'un mobilier excentrique, ou bien dehors, sur la terrasse.

**♥ Fiskmarkaðurinn** PRODUITS DE LA MER €€€
(carte p. 60 ; ☎ 578 8877 ; www.fiskmarkadurinn.is ; Aðalstræti 12 ; plats 5 100-5 700 ISK ; ⏲ 18h-23h30). Ce restaurant, le "Marché aux Poissons", sait comme nul autre instiller des saveurs originales (comme la racine de lotus) dans les plats de la mer et les produits locaux. Menu dégustation (11 900 ISK) recommandé ; excellent bar à sushis (3 600-4 600 ISK).

**Tapas Barinn** TAPAS €€€
(carte p. 60 ; ☎ 551 2344 ; www.tapas.is ; Vesturgata 3b ; tapas 1 600-2 400 ISK ; ⏲ 17h-23h30 dim-jeu, 17h-1h ven-sam). Idéal pour une sortie entre amis, ce remarquable bar à tapas propose plus de 50 plats différents – inutile de dénombrer les combinaisons possibles... En plus des tapas espagnoles, comme l'assortiment d'olives ou les *patatas bravas*, vous découvrirez de savoureuses versions islandaises, comme le poisson séché ou les queues de langoustine frites. Réservation conseillée.

## Le vieux port

**♥ Sægreifinn** PRODUITS DE LA MER €
(Seabaron ; carte p. 60 ; ☎ 553 1500 ; www.saegreifinn.is ; Geirsgata 8 ; plats 1 350-1 900 ISK ; ⏲ 11h30-23h mi-mai à août, 11h30-22h sept à mi-mai). Rejoignez le "seigneur de la mer", une cabane verte sur le port, pour savourer une merveilleuse soupe de langoustines (1 350 ISK). Le client choisit dans le réfrigérateur les brochettes de poisson à faire griller. Atmosphère chaleureuse et détendue.

**♥ Hamborgara Búllan** BURGERS €
(Hamborgarabúlla Tómasar ; carte p. 60 ; ☎ 511 1888 ; www.bullan.is ; Geirsgata 1 ; plats 1 200-1 800 ISK ; ⏲ 11h30-21h ; 👪). Ce petit coin d'Amérique du Nord dans le vieux port remporte un franc succès avec ses burgers. Russell Crowe y a été aperçu alors qu'il tournait dans le coin !

**♥ Valdi's** GLACES €
(carte p. 56 ; ☎ 586 8088 ; www.valdis.is ; Grandagarður 21 ; boule 450 ISK ; ⏲ 11h30-23h mai-août ; 👪). Les familles se pressent tout l'été chez ce glacier. Prenez un numéro, puis glissez-vous dans la foule pour choisir parmi le vaste éventail de parfums maison. Dans la joie et la bonne humeur.

**Fish & Chips** POISSON €
(carte p. 56 ; vieux port ; plats 1 200-2 000 ISK ; ⏲ 11h-21h ; 🚌 14). De succulents *fish and chips* servis encore brûlants dans un modeste *food truck*, près du Musée maritime viking.

**Burið** FROMAGE €
(carte p. 56 ; ☎ 551 8400 ; blog.burid.is ; Grandagarður 35 ; ⏲ 11h-18h lun-ven, 12h-17h sam ; 🚌 14). Large choix de fromages et de *skyr*, entre autres produits de qualité.

**Walk the Plank** PRODUITS DE LA MER €
(carte p. 60 ; www.facebook.com/walktheplankiceland/ ; Ægisgarður ; plats 1 500-1 900 ISK ; ⏲ 10h-20h). Ce *food truck* s'installe le matin par beau temps sur le port, où il sert de délicieux sandwichs au crabe, à déguster en regardant le ballet des bateaux qui ont rendez-vous avec les baleines.

**Víkin Cafe** CAFÉ €
(carte p. 56 ; Grandagarður 8 ; en-cas 800-2 200 ISK ; ⏲ 10h-17h ; 🚌 14). Le café du Musée maritime viking a vue sur le port et ses bateaux. Agréable terrasse ensoleillée.

**♥ Matur og Drykkur** ISLANDAIS €€
(carte p. 56 ; ☎ 571 8877 ; www.maturogdrykkur.is ; Grandagarður 2 ; plats déj 1 900-3 200 ISK, menu dîner 3 000-5 000 ISK ; ⏲ 11h30-15h lun-sam, 18h-22h30 mar-sam ; 🚌 14). L'un des meilleurs restaurants de la ville. Matur Og Drykkur signifie "Nourriture et Boisson", et vous n'aurez à vous plaindre ni de l'une ni de l'autre ! Né de l'imagination du chef Gísli Matthías Auðunsson, qui possède aussi l'excellent Slippurinn (p. 89) aux Vestmannaeyjar, l'établissement propose des versions créatives de plats traditionnels islandais. Réservez en haute saison et le soir.

**♥ Coocoo's Nest** CAFÉ €€
(carte p. 56 ; ☎ 552 5454 ; www.coocoosnest.is ; Grandagarður 23 ; plats 1 700-4 500 ISK ; ⏲ 11h-22h mar-sam, 11h-16h dim). Ce sympathique restaurant niché derrière le vieux port est prisé pour son brunch (plats 1 700-2 200 ISK ; 11h-16h ven-dim) et ses cocktails (1 300 ISK). Décontracté, branché et de taille humaine, il possède des tables revêtues de mosaïque. La carte, régulièrement renouvelée, est toujours succulente. Soirées à thème occasionnelles.

**♥ Bryggjan Brugghús** PUB, MICROBRASSERIE €€
(carte p. 56 ; ☎ 456 4040 ; www.bryggjanbrugghus.is ; Grandagarður 8 ; plats 2 300-5 000 ISK ; ⏲ 11h-0h dim-jeu, 11h-1h ven-sam, cuisine 11h30-23h). Venez déguster les bières maison de cet immense pub brillant de mille feux. Choix de 12 bières pression – IPA, blondes, bières de saison. Belle carte de fruits de mer et de viande. Des DJ se produisent parfois.

## LES CAFÉS DE REYKJAVÍK

Les Reykjavikois adorent leurs cafés. Ces établissements douillets sont innombrables, et l'on peut aussi bien s'y attarder que commander un café à emporter.

**Reykjavík Roasters** (carte p. 60 ; www.reykjavikroasters.is ; Kárastígur 1 ; 8h-18h lun-ven, 9h-17h sam-dim). Ce minuscule café branché prend son rôle à cœur. Rien de meilleur qu'un *latte* avec un croissant. Nouvelle enseigne à Brautarholt 2 dans le secteur d'Hlemmur.

**Kaffi Mokka** (carte p. 60 ; 552 1174 ; www.mokka.is ; Skólavörðustígur 3a ; 9h-18h30). La décoration n'a guère changé depuis les années 1950. Les piliers ornés de mosaïques et les lustres en cuivre peuvent paraître agréablement rétro ou terriblement fatigués selon les points de vue.

**Kaffi Vínyl** (carte p. 60 ; 537 1332 ; www.facebook.com/vinilrvk/ ; Hverfisgata 76 ; 9h-23h lun-ven, 10h-23h sam, 12h-23h dim). Cette adresse est appréciée pour son atmosphère détendue, sa bonne musique et sa délicieuse cuisine végane et végétarienne.

**Stofan Kaffihús** (carte p. 60 ; 546 1842 ; www.facebook.com/stofan.cafe/ ; Vesturgata 3 ; plats 1 500-1 600 ISK ; 9h-23h lun-mer, 9h-0h jeu-sam, 10h-22h dim). Ce café décontracté et spacieux s'est installé en plein centre-ville, dans un bâtiment ancien non dénué de charme.

**Café Haiti** (carte p. 60 ; 588 8484 ; www.cafehaiti.is ; Geirsgata 7c ; 8h-22h dim-jeu, 8h-0h ven-sam). La propriétaire, Elda, achète ses grains de café en Haïti, son pays natal, puis les torréfie et les moud sur place, pour concocter ce que les habitués considèrent comme le meilleur café du pays.

**C is for Cookie** (carte p. 60 ; Týsgata 8 ; 7h30-18h lun-ven, 11h-17h sam, 12h-17h dim). Baptisé en hommage à Macaron le glouton (Cookie Monster en anglais) de *1, rue Sésame*, cet établissement joyeux sert un délicieux café, d'excellents gâteaux maison, des salades, des soupes et des sandwichs toastés.

**Kaffifélagið** (carte p. 60 ; www.kaffifelagid.is ; Skólavörðustígur 10 ; 7h30-18h lun-ven, 10h-16h sam). Un troquet pour boire un café sur le pouce. Quelques tables en terrasse.

**Kigali Kaffi** (carte p. 60 ; www.facebook.com/kigali.kaffi ; Ingólfsstræti 8 ; 10h-18h lun-ven, 11h-20h sam). Ce petit établissement accueillant vend du café rwandais issu du commerce équitable.

Les fenêtres du fond révèlent une belle vue sur le port. Un bon endroit pour se détendre.

**Bergsson RE** PRODUITS DE LA MER €€
(carte p. 56 ; 571 0822 ; www.bergsson.net ; Grandagarður 16 ; plats 1 400-2 400 ISK ; 9h-17h lun-ven ; 14). Ce restaurant de la mer du quartier Grandi, sur le vieux port, est tenu par une famille de restaurateurs expérimentés. Le panorama du port est superbe. Le menu du déjeuner change chaque jour ; tout est toujours de première fraîcheur.

**Forréttabarinn** TAPAS €€
(Starter Bar ; carte p. 60 ; 517 1800 ; www.forrettabarinn.is ; Nýlendugata 14, entrée dans Mýrargata ; assiettes 1 700-2 600 ISK ; 16h-22h, 16h-23h). Les tapas sont à la mode à Reykjavík, en atteste cette adresse branchée proche du port. Assiettes inventives – comme celle à la morue et à la poitrine de porc servie avec des haricots blancs. Coin bar décontracté, meublé de vieilles tables et de canapés.

**Kaffivagninn** BRASSERIE €€
(carte p. 56 ; 551 5932 ; www.kaffivagninn.is ; Grandagarður 10 ; plats 2 300-2 700 ISK ; 7h30-18h lun-ven, 9h30-18h sam-dim). On peut tranquillement observer les bateaux à travers les larges vitres de ce restaurant installé sur le port. Bons petits-déjeuners et copieux plats de poisson.

### Laugavegur et Skólavörðustígur

♥ **Bakarí Sandholt** BOULANGERIE €
(carte p. 60 ; 551 3524 ; www.sandholt.is ; Laugavegur 36 ; en-cas 600-1 200 ISK ; 7h-21h). La boulangerie préférée des Reykjavikois, souvent bondée. Au menu : baguettes, croissants, pâtisseries et sandwichs frais ; la soupe du jour (1 540 ISK) est accompagnée d'un délicieux pain au levain.

♥ **Brauð & Co** BOULANGERIE €
(carte p. 60 ; www.braudogco.is ; Frakkastígur 16 ; 6h-18h lun-ven, 6h-17h sam-dim). Faites la

### ACHAT ET CONSOMMATION D'ALCOOL

- L'alcool est onéreux dans les bars et les restaurants. Les meilleurs tarifs sont proposés à l'*happy hour*. Vous pouvez télécharger l'application *Reykjavík Appy Hour*.
- Les seuls magasins autorisés à vendre de l'alcool sont les boutiques d'État de vins et de spiritueux **Vínbúðin** (www.vinbudin.is) – 5 enseignes dans le centre de Reykjavík.
- On trouve des tarifs avantageux à la boutique duty free de l'aéroport international de Keflavík.

queue pour déguster les pains et pâtisseries de cette minuscule boulangerie ouverte depuis peu, l'une des meilleures de la ville. Profitez de l'attente pour regarder les Vikings aux fourneaux !

**Grái Kötturinn** CAFÉ €
(carte p. 60 ; 551 1544 ; Hverfisgata 16a ; plats 1 000-2 300 ISK ; 7h15-14h lun-ven, 8h-14h sam-dim). On peut aisément passer devant ce minuscule café de 6 tables (que Björk affectionne) sans le remarquer. À mi-chemin entre la librairie excentrique et la galerie d'art *underground*, c'est l'adresse idéale pour un petit-déjeuner consistant, avec toasts, bagels, pancakes et œufs au bacon sur d'épaisses tranches de pain frais beurré.

**Garðurinn** VÉGÉTARIEN €
(carte p. 60 ; www.kaffigardurinn.is ; Klapparstígur 37 ; plats 1 300-2 000 ISK ; 11h-18h30 lun-mar et jeu-ven, 11h-17h mer, 12h-17h sam ; ). Ce petit restaurant sympathique sert des soupes et des plats végétariens et véganes. Le menu change régulièrement.

**Joylato** GLACES €
(carte p. 60 ; www.joylato.is ; Njálsgata 1 ; boule 850 ISK ; 15h-22h jeu-mar, 15h-17h30 mer). Glaces et sorbets maison, haut de gamme et délicieux. Certaines glaces sont fabriquées à partir de lait de noix de cajou ou de coco.

**Hamborgara Búllan** BURGERS €
(carte p. 60 ; www.bullan.is ; Bankastræti 5 ; plats 1 200-1 800 ISK ; 11h-21h dim-mer, 11h-22h jeu-sam). Ce minuscule restaurant, à l'arrière de la discothèque B5, appartient à la célèbre chaîne locale et sert de savoureux burgers.

**Johansen Deli** TRAITEUR €
(carte p. 56 ; 517 0102 ; www.facebook.com/johansendeli/ ; Þórunnartún 2 ; plats déj 1 400 ISK ; 8h-18h lun-ven). Ce traiteur familial installé au milieu des tours d'hôtel constitue une halte idéale pour se ravitailler en vue d'un pique-nique, pour petit-déjeuner rapidement ou pour trouver un déjeuner tout prêt.

**Vitabar** BURGERS €
(carte p. 60 ; Bergþórugata 21 ; plats 800-3 100 ISK ; 11h30-23h, bar 11h30-1h ou 2h ven-sam). Ce bar au cadre simple (carrelage et formica) sert des burgers grillés à la minute avec l'éventail complet d'accompagnements et de savoureuses frites maison croustillantes. Rock en fond sonore et clientèle locale venue siroter des pintes d'Einstök et de Viking.

**Noodle Station** THAÏLANDAIS €
(carte p. 56 ; 551 3198 ; www.noodlestation.is ; Laugavegur 86 ; plats 890-1 540 ISK ; 11h-22h lun-ven, 12h-22h sam-dim). De simples (et goûteuses) soupes de nouilles épicées servies au bol dans une adresse fiable et appréciée.

**Lemon** DIÉTÉTIQUE €
(carte p. 60 ; Laugavegur 56 ; jus 900-1 100 ISK, sandwichs 800-1 400 ISK ; 8h-21h lun-ven, 10h-21h sam, 12h-21h dim). Une bonne adresse pour des smoothies et sandwichs équilibrés à manger sur le pouce.

**The Deli** PIZZERIA €
(carte p. 60 ; www.deli.is ; Bankastræti 14 ; parts 500 ISK ; 10h-21h lun-mer, 11h-5h ou 6h jeu-sam). La meilleure adresse de Reykjavík pour une pizza croustillante.

**Yummi Yummi** THAÏLANDAIS €
(carte p. 56 ; 588 2121 ; www.yummy.is ; Hverfisgata 123 ; plats 1 600 ISK ; 11h30-21h lun-ven, 17h-21h sam-dim). Nouilles thaïlandaises et plats à emporter. Pratique et rapide.

**Bónus** SUPERMARCHÉ €
(carte p. 60 ; Laugavegur 59 ; 11h-18h30 lun-jeu, 10h-19h30 ven, 12h-18h sam). Le meilleur rapport qualité/prix du centre-ville. On trouve des magasins de la même enseigne dans **Hallveigarstígur** (carte p. 60 ; Hallveigarstígur 1), à Grandi, près du vieux port, et au **centre commercial Kringlan** (carte p. 56 ; Kringlunni 4 ; 11h-18h30 lun-jeu, 10h-19h30 ven, 10h-18h sam, 12h-18h dim).

**Krambúð** SUPERMARCHÉ €
(carte p. 60 ; Skólavörðustígur 42 ; 8h-23h30 lun-ven, 10h-23h30 sam-dim). Cher, mais central et ouvert tard.

**10-11** SUPERMARCHÉ €
(carte p. 60 ; Barónsstígur 4 ; 24h/24). Un magasin de l'enseigne omniprésente.

**Snaps** FRANÇAIS €€
(carte p. 60 ; 511 6677 ; www2.snaps.is ; Þórsgata 1 ; plats dîner 3 800-5 000 ISK ; 7h-10h tlj, 11h30-23h dim-jeu, 11h30-0h ven-sam). Il faut réserver dans ce bistrot à la française qui fait fureur auprès des Reykjavikois. Son secret ? Des assiettes délicieuses de poissons et de fruits de mer ainsi que des plats classiques de bistrot (steak ou moules-frites) à des prix abordables. Autres atouts : les formules du jour (11h30-14h ; 1 990 ISK) et les succulents brunchs (11h30-16h sam-dim ; 1 300-4 000 ISK). Cuisine ouverte.

**Ostabúðin** TRAITEUR €€
(La Fromagerie ; carte p. 60 ; 562 2772 ; www.facebook.com/Ostabudin/ ; Skólavörðustígur 8 ; plats 3 600-5 000 ISK ; restaurant 11h30-21h lun-ven, 12h-21h sam-dim, traiteur 10h-18h lun-jeu, 10h-19h ven, 11h-16h sam). Installez-vous dans la grande salle de cette fromagerie-traiteur gastronomique, pour déguster les planches de fromage et de viande concoctées par le sympathique propriétaire (1 900-4 000 ISK) ou la pêche du jour servie avec du pain maison. Achetez au passage quelques produits locaux, comme des terrines ou du confit de canard.

**Gló** BIO, VÉGÉTARIEN €€
(carte p. 60 ; 553 1111 ; www.glo.is ; Laugavegur 20b ; plats 1 200-2 000 ISK ; 11h-22h lun-ven, 11h30-22h sam-dim ; ). Une clientèle bohème et branchée pour ce spacieux restaurant situé en étage, qui sert de copieuses formules relevées d'épices et de plantes aromatiques asiatiques. Non exclusivement végétarien, cet endroit est un paradis pour les amateurs de cuisine crue ou bio. Grand buffet de salades variées et élaborées, allant des légumes racines aux recettes grecques. Autres enseignes dans Laugardalur (p. 87) et Kópavogur (p. 101).

**Hverfisgata 12** PIZZERIA €€
(carte p. 60 ; 437 0203 ; www.hverfisgata12.is ; Hverfisgata 12 ; pizzas 2 450-3 400 ISK ; 17h30-1h lun-jeu, 11h30-1h ven-dim ; ). L'absence d'enseigne ne décourage pas les clients de venir se réfugier dans cette maison d'angle, aux tons crème, pour déguster de délicieuses pizzas, parmi les meilleures de la ville, dans une ambiance familiale. Dans la bonne humeur, le personnel s'affaire derrière le comptoir en cuivre. D'agréables tables rondes sont installées derrière des baies vitrées. Le brunch du week-end est un autre atout du lieu !

**Restó** PRODUITS DE LA MER €€
(carte p. 56 ; 546 9550 ; www.resto.is ; Rauðarárstígur 27-29 ; plats 3 600-5 000 ISK ; 17h30-22h dim-jeu, 17h30-22h30 ven-sam). Ce petit restaurant convivial du secteur du Hlemmur Square mérite le détour pour son menu toujours renouvelé de délicieux produits de la mer et son atmosphère chaleureuse. Le propriétaire, Jóhann Helgi Jóhannesson, est l'ancien chef de l'Ostabúðin, un restaurant de la mer renommé. Il a ouvert cet établissement avec sa femme Ragnheiður Helena Eðvarðsdóttir, dans un quartier prometteur.

**Public House** FUSION, TAPAS €€
(carte p. 60 ; 555 7333 ; www.publichouse.is ; Laugavegur 24 ; tapas 1 300-2 000 ISK ; 11h30-1h). Les succulentes tapas d'inspiration asiatique, les bières pression locales et les délicieux cocktails ne sont pas les seuls atouts de ce *gastropub* établi en centre-ville. C'est aussi un lieu sympathique où il est agréable de s'attarder. La salle est toujours animée et les tables débordent sur la rue. Un endroit à voir... et où il faut être vu !

**Vegamót** INTERNATIONAL €€
(carte p. 60 ; 511 3040 ; www.vegamot.is ; Vegamótastígur 4 ; déj 1 500-2 900 ISK, plats dîner 1 500-4 500 ; 11h-22h dim-mer, 11h-23h jeu, 11h-23h30 ven-sam, bar 11h-1h dim-jeu, 11h-4h ven-sam). À la fois bistrot, bar et club, le "Carrefour" n'a rien perdu de son succès au fil des années. Il est idéal pour grignoter, boire, voir et se montrer (en soirée, car en journée, c'est le fief des familles). Carte internationale, de la salade mexicaine au poulet Louisiane. Les brunchs du week-end (1 500-3 000 ISK) ont un franc succès.

**ROK** ISLANDAIS €€
(carte p. 60 ; 544 4443 ; www.rokrestaurant.is ; Frakkstígur 26a ; plats 1 400-1 700 ISK ; 11h30-23h). N'hésitez pas à pénétrer dans ce petit bâtiment en bois au toit gazonné, ou à vous installer sur la terrasse ensoleillée qui fait face à la Hallgrímskirkja. Au menu : petites assiettes sophistiquées et bonne carte de bière et de vin. Réservez l'été et le week-end.

**Ban Thai** THAÏLANDAIS €€
(carte p. 56 ; www.banthai.is ; Laugavegur 130 ; plats 1 990-2 800 ISK ; 18h-22h dim-jeu, 18h-23h30 ven-sam). De loin l'adresse la plus prisée des

Reykjavikois pour la cuisine thaïlandaise. Elle est située à l'est du Hlemmur Square. Pour des plats thaïlandais plus économiques et à emporter, le Yummi Yummi (p. 84) est de l'autre côté de la rue.

**Austur Indíafélagið** INDIEN €€
(Compagnie des Indes orientales ; carte p. 60 ; ☎552 1630 ; www.austurindia.is ; Hverfisgata 56 ; plats 4 000-5 500 ISK ; ⏲18h-22h dim-jeu, 18h-23h ven-sam). Le restaurant indien le plus septentrional du monde est un établissement haut de gamme à la carte exceptionnelle (mention spéciale au saumon tandoori). Atmosphère décontractée. Service chaleureux.

**Krua Thai** THAÏLANDAIS €€
(carte p. 60 ; ☎552 2525 ; www.kruathai.is ; Skólavörðustígur 21a ; plats 1 500-2 400 ISK ; ⏲11h30-21h30 lun-ven, 12h-21h30 sam, 17h-21h30 dim). Curries, nouilles et rouleaux de printemps de qualité, pour un repas rapide.

**K-Bar** FUSION €€
(carte p. 60 ; ☎571 6666 ; Laugavegur 74 ; plats 2 800-5 600 ISK ; ⏲17h-21h30 lun-ven, 17h-23h ven-sam). Les banquettes en cuir et les tables en cuivre martelé de ce bar-restaurant branché sont prises d'assaut par la clientèle, qui adore la cuisine créative d'inspiration coréenne (tempuras de cabillaud, grillades de bœuf, etc.). Les cocktails sont un régal, tout comme les bières locales à la pression.

**Café Loki** CAFÉ €€
(carte p. 60 ; www.loki.is ; Lokastígur 28 ; plats 1 900-2 600 ISK ; ⏲9h-21h lun-sam, 11h-21h dim). Près de la Hallgrímskirkja, le Loki convient pour un café ou un repas rapide, mais il y a bien mieux à moins de 500 m de là ! Les meilleures places sont à l'étage (pour la vue).

♥ **Dill** ISLANDAIS €€€
(carte p. 60 ; ☎552 1522 ; www.dillrestaurant.is ; Hverfisgata 12 ; menu 5 plats à partir de 11 900 ISK ; ⏲18h-22h mer-sam). Cet élégant restaurant néo-nordique met en scène les produits du cru dans le cadre d'un véritable défilé de plats, résultant d'une cuisine particulièrement soignée. Les propriétaires, qui sont amis avec l'équipe du Noma, le célèbre restaurant de Copenhague, ambitionnent de hisser la cuisine islandaise à des sommets similaires. Très fréquenté par les habitants et les touristes ; réservez.

♥ **Þrír Frakkar** ISLANDAIS, POISSON €€
(carte p. 60 ; ☎552 3939 ; www.3frakkar.com ; Baldursgata 14 ; plats 4 000-6 000 ISK ; ⏲11h30-14h30 et 18h-22h lun-ven, 18h-23h sam-dim). Le chef de ce restaurant, Úlfar Eysteinsson, travaille avec subtilité des plats à base de poisson, en particularité la morue, la lotte et le *plokkfiskur* (ragoût de poisson), servis avec du pain noir. Plats de guillemot, cheval, agneau et baleine également.

**Gallery Restaurant** INTERNATIONAL €€€
(carte p. 60 ; ☎552 5700 ; www.holt.is ; Hótel Holt, Bergstaðastræti 37 ; plats dîner 4 850-7 000 ISK ; ⏲12h-14h et 18h-21h mar-sam). L'une des meilleures tables de la capitale, où l'on dîne entouré de tableaux islandais. La cuisine raffinée mélange les influences islandaises et françaises. En journée, la carte de brasserie (plats 2 900-7 000 ISK) est plus basique.

**Kolabrautin** ITALIEN €€€
(carte p. 60 ; ☎519 9700 ; www.kolabrautin.is ; Harpa, Austurbakki 2 ; plats 5 500 ISK ; ⏲17h-23h). Perché en haut de la salle de concert Harpa, le Kolabrautin prépare des ingrédients islandais de façon originale, à la méditerranéenne. Après un cocktail détonant, dégustez, par exemple, de la morue à la crème de langoustine.

**Sushisamba** FUSION €€€
(carte p. 60 ; ☎568 6600 ; www.sushisamba.is ; Þingholtsstræti 5 ; sushis 1 300-4 000 ISK, menu plusieurs plats 8 000-9 000 ISK ; ⏲17h-23h dim-jeu, 17h-0h ven-sam). Le succès de ce spécialiste du sushi ne se dément pas, et les clients apprécient les touches internationales apportées aux classiques du genre. Plats de viande, de poisson et de fruits de mer également.

**Argentína** GRILL €€€
(carte p. 56 ; ☎551 9555 ; www.argentina.is ; Barónsstígur 11a ; plats 4 200-7 500 ISK ; ⏲18h-22h30 dim-jeu, 17h30-23h30 ven-sam). Ce restaurant sombre s'enorgueillit à juste titre de son succulent bœuf élevé localement et de son poisson grillé, accompagnés d'une carte des vins ambitieuse. Le bar reste ouvert jusqu'à minuit ou 1h.

## Laugardalur

♥ **Frú Lauga** MARCHÉ €
(carte p. 56 ; ☎534 7165 ; www.frulauga.is ; Laugalækur 6 ; ⏲11h-18h lun-ven, 11h-16h sam ; ✉). Ce marché de petits producteurs s'approvisionne dans tout le pays. On y vend des desserts au *skyr* d'Erpsstaðir (p. 199), des légumes bio, des conserves de rhubarbe, de la viande, du miel, ainsi que des pâtes, des chocolats, du vin et d'autres produits

## DJAMMIÐ : FAIRE LA FÊTE À REYKJAVÍK

Reykjavík est réputée pour ses longues nuits festives le week-end, et aussi parfois en semaine (surtout l'été). Dans la capitale, *djammið* signifie "sortir en ville". On parle aussi de *pöbbarölt* (petite tournée des pubs).

À cause du prix élevé de l'alcool, la fête commence tard. Les Islandais vont d'abord à la boutique de vins et spiritueux **Vínbúðin** (www.vinbudin.is), puis rentrent chez eux pour la première partie de soirée. Une fois "en forme", ils sortent vers minuit et font la fête jusqu'à 5h, terminent par un hot dog, puis rentrent se coucher.

Plutôt que de passer la nuit dans un bar précis, il est d'usage de progresser de bar en bar. Plus les heures passent, plus les inhibitions tombent... Il y a parfois de longues files d'attente devant les clubs les plus en vogue, mais la circulation y est fluide et rapide.

Les réjouissances se concentrent près de Laugavegur et d'Austurstræti. Les établissements sont ouverts jusqu'à 1h du dimanche au jeudi (4h ou 5h le vendredi et le samedi). La pinte de bière coûte entre 1 000 et 1 600 ISK, et les cocktails entre 1 800 et 2 600 ISK. Certains endroits appliquent un droit d'entrée (environ 1 000 ISK) après minuit.

L'âge minimum légal pour consommer de l'alcool est 20 ans.

fins venus de l'étranger. Il gère également le café du musée d'Art de Reykjavík (p. 55).

**Café Flóra** CAFÉ €€

(Flóran ; carte p. 56 ; ☎553 8872 ; www.floran.is ; jardin botanique ; gâteau 950 ISK, plats 1 400-3 000 ISK ; ⏲10h-22h mai-sept ; ). Ce café a un petit air bucolique avec ses tables en bois dressées sous une serre ensoleillée débordant sur une terrasse fleurie. Le végétal domine sur la carte. Certains produits sont même cultivés dans le jardin. Les soupes sont servies avec un pain au levain sensationnel ; les en-cas vont de l'assiette de fromage avec noix et miel aux sandwichs au porc. Brunch le week-end, bon café et gâteaux maison pour compléter le tout.

**Gló Street Food** BIO, VÉGÉTARIEN €€

(carte p. 56 ; ☎553 1111 ; www.glo.is ; Engjateigur 19 ; plats 1 200-2 000 ISK ; ⏲11h-21h lun-ven ; ). Près du Hilton, une annexe du populaire et délicieux restaurant bio du même nom.

**Vox** ISLANDAIS €€€

(carte p. 56 ; ☎444 5050 ; www.vox.is ; Suðurlandsbraut 2 ; plats 4 200-7 000 ISK, buffet déj 3 650 ISK, brunch 3 950 ISK ; ⏲11h30-22h30). Le restaurant cinq étoiles du Hilton, résolument contemporain sans être froid, attire une clientèle fidèle grâce à sa cuisine néo-nordique et à son brunch du week-end.

### Au sud du centre-ville

**Nauthóll** ISLANDAIS €€

(carte p. 56 ; ☎599 6660 ; www.nautholl.is ; Nauthólsvegur 106 ; plats 2 700-6 300 ISK ; ⏲11h-22h). À côté de la plage géothermale de Nauthólsvík, cette adresse raffinée propose une excellente cuisine avec vue sur l'océan. Ambiance décontractée en journée.

## Où prendre un verre et faire la fête

Il n'est pas toujours facile de faire la distinction entre les cafés, les restaurants et les bars à Reykjavík. Le soir (qu'il fasse nuit ou pas), la plupart des cafés et des bistrots baissent les lumières, montent le son et troquent les cappuccinos contre des cocktails. On trouve aussi des bars à bières artisanales ou à cocktails haut de gamme, les bars musicaux et les clubs. Certains hôtels et auberges de jeunesse ont leur propre bar tendance.

### Le vieux Reykjavík

**Micro Bar** BAR

(carte p. 60 ; www.facebook.com/MicroBarIceland/ ; Vesturgata 2 ; ⏲14h-0h30 dim-jeu, 14h-2h ven-sam). Ce modeste bar au cœur de l'animation est l'une des meilleures adresses spécialisées dans la bière à Reykjavík. Il offre un grand choix de marques de différents pays et une belle sélection de 10 bières pression de microbrasseries islandaises. Bières à 850 ISK pendant l'*happy hour* (17h-19h).

**Paloma** CLUB

(carte p. 60 ; www.facebook.com/BarPaloma/ ; Naustin 1-3 ; ⏲20h-1h jeu et dim, 20h-4h30 ven-sam ; ). Une adresse de choix pour danser tard dans la nuit. En haut, des DJ mixent reggae, électro et pop, tandis qu'au sous-sol le sombre *dancefloor* résonne aux accents de la deep house.

## PETIT APERÇU DES ALCOOLS ISLANDAIS

### Spiritueux

En hiver, les Islandais ont tout le temps de perfectionner l'art de la distillerie. D'où, peut-être, l'apparition de quantité de brasseries et de distilleries de qualité. Voici un bref tour d'horizon qui vous aidera à passer commande :

**64° Reykjavík** Microdistillerie produisant de la vodka Katla, de l'aquavit, des liqueurs herbacées et de l'eau-de-vie (au genièvre et aux myrtilles, entre autres).

**Brennivín** Eau-de-vie vert fluo aromatisée au carvi, et surnommée "mort noire" (80°).

**Flóki** Whisky single malt islandais.

**Opal** Vodka aromatisée se déclinant en plusieurs variétés, au menthol et à la réglisse (52°).

**Reyka** La première distillerie d'Islande, à Borgarnes, produit une vodka limpide.

### Bière

Les grandes marques de bière islandaises sont Egils, Gull, Thule et Viking (des lagers). Les brasseries artisanales commencent à se tailler la part du lion. On peut commander leurs bières dans la plupart des bars de Reykjavík et des grandes villes.

**Borg Brugghús** (www.borgbrugghus.is). Brasserie artisanale primée, fabriquant de délicieuses bières, parmi lesquelles la Brío (pilsner), l'Úlfur (India Pale Ale ou IPA) et la Garún (brune), toutes baptisées de noms espiègles. La Fenrir, une IPA, est fumée à la crotte de mouton...

**Bryggjan Brugghús** (www.bryggjanbrugghus.is). Microbrasserie du vieux port de Reykjavík.

**Einstök Brewing Company** (www.einstokbeer.com). Installée à Akureyri, cette brasserie produit une sensationnelle bière Viking et une Icelandic Pale Ale caractéristique, entre autres ales et bières brunes à haute fermentation.

**Kaldi** (www.bruggsmidjan.is). Fabriquées selon les techniques de brassage tchèques, les bières artisanales de Kaldi sont disponibles partout. Très agréable, le bar Kaldi (p. 89) sert des bières pression de saison introuvables ailleurs.

**Ölvisholt Brugghús** (www.brugghus.is). Très bon choix de bières artisanales du sud de l'Islande, dont la fameuse bière Lava.

**Steðji Brugghús** (www.stedji.com). Cette petite brasserie familiale de Borgarnes fabrique de bonnes bières de saison (bière parfumée à la fraise, lager, etc.).

**♥ Loftið** BAR À COCKTAILS

(carte p. 60 ; ☎551 9400 ; www.loftidbar.is ; 2e ét., Austurstræti 9 ; ⏲14h-1h dim-jeu, 16h-3h ven-sam). Cocktails haut de gamme et art de vivre sont ici les maîtres mots. Une clientèle élégante se donne rendez-vous dans ce *lounge* spacieux, en étage, doté d'un comptoir en zinc et de carreaux d'époque. Tous les cocktails sont somptueux, même ceux d'entrée de gamme. Concerts de jazz de temps en temps.

**Skúli Craft Bar** BIÈRE ARTISANALE

(carte p. 60 ; ☎519 6455 ; Aðalstræti 9 ; ⏲14h-23h dim-jeu, 14h-1h ven-sam). Large choix de bières pression et en bouteille (quelque 130 sortes), servies avec le sourire dans un bâtiment chaleureux avec poutres et briques apparentes. Dégustation : 6 bières à 3 100 ISK.

**Frederiksen Ale House** PUB

(carte p. 60 ; ☎571 0055 ; www.frederiksen.is ; Hafnarstræti 5). La sélection de bières pression est modeste (une achetée, une offerte de 16h à 19h). Le choix est bien plus large côté bouteilles, et la cuisine de pub est bonne, tout comme le brunch.

**Sæta Svínið Gastropub** PUB

(carte p. 60 ; www.saetasvinid.is ; Hafnarstræti 1 ; ⏲11h30-23h30). Dans ce *gastropub* de 3 étages, dégustez une cuisine créative et riche en viande, avec une bière locale.

**Hressingarskálinn** PUB

(Hressó ; carte p. 60 ; www.hresso.is ; Austurstræti 20 ; ⏲9h-1h dim-jeu, 10h-4h30 ven-sam ; 📶). De son surnom Hressó, ce grand café-bar propose chaque jour une carte variée servie jusqu'à 22h (allant du porridge au *plokkfiskur* ; plats 2 800-5 000 ISK). Le week-end, il perd son vernis civilisé pour faire la part belle aux jeunes – à la bière et à la danse.

**English Pub** PUB

(Enski Barinn ; carte p. 60 ; www.enskibarinn.is ; Austurstræti 12a ; ⏲12h-1h dim-jeu, 12h-4h30 ven-sam). Pour les amateurs de foot.

**Græna Herbergið** CLUB

(carte p. 60 ; www.greenroom.is ; Lækjargata 6 ; ⏲16h-1h mar-jeu et dim, 16h-3h ven-sam). Alternance entre DJ et musique live dans ce grand bar de 2 étages.

**Ölsmiðjan** BAR

(carte p. 60 ; Lækjargata 10 ; ⏲15h-1h). Dans ce petit bar de quartier islandais, la bière est bon marché et l'ambiance correcte.

## Le vieux port

**Slippbarinn** BAR À COCKTAILS

(carte p. 60 ; ☎560 8080 ; www.slippbarinn.is ; Mýrargata 2 ; ⏲12h-0h dim-jeu, 12h-1h ven-sam). Une clientèle huppée se retrouve dans ce bar-restaurant animé du vieux port (plats 2 900-5 000 ISK), situé dans l'Icelandair Hotel Reykjavík Marina (p. 79). Platines vintage et belle panoplie de cocktails.

## Laugavegur et Skólavörðustígur

♥ **Kaldi** BAR

(carte p. 60 ; www.kaldibar.is ; Laugavegur 20b ; ⏲12h-1h dim-jeu, 12h-3h ven-sam). Une ambiance cool pour cette adresse aux banquettes et chaises bleu canard, pourvue d'une cour très appréciée des fumeurs. Le Kaldi propose une gamme complète de bières artisanales, introuvables ailleurs. Bière à 700 ISK pendant l'*happy hour* (16h-19h). Piano disponible pour les clients.

♥ **Kaffibarinn** BAR

(carte p. 60 ; www.kaffibarinn.is ; Bergstaðastræti 1 ; ⏲15h-1h dim-jeu, 15h-4h30 ven-sam). Cette vieille maison, dont la porte est surmontée du logo du métro londonien, abrite un bar tendance, qui a joué un grand rôle dans le film *101 Reykjavík* (2000), culte en Islande, avec Victoria Abril. Le week-end, mieux vaut être reconnu pour entrer.

♥ **Mikkeller & Friends** BIÈRE ARTISANALE

(carte p. 60 ; www.mikkeller.dk ; Hverfisgata 12 ; ⏲17h-1h dim-jeu, 14h-1h ven-sam). En haut du bâtiment qu'occupe l'excellente pizzeria Hverfisgata 12, ce pub danois est spécialisé dans la bière artisanale. Parmi les quelque 20 bières pression, certaines sont maison, d'autres sont issues de brasseries artisanales islandaises. Atmosphère détendue et pittoresque.

**Loft Hostel Bar** BAR

(carte p. 60 ; www.lofthostel.is ; Bankastræti 7). Ce bar en terrasse animé, situé dans l'auberge de jeunesse du même nom, attire aussi bien les touristes que les habitants, notamment lors de son *happy hour* (16h-19h).

**Kiki** GAY

(carte p. 60 ; www.kiki.is ; Laugavegur 22 ; ⏲21h-1h jeu, 21h-4h30 ven-sam). Ce bar *queer* est l'adresse incontournable pour danser (pop et électro) – l'essentiel de la vie nocturne de Reykjavík tourne désormais autour de l'alcool plutôt que du groove.

**Bravó** BAR

(carte p. 60 ; Laugavegur 22 ; ⏲11h-1h lun-jeu, 11h-3h ven-sam). Barmen sympas et connaisseurs, ambiance décontractée, musique cool en fond sonore, bières locales à 650 ISK pendant l'*happy hour* (11h-20h). Que demander de plus ?

♥ **KEX Bar** BAR

(carte p. 60 ; www.kexhostel.is ; Skúlagata 28 ; ⏲12h-23h ; 📶). Ce bar-restaurant (plats 1 800-2 600 ISK) d'auberge de jeunesse est fréquenté par les Islandais (surtout des jeunes branchés). Il est installé dans une ancienne usine à biscuits (*kex*) et possède de grandes fenêtres face à la mer, une agréable cour intérieure, ainsi qu'une aire de jeux pour les enfants. Le décor évoque le Las Vegas des années 1920, avec portes de saloon, salon de barbier à l'ancienne et parquet marqué par les années.

**Boston** BAR

(carte p. 60 ; www.facebook.com/boston.reykjavik/ ; Laugavegur 28b ; ⏲16h-1h dim-jeu, 16h-3h ven-sam). Un établissement décontracté et *arty*. Accès par une porte dans Laugavegur, qui mène à un *lounge* et une salle aménagée avec des canapés, où des DJ mixent à l'occasion.

**Prikið** PUB

(carte p. 60 ; ☎551 2866 ; www.prikid.is ; Bankastræti 12 ; ⏲8h-1h lun-jeu, 8h-4h30 ven, 11h-4h30 sam, 11h-0h dim). Ce bar, l'un des plus vieux de la ville, est idéal si vous aimez les plats qui tiennent au corps

## REYKJAVÍK LGBT

Reykjavík est une ville très *gay friendly*. La **Reykjavík Pride** (www.hinsegindagar.is ; ⏲août), ou Marche des fiertés, est l'un des événements annuels qui rassemblent le plus de monde : un quart de la population totale du pays y a défilé ces dernières années. Consultez **Gayice** (www.gayice.is) et **Gay Iceland** (www.gayiceland.is) pour des conseils destinés aux voyageurs LGBT. Pour une soirée gay, rendez-vous à la discothèque **Kiki** (p. 89).

**Literary Reykjavík** (p. 68) dispose d'une application, *Culture Walks*, qui comprend une rubrique "Queer Literature".

**Samtökin '78** (☎552 7878 ; www.samtokin78.is ; Suðurgata 3 ; ⏲guichet 13h-16h lun-ven, Queer Centre 20h-23h jeu, fermé juil). L'organisation gay et lesbienne Samtökin '78 donne des informations pendant les heures de bureau, et officie comme centre communautaire LGBT le jeudi soir.

**Pink Iceland** (☎562 1919 ; www.pinkiceland.is ; Hverfisgata 39 ; ⏲9h-17h lun-ven). Première agence de voyages LGBT islandaise, ouverte à tous. Elle organise toutes sortes de circuits, événements, mariages et visites guidées, dont une visite à pied de 2 heures dans Reykjavík (5 500 ISK).

(2 000-3 500 ISK) et la convivialité. Pendant une partie de la nuit, il se transforme en un club hip-hop. Si vous tenez encore debout aux premières heures du matin, régalez-vous avec un petit-déjeuner "*hangover killer*" ("anti-gueule de bois" ; 2 590 ISK).

**Dillon** BAR

(carte p. 60 ; ☎578 2424 ; Laugavegur 30 ; ⏲14h-1h dim-jeu, 14h-3h ven-sam). De la bière, des bouteilles qui volent de temps à autre… Une adresse où l'on écoute du rock, avec un agréable *beer garden* à l'arrière. La petite scène accueille souvent des concerts à gros son.

**Petersen Svítan** LOUNGE

(Gamla Bíó ; carte p. 60 ; ☎563 4000 ; gamlabio.is/p/petersen ; Ingólfsstræti 2a ; ⏲11h30-1h dim-jeu, 11h30-3h ven-sam). Ce bar *lounge* perché sur le toit d'un vieux théâtre restauré (qui accueille parfois des spectacles) offre un point de vue dégagé.

**Den Danske Kro** BAR

(Danski Barinn ; carte p. 60 ; www.danski.is ; Ingólfsstræti 3 ; ⏲12h-1h dim-jeu, 12h-4h30 ven-sam). Ce "Bar danois" très fréquenté sert de bons cocktails. Terrasse animée sur la rue.

**Bar Ananas** BAR

(carte p. 60 ; Klapparstígur 38 ; ⏲17h-1h dim-jeu, 17h-3h ven-sam). Un bar à ambiance tropicale, idéal pour s'échauffer en perspective d'une nuit dans les clubs.

**B5** CLUB

(carte p. 60 ; www.b5.is ; Bankastræti 5 ; ⏲19h-2h). La diffusion des derniers tubes du moment et l'alcool servi à la bouteille attirent dans ce club une clientèle bling-bling.

**Lebowski Bar** BAR

(carte p. 60 ; www.lebowskibar.is ; Laugavegur 20a ; ⏲11h-1h dim-jeu, 11h30-4h ven-sam). Baptisé en l'honneur du "Duc" du film culte des frères Coen (*The Big Lebowski*), ce bar grunge est incontournable. Déco à l'américaine et longue liste de Russes blancs, le cocktail préféré de Jeffrey Lebowski.

### En périphérie

**Bike Cave** CAFÉ

(carte p. 56 ; ☎770 3113 ; www.bikecave.is ; Einarsnes 36 ; ⏲9h-23h ; 🚌12). Ce café peu commun (plats 900-3 000 ISK) propose aux cyclistes du café, de la bière et du vin ; mais une douche et une laverie sont aussi à leur disposition, ainsi qu'un atelier pour effectuer des réparations.

## ☆ Où sortir

Pour vous tenir au courant de l'actualité musicale et artistique, consultez les sources suivantes en anglais : le journal gratuit *Grapevine* (www.grapevine.is) et son application *Appening* (agenda culturel), et les sites Web **Visit Reykjavík** (www.visitreykjavik.is), **What's On in Reykjavík** (www.whatson.is/magazine) et **Musik.is** (www.musik.is). Rendez-vous également dans les magasins de musique.

Certains billets sont vendus en ligne sur le site de **Midi** (www.midi.is).

**Cinema at Old Harbour Village No 2** CINÉMA
(carte p. 60 ; ☎898 6628 ; www.thecinema.is ; Geirsgata 7b ; tarif plein/enfant 800/900 ISK ; 🚌1, 3, 6, 11, 12, 13, 14). Cette petite salle est perchée en haut de l'un des entrepôts réhabilités du vieux port. Elle projette notamment des documentaires consacrés aux volcans (Hekla, Eyjafjallajökull, Vestmannaeyjar), à la formation de l'Islande, à þingvellir et aux aurores boréales. Films en anglais ; programmation sur le site Web.

♥ **Bió Paradís** CINÉMA
(carte p. 60 ; www.bioparadis.is ; Hverfisgata 54 ; adulte 1 600 ISK). Cette salle de cinéma décorée d'affiches de films et de mobilier vintage propose une programmation pointue de films islandais introuvables ailleurs (la plupart sont sous-titrés en anglais). *Happy hour* de 17h à 19h30.

♥ **Húrra** MUSIQUE LIVE
(carte p. 60 ; Tryggvagata 22 ; ⏲17h-1h dim-jeu, 17h-4h30 ven-sam). Ce grand bar au cadre brut dispose d'une arrière-salle où sont programmés, presque tous les soirs, des concerts ou des DJ sets. C'est l'un des meilleurs endroits en ville pour finir la nuit. Tenu par l'équipe du Bravó (p. 89), il offre un large choix de bières pression. L'*happy hour* dure jusqu'à 21h (bière ou vin 700 ISK).

**Café Rosenberg** MUSIQUE LIVE
(carte p. 60 ; ☎551 2442 ; Klapparstígur 25-27 ; ⏲15h-1h lun-jeu, 16h-3h ven-sam). Dans cette boutique à la devanture garnie de livres, on s'installe dans les canapés pour écouter des concerts de jazz.

**Théâtre national** THÉÂTRE
(Þjóðleikhúsið ; carte p. 60 ; ☎551 1200 ; www.leikhusid.is ; Hverfisgata 19 ; ⏲fermé juil). Sur ses 3 scènes, le Théâtre national programme des comédies musicales, des opéras et des pièces, allant de Shakespeare aux créations islandaises contemporaines.

**Mengi** ARTS DE LA SCÈNE
(carte p. 60 ; ☎588 3644 ; www.mengi.net ; Óðinsgata 2 ; ⏲12h-18h mar-sam et lors des performances). Ce nouveau lieu de la scène artistique de Reykjavík, certes petit, propose un programme innovant de concerts et de spectacles vivants.

**Gaukurinn** MUSIQUE LIVE
(carte p. 60 ; www.gaukurinn.is ; Tryggvagata 22 ; ⏲à partir de 14h tlj). Voici une adresse à ne pas manquer, tout à la fois grunge et flamboyante, mêlant musique live, sketchs, karaoké et scène ouverte. *Happy hour* de 19h à 22h (bière/vin 600/750 ISK).

**Théâtre municipal de Reykjavík** THÉÂTRE, DANSE
(Borgarleikhúsið ; carte p. 56 ; ☎568 8000 ; www.borgarleikhus.is ; Listabraut 3, Kringlan ; ⏲fermé juil-août). Pièces et comédies musicales. La **Compagnie de danse islandaise** (☎588 0900 ; www.id.is) est en résidence sur place.

**Laugardalshöllin** SALLE DE CONCERT
(carte p. 56 ; www.ish.is ; Engjavegur 8, Laugardalur). Cette immense salle accueille de gros groupes étrangers.

**Stade national Laugardalsvöllur** STADE
(carte p. 56 ; ☎510 2914 ; Laugardalur). L'Islande nourrit une véritable passion pour le football. Les matchs de Coupe de la Ligue et les grands matchs internationaux se jouent au stade national, à Laugardalur. Pour suivre l'actualité, achetez la presse ou consultez l'**Association islandaise de football** (Knattspyrnusamband Íslands - KSÍ ; ☎510 2900 ; www.ksi.is). Les billets sont en vente au stade.

**Smárabíó** CINÉMA
(www.smarabio.is ; Smáralind ; 🚌2). Le plus grand cinéma d'Islande, situé dans le centre commercial Smáralind (p. 101). L'été, une navette gratuite relie le Smáralind à l'office du tourisme principal de Reykjavík.

## Achats

Du sac à main en galuchat (peau de poisson tannée) au *lopapeysur* (pull en laine islandais), de la musique au *brennivín* (eau-de-vie locale), les occasions de ramener des souvenirs d'Islande sont nombreuses. D'autant plus que la culture du design islandais n'est pas un vain mot. On trouve des boutiques indépendantes dans toute la ville. Pour la mode, les enseignes sont concentrées dans Frakkastígur et Vitastígur, près de l'extrémité de Laugavegur, la principale artère commerçante. Skólavörðustígur est le fief des boutiques d'artisanat et de bijoux. Bankastræti et Austurstræti comptent essentiellement des magasins pour touristes.

Tous les visiteurs étrangers ont droit à 15% de détaxe sous certaines conditions.

### Le vieux Reykjavík

♥ **Kirsuberjatréð** ARTISANAT
(carte p. 60 ; ☎562 8990 ; www.kirs.is ; Vesturgata 4 ; ⏲10h-19h et 20h-22h lun-ven, 10h-17h sam,

10h-16h dim). Ce collectif de 11 créatrices d'artisanat occupe une ancienne librairie fondée en 1882. Sa boutique vend par exemple des sacs à main en galuchat, des boîtes à musique fabriquées avec de la ficelle et des bols colorés confectionnés avec des tranches de radis (nos préférés).

**Marché aux puces de Kolaportið** MARCHÉ
(carte p. 60 ; www.kolaportid.is ; Tryggvagata 19 ; 11h-17h sam-dim). Véritable institution, ce marché se tient le week-end dans un grand bâtiment industriel près du port. Les articles ne sont pas toujours de qualité, mais on vient pour l'ambiance. Dans la partie consacrée à l'alimentation, on vend des spécialités comme le *rúgbrauð* (pain à la farine de seigle cuit à l'étouffée près d'une source chaude), la *brauðterta* (sandwich au pain à plusieurs couches avec garnitures à la mayonnaise) et le *hákarl* (requin fermenté).

**Eymundsson** LIVRES
(carte p. 60 ; www.eymundsson.is ; Austurstræti 18 ; 9h-22h lun-ven, 10h-22h sam-dim). Cette grande librairie centrale propose un large choix de livres, de journaux et de magazines, et de cartes en anglais, et abrite un excellent café. Autre enseigne dans **Skólavörðustígur** (carte p. 60 ; Skólavörðustígur 11 ; 9h-22h lun-ven, 10h-22h sam-dim).

**Kogga** CÉRAMIQUES
(carte p. 60 ; 552 6036 ; www.kogga.is ; Vesturgata 5 ; 9h-18h lun-ven, 11h-15h sam). Ce petit atelier de céramique installé en bas d'une vieille maison vend des poteries originales.

**Kickstart** VÊTEMENTS
(carte p. 60 ; 568 0809 ; www.kickstart.is ; Vesturgata 12 ; 12h-18h lun-ven). Ce magasin pour homme, accueillant et de taille réduite, propose cravates, gants, vêtements pour motards et accessoires divers.

**Vínbúðin - Austurstræti** ALCOOL
(carte p. 60 ; www.vinbudin.is ; Austurstræti 10a ; 11h-18h lun-jeu et sam, 11h-19h ven). C'est le magasin le plus central de la chaîne nationale de magasins de vins et spiritueux. Vous en trouverez un autre en direction de Laugardalur (Borgartún 26).

## Le vieux port

**Farmers Market** VÊTEMENTS
(carte p. 56 ; 552 1960 ; www.farmersmarket.is ; Hólmaslóð 2 ; 10h-18h lun-ven, 11h-16h sam, 12h-16h dim). Contrairement à ce que laisse présager son nom ("Marché de producteurs"), cet atelier de création tenu par un couple de Reykjavikois ne vend pas de la nourriture, mais bien des vêtements conçus et fabriqués dans le respect de l'environnement, ainsi que des accessoires et des objets de décoration en matériaux naturels.

**Steinunn** VÊTEMENTS
(carte p. 56 ; 588 6649 ; www.steinunn.com ; Grandagarður 17 ; 11h-18h lun-ven, 13h-16h sam). Découvrez la collection couture de Steinunn Sigurðardóttir, créatrice islandaise réputée, et notamment ses tricots originaux.

**Krínolín** VÊTEMENTS
(carte p. 56 ; www.krinolin.is ; Grandagarður 37). Sigrún Einarsdóttir crée ses vêtements à partir de matériaux naturels comme la laine, la peau de mouton et la peau de poisson.

**Kría** VÉLO
(carte p. 56 ; www.kriacycles.com ; Grandagarður 5 ; 10h-18h lun-ven). Vente et réparations.

## Laugavegur et Skólavörðustígur

**Kraum** ARTISANAT
(carte p. 60 ; www.kraum.is ; Bankastræti 7 ; 9h-19h lun-ven, 10h-18h sam, 11h-18h dim). Créé par un groupe d'artistes, Kraum signifie "bouillonner", à l'instar du sous-sol de l'île et de l'esprit inventif des habitants. L'adresse propose des objets de créateurs, des vêtements en galuchat et des meubles en bois flotté. En dessous de la boutique Cintamani.

**Skúmaskot** ARTISANAT
(carte p. 60 ; 663 1013 ; www.facebook.com/skumaskot.art.design/ ; Skólavörðustígur 21a ; 10h-18h lun-ven, 10h-17h sam, 12h-16h dim). Dix artistes et artisans locaux créent des objets en porcelaine, des vêtements pour femme et enfant, des cartes et des peintures. Leurs créations originales sont exposées dans une grande galerie récemment rénovée.

**Kiosk** VÊTEMENTS
(carte p. 60 ; 445 3269 ; www.kioskreykjavik.com ; Laugavegur 65 ; 11h-18h lun-ven, 11h-17h sam). Cette coopérative de créatrices, logée dans une boutique qu'elles tiennent à tour de rôle, propose des vêtements pour femme.

**Orrifinn** BIJOUX
(carte p. 60 ; 789 7616 ; www.facebook.com/OrrifinnJewels/ ; Skólavörðustíg 17a ; 10h-18h

## ÉQUIPEMENT DE PLEIN AIR

Si vous cherchez des vêtements d'extérieur chics et haut de gamme à porter en ville (vestes, polaires, bonnets, etc.), allez faire un tour chez **66° North** (p. 94) ou chez **Cintamani** (p. 94).

Si, en revanche, votre but est véritablement de vous équiper pour la randonnée ou le camping, la meilleure adresse est **Gangleri Outfitters** (carte p. 60 ; ☎583 2222 ; www.outfitters.is ; Hverfisgata 82 ; ⏲10h-19h lun-ven, 11h-17h sam-dim), qui vend et loue du matériel de camping : tentes, sacs de couchage, réchauds, sacs à dos, bottes, matériel d'escalade, GPS, etc. **Fjallakofinn** (carte p. 60 ; ☎510 9505 ; www.fjallakofinn.is ; Laugavegur 11 ; ⏲9h-19h lun-ven, 10h-17h sam, 12h-18h dim) propose du matériel de camping et d'escalade de marque (et cher), des GoPros et bien d'autres produits (location d'équipement également). Autre adresse : **Iceland Camping Equipment Rental** (carte p. 56 ; ☎647 0569 ; www.iceland-camping-equipment.com ; Barónsstígur 5 ; ⏲9h-17h mai-oct, sur rdv nov-avr).

lun-ven, 10h-16h sam). Ces beaux bijoux délicats sont inspirés des merveilles naturelles de l'Islande et de son passé viking. Ancres fines, haches et plumes de stylo se balancent sur des chaînes mates et discrètes.

**♥ Geysir** VÊTEMENTS
(carte p. 60 ; ☎519 6000 ; www.geysir.com ; Skólavörðustígur 16 ; ⏲9h-22h). Geysir propose un mélange élégant de vêtements traditionnels islandais et de créations modernes uniques. Sélection de pulls, couvertures, vêtements, chaussures et sacs pour homme et femme. Autre magasin dans la même rue (Skólavörðustígu 7).

**♥ Beautiful Stories** VÊTEMENTS
(carte p. 60 ; www.beautifulstoriesclothes.com ; Laugavegur 46 ; ⏲10h-18h lun-ven, 10h-17h sam, 13h-17h dim). Ravissantes créations de mode féminine. Les petites robes fringantes en dentelle et soie sont à l'ordre du jour.

**♥ KronKron** VÊTEMENTS, CHAUSSURES
(carte p. 60 ; ☎562 8388 ; www.kronkron.com ; Laugavegur 63b ; ⏲10h-18h lun-jeu, 10h-18h30 ven, 10h-17h sam). Cette adresse de haute couture propose du prêt-à-porter de Marc Jacobs et Vivienne Westwood, mais aussi de créateurs scandinaves. Robes de soie, capes, écharpes, sous-vêtements en laine… Les chaussures faites main sont exceptionnelles – elles sont aussi vendues plus loin dans la rue, chez **Kron** (carte p. 60 ; ☎551 8388 ; www.kron.is ; Laugavegur 48 ; ⏲10h-18h lun-jeu, 10h-18h30 ven, 10h-17h sam).

**♥ Mál og Menning** LIVRES
(carte p. 60 ; ☎580 5000 ; www.bmm.is ; Laugavegur 18 ; ⏲9h-22h lun-ven, 10h-22h sam). Sympathique et bien approvisionnée, cette librairie présente un choix d'ouvrages (en anglais) pour mieux appréhender l'Islande. Vous pourrez feuilleter *Thermal Pools in Iceland* de Jón G. Snæland et Þóra Sigurbjörnsdóttir dans le café animé. Vend également des CD, des jeux et des journaux.

**♥ Rammagerðin – Iceland Gift Store** SOUVENIRS
(carte p. 60 ; ☎535 6690 ; www.icelandgiftstore.com ; Skólavörðustígur 12 ; ⏲9h-22h). Voici l'un des meilleurs magasins de souvenirs de la ville. Vous y trouverez de nombreux lainages, et objets d'artisanat et de collection. Autres magasins de la même enseigne à Skólavörðustígur 12, à Bankastræti 9 et à l'aéroport international de Keflavík.

**♥ 12 Tónar** MUSIQUE
(carte p. 60 ; www.12tonar.is ; Skolavörðustígur 15 ; ⏲10h-18h lun-sam, 12h-18h dim). Ce magasin a souvent eu du nez et a contribué à lancer des groupes qui sont devenus célèbres par la suite. Sur 2 niveaux, on peut écouter des CD, s'attabler au café et parfois assister à un concert.

**Lucky Records** MUSIQUE
(carte p. 56 ; ☎551 1195 ; www.luckyrecords.is ; Rauðarárstígur 10 ; ⏲10h-18h lun-ven, 11h-17h sam-dim). Cette véritable caverne d'Ali Baba musicale, très bien fournie en artistes islandais contemporains, propose aussi quantité de vinyles d'époque. Vaste collection, du hip-hop au jazz, en passant par l'électro. Concerts occasionnels.

**Reykjavík Record Shop** MUSIQUE
(carte p. 60 ; ☎561 2299 ; www.facebook.com/reykjavikrecordshop ; Klapparstígur 35 ; ⏲11h-18h lun-ven, 11h-17h sam, 13h-17h dim). Situé dans le

## LOPAPEYSUR : LES PULLS EN LAINE ISLANDAIS

Incontournables, les *lopapeysur* sont portés aussi bien par les Islandais que par les touristes. Ces fameux chandails en laine hydrofuge, épais et confortables, sont ornés de motifs géométriques simples, parfois typiquement régionaux. L'époque où ils étaient à très bon prix (les années 1960) est révolue. Aussi, au moment de l'achat, réfléchissez : voulez-vous un pull tricoté à la main ou à la machine ? Il existe une différence de prix notable (certains coûtent bien plus de 200 €). Quoi qu'il en soit, ces articles, qui allient esthétique et confort, constituent des souvenirs de choix (n'oubliez pas les bonnets, gants et écharpes qui vont avec).

**Handknitting Association of Iceland** (Handprjónasamband Íslands ; carte p. 60 ; ☎552 1890 ; www.handknit.is ; Skólavörðustígur 19 ; ⏲9h-22h lun-ven, 9h-18h sam, 10h-18h dim). Cette association vend des bonnets, des chaussettes et des pulls en tricot traditionnel, ainsi que de la laine, des aiguilles à tricoter et des patrons pour tricoter soi-même. Une seconde boutique (carte p. 60 ; ☎562 1890 ; Laugavegur 53b ; ⏲9h-19h lun-ven. 10h-17h sam), plus petite, ne vend que des articles en tricot.

**Álafoss** (carte p. 60 ; ☎562 6303 ; www.alafoss.is ; Laugavegur 8 ; ⏲10h-18h). Quantité de *lopapeysur* et autres lainages tricotés à la main ou à la machine. La boutique (☎566 6303 ; www.alafoss.is ; Álafossvegur 23, Mosfellsbær ; ⏲9h-18h lun-ven, 9h-16h sam ; 15) à Mosfellsbær propose aussi de la laine, des patrons et des aiguilles à tricoter.

centre-ville, ce magasin de disques qui ne paie pas de mine ravira les fans de vinyles.

### Jör — VÊTEMENTS

(carte p. 56 ; ☎546 1303 ; www.jorstore.com ; Laugavegur 89 ; ⏲10h-18h lun-sam, 13h-17h dim). Les tenues chics sont à l'honneur dans la boutique branchée de Guðmundur Jörundsson, dont les créations vont de la lingerie à lanières aux élégants vêtements pour homme.

### Hrím — DESIGN

(carte p. 60 ; www.hrim.is ; Laugavegur 25 ; ⏲10h-20h lun-jeu, 10h-18h30 ven, 10h-18h sam, 13h-18h dim). Cette grande boutique de décoration et d'ustensiles design possède une annexe plus petite spécialisée dans le matériel de cuisine (Laugavegur 32). Les créations d'inspiration scandinave – babioles en tous genres, linge de maison et objets divers – sont inventives et haut de gamme.

### Reykjavík's Cutest — ARTISANAT

(carte p. 60 ; Laugavegur 27 ; ⏲10h-20h mai-sept, 10h-18h oct-avr). Suivez le chemin peint au sol jusqu'à cette maisonnette à pois en retrait de Laugavegur. Bonne sélection d'objets et souvenirs faits main.

### Blue Lagoon Shop — COSMÉTIQUES

(carte p. 60 ; ☎420 8849 ; www.bluelagoon.com ; Laugavegur 15 ; ⏲10h-18h lun-ven, 10h-16h sam, 13h-17h dim). Vous avez oublié de faire le plein de masques et de crèmes lors de votre visite au Blue Lagoon ? Voici une chance de vous rattraper ! Ces produits sont également disponibles dans les pharmacies Lyfja, dans les supermarchés Hagkaup et au duty free de l'aéroport international de Keflavík.

### Cintamani — VÊTEMENTS

(carte p. 60 ; ☎533 3390 ; www.cintamani.is ; Bankastræti 7 ; ⏲9h-22h). Voici l'une des principales marques islandaises de vêtements destinés aux activités de plein air. Plutôt chics et chers, et pas toujours idéals pour le camping à la dure. Autres magasins à Aðalstræti 10 et dans les centres commerciaux Kringlan et Smáralind. Magasin d'usine à **Garðabær** (☎533 3811 ; Austurhraun 3, Garðabær ; ⏲10h-18h).

### 66° North — VÊTEMENTS

(carte p. 60 ; ☎535 6680 ; www.66north.is ; Bankastræti 5 ; ⏲9h-22h). La célèbre marque islandaise fondée en 1926 a débuté son activité en habillant les pêcheurs de l'Arctique. Aujourd'hui, l'enseigne propose tout l'équipement utile pour explorer les grands espaces d'Islande et d'ailleurs (blousons, polaires, chapeaux et gants). Autre magasin dans le centre-ville à Laugavegur 17, boutiques dans les centres commerciaux Kringlan et Smáralind, et au duty free de l'aéroport international de Keflavík, et magasin d'usine à Faxafen 12.

### Ófeigur Björnsson — MODE ET ACCESSOIRES

(carte p. 60 ; ☎551 1161 ; www.ofeigur.is ; Skólavörðustígur 5 ; ⏲10h-18h lun-ven, 11h-16h sam). Ófeigur Björnsson et d'autres orfèvres locaux fabriquent des bijoux en lave et autres matériaux naturels. Couturière hors pair, Hildur Bolladóttir confectionne des sacs modernes et des chapeaux en feutre. Galerie d'art à l'étage.

**Stígur** ARTISANAT

(carte p. 60 ; ☎551 5675 ; Skólavörðustígur 17b ; ⏲10h-18h lun-sam, 10h-16h dim). Un collectif de 7 artistes de la capitale, travaillant dans des domaines divers : textile, graphisme, céramique, verrerie et peinture. Mention spéciale aux vases. C'est l'une des rares galeries d'artisanat ouvertes le dimanche.

**Aurum** BIJOUX

(carte p. 60 ; ☎551 2770 ; www.aurum.is ; Bankastræti 4 ; ⏲10h-19h lun-ven, 11h-18h sam, 12h-17h dim juin-août, horaires réduits sept-mai). Guðbjörg, qui vend ses pièces ici, est l'une des créatrices les plus intéressantes de Reykjavík. Les formes de ses bijoux en argent arachnéens évoquent souvent des feuilles et des fleurs. Une partie du magasin est consacrée aux objets de collection.

**Orr** BIJOUTERIE

(carte p. 56 ; www.orr.is ; Lauagavegur 101 ; ⏲10h-18h juin-août, fermé dim sept-mai). Le couple de créateurs inventifs à l'origine de cette boutique réalise des bijoux inspirés de la nature d'une grande finesse, en utilisant des perles, des pierres semi-précieuses et des métaux chatoyants.

**Fóa** ARTISANAT

(carte p. 60 ; ☎571 1433 ; www.facebook.com/foaiceland/ ; Laugavegur 2 ; ⏲10h-18h lun-jeu, 10h-19h ven-dim). Jolis objets faits main : décoration, bijoux et céramiques.

**Spúútnik** VINTAGE

(carte p. 60 ; ☎533 2023 ; www.facebook.com/Spuutnik/ ; Laugavegur 28 ; ⏲9h-19h lun-ven, 9h-18h sam-dim juin-août, horaires réduits sept-mai). Dans cette friperie bien remplie, vous pourrez vous acheter à moindre coût le pull islandais dont vous rêviez.

**My Concept Store** DESIGN

(carte p. 60 ; ☎519 6699 ; www.myconceptstore.is ; Laugavegur 45 ; ⏲10h-20h lun-ven, 10h-18h sam, 13h-17h dim mai-sept, horaires réduits oct-avr). Des objets de collection haut de gamme et tendance, dont des accessoires en cuir, des bijoux et des vêtements. Quelques créations des propriétaires.

**Dogma** VÊTEMENTS

(carte p. 60 ; ☎562 6600 ; www.dogma.is ; Laugavegur 32 ; ⏲10h-22h juin-sept, 10h-18h oct-mai). Dans la surprenante boutique de ce spécialiste du T-shirt, vous dénicherez, entre autres, des créations locales originales tendance cartoon et des masques de chevaux zombies.

**Reykjavík Foto** ÉLECTRONIQUE

(carte p. 60 ; ☎577 5900 ; www.reykjavikfoto.is ; Laugavegur 51 ; ⏲10h-18h lun-ven, 11h-16h sam). Appareils photo, trépieds et étuis imperméables. Personnel très serviable.

**Heilsuhúsið** ALIMENTATION

(carte p. 60 ; ☎552 2966 ; www.heilsuhusid.is ; Laugavegur 20 ; ⏲10h-18h lun-ven, 11h-16h sam, 12h-16h dim). Pour faire son marché de produits diététiques, de smoothies et de compléments alimentaires avec les habitants. Le magasin est installé sous le restaurant Gló, tout aussi soucieux de votre bien-être alimentaire. On y trouve les produits de beauté Sóley, une excellente ligne bio islandaise.

**Iðnú Bookshop** CARTES

(carte p. 56 ; ☎517 7200 ; www.ferdakort.is ; Brautarholt 8 ; ⏲10h-17h lun-jeu, 10h-16h ven). Le département Ferðakort de la librairie Iðnú est spécialisé dans la cartographie. On y trouve la meilleure sélection de cartes routières et de randonnée.

## En périphérie

**Páll Kristjánsson** CADEAUX ET SOUVENIRS

(☎899 6903 ; www.knifemaker.is ; Álafossvegur 29, Mosfellsbær). Páll Kristjánsson crée des couteaux au manche en os, uniques et faits main. Retrouvez-le dans son atelier de Mosfellsbær.

**Kringlan** CENTRE COMMERCIAL

(carte p. 56 ; ☎517 9000 ; www.kringlan.is ; Kringlunni 4-12 ; 🚌1, 3, 4, 6, 13, 14). À 1 km de la ville, ce centre commercial regroupe d'innombrables magasins.

## ℹ Orientation

La ville s'étend sur une petite péninsule : l'aéroport domestique de Reykjavík et les gares des bus longue distance BSÍ et Mjódd sont situés dans la moitié sud, tandis que le centre-ville et le port occupent la moitié nord. L'aéroport international se trouve à 48 km du centre-ville, à Keflavík.

Laugavegur est la principale rue du centre-ville – tant pour ce qui est des commerces que de l'animation. Les magasins, restaurants et bars y abondent. Laugavegur débouche sur la rue Bankastræti, puis sur la rue Austurstræti. Partant de Bankastræti en montée et en diagonale, Skólavörðustígur, la rue des artistes, aboutit à l'église moderne Hallgrímskirkja.

Très animé, le boulevard Lækjargata croise Bankastræti/Austurstræti. Le vieux Reykjavík se trouve à l'ouest. Au nord-ouest se déploie le vieux port, et au sud-ouest, le lac Tjörnin.

## Renseignements

### ACCÈS INTERNET

Presque tous les hébergements et de nombreux cafés disposent d'un accès Wi-Fi. Des ordinateurs avec connexion Internet sont accessibles dans les bibliothèques (gratuitement) et à l'office du tourisme (prix modique).

**Aðalbókasafn** (bibliothèque municipale de Reykjavík ; www.borgarbokasafn.is ; Tryggvagata 15 ; ⌚10h-19h lun-jeu, 11h-19h ven, 13h-17h sam-dim)

### AGENCES DE VOYAGES

Reportez-vous également à la rubrique *Circuits organisés*, p. 68.

**Icelandic Travel Market** (ITM ; ☎522 4979 ; www.icelandictravelmarket.is ; Bankastræti 2 ; ⌚8h-21h juin-août, 9h-19h sept-mai). Renseignements et réservation de circuits.

**Trip** (☎433 8747 ; www.trip.is ; Laugavegur 54 ; ⌚9h-21h). Réservation de circuits et d'hébergements, et location de voitures.

### ARGENT

Les cartes bancaires sont acceptées partout (sauf dans les bus municipaux). Les DAB sont nombreux. Dans les hôtels et les bureaux de change privés, la commission peut être élevée.

### LAVERIES

Pour les visiteurs, il n'est pas toujours simple de laver son linge en Islande. Cela peut coûter cher, surtout si votre hébergement ne propose pas de service de blanchisserie. À Reykjavík, on peut se rendre au **Laundromat Café** (p. 81), qui dispose de lave-linge au sous-sol.

**Úðafoss** (☎551 2301 ; www.udafos.is ; Vitastígur 13 ; 4 500 ISK les 5 kg ; ⌚8h-18h lun-ven). L'une des seules blanchisseries du centre de Reykjavík ; possibilité de récupérer son linge le jour même.

### OFFICES DU TOURISME

**Office du tourisme principal** (Upplýsingamiðstöð Ferðamanna ; carte p. 60 ; ☎590 1550 ; www.visitreykjavik.is ; Aðalstræti 2 ; ⌚8h-20h). Bon service et brochures innombrables. Plans, Reykjavík City Card et billets de bus Strætó en vente sur place. Réservation d'hébergements, de circuits et d'activités.

**Visit Iceland** (☎511 4000 ; www.visiticeland.com ; Borgartún 35). Fournit des renseignements sur tout le pays.

### POSTE

**Poste principale** (carte p. 60 ; www.postur.is ; Pósthússtræti 5 ; ⌚9h-18h lun-ven). Service de poste restante.

### SERVICES MÉDICAUX

**Centre médical** (☎585 2600 ; Vesturgata 7 ; ⌚appelez pour un rdv)

**Dentiste** (☎575 0505)

**Hôpital universitaire Landspítali** (☎543 1000, médecin de garde 1770 ; www.landspitali.is ; Fossvogur). Urgences 24h/24, 7 jours/7.

**Læknavaktin** (☎médecin de garde 1770 ; ⌚17h-23h30 lun-ven, 8h-23h30 sam-dim). Conseils médicaux en dehors des heures de travail.

### TÉLÉPHONE

Difficile de trouver des cabines publiques avec la généralisation du portable. Essayez à l'office du tourisme principal, à la poste, près de l'angle sud-ouest d'Austurvöllur, dans Lækjargata ou au centre commercial Kringlan.

### URGENCES

**Police** (☎en cas d'urgence 112, sinon 444 1000 ; Hverfisgata 113). Commissariat central.

## Depuis/vers Reykjavík

### AVION

#### Aéroport international de Keflavík

Principal aéroport international d'Islande, l'**aéroport international de Keflavík** (KEF ; ☎525 6000 ; www.kefairport.is) est situé à 48 km à l'ouest de Reykjavík, sur la péninsule de Reykjanes. Vous y trouverez des DAB, des bureaux de change, des comptoirs de location de voitures, un **bureau d'information touristique** (☎425 0330, service réservations 570 7799 ; www.visitreykjanes.is ; ⌚6h-20h lun-ven, 12h-17h sam-dim) et des cafés. Les magasins en duty free de la zone des arrivées vendent des alcools à des prix bien plus bas que tout ce que vous trouverez en ville. Il y a également un bureau où vous pourrez vous faire rembourser les taxes sur certains achats effectués dans le pays (reportez-vous à l'encadré *Achats détaxés* du *Carnet pratique*, p. 404). Des cartes SIM sont en vente à la supérette 10-11. Vous trouverez également des comptoirs de grandes agences de voyages comme Reykjavík Excursions et Grey Line.

### Aéroport domestique de Reykjavík

L'**aéroport domestique de Reykjavík** (Reykjavíkurflugvöllur ; carte p. 56 ; www.reykjavikairport.is ; Innanlandsflug) se trouve dans le centre de Reykjavík, juste au sud du Tjörnin. Il accueille des vols intérieurs et depuis/vers le Groenland et les îles Féroé.

## BUS DEPUIS REYKJAVÍK

Voici des exemples d'itinéraires et des indications de tarifs, à vérifier auprès des compagnies. En principe, les bus Strætó sont les plus économiques. Les compagnies privées comme Reykjavík Excursions (RE) et Sterna desservent aussi ces itinéraires, et proposent parfois de venir vous chercher à votre hôtel. Leurs tarifs sont généralement plus élevés – à moins d'opter pour un forfait.

| DESTINATION | COMPAGNIE ET LIGNE | TARIF | DURÉE | FRÉQUENCE | SAISON |
|---|---|---|---|---|---|
| **Akureyri** | Strætó n°57 | 9 240 ISK | 6 heures 30 | tlj | toute l'année |
| **Blue Lagoon** | RE | 3 900 ISK | 45 minutes | tlj | toute l'année |
| **Borgarnes** | Strætó n°57/ Sterna/RE n°320 | 1 680/7 200/ 3 500 ISK | 1 heure 30 | tlj | toute l'année/ en été/en été |
| **Geysir/Gullfoss** | RE nos 6 et 610 | 4 500 ISK | 2 heures 30 | tlj | mi-juin à mi-sept |
| **Höfn** | Strætó n°51/ Sterna n°12a | 12 180/ 11 600 ISK | 7 heures 15-10 heures 15 | tlj | toute l'année/ en été |
| **Hólmavík** | Strætó n°59 via Borgarnes | 6 300 ISK | 3 heures 30 | 2-5/semaine | toute l'année |
| **Keflavík** | RE | 1 680 ISK | 1 heure 15 | plusieurs/ jour | toute l'année |
| **Kirkjubæ jarklaustur** | Strætó n°51/ Sterna n°12a | 7 140/ 6 800 ISK | 4 heures 15 | tlj | toute l'année/ en été |
| **Landmannalaugar** | Trex/RE/Sterna | 7 900/8 000/ 8 000 ISK | 5 heures 30 | tlj | mi-juin à début sept |
| **Mývatn** | RE | 20 500 ISK | 12 heures | tlj | juil-août |
| **Selfoss** | Strætó nos 51/52, et Sterna, Trex et RE | 1 680 ISK | 1 heure | plusieurs/ jour | toute l'année |
| **Skaftafell** | Strætó n°51/ Sterna/RE | 9 240/8 800/ 11 000 ISK | 5 heures 15/ 6 heures 45/ 7 heures | tlj | toute l'année/ en été/en été |
| **Skógar** | Strætó n°51/ Sterna/RE | 5 040/4 800/ 6 000 ISK | 2 heures 15/ 3 heures/ 3 heures 30 | tlj | toute l'année/ en été/en été |
| **Stykkishólmur** | Strætó nos 57 et 58 | 4 200 ISK | 3 heures | 2/jour | toute l'année |
| **Port de Landeyjarhöfn pour les Vestmannaeyjar** | Strætó n°52 | 4 200 ISK | 2 heures 15 | tlj | toute l'année |
| **Vík í Mýrdal** | Strætó n°51/ Sterna/RE | 5 850/5 600/ 7 500 ISK | 3 heures/ 4 heures 15/ 4 heures | 2/jour | toute l'année/ en été/en été |
| **Þingvellir** | RE | 2 500 ISK | 45 minutes | tlj | mi-juin à mi-sept |
| **Þórsmörk** | Trex/RE/Sterna | 7 500/7 500/ 6 650 ISK | 4 heures 30/ 4 heures/ 4 heures 30 | tlj | mai à mi-oct |

**Air Iceland** (☎570 3030 ; www.airiceland.is) a un comptoir sur place. Cette compagnie dessert Akureyri, Egilsstaðir, Ísafjörður et le Groenland. Il est généralement plus économique de réserver en ligne.

**Atlantic Airways** (☎aux îles Féroé 298 34 10 00 ; www.atlantic.fo) dessert les îles Féroé.

**Eagle Air Iceland** (☎562 4200 ; www.eagleair.is) assure des vols panoramiques et dessert 5 destinations depuis Reykjavík : les Vestmannaeyjar (îles Vestmann), Höfn, Húsavík, et, dans les fjords de l'Ouest, Bíldudalur et Gjögur.

### BUS

Vous pourrez participer à une excursion à la journée (beaucoup d'agences viennent chercher les participants à leur hôtel) ou emprunter les bus des lignes fixes de Strætó ou d'autres compagnies (il est possible d'en combiner plusieurs). Les choses évoluent vite en Islande. La carte gratuite *Public Transport in Iceland* (www.publictransport.is) donne une bonne vue d'ensemble des itinéraires.

Les liaisons sur l'ensemble du réseau sont fréquentes de mi-mai à mi-septembre. Le reste de l'année, les services sont plus rares, voire inexistants.

Pour rejoindre les destinations des régions nord et est du pays (comme Egilsstaðir, Mývatn et Húsavík), vous devrez généralement prendre une correspondance à Höfn ou Akureyri ; à destination de l'Ouest et des fjords de l'Ouest, le changement s'effectue à Borgarnes.

**Strætó** (☎540 2700 ; www.bus.is). Bus longue distance au départ de la gare routière de Mjódd (p. 99), à 8 km au sud-est du centre-ville, qui est desservie par les bus n^os^3, 4, 11, 12, 17, 21, 24 et 28. Strætó gère aussi le réseau de bus municipaux (il existe une application pour smartphone). Pour les bus longue distance (et uniquement pour ceux-ci), il est possible de payer, au choix, avec des espèces, une carte bancaire ou des billets de bus.

**Gare routière BSÍ** (carte p. 56 ; ☎562 1011 ; www.bsi.is ; Vatnsmýrarvegur 10). Reykjavík Excursions (qui gère le Flybus) opère depuis la gare routière BSÍ (prononcez *bi-ess-i*), au sud du centre. Vous y trouverez un guichet, des brochures touristiques, des casiers, une consigne (www.luggagelockers.is), un comptoir de location de voitures, et une cafétéria avec Wi-Fi. La gare routière est desservie par les bus municipaux n^os^1, 3, 5, 6, 14 et 15. Reykjavík Excursions assure, sur réservation, le transport de l'hôtel à la gare routière. Des bus Gray Line s'y arrêtent également.

**Sterna** (carte p. 60 ; ☎551 1166 ; www.sterna.is). Vente de billets et départs à la salle de concert Harpa. Les bus Sterna empruntent le circuit du Cercle d'or et desservent des destinations touristiques.

**Trex** (☎587 6000 ; www.trex.is). Départs de l'office du tourisme principal, de la station-service Shell de Kringlan ou du camping de Reykjavík. Bus pour Þórsmörk et Landmannalaugar, dans le Sud.

## Comment circuler

### DEPUIS/VERS L'AÉROPORT

#### Aéroport international de Keflavík

Le trajet entre l'aéroport international de Keflavík et Reykjavík dure environ 50 minutes. Les 3 lignes de bus, faciles d'accès, qui relient la capitale et l'aéroport, offrent de loin la solution la plus avantageuse – réductions pour les enfants.

**Flybus** (☎580 5400 ; www.re.is). Géré par Reykjavík Excursions, le Flybus est à l'arrivée de tous les vols internationaux. Un billet aller coûte 2 200 ISK, ou 2 800 ISK si vous voulez qu'on vous prenne/dépose à votre hôtel (avec navette depuis/vers le Flybus à la gare routière BSÍ) – réservez auprès de votre hôtel la veille. Un bus distinct dessert le Blue Lagoon (d'où l'on peut poursuivre jusqu'au centre-ville ou jusqu'à l'aéroport ; 3 900 ISK). Les billets sont en vente en ligne, dans de nombreux hôtels et à un comptoir à l'aéroport. Le Flybus dépose et prend également des passagers à Garðabær et Hafnarfjörður, au sud de Reykjavík.

**Airport Express** (☎540 1313 ; www.airportexpress.is). Géré par Gray Line Tours, il circule entre l'aéroport international de Keflavík et la place Lækjartorg, dans le centre de Reykjavík (2 100 ISK), ou la gare routière de Mjódd. Possibilité de prise en charge/dépôt à votre hôtel (2 700 ISK ; réservez). Liaisons vers Borgarnes et d'autres destinations du Nord, dont Akureyri.

**Airport Direct** (☎497 5000 ; www.reykjaviksightseeing.is/airport-direct). Des minibus gérés par Reykjavík Sightseeing font la navette entre l'aéroport et les hôtels (4 500 ISK, aller-retour 8 000 ISK).

Le bus Strætó n°55 relie la gare routière BSÍ à l'aéroport (1 680 ISK, 9/jour lun-ven en été).

Comptez environ 15 000 ISK pour un taxi.

#### Aéroport domestique de Reykjavík

L'aéroport domestique de Reykjavík est à 2 km à pied du centre-ville. Il est possible d'y prendre un taxi. L'arrêt du bus n°15 se trouve près du terminal d'Air Iceland ; celui du bus n°19, près du terminal d'Eagle Air. Tous deux desservent le centre-ville et la gare routière de Hlemmur.

### BUS

Pratiques, les bus **Strætó** (www.bus.is) desservent régulièrement Reykjavík et ses banlieues (Seltjarnarnes, Kópavogur, Garðabær, Hafnarfjörður et Mosfellsbær). Vous pourrez consulter les horaires en ligne, télécharger l'application pour smartphone ou vous procurer un plan des lignes imprimé. La *Welcome to Reykjavík City Map* indique également les lignes de bus.

Les bus circulent tous les jours, de 7h à 23h ou minuit (à partir de 11h le dimanche). Comptez 20-30 minutes d'attente entre chaque passage. Un service de bus de nuit limité fonctionne jusqu'à 2h le vendredi et le samedi. Les bus ne s'arrêtent qu'aux arrêts indiqués par un S jaune.

### Tickets de bus et tarifs

Les billets coûtent 420 ISK. Vous pourrez en acheter à la gare routière, auprès des chauffeurs (qui ne rendent pas la monnaie) et via l'application. Les forfaits 1/3 jours (1 500/3 500 ISK) sont en vente à la gare routière de Mjódd, à l'office du tourisme, dans les supérettes 10-11, dans de nombreux hôtels, dans les centres commerciaux **Kringlan** (carte p. 84) et Smáralind, et dans les grandes piscines. Si vous devez prendre 2 bus pour rejoindre une destination, procurez-vous des *skiptimiði* (billets de correspondance, valables 1 heure 15 dans la ville, 2 heures en-dehors) auprès du chauffeur.

La Reykjavík City Card (p. 65) sert aussi de pass dans les bus du réseau Strætó.

### Gares routières et lignes de bus

Il existe deux gares routières Strætó dans le centre : celle de **Hlemmur** (carte p. 56), à l'extrémité est de Laugavegur, et celle de la **place Lækjartorg** (carte p. 60), située en plein centre. La gare routière de **Mjódd** (☎ 557 7854 ; www.bus.is ; ⏲ billetterie 7h-18h lun-ven, 10h-18h sam, 12h30-18h dim), à 8 km au sud-est du centre, est la gare principale. C'est depuis/vers cette gare que circulent les bus Strætó longue distance. De nombreux bus font le tour du lac Tjörnin et desservent le centre, le Musée national et la gare routière BSÍ avant de poursuivre leur route.

## TAXI

Les taxis coûtent cher. La prise en charge s'élève à environ 680 ISK. Il n'est pas obligatoire de laisser un pourboire. Pour une course depuis la gare routière BSÍ et jusqu'à la salle de concert Harpa, comptez autour de 2 000 ISK. Depuis la gare routière de Mjódd, vous devrez débourser environ 4 100 ISK.

Des taxis attendent devant les gares routières, aux aéroports, et devant les bars les soirs de week-end (dans ce cas, la file d'attente est longue), ainsi que dans Bankastræti, près de Lækjargata.

**BSR** (☎ 561 0000 ; www.taxireykjavik.is)

**Hreyfill** (☎ 588 5522 ; www.hreyfill.is)

## VÉLO

Le réseau de pistes cyclables est en constante amélioration. La ville étant compacte, le vélo est un bon moyen de locomotion. Demandez un plan à l'office du tourisme principal. Les cyclistes sont autorisés à emprunter les trottoirs, à condition de ne pas gêner les piétons.

Sur le vieux port, vous pourrez louer des vélos chez **Reykjavík Bike Tours** (p. 68) et recourir aux services du magasin de vélos **Kría** (p. 92). Vous pourrez aussi effectuer vos propres réparations au café **Bike Cave** (p. 90).

## VOITURE ET MOTO

Avoir une voiture de présente pas d'intérêt à Reykjavík, où l'on circule très facilement à pied et en bus. On peut louer une voiture ou un camping-car pour découvrir la campagne dans les aéroports, à la gare routière BSÍ, ainsi qu'en ville.

### Stationnement

Le stationnement dans le centre-ville, limité, revient à 250 ISK/heure dans la "zone rouge", à 125 ISK/heure dans la "zone bleue" et à 90 ISK/heure dans la "zone verte" (paiement par pièces ou carte bancaire). Il est payant de 9h à 18h du lundi au vendredi et de 10h à 16h le samedi – et gratuit le reste du temps. En dehors du centre-ville, le stationnement est gratuit.

**Parking Vitatorg** (1re heure 80 ISK, heures suivantes 50 ISK ; ⏲ 7h-0h). Parking couvert.

# ENVIRONS DE REYKJAVÍK

La région de Reykjavík englobe Mosfellsbær au nord, et Kópavogur, Garðabær et Hafnarfjörður au sud.

## Viðey

Par beau temps, la petite île de Viðey (www.reykjavikmuseum.is) constitue une agréable excursion. À seulement 1 km au nord du port de Sundahöfn (Reykjavík), on change d'univers. Des bâtiments historiques bien conservés, d'étranges œuvres d'art moderne, un village abandonné et d'excellentes possibilités d'observation des oiseaux ajoutent au charme mystérieux du lieu. Ici, on n'entend que le vent, les vagues et les abeilles.

Viðey fut colonisée vers l'an 900. À partir de 1225, l'île accueillit un puissant monastère, que les soldats danois anéantirent en 1539, pendant la Réforme. Aux XVIIIe et XIXe siècles, plusieurs dirigeants islandais influents y vécurent. Viðey fut cultivée jusqu'aux années 1950.

## LES MONDES CACHÉS D'HAFNARFJÖRÐUR

Beaucoup d'Islandais croient que le pays est peuplé de tout un petit monde de créatures cachées : *jarðvergar* (gnomes), *álfar* (elfes), *ljósálfar* (fées), *dvergar* (nains), *ljúflingar* (mignons), *tívar* (esprits de la montagne), *englar* (anges) et *huldufólk* (peuple caché). Nombreux sont ceux qui sont gênés d'avouer cette croyance, mais la plupart refuseraient de jurer la main sur le cœur ne pas y croire. Dans les jardins, on voit souvent des petites *álfhól* (maisons d'elfes) en bois.

Hafnarfjörður, à 12 km au sud de Reykjavík, se trouverait à la confluence de plusieurs puissantes lignes *ley* (lignes d'énergie mystique). La ville repose sur une coulée de lave datant de 7 300 ans qui cacherait tout un monde d'elfes, si l'on en croit les habitants. Les visiteurs viennent pour flâner dans **Hellisgerði** GRATUIT, un parc paisible parsemé de grottes de lave et l'un des endroits supposés préférés du "peuple caché". La **visite guidée Hidden Worlds** (694 2785 ; www.alfar.is ; 4 500 ISK/pers ; 14h30 mar et ven), promenade de 1 heure 30 au prix onéreux, part de l'**office du tourisme** (585 5500 ; www.visithafnarfjordur.is ; Strandgata 6 ; 8h-16h lun-ven), qui vend une carte des sites elfiques. Le week-end, renseignez-vous à la Pakkhúsið.

Principale curiosité de la ville, le **musée d'Hafnarfjörður** (585 5780 ; museum.hafnarfjordur.is) GRATUIT, dédié à l'histoire locale, occupe plusieurs vieilles maisons en tôle ondulée près du port. Commencez par la **Pakkhúsið** (Vesturgata 6 ; 11h-17h juin-août, sam-dim sept-mai) GRATUIT, la principale section. Vous trouverez des sources chaudes, des bains de boue et des lacs minéraux au sud de la ville, à **Krýsuvík**.

Vous pourrez passer la nuit au **Lava Hostel & Campsite** (565 0900 ; www.lavahostel.is ; Hjallabraut 51 ; empl tarif plein/enfant 1 700 ISK/gratuit, dort à partir de 5 400 ISK, d sans sdb 14 200 ISK) et déguster de bons plats au **Súfistinn** (565 3740 ; www.sufistinn.is ; Strandgata 9 ; plats 1 200-1 600 ISK ; 8h15-23h30 lun-ven, 10h-23h30 sam, 11h-23h30 dim).

Pour vous y rendre, prenez le bus Strætó (www.bus.is) n°1 (30 min depuis Reykjavík). D'autres lignes Strætó circulent dans la ville. Le **Flybus** (562 1011 ; www.re.is) en direction de l'aéroport international de Keflavík s'arrête à Hafnarfjörður sur demande.

## À voir et à faire

La plus ancienne maison en pierre d'Islande, la **Viðeyarstofa**, se dresse en surplomb du port. Skúli Magnússon, trésorier royal, la fit construire lorsqu'on lui donna l'île en 1751. On y trouve aujourd'hui un **café** (plats 2 300-3 700 ISK ; 11h30-17h mi-mai à sept, 13h30-16h sam-dim oct à mi-mai). Ne manquez pas l'église en bois du XVIIIe siècle, la deuxième plus vieille d'Islande, qui se distingue par une décoration originale – c'est là que se trouve le tombeau de Skúli (mort sur l'île en 1794). Les fouilles des anciennes fondations du monastère ont mis au jour des tablettes de cire du XVe siècle et une lettre d'amour en runes, aujourd'hui exposées au Musée national.

Au nord-ouest, le long de la côte, la **tour Imagine Peace** (2007), de Yoko Ono, projette un faisceau lumineux à une altitude de 4 000 m chaque soir, entre le 9 octobre (anniversaire de John Lennon) et le 8 décembre (date de sa mort). Les visites organisées de la tour sont annoncées sur le site Web de Viðey (www.videy.com). Un peu plus loin, un barbecue a été aménagé dans le cabanon Viðeyjarnaust. Apportez des provisions pour en profiter.

Des **visites guidées** (gratuites) de l'île ont lieu en été.

### Sentiers

L'île est sillonnée par des **sentiers pédestres**. On peut en parcourir certains à vélo ; d'autres sont trop périlleux. L'été, lorsque des bateaux partent du vieux port de Reykjavík, vous pourrez louer un vélo chez Reykjavík Bike Tours (p. 68) et l'emporter sur l'île.

L'île est aussi un paradis pour les passionnés d'**oiseaux** (30 espèces) et de **botanique** (on retrouve ici plus d'un tiers de toutes les plantes islandaises). Fin août, des habitants de Reykjavík viennent cueillir le carvi, qui fut introduit dans la région par Skúli Magnússon.

Du port, les sentiers en direction du sud-est conduisent au **réttin** (parc à moutons), à la minuscule **Paradíshellir** (grotte du Paradis), puis au village de pêcheurs abandonné de Sundbakki.

Les sentiers en direction du nord-ouest mènent à Vesturey, à la pointe nord. Vous découvrirez en chemin des étangs, des monuments en hommage à plusieurs naufrages, et les **falaises** basses d'Eiðisbjarg. Cette partie de l'île est émaillée des gigantesques sculptures en basalte qui forment l'œuvre intitulée **Áfangar** (Standing Stones ; 1990), de l'Américain Richard Serra.

### Où se loger et se restaurer

Il n'est pas possible de loger ou de camper sur l'île. On ne trouve qu'un médiocre café, dans un beau bâtiment ancien. Apportez de quoi pique-niquer ou prévoyez un barbecue dans le cabanon Viðeyjarnaust.

### Depuis/vers Viðey

**Ferry pour Viðey** (533 5055 ; www.videy.com ; aller-retour tarif plein/enfant 1 200/600 ISK ; depuis Skarfabakki, toutes les heures 10h15-17h15 mi-mai à sept, week-end uniquement oct à mi-mai). Le ferry effectue la traversée en 5 minutes depuis Skarfabakki, à 4,5 km à l'est du centre. En été, 2 bateaux partent chaque jour d'Elding, dans le vieux port, et de la salle de concert Harpa. Le bus n°16 s'arrête près de Skarfabakki – sur l'itinéraire des bus touristiques avec montée et descente à volonté.

## Kópavogur

Kópavogur (www.kopavagur.is), la banlieue la plus proche au sud de Reykjavík, est située à courte distance en bus. Malgré cette proximité, elle échappe au flux touristique. Sur place, on peut partir explorer l'ensemble culturel **Menningarmiðstoð Kópavogs** (à côté de l'église en forme d'arche) et se laisser tenter par l'immense centre commercial. Les 3 sites ci-dessous sont regroupés dans l'ensemble culturel.

### À voir

**Musée d'Art Gerðarsafn** MUSÉE D'ART
(570 0440 ; www.gerdarsafn.is ; Hamraborg 4 ; tarif plein/enfant 500 ISK/gratuit ; 11h-17h mar-dim). À côté de la salle de concert de Kópavogur, ce musée magnifiquement conçu est dédié à Gerður Helgadóttir, sculptrice et créatrice de vitraux islandaise. Il accueille des expositions temporaires d'art moderne, ainsi qu'une remarquable collection permanente d'art islandais du XX^e siècle.

**Salurinn** ÉDIFICE CULTUREL
(441 7500 ; www.salurinn.is ; Hamraborg 6). La première salle de concert du pays, bâtie avec des matériaux locaux (bois flotté, épicéa et roches), possède une excellente acoustique. Sa programmation est essentiellement classique. Consultez le site Web.

**Muséum d'histoire naturelle de Kópavogur** MUSÉE
(Náttúrufræðistofa Kópavogs ; 441 7200 ; www.natkop.is ; Hamraborg 6a ; 10h-19h lun-jeu, 11h-17h ven, 13h-17h sam). GRATUIT Ce musée est consacré à la géologie et à la vie sauvage de l'Islande. Il possède notamment un squelette d'orque, une collection d'animaux empaillés, des roches et des *marimo* (ou *Aegagropila linnaei* ; boules d'algues vertes) provenant du lac Mývatn.

### Où se restaurer

**Gló** BIO, VÉGÉTARIEN €€
(www.glo.is ; Hæðasmári 6 ; plats 1 200-2 000 ISK ; 11h-21h lun-ven, 11h30-21h sam-dim ; ). Ce restaurant très fréquenté (qui n'est pas exclusivement végétarien) sert des plats du jour frais et copieux, relevés d'épices et de plantes aromatiques asiatiques. C'est un paradis pour les amateurs de cuisine crue ou bio. Grand buffet de salades variées et élaborées - des légumes racines aux recettes grecques. Autres enseignes à Laugavegur (p. 85) et Engjateigur.

### Achats

**Smáralind** CENTRE COMMERCIAL
(528 8000 ; www.smaralind.is ; Hagasmára 1, Kópavogur ; 11h-19h lun-mer et ven, 11h-21h jeu, 11h-18h sam, 13h-18h dim ; 2). Le plus grand centre commercial d'Islande. Empruntez les bus n°2, ou la navette gratuite de l'établissement. De mai à août, elle part de l'office du tourisme principal de Reykjavík et s'arrête aux musées de Kópavogur (consultez les horaires en ligne).

### Depuis/vers Kópavogur

Les bus Strætó (www.bus.is) n^os 1 et 2 partent de Hlemmur et de Lækjartorg dans le centre de Reykjavík. Le bus n°4 part également d'Hlemmur. Tous font halte à l'arrêt de Hamraborg à Kópavogur (repérez l'église). Le trajet dure environ 15 minutes.

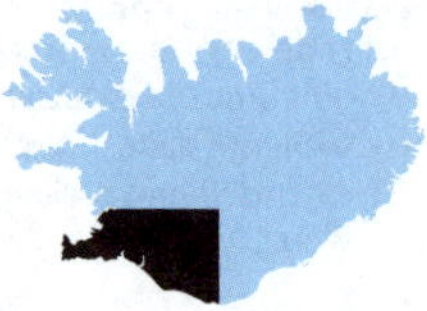

# Le Sud-Ouest et le Cercle d'or

**Dans ce chapitre ➡**


Blue Lagoon ............... 103
Keflavík et Njarðvík .... 107
Cercle d'or .................. 113
Parc national de Þingvellir ............... 113
Laugarvatn ................. 117
Geysir ......................... 118
Gullfoss ...................... 119
Hveragerði ..................123
Selfoss .......................128
Hvolsvöllur ................ 140
Skógar ........................147
Landmannalaugar ......149
Þórsmörk ....................155
Vestmannaeyjar .........167


## Le top des restaurants

- Slippurinn (p. 172)
- Við Fjöruborðið (p. 128)
- Lindin (p. 118)
- Efstidalur II (p. 117)

## Le top des hébergements

- River Hotel (p. 139)
- Julia's Guesthouse (p. 128)
- Fljótsdalur HI Hostel (p. 143)
- Hótel Rangá (p. 139)

## Pourquoi y aller

Geysers et chutes d'eau spectaculaires sur fond de plages noires, de volcans menaçants et de calottes glaciaires : le Sud-Ouest offre un concentré des merveilles naturelles islandaises. Aussi est-il assez fréquenté et de plus en plus construit. Le bien nommé circuit du Cercle d'or (avec les trois sites emblématiques de Þingvellir, Geysir et Gullfoss) attire le plus grand nombre de visiteurs en dehors de Reykjavík. Découvrez-le en dehors des périodes d'affluence et aventurez-vous au-delà, où vous attendent d'autres splendeurs.

Les eaux siliceuses du Blue Lagoon, ainsi que la plaine d'effondrement et l'ancien Parlement de Þingvellir sont à courte distance de la capitale, mais il vous faudra traverser une mer agitée pour rejoindre les Vestmannaeyjar. De retour sur la terre ferme, partez à la découverte de l'Hekla et de l'Eyjafjallajökull, deux imposants volcans, des vallées secrètes de Þórsmörk et Landmannalaugar, et des minuscules localités de Skógar et Vík.

## Distances routières (en km)

| | Keflavík | Selfoss | Gullfoss | Landmannalaugar | Vík |
|---|---|---|---|---|---|
| Selfoss | 100 | | | | |
| Gullfoss | 156 | 71 | | | |
| Landmannalaugar | 230 | 130 | 147 | | |
| Vík | 226 | 130 | 177 | 218 | |
| Reykjavík | 51 | 57 | 113 | 185 | 186 |

**Péninsule de Reykjanes**

# PÉNINSULE DE REYKJANES

Tandis que l'on s'éloigne de l'autoroute qui relie Reykjavík à l'aéroport international de Keflavík, la péninsule de Reykjanes devient de plus en plus spectaculaire. Outre le célèbre Blue Lagoon, vous découvrirez de nombreux sites magnifiques, pour beaucoup situés au pied de volcans en activité. La modeste Keflavík et sa voisine Njarðvík sont les deux (petites) villes les plus animées. Les jolis villages de pêcheurs de Garður et Sandgerði, de hauts lieux de l'observation des baleines, se trouvent juste à l'ouest de l'aéroport, sur un éperon orienté vers le nord ouest. Le reste de la péninsule, de la sublime Reykjanestá au sud-ouest, jusqu'à la réserve naturelle de Reykjanesfólkvangur à l'est, dévoile un paysage sauvage de cratères volcaniques aux teintes variées, de lacs minéraux, de sources chaudes bouillonnantes, de montagnes déchiquetées et de champs de lave.

La péninsule de Reykjanes appartient au Réseau mondial des géoparcs de l'Unesco (www.reykjanesgeopark.is), qui contribue à la protection des spécificités géologiques de la région (lave en coussins, dorsale océanique, jonction de plaques tectoniques, quatre systèmes volcaniques) et de la culture locale.

### Depuis/vers la péninsule de Reykjanes

Keflavík et le Blue Lagoon sont bien desservis depuis Reykjavík (transports publics rapides et fréquents). Quelques bus assurent des liaisons avec les villages. Un véhicule est nécessaire pour atteindre les endroits les plus isolés de la péninsule.

## Blue Lagoon

Le Blue Lagoon, ou Lagon bleu, est à l'Islande ce que la tour Eiffel est à Paris : ceux qui trouvent l'endroit trop commercial et trop touristique n'ont pas tort… Mais ce paradis de la géothermie n'en reste pas moins incontournable.

### Activités

**Blue Lagoon** PISCINE GÉOTHERMALE
(Bláa Lónið ; ☎420 8800 ; www.bluelagoon.com ; juin-août tarif plein/enfant à partir de 50 €/gratuit, sept-mai à partir de 40 €/gratuit ; ⏲8h-0h juin à mi-août, horaires réduits mi-août à mai). Dans un magnifique champ de lave noire, la station thermale du Blue Lagoon, à l'eau d'un bleu-vert laiteux, est alimentée par la futuriste centrale géothermique de Svartsengi. Entre ses cheminées argentées, les nuages

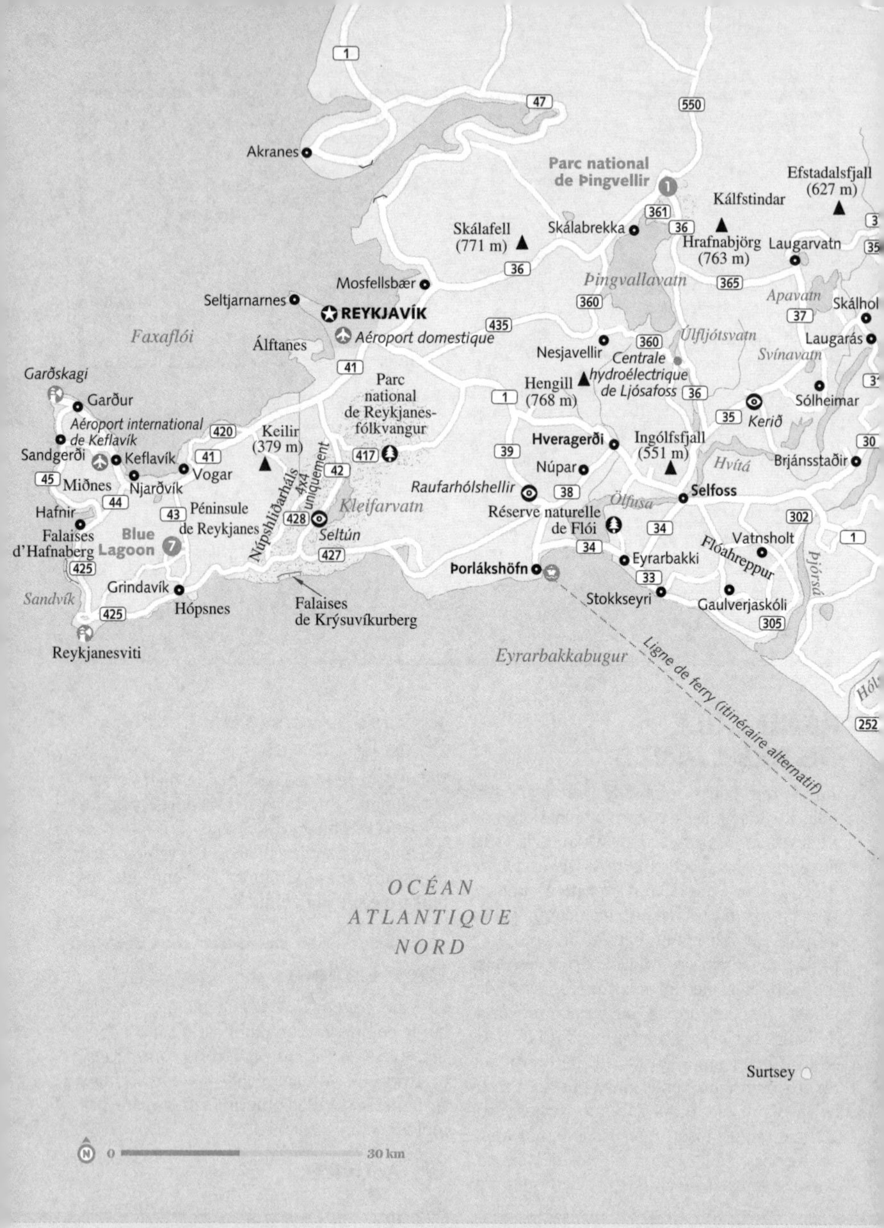


## À ne pas manquer

1 La séparation des plaques continentales au **parc national de Þingvellir** (p. 113), chargé d'histoire

2 Les colonnes de basalte et les éperons rocheux jaillissant de la mer à **Reynisfjara** (p. 162)

3 Le camping à **Þórsmörk** (p. 155), dans un paradis de verdure entouré de remparts de glace

4 La traversée jusqu'aux **Vestmannaeyjar** (p. 167), peuplées de macareux, où une bourgade se niche entre des coulées de lave

5 La **Þjórsárdalur** (p. 131), vallée volcanique sauvage

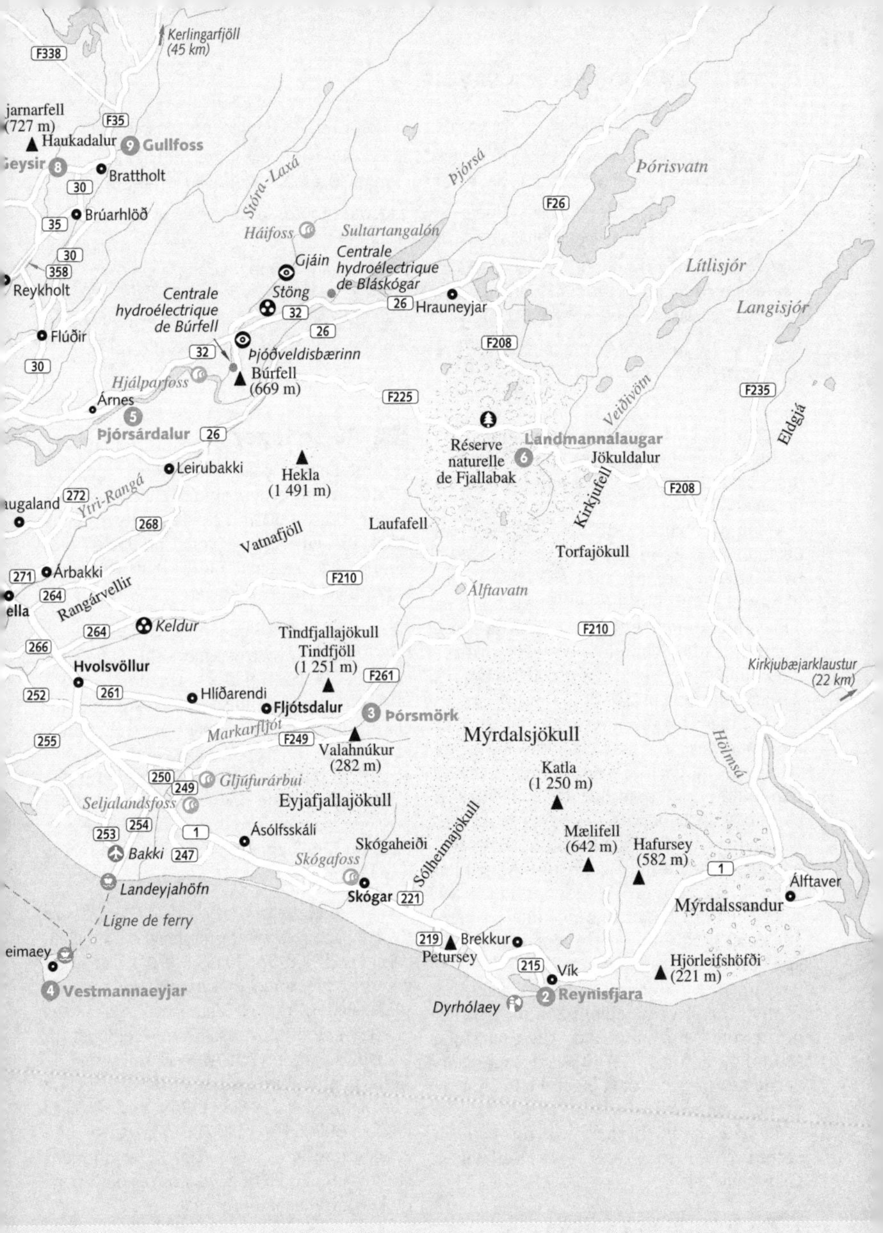


creusée par la puissante Þjórsá

6 Les sommets colorés et les lacs aux eaux cristallines de **Landmannalaugar** (p. 149), qui invitent à se lancer dans le trek du Laugavegurinn

7 Les eaux chaudes et turquoise du très touristique **Blue Lagoon** (p. 103)

8 Les jaillissements spectaculaires de **Geysir** (p. 118), à l'origine du mot geyser

9 Les **cascades** d'Háifoss, de Seljalandsfoss et de Skógafoss, puis les chutes de Gullfoss, les plus impressionnantes de toutes

## BLUE LAGOON : BON À SAVOIR

- La réservation est obligatoire ; les entrées ont lieu toutes les heures, en nombre limité.
- L'été, pour éviter la foule, venez tôt le matin ou après 19h (fréquentation maximale entre 10h et 14h). Il est possible de rester sur le site 30 minutes après la fermeture.
- Vous devez respecter la règle islandaise qui vaut dans toutes les piscines : douche préalable au savon dans le plus simple appareil.
- Vous pourrez gagner du temps et économiser de l'argent en venant dans le cadre d'une visite organisée sur la route de l'aéroport. **Reykjavík Excursions** (☎580 5400 ; www.re.is) relie en bus l'aéroport international de Keflavík, le Blue Lagoon et Reykjavík.
- Il y a une consigne au parking (600 ISK/jour/bagage) ; pratique si vous vous rendez au lagon depuis/vers l'aéroport.

de vapeurs et la présence des baigneurs enduits de boue de silice, on se croirait dans un autre monde. Il est indispensable de réserver.

L'eau surchauffée du lagon (70% d'eau de mer, 30% d'eau douce, à une température parfaite de 38°C) est riche en algues bleu-vert, en sels minéraux et en boue de silice, qui adoucissent et exfolient la peau. L'eau est plus chaude près des orifices d'où elle émerge, et il y a plusieurs degrés d'écart entre la surface et le fond.

Le Blue Lagoon a été aménagé pour les touristes – immense ensemble de vestiaires modernes, restaurants, terrasse panoramique et boutique de souvenirs. Il comprend des *hot pots*, des bains de vapeur, des saunas, un bar et une chute d'eau très chaude, pour un massage hydraulique bien musclé. Un secteur VIP inclut un espace intérieur réservé, un salon et une terrasse. Un hôtel cinq étoiles et une extension du spa devraient être inaugurés en 2017.

Pour une détente ultime, laissez-vous flotter sur un matelas pneumatique et offrez-vous un massage thérapeutique (30 min/1 heure 75/120 €). Pensez à réserver les soins ; location de serviettes ou de maillots de bain (5 €).

Le complexe thermal est un peu en retrait de la route qui relie Keflavík à Grindavík.

## Circuits organisés

Il est envisageable de compléter les activités thermales du Blue Lagoon par une excursion organisée, ou une balade en quad ou à vélo avec ATV Adventures (p. 112 ; 9 900 ISK ; dans les champs de lave au départ du Blue Lagoon), qui loue également des vélos. Ce prestataire pourra venir vous chercher et/ou vous déposer au Blue Lagoon.

## Où se loger

Le Blue Lagoon possède un hôtel moderne, et un établissement cinq étoiles devrait ouvrir courant 2017. Il existe d'autres hôtels dans les environs ; vous pourrez aussi séjourner à Reykjavík ou dans un village de la péninsule de Reykjanes.

**Blue Lagoon – Silica Hotel** HÔTEL €€€
(☎420 8806 ; www.bluelagoon.com ; d petit-déj inclus 51 600 ISK ; P @ ≋). Un hôtel chic à 600 m à pied du Blue Lagoon, par-delà un champ de lave. Ses 35 chambres, élégantes et propices au repos, possèdent des sdb chauffées par le sol et des petites vérandas – pour admirer le paysage lunaire. L'hôtel possède son propre bassin alimenté par l'eau du Blue Lagoon. Accès au lagon inclus dans le prix.

**Northern Light Inn** HÔTEL €€€
(☎426 8650 ; www.northernlightinn.is ; s/d petit-déj inclus 28 500/37 500 ISK ; P @). Cet hôtel composé de longs bâtiments en bois de plain-pied offre des chambres spacieuses et stylées. Profitez du salon ensoleillé, et du transport gratuit (7h-21h) vers l'aéroport de Keflavík et le Blue Lagoon (situé à moins de 1 km). Sur place, le **Max's Restaurant** (plats 2 900-5 300 ISK ; ⏲12h-21h30) propose une cuisine nordique ; ses baies vitrées donnent sur le champ de lave et les nuages de vapeur de la centrale géothermique.

## Où se restaurer et prendre un verre

**Blue Café** CAFÉ €
(en-cas 1 000-2 100 ISK ; ⏲8h-0h juin à mi-août, horaires réduits mi-août à mai). Au Blue Lagoon, une nourriture simple de cafétéria, avec des smoothies, des sandwichs et des sushis (préparés à l'avance).

**LAVA Restaurant** ISLANDAIS €€€
(☎420 8800 ; www.bluelagoon.com ; plats déj/dîner 4 500/5 900 ISK ; ⏱11h30-21h30 juil-août, 11h30-20h30 sept-mai). Depuis l'immense salle du Lava, aux faux airs de hall de gare, la vue sur le lagon artificiel est superbe. Les meilleurs plats islandais sont réunis sur la carte de l'établissement et le service est excellent.

### Depuis/vers le Blue Lagoon

Le Blue Lagoon est à 47 km au sud-ouest de Reykjavík et à 23 km au sud-est de l'aéroport de Keflavík. La station thermale se trouve en retrait de la route entre Keflavík et Grindavík. Les services de bus fonctionnent toute l'année, tout comme les circuits organisés (qui reviennent parfois moins cher qu'un billet de bus et une entrée au lagon pris séparément). La réservation est indispensable. Quand elle n'est pas comprise dans le tarif du bus ou du circuit, elle doit être effectuée en ligne sur www.bluelagoon.com.

Le Blue Lagoon travaille en partenariat avec **Reykjavík Excursions** (www.re.is), dont les bus relient le lagon à Reykjavík et à l'aéroport. Les liaisons sont fréquentes (10-16/jour juin-août ; plus de détails sur www.bluelagoon.com). Vous pourrez faire l'aller-retour depuis Reykjavík ou l'aéroport, ou vous arrêter au lagon entre les deux.

**Bustravel** (☎511 2600 ; www.bustravel.is) dessert également le Blue Lagoon depuis l'aéroport ou Reykjavík (3 900 ISK).

# Keflavík et Njarðvík (Reykjanesbær)

15 240 HABITANTS

Keflavík et Njarðvík, des villes jumelles situées sur la côte, à 47 km au sud-ouest de Reykjavík, forment un ensemble assez disgracieux de maisons de banlieue et de fast-foods, qui porte le nom de "Reykjanesbær". Inutile d'y dormir sauf si vous prenez l'avion très tôt le matin ; il est préférable de faire le trajet (40 minutes) jusqu'à Reykjavík.

## À voir

### Keflavík

La plupart des hôtels et des restaurants de Keflavík, ainsi que le musée Duushús, sont situés sur le front de mer. À l'est, sur le rivage, vous pourrez admirer l'impressionnante **sculpture d'Ásmundur Sveinsson** (1893-1982), que les enfants utilisent comme cage à poule. Un peu plus loin, près du petit port, cherchez une grotte sombre où une **Géante** (Skessa ; port de Gróf ; ⏱13h-17h sam-dim) GRATUIT, personnage des livres pour enfants d'Herdís Egilsdóttir, est assise dans un fauteuil à bascule.

♥ **Duushús** MUSÉE
(☎421 3796 ; Duusgata 2-8 ; tarif plein/enfant 1 500 ISK/gratuit ; ⏱12h-17h). Le centre culturel de Keflavík occupe un ensemble de longs entrepôts rouges historiques classés, à proximité du port. On peut y découvrir une exposition permanente composée de quelque 60 modèles réduits de bateaux. D'autres salles, rattachées au musée d'Art de Reykjanes, accueille des expositions d'art internationales et une exposition tournante consacrée à l'histoire locale.

**Musée du Rock and roll islandais** MUSÉE
(Rokksafn Íslands ; ☎420 1030 ; www.rokksafn.is ; Hjallavegur 2 ; 1 500 ISK ; ⏱11h-18h lun-sam). Ce musée explore l'histoire de la brillante scène musicale islandaise, de Björk à Sigur Rós et Of Monsters and Men. L'entrée comprend un audioguide musical. Sur place : Music Hall of Fame, instruments à disposition pour des bœufs, café et boutique vendant des albums de groupes locaux.

### Njarðvík

♥ **Víkingaheimar** MUSÉE
(musée du Monde viking ; ☎422 2000 ; www.vikingaheimar.is ; Víkingabraut 1 ; tarif plein/enfant 1 500 ISK/gratuit ; ⏱7h-18h). À l'extrême est du front de mer de Njarðvík, un remarquable bâtiment contemporain sert d'écrin à cet espace d'expositions spectaculaire. La pièce maîtresse est l'*Íslendingur*, reconstitution fidèle du *Gokstad*, drakkar viking de 23 m. Gunnar Marel Eggertsson l'a construit pratiquement seul, avant de rallier New York à son bord, en 2000, pour célébrer le millénaire du voyage en Amérique de Leif Eiríksson, fils du Viking Erik le Rouge.

**Stekkjarkot** ÉDIFICE HISTORIQUE
(⏱13h-17h mar-dim juin-août, sur rdv sept-mai). Tout près du Víkingaheimar, le petit musée des Arts et Traditions populaires de Stekkjarkot occupe une maison traditionnelle typique (dont une partie date du XIXe siècle), avec un toit d'herbe et de tourbe. Abandonnée en 1924, elle a depuis été restaurée.

## Keflavík

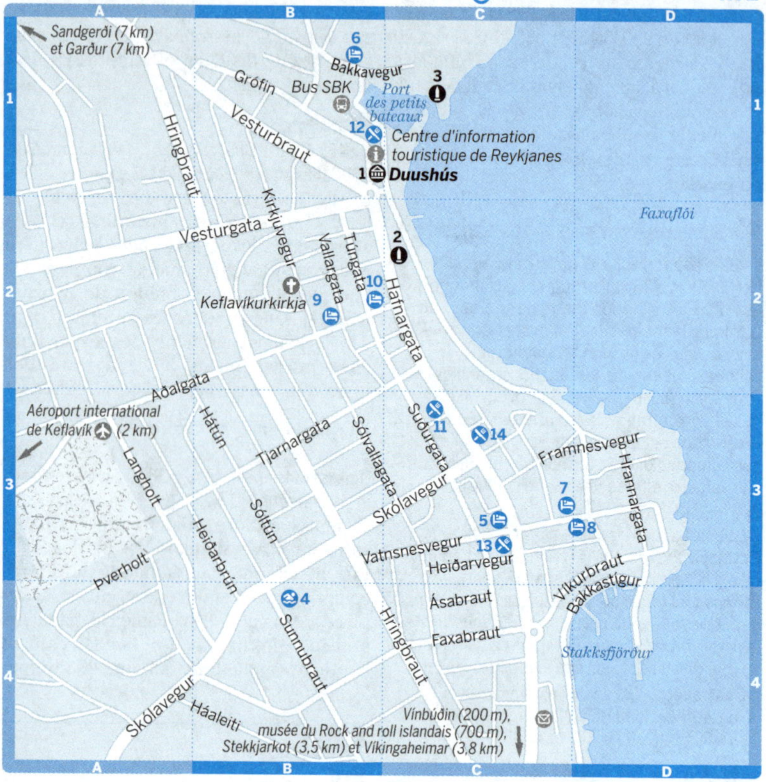


## Keflavík

**Les incontournables**
1 Duushús ........ B1

**À voir**
2 Sculpture d'Ásmundur Sveinsson ........ C2
3 Géante ........ C1

**Activités**
4 Piscine ........ B4

**Où se loger**
5 CB Guesthouse ........ C3
6 Hótel Berg ........ B1
7 Hótel Keflavík ........ C3
8 Hótel Keflavík Guesthouse ........ D3
9 Nupan Deluxe ........ B2
10 Svítan Guesthouse & Apartments ........ B2

**Où se restaurer**
11 Fernando's ........ C3
12 Kaffi Duus ........ B1
13 Olsen Olsen ........ C3
14 Thai Keflavík ........ C3

**Où prendre un verre et faire la fête**
Paddy's ........ (voir 11)

## Activités

**Piscine** BAIGNADE

(☎420 1500 ; Sunnubraut 31 ; tarif plein/enfant 700 ISK/gratuit ; ⏰6h30-20h lun-jeu, 6h30-19h ven, 9h-17h sam-dim). Un agréable bassin extérieur de 25 m avec des *hot tubs* (sorte de Jacuzzis à l'extérieur), un sauna et un bassin couvert de 50 m.

## Fêtes et festivals

**Night of Lights** CULTURE

(Ljósanótt í Reykjanesbæ ; www.ljosanott.is ; ⏰début sept). Très apprécié, cette Nuit des lumières vaut le détour, en particulier pour sa fin en apothéose, marquée par des feux d'artifice qui tombent en cascade sur les falaises de Bergið.

## Où se loger

Une liste des hébergements est disponible sur www.visitreykjanes.is ; les hôtels assurent en principe le transfert depuis/vers l'aéroport.

**Svítan Guesthouse & Apartments** GUESTHOUSE, APPARTEMENTS €
(☎663 1269 ; www.svitan.is ; Túngata 10 ; d petit-déj inclus 12 000 ISK, app à partir de 16 200 ISK). Dans une demeure historique récemment rénové, des chambres d'hôtes sans fioritures (sdb privative pour certaines) et des appartements entièrement équipés. Cuisine et terrasse à disposition pour les occupants des chambres. Situation centrale.

**CB Guesthouse** GUESTHOUSE €
(☎786 0577 ; Hafnargata 56 ; s/d sans sdb à partir de 9 300/12 000 ISK ; P). Une agréable pension dans la rue principale de Keflavík, aux chambres sans prétention, bien tenues. Accès à une cuisine et à une terrasse.

**Hótel Keflavík Guesthouse** GUESTHOUSE €
(www.hotelkeflavik.is ; Vatnsnesvegur 9 ; d sans sdb 12 600 ISK). Cette petite pension plaisante, annexe de l'Hótel Keflavík, possède des chambres modestes (sdb communes). Micro-ondes à disposition. La façade a été peinte par un collectif d'artistes internationaux du mouvement des Toyists.

**Hótel Berg** HÔTEL €€
(☎422 7922 ; www.hotelberg.is ; Bakkavegur 17 ; d petit-déj inclus 27 600 ISK ; @). Cet hôtel très accueillant dans le style des B&B donne sur la petite crique du port. Il possède de ravissantes parties communes et des chambres modernes (TV), avec des photographies originales aux murs. Dans la partie nord de Keflavík – la plus agréable de la localité.

**Nupan Deluxe** GUESTHOUSE €€
(☎565 3333 ; www.hotelnupan.com ; Aðalgata 10 ; s sans sdb petit-déj inclus 12 200 ISK, d/tr petit-déj inclus 25 200/28 800 ISK). Élégance, netteté et simplicité : tels sont les maîtres mots de cette pension située dans une zone résidentielle à l'écart du centre, sur la grand-route. *Hot tub* sur place.

**Hótel Keflavík** HÔTEL €€
(☎420 7000 ; www.hotelkeflavik.is ; Vatnsnesvegur 12-14 ; d/f petit-déj inclus 24 500/41 600 ISK ; @). Des chambres pratiques et centrales, certaines avec vue sur l'océan – notez que les tarifs varient beaucoup sur Internet. Les voyageurs au budget serré pourront opter pour la petite pension affiliée à l'hôtel, de l'autre côté de la rue.

### RENSEIGNEMENTS

**South Island Tourist Information** (www.south.is) publie un livret détaillé et d'excellents plans gratuits des régions et territoires, disponibles dans les offices du tourisme locaux.

**Visit Reykjanes** (www.visitreykjanes.is). Renseignements sur la péninsule.

**Airport Hotel Aurora Star** HÔTEL €€€
(☎595 1900 ; www.hotelairport.is ; Blikavöllur 2, aéroport international de Keflavík ; s/d/tr petit-déj inclus 30 500/33 000/39 000 ISK ; P @). Unique hébergement de l'aéroport, l'Aurora, un agréable hôtel d'affaires, occupe un bâtiment de 6 étages à 100 m du terminal. Il loue des chambres correctes (TV) ; celles de la catégorie supérieure sont plus grandes, avec 2 lits doubles.

## Où se restaurer et prendre un verre

**Fernando's** PIZZERIA €
(☎557 1007 ; www.facebook.com/fernandospizza ; Hafnargata 36 ; pizzas 1 300-2 900 ISK ; ⏲11h-22h lun-mer, 11h-23h jeu et ven, 14h-23h sam, 16h-22h dim). Une adresse sans prétention, appréciée pour ses pizzas cuites au feu de bois. Burgers, salades et plats de pâtes également.

**Olsen Olsen** RESTAURATION RAPIDE €
(☎421 4457 ; www.olsenolsendiner.com ; Hafnargata 62 ; plats 1 000-2 700 ISK ; ⏲11h-22h). Dans les années 1950, grâce au rock introduit par les Américains, Keflavík était l'un des coins les plus branchés d'Islande. Ce *diner* à l'américaine – tables argentées, chaises en plastique rouge et photos d'Elvis – ramène à cette époque glorieuse.

**Kaffi Duus** POISSON, INDIEN €€
(☎421 7080 ; www.duus.is ; Duusgata 10, Duushús ; plats 2 750-5 000 ISK ; ⏲11h-23h). Ce sympathique café-bar-restaurant au thème nautique (décoré notamment de défenses de morse) donne sur le petit port. Au programme ici : du poisson frais, des pâtes, des salades, des burgers généreux, ainsi que des plats indiens. Très fréquenté en soirée.

**Thai Keflavík** THAÏLANDAIS €
(☎421 8666 ; www.thaikeflavik.is ; Hafnargata 39 ; plats 1 900-2 800 ISK ; ⏲11h30-22h lun-ven,

16h-22h sam-dim). Les plats thaïlandais authentiques vous changeront du poisson et de l'agneau ! Terrasse pour les beaux jours.

**Paddy's** BAR

(☎421 8900 ; Hafnargata 38 ; ⏲18h-1h lun-jeu, 18h-4h30 ven, 12h-4h30 sam, 12h-1h dim). Un petit bar qui peut être bruyant le week-end ; concerts occasionnels.

## Achats

**Vínbúðin** VINS ET SPIRITUEUX

(☎421 5699 ; Krossmói 4 ; ⏲11h-18h lun-jeu, 11h-19h ven, 11h-16h sam). Chaîne nationale de boutiques de vins et spiritueux.

## Renseignements

**Centre d'information touristique de Reykjanes** (☎420 3246 ; www.visitreykjanes.is ; Duusgata 2-8, Keflavík ; ⏲9h-17h lun-ven, 10h-14h sam-dim). Infos, cartes et brochures sur la péninsule ; dans le Duushús (p. 107).

## Depuis/vers Keflavik

### AVION

Hormis les vols pour le Groenland et les îles Féroé, tous les vols internationaux empruntent l'**aéroport international de Keflavík** (p. 96).

### DEPUIS/VERS L'AÉROPORT

La plupart des hébergements de Reykjanesbær proposent gracieusement à leurs clients des transferts depuis/vers l'aéroport international. En taxi, comptez environ 5 000 ISK – appelez **Airport Taxi** (☎420 1212 ; www.airporttaxi.is) ou **Hreyfill Taxi** (☎588 5522 ; www.hreyfill.is).

### BUS

**Strætó** (www.bus.is) propose notamment les bus suivants :

- Le bus n°55 relie l'aéroport de Keflavík à la gare routière BSÍ de Reykjavík (tarif plein/enfant 1 680/840 ISK, 1 heure 15, 9/jour lun-ven). Le samedi (9/jour) et le dimanche (7/jour), les bus ne vont pas au-delà d'Hafnarfjörður.
- Le bus n°88 assure la liaison entre Keflavík et Grindavík (420 ISK, 2/jour, 20 min). Le week-end, il ne circule que de Grindavík au carrefour (correspondance possible avec le bus n°55).
- Le bus n°89 dessert les lignes Keflavík-Garður et Keflavik-Sandgerði (420 ISK, 11/jour lun-ven, 4/jour sam, 3/jour dim).

Les bus de l'aéroport pourront vous déposer à la périphérie de la ville.

## Comment circuler

**SBK** (☎420 6000 ; www.sbk.is ; Grófin 2-4, Keflavík) gère les bus de l'agglomération de Keflavík.

# Nord-ouest de la péninsule de Reykjanes

La côte occidentale de la péninsule est découpée et exposée aux éléments. Ce qui ravira les amateurs de falaises et de plages fouettées par les embruns. Plusieurs villages de pêcheurs sont nichés au milieu des champs de lave.

Mieux vaut être motorisé pour explorer la région. À défaut, le bus n°89 de la compagnie Strætó dessert Garður et Sandgerði depuis Keflavík.

## Garður

1 430 HABITANTS

Depuis Keflavík, en suivant la Route 41 sur 9 km, après le village de Garður (www.svgardur.is), on atteint le superbe **cap de Garðskagi**, battu par les vents. Zone de reproduction des oiseaux marins et première escale de nombreuses espèces migratrices, c'est un endroit privilégié pour les observer. D'ici, on peut aussi voir des phoques et parfois des **baleines**. La vue sur l'océan, magnifique, s'étend, par temps clair, jusqu'au Snæfellsjökull, au nord, sur la péninsule de Snæfellsnes.

Deux remarquables **phares** ajoutent au décor – une tour cylindrique de 28 m de haut (au sommet de laquelle on jouit d'un panorama à presque 360°) et une autre, plus petite et ancienne, de forme carrée. À deux pas, un petit **musée des Traditions populaires** (Byggdasafn ; ☎422 7220 ; www.svgardur.is ; Skagabraut 100 ; ⏲13h-17h avr-oct) présente un joyeux bric-à-brac de bateaux, d'œufs d'oiseaux et de machines à coudre.

Il y a un **camping** gratuit, au calme, près du phare, avec toilettes et eau courante, et quelques maisons d'hôtes (*guesthouses*) dans le village.

Un café est parfois ouvert à côté des phares ; vous trouverez davantage d'établissements à Sandgerði, Keflavík et Grindavík.

## Sandgerði et ses environs

1 540 HABITANTS

À 5 km au sud de Garður, Sandgerði est un village de pêcheurs très actif. La côte au sud du bourg recèle de belles **plages** et les marais alentour sont fréquentés par plus de 190 espèces d'**oiseaux**.

## À voir

**Centre scientifique et pédagogique de Sudurnes** MUSÉE
(☎423 7551 ; www.thekkingarsetur.is ; Gerðavegur 1 ; tarif plein/enfant 600/300 ISK ; ⊙10h-16h lun-ven, 13h-17h sam-dim mai-sept, 10h-14h lun-ven oct-avril). Ce centre de recherche se double d'un musée présentant une passionnante exposition en français sur le grand explorateur polaire Jean-Baptiste Charcot (1867-1936), dont le *Pourquoi-Pas ?* se brisa sur des récifs non loin d'ici en 1936, de retour d'une expédition scientifique au Groenland et après une escale technique à Reykjavík. On peut y voir des objets sauvés du naufrage (où il n'y eut qu'un seul survivant). Un beau film retrace la vie et les expéditions de Charcot.

D'autres sections, moins convaincantes, sont consacrées aux animaux d'Islande, empaillés ou conservés en bocal (repérez le morse) ; il y a aussi un petit aquarium.

## Où se restaurer

**Vitinn** POISSON €€
(☎423 7755 ; www.vitinn.is ; Vitatorg 7 ; plats 2 000-4 300 ISK ; ⊙11h30-14h et 18h-21h lun-sam). Le Vitinn, non loin du centre scientifique, est très apprécié localement. La sympathique équipe sert des fruits de mer et poissons (conservés dans des aquariums situés dans la cour), dans un décor marin charmant. La bisque de crabe et autres crustacés est délicieuse.

# Sud-ouest de la péninsule de Reykjanes

La pointe sud-ouest de la péninsule présente une succession de paysages volcaniques sauvages, autour de la vallée d'effondrement entre les plaques tectoniques nord-américaine et européenne.

Un véhicule est obligatoire, car la région n'est pas desservie par les transports publics.

## À voir

En sortant de Keflavík, quittez la Route 41 pour prendre la Route 44, qui vous conduira aux falaises d'Hafnaberg, peuplées d'oiseaux, puis au **Pont entre deux continents** (pont Midlina, aussi surnommé “pont Leif le Chanceux” en l'honneur de Leif Eiríksson), une passerelle métallique qui enjambe une crevasse remplie de sable et relie les plaques tectoniques nord-américaine et européenne.

À l'extrême sud-ouest de la péninsule, le paysage alterne entre champs de lave et rochers et cratères volcaniques ; d'où le nom de **parc des 100 cratères**. Plusieurs centrales géothermiques y extraient du sel marin et produisent de l'électricité. Une exposition interactive, intitulée **La Terre, centrale électrique** (Orkuverið Jörð ; ☎436 1000 ; www.hsorka.is ; centrale électrique de Reykjanesvirkjun ; tarif plein/enfant 1 500/1 000 ISK ; ⊙9h-16h mai-août), est consacrée aux ressources énergétiques. Jetez un coup d'œil à la salle des turbines et aux représentations, à l'échelle, des planètes positionnées autour de la péninsule.

**Valahnúkur** est l'un des endroits les plus beaux et les plus sauvages de la péninsule. Là, une route sinue depuis la Route 425 vers des champs de lave datant du XIII$^{e}$ siècle. Prenez à droite au carrefour en T et continuez 900 m sur la route non goudronnée jusqu'à de spectaculaires **falaises** (que l'on peut escalader) et au **phare de Reykjanesviti**, le plus vieux d'Islande (1878).

De Valahnúkur et alentour, on peut voir l'îlot rocheux d'**Eldey**, à 14 km au large, une réserve ornithologique abritant la plus grande colonie de fous de Bassan du monde.

En prenant au contraire à gauche au carrefour en T, vous approcherez au bout de 500 m d'une **zone géothermique** multicolore. Elle englobe la source chaude de **Gunnuhver**, du nom de la sorcière-fantôme Gunna qui fut, selon la légende, piégée par magie puis ébouillantée.

# Grindavík

3 130 HABITANTS

Grindavík, l'unique localité sur la côte sud de la péninsule de Reykjanes, est depuis des siècles l'un des grands centres de pêche en Islande. Point de frivolités ici : tout n'est que gros bras affairés sur les quais, au milieu des grues et des entrepôts dédiés à l'industrie de la pêche (à la morue notamment) et du salage du poisson. Toutefois, la proximité du Blue Lagoon tend à attirer davantage de touristes depuis quelques années.

## À voir

**Kvíkan** MUSÉE
(Magma ; ☎420 1190 ; www.visitgrindavik.is ; Hafnargata 12a ; tarif plein/enfant 1 200 ISK/gratuit ; ⊙10h-17h). La seule curiosité touristique du coin est le Kvikan (maison des ressources culturelles et naturelles), qui

réunit 2 expositions : une sur l'industrie du salage du poisson, très bien conçue ; l'autre sur l'énergie géothermique.

## Circuits organisés

**Arctic Adventures** CIRCUITS

**ATV Adventures** CIRCUITS
(☎857 3001 ; www.atv4x4.is). Contactez le principal loueur de quads de la péninsule pour partir explorer les champs de lave ou aller voir les épaves. Comptez à partir de 13 000 ISK/personne pour un buggy biplace sans chauffeur (permis de conduire requis). Circuits à vélo depuis le Blue Lagoon (9 900 ISK) et location de vélos (4/24 heures 4 900/6 900 ISK ; 8 heures avec vélo disponible au Blue Lagoon 5 900 ISK) également.

**Arctic Horses** ÉQUITATION
(☎848 0143 ; www.arctichorses.is ; Hópsheiði 16). Cette petite ferme équestre familiale propose des balades à cheval dans la péninsule. La randonnée au phare, la plus demandée (tarif plein/enfant 8 000/5 000 ISK), dure 1 heure-1 heure 30.

**Salty Tours** CIRCUITS
(☎820 5750 ; www.saltytours.is). Excursions à la journée à Reykjanes (10 900 ISK) et au-delà. Transferts possibles depuis l'aéroport ou Reykjavík.

## Où se loger

De plus en plus de voyageurs prennent pour base Grindavík, à courte distance en voiture du Blue Lagoon et doté d'un choix d'hébergements satisfaisant.

**Mar Guesthouse** GUESTHOUSE €
(☎856 5792 ; www.marguesthouse.is ; Hafnargata 28 ; d sans sdb 13 000 ISK, studios à partir de 21 000 ISK). Chambres modernes (sdb communes) et studios avec kitchenette – donnant pour certains sur le port. Parties communes agréables et bien tenues, bon service. Cuisine et laverie à disposition.

**Guesthouse Borg** GUESTHOUSE €
(☎895 8686 ; www.guesthouseborg.com ; Borgarhraun 2 ; s/d sans sdb petit-déj inclus 9 500/14 500 ISK ; @). Une vieille demeure douillette du centre de Grindavík, où l'on peut faire sa cuisine et sa lessive.

**Camping municipal** CAMPING €
(☎660 7323 ; www.visitgrindavik.is ; Austurvegur 26 ; empl par pers tarif plein/enfant 1289 ISK/gratuit ; ⏲mi-mai à sept). Récent, près du port, avec un terrain arboré et de bons équipements (barbecues et terrain de jeu).

## Où se restaurer

♥ **Bryggjan** CAFÉ €
(☎426 7100 ; Miðgarður 2 ; gâteaux 850 ISK, soupe 1 600-2 000 ISK ; ⏲8h-23h). Face au port, dans d'anciens entrepôts, cet adorable café fréquenté par les habitants sert des gâteaux maison et des repas légers dans un décor de vieilles bouées et de photos encadrées.

**Papa's** POISSON €€
(☎426 9955 ; Hafnargata 7 ; plats 1 600-3 200 ISK ; ⏲11h30-21h). De délicieux *fish and chips*, et des pizzas et burgers prisés des habitués.

**Salthúsið** POISSON €€
(☎426 9700 ; www.salthusid.is ; Stamphólsvegur 2 ; plats 3 300-4 900 ISK ; ⏲12h-22h mi-mai à mi-sept). Un élégant restaurant tout en bois, préparant des spécialités locales de *saltfiskur* (poisson salé), surtout de la morue cuisinée de différentes manières. Vous pourrez aussi préférer les langoustines, le saumon, le poulet ou l'agneau.

## Renseignements

**Centre d'information touristique** (☎420 1190 ; www.visitgrindavik.is ; ⏲10h-17h mi-mai à mi-sept). Dans le musée Kvíkan (page précédente) ; possède un accès Internet.

## Depuis/vers Grindavík

**Strætó** (www.bus.is). Le bus n°88 dessert Keflavík (420 ISK, 2/jour, 20 min). Le week-end, il va seulement de Grindavík au carrefour (correspondance possible avec le bus n°55).

# Parc national du Reykjanesfólkvangur

À seulement 40 km de Reykjavík, cette réserve de 300 km² donne un bel aperçu de la nature sauvage islandaise. Elle fut créée en 1975 pour protéger les formations de lave nées des volcans de la dorsale de Reykjanes. Ses trois merveilles naturelles sont : le Kleifarvatn, un profond lac gris avec des sources chaudes immergées et des plages de sable noir ; la zone géothermique de Krýsuvík, à Seltún ; et la plus grande falaise peuplée d'oiseaux du Sud-Ouest, le Krýsuvíkurberg. Des sentiers de randonnée sillonnent tout le secteur. Les centres d'information touristique de Keflavík, Grindavík et Hafnarfjörður distribuent de bonnes cartes. Des parkings sont aménagés au départ des itinéraires de randonnée les plus fréquentés : la boucle autour du Kleifarvatn et les pistes qui longent les arêtes rocheuses de Sveifluháls et Núpshliðarháls.

Il n'y a pas de transports en commun dans le parc. Venez en voiture ou réservez l'un des nombreux circuits guidés proposés.

### À voir et à faire

**Kleifarvatn** LAC

Ce lac profond situé dans une fissure volcanique est entouré de falaises de lave et de grèves de sable noir. Le sentier qui s'étire sur ses rives offre une vue splendide. La légende veut qu'un monstre en forme de ver de la taille d'une baleine hante ses eaux, mais la pauvre créature a de moins en moins de place car le lac rétrécit depuis les deux séismes qui ont secoué la région en 2000.

**Seltún** SOURCES CHAUDES

La zone géothermique d'Austurengjar, à 2 km au sud du Kleifarvatn, est souvent appelée Krýsuvík, du nom d'une ferme voisine abandonnée. À Seltún, le site principal, des passerelles en bois longent plusieurs sources chaudes. Les sources de boue fumante et les *solfatares* (soufrières) arborent les couleurs de l'arc-en-ciel.

**Grænavatn** LAC

Juste au sud des sources chaudes de Seltún, le lac de Grænavatn occupe un ancien cratère. La jolie teinte turquoise de son eau est due à une combinaison de minéraux et d'algues qui prolifèrent à la chaleur.

**Falaise de Krýsuvíkurberg** OISEAUX

À environ 3 km au sud de Seltún par les champs de lave de Krýsuvíkurhraun, une mauvaise piste conduit aux falaises de Krýsuvíkurberg (un panneau sur la route principale indique "Krýsuvíkurbjarg"). Ces falaises noires austères, le long desquelles court un sentier, s'étendent sur 4 km ; elles abritent 57 000 oiseaux marins qui couvent en été (guillemots, macareux...).

## CERCLE D'OR

Le Cercle d'or - à ne pas confondre avec la Route circulaire, qui fait tout le tour du pays et demande au moins une semaine - comprend trois sites emblématiques, tous dans un rayon de 100 km autour de la capitale : Þingvellir (point de rencontre des plaques continentales et site de l'ancien Parlement islandais) ; Geysir (une source d'eau jaillissante) ; et les puissantes chutes de Gullfoss. En faisant le circuit par vos propres moyens, vous pourrez échapper aux périodes de forte affluence et découvrir d'autres curiosités en dehors de l'itinéraire classique. Presque toutes les agences de tourisme de Reykjavík proposent des excursions sur le Cercle d'or (en bus, à vélo ou en Super-Jeep), qu'il est souvent possible de combiner avec d'autres itinéraires.

VAUT LE DÉTOUR

### MAISON D'HALLDÓR LAXNESS

**Musée Gljúfrasteinn Laxness**
(☎586 8066 ; www.gljufrasteinn.is ; Mosfellsbær ; tarif plein/enfant 900 ISK/ gratuit ; ⌚9h-17h tlj juin-août, 10h-17h mar-dim mars-mai, sept, oct et déc, 10h-17h mar-ven jan, fév et nov). Halldór Laxness (1902-1998), Prix Nobel de littérature, a toujours vécu à Mosfellsbær. Sa maison au bord de la rivière est devenue le musée Gljúfrasteinn Laxness – facile d'accès, sur la Route 36 entre Reykjavík et Þingvellir. L'auteur a construit cette luxueuse demeure dans les années 1950 ; elle est restée intacte, avec son mobilier, son bureau et sa collection d'œuvres d'art (les broderies furent réalisées par l'épouse d'Halldór Laxness, Auður). Un audioguide vous pilotera. Admirez la Jaguar garée devant.

## Parc national de Þingvellir

Le parc national de Þingvellir (Thingvellir ; www.thingvellir.is), à 40 km au nord-est du centre de Reykjavík, est le site historique le plus important d'Islande, et un endroit d'une grande beauté. C'est ici que les Vikings fondèrent le premier Parlement démocratique, l'Alþing (Althing), en 930. comme pour de nombreux sites de l'âge des Sagas, il ne reste guère que les fondations d'anciens campements. Le cadre, une immense vallée d'effondrement (ou graben) traversée par des rivières et des chutes d'eau au point de rencontre des plaques tectoniques nord-américaine et eurasienne, est superbe. Premier parc national du pays, le Þingvellir est inscrit au Patrimoine mondial depuis 2004.

## Histoire

Les premiers colons venus de Scandinavie qui s'établirent en Islande à partir de 874 instaurèrent des *þings* (assemblées locales), où la justice était rendue par et entre les chefs locaux (*goðar*).

Quand il fut décidé d'instaurer un *þing* à l'échelle de la nation, en 930, Bláskógur (aujourd'hui Þingvellir, "plaine du Parlement"), situé à une croisée de chemins et proche d'un immense lac poissonneux, parut idéal. Il y avait là abondance de bois pour se chauffer et un cadre d'une majesté à la mesure du projet. Ainsi, c'est dans cette plaine que furent débattues toutes les grandes décisions concernant l'Islande, que furent adoptées les nouvelles lois, négociés les contrats de mariage et décidée la religion du pays. La réunion annuelle de l'Alþing était l'occasion d'une grande fête populaire où affluaient marchands et bateleurs.

Mais, au fil des siècles, l'escalade de la violence entre les familles les plus puissantes du pays mit fin au règne des lois et de l'ordre. Prise dans le chaos, l'Islande dut se soumettre à la couronne de Norvège ; l'Alþing perdit ses pouvoir législatifs en 1271. Il fonctionna uniquement comme tribunal jusqu'en 1798, avant d'être aboli. Quand il recouvrit ses prérogatives en 1843, ses membres votèrent son transfert à Reykjavík.

## À voir

Depuis le centre d'accueil des visiteurs du parc, sur la Route 36, suivez le chemin qui descend vers le Lögberg et les seules constructions de la vallée d'effondrement. On peut également rejoindre la cascade Öxarárfoss à pied depuis un parking sur la Route 36 avant de gagner la plaine d'effondrement. Autre possibilité : arriver par la Route 361 et se garer à la pointe est du site. Un plan utile est téléchargeable en ligne sur www.thingvellir.is.

Des circuits guidés gratuits (1 heure) sont organisés presque tous les jours de juin à

### LE CERCLE D'OR À LA CARTE

Il est facile de suivre le circuit du Cercle d'or (en voiture ou à vélo), en prévoyant éventuellement des excursions complémentaires. Dans la région, les panneaux sont clairs, les routes bien goudronnées et les distances relativement courtes (il faut environ 4 heures pour faire le tour du Cercle d'or en voiture si on n'ajoute pas d'étape). Il est également possible d'opter pour un itinéraire en bus (les bus se rendent dans des endroits des hautes terres inaccessibles aux véhicules ordinaires). L'excellente carte *Uppsveitir Árnessýslu* (gratuite) détaille toute la région ; vous la trouverez dans les offices de tourisme. Outre les principaux sites (Þingvellir, Geysir et Gullfoss), vous pourrez visiter :

**Laugarvatn** (p. 117). Entre Þingvellir et Geysir, ce petit village lacustre a deux grands attraits : le Lindin, un excellent restaurant, et le Fontana, un spa haut de gamme.

**Þjórsárdalur** (p. 131). Cette vallée paisible et très peu fréquentée le long de la Þjórsá est parsemée de ruines vikings et de merveilles naturelles comme le Gjáin (p. 136). Elle mène jusqu'aux hautes terres (c'est l'un des itinéraires d'accès à Landmannalaugar, point de départ du fameux trek du Laugavegurinn).

**Reykholt** (p. 120) et **Flúðir** (p. 121). Au sud de Gullfoss, on peut faire du rafting sur la Hvítá en partant de Reykholt ou obliquer vers la zone géothermique de Flúðir (superbe spa naturel), où vous aurez la possibilité de cueillir des légumes frais pour le dîner.

**Eyrarbakki** (p. 126) et **Stokkseyri** (p. 127). Au sud de Selfoss, ces deux villages côtiers sont très différents de leurs voisins. Régalez-vous de produits de la mer, arpentez les galeries d'art saisonnières et partez observer les oiseaux dans les marais alentour.

**Piste de Kaldidalur** (p. 184). Les véhicules de location ne sont pas tous autorisés à l'emprunter ; avec un véhicule adéquat, vous pourrez parcourir cette piste cahoteuse et isolée qui contourne d'imposants glaciers (Route 550). Elle commence près de Þingvellir et finit près d'Húsafell. Si vous avez le temps, prenez le Cercle d'or à l'envers, puis dirigez-vous vers l'ouest, où bien d'autres aventures vous attendent.

**Kerlingarfjöll** (p. 351). Il faut avoir un 4x4 (ou prendre le bus) pour aller au-delà de Gullfoss. On peut alors continuer jusqu'à cette réserve dans les hautes terres, véritable paradis des randonneurs, à 2 heures de route des chutes de Gullfoss.

août ; les horaires sont disponibles en ligne et au centre d'accueil des visiteurs.

### ♥ Plaques tectoniques — CANYONS, CASCADES

La plaine de Þingvellir est située à la limite des plaques tectoniques nord-américaine et eurasienne, qui s'écartent au rythme de 1 à 18 mm par an. Elle est entaillée par des failles spectaculaires, dont la grande faille d'**Almannagjá**, que suit un sentier depuis le centre d'accueil des visiteurs, au sommet, et jusqu'au site de l'Alþing, en contrebas. La plaine est également sillonnée par des rivières et ponctuée de bassins.

La rivière **Öxará** débouche sur une succession de jolies cascades. La plus impressionnante, l'**Öxarárfoss**, coule à la limite nord du site de l'Alþing. Jadis, les femmes jugées coupables d'adultère, ou d'infanticide ou d'autres crimes graves étaient noyées dans la mare de **Drekkingarhylur**.

Des fissures plus petites entaillent le rebord oriental de la plaine. Au XVII^e^ siècle, neuf hommes accusés de sorcellerie furent brûlés sur le bûcher dans la **Brennugjá** (le Gouffre ardent). Une fissure voisine, **Flosagjá**, doit son nom à un esclave qui s'y serait jeté pour trouver la liberté et celle de **Nikulásargjá**, à un chef de police découvert mort dans l'eau. L'extrémité sud de la Nikulásargjá est appelée **Peningagjá** (gouffre des Pièces), en référence aux pièces jetées par les visiteurs (c'est désormais interdit).

### ♥ Alþing — SITE REMARQUABLE

Près de la spectaculaire faille d'Almannagjá précédée d'une passerelle, le **Lögberg** (rocher de la Loi) marque le lieu où l'Alþing se réunissait tous les ans. C'est là que le *lögsögumaður* ("celui qui dit la loi") récitait les lois devant le Parlement assemblé. Après la conversion de l'Islande au christianisme, le site fut déplacé au pied des falaises d'Almannagjá, où la portée de la voix était amplifiée, ce qui permettait aux foules de bien entendre les orateurs. Son emplacement est indiqué par un drapeau islandais.

### Þingvallabær — ÉDIFICE HISTORIQUE

La ferme de Þingvallabær, au fond du rift, a été construite en 1930 par l'architecte d'État Guðjón Samúelsson à l'occasion du millénaire de l'Alþing. On y trouve aujourd'hui le bureau du *ranger* (garde forestier) et la résidence d'été du Premier ministre.

### Þingvallakirkja — ÉGLISE

(⏲9h-17h juin-août). Derrière la ferme de Þingvallabær, la Þingvallakirkja fut l'une des premières églises d'Islande ; elle fut consacrée au XI^e^ siècle. Le bâtiment en bois actuel date de 1859. L'intérieur recèle plusieurs cloches provenant des églises antérieures, une chaire en bois du XVII^e^ siècle et un retable peint en 1834. Jónas Hallgrímsson et Einar Benediktsson, poètes de l'époque de l'Indépendance, sont enterrés dans le petit cimetière situé derrière.

### Búðir — RUINES

De part et d'autre de la rivière Öxará, vous verrez des ruines de campements temporaires appelées *búðir* (littéralement, cabines). Leurs fondations de pierre étaient couvertes d'un toit pendant les sessions du Parlement, quand les participants y logeaient. Aujourd'hui, on y vend notamment de la bière et de la nourriture lors des festivals de musique. La plupart de ces *búðir* datent des XVII^e^ et XVIII^e^ siècles. Le plus grand et l'un des plus anciens, le **Biskupabúð**, qui appartenait aux évêques d'Islande, se trouve au nord de l'église.

### Þingvallavatn — LAC

(lac des plaines du Parlement). Une bonne partie de la vallée d'effondrement est occupée par le Þingvallavatn, le plus grand lac naturel d'Islande (84 km$^2$). Ses eaux pures et glacées, qui proviennent du glacier Langjökull, sont filtrées au fil de 40 km de roches. Sur sa rive nord-est, la source chaude de **Vellankatla** jaillit de sous le champ de lave. Þingvallavatn est une étape importante pour les oiseaux migrateurs (plongeon imbrin, garrot d'Islande, arlequin plongeur...).

Les eaux du lac sont peuplées de *bleikja* (ombles de l'Arctique), une espèce restée longtemps isolée, qui a évolué en quatre sous-espèces.

### Centrale hydroélectrique de Ljósafoss — EXPOSITION

(Ljósafossstöð ; ☎896 7407 ; www.landsvirkjun.com ; Ljósafoss ; ⏲10h-17h juin-août, horaires réduits sept-mai). GRATUIT Depuis 1937, la centrale de Ljósafoss, située à 5 km au sud du Þingvallavatn, capte la force motrice des eaux du lac Úlfljótsvatn pour produire de l'énergie. Une exposition multimédia, inaugurée en 2016 et intitulée "Powering the Future" (Produire l'énergie du futur), explique clairement les principes de l'électricité, de l'énergie hydraulique, de la géothermie et des énergies renouvelables. L'entrée était libre lors de nos recherches, mais cela pourrait changer (infos, horaires et tarifs sur le site Web).

## Activités

Renseignez-vous aux bureaux du parc sur la réglementation en matière de pêche (certaines zones sont interdites et tout équipement importé doit être désinfecté) et le permis obligatoire (2 000 ISK/canne/jour ; de mai à mi-septembre). La carte de pêche (www.veidikortid.is) est acceptée dans une partie du Þingvallavatn.

## Circuits organisés

### Plongée et snorkeling

Il est possible d'explorer en snorkeling les eaux cristallines de la **fissure de Silfra**, l'une des failles de la vallée d'effondrement – une expérience presque irréelle. La faille de **Davíðsgjá**, dans le Þingvallavatn, est plus difficile à atteindre. Vous devrez réserver auprès d'un club de plongée de Reykjavík. Même avec votre matériel, il est interdit de plonger seul (uniquement en groupe d'au moins 2 personnes) ; achetez un permis (1 000 ISK) au centre d'accueil des visiteurs.

### Balades à cheval

Laxnes propose des balades à cheval (p. 72) dans la vallée – quand on arrive de Reykjavík par la Route 36.

## Où se loger

Il existe des campings dans le parc national de Þingvellir et d'autres hébergements sont disponibles au sud du lac Þingvallavatn.

**Campings de Þingvellir** CAMPING €
(www.thingvellir.is ; empl tarif plein/enfant/tente 1 300 ISK/gratuit/100 ISK ; juin-sept). Des terrains de camping sont gérés par le centre d'information du parc. Les deux meilleurs sont situés à Leirar, près du café : il s'agit de ceux de Syðri-Leirar (le plus grand) et de Nyrðri-Leirar (où l'on peut faire sa lessive). Ceux de Fagrabrekka et Hvannabrekka n'acceptent que les campeurs (pas les voitures). Celui de Vatnskot, au bord du lac, a des toilettes et l'eau froide (pas d'électricité).

**Ljósafossskóli Hostel** GUESTHOUSE €
(695 4099 ; www.ljosafossskoli.is ; Brúarási 1, Úlfljótsvatn ; d sans sdb à partir de 12 000 ISK ; P). La plupart des chambres de cette ancienne école ont une belle vue sur le lac et la montagne. À 28 km au sud de Þingvellir et à 21 km au nord de Selfoss, près du lac Úlfljótsvatn.

**Útilífsmiðstöð Skáta Úlfljótsvatni** CAMPING €
(482 2674 ; www.ulfljotsvatn.is ; Úlfljótsvatn ; empl tarif plein/enfant 1 500 ISK/gratuit, dort petit-déj inclus 5 000 ISK ; P). Ce centre de scoutisme propose des emplacements de camping en été et des dortoirs en hiver. On y trouve un large choix d'activités au bord du lac Úlfljótsvatn et de grands espaces verts aménagés. Au sud du Þingvallavatn.

**Lake Thingvellir Cottages** BUNGALOWS €€
(892 7110 ; www.lakethingvellir.is ; Heiðarás ; bung 18 500 ISK, plus 2 400 ISK/pers/nuit ; P). Quatre bungalows modernes en pin, avec vue sur le lac, près de l'entrée du parc sur la Route 36.

**Ion Luxury Adventure Hotel** BOUTIQUE-HÔTEL €€€
(482 3415 ; www.ioniceland.is ; Nesjavellir vid Þingvallavatn ; d 50 100 ISK ; P@). Leader d'un nouveau style d'hôtels de luxe dans les régions rurales, cet établissement branché et ultracontemporain est engagé dans le développement durable – piscine géothermale, spa écologique et petits plats à base de produits locaux dans son **restaurant** (plats déj 2 500-6 000 ISK, dîner 5 000-7 000 ISK ; 11h30-22h). Tout est magnifique, jusqu'au bar aux immenses baies vitrées donnant sur une vallée. Les chambres, un peu petites, sont très bien aménagées et joliment décorées.

**Hótel Grimsborgir** HÔTEL €€€
(555 7878 ; www.grimsborgir.com ; d petit-déj inclus 49 200 ISK, app 2 ch 66 000 ISK). Le Grimsborgir n'offre que des suites et appartements luxueux, tout équipés. Sur la Route 36, à 5,5 km au sud de Ljósafossstöð et à 5 km au nord de la jonction avec la Route 35.

**Hótel Borealis** HÔTEL €€€
(561 3661 ; www.hotelborealis.is ; Bruarholt, Úlfljótsvatn ; bung/d petit-déj inclus à partir de 31 000/33 500 ISK). Des chambres et bungalows relativement simples, au sud du Þingvallavatn, au bord de l'Úlfljótsvatn.

## Où se restaurer

Au centre d'information du parc, un **petit café/supérette** (soupe 990 ISK ; 9h-22h avr-oct, horaires réduits nov-mars) sert des hot dogs et des soupes. Le restaurant le plus proche est au Ion Luxury Adventure Hotel.

## Renseignements

**Centre d'accueil des visiteurs de Þingvellir**
(Gestastofa ; 482 3613 ; 9h-18h30 avr-oct, 9h-17h nov-mars). En haut de la faille d'Almannagjá, ce modeste centre diffuse une vidéo sur l'histoire et la géographie de la région, et possède une boutique et des toilettes

(200 ISK). La petite passerelle en bois à côté du centre offre une belle vue sur la vallée. Vous pourrez vous garer sur place et descendre à pied, ou bien monter depuis le site de l'Alþing.

**Centre d'information du parc** (Leirar Þjónustumiðstöð ; ☎482 2660 ; www.thingvellir.is ; 9h-20h mai-sept, 9h-17h oct-avr). Sur la Route 36, du côté nord du lac, ce centre fournit des renseignements sur le parc national. Il abrite un café/supérette.

### Depuis/vers le parc national de Þingvellir

Le plus simple consiste à participer à un circuit organisé autour du Cercle d'or ou à louer une voiture. Pour le parking, comptez 500/750 ISK pour un véhicule ordinaire/4x4. Services assurés par **Reykjavík Excursions** (www.re.is) :

- Les bus n^os^6/6a Reykjavík-Gullfoss (2 500 ISK entre la gare routière BSÍ de Reykjavík et Þingvellir, 1/jour mi-juin à mi-sept) marquent plusieurs arrêts de 1 heure 15 dans le Þingvellir ; ils continuent ensuite vers Laugarvatn, Geysir et les chutes de Gullfoss, avant de revenir.
- Le bus n°320 Reykjavík-Borgarnes-Húsafell-Dingvellir-Reykjavík (12 500 ISK, 1/jour mi-juin à août, arrêts 15 min environ).

## Laugarvatn

160 HABITANTS

Le Laugarvatn (lac des Sources chaudes) est alimenté par des torrents et par la source chaude de Vígðalaug, connue depuis le Moyen Âge. Le village du même nom est installé sur la rive ouest du lac, au pied des collines. C'est l'un des points de chute les plus agréables sur l'itinéraire du Cercle d'or.

### Activités et circuits organisés

**Fontana** PISCINE GÉOTHERMALE
(☎486 1400 ; www.fontana.is ; Hvrabraut 1 ; tarif plein/enfant 3 800/2 000 ISK ; 10h-23h début juin-sept, 11h-22h fin oct-début juin). Cette belle piscine au bord du lac réunit 3 bassins et un bain de vapeur en cèdre alimenté par un conduit naturel en contrebas. Son agréable café (buffet déj/dîner 2 950/4 500 ISK) a vue sur le lac. Location de serviettes et de maillots de bain (800 ISK chaque).

**Piscine de Laugarvatn** PISCINE GÉOTHERMALE
(☎486 251 ; Hverabraut 2 ; tarif plein/enfant 500/250 ISK ; 10h-22h lun-ven, 10h-18h sam-dim juin à mi-août, horaires réduits mi-août à mai). Une piscine géothermale classique, des *hot pots* et un sauna, à côté de la piscine de Fontana.

**Laugarvatn Adventures** ESCALADE, SPÉLÉOLOGIE
(☎862 5614 ; www.caving.is). Organise des sorties de spéléologie et d'escalade dans la région (à partir de 12 300 ISK, 2-3 heures).

### Où se loger et se restaurer

**Laugarvatn HI Hostel** AUBERGE DE JEUNESSE €
(☎486 1215 ; www.laugarvatnhostel.is ; dort/s/d sans sdb 4 100/7 000/10 900 ISK, s/d 13 400/16 650 ISK ; P@). Cette auberge de jeunesse bien tenue et confortable occupe plusieurs bâtiments dans la grand-rue du village. L'un d'entre eux, à 2 niveaux et rénové, offre de grands espaces pour cuisiner (on a une belle vue sur le lac en faisant la vaisselle ou depuis la salle à manger !). D'autres, plus petits, ressemblent à des maisons. Remise de 700 ISK pour les membres HI.

**Camping du Laugarvatn** CAMPING €
(☎771 6869 ; Háholt 2c ; empl tarif plein/enfant 1 100/500 ISK ; fin mai à mi-sept ; P). À proximité de la route à la sortie du village, un camping sans prétention, avec des emplacements herbeux et relativement ombragés.

**Héraðsskólinn** AUBERGE DE JEUNESSE, GUESTHOUSE €€
(☎537 060 ; www.heradsskolinn.is ; dort/s/d/qua à partir de 5 400/14 000/15 300/30 100 ISK sans sdb, d avec sdb 25 400 ISK ; P). Cet établissement étincelant occupe un immense bâtiment historique – une ancienne école édifiée en 1928 par Guðjón Samúelsson. Ce bel ensemble aux toits pointus, au bord du lac, abrite des chambres (certaines peuvent accueillir jusqu'à 6 pers) avec sdb partagées et des dortoirs, plus un salon-bibliothèque spacieux et un café (7h30-22h).

**Efstidalur II** GUESTHOUSE €€
(☎486 1186 ; www.efstidalur.is ; Efstidalur 2, Bláskógabyggð ; d/tr petit-déj inclus 26 200/29 700 ISK ; P). À 12 km au nord-est de Laugarvatn, dans une ferme laitière en activité, l'Efstidalur est apprécié pour ses hébergements accueillants, ses repas savoureux (et ses glaces délicieuses). Les ravissants bungalows jumeaux ont vue sur l'Hekla. Le **restaurant** (plats 2 250-5 500 ISK ; 7h30-9h30, 11h30-21h ; P) sert du bœuf de la ferme et des truites du lac. Le **bar à glaces** (boule 400 ISK) propose des recettes maison – on peut voir l'intérieur de la laiterie par ses fenêtres.

**Golden Circle Apartments** APPARTEMENTS €€
(☎487 1212 ; www.goldencircleapartments.is ; Laugarbraut 1 ; app 1/2 ch 18 800/26 700 ISK ; P). Dans la côte au-dessus du lac de Laugarvatn,

ces bâtiments blancs et sans charme renferment des appartements modernes et spacieux (cuisines équipées). Pratique pour un séjour sur le circuit du Cercle d'or.

**Hótel Edda** HÔTEL €€

(☎444 4000 ; www.hoteledda.is ; ⏲début juin à mi-août ; P @). En été, deux grandes écoles de Laugarvatn se métamorphosent en hôtels. Le **ML Laugarvatn** (d avec/sans sdb à partir de 24 700/15 700 ISK, tr 27 900 ISK) dispose de 101 chambres d'étudiants pratiques. L'**ÍKÍ Laugarvatn** (d/tr à partir de 22 300/19 900 ISK) se classe un cran au-dessus avec ses 28 chambres aux sdb privatives – beaucoup donnent sur le lac. Son restaurant jouit d'une belle vue sur l'Hekla.

♥ **Lindin** ISLANDAIS €€

(☎486 1262 ; www.laugarvatn.is ; Lindarbraut 2 ; plats restaurant 3 800-6 300 ISK ; bistrot 2 200-5 600 ISK ; ⏲12h-22h mai-sept, horaires réduits oct-avr ; P). Propriété de Baldur, un chef aussi réputé qu'affable, le Lindin est sans doute la meilleure table à des kilomètres à la ronde. Installé dans une petite maison argentée face au lac, ce restaurant gastronomique sert une cuisine islandaise ambitieuse à base de produits locaux, de gibier et de poissons pêchés dans le lac (pas d'élevage). Le bistrot, moderne et décontracté, propose une carte moins formelle (soupes, hamburger de renne, etc.). En haute saison, réservez pour le dîner.

## Achats

**Gallerí Laugarvatn** ARTISANAT

(☎847 0805 ; www.gallerilaugarvatn.is ; Háholt 1 ; ⏲13h-18h mi-mai à mi-sept, 13h-18h sam-dim mi-sept à mi-mai). Cette galerie de produits artisanaux (ferronnerie, céramiques, lainages, etc.) se double d'un petit B&B et propose des ateliers.

## Depuis/vers Laugarvatn

Services assurés par **Strætó** (www.bus.is) :

- Bus n°73 Selfoss-Flúðir-Reykholt-Laugarvatn-Selfoss (Selfoss-Laugarvatn 1 680 ISK, 1 heure 15, 1/jour).

Services assurés par **Reykjavík Excursions** (www.re.is) :

- Les bus n$^{os}$6/6a Reykjavík-Gullfoss (Reykjavík-Laugarvatn 4 000 ISK, 1/jour mi-juin à mi-sept, 2 heures 15) continuent jusqu'à Geysir et les chutes de Gullfoss avant de revenir.
- Les bus n$^{os}$610/610a Reykjavík-Akureyri (1/jour mi-juin à début sept, 1 heure 30) poursuivent jusqu'à Geysir, les chutes de Gullfoss, les hautes terres de Kjölur, Kerlingarfjöll et Akureyri. La compagnie Sterna (www.icelandbybus.is) dessert la même ligne au départ de l'Harpa, à Reykjavík (p. 98).

# Geysir

Geysir GRATUIT (littéralement, "jaillir"), une source d'eau chaude découverte il y a quelque 800 ans dans la **vallée d'Haukadalur**, est l'un des sites les plus célèbres d'Islande. C'est de son nom que vient le terme "geyser". Au temps du Grand Geyser, ses éruptions projetaient dans l'eau une colonne atteignant 80 m de haut. Son activité a été considérablement réduite depuis 1916 et, même si elle peut être stimulée par les tremblements de terre, les éruptions restent rares. Heureusement pour les visiteurs, un geyser plus "fiable", **Strokkur**, se trouve juste à côté. Il faut rarement attendre plus de 10 minutes pour voir jaillir l'eau à 15 ou 30 m, avant qu'elle ne disparaisse dans l'énorme orifice. Ne vous placez pas dans le sens du vent, à moins de vouloir prendre une douche.

Le champ géothermique mouvant de Geysir et Strokkur était en accès libre lors de la rédaction de ce guide, mais il était question d'appliquer un droit de visite.

## Circuits organisés

**Geysir Hestar** ÉQUITATION

(☎847 1046 ; www.geysirhestar.com ; Kjóastaðir 2). À 4 km à l'est de Geysir, dans la ferme équestre de Kjóastaðir, ce centre propose des balades à cheval (1/2/3 heures 9 500/12 500/17 000 ISK, tous niveaux) alentour et le long de la gorge de la rivière Hvítá jusqu'aux chutes de Gullfoss. On y trouve aussi des hébergements de qualité (bung 33 000 ISK, d avec sdb 15 000 ISK).

**Iceland Safari** CIRCUITS EN JEEP

(☎544 5454 ; www.icelandsafari.com). Circuits en Super-Jeep dans le Sud-Ouest (à partir de 25 000 ISK) – départ à 1 km au sud de Geysir.

## Où se loger

**Gljasteinn Skálinn** BUNGALOW, GUESTHOUSE €

(☎486 8757 ; www.gljasteinn.is ; Myrkholt ; dort tarif plein/enfant 6 500/4 000 ISK, d sans sdb 11 000 ISK). Cette jolie ferme dans la partie élargie de la vallée, entre Geysir et les chutes de Gullfoss, compte plusieurs maisons bien tenues – l'une renferme des dortoirs et des doubles avec sdb communes, une cuisine et un salon. À côté, un bungalow de 3 chambres (à partir de 25 500 ISK) offre un excellent rapport qualité/prix. Les propriétaires ont aussi des bungalows avec dortoirs dans les hautes terres, sur la piste de Kjölur (F35).

**Skjól Camping** AUBERGE DE JEUNESSE, CAMPING €
(☎899 4541 ; www.skjolcamping.com ; Kjóastaðir ; empl tarif plein/enfant 1 200 ISK/gratuit, dort/d sans sdb 5 400/14 000 ISK ; ⊙mi-mai à mi-sept). Dortoirs simples et camping avec un bar pour l'été, à 3,5 km au nord-est de Geysir, près de la ferme équestre de Kjóastaðir.

**Mengi** GUESTHOUSE €€
(☎780 1414 ; www.mengi-kjarnholt.com ; Kjarnholt ; d/f sans sdb à partir de 18 400/25 000 ISK ; P). À 10 km au sud de Geysir, cette ferme propose 10 chambres avec une vue superbe sur la campagne. *Hot tub* géothermal commun.

**Litli Geysir** HÔTEL €€
(☎480 6800 ; www.geysircenter.is ; Geysir Center ; s/d petit-déj inclus 25 100/29 400 ISK ; P). Ce petit hôtel moderne, qui fait partie du vaste complexe de Geysir, loue des chambres bien tenues (vue sur la campagne et Geysir pour certaines). *Hot tub*, sauna et espace détente.

**Hótel Geysir** HÔTEL, CAMPING €€
(☎480 6800 ; www.geysircenter.is ; Geysir Center ; s/d petit-déj inclus 18 000/22 900 ISK ; P@). En été, le restaurant (3 plats 7 900 ISK) de cet hôtel de style alpin est pris d'assaut par les groupes. Les studios de l'hôtel ont vue sur la campagne. La direction gère également le Litli Geysir et un camping (empl tarif plein/enfant 1 700/500 ISK ; mi-mai à mi-sept).

Un hôtel de 77 chambres doublé d'un spa haut de gamme était en construction lors de nos recherches (ouverture prévue en 2017).

## Où se restaurer

**Geysir Center** INTERNATIONAL €€
(☎480 6800 ; www.geysircenter.com ; ⊙10h-22h juin-août, 10h-18h sept-mai ; P). Ce vaste complexe commercial est destiné aux voyageurs qui viennent en masse voir les geysers de l'autre côté de la rue. On y trouve un immense restaurant (plats 2 500-5 400 ISK), un café (plats 1 600-3 000 ISK), un fast-food (990-1 990 ISK) et une gigantesque boutique de souvenirs (marques islandaises).

## Depuis/vers Geysir

Services assurés par **Reykjavík Excursions** (www.re.is) :

- Les bus n^os 6/6a Reykjavík-Þingvellir-Gullfoss (4 500 ISK entre la gare routière BSÍ de Reykjavík et Geysir, 3 heures, 1/jour mi-juin à mi-sept) s'arrêtent pendant 1 heure 30 avant de continuer vers Gullfoss et de revenir.
- Les bus n^os 610/610a Reykjavík-Akureyri (4 600 ISK, 2 heures, 1/jour mi-juin à début sept) continuent vers les chuttes de Gullfoss, les hautes terres de Kjölur, du Kerlingarfjöll et d'Akureyri. Cette ligne est également desservie par la compagnie Sterna (www.icelandbybus.is) au départ de l'Harpa, à Reykjavík.

# Gullfoss

Les chutes d'eau de **Gullfoss** (chutes d'or ; www.gullfoss.is) GRATUIT sont les plus célèbres et les plus spectaculaires du pays. Elles sont formées par une double cascade, haute de 32 m, qui explose en un bruit assourdissant et un véritable mur d'écume en plongeant dans un étroit ravin. Par beau temps, le soleil dessine des arcs-en-ciel sur les embruns ; en hiver, la magie provient de la glace qui scintille dans les chutes. Les jours de grisaille et de bruine, la brume qui nimbe la deuxième chute nuit un peu au charme du lieu.

## Histoire

Ces chutes, que l'on visite depuis 1875, faillirent bien disparaître dans les années 1920, lorsque des investisseurs étrangers projetèrent de construire un barrage sur la Hvítá. Le propriétaire du terrain, Tómas Tómasson, refusait de le vendre, mais les promoteurs avaient réussi à contourner son accord en obtenant l'autorisation des autorités. Sigríður, la fille de Tómasson, décida alors de marcher pieds nus jusqu'à Reykjavík pour protester, en menaçant de se jeter dans les chutes si le projet aboutissait. Les investisseurs n'ayant pas payé le bail, l'accord fut finalement annulé et les chutes échappèrent à la destruction. Cédé à l'État en 1975, le site est depuis lors classé réserve naturelle.

## Où se loger et se restaurer

**Hótel Gullfoss** HÔTEL €€
(☎486 8979 ; www.hotelgullfoss.is ; d petit-déj inclus 20 000 ISK ; ) Quelques kilomètres avant les chutes, des chambres propres avec sdb privative, orientées vers la lande (demandez-en une face à la vallée) ; 2 *hot pots* et un restaurant (plats 2 600-5 000 ISK) avec vue panoramique sur place.

**Centre d'information touristique** CAFÉ €
(www.gullfoss.is ; plats 1 250-1 950 ISK ; ⊙9h-21h juin-août, 9h-18h30 sept-mai). Ce petit centre d'information surplombant les chutes abrite une grande boutique et un café.

## Depuis/vers Gullfoss

Traditionnellement, les chutes de Gullfoss concluent le circuit du Cercle d'or. Après les cascades, vous pouvez continuer sur la Route 35 (piste de Kjölur), qui est encore goudronnée sur 15 km ; un 4x4 est ensuite nécessaire pour s'enfoncer dans les hautes terres.

Services assurés par **Reykjavík Excursions** (www.re.is) :

- Les bus n[os]6/6a (Reykjavík-Þingvellir-Geysir-Gullfoss, 5 000 ISK, 5 heures, 1/jour mi-juin à mi-sept) s'arrêtent 1 heure aux chutes.
- Les bus n[os]610/610a (Reykjavík-Akureyri, Reykjavík-Gullfoss 4 800 ISK, 1/jour mi-juin à début sept) s'arrêtent 30 minutes aux chutes. Cette ligne est également desservie par la compagnie Sterna (www.icelandbybus.is) au départ de l'Harpa, à Reykjavík.

# De Gullfoss à Selfoss (Route 35)

Si vous suivez l'itinéraire du Cercle d'or dans le sens habituel, la portion qui vous ramènera vers la Route circulaire (à Selfoss) depuis Gullfoss sera votre dernière étape. En chemin, vous trouverez maintes occasions de vous arrêter. La plupart des visiteurs empruntent la Route 35 goudronnée, qui traverse Reykholt – où l'on peut faire du rafting sur la rivière. Un petit détour vous mènera à Flúðir (où l'on trouve des serres géothermiques et une source chaude) et à Skálholt (qui était jadis le siège de l'un des deux principaux diocèses du pays).

Pour continuer vers l'est plutôt que de retourner à Reykjavík, rejoignez l'ouest de la vallée de Þjórsárdalur.

## Reykholt

260 HABITANTS

Le petit village de Reykholt – il y en a plusieurs du même nom dans le pays – est centré autour de la source chaude de Reykjahver, qui alimente notamment une piscine géothermale. Cependant, la plupart des visiteurs viennent avant tout pour la rivière **Hvítá**, haut lieu du rafting dans le sud de l'Islande.

### Circuits organisés

**Arctic Rafting** RAFTING

(☎571 2200 ; www.arcticrafting.com ; mi-mai à mi-sept). Diverses sorties de rafting sur la Hvítá et des excursions combinant plusieurs activités (équitation, quad) ; randonnées de 3-4 heures (à partir de 13 990 ISK/adulte – demi-tarif pour les enfants) ; transport depuis Reykjavík (5 000 ISK). Le siège de l'agence se trouve près de Reykholt, à Drumboddsstaðir ; À Reykjavík, vous la trouverez chez Arctic Adventures (p. 71).

**Iceland Riverjet** HORS-BORD

(☎863 4506 ; www.icelandriverjet.com ; Skólabraut 4 ; mi-avr à sept). Excursions éclair de 40 minutes en hors-bord (tarif plein/enfant 14 900/8 900 ISK) sur la Hvítá, et circuits sur le Cercle d'or. À la même adresse que le Café Mika.

### Où se loger

**Fellskot Guesthouse** GUESTHOUSE €

(☎899 8616 ; www.fellskot.com ; Fellskot 2 Farm ; d/f sans sdb 12 200/16 500 ISK ; P). Cette jolie ferme à 2,5 km au nord de Reykholt, à la sortie de la Route 35, est un agréable point de chute, avec 3 chambres confortables donnant sur la campagne et une cuisine commune. On peut y caresser les chevaux !

**Húsið** B&B €

(☎486 8680 ; Bjarkarbraut 26 ; d sans sdb petit-déj inclus 12 800 ISK ; P). Une petite maison d'hôtes sympathique dans une impasse calme, avec *hot tub*, barbecue et cuisine.

♥ **Buubble Hotel** CAMPING BULLES €€

(www.buubble.com ; Blaskogabyggd, près de Reykholt ; bulles à partir de 27 900 ISK). Cet "hôtel" à proximité de l'itinéraire du Cercle d'or donne une occasion unique de dormir dans une tente bulle transparente en pleine nature. Allongez-vous et admirez le soleil de minuit ou les aurores boréales en hiver. Un petit bungalow regroupe les sdb et la cuisine, modernes. Chaque bulle peut loger 2 adultes et 1 enfant de moins de 12 ans. Des prix élevés, pour une expérience mémorable.

♥ **Fagrilundur Guesthouse** B&B €€

(☎486 8701 ; www.fagrilundur.is ; Skólabraut 1 ; d avec/sans sdb petit-déj inclus 23 000/17 000 ISK). Un sentier bordé de fleurs en pot conduit à travers la forêt jusqu'à un chalet en bois digne d'un conte de fées, doté de chambres confortables et d'une véranda commune. Les propriétaires, attentionnés, vous accueilleront chaleureusement et vous prodigueront de bons conseils. Délicieux petit-déjeuner.

### Où se restaurer

Il y a un supermarché et un restaurant à Reykholt, où l'on trouve parfois des stands de produits frais.

**Café Mika** INTERNATIONAL €€
(☎896 6450 ; Skólabraut 4 ; plats 1 900-6 000 ISK ; ⏲12h-21h). Le rendez-vous des gens du coin, qui apprécient les menus copieux et les pizzas (four extérieur). Sandwichs et plats islandais également.

**Friðheimar** CAFÉ
(☎897 1915 ; www.fridheimar.is ; Route 35 ; déj 2 000 ISK ; ⏲12h-16h). Cette ferme possède de grandes serres, où les produits sont en vente et où est proposé un buffet au déjeuner (soupe de tomate, sauce salsa au concombre et pain frais). Elle organise des spectacles équestres pour les groupes (15 pers au minimum, sur réservation uniquement).

### Depuis/vers Reykholt

Services assurés par **Strætó** (www.bus.is) :
- Bus n°73 Selfoss-Flúðir-Reykholt-Laugarvatn-Selfoss (Selfoss-Reykholt 2 100 ISK, 45 min, 2/jour lun-ven, 1 sam)
- Bus n°72 Selfoss-Flúðir-Reykholt-Laugarás-Selfoss (Selfoss-Reykholt 2 100 ISK, 45 min, 2/jour lun-ven)

## Skálholt

Centre religieux et site de pèlerinage très important, Skálholt fut jadis le siège de l'un des deux grands diocèses (l'autre était à Hólar, dans le Nord) qui régnèrent sur les âmes islandaises du XIe au XVIIIe siècle.

Malheureusement, la grandiose cathédrale qui se dressait sur place fut détruite par un séisme au XVIIIe siècle. On y trouve aujourd'hui un centre théologique protestant moderne, avec un **centre d'accueil des visiteurs** (Skálholtsskóli ; ☎486 8870 ; www.skalholt.is ; musée 500 ISK ; ⏲9h-19h juin-août, horaires réduits sept-mai), une maison de tourbe et une belle petite **cathédrale** moderne toute blanche (consacrée en 1963). Dans sa crypte, un **musée** renferme notamment le sarcophage en pierre de Páll Jónsson (évêque de 1195 à 1211). Selon la *Saga de Páll,* récit en vieux norrois de la vie de l'évêque, des orages et des séismes ébranlèrent la terre au moment de sa mort. Un terrible orage éclata lors de la réouverture de son cercueil, en 1956.

Le centre théologique accueille des concerts en été.

### Où se loger et se restaurer

Le centre théologique propose des hébergements au calme – chambres avec ou sans sdb, emplacements de camping et bungalows.

Il y a un restaurant à Skáholt. Le village voisin de **Laugarás** se compose d'un ensemble de fermes, dont plusieurs vendent des produits frais. La ferme **Engi** (☎486 8913 ; Laugarás ; ⏲12h-18h juin-août) propose, outre des fruits et légumes de serre, de jolis souvenirs. Elle est indiquée à l'entrée de Laugarás en venant de Skálholt.

**Sólheimar Eco-Village** GUESTHOUSE €€
(☎422 6080 ; www.solheimar.is ; Route 354, Sólheimar ; d avec/sans sdb à partir de 18 600/10 600 ISK, app 24 000 ISK ; P ). À 15 km au sud-ouest de Skálholt, au sud de la Route 35, sur la Route 354, l'éco-village de Sólheimar regroupe des habitations et des serres conçues dans le respect de l'environnement. Cette communauté d'une centaine de personnes a été fondée en 1930. Deux maisons d'hôtes abritent des chambres impeccables (sdb privative ou commune), ainsi qu'un appartement pour 4 personnes. Les cuisines sont communes, tout comme les salons. Agréable piscine et *hot tub*. Café et boutique également.

### Depuis/vers Skálholt

Skálholt n'est pas accessible par les transports publics. Laugarás (à 3 km de Skálholt) est desservie par les bus **Strætó** (www.bus.is) n°72 (2/jour lun-ven) et n°73 (2/jour lun-ven, 1/jour sam) au départ de Selfoss (2 100 ISK, 40 min), Flúðir et Reykholt.

## Kerið

À 15,5 km au nord de Selfoss sur la Route 35, le cratère de **Kerið** (tarif plein/enfant 400 ISK/gratuit ; ⏲8h30-21h juin-août, en journée sept-mai) a été créé par une éruption il y a 6 500 ans. Il est comblé par un lac d'un vert irréel, qui se détache sur un sol rouge vif et terre de Sienne. Il y a quelques années, la chanteuse Björk a donné un concert sur un canot flottant sur le lac.

## Flúðir

450 HABITANTS

Avec d'impressionnantes formations rocheuses émergeant des prairies, les abords du petit village agricole de Flúðir sont spectaculaires. Flúðir est connu dans tout le pays pour ses serres géothermiques, d'où proviennent la majorité des champignons de culture du pays. De nombreux habitants de Reykjavík y ont une maison de campagne. Les visiteurs y trouveront une cuisine savoureuse et de superbes sources chaudes.

## Activités

**Gamla Laugin** PISCINE GÉOTHERMALE
(Lagon secret ; ☎555 3351 ; www.secretlagoon.is ; tarif plein/enfant 2 800 ISK /gratuit ; ⏲10h-22h mai-sept, 11h-20h oct-avr). Ce grand bassin entouré de rochers invite à se détendre dans ses eaux fumantes. Le sentier qui borde l'agréable source chaude passe ensuite par une succession de petites cheminées volcaniques et de geysers. L'été, les prés sont envahis de fleurs sauvages. Victime de son succès, ce lagon n'est plus guère secret. En milieu d'après-midi, il est envahi par les bus de touristes. Venez avant ou après.

## Où se loger

Le camping au bord de la Litla-Laxá est souvent bondé les week-ends d'été.

**Grund – Guesthouse Flúðir** GUESTHOUSE €€
(Gistiheimilið Flúðum ; ☎565 9196 ; www.gistingfludir.is ; d avec/sans sdb petit-déj inclus 25 000/20 000 ISK ; P). Cette charmante maison aux meubles anciens comprend 5 chambres douillettes et une nouvelle aile, inaugurée en 2016 (sdb privatives et terrasses avec vue sur la montagne dans les chambres). Très apprécié, le restaurant travaille des produits frais et locaux.

**Icelandair Hótel Flúðir** HÔTEL €€€
(☎486 6630 ; www.hotelfludir.is ; Vesturbrún 1 ; d 33 500 ISK ; @). Un établissement aux chambres confortables (sdb), réparties entre deux ailes qui se font face de part et d'autre d'un espace vert central. Les prix sont élevés vu les prestations offertes.

## Où se restaurer

Vous trouverez un stand de produits fermiers à Melar, sur la Route 311, à l'extrême ouest du village, et un supermarché **Samkaup-Strax** (⏲9h-22h lun-sam, 10h-22h dim).

**Restaurant éthiopien Minilik** ÉTHIOPIEN €€
(☎846 9798 ; www.minilik.is ; plats 2 000-3 000 ISK ; ⏲12h-20h juin-août, 18h-21h sept-mai ; 🖉). Pour les amateurs d'épices, Azeb concocte des spécialités éthiopiennes dans cet établissement accueillant et sans prétention. Beaucoup de mets végétariens, mais aussi de l'agneau (*awaze tibs*) et du poulet (*doro kitfo*). À notre connaissance, c'est le seul restaurant éthiopien d'Islande.

**Grund Restaurant** ISLANDAIS €€
(☎565 9196 ; www.gistingfludir.is ; plats 2 600-4 900 ISK ; ⏲11h30-21h juin à mi-août). La cuisine de ce restaurant très apprécié met à l'honneur les produits locaux, dans une salle spacieuse et pimpante.

## Depuis/vers Flúðir

Les bus n^os^ 72 et 73 au départ de Selfoss (2 100 ISK, 40-60 min, 2/jour) de la compagnie **Strætó** (www.bus.is) desservent Flúðir. Le n°76 assure la correspondance jusqu'à Árnes.

# LE SUD

En partant de Reykjavík en direction de l'est, la Route circulaire (Route 1) débouche sur d'austères contreforts volcaniques ponctués d'étranges bouches de vapeur naturelles, aux environs du Hveragerði, puis traverse une large plaine côtière verdoyante, émaillée d'élevages de chevaux et de serres. Le paysage devient ensuite superbement accidenté, après Hella et Hvolsvöllur : des montagnes surgissent à l'intérieur des terres – parmi les volcans nimbés de brumes comme l'Eyjafjallajökull, qui a paralysé le transport aérien européen lors de son éruption en 2010 – et les premiers glaciers apparaissent dans toute leur majesté. De larges cours d'eau, comme la Þjórsá, se fraient un chemin vers les plages de sable noir qui bordent l'Atlantique.

Dans toute la région, des routes secondaires s'enfoncent vers des vallées luxuriantes ponctuées de chutes d'eau – comme Þjórsárdalur et Fljótshlíð – ou des volcans menaçants, tel l'Hekla. Le Landmannalaugar, où des pics de rhyolite aux couleurs éclatantes rencontrent des sources chaudes bouillonnantes, et Þórsmörk, une vallée boisée bien abritée des violentes intempéries venues du nord par trois glaciers coupe-vent, figurent parmi les sites les plus connus de l'intérieur des terres. Tous deux sont reliés par le fameux Laugavegurinn, l'itinéraire de randonnée le plus fréquenté d'Islande. La plupart des visiteurs accèdent à la région dans le cadre d'un circuit organisé ou à bord de bus amphibies depuis la Route circulaire, au sud. Þórsmörk, une destinations de randonnée particulièrement appréciée, peut faire l'objet d'une excursion à la journée.

La circulation est assez dense (et les transports publics sont fréquents) sur la Route circulaire, qui est jalonnée de petits villages intéressants : Hveragerði, réputé pour ses serres chauffées par l'énergie géothermique et ses sources chaudes ;

### SE LOGER DANS LE SUD

Après Reykjavík, le Sud est la région la plus développée du pays. On trouve des hébergements dans toutes les petites bourgades à proximité de la Route circulaire, ainsi que des chambres d'hôtes dans des fermes. De plus en plus d'hôtels ouvrent toute l'année.

Il est impératif de réserver tôt en haute saison, surtout dans l'extrême Sud, où la demande dépasse l'offre.

Toutes les localités possèdent un camping. Le camping sauvage est déconseillé – il est même illégal pour les voyageurs en camping-car.

Skógar, d'où l'on accède à Þórsmörk ; et Vík, une petite localité entourée de glaciers, de falaises vertigineuses et de plages de sable noir. Au sud de la Route circulaire, les petits villages de pêcheurs de Stokkseyri et d'Eyrarbakki sont pittoresques à souhait. La côte sud est ponctuée de nombreuses fermes familiales (certaines ont servi de cadre à des sagas), offrant de charmants hébergements.

## Hveragerði et ses environs

2 500 HABITANTS

Hveragerði (www.hveragerdi.is) se compose d'un ensemble de maisons cubiques posées sur des champs de lave, parmi des collines marquées par une intense activité géothermique, permettant de chauffer des centaines de serres. Hveragerði est connue dans tout le pays pour son école d'horticulture et sa clinique naturopathique. La région réserve une foule de randonnées intéressantes ; les sentiers sont très fréquentés en été.

Une carte très pratique, intitulée *Hveragerði, The Capital of Hot Springs and Flowers* (Hveragerði, capitale des sources chaudes et des fleurs), détaille les sites, activités et restaurants de la région.

### À voir

**Parc géothermal** SOURCES CHAUDES
(Hveragarðurinn ; ☎483 4601 ; Hveramörk 13 ; tarif plein/enfant 300 ISK/gratuit ; 9h-18h lun-sam, 10h-16h dim juin-août, horaires réduits avr, mai et sept, fermé oct-mar). Le parc géothermal de Hverasvæðið, au centre du village, permet aux visiteurs de tremper les pieds (pas davantage) dans des *mudpots* (mares de boue) et des sources chaudes. Des visites guidées (à réserver) vous en apprendront plus sur la géologie exceptionnelle du lieu et le chauffage des serres. Moyennant 100 ISK, vous pourrez aller vous faire cuire un œuf dans une bouche de vapeur. Un petit café vend du pain cuit grâce à la géothermie.

**Listasafn Árnesinga** MUSÉE D'ART
(☎483 1727 ; www.listasafnarnesinga.is ; Austurmörk 21 ; 12h-18h mai-sept, 12h-18h jeu-dim oct à mi-déc et mi-jan à avr). GRATUIT Ce petit musée d'art moderne présente d'excellentes expositions et comprend un agréable café.

**Exposition de pierres, minéraux et fossiles** MUSÉE
(Ljósbrá Stone Exhibition ; www.ljosbra.is ; Breiðamörk 1b ; tarif plein/enfant 1 000 ISK/gratuit ; 8h-20h juin-août, 8h-17h lun-ven, 10h-17h sam-dim sept-mai). Dans la station-essence de la N21, cette exposition regroupe l'une des plus importantes collections privées de pierres, cristaux et objets géologiques d'Islande.

**Centrale géothermique d'Hellisheiði** EXPOSITION
(☎412 5800 ; www.onpower.is ; tarif plein/enfant 950 ISK/gratuit ; 9h-17h). À 17 km à l'ouest de Hveragerði, au nord de la Route circulaire, se détache la silhouette de cette centrale qui produit 30% de l'électricité islandaise. La société ON Power, propriétaire de la centrale, propose une exposition multimédia retraçant les différentes étapes de la captation des eaux chaudes souterraines.

**Raufarhólshellir** TUNNEL DE LAVE
GRATUIT Ce tunnel de lave datant du XI^e^ siècle, long de 1 360 m (c'est le 3^e^ plus grand du pays), recèle de merveilleuses colonnes de basalte. Pour l'explorer, munissez-vous d'un casque de sécurité, de chaussures robustes et d'une lampe torche : le sol réserve de sérieuses surprises dues à des effondrements. L'hiver, l'air froid qui pénètre à l'intérieur s'y retrouve piégé et produit d'étonnantes formations de glace. Au moindre doute, optez pour une visite guidée.

Le tunnel est au sud-ouest de Hveragerði, en retrait de la Route 39, qui passe littéralement dessus ; garez-vous du côté nord.

### Activités

**Reykjadalur** BASSIN GÉOTHERMAL
Reykjadalur est une délicieuse vallée géothermale, traversée par une rivière chaude où l'on peut se baigner. Le chemin est indiqué sur les cartes distribuées par l'office du tourisme ; il part du parking et se

## Hveragerði

## Hveragerði

**Les incontournables**
- 1 Parc géothermique ... A3
- 2 Listasafn Árnesinga ... A4

**À voir**
- 3 Exposition de pierres, minéraux et fossiles ... A4

**Activités**
- 4 Piscine géothermale ... B3
- 5 Clinique et spa HNLFÍ ... B4
- 6 Iceland Activities ... A4

**Où se loger**
- 7 Camping ... B3
- 8 Frost & Fire Hotel ... A2
- 9 Gistiheimilið Frumskógar ... A3
- 10 Hótel Örk ... A4

**Où se restaurer**
- 11 Almar ... A4
- 12 Kjöt og Kúnst ... A3
- 13 Skyrgerðin ... A3
- 14 Varmá ... B2

**Achats**
- 15 Vínbúðin ... A4

déroule sur 3 km dans une vallée qui crache du soufre. Restez sur les sentiers balisés, sinon vous risquez de voir fondre vos chaussures, et ne laissez pas de déchets : l'endroit a beaucoup souffert ces dernières années de la négligence de certains touristes.

**Clinique et spa HNLFÍ** SPA

(Heilsustofnun Náttúrulækningafélags Íslands ; ☎483 0300 ; www.heilsustofnun.is ; Grænumörk 10 ; ⏲sur rdv). La plus célèbre clinique d'Islande accueille aussi bien les malades munis d'une ordonnance que les visiteurs qui souhaitent un massage relaxant (7 500-12 000 ISK) ou un bain de boue chaude (6 500 ISK), entre autres. HNLFÍ propose de nombreux forfaits qui permettent de profiter de ses excellentes installations – bassins intérieurs et extérieurs, *hot pots*, sauna, bain de vapeur, petit hôtel (app 48 000 ISK), etc.

**Piscine géothermale** PISCINE

(☎483 4113 ; Laugaskarði ; tarif plein/enfant 700/300 ISK ; ⏲6h45-21h15 lun-ven, 10h-17h15 sam-dim juin-août, horaires réduits sept-mai). La piscine géothermale extérieure de Hveragerði, près de la rivière Varmá au nord de la bourgade, est particulièrement appréciée. Elle possède notamment un *hot pot* et un bain de vapeur construit au-dessus d'une source chaude naturelle.

## Circuits organisés

**Iceland Activities** CIRCUITS AVENTURE

(☎777 6263 ; www.icelandactivities.is ; Mánamörk 3-5 ; ⏲8h-17h lun-ven, 9h-16h sam). Cette agence familiale spécialisée dans le vélo, le surf et la randonnée propose de belles sorties (à partir de 15 600 ISK) dans le Sud-Ouest.

**Sólhestar** ÉQUITATION

(☎892 3066 ; www.solhestar.is ; Borgargerði, Ölfus). Des randonnées à cheval dans des paysages volcaniques ou en bord de mer (1/3 heures à partir de 8 000/11 000 ISK ; sorties à la journée également). À 8 km au sud de Hveragerði sur la Route circulaire ; faites 500 m vers le nord sur la Route 374.

## Où se loger

**Gistiheimilið Frumskógar** GUESTHOUSE €

(☎896 2780 ; www.frumskogar.is ; Frumskógar 3 ; d/app sans sdb petit-déj inclus à partir de

16 200/21 000 ISK). Une confortable pension dotée de chambres et de petits appartements, d'un *hot pot* et d'un bain de vapeur.

**Camping** CAMPING €
(hveracamping@gmail.com ; Reykjamörk 1 ; empl tarif plein/enfant 1 400 ISK /gratuit). Un camping bien équipé (toilettes, douches, coin cuisine et laverie) à l'est du centre.

**Hjarðarból Guesthouse** GUESTHOUSE €€
(☎567 0045 ; www.hjardarbol.is ; d/qua 18 500/24 500 ISK, d sans sdb 11 000 ISK ; ). Un ensemble de petites maisons jaune pâle nichées dans un décor pastoral, à 8 km au sud-est de Hveragerði, tout près de la Route circulaire. Les sympathiques propriétaires louent aussi une maison ancienne.

**Hótel Hlíð** HÔTEL €€
(☎860 4644 ; www.hotelhlid.is ; Krókur ; s/d/f 22 300/27 700/36 300 ISK). Un alignement de chambres modernes, dans un bâtiment de plain-pied au cœur d'un cadre exceptionnel : des contreforts rocheux en arrière-plan et une verte vallée s'étirant jusqu'à la côte.

♥ **Frost & Fire Hotel** BOUTIQUE-HÔTEL €€€
(Frost og Funi ; ☎483 4959 ; www.frostandfire.is ; Hverhamar ; d/tr petit-déj inclus 31 000/42 700 ISK ; P @ ). Des jets de vapeur sifflent non loin de ce charmant petit hôtel, au bord d'une rivière chaude. Ses chambres, confortables, sont décorées de subtiles touches scandinaves et d'œuvres d'art originales. Le sauna et les *hot pots* sont alimentés par un puits privé. Cadre splendide.

**Hótel Örk** HÔTEL €€€
(☎483 4700 ; www.hotel-ork.is ; Breiðamörk 1c ; d petit-déj inclus 29 800-40 400 ISK ; @). Cet hôtel imposant apprécié des groupes, aux chambres assez quelconques, se targue de bons équipements pour les familles : sauna, golf à 9 trous, billard, et belle piscine avec toboggan et *hot tubs*. Restaurant sur place.

## Où se restaurer

Il y a plusieurs boulangeries, fast-foods et supermarchés dans la ville. Des restaurants proposent du pain cuit grâce à la géothermie.

♥ **Almar** BOULANGERIE €
(Sunnumörk 2 ; soupe 950 ISK ; 7h-18h lun-ven, 8h-17h sam, 9h-17h dim). Outre le pain frais, cette grande boulangerie vend des sandwichs et une soupe du jour. Dans le bâtiment de l'office du tourisme.

### CENTRE D'INFORMATION TOURISTIQUE

C'est à Hveragerði qu'est installé l'office du tourisme régional, qui vous renseignera sur tout le sud du pays. Le **centre d'information touristique** (Upplýsingamiðstöð Suðurlands ; ☎483 4601 ; www.southiceland.is ; Sunnumörk 2-4 ; 8h30-18h lun-ven, 9h-15h sam, 9h-13h dim juin-août, horaires réduits sept-mai) est *le* lieu où faire provision de cartes et brochures gratuites. Il partage les locaux du bureau de poste. On y trouve aussi une petite exposition sur le tremblement de terre de 2008 ; le simulateur est remarquable (300 ISK).

**Skyrgerðin** CAFÉ €€
(☎481 1010 ; Breiðamörk 25 ; plats 2 000-2 500 ISK ; 11h-22h lun-jeu, 11h-23h ven-dim). Un établissement récent très agréable (bois brut, objets anciens, photos rétro), où il est fait bon déguster des plats originaux préparés à partir d'ingrédients frais islandais. La carte est variée – smoothies et autres boissons à base de *skyr* (yaourt islandais), mini-burgers, lasagnes, poisson, etc. Jolies petites chambres à l'étage (d avec/sans sdb à partir de 35 000/24 500 ISK).

**Kjöt og Kúnst** INTERNATIONAL €€
(☎483 5010 ; www.kjotogkunst.com ; Breiðamörk 21 ; plats 2 200-4 000 ISK ; 12h-21h lun-sam juin-août, horaires réduits sept-mai). Dans cette adresse visant les touristes, on trouve des plats islandais (soupe, poisson, agneau) parmi les sandwichs et les pizzas. Gâteaux et pains cuits grâce à l'énergie géothermique.

♥ **Varmá** ISLANDAIS €€€
(☎483 4959 ; www.frostogfuni.is ; Hverhamar ; plats 4 300-6 000 ISK ; 8h-22h ; P). Ce restaurant de l'hôtel Frost & Fire offre un cadre incomparable, avec des baies vitrées qui donnent sur une rivière et une gorge. Les plats islandais, préparés avec des produits locaux, sont la plupart du temps cuits grâce à la géothermie. Réservez en été.

## Où sortir

**Parc équestre islandais de Fákasel** SPECTACLE VIVANT
(☎483 5050 ; www.icelandichorsepark.com ; Ingolfshvoll, Ölfus). Les spectacles de Fákasel allient les performances humaines, animales et techniques (son et lumière). Pendant la

journée, ils sont assez courts (à partir de 1 800 ISK) ; en soirée, place à des spectacles plus élaborés de 45 minutes (4 800 ISK ), avec visite des coulisses. Un spectacle "Aurores boréales" est parfois organisé (2 000 ISK). Un forfait comprend une balade à cheval ou un repas (restaurant 10h-22h), ainsi que le transfert depuis Reykjavík.

### Achats

**Vínbúðin** VINS ET SPIRITUEUX
(☎481 3932 ; Sunnumörk 2 ; ⌚11h-18h lun-jeu, 11h-19h ven, 11h-16h sam). Chaîne nationale.

### Depuis/vers Hveragerði

Les **bus** s'arrêtent aux stations-service sur la grand-route à l'entrée de la ville (Shell ou N1 – vérifiez votre arrêt).

Services assurés par **Strætó** (www.bus.is) :
➡ Bus n^os^51 et 52 Reykjavík-Vík/Höfn et Reykjavík-Landeyjahöfn (Reykjavík-Hveragerði 1 260 ISK, 35 min, 11/jour lun-ven, 8/jour sam-dim)

Services assurés par **Sterna** (www.sterna.is) :
➡ Le bus n°12/12A Reykjavík-Höfn s'arrête à Hveragerði.

Services assurés par **Reykjavík Excursions** (www.re.is) :
➡ Les bus n^os^9/9a Reykjavík-Þórsmörk, 11/11a Reykjavík-Landmannalaugar, 17/17a Reykjavík-Mývatn, 18 Reykjavík-Álftavatn-Emstrur, 20/20a Reykjavík-Skaftafell, 21/21a Reykjavík-Vík et 610/610a Reykjavík-Kjölur-Akureyri desservent Hveragerði.

Services assurés par **Trex** (www.trex.is) :
➡ Le bus n°T21 Reykjavík-Landmannalaugar et le n°T11 Reykjavík-Þórsmörk s'arrêtent sur réservation.

## Þorlákshöfn

Auparavant, le village de pêcheurs de Þorlákshöfn, à 20 km au sud de Hveragerði, voyait passer les passagers du ferry vers les Vestmannaeyjar (îles Vestmann). Aujourd'hui, il part de Landeyjahöfn, sur la côte sud-ouest, près de Hvolsvöllur – sauf en cas d'orage, où il est au départ de Þorlákshöfn, qui compte peu d'autres attraits.

Þorlákshöfn est desservi depuis Selfoss (1 260 ISK, 45 min, 3/jour lun-ven) par le bus n°74 de la compagnie Strætó.

## Eyrarbakki

520 HABITANTS

Difficile d'imaginer aujourd'hui que le village d'Eyrarbakki fut le principal port d'Islande et l'une de ses cités commerçantes les plus prospères pendant une bonne partie du XX^e^ siècle. De nos jours, cette petite localité côtière tristement réputée pour sa prison – la plus grande du pays – est aussi connue pour ses bons musées et sa réserve naturelle toute proche.

### À voir

**Réserve naturelle de Flói** RÉSERVE NATURELLE
Cette zone humide sur la rive est de l'Ölfusá, à 3 km au nord-ouest d'Edyrarbakki, abrite de nombreux oiseaux aquatiques (notamment des plongeons catmarins et différentes espèces de canards et d'oies), qui affluent en période de nidification (mai-juillet). Un sentier de 2 km fait une boucle dans les marais. Pour en savoir plus, contactez la **Société islandaise pour la protection des oiseaux** (☎562 0477 ; www.fuglavernd.is).

**Húsið á Eyrarbakka** MUSÉE
(maison d'Eyrarbakki ; ☎483 1504 ; www.husid.com ; Hafnarbrú 3 ; tarif plein/enfant 1 000 ISK/gratuit, combiné avec l'entrée au Sjöminjasafnið á Eyrarbakka ; ⌚11h-18h mi-mai à mi-sept). Cette maison, l'une des plus anciennes d'Islande, fut construite par des marchands danois en 1765. Elle est désormais dédiée aux traditions populaires. On y trouve une exposition sur l'histoire de la ville, des pièces restaurées avec leur mobilier d'époque et une collection d'oiseaux empaillés. Remarquez le châle, le bonnet et les ornements d'Ólöf Sveinsdóttir, tricotés avec ses propres cheveux.

**Sjöminjasafnið á Eyrarbakka** MUSÉE
(☎483 1082 ; Túngata 59 ; tarif plein/enfant 100 ISK/gratuit, avec l'entrée à l'Húsið á Eyrarbakka ; ⌚11h-18h mai-sept). Juste derrière l'Húsið á Eyrarbakka, ce petit musée marin est consacré aux pêcheurs locaux. Sa pièce maîtresse est le *Farsæll*, un superbe bateau de pêche qui devait être actionné par 12 rameurs.

### Où se loger et se restaurer

Eyrarbakki est un port de pêche. D'où la qualité de ses restaurants de poisson et fruits de mer !

**Bakki Hostel & Apartments** AUBERGE DE JEUNESSE, APPARTEMENTS €
(☎788 8200 ; www.bakkihostel.is ; Eyrargata 51-53 ; dort/studio 5 300/24 000 ISK ; P). Ce large bâtiment est composé de dortoirs de 6 lits, avec espace commun et cuisine, ainsi que de studios et de T1 entièrement équipés, avec vue sur l'océan pour certains.

### Sea Side Cottages BUNGALOWS €€

(☎898 1197 ; www.seasidecottages.is ; Eyrargata 37a ; bung à partir de 22 800 ISK). Ces 2 bungalows pittoresques ne sont qu'à quelques mètres des vagues de l'Atlantique, dont il sont protégés par un mur de sable. Chacun est joliment personnalisé (objets anciens, TV, cuisine toute équipée, espace pour s'asseoir à l'extérieur, etc.).

### Rauða Húsið POISSON €€

(☎483 3330 ; www.raudahusid.is ; Búðarstígur 4 ; plats 3 000-6 000 ISK ; ⏲11h30-22h juin-août, horaires réduits sept-mai ; 📶). La "maison rouge" abrite un élégant restaurant aux nappes blanches, où un personnel enjoué propose d'excellents produits de la mer frais, ainsi que bien d'autres plats à la carte.

### Hafið Bláa POISSON €€

(☎483 1000 ; www.hafidblaa.is ; Óseyri ; plats 2 500-6 000 ISK ; ⏲12h-21h lun-jeu, 12h-22h ven-dim juin-août, horaires réduits sept-mai). À 3 km à l'ouest d'Eyrarbakki sur la Route 34, ce restaurant de poisson au bord de l'eau, dans un bâtiment ovale, arbore un beau plafond voûté en bois. Même si vous ne pouvez pas obtenir une table avec vue sur l'océan, le panorama sur l'estuaire, de l'autre côté, est tout aussi spectaculaire. La courte carte privilégie les produits de la mer et la viande d'agneau.

## Depuis/vers Eyrarbakki

Services assurés par **Strætó** (www.bus.is) :

- Bus n°74 Selfoss-Stokkseyri-Eyrarbakki-Þorlákshöfn (420 ISK, 30 min, 3/jour lun-ven)
- Bus n°75 Selfoss-Eyrarbakki (420 ISK, 30 min, 6/jour lun-ven, 4 sam)

# Stokkseyri

460 HABITANTS

Stokkseyri rappelle beaucoup Eyrarbakki, plus à l'ouest. Le caractère en plus. Ce petit village de pêcheurs se démarque par des lieux originaux, une poignée de maisons de pêcheurs datant du XVIII^e siècle et des galeries d'art et d'artisanat ouvertes l'été. C'est une halte divertissante en haute saison.

## À voir et à faire

### Draugasetrið CENTRE CULTUREL, MUSÉE

(maison des Fantômes ; ☎483 1202 ; www.draugasetrid.is ; Hafnargata 9 ; tarif plein/enfant 2 000/1 000 ISK, 3 500/1 500 ISK avec Icelandic Wonders ; ⏲13h-18h juin-août). Au dernier étage d'un grand entrepôt, voici une véritable maison hantée tenue par une bande d'ados assoiffés de sang. Un audioguide de 50 minutes (en français notamment) raconte 24 histoires de fantômes qui font partie de la culture islandaise. Jeunes âmes sensibles s'abstenir. Sur place, un café a vue sur l'eau. De l'autre côté du bâtiment, **Icelandic Wonders** (☎483 1202 ; www.icelandicwonders.com ; tarif plein/enfant 1 500/990 ISK ; ⏲10h-18h lun-ven, 12h-18h sam-dim juin-août) est dédié aux trolls et elfes des sagas islandaises, ainsi qu'aux aurores boréales (c'est un lieu plus adapté pour les enfants).

### Orgelsmiðjan FABRIQUE D'ORGUES

(☎566 8130 ; www.orgel.is ; Hafnargata 9 ; tarif plein/enfant 700 ISK /gratuit ; ⏲10h-17h lun-ven, sur rdv sam-dim). Seul facteur d'orgues d'Islande, Björgvin Tómasson a créé le "gamelan céleste" (ou "gameleste" ; célesta avec des sons de gamelan) utilisé par Björk dans son album *Biophilia* (2011). Son atelier est ouvert au public ; des expositions et des concerts y sont parfois organisés. Il est situé dans l'entrepôt de Draugasetrið, côté rivage.

### Sundlaug Stokkseyrar PISCINE

(☎480 3260 ; tarif plein/enfant 900/150 ISK ; ⏲13h-21h lun-ven, 10h-17h sam-dim juin à mi-août, horaires réduits le reste de l'année). Piscine municipale et *hot pots*.

## Circuits organisés

### Kajakferðir Stokkseyri KAYAK

(☎868 9046 ; www.kajak.is ; Heiðarbrún 24 ; ⏲avr-oct). Explorez le lagon tout proche ou aventurez-vous sur l'océan en kayak (4 950-9 600 ISK). Bureau à la piscine (Sundlaug Stokkseyrar).

## Où se loger et se restaurer

Pour un repas bon marché, optez pour le grill de la station-service Shell.

### Art Hostel AUBERGE DE JEUNESSE, APPARTEMENTS €

(☎854 4510 ; www.arthostel.is ; Hafnargata 9 ; dort 4 500 ISK, d avec/sans sdb 20 000/14 000 ISK ; ⏲café 13h-17h juin-août). Au 1^er étage de l'entrepôt-centre culturel, au-dessus d'une galerie de photographies, de peintures et de mosaïques, l'Art Hostel offre différents types d'hébergements : un dortoir de 15 lits, des petites doubles et de grands studios avec sdb et four à micro-ondes. Il y a aussi un café-bar (13h-17h juin-août).

**Kvöldstjarnan** GUESTHOUSE €€
(Étoile du soir ; ☎483 1800 ; www.kvoldstjarnan.is ; Stjörnusteinum 7 ; d sans sdb petit-déj inclus 16 500 ISK, app 3 ch 31 400 ISK ; 📶). Les 5 chambres lumineuses sont équipées de lavabos et de couettes en plumes. Un espace détente, un *hot pot*, un barbecue et une cuisine étincelante complètent le tableau. Un appartement est également disponible.

**Freyja B&B** B&B €€
(☎567 1060 ; www.bbfreyja.com ; Blomsturvellir 2 ; s/d sans sdb petit-déj inclus 11 700/15 300 ISK ; ⏲mai-sept). Tina et Tofi accueillent les visiteurs dans leur impeccable maison située dans le village de Stokkseyri. Un inconvenient : l'absence de cuisine commune.

♥ **Við Fjöruborðið** POISSON €€
(☎483 1550 ; www.fjorubordid.is ; Eyrabraut 3a ; plats 3 200-6 000 ISK ; ⏲12h-21h juin-août, 17h-21h sept-mai). Ce vaste restaurant de poisson au bord de l'eau, derrière la petite digue, est réputé pour sa bisque de langoustine. Dégustez-la en compagnie des gens du cru, dans un décor de flotteurs en verre et d'autres objets marins. Réservez pour le dîner.

### ℹ Depuis/vers Stokkseyri

Services assurés par **Strætó** (www.bus.is) :
- Bus n°74 Selfoss-Stokkseyri-Eyrarbakki-Þorlákshöfn (420 ISK, 20 min, 3/jour lun-ven)
- Bus n°75 Selfoss-Eyrarbakki (420 ISK, 20 min, 6/jour lun-ven, 4 sam)

## Flóahreppur

Toute proche de la partie la plus fréquentée de la Route circulaire, la petite région agricole de Flóahreppur surprend par son décor bucolique formé de pâturages qui descendent doucement jusqu'à l'océan. Elle est délimitée au nord par la Route circulaire, à l'ouest par la Route 34, à l'est par la Þjórsá et au sud par l'Atlantique. On y trouve des hébergements dans des fermes tranquilles.

### Où se loger et se restaurer

Pour manger, mieux vaut aller à Selfoss ou à Stokkseyri.

♥ **Julia's Guesthouse** B&B €
(☎856 4788 ; www.julias-guesthouse.com ; Hnaus ; d/tr sans sdb petit-déj inclus 10 400/12 200 ISK ; 🅿). La sympathique Julia, originaire de Suisse, gère impeccablement cette charmante maison d'hôtes. Une véritable ménagerie (oiseaux, chats, lapin...) occupe les lieux, que Julia et son époux ont décoré avec soin. Superbe vue depuis certaines chambres ; la triple comprend des toilettes privatives. Succulent petit-déjeuner. Paiement en espèces.

**Gaulverjaskóli HI Hostel** AUBERGE DE JEUNESSE €
(☎551 0654 ; www.south-hostel.is ; Gaulverjaskóli ; empl 1 000 ISK/adulte, dort/s/d/f sans sdb 4 700/7 100/13 500/21 500 ISK ; ⏲fév-oct ; 🅿). Les propriétaires ont mis tout leur cœur pour rénover une ancienne école, devenue une auberge de jeunesse paisible, avec une belle salle commune sous les combles et une cuisine spacieuse. L'endroit se double d'un camping. Dans un hameau au beau milieu d'une immense zone agricole, à 9 km de Stokkseyri, sur la route côtière en direction de Selfoss. Remise de 700 ISK pour les membres HI.

**Vatnsholt** GUESTHOUSE €€
(☎482 4829 ; www.hotelvatnsholt.is ; Vatnsholti 2 ; d avec/sans sdb 23 700/19 500 ISK, bung à partir de 24 400 ISK ; ⏲mi-fév à mi-déc ; @). Une merveilleuse adresse si vous voyagez avec des enfants, à 16 km au sud-est de Selfoss, à 8 km de la Route circulaire. Plus de 30 chambres lumineuses sont réparties dans différents corps de ferme et des bungalows, le tout sur un grand domaine avec vue sur l'Eyjafjallajökull, l'Hekla et les îles Vestmann. Repas proposés (buffets).

Les vélos en location, le restaurant, la ménagerie de la maison et l'aire de jeux très bien aménagée pourraient vous inciter à prolonger votre séjour.

## Selfoss

6 940 HABITANTS

Plus grande ville du sud de l'Islande, Selfoss est un important centre de commerce, sans grand charme. La Route circulaire forme l'artère principale de la localité, où l'on ne s'arrête guère que pour prendre une correspondance de bus ou faire des provisions.

### À voir et à faire

**Bobby Fischer Center** MUSÉE
(☎894 1275 ; www.fischersetur.is ; Austurvegur 21 ; tarif plein/enfant 1 000 ISK /gratuit ; ⏲13h-16h mi-mai à mi-sept). Ce petit musée regroupe des souvenirs du champion d'échecs Bobby Fischer (1943-2008), inhumé à 2 km au nord-est, dans le cimetière de Laugardælirkirkja.

## Selfoss

### Selfoss

**À voir**
1 Bobby Fischer Center ........ C3

**Activités**
2 Sundhöll Selfoss ........ B3

**Où se loger**
3 Bella Apartments & Rooms ........ C3
4 Gesthús ........ D4
5 Hótel Selfoss ........ A3
6 Selfoss HI Hostel ........ C3

**Où se restaurer**
7 Kaffi Krús ........ B3
8 Krónan ........ B3
9 Sunnlenska Bókakaffið ........ C3
10 Tryggvaskáli ........ B3

**Achats**
11 Vínbúðin ........ D3

**Sundhöll Selfoss** PISCINE GÉOTHERMALE, HOT POT
(☎480 1960 ; Tryggvagata 15 ; tarif plein/enfant 900/150 ISK ; ⏲6h30-21h30 lun-ven, 9h-19h sam-dim). Selfoss possède une agréable piscine géothermale, avec *hot pots*, toboggans et pataugeoire pour les enfants.

## Circuits organisés

**Iceland South Coast Travel** CIRCUITS
(☎777 0705 ; www.isct.is). Circuits sur la côte sud (à partir de 39 000 ISK), sur le Cercle d'or, aux îles Vestmann ou à la lagune glaciaire de Jökulsárlón. L'agence est basée à Selfoss, mais on pourra vous récupérer à Reykjavík ou ailleurs sur la côte sud.

## Où se loger

Il existe de nombreux hébergements à Selfoss et alentour, ce qui en fait une base pratique pour des excursions à la journée dans le Sud.

**Geirakot** GUESTHOUSE €
(☎482 1020 ; geirakot@simnet.is ; s/d sans sdb petit-déj inclus 8 400/14 000 ISK ; ⌚fév-oct ; 📶). À Geirakot, une famille sympathique a rénové la petite ferme laitière familiale, pour en faire une maison d'hôtes chaleureuse. Le savoureux petit-déjeuner, préparé avec des produits régionaux, est servi dans de la porcelaine. Option duvet à 8 300 ISK. Réservez via Icelandic Farm Holidays : www.farmholidays.is.

**Selfoss HI Hostel** AUBERGE DE JEUNESSE €
(☎482 1600 ; www.hostel.is ; Austurvegur 28 ; dort/s/d sans sdb 5 400/10 700/14 600 ISK). Vastes espaces communs dotés de fauteuils confortables et *hot tub*. Réduction de 700 ISK pour les membres HI.

**Gesthús** CAMPING, GUESTHOUSE €€
(☎482 3585 ; www.gesthus.is ; Engjavegur 56 ; empl 1 400 ISK/pers, d/tr 16 200/19 400 ISK ; Ⓟ). Dans cet établissement agréable près du parc, choisissez entre le camping, les chambres doubles dans des bungalows de 2 chambres avec cuisine et sdb partagée, et la maison d'été avec kitchenette et TV. Les *hot pots* coûtent 300 ISK pour les campeurs ; ils sont gratuits pour les autres clients.

**Icelandic Cottages** BUNGALOWS €€€
(☎898 0728 ; www.icelandiccottages.is ; Hraunmörk ; bung 33 000 ISK). Ces bungalows modernes et épatants sont éparpillés dans les champs de lave, 18 km à l'est de Selfoss, au nord de la Route circulaire, sur la Route 30. Superbement aménagés et bien équipés (terrasses, barbecues, etc.), ils peuvent accueillir 6 personnes. Séjour de 2 nuitées minimum.

**Bella Apartments & Rooms** APPARTEMENTS €€€
(☎859 6162 ; Austurvegur 33-35 ; d/app 29 200/46 300 ISK). Cet établissement récent dans l'artère principale loue des chambres doubles confortables et de beaux appartements de 2 chambres (7 couchages), avec cuisine équipée et balcon. Laverie (sèche-linge) accessible pour tous les clients.

**Hótel Selfoss** HÔTEL €€€
(☎480 2500 ; www.hotelselfoss.is ; Eyravegur 2 ; s/d à partir de 30 000/42 300 ISK ; @). Ce mastodonte de 99 chambres situé près du pont présente un extérieur disgracieux, qui cache un intérieur calme et agréable, et des chambres élégantes et fonctionnelles. Très bons équipements – grand spa et excellent restaurant. Prenez une chambre avec vue sur la rivière, plutôt que sur le triste parking.

## Où se restaurer

Selfoss est le meilleur endroit du sud de l'Islande pour faire des provisions avant de partir dans les régions reculées. On y trouve de grands supermarchés, dont **Bónus** (☎481 3710 ; Larsenstræti 5 ; ⌚11h-18h30 lun-jeu, 10h-19h30 ven, 10h-18h sam, 11h-18h dim) et **Krónan** (☎585 7195 ; Austurvegur 3-5 ; ⌚9h-20h lun-ven, 10h-19h sam-dim), de nombreux fast-foods et une boulangerie.

**Sunnlenska Bókakaffið** CAFÉ €
(☎482 3079 ; Austurvegur 22 ; gâteaux 900 ISK ; ⌚12h-18h lun-sam). Cette librairie indépendante (livres neufs et d'occasion) fait aussi office de café (café et gâteaux).

**Tryggvaskáli** ISLANDAIS €€
(☎482 1390 ; www.tryggvaskali.is ; Austurvegur 1 ; plats 3 300-6 000 ISK ; ⌚11h30-22h dim-jeu, 11h30-23h ven-sam). Le Tryggvaskáli occupe la plus ancienne maison de Selfoss (bâtie pour les constructeurs du pont en 1890), face à la rivière. Joliment rénové, il se distingue par une atmosphère romantique, avec de jolis détails anciens. La carte privilégie les plats islandais raffinés, à base de produits locaux.

**Kaffi Krús** INTERNATIONAL €€
(☎482 1266 ; www.kaffikrus.is ; Austurvegur 7 ; plats 2 000-3 600 ISK ; ⌚10h-22h juin-août, horaires réduits sept-mai). Dans une vieille maison pleine de charme de la rue principale (on peut aussi s'installer à l'extérieur). À la carte : un choix de plats islandais et internationaux, allant des nachos aux excellents burgers et pizzas. Mêmes propriétaires que le Tryggvaskáli.

## Achats

**Vínbúðin** VINS ET SPIRITUEUX
(☎482 2011 ; Vallholt 19 ; ⌚11h-18h lun-jeu, 11h-19h ven, 11h-16h sam). Chaîne nationale.

## Renseignements

**Centre d'information touristique d'Árborg**
(☎480 1990 ; Eyravegur 2 ; ⌚9h-16h lun-ven mai-août). Dans le même bâtiment que l'hôtel Selfoss (p. 130). L'office du tourisme de Hveragerði est plus intéressant.

## Depuis/vers Selfoss

La plupart des bus entre Reykjavík et Höfn, Skaftafell, Fjallabak, Þórsmörk, Flúðir, Gullfoss, Laugarvatn et Vík s'arrêtent à la **station-service N1** de Selfoss.

Services assurés par **Strætó** (www.bus.is) :

- Bus n[os]51 et 52 Reykjavík-Vík/Höfn et Reykjavík-Landeyjahöfn (1 680 ISK, 50 min, 11/jour lun-ven, 8/jour sam-dim)
- Bus n[os]72 et 73 Selfoss-Flúðir (2 100 ISK, 40-60 min, 2-3/jour)
- Bus n°74 Selfoss-Stokkseyri-Eyrarbakki-Þorlákshöfn (420-1 260 ISK, 3/jour lun-ven)
- Bus n°75 Selfoss-Eyrarbakki (420 ISK, 20 min, 6/jour lun-ven, 4 sam)

Services assurés par **Sterna** (www.sterna.is) :

- Bus n[os]12/12a Reykjavík-Vík-Höfn, (1 520 ISK depuis/vers Reykjavík, 55 min, 1/jour juin à mi-sept). Le bus n°610/610A Reykjavík-Kjölur-Akureyri s'arrête également à Selfoss.

Services assurés par **Reykjavík Excursions** (www.re.is) :

- Les bus n[os]9/9a Reykjavík-Þórsmörk, 11/11a Reykjavík-Landmannalaugar, 17/17a Reykjavík-Mývatn, 18 Reykjavík-Álftavatn-Emstrur, 20/20a Reykjavík-Skaftafell, 21/21a Reykjavík-Skógar et 610/610a Reykjavík-KjölurAkureyri s'arrêtent tous à Selfoss.

Services assurés par **Trex** (www.trex.is) :

- Bus n°T21 Reykjavík-Landmannalaugar (Selfoss-Landmannalaugar 7 500 ISK, 3 heures, 2/jour mi-juin à mi-sept)
- Bus n°T11 Reykjavík-Þórsmörk (Selfoss-Þórsmörk 6 300 ISK, 3 heures 15, 2/jour mi-juin à mi-sept)

## Ouest de la vallée de Þjórsárdalur

La Þjórsá est le plus long fleuve d'Islande. Son cours rapide charrie des masses d'eau glaciales sur 230 km, du Vatnajökull et du Hofsjökull jusqu'à l'Atlantique. Avec ses affluents, il fournit pratiquement le tiers de l'énergie hydroélectrique du pays. La Route 32 longe la rive occidentale du fleuve. En remontant vers l'intérieur des terres, elle traverse de grandes plaines coupées par le large cours d'eau, qui conduisent à des champs volcaniques et, au-delà, aux contreforts montagneux. Cette zone relativement peu fréquentée par les touristes recèle des ruines datant des Vikings, des cascades secrètes et des paysages fluviaux que l'on croirait tout droit sortis de la préhistoire.

La Route 32 est l'une des plus empruntées pour aller au Landmannalaugar (départ du trek du Laugavegurinn) en voiture (4x4 uniquement sur la Route F26). On peut aussi, sans 4x4, effectuer une boucle d'une journée : remontez de ce côté de la vallée, passez le fleuve après la centrale hydroélectrique de Búrfell, puis redescendez de l'autre côté, jusqu'à Hella, par la Route 26.

Des centres équestres sont disséminés le long de la Route 32.

Aucun transport public ne circule au-delà d'Árnes. Vous devrez être motorisé ou avoir recours à un tour-opérateur local.

### Árnes

Dans le hameau d'Árnes, près du croisement entre la Route 30 et la Route 32, un grand bâtiment blanc abrite le **Þjórsárstofa** (☎486 6115 ; www.thjorsarstofa.is ; ⏲10h-18h juin-août) GRATUIT, l'utile centre d'accueil des visiteurs de la région de la Þjórsá, qui présente des expositions multimédias, un excellent film (10 min) sur la vallée et ses splendeurs, ainsi qu'un documentaire sur les aurores boréales. Bon restaurant sur place.

#### Circuits organisés

**Núphestar** ÉQUITATION

(☎852 5930 ; www.nupshestar.is ; Breiðanes). Cette ferme équestre familiale et accueillante propose des balades de courte durée (1/2 heures 6 000/8 500 ISK) et de magnifiques randonnées sur plusieurs jours. À proximité du croisement des routes 30 et 32.

**Steinsholt** ÉQUITATION

(☎486 6069 ; www.steinsholt.is ; Steinsholt II). L'équipe de cette ferme équestre bien tenue vous accompagnera pour des balades (1/2 heures 6 500/11 000 ISK) ou des excursions de plusieurs jours. On peut aussi séjourner sur place, dans un hébergement confortable (d avec/sans sdb petit-déjeuner inclus 15 400/18 700 ISK). Au bout de la Route 326, à la sortie nord d'Árnes.

#### Où se loger et se restaurer

**Árnes HI Hostel** AUBERGE DE JEUNESSE €

(☎486 6048 ; www.hostel.is ; dort 4 750 ISK ; ⏲avr-sept). Cette auberge de jeunesse n'est pas la plus confortable qui soit, mais les chambres avec lits jumeaux et le dortoir sont pratiques, et il y a une cuisine. Petite piscine à proximité (1 000 ISK ; ouverte juin-août).

**Guesthouse Denami** À LA FERME €€

(☎698 7090 ; www.tolt. nu/denami ; d avec/sans sdb petit-déj inclus 19 500/14 000 ISK). Une agréable ferme équestre familiale, dans un cadre champêtre, à la sortie nord d'Árnes. Les chambres, d'une chaleureuse simplicité, ont une vue magnifique sur les volcans.

*(Suite à la page 136)*

1. Renard arctique 2. Bébé phoque
3. Baleine à bosse 4. Macareux

2

EMKA74/SHUTTERSTOCK ©

4

# Observation des animaux

**La nature islandaise sert de terrain de jeux à quelques vedettes animales, tels les baleines, les phoques, les renards arctiques et les macareux. Les figurants, moutons errants et chevaux à l'épaisse crinière, évoluent sur fond de paysages montagneux à couper le souffle. C'est le moment où jamais de sortir vos appareils photo !**

L'avifaune est abondante en Islande, surtout durant les mois les plus chauds, lorsque les espèces migratrices viennent y nicher. Sur les falaises et dans les îles, la diversité d'oiseaux marins est impressionnante. Des sentiers côtiers conduisent à des falaises accueillant de grandes colonies de macareux (p. 40).

L'observation des baleines a particulièrement le vent en poupe ; des bateaux sortent toute l'année (moins souvent pendant les grands froids), dans l'espoir de croiser ces créatures grandioses. Les eaux septentrionales au large d'Húsavík et d'Akureyri attirent des baleines de Minke et des rorquals, qui viennent s'y nourrir. Si vous disposez de peu de temps, sachez que des bateaux partent directement du centre de Reykjavík (reportez-vous p. 68). En hiver, on peut voir des orques sauter dans les eaux glaciales – pour ce faire, la péninsule de Snæfellsnes (voir p. 185) constitue la meilleure base.

## LE TOP DE L'OBSERVATION DES ANIMAUX

**Vestmannaeyjar** (p. 167). Admirez de nombreuses espèces d'oiseaux en filant parmi les îlots.

**Borgarfjörður Eystri** (p. 301). Le paradis des macareux, que vous pourrez approcher.

**Húsavík** (p. 276). Observez les baleines dans le cadre authentique d'un charmant village de pêcheurs. De nombreux circuits sont proposés, surtout en été.

1

2

4

NONTHACHAI SAKSRI / GETTY IMAGES ©

**1. Parc national de Þingvellir (p. 113)**
C'est ici que fut créé le premier Parlement islandais, dans une spectaculaire faille de la vallée d'effondrement.

**2. Kirkjufell (p. 191)**
Avec sa forme caractéristique, le mont Kirkjufell est l'un des sites naturels les plus photographiés d'Islande.

**3. Observation des baleines**
Onze espèces de baleines croisent régulièrement au large des côtes islandaises. Húsavík (p. 276) est le point de départ idéal pour partir à leur rencontre.

**4. Aurores boréales**
Les aurores boréales, des phénomènes extraordinaires créés par les collisions entre des particules chargées du vent solaire, sont surtout visibles de la mi-septembre à la mi-avril.

3

TATONKA / GETTY IMAGES ©

(*Suite de la page 131*)

**Fosshotel Hekla** HÔTEL €€
(☎486 5540 ; www.hotelhekla.is ; Brjánsstaðir ; d/qua petit-déj inclus à 29 000/32 000 ISK ; @). En remontant la vallée de la Þjórsá, ce complexe hôtelier est situé tout près de la Route 30, à 17 km d'Árnes. Il loue des doubles spacieuses et modernes, et de superbes chambres familiales. Le salon a des allures de bibliothèque, et le restaurant propose de bons classiques islandais. *Hot pot* et sauna.

**Restaurant du Þjórsárstofa** ISLANDAIS €€
(Matstofan ; ☎664 6555 ; plats 1 800-3 200 ISK ; ⏲10h-21h juin-août, 10h-19h sept-mai). Le centre d'accueil des visiteurs de la région de la Þjórsá se double d'un bon restaurant, le Matsofan, apprécié pour ses recettes régionales toujours renouvelées, ainsi que pour ses bières locales. L'équipe du centre gère également le camping à proximité (empl tarif plein/enfant 1 300 ISK/gratuit).

### Depuis/vers Árnes

Depuis le carrefour des routes 30 et 32, Árnes est desservi par le bus **Strætó** n°76 (2/jour lun-ven), que l'on peut prendre après les bus n^os^72 et 73. (Les bus pour le Landmannalaugar empruntent une route plus à l'est.)

## Búrfell et ses environs

La vallée de la Þjórsá (Þjórsárdalur) devient de plus en plus sauvage vers l'intérieur des terres, dévoilant des paysages toujours plus inhabituels et spectaculaires. À l'austère delta du fleuve autour de la centrale hydroélectrique de Búrfell, succèdent des monts en dents de scie entrecoupés de vallées cachées.

Il n'y a pas de transports publics dans le secteur. Vous devrez être motorisé ou contacter un tour-opérateur local.

### À voir

Les sites suivants sont classés dans l'ordre où vous les rencontrerez en remontant la Route 32 vers le nord-est.

**Hjálparfoss** CASCADE
À 26 km au nord-est d'Árnes, sur la Route 32, un court détour (1 km) par une piste signalisée conduit aux ravissantes chutes de Hjálparfoss. Les deux cascades azurées tombent sur des colonnes de basalte aux formes biscornues et dans un bassin profond.

**VAUT LE DÉTOUR**

**L'ÎLE DE TRAUSTHOLTSHÓLMI**

Accompagnez Hákon quand il part contrôler ses filets à saumon et profitez-en pour découvrir son **île privée** (☎699 4256 ; www.thh.is ; circuit 22 000 ISK/pers ; ⏲sur réservation) dans les eaux de la Þjórsá, avant de vous attabler, au dîner, devant un plat de poisson fraîchement pêché aux fines herbes de l'île et de finir la soirée devant un feu de camp. Vous pourrez réserver une nuit en yourte – voire en maison d'hôtes, quand elle sera achevée. Plus d'infos sur le site Web.

**Þjóðveldisbærinn** ÉDIFICE REMARQUABLE, MUSÉE
(☎488 7713 ; www.thjodveldisbaer.is ; tarif plein/enfant 750 ISK/gratuit ; ⏲10h-17h juin-août). Cette reproduction de Stöng (ci-après) copie fidèlement l'agencement de la ferme et de la petite chapelle voisine. L'intérieur est meublé et conçu comme une ferme typique de l'époque des Sagas. Près de l'entrée de la centrale hydroélectrique de Búrfell.

♥ **Stöng** VESTIGES
GRATUIT Ensevelie sous les cendres en 1104, lors d'une éruption de l'Hekla, cette ferme fut la propriété de Gaukur Trandilsson, un Viking du X^e^ siècle à la vie tumultueuse. Fouillé en 1939 (lors des premiers vrais chantiers archéologiques menés dans le pays), Stöng est un site important qui a permis de dater d'autres maisons vikings. Ses ruines, couvertes d'un grand toit de bois, sont au bout d'une mauvaise piste de 5 km, qui quitte la Route 32 26 km au nord-est d'Árnes. Il y a de l'eau et des toilettes sur le site.

♥ **Gjáin** CANYON
Derrière la ferme de Stöng, une piste vous conduira, 2 km plus loin, jusqu'à un joli petit vallon étrange et verdoyant jalonné de formations laviques, de grottes comme irréelles et de cascades spectaculaires : Gjáin ("faille"), qui a servi de décor à certaines scènes de la série *Game of Thrones*. La piste se poursuit vers les hauteurs de la vallée.

♥ **Háifoss** CASCADE
Depuis Stöng, une marche de 9 km vers le nord-est sur une piste conduit aux deuxièmes plus hautes chutes du pays : Háifoss, qui plongent de 122 m depuis le rebord d'un plateau dans un canyon sinueux. La majeure partie de la piste est aussi praticable en 4x4.

## Où se loger et se restaurer

Vous ne trouverez ni restaurant ni épicerie dans le secteur. Prenez des provisions.

**Sandartunga Camping** CAMPING €
(asolfsstadir@simnet.is ; empl tarif plein/enfant 1 000 ISK /gratuit ; mi-mai à août). Ce camping simple, avec eau courante et toilettes, s'inscrit dans l'environnement exceptionnel des champs de lave et de la vallée de la Þjórsá.

# Est de la vallée de Þjórsárdalur

Entre la bourgade d'Hella, au sud-ouest, et le Landmannalaugar, au nord-est, les vastes plaines inondables de la Þjórsá englobent des formations volcaniques et des champs de lave de plus en plus hallucinants. C'est dans cette région que se dresse l'Hekla, l'un des volcans les plus menaçants d'Islande.

La route qui mène à l'Hekla (Route 26) passe par plusieurs fermes équestres (balades à cheval possibles) et serpente jusqu'à la Route 32, par laquelle vous pourrez dévaler le versant ouest, tout aussi spectaculaire, de la vallée de Þjórsárdalur.

La plupart des bus pour le Landmannalaugar empruntent la Route 26.

## À voir

**Hellnahellir** GROTTE
("grotte des grottes" : 847 5015 ; www.hellar.is ; tarif plein/enfant 1 000 ISK/gratuit ; sur rdv). Cette grotte austère, creusée par l'homme il y a entre 700 à 1 100 ans sous le mont Skarðsfjall, sur le domaine de la ferme Hellar de Landsveit, a ouvert au public en 2016. Elle est située sur la Route 26, à 5 km au nord-est de la bifurcation vers la pension Heimaland.

**Hekla Center** EXPOSITION
(Heklusetrið ; 487 8700 ; www.leirubakki.is ; Leirubakki ; tarif plein/enfant 900/450 ISK ; 9h-22h juin-août, 10h-22h sept-mai ; P). Ce centre fait partie du domaine de Leirubakki, une vaste ferme qui comprend un camping, un hôtel, un restaurant et une station-service. L'histoire explosive de l'Hekla est détaillée au travers d'expositions multimédias, dans un décor volontairement obscur, avec effets lumineux. On apprend qu'une éruption aurait dû avoir lieu depuis un bon moment. Renseignements sur la région, et possibilité d'organiser des balades à cheval ou à pied.

## Circuits organisés

Les nombreux élevages de chevaux et fermes équestres de la région proposent des randonnées. La plupart offrent un hébergement de qualité, de type maison d'hôtes ou gîte.

**Skeiðvellir** ÉQUITATION
(487 6572, équitation 899 5619 ; www.skeidvellir.is). Cette ferme équestre réputée propose des balades à cheval (1/2 heures 8 000/15 000 ISK) et d'excellents hébergements (studio/bung 14 000/28 700 ISK). Sur la Route 26, à environ 9 km au nord de la Route circulaire.

**Hekluhestar** ÉQUITATION
(487 6598 ; www.hekluhestar.is ; Austvaðsholt). Cette famille franco-islandaise organise de remarquables randonnées à cheval de 6-8 jours à travers les hautes terres (à partir de 227 000 ISK). Hébergement avec option duvet (4 500 ISK, draps 2 000 ISK) dans un dortoir confortable. Réservez.

**Kálfholt** ÉQUITATION
(487 5176 ; www.kalfholt.is ; Kálfholt 2, Ásahreppi). Cette ferme familiale remporte un vif succès avec son offre de randonnées à l'heure, à la journée ou de 2 à 8 jours, pour tous niveaux (2 heures 11 500 ISK, balade enfant 3 900 ISK). Sur la Route 288, à 17 km à l'ouest d'Hella, au sud de la Route circulaire. Logement confortable dans 2 petits bungalows (7 000 ISK/pers).

**Hestheimar** ÉQUITATION
(487 6666 ; www.hestheimar.is). Un élevage familial, près d'une rivière. Randonnées (2 heures/journée 12 000/20 000 ISK), location de chevaux et différents hébergements confortables (d à partir de 11 900 ISK). Sur la Route 281, à 7 km au nord-ouest d'Hella.

**Herríðarhóll** ÉQUITATION
(487 5252 ; www.herridarholl.is ; Herríðarhóli). Randonnées sur plusieurs jours (à partir de 227 000 ISK) ou courtes balades (1 heure 7 000 ISK), et accueil chaleureux pour les voyageurs souhaitant simplement séjourner à la ferme (d avec sdb partagée petit-déj inclus 16 000 ISK). D'Hella, allez vers l'ouest, puis continuez 6 km sur la Route 284 en direction du nord, depuis la Route circulaire.

## Où se loger et se restaurer

La plupart des fermes équestres des plaines autour d'Hella disposent d'hébergements confortables pour les cavaliers ; beaucoup accueillent également d'autres voyageurs.

## L'HEKLA

Le plus célèbre et le plus actif des volcans d'Islande, l'Hekla, doit son nom (qui signifie "l'encapuchonné") à son sommet (1 491 m), presque toujours enveloppé d'un nuage menaçant. L'Hekla a exprimé sa fureur de nombreuses fois à travers les siècles ; au Moyen Âge, on le considérait même comme la porte de l'enfer.

Les colons de l'époque des Vikings venaient à peine de construire des fermes sur les riches sols volcaniques aux abords de l'Hekla qu'elles furent ensevelies sous les cendres lors de l'éruption de 1104 qui dévasta tout dans un rayon de 50 km. Depuis, il y a eu 15 éruptions majeures. Celle de l'an 1300 recouvrit de cendres plus de 83 000 km$^2$.

De nos jours, l'Hekla a connu des phases éruptives régulières tous les 10 ans. Le principal danger vient des cendres, riches en fluor, qui ont empoisonné des milliers de moutons. L'éruption de 2000 a par ailleurs produit une petite coulée pyroclastique (ou nuée ardente ; coulée de fragments de magma et de gaz extrêmement dévastatrice car elle dévale à plus de 130 km/h et peut atteindre une température de 800°C). En vous promenant dans la région, cherchez de la pierre ponce grise... elle vient probablement de l'Hekla.Les gens du pays vivent en sachant que la grande montagne peut se réveiller à tout moment ; une éruption aurait dû se produire depuis longtemps.

Pour en apprendre davantage sur l'Hekla, visitez l'Hekla Center (page précédente).

### Ascension de l'Hekla

Il est possible de faire l'ascension de l'Hekla, tout en étant conscient qu'il s'agit d'un volcan actif. De multiples petits séismes se produisent habituellement une demi-heure à 1 heure 20 avant une éruption, mais sinon, rares sont les signes précurseurs ! Ne tentez l'aventure qu'un jour où le sommet est dégagé et emportez de l'eau en abondance (les cendres assoiffent). Les ascensions se font surtout entre juin et septembre.

Sur la Route 26, un petit parking marque l'embranchement de la route de montagne F225 (à environ 45 km au nord-est d'Hella). Les voitures de location non assurées pour les routes F doivent stationner là, d'où il reste un long chemin poussiéreux (16 km) à parcourir jusqu'au pied du volcan (on peut tenter le stop).

Avec un gros 4×4, vous pourrez continuer sur la F225 jusqu'au départ de la piste au pied de l'Hekla (14,7 km) ; les véhicules les plus robustes pourront faire quelques kilomètres de plus, mais la plupart devront se garer là. De cette piste, un sentier bien balisé monte jusqu'à la crête du flanc nord-est de la montagne, puis au cratère du sommet. À cette altitude, le sommet est souvent couvert de neige, mais le sol du cratère reste chaud. Comptez 3 heures 30 de marche depuis le pied du volcan.

Des circuits en Super-Jeep peuvent être organisés partout dans la région.

La majorité des restaurants appartiennent à des hôtels ou à des maisons d'hôtes.

**Laugaland** CAMPING €
(☎895 6543 ; www.tjalda.is/en/laugaland ; empl tarif plein/enfant 1 100 ISK /gratuit). Camping familial, avec piscine et *hot pots* (tarif plein/enfant 700/300 ISK), au nord-ouest d'Hella, sur la Route 26.

**Rjúpnavellir** BUNGALOWS, CAMPING €
(☎892 0409 ; www.rjupnavellir.is ; Landsveit ; camping 1 500 ISK/pers ; 📶). Là où la route cesse d'être goudronnée, vous trouverez 2 grands bungalows où vous pourrez dormir dans un duvet (4 900 ISK ; douche 400 ISK) et faire à manger, un bungalow pour 6 personnes (24 000 ISK) et un camping. Draps : 1 800 ISK. C'est l'hébergement le plus proche du carrefour des routes 26 et F225.

**Hótel Leirubakki** HÔTEL €€
(☎487 8700 ; www.leirubakki.is ; Leirubakki ; empl 1 000 ISK/adulte, d avec/sans sdb petit-déj inclus 28 800/23 400 ISK ; @). Cette grande ferme est l'un des derniers points de chute avant les volcans et les hautes terres. La maison bien tenue et l'hôtel, plus moderne, sont parfaits pour ceux qui veulent faire l'ascension de l'Hekla. Le restaurant propose un assortiment de spécialités islandaises (agneau et truite du ruisseau voisin). Beau *hot pot* dans le champ de lave, station-service N1 et hébergement avec option duvet à 6 100 ISK.

**Hrauneyjar Highland Center** HÔTEL €€
(Hotel Highland ; ☎487 7782 ; www.hrauneyjar.is ; Hrauneyjar ; guesthouse s/d petit-déj inclus à partir de 19 900/22 500 ISK, hôtel s/d petit-déj inclus 32 050/36 250 ISK ; P). Cet

hôtel-restaurant sans prétention est le dernier établissement (avec les dernières pompes à essence) avant les hautes terres. Si les chambres ne valent pas leurs tarifs élevés, elles n'en sont pas moins appréciables, vu l'absence de concurrence et l'isolement du lieu. L'hébergement avec duvet débute à 9 600 ISK. Le restaurant (plats 1 500-4 900 ISK) sert des burgers et des sandwichs toute la journée, et des plats plus élaborés (agneau ou poisson) au dîner.

Au nord-est de Hrauneyjar, la Route F26 devient la piste de Sprengisandur dans les hautes terres.

### Depuis/vers l'est de la vallée de Þjórsárdalur

Les bus pour le Landmannalaugar s'arrêtent à Leirubakki et/ou à Hrauneyjar.

Services assurés par **Reykjavík Excursions** (www.re.is) :

- Bus nos11/11a Reykjavík-Landmannalaugar (Reykjavík-Leirubakki : 5 500 ISK, 2 heures 30, 3-4/jour mi-juin à mi-sept)
- Bus nos17/17a Reykjavík-Mývatn (Reykjavík-Hrauneyjar : 7 500 ISK, 3 heures, 1/jour fin juin-août)

Services assurés par **Sterna** (www.sterna.is) :

- Bus nos13/13a Reykjavík-Landmannalaugar (Reykjavík-Leirubakki : 6 000 ISK, 2 heures 30, 1/jour fin juin à début septembre)

Services assurés par **Trex** (www.trex.is) :

- Bus noT21 Reykjavík-Landmannalaugar (Reykjavík-Leirubakki : 5 400 ISK, 2 heures 30, 2/jour mi-juin à mi-sept)

## Hella et ses environs

820 HABITANTS

Cette bourgade agricole, sur les rives de la jolie Ytri-Rangá, se trouve dans une région d'élevage de chevaux. C'est le village le plus proche de l'ombrageux Hekla, à 35 km au nord. Malgré l'ouverture de nouveaux hôtels dans le secteur, elle demeure assez assoupie.

### Activités et circuits organisés

**Sundlaugin Hellu** PISCINE GÉOTHERMALE, HOT POT

(☎487 5334 ; Útskálum 4 ; tarif plein/enfant 700/300 ISK ; ⏲6h30-21h lun-ven, 10h-19h sam-dim juin à mi-août, horaires réduits mi-août à mai ). Le principal site d'intérêt à Hella est probablement sa piscine géothermale, avec des *hot pots*, un sauna et un amusant toboggan (avr-oct).

**Mud Shark** PÊCHE, CIRCUITS EN 4X4

(☎691 1849 ; www.mudshark.is). Sorties pêche sur les plages (31 000 ISK) et excursions sur la côte sud (à partir de 42 000 ISK).

### Où se loger

**Árhús** CAMPING €

(☎487 5577 ; www.arhus.is ; Rangárbakkar 6 ; empl tente 2 500 ISK, bung avec/sans sdb à partir de 20 500/13 000 ISK ; wifi). Au bord de la rivière, juste au sud de la Route circulaire, l'Árhús comprend des bungalows (vous pourrez louer une simple chambre ou un bungalow entier avec kitchenette et sdb), un grand espace de camping, une cuisine et un très bon restaurant (12h-22h ; plats 2 000-5 000 ISK) avec terrasse au bord de l'eau.

♥ **River Hotel** HÔTEL €€

(☎487 5004 ; www.riverhotel.is ; Þykkvabæjarvegur – Route 25 ; d/f 22 000/30 000 ISK ; P). Détente assurée dans cet établissement impeccable et récent au bord de la Ytri-Rangá. Chambres contemporaines et bungalow individuel ultra-confortables, dîner sur place et baies vitrées donnant sur la rivière dans le salon (pour admirer les aurores boréales !). Les propriétaires adorent la pêche.

**Guesthouse Brenna** MAISON €€

(☎487 5532 ; www.guesthousebrenna. wordpress.com ; Þrúðvangur 37 ; maison 27 000 ISK). Cette jolie maison au bord de la rivière peut accueillir 8 personnes. On y trouve une petite cuisine, un lave-linge et un salon douillet. Draps : 1 400 ISK. Les prix baissent pour les séjours prolongés. Logement entier uniquement.

**Guesthouse Nonni** GUESTHOUSE €€

(☎894 9953 ; www.bbiceland.com ; Arnarsandur 3 ; s/d sans sdb petit-déj inclus 14 700/16 000 ISK). Tenue par la sympathique Nonni, qui adore préparer de copieux petits-déjeuners pour ses hôtes (pain frais et gaufres en forme de fleur), cette petite maison d'hôtes est située dans une rue résidentielle. Les 4 chambres aux murs lambrissés sont desservies par une cage d'escalier en liège.

♥ **Hótel Rangá** HÔTEL €€€

(☎487 5700 ; www.hotelranga.is ; Suðurlandsvegur ; d/ste petit-déj inclus à partir de 42 000/65 400 ISK ; @). Au sud de la Route circulaire, à 8 km à l'est d'Hella, cet hôtel en bois offre un accueil haut de gamme. Service parfait, chambres lambrissées et luxueuses parties communes très confortables. Le restaurant (plats déj

2 600-3 900 ISK, dîner 4 800-7 200 ISK) donne sur de vastes prairies. Si vous en avez les moyens, offrez-vous une suite dans le "World Pavilion".

**Stracta Hótel** HÔTEL €€€
(☎531 8010 ; www.stractahotels.is ; Rangárflatir 4 ; d avec/sans sdb petit-déj inclus à partir de 30 200/22 000 ISK, studio 3/6 pers petit-déj inclus à partir de 47 000/71 300 ISK). Le Stracta appartient à une nouvelle génération d'hôtels de tourisme haut de gamme. Il offre des doubles modernes et confortables, des studios équipés et des appartements de 2 chambres pour les familles. À l'étage, le restaurant dévoile une vue spectaculaire sur les îles Vestmann et les volcans – en revanche, la cuisine est plutôt quelconque.

## Où se restaurer

Vous trouverez quelques restaurants et une petite boulangerie à côté du supermarché.

**Kjarval** SUPERMARCHÉ €
(☎585 7585 ; Suðurlandsvegur 1 ; ⏲9h-21h). Enseigne locale.

## Renseignements

**Hekla Handverkshús** (☎864 5531 ; Þrúðvangur 35 ; ⏲13h-17h mai-sept, 13h-17h sam-dim oct-avr). Cette boutique-coopérative d'artisanat fait office de centre d'information touristique informel.

## Depuis/vers Hella

### BUS

Les bus s'arrêtent à la station-service Olís.

Services assurés par **Strætó** (www.bus.is) :

➡ Bus n^os^51 et 52 Reykjavík-Vík-Höfn et Reykjavík-Landeyjahöfn (Reykjavík-Hella 2 940 ISK, 1 heure 30, 5/jour)

Services assurés par **Sterna** (www.sterna.is) :

➡ Bus n^os^12/12a Reykjavík-Vík-Höfn (Reykjavík-Hella 3 040 ISK, 1 heure 30, 1/jour juin à mi-sept)

Services assurés par **Reykjavík Excursions** (www.re.is) :

➡ Les bus n^os^9/9a Reykjavík-Þórsmörk, 11/11a Reykjavík-Landmannalaugar, 17/17a Reykjavík-Mývatn, 18 Reykjavík-Álftavatn-Emstrur, 20/20a Reykjavík-Skaftafell et 21/21a Reykjavík-Skógar s'arrêtent à Hella (4 500 ISK)

Services assurés par **Trex** (www.trex.is) :

➡ Bus n°T21 Reykjavík-Landmannalaugar (Hella-Landmannalaugar 6 000 ISK, 2 heures 15, 2/jour mi-juin à mi-sept)

➡ Bus n°T11 Reykjavík-Þórsmörk (Hella-Þórsmörk 4 600 ISK, 2 heures, 2/jour mi-juin à mi-sept)

### TAXI

**Mountain Taxi** (☎862 1864). Basé à Hella, Jón Pálsson propose ses services dans les montagnes et les hautes terres et peut venir vous chercher n'importe où.

# Hvolsvöllur et ses environs

950 HABITANTS

Les campagne autour de Hvolsvöllur est empreinte d'histoire. Ses fermes furent le théâtre des sanglants événements de la *Saga de Njáll le Brûlé* (voir l'encadré p. 142). Aujourd'hui, les sites évoqués dans la saga n'existent plus guère que sous la forme de noms de ruines recouvertes d'herbes folles ou de bâtiments agricoles modernes. Jusqu'à récemment, Hvolsvöllur était surtout un point de ravitaillement, avec deux stations-service et quelques maisons. L'installation du centre LAVA et de plusieurs pensions ont apporté un nouveau souffle.

## À voir

♥ **Sögusetrið** MUSÉE
(Saga Centre ; ☎487 8781 ; www.njala.is ; Hliðarvegur 14, Hvolsvöllur ; tarif plein/enfant 900 ISK/gratuit ; ⏲9h-18h mi-mai à mi-sept, 10h-17h sam-dim mi-sept à mi-mai). Ce musée est essentiellement consacré aux événements dramatiques de la *Saga de Njáll*, qui a pour théâtre les collines environnantes. Une exposition interactive s'attache aux moments clés du récit.

Une tapisserie géante (90 m de long) et collective, la **Tapisserie de la Saga de Njáll**, a été entreprise en 2013. Vous pouvez ajouter quelques points à ce vaste projet (1 000 ISK ; horaires sur www.njalurefill.is) ou vous contenter d'observer. Vous trouverez également sur place une exposition d'art, un café dans une maison longue (ferme viking) et un centre d'information touristique (brochures, plans, etc.).

**LAVA – centre islandais de volcanologie et de sismologie** EXPOSITION
(www.lavacentre.is ; Austurvegur 14, Hvolsvöllur ; tarif plein/enfant 2 600 ISK /gratuit, cinéma seul 1 200 ISK /gratuit ; ⏲9h-19h). Ce centre inauguré le 1er juin 2017 propose une expérience multimédia complète, pour une immersion dans la vie sismique et volcanique islandaise. Il comprend un modèle réduit de 12 m représentant le cœur d'un volcan, un

## LES EDDA

Le monastère médiéval d'**Oddi**, à Rangárvellir, à 8 km au sud d'Hella sur la Route 266, fut jadis un grand foyer culturel, où furent rassemblés les Edda, les plus anciens livres de poésie de l'âge viking qui nous soient parvenus. Écrit par le poète et historien Snorri Sturluson vers 1222, l'*Edda en prose*, un traité de poésie norroise, renferme des descriptions détaillées de la langue et de la métrique utilisées par les *scaldes* (poètes de cour). Il comprend le *Gylfaginning*, un poème épique qui décrit le voyage de Gylfi, le roi de Suède, à Ásgard, la citadelle des dieux, et révèle des mythes de la Création, des histoires de dieux et le sort qui attend les hommes au Ragnarök, quand viendra la fin du monde.

L'*Edda poétique*, rédigé au XIIIe siècle par Sæmundur Sigfússon, est une compilation d'œuvres de poètes vikings inconnus, dont certains antérieurs à la colonisation de l'Islande. La première, *Voluspá* (*Prédiction de la voyante*), est un poème cosmologique et eschatologique qui présente des similitudes avec la Genèse et l'Apocalypse. Des poèmes ultérieurs traitent de la découverte par Óðinn du pouvoir des runes et de la légende de Siegfried et des Nibelung, reprise par Wagner dans la *Tétralogie*. Le poème le plus populaire est sans doute *Þrymskviða*, l'histoire du géant Thrym qui vola le marteau de Þór (Thór) et n'accepta de le restituer qu'à condition d'épouser la déesse Freyja. Pour récupérer son marteau, Thór prit l'aspect de la fiancée pour se rendre au mariage à sa place. Une partie du poème décrit ses manières déconcertantes lors du banquet, durant lequel il avala un bœuf entier, huit saumons et trois outres d'hydromel.

Aujourd'hui, Oddi se résume à une simple église entourée de fermes.

simulateur de séisme et une salle de cinéma. La LAVA House est un centre d'information régional, avec boutique et restaurant.

**Keldur** VESTIGES
(☎530 2200 ; www.thjodminjasafn.is ; 750 ISK ; ⌚10h-17h mi-juin à mi-août). À 5 km à l'ouest de Hvolsvöllur, la Route 264, non revêtue, serpente vers le nord sur 8 km dans la vallée de Rangárvellir jusqu'à la ferme de Keldur, au toit couvert d'herbe et de tourbe. Ce site médiéval appartenait à Ingjaldur Höskuldsson, un personnage de la *Saga de Njáll le Brûlé*. Elle fait aujourd'hui partie des bâtiments historiques du Musée national et accueille des expositions historiques intéressantes, dans un beau cadre champêtre.

## Circuits organisés

**♥ Midgard Adventure** RANDONNÉE, SPORTS EXTRÊMES
(☎770 2030 ; www.midgardadventure.is ; Dufþaksbraut 14). L'un des prestataires les plus réputés pour les sports extrêmes dans le sud du pays. Son fondateur, Siggi Bjarni, et ses collaborateurs connaissent parfaitement la région. Ils sauront par exemple vous guider pour une randonnée sur le Fimmvörðuháls ou le trek du Laugavegurinn (à partir de 19 900 ISK). Nombreuses formules à la journée avec transfert : excursions en Super-Jeep (à partir de 37 900 ISK), canyoning, escalade sur glace, etc.

## Où se loger

Vous trouverez un excellent choix d'hébergements à Hvolsvöllur et alentour – y compris à Fljótshlíð. Le camping municipal est situé à la sortie de la Route circulaire, dans le centre. Une auberge de jeunesse gérée par Midgard Adventure aura peut-être ouvert lorsque vous lirez ces lignes.

**Asgarður** BUNGALOWS €
(☎487 1440 ; www.asgardurinn.is ; d sans sdb 13 200 ISK). De jolis petits bungalows individuels (2 chambres, sdb et kitchenette) se succèdent sous les arbres, autour d'une ancienne école restaurée datant de 1927. Les lits (faits) reviennent à 6 600 ISK et un hébergement avec duvet à 4 900 ISK. Il est également possible de camper.

**Spói Guesthouse** B&B €€
(☎861 8687 ; www.spoiguesthouse.is ; Hlíðarvegur 15 ; d sans sdb 17 000 ISK ; P). Ce B&B familial comprend des chambres immaculées regroupées autour d'une vaste salle à manger, où une grande table vous attend pour un petit-déjeuner royal. Les propriétaires connaissent parfaitement la région.

**Hótel Hvolsvöllur** HÔTEL €€
(☎487 8050 ; www.hotelhvolsvollur.is ; Hlíðarvegur 7 ; s/d petit-déj inclus à partir de 12 000/14 600 ISK ; @). Ce grand hôtel sans charme est un peu mieux qu'il n'en a l'air.

## LA SAGA DE NJÁLL LE BRÛLÉ

L'une des sagas préférées des Islandais, la saga de Njáll le Brûlé évoque l'histoire de deux amis, Gunnar Hámundarson et Njáll Þorgeirsson, dont le destin fera les pires ennemis. Une querelle entre leurs épouses va dégénérer en une telle escalade de violence que presque tous les personnages y trouveront la mort. Rédigée au XIIIe siècle, cette saga part d'événements ayant eu lieu au Xe siècle dans les collines autour d'Hvolsvöllur.

Le grand héros, Gunnar, d'Hlíðarendi (près de Fljótsdalur), épouse la belle Hallgerður, aux longues jambes et "aux yeux de voleuse". Pour une question futile, Hallgerður se brouille avec Bergþóra, l'épouse de Njáll. La situation devient très tendue entre Gunnar et Njáll lorsque Hallgerður et Bergþóra font assassiner leurs domestiques réciproques.

Au cours d'un épisode important, Hallgerður envoie un domestique dérober des vivres chez un dénommé Otkell. Quand, de retour chez lui, Gunnar découvre qu'on lui sert des mets volés, son courroux éclate. "Ce serait vraiment pitié que je me fasse complice d'un vol", dit-il en giflant son épouse – geste qui reviendra sans cesse le hanter.

Par une suite de circonstances, Gunnar finit par tuer Otkell et se retrouve proscrit et condamné à l'exil. Alors qu'il s'éloigne de chez lui à cheval, sa monture trébuche et le fait tomber de selle. Jetant un dernier coup d'œil à sa ferme bien-aimée d'Hlíðarendi, il se sent incapable de quitter la vallée et décide de rester. Ses ennemis se rassemblent pour assiéger sa ferme, mais Gunnar réussit à repousser les assaillants jusqu'au moment où la corde de son arc casse. Quand Gunnar demande à Hallgerður de tresser une mèche de ses cheveux pour réparer son arc, celle-ci refuse, lui rappelant la gifle qu'il lui a donnée des années plus tôt… et Gunnar est tué.

Le conflit se poursuit, car les membres du clan de Gunnar et de Njáll cherchent à venger l'assassinat des leurs. Njáll joue les intermédiaires pour ramener la paix entre les familles, en vain. Lui et son épouse sont assiégés dans leur ferme. Réfugié dans son lit avec son petit-fils, le couple se laisse brûler vif.

Seul survivant de l'incendie de la ferme, le gendre de Njáll, Kári, assigne les incendiaires en justice, en tue certains de ses propres mains, puis finit par se réconcilier avec son ennemi juré, Flosi, qui avait ordonné de brûler la famille de Njáll.

Quelque 200 personnages importants étant en jeu, le fil de l'histoire n'est pas toujours simple à suivre, mais c'est le chef-d'œuvre du genre.



Ses 64 chambres sont régulièrement rafraîchies. Peut-être tomberez-vous bien…

## Où se restaurer

Rien d'extraordinaire côté scène culinaire. Les deux stations-service font office de rôtisserie et il y a un supermarché Kjarval.

**Eldstó Art Café** CAFÉ €€

(☎482 1011 ; www.eldsto.is ; Austurvegur 2, Hvolsvöllur ; plats 2 000-4 000 ISK ; 11h-21h30 juin-août ; P). Café fraîchement torréfié, plats du jour (soupe au curry et lait de coco…) et quelques tables en extérieur du côté de la Route circulaire. Également céramistes, les sympathiques propriétaires ont une petite galerie sur place et proposent des hébergements à l'étage (d à partir de 28 000 ISK).

**Gallerí Pizza** RESTAURATION RAPIDE €€

(☎487 8440 ; www.gallerypizza. weebly.com ; Hvolsvegur 29 ; plats 1 800-3 000 ISK ; 11h30-22h). Derrière la grand-route, un endroit animé, sans prétention, où les gens du coin viennent grignoter sur des sièges de vinyle. Le hamburger à la béarnaise est apprécié.

## Achats

**Una Local Products** ARTISANAT

(Sveitabúðin Una ; ☎544 5455 ; Austurvegur 4, Hvolsvöllur ; 10h-18h). Ce vaste hangar situé sur la Route circulaire déborde d'objets artisanaux islandais de toutes sortes : porte-monnaie en peau de poisson, pulls en laine, bijoux, articles en cuir, etc.

**Vínbúðin** VINS ET SPIRITUEUX

(☎486 1886 ; Austurvegur 1 ; 11h-18h lun-jeu, 11h-19h ven, 11h-16h sam). Chaîne nationale.

## Depuis/vers Hvolsvöllur

Des bus pour Þórsmörk desservent Hvolsvöllur.

Services assurés par **Strætó** (www.bus.is) :

- Bus nos 51 et 52 Reykjavík-Vík-Höfn et Reykjavík-Landeyjahöfn (Reykjavík-Hvolsvöllur 3 360 ISK, 1 heure 45, 5/jour)

Services assurés par **Sterna** (www.sterna.is) :

➡ Bus n$^{os}$12/12a Reykjavík-Vík-Höfn (Reykjavík-Hvolsvöllur 3 420 ISK, 1 heure 45, 1/jour juin à mi-sept)

Services assurés par **Reykjavík Excursions** (www.re.is) :

➡ Les bus n$^{os}$9/9a Reykjavík-Þórsmörk, 18 Álftavatn-Reykjavík, 20/20a Reykjavík-Skaftafell, et 21/21a Reykjavík-Skógar (Reykjavík-Hvolsvöllur 4 500 ISK) s'arrêtent à Hvolsvöllur.

Services assurés par **Trex** (www.trex.is) :

➡ Bus n°T11 Reykjavík-Þórsmörk (Hvolsvöllur-Þórsmörk 4 600 ISK, 2 heures, 2/jour mi-juin à mi-sept)

# De Hvolsvöllur à Skógar

Après Hvolsvöllur, la Route circulaire oblique vers l'est en direction de Skógar et croise trois routes secondaires importantes : la Route 261, qui part juste à l'est de Hvolsvöllur, rejoint Fljótshlíð ; la Route 254 court sur 12 km vers le sud et la côte jusqu'à Landeyjahöfn, d'où part le ferry pour les îles Vestmann ; la Route 249, en direction du nord et de Þórsmörk, passe par Seljalandsfoss.

La Route circulaire vous mènera au pied de l'imposant Eyjafjallajökull, rendu célèbre par son éruption de cendres de 2010.

## Fljótshlíð

La Route 261 longe le tapis de mousse verte au pied des luxuriantes collines de Fljótshlíð. Elle offre de jolis panoramas de cascades, comme la **Gluggafoss**, d'un côté ; et de l'autre une belle vue sur le delta de la Markarfljót et le glacier de l'Eyjafjallajökull.

Le tronçon goudronné de la route se termine près de l'église et de la ferme d'**Hlíðarendi**, où habitait Gunnar Hámundarson, de la *Saga de Njáll le Brûlé*. Avec un 4x4, on peut continuer sur la Route F261 en direction du Landmannalaugar et du **Tindafjöll**, paradis des randonneurs. Bien que Þórsmörk semble tout proche, on ne peut l'atteindre que par la Route F249.

### Circuits organisés

Midgard Adventure (p. 141) et Southcoast Adventure (p. 144) organisent des randonnées et des sorties canyoning dans le massif de Tindfjöll et ses environs.

**Óbyggðaferðir** QUAD
(☎661 2503 ; www.atvtravel.is ; Lambalæk). Balades en quad autour de l'Eyjafjallajökull, de Þórsmörk et au-delà. Comptez 69 500/55 000 ISK pour une excursion d'une journée en quad monoplace/biplace.

### Où se loger et se restaurer

Il existe d'agréables pensions et hôtels dans la vallée. Certains offrent des emplacements de camping. Quelques hôtels servent à manger. À défaut, vous trouverez des restaurants à Hvolsvöllur.

♥ **Fljótsdalur HI Hostel** AUBERGE DE JEUNESSE €
(☎487 8498 ; www.hostel.is ; dort 4 750 ISK ; ⏲avr-oct). Cette auberge spartiate plaira à ceux qui cherchent un point de chute simple, reculé et paisible pour randonner dans les hautes terres. Il n'y a que 7 matelas nus au grenier et 2 chambres de 4 lits en bas. Réservez. Joli jardin, cuisine (apportez vos provisions) et salon chaleureux, excellente bibliothèque et vue époustouflante sur les montagnes. Remise de 750 ISK pour les membres HI.

L'auberge se trouve à 27 km à l'est de Hvolsvöllur ; la route est mauvaise vers la fin.

♥ **Hótel Fljótshlíð** HÔTEL €€
(ferme de Smáratún ; ☎487 1416 ; www.smaratun.is ; empl par tarif plein/enfant 1 350/670 ISK, d avec/sans sdb 24 800/12 400 ISK, bung/cottage à partir de 16 400/24 600 ISK ; Ⓟ). Cette jolie ferme blanche au toit bleu, à 12,5 km à l'est de Hvolsvöllur, loue des maisons d'été pour 4-6 personnes, des chambres chics ou plus modestes (avec commodités communes), des espaces pour ceux qui possèdent un duvet (4 700 ISK ; draps 1 660 ISK) et des emplacements pour les tentes. Offrez-vous un moment de détente dans le *hot tub* et laissez les enfants jouer dans la cour. À 12,5 km à l'est de Hvolsvöllur.

**Fagrahlíd Guesthouse** B&B €€
(☎863 6669 ; www.fagrahlid.is ; ferme de Fagrahlíd ; d sans sdb petit-déj inclus 22 500 ISK, studio petit-déj inclus 32 430 ISK ; Ⓟ). De jolis petits bâtiments jaune pâle sont regroupés sur une pente offrant une vue superbe sur la vallée et, au loin, les volcans. Au choix : chambres confortables ou studio indépendant, tous impeccables. Bon accueil. *Hot tub* commun. À 6,5 km à l'est de Hvolsvöllur, sur la Route 261.

VAUT LE DÉTOUR

### LA PISTE DE FJALLABAK

En été, avec un gros 4x4, la piste de Fjallabak (Fjallabaksleið Nyrðri ; F208) est une alternative spectaculaire à la route côtière entre Hella, dans le Sud-Ouest, et Kirkjubæjarklaustur. Son nom signifie "derrière les montagnes", et c'est bien là qu'elle vous mènera.

Depuis Hella, quittez la Route circulaire vers l'ouest pour prendre la Route 26 (rive est de la Þjorsá), puis empruntez la F208 derrière la centrale hydroélectrique de Sigölduvirkjun jusqu'à **Landmannalaugar**. De là, la F208 continue vers l'est, longe les marécages autour du **Kirkjufell** et pénètre dans la vallée de **Jökuldalur**, avant de longer le lit d'une rivière sur 10 km, de grimper au point de vue d'**Hörðubreið**, puis de redescendre vers l'**Eldgjá**. La Route F235 vers le lac de **Langisjór** quitte la F208 à 3 km à l'ouest d'Eldgjá. On peut camper ou dormir dans un refuge à **Hólaskjól** (www.holaskjol.com).

Sur les 40 km suivants, jusqu'à **Búland**, la F208 est en assez bon état ; il faut toutefois traverser quelques rivières avant de rejoindre la Route 208 et de retrouver la Route circulaire au sud-ouest de Kirkjubæjarklaustur.

Avec une voiture ordinaire, il est impossible de réaliser l'itinéraire complet – de plus, les agences de location interdisent d'emprunter les routes F avec un véhicule classique. Une bonne partie de la piste de Fjallabak longe ou traverse des cours d'eau ; aussi est-elle déconseillée aux VTT. Certains cyclistes tentent l'aventure, mais c'est tout sauf une promenade de santé.

Il est en revanche possible de suivre cet itinéraire en bus. Quittez Reykjavík par l'un des premiers bus du matin, puis changez à Landmannalaugar pour le bus n°10a de Reykjavík Excursions à destination de Skaftafell. Le voyage demande environ 13 heures. Vous pourrez le couper en deux en passant une ou plusieurs nuits à Landmannalaugar – prenez alors le temps d'explorer les environs avant de reprendre le bus.

**Fjallabak** (☎ 511 3070 ; www.fjallabak.is), une compagnie réputée, organise des randonnées et des treks guidés sur plusieurs jours dans l'intérieur des terres du sud du pays (elle offre aussi une assistance pour le transport des bagages). Elle est spécialisée dans la réserve naturelle de Fjallabak, que traverse la piste du même nom. L'agence **Midgard Adventure** (p. 141) est également recommandée.

**Hótel Eyjafjallajökull** B&B, CAMPING €€
(☎ 487 8360 ; www.hoteleyjafjallajokull.is ; Hellishólar ; s/d petit-déj inclus 18 300/26 500 ISK ; P). Cet hôtel récent, tout en bois et en longueur, se double d'un camping de grande qualité, avec *hot tubs* et laverie. Sdb privative et TV dans les chambres de l'hôtel. Les enfants pourront se défouler dans la cour. À 11 km à l'est de Hvolsvöllur, sur la Route 261.

## Route 249 vers Þórsmörk

Visibles à des kilomètres à la ronde, les chutes de Seljalandsfoss scintillent et grondent sur les escarpements du volcan Eyjafjallajökull. C'est une halte hautement appréciée sur la Route circulaire et les bus pour Þórsmörk s'y arrêtent. (Þórsmörk n'est pas accessible avec un véhicule ordinaire, en raison de la présence de rivières profondes).

La route de Þórsmörk (249/F249) part à l'est de la rivière Markarfljót. Elle longe les chutes de Seljalandsfoss, puis file vers le nord à la sortie de la Route circulaire. La route goudronnée laisse place rapidement à une piste spectaculaire, praticable qu'en 4x4.

### À voir

**Chutes de Seljalandsfoss et Gljúfurárbui** CASCADES
Depuis la Route circulaire, admirez les hautes chutes, magnifiques, de Seljalandsfoss, qui se précipitent dans un profond bassin vert depuis un escarpement. Un sentier (glissant) mène derrière ce rideau d'eau. Quelques centaines de mètres plus loin sur la route de Þórsmörk, la cascade de Gljúfurárbui se déverse dans un canyon caché.

### Circuits organisés

**Southcoast Adventure** CIRCUITS AVENTURE
(☎ 867 3535 ; www.southadventure.is). Cette agence animée par une équipe enthousiaste qui connaît très bien la région a une excellente réputation. Réservez des circuits sur

mesure en Super-Jeep (2/5 heures à partir de 19 900/32 200 ISK) de Þórsmörk à Landmannaulagar, ou des randonnées plus longues comme celle du Fimmvörðuháls ou le trek du Laugavegurinn. Également : motoneige, excursions sur des volcans, randonnées sur glacier et expéditions hivernales. Comptoir d'information au camping d'Hamragarðar (ci-après) sur la Route 249 (accessible aux véhicules ordinaires), juste après Seljalandsfoss.

## Où se loger et se restaurer

Vous trouverez des restaurants à Hvolsvöllur ou Skógar.

**Hamragarðar** CAMPING €
(☎867 3535 ; camping tarif plein/enfant 1 300 ISK/gratuit ; ⌚mai-sept). Campez juste à côté de la cascade secrète de Gljúfurárbui, au début de la Route 249. Le petit café (9h-23h juin-août) sert des gâteaux et du café. Il y a aussi une laverie (500 ISK), des douches (300 ISK), une cuisine commune, ainsi qu'un comptoir d'information de Southcoast Adventure (p. 144).

**Stóra-Mörk III** GUESTHOUSE, BUNGALOWS €€
(☎487 8903 ; www.storamork.com ; d avec/sans sdb petit-déj inclus 17 000/12 000 ISK). Suivez la Route 249 sur 5 km au-delà des chutes de Seljalandsfoss, puis empruntez une piste jusqu'à la ferme historique de Stóra-Mörk III, mentionnée dans la *Saga de Njáll le Brûlé*. Vous y trouverez de grandes chambres chaleureuses réparties entre 2 bâtiments (installations communes). Le bâtiment principal renferme des chambres (certaines avec sdb privatives), une grande cuisine et une salle à manger – vue superbe sur la montagne et l'océan. Option duvet avec/sans sdb 4 500/3 800 ISK.

## Depuis/vers Seljalandsfoss

Les bus des compagnies Strætó, Sterna, Trex et Reykjavík Excursions au départ de Reykjavík et à destination de Skógar (et au-delà) et de Þórsmörk s'arrêtent à Seljalandsfoss.

# Sud de l'Eyjafjallajökull

La Route circulaire traverse la zone inondable au sud de l'Eyjafjallajökull qui a été recouverte par les cendres du volcan lors de la fameuse éruption de 2010. La région, superbe, est ponctuée de fermes et de cascades.

## À voir et à faire

**Centre d'accueil des visiteurs de l'Eyjafjallajökull** EXPOSITION
(☎487 8815 ; www.icelanderupts.is ; Þorvaldseyri ; tarif plein/enfant 800 ISK/gratuit ; ⌚9h-18h juin-août, 10h-16h mai et sept, 11h-16h lun-ven oct-avr). Ce centre, à environ 7 km à l'ouest de Skógar, sur la Route circulaire, est situé dans une ferme sur le versant sud de l'Eyjafjallajökull, qui fut touchée par l'éruption de 2010. Un film de 20 minutes (disponible en anglais) raconte ce que la famille a vécu, depuis les menaces d'éruption jusqu'aux conséquences dévastatrices de l'éjection des cendres.

**Seljavallalaug** BASSIN GÉOTHERMAL
GRATUIT Seljavallalaug, un paisible bassin construit en 1923 et très prisé des touristes, est alimenté par une source chaude naturelle. En venant d'Edinborg (7 km à l'ouest de Skógar), suivez la Route 242 sur 2 km et les panneaux indiquant Seljavellir. Garez-vous près de la ferme et remontez à pied la jolie rivière pendant une dizaine de minutes.

## Circuits organisés

**Skálakot** ÉQUITATION
(☎487 8953 ; www.skalakot.com). À 15 km à l'ouest de Skógar sur la Route 246, la ferme équestre Skálakot propose tout un choix de belles balades et randonnées à cheval, courtes (1 heure 6 500 ISK) ou plus longues (journée entre glacier et plage 29 500 ISK, circuits sur plusieurs jours, etc.). Également : randonnées pédestres et hébergements (ci-dessous).

## Où se loger

Vous trouverez quelques maisons d'hôtes et fermes où séjourner sur la Route circulaire.

**Skálakot** GUESTHOUSE, À LA FERME €
(☎487 8953 ; www.skalakot.com ; dort 5 500 ISK, d/f sans sdb 13 000/19 500 ISK, séjour à la ferme en pension complète 18 500 ISK ; Ⓟ). Dortoirs,

### LES VOLCANS VUS DU CIEL

Au départ de l'aéroport de Bakki, à 5 km au nord-ouest de Landeyjahöfn sur la côte, **Atlantsflug** (☎854 4105 ; www.flightseeing.is) propose des survols (26 900-52 900 ISK) de l'Eyjafjallajökull, des glaciers et des hautes terres, ainsi que des vols pour Heimaey, aux Vestmannaeyjar (8 000 ISK aller).

## RANDONNÉE DU FIMMVÖRÐUHÁLS

La randonnée du Fimmvörðuháls (www.fimmvorduhals.is), du nom d'un col niché entre deux glaciers, offre un formidable concentré de nature sauvage. Ce trek de 23,4 km, qui relie Skógar à Þórsmörk, peut être divisé en trois étapes de longueurs à peu près égales. Comptez environ 10 heures pour la randonnée complète (haltes comprises), au cours de laquelle vous découvrirez les résidus encore fumants de l'éruption de l'Eyjafjallajökull. La période idéale s'étend de fin juin à début septembre. Renseignez-vous sur place et consultez le site www.safetravel.is, où vous pourrez consigner vos dates et votre itinéraire. Préparez soigneusement votre sac : vous pourrez avoir l'impression de traverser les quatre saisons en une même randonnée. Si vous ne vous sentez pas sûr de vous, engagez un guide : il existe d'excellents circuits et vous devrez franchir deux passages difficiles.

**Étape 1 : le chemin de la cascade** De Skógafoss au "pont". Le départ s'effectue à droite de la chute de Skógafoss. Le sentier grimpe rapidement au-dessus de la cascade, derrière laquelle se cache une série de petites chutes. Restez près de l'eau, tandis que vous progresserez au fil des petits rochers et des arbres tortueux. Il existe 22 cascades au total, toutes magnifiques. Le chemin redevient ensuite plat et les arbres cèdent la place aux buissons. Vous verrez alors le "pont", une sorte de passerelle au-dessus de la rivière tumultueuse. Il est impératif de traverser à l'endroit indiqué, sous peine de ne pouvoir rejoindre Þórsmörk par la suite.

**Étape 2 : le cendrier** Du "pont" à la zone d'éruption. Après avoir franchi le pont, du côté gauche de la rivière, on entre dans le cœur sombre du col entre les glaciers de l'Eyjafjallajökull et du Mýrdalsjökull. Le temps est ici très changeant ; il peut pleuvoir sur le col alors que le soleil brille sur Skógar. Au début de l'été, pensez à vous couvrir avant de traverser les fossés de glace. À partir d'août, la région prend des allures de cendrier géant. Si vous souhaitez boucler la randonnée en 2 jours, réservez une nuit aux refuges de **Baldvinsskáli** (pour 12 personnes ; p. 160) ou de **Fimmvörðuháls** (pour 20 personnes ; p. 160). Le second, qui peut-être difficile à repérer par mauvais temps, se trouve à 600 m du sentier principal, à mi-parcours. Il n'existe pas de camping. En continuant, on découvre la zone d'éruption initiale de l'Eyjafjallajökull. Observez les fumerolles et les plus jeunes montagnes du monde, Magni et Móði. Grimpez jusqu'au sommet de la première et faites griller quelques saucisses sur une fumerolle !

**Étape 3 : Goðaland** De la zone d'éruption à Þórsmörk. La dernière partie de la randonnée commence après la descente depuis Magni. Le paysage de cendres se déroule pendant encore un moment, avant de céder la place à un royaume irréel, comme tout droit sorti d'un conte de fées. Goðaland, ou "pays des dieux", porte bien son nom. Admirez les fleurs sauvages arctiques, avec des cathédrales de pierre en toile de fond. Des étendues de verdure se déploient jusqu'à Þórsmörk.

**Repères GPS** Bien que la randonnée soit relativement courte comparée à certains grands treks islandais, il est important d'emporter un GPS, notamment pour la seconde partie, où le tracé n'est pas toujours simple à repérer.

Voici neuf coordonnées GPS qui vous serviront de jalons :

**1.** N 63°31.765, W 19°30.756 (départ)
**2.** N 63°32.693, W 19°30.015
**3.** N 63°33.741, W 19°29.223
**4.** N 63°34.623, W 19°26.794 (le "pont")
**5.** N 63°36.105, W 19°26.095
**6.** N 63°38.208, W 19°26.616 (début de la zone d'éruption)
**7.** N 63°39.118, W 19°25.747
**8.** N 63°40.561, W 19°27.631
**9.** N 63°40.721, W 19°28.323 (arrivée à Básar)

chambres d'hôtes, option duvet (3 800 ISK) et séjours à la ferme sur le domaine de la ferme équestre de Skálakot. À 15 km à l'ouest de Skógar sur la Route 246.

**Hótel Lambafell** HÔTEL €€
(☎487 1212 ; www.lambafell.is ; Route 242, Lambafell ; d/qua petit-déj inclus à partir de 24 800/34 300 ISK). Ce grand hôtel récent aux allures de chalet en rondins est apprécié pour ses chambres spacieuses avec sdb privative.

**Guesthouse Edinborg** GUESTHOUSE €€
(☎487 1212 ; www.greatsouth.is ; Route 242, Lambafell ; d petit-déj inclus 20 500 ISK ; @). Anciennement l'Hótel Edinborg (et toujours indiqué sous ce nom depuis la grand-route), cette haute ferme au toit métallique possède un intérieur charmant, avec des chambres attrayantes (sdb et lits confortables) et un espace salon sous les combles – vue sur le glacier. Malgré la proximité de la Route circulaire, on a une véritable impression d'isolement. Les propriétaires tiennent aussi l'Hótel Lambafell (ci-dessus), à proximité.

**Country Hotel Anna** AUBERGE €€
(☎487 8950 ; www.hotelanna.is ; Route 246, Moldnúpur ; s/d petit-déj inclus 19 900/28 900 ISK, plats 4 200-5 00 ISK ; wifi). Anna, qui a donné son nom à l'auberge, a écrit des livres sur ses voyages à travers le monde. Ses descendants, qui perpétuent sa passion, louent 7 chambres délicieusement désuètes avec meubles anciens et dessus-de-lit brodés. L'hôtel et son petit restaurant (18h30-21h, plats 4 200-5 200 ISK) sont situés au pied de l'Eyjafjallajökull sur la Route 246.

## Où se restaurer

**Heimamenn Cafe & Minimart** CAFÉ €
(Route 1, Skarðshlíð 2 ; en-cas 390-1 790 ISK ; 11h-19h juin-août). Ce petit café très simple sert des burgers, des hot dogs et des soupes. Il se double désormais d'une petite épicerie qui pourrait rester ouverte en hiver. À 2 km à l'ouest de Skógar.

**Gamla Fjósið** ISLANDAIS €€
(☎487 7788 ; www.gamlafjosid.is ; Hvassafell ; plats 1 900-6 500 ISK ; 11h-21h juin-août, horaires réduits sept-mai ; wifi). Ce restaurant charmant, installé dans une ancienne étable, privilégie les produits de la ferme frais et les plats de viande – hamburgers, "soupe du volcan" (ragoût de viande épicé), etc. Coté décor : poutres basses, plancher, tables bien cirées et grandes étagères. Personnel sympathique.

La **South Iceland Guesthouse** (d sans sdb, petit-déj inclus 17 000 ISK), de l'autre côté de la route, est rattachée au restaurant.

### Depuis/vers le sud de l'Eyjafjallajökull

Les bus Reykjavík-Skógar (et au-delà) des compagnies Strætó, Sterna et Reykjavík Excursions pourront vous déposer (faites-en la demande au chauffeur).

# Skógar

20 HABITANTS

Le royaume de glace de Skógar ("forêt"), niché sous la calotte glaciaire de l'Eyjafjallajökull, est à 1 km de la Route circulaire. Ce hameau touristique est le point de départ (ou d'arrivée) de la randonnée jusqu'à Þórsmörk par le col du Fimmvörðuháls, et l'un des centres d'activités du Sud-Ouest. Ne manquez pas la magnifique et vertigineuse chute de Skógafoss, qui tombe d'une falaise moussue (c'est l'une des plus impressionnantes d'Islande), et le passionnant musée des Arts et Traditions populaires.

## À voir

**Skógafoss** CASCADE
La grandiose chute de Skógafoss, large de 25 m, tombe en rugissant d'une falaise de 60 m de haut, à la lisière ouest de Skógar. Un escalier abrupt menant au sommet offre une vue spectaculaire ; on peut aussi marcher au pied du rideau d'eau nimbé d'écume propice aux arcs-en-ciel – qui ajoutent à sa magie. La légende raconte qu'un colon nommé Þrasi a caché un coffre rempli d'or derrière la cascade.

**Musée des Arts et Traditions populaires** MUSÉE
(Skógasafn ; ☎487 8845 ; www.skogasafn.is ; tarif plein/enfant 2 000 ISK/gratuit ; 9h-18h juin-août, 10h-17h sept-mai). Ce merveilleux musée couvre tous les aspects de la vie islandaise, à travers une vaste collection rassemblée sur plus de 75 ans par Þórður Tómasson. Admirez les bâtiments restaurés (église, ferme au toit herbeux, étables, etc.). Un grand édifice moderne abrite un intéressant musée des Transports et des Communications, le café **Skógakaffi** (www.skogasafn.is ; soupe 1 600 ISK ; 10h-17h) – ordinaire – et une boutique.

**RÉSERVEZ !**

Entre Hella à Vík, de nombreuses fermes se doublent de jolies maisons d'hôtes. La région, très belle, est extrêmement fréquentée. L'été, toutes les adresses affichent complet. Il est indispensable de réserver.

Les excellentes cartes régionales gratuites distribuées par les offices du tourisme indiquent les hébergements. Vous pourrez également consulter le site d'Icelandic Farm Holidays (www.farmholidays.is), ainsi que booking.com, pour un choix plus large.

## Circuits organisés

À Skógar et alentour, plusieurs agences bien établies organisent des visites des merveilles naturelles de la région (à commencer par les glaciers et les volcans). Southcoast Adventure (p. 144) encadre notamment des randonnées guidées au col du Fimmvörðuháls ; Midgard Adventure (p. 141), à Hvolsvöllur, propose des treks, des expéditions en Super-Jeep, des randonnées glaciaires, etc. Ces deux excellents prestataires pourront venir vous chercher à Skógar. Arctic Adventures (www.adventures.is) dispose d'un petit comptoir de réservation au Fossbúð (ci-contre).

**Icelandic Mountain Guides** AVENTURE
(☎587 9999, bureau de Skógar 894 2956 ; www.mountainguides.is). Ce tour-opérateur possède une agence à Reykjavík et une antenne à Skógar, dans l'hôtel Skógafoss (p. 148). À son catalogue : randonnées et escalades glaciaires au Sólheimajökull (8 900-25 900 ISK), treks guidés au Fimmvörðuháls (26 900 ISK) et bien d'autres excursions et expéditions plus lointaines.

## Où se loger

Même si Skógar compte un bon choix d'hébergements, réservez dès que possible pour la haute saison.

♥ **Camping de Skógar** CAMPING €
(empl tarif plein/enfant 1 200/800 ISK ; ⊙mai-sept). Un camping herbeux basique et idéalement situé, à côté des chutes de Skógafoss, avec le bruit de l'eau pour berceuse. Bloc sanitaires spartiate (douche 300 ISK) ; paiement à l'auberge de jeunesse voisine.

**Skógar HI Hostel** AUBERGE DE JEUNESSE €
(☎487 8780 ; www.hostel.is ; dort/d 4 750/12 900 ISK). Une bonne adresse d'Hostelling International, proche des chutes de Skógafoss, dans une ancienne école aux chambres fonctionnelles. Cuisine et laverie.

♥ **Skógar Guesthouse** GUESTHOUSE €€
(☎894 5464 ; www.skogarguesthouse.is ; d/tr sans sdb petit-déj inclus 21 000/30 000 ISK ; wifi). Cette jolie ferme blanche se cache au milieu des arbres, après l'hôtel Edda, presque au bord de la falaise. Les sympathiques propriétaires louent des chambres élégantes et impeccables (draps frais et couettes douillettes) ; sdb immaculées et grande cuisine ; *hot tub* sur une terrasse en bois à l'ombre des érables. Un parfum d'isolement dans le centre de Skógar.

**Hótel Skógafoss** HÔTEL €€
(☎487 8780 ; www.hotelskogafoss.is ; d petit déj inclus avec/sans vue sur la cascade 27 000/25 000 ISK). Cet hôtel récent possède des chambres simples et modernes (la moitié a vue sur la chute), avec de bonnes sdb. Le bistrot (ci-dessous), dont les grandes baies vitrées donnent sur la cascade, est une bonne adresse pour prendre un verre (bière locale à la pression) ou manger.

**Hótel Edda Skógar** HÔTEL €€
(☎444 4000 ; www.hoteledda.is ; d sans sdb 18 000 ISK ; ⊙début juin-fin août ; P). Cette auberge d'été occupe 2 bâtiments de l'école à proximité du musée. Sans charme et datée, elle est en revanche bien pratique. Sdb collectives uniquement.

**Hótel Skógar** HÔTEL €€€
(☎487 4880 ; www.hotelskogar.is ; s/d/tr petit-déj inclus 38 300/41 100/51 400 ISK). Tout un choix de petites chambres, décorées avec de jolis objets anciens. Certaines ont vue sur les collines. À l'étage, une chambre équipée d'un lit *king size* donne sur la chute – évitez celle du bas, à cause du bruit. *Hot tub* et sauna ; restaurant élégant (12h-15h et 18h-22h ; plats 3 000-4 900 ISK). La direction loue également une maison à proximité.

## Où se restaurer

**Hótel Skógafoss Bistro-Bar** ISLANDAIS €€
(☎487 8780 ; www.hotelskogafoss.is ; Skógar ; plats 1 600-2 500 ISK ; ⊙8h-23h juin-sept, 8h-22h oct-mai). Le bistrot de l'hôtel Skógafoss est plaisant pour un repas ou un verre (bière locale à la pression). Des baies vitrées donnent sur la cascade.

**Fossbúð** RESTAURATION RAPIDE €€
(☎487 4880 ; plats 1 200-3 000 ISK ; ⌚9h-21h juin-août). Ce restaurant fait plutôt office d'épicerie et de fast-food : soupes, salades, hamburgers, sandwichs, chips et barres chocolatées. L'agence Arctic Adventures dispose d'un petit comptoir sur place.

## Depuis/vers Skógar

Services assurés par **Strætó** (www.bus.is) :
- Bus n°51 Reykjavík-Vík-Höfn (Reykjavík-Skógar 5 040 ISK, 2 heures 30, 2/jour)

Services assurés par **Sterna** (www.sterna.is) :
- Bus n^os^12/12a Reykjavík-Vík-Höfn (Reykjavík-Skógar 4 800 ISK, 3 heures, 1/jour juin à mi-sept)

Services assurés par **Reykjavík Excursions** (www.re.is) :
- Bus n^os^20/20a Reykjavík-Skaftafell (Reykjavík-Skógar 6 000 ISK, 4 heures, 1/jour mi-juin à début sept)
- Bus n^os^21/21a Reykjavík-Skógar (6 000 ISK, 3 heures 15, 2/jour juin-août)

# Landmannalaugar

Avec ses montagnes multicolores, ses sources chaudes apaisantes, ses coulées de lave et ses lacs aux eaux bleu clair, le massif du Landmannalaugar est absolument unique. C'est le chouchou des Islandais comme des étrangers... du moins lorsque la météo est de la partie !

Le Landmannalaugar (600 m), qui fait partie de la réserve naturelle de Fjallabak, englobe la plus grande zone géothermique d'Islande après la caldeira du Grímsvötn, dans le parc du Vatnajökull. Ses sommets sont faits de rhyolite, une lave riche en minéraux qui refroidit très lentement, ce qui lui donne des couleurs incroyables.

La région, point de départ officiel du fameux trek du Laugavegurinn, se prête à d'autres belles balades à la journée. Comptez 500 ISK/jour pour accéder aux équipements.

## Activités

Les activités ne manquent pas dans le Landmannalaugar et alentour. Pourtant, de nombreux visiteurs passent à côté des merveilles de la région en entreprenant directement le long trek du Laugavegurinn. Si vous prévoyez de rester, sachez que la foule est moins dense le soir et que malgré le chaos apparent de la base, les collines sont un véritable havre de paix.

### Sources chaudes

À 200 m du refuge de Landmannalaugar, des sources chaudes et froides surgissent de sous le Laugahraun et se déversent dans un bassin naturel pour offrir un bain divin. On pourrait traduire Landmannalaugar par "la piscine des gens du pays"... et pour cause !

### Randonnée

Pour faire des balades dans le Landmannalaugar, arrêtez-vous au bungalow d'information pour acheter une carte des excursions à la journée (300 ISK), sur laquelle sont indiqués les meilleurs sentiers de la région. Les randonnées guidées (proposées par des agences de Hvolsvöllur et Skógar) sont un très bon moyen d'explorer le secteur.

Le trek du Laugavegurinn (p. 151) part de derrière le bungalow de Landmannalaugar (repérez le balisage rouge).

♥ **Ljótipollur** RANDONNÉE
Partez pour la journée au bien mal nommé Ljótipollur ("affreuse mare"), un incroyable cratère magenta empli d'une eau d'un bleu éclatant. Le rouge intense des parois provient de dépôts de minerai de fer. Bizarrement, bien que formé lors d'une éruption, ce lac est riche en truites. Le chemin traverse toutes sortes de paysages : déserts de téphra, coulées de lave, marécages, vallées glaciaires accidentées...

Pour arriver jusqu'ici, vous pourrez monter en haut du **Norðurnámur** (786 m) ou simplement traverser au pied de la montagne en direction de l'ouest pour rejoindre la route du Ljótipollur (10-13,3 km aller-retour, selon l'itinéraire choisi).

**Brennisteinsalda** RANDONNÉE
Par beau temps, gravissez le **Brennisteinsalda**, dont les versants striés d'arcs-en-ciel sont ponctués de colonnes de vapeur et de dépôts de soufre, pour admirer ce superbe paysage rude et bigarré (6,5 km aller-retour depuis Landmannalaugar). Du Brennisteinsalda, il faut 1 heure 30 par la route de Þórsmörk pour arriver à l'impressionnante zone géothermique de **Stórihver**.

**Frostastaðavatn** RANDONNÉE
Ce lac bleu s'étend derrière la crête de rhyolite, au nord du refuge de Landmannalaugar. Derrière l'arête, vous serez récompensé par différents points de vue (de près et de loin) sur les étonnantes formations rocheuses et les coulées de lave couvertes de mousse autour du lac. En faisant l'aller ou le retour

en marchant, prévoyez 2-3 heures en tout pour parvenir au rivage et explorer un peu le secteur.

**Pêche**

Pour pêcher dans les lacs du secteur, procurez-vous un permis (3 500 ISK) auprès du Mountain Mall de Landmannalaugar ou à Landmannahellir (ci-dessous).

## Circuits organisés

Des **sorties à cheval** (☎868 5577 ; www.hnakkur.is ; 1/2 heures 9 000/12 500 ISK) dans le Landmannalaugar sont proposées entre juillet et la mi-août. Les élevages de chevaux et les fermes équestres des plaines autour d'Hella organisent aussi des excursions (plus longues) dans la région.

## Où se loger

Vous trouverez une grande base avec un camping et un refuge à Landmannalaugar. En saison, le camping ouvre dès que les routes sont praticables, souvent courant juin. La fermeture a lieu au plus tard mi-octobre. Elle peut être avancée, en cas de forte chute de neige ou quand l'eau est coupée.

**Base de Landmannalaugar** REFUGE, CAMPING €
(☎réservations 568 2533, refuge juil-sept 860 3335 ; www.fi.is ; empl/refuge 1 800/7 500 ISK/pers). En plein été, ce camping ressemble à un camp de fortune, avec d'innombrables tentes, quelques constructions envahies par les randonneurs et du linge suspendu un peu partout. Le refuge peut accueillir 78 personnes, dans un espace restreint ; réservez. Espace cuisine ; douches (eau chaude 500 ISK/5 min).

Les campeurs peuvent s'installer sur les emplacements prévus et accéder aux toilettes et aux douches. Le camping sauvage est strictement interdit – toute la zone fait partie de la réserve naturelle protégée de Fjallabak. Plusieurs gardes surveillent le site. Lors de nos recherches, le nombre de campeurs n'était pas limité et il était impossible de réserver.

La base, appelée tout simplement Landmannalaugar, est gérée par Ferðafélag Íslands (Icelandic Touring Association), tout comme les refuges sur le parcours du trek du Laugavegurinn. Son site Web est une mine d'informations.

**Landmannahellir** CAMPING, REFUGE €
(☎893 8407 ; www.landmannahellir.is ; empl adulte/tente 1 300/110 ISK ; ⏲mi-juin à début sept). Ce camping isolé possède des équipements rudimentaires (douches et toilettes) et un refuge (option duvet 5 600 ISK). On y trouve aussi quelques maisons à louer en été et vous pourrez vous y procurer un permis de pêche. Le bus Trex (www.trex.is) T21 Reykjavík-Landmannalaugar dessert Landmannahellir (8 400 ISK, 3 heures 45, 2/jour mi-juin à début septembre) sur demande.

## Où se restaurer

Il n'y a pas de restaurants à Landmannalaugar. Faites des provisions. Le magasin Mountain Mall vend assez cher quelques aliments de première nécessité. Les refuges possèdent des aires pour cuisiner, accessibles à ceux qui y dorment.

## Achats

**Mountain Mall** ALIMENTATION, VÊTEMENTS
(www.landmannalaugar.info). Sur la base de Landmannalaugar, ce magasin aménagé dans 2 bus vend des articles de base : casquettes ou pantalons, thé, bière (1 000 ISK), soupe (1 000 ISK), poisson fraîchement pêché dans les lacs voisins, etc. Également : permis de pêche et cartes.

## Renseignements

Les gardiens du refuge de Landmannalaugar répondront à vos questions et vous conseilleront sur les itinéraires. Ils vendent des cartes indiquant les itinéraires des randonnées à la journée (300 ISK) et du trek du Laugavegurinn (1 700 ISK), ainsi qu'une brochure en anglais et en islandais sur ce trek (3 000 ISK). Notez que les gardiens ne sont pas météorologues (tout le monde leur demande s'il va pleuvoir...). Lors de nos recherches, il n'y avait pas de Wi-Fi sur place – mais une couverture réseau pour les téléphones mobiles.

## Depuis/vers Landmannalaugar

### BUS

Des bus semi-amphibies permettent de rejoindre Landmannalaugar depuis trois directions différentes. Ils circulent quand les routes sont ouvertes (point info sur www.road.is).

**Depuis Reykjavík** Des bus desservent l'ouest de la piste de Fjallabak, qui suit d'abord la Route 26 à l'est de la Þjorsá jusqu'à la F225.

**Depuis Skaftafell** Des bus empruntent la piste de Fjallabak (F208).

**Depuis Mývatn** Des bus traversent les hautes terres en passant par Nýidalur, sur la piste de Sprengisandur (F26).

Il est possible de venir de Reykjavík et de passer entre 2 et 10 heures à Landmannalaugar avant de regagner la capitale, ou de faire une halte de 3 à 5 heures avant de continuer vers Skaftafell. Cela suffit pour se tremper dans les sources chaudes et/ou profiter d'une courte randonnée. Les bus du matin arrivent généralement à Landmannalaugar vers midi (les horaires varient). Vous pourrez aussi choisir de passer la nuit sur place.

Services assurés par **Reykjavík Excursions** (www.re.is) :

- Bus n^os^10/10a Skaftafell-Landmannalaugar (9 000 ISK, 5 heures, 1/jour fin juin-début sept)
- Bus n^os^11/11a Reykjavík-Landmannalaugar (8 000 ISK, 4 heures 15, 3-4/jour mi-juin à mi-sept)
- Bus n^os^14/14a Mývatn-Landmannalaugar (16 500 ISK, 10 heures, 1/jour fin juin-début sept)

Services assurés par **Sterna** (www.sterna.is) :

- Bus n^os^13/13a Reykjavík-Landmannalaugar (8 000 ISK, 4 heures, 1/jour fin juin-début sept)

Services assurés par **Trex** (www.trex.is) :

- Bus n^o^T21 Reykjavík-Landmannalaugar (7 900 ISK, 4 heures 15, 2/jour mi-juin à début sept)

### VOITURE

Les routes menant au Landmannalaugar sont ouvertes exclusivement en été (approximativement entre fin juin et septembre), selon les conditions météo et de circulation (info à jour sur www.safetravel.is et www.road.is). Trois axes permettent de venir depuis la Route circulaire ; tous nécessitent un 4x4. Comptez une journée pour venir de Mývatn par la piste de Sprengisandur (4x4 uniquement). Si vous avez un petit 4x4, vous devrez le laisser 1 km avant la vallée (la traversée de la rivière serait trop périlleuse) et emprunter la passerelle. Les voitures de location à 2 roues motrices ne sont pas autorisées à emprunter les routes F.

Il n'y a pas de station-service au Landmannalaugar. Les plus proches sont situées à 40 km au nord, à Hrauneyjar (p. 352), près du départ de la F208 ; et à 90 km au sud-est, à Kirkjubæjarklaustur. Par précaution, faites le plein sur la Route circulaire en venant de l'ouest ou du nord.

**F208 (nord-ouest)** Suivez la rive occidentale de la Þjorsá (Route 32), via Árnes, puis empruntez la F208 par le nord jusqu'au Landmannalaugar. C'est l'itinéraire le plus accessible pour les petits 4x4. Après la centrale électrique, la route venant de Hrauneyjar devient très cahoteuse. Elle passe entre les lignes à haute tension jusqu'à Ljótipollur.

**F225** À l'est de la Þjorsá, suivez la Route 26 dans les terres, traversez les plaines derrière Hella, contournez l'Hekla, puis poursuivez vers l'ouest sur la Route F225 jusqu'à la base. Un trajet éprouvant.

**F208 (sud-est)** Ce parcours, le plus difficile, quitte la Route circulaire entre Vík et Kirkjubæjarklaustur. C'est celui qu'empruntent les bus Skaftafell-Landmannalaugar.

Vous pouvez aussi réserver un circuit en Super-Jeep auprès d'une agence locale, à Reykjavík ou dans une localité du sud du pays.

## Trek du Laugavegurinn : de Landmannalaugar à Þórsmörk

C'est en effectuant le fameux trek entre le Landmannalaugar et la vallée de Þórsmörk, appellé le Laugavegurinn (“route des Sources chaudes”), que les randonneurs gagnent leurs galons en Islande. Le paysage, d'une beauté étrange et rude, ne cesse de changer à mesure que l'on remonte vers le cœur de l'île, où la terre fume et bouillonne. Versants montagneux aux couleurs vives, rivières glaciaires et glaciers s'égrènent en chemin, jusqu'à la réserve naturelle verdoyante de Þórsmörk. C'est la randonnée la plus populaire d'Islande. Sur ce parcours sinueux de 55 km, les infrastructures sont en bon état et les refuges sont bien répartis. Réservez impérativement plusieurs mois à l'avance si vous voulez y dormir. Les campeurs n'ont pas besoin de réserver.

Avant de partir, consultez le site www.safetravel.is, où il est conseillé de consigner votre itinéraire. Pensez à signaler votre départ au point d'information de la base de Landmannalaugar. N'entreprenez en aucun cas cette randonnée hors saison (elle est souvent ouverte de début juillet à début septembre – variable en fonction de la météo), car les dangers sont bien réels et vous ne trouverez personne pour vous venir en aide en chemin. Même en été, la neige et le brouillard sont au rendez-vous, et vous devrez franchir des rivières. Préparez-vous en conséquence.

### Où se loger et se restaurer

Des refuges, tous gérés par **Ferðafélag Íslands** (www.fi.is), sont stratégiquement placés le long du chemin. Ils peuvent accueillir des dizaines de personnes et doivent être retenus (et payés) plusieurs mois à l'avance – vous pourrez vous inscrire sur

## Trek du Laugavegurinn

## À L'ASSAUT DU LAUGAVEGURINN

### Le Laugavegurinn en 4 jours

Ferðafélag Íslands (www.fi.is) divise le Laugavegurinn en 4 sections (voir site Web). De nombreux randonneurs effectuent un tronçon par jour, sur 4 jours, ce qui leur permet de profiter des refuges judicieusement situés (et/ou des campings adjacents).

**Étape 1 : de Landmannalaugar à Hrafntinnusker** (12 km ; 4-5 heures). L'itinéraire démarre plutôt en douceur. Il traverse les terres en ébullition de Stórihver et des champs d'obsidienne étincelante, avant d'arriver au premier refuge. Pour rallonger l'étape, passez par Skalli ; procurez-vous auprès du point d'information de la base de Landmannalaugar la brochure (300 ISK) qui détaille cette variante moins fréquentée. Faites le plein d'eau avant de partir, car vous ne croiserez aucune source avant le premier refuge. Environ 2 km avant Hrafntinnusker, une stèle à la mémoire d'un randonneur rappelle tristement qu'il faut préparer soigneusement sa randonnée et faire preuve d'une vigilance constante.

**Étape 2 : de Hrafntinnusker à l'Álftavatn** (12 km ; 4-5 heures). À Hrafntinnusker, vous pourrez effectuer quelques courtes boucles sans votre sac à dos avant de continuer : allez à Södull (20 min aller-retour) et à Reykjafjöll (1 heure aller-retour), qui réservent des panoramas magnifiques, et à la zone géothermique cachée derrière les grottes de glace (3 heures aller-retour). Prenez conseil auprès du garde. Le sentier menant à l'Álftavatn (le lac des Cygnes) offre également une vue splendide ; franchissez l'éperon nord de la calotte glaciaire de Kaldaklofsfjöll pour contempler le panorama depuis le sommet. En progressant vers l'Álftavatn, on aperçoit le Tindfjallajökull, le Mýrdalsjökull et l'Eyjafjallajökull, avant d'atteindre le majestueux lac, où vous passerez la nuit.

**Étape 3 : de l'Álftavatn à Emstrur-Botnar** (15 km ; 6-7 heures). Pour atteindre Emstrur, vous devrez franchir au moins un grand cours d'eau. Retirez vos chaussures et passez à gué ou attendez sur la rive qu'un 4x4 vous fasse traverser. Ne manquez pas le détour par le spectaculaire Markarfljótsgljúfur, un canyon verdoyant d'une beauté à couper le souffle. L'itinéraire est bien indiqué depuis Emstrur. Comptez 1 heure aller (retour par le même chemin).

**Étape 4 : d'Emstrur-Botnar à Þórsmörk** (15 km ; 6-7 heures). À ce stade, l'aridité cède la place aux fleurs arctiques et à des paysages verdoyants. Si vous ne souhaitez pas rester à Þórsmörk, vous devrez arriver avant le départ du dernier bus.

### Le Laugavegurinn en 3 jours

Si vous êtes en forme, il est possible d'effectuer cette randonnée en 3 jours au lieu de 4. Condensez les étapes 1 et 2 en un seul jour et arrivez à Álftavatn après 8-10 heures de marche. Continuez jusqu'à Emstrur le deuxième jour, pour parvenir à Þórsmörk le troisième au soir.

### Le Laugavegurinn en 2 jours

Les grands randonneurs peuvent parcourir les 55 km de cet itinéraire en deux grandes journées. Marchez jusqu'à l'Álftavatn le premier jour ou, encore mieux, jusqu'à Hvanngil, 5 km plus loin. Il est possible de réaliser les étapes 3 et 4 le deuxième jour, car ce tronçon de 30 km est relativement plat, avec un dénivelé cumulé de seulement 100 m.

### Le Laugavegurinn en 5 heures

Vous êtes prêt à tout ? Inscrivez-vous au **Laugavegur Ultra Marathon** (Laugavegshlaupið ; www.marathon.is ; ⌚juil), une course d'endurance où les meilleurs coureurs d'Islande effectuent le parcours complet en moins de 5 heures. Þorbergur Ingi Jónsson détient le dernier record : 3 heures 59 minutes et 13 secondes.

### Prolonger le Laugavegurinn

Si la météo est clémente, il n'y a aucune raison de se presser. Prenez l'un des refuges pour base et explorez les sentiers qui partent de l'itinéraire principal du Laugavegurinn. Il est aussi possible de s'attarder au Landmannalaugar avant de se mettre en marche, même si notre préférence va à la région de Þórsmörk.

une liste d'attente dès l'année précédente ; les réservations débutent officiellement en octobre ou novembre pour l'été suivant. Les places partent très rapidement. Notez que les lits superposés de la plupart des refuges accueillent 4 personnes (2 côte à côte par niveau). Si vous voyagez seul, vous dormirez donc à côté d'un inconnu.

De nombreux refuges sont équipés de panneaux solaires, qui permettent aux gardiens de recharger leur matériel de communication, et alimentent éventuellement un éclairage. Les randonneurs n'ont pas accès à l'électricité. Un calme strict est requis de minuit à 7h.

On peut camper dans des espaces délimités autour du refuge. Face à la popularité grandissante de la randonnée, ces emplacements sont aussi pris d'assaut (leur nombre n'était pas limité lors de nos recherches). Sachez que les campeurs ne peuvent pas profiter des cuisines et autres équipements du refuge, ce qui implique d'avoir son propre matériel. Ils ont en revanche accès aux sanitaires et à l'eau courante. Les emplacements de camping sont souvent exposés aux éléments : installez votre tente dans le sens du vent et lestez-la avec des rochers. Le camping coûte partout 1 800 ISK par personne ; il n'est pas nécessaire de réserver. Les paiements, à régler aux gardiens, se font en espèces ou par carte bancaire.

Les refuges sont en général ouverts de fin juin à début septembre, en fonction de la météo. Ils sont fermés en hiver. Le camping sauvage est strictement interdit sur tout le parcours, qui traverse des réserves naturelles protégées.

Vous ne trouverez de nourriture nulle part ; apportez le nécessaire.

### Hrafntinnusker
REFUGE, CAMPING €

(Höskuldsskáli ; ☎568 2533 ; www.fi.is ; N 63°56. 014', W 19°10. 109' ; empl/refuge 1 800/7 500 ISK/pers). Ce refuge des plus spartiates accueille 52 personnes (22 sur des matelas par terre dans un grenier aménagé) – à 1 027 m d'altitude, préparez-vous à des conditions vraiment inhospitalières si vous campez. Il y a des toilettes extérieures et un chauffage géothermique, mais pas de douches et rien pour recueillir les déchets : vous devrez transporter les vôtres jusqu'à Hvangil.

Certains campeurs cuisinent sur des fumerolles non loin de là. Le gardien (juillet-août seulement) saura vous indiquer le lieu. Quand il est absent, il faut puiser l'eau à la rivière ou ramasser de la neige.

### Álftavatn
REFUGE, CAMPING €

(☎568 2533 ; www.fi.is ; N 63°51. 470', W 19°13. 640' ; empl/refuge 1 800/7 500 ISK/pers). Les 2 refuges, qui accueillent 72 personnes au total, ont l'eau potable et des matelas. La cuisine est équipée de gazinières. La douche coûte 500 ISK. Le site ouvre en même temps que les routes F locales – de juin (début ou fin du mois, en fonction de la météo) à mi-septembre.

### Hvanngil
REFUGE, CAMPING €

(☎568 2533 ; www.fi.is ; empl/refuge 1 800/7 500 ISK/pers). Ce refuge sur un sentier secondaire, à 5 km au sud d'Álftavatn, loge 60 personnes et dispose d'une cuisine et d'une douche (500 ISK). Plus tranquille qu'Álftavatn, c'est une bonne option pour les marcheurs qui font le trek en 2 jours.

### Emstrur
REFUGE, CAMPING €

(Botnar ; ☎568 2533 ; www.fi.is ; N 63°45. 980', W 19°22. 450' ; empl/refuge 1 800/7 500 ISK/pers). Emstrur compte 60 lits répartis dans 3 refuges, 2 douches (eau chaude 500 ISK/5 min), des toilettes et une cuisinière à gaz. Vous devrez emporter vos déchets et il n'y a pas de prise électrique. La vue est ici moins spectaculaire que dans les autres refuges – malgré l'emplacement sous le glacier. La couverture de téléphonie mobile est particulièrement mauvaise.

## ℹ Renseignements

**Ferðafélag Íslands** (Islandic Touring Association ; ☎568 2533 ; www.fi.is) gère les installations de la région. Son site Web est une mine de renseignements (infos sur le trek notamment). L'association publie un petit livret (3 000 ISK ; disponible en anglais) sur l'itinéraire, avec des renseignements détaillés sur les paysages, les points de vue et le sentier, et vend également une carte (1 700 ISK). Vous pourrez vous les procurer à Landmannalaugar.

La plupart des agences du sud de l'Islande mettent le Laugavegurinn à leur catalogue. Outre l'itinéraire classique, il existe des variantes plus longues, hors des sentiers battus, qui empruntent des cols peu fréquentés parallèles au sentier principal.

La plupart des randonneurs suivent le sentier du nord vers le sud pour profiter du dénivelé négatif et des infrastructures à Þórsmörk. De Þórsmörk, vous pourrez sauter dans un bus ou continuer à pied jusqu'à Skógar par le Fimmvörðuháls (p. 146), ce qui prend un jour ou deux de plus (20 km environ).

### MÉTÉO ET ÉQUIPEMENT

Pour effectuer la randonnée sans guide, munissez-vous d'une carte et d'un GPS.

L'itinéraire est presque toujours praticable de début juillet à mi-septembre. Au début de la saison (fin juin à début juillet), on peut rencontrer des zones verglacées et des endroits très enneigés difficiles à traverser. En été, certains cours d'eau sont infranchissables car trop profonds. Les dates prévues d'ouverture des refuges constituent un bon indicateur des conditions. Les refuges sont fermés hors saison : il est alors fortement déconseillé (et dangereux) d'entreprendre la randonnée.

À tout moment, la randonnée Landmannalaugar-Þórsmörk ne doit pas être prise à la légère. Prévoyez du matériel adéquat et des vêtements chauds et imperméables, car les conditions météo peuvent changer brutalement et radicalement. Vous devrez traverser des rivières, et la pluie et le brouillard peuvent survenir rapidement. Autrement dit, pas de jean ni de vêtements en coton à même la peau. Si vous n'êtes pas un randonneur expérimenté et ne savez pas quoi emporter, documentez-vous. Les gardes ont signalé une forte recrudescence de randonneurs mal préparés qu'il a fallu secourir.

Emportez suffisamment d'eau et de nourriture.

### TRANSPORT DES BAGAGES

Vous n'aurez pas besoin de porter des bagages superflus tout au long du trek du Laugavegurinn. Si vous passez par une agence, elle s'occupera de transporter vos affaires du départ à l'arrivée, voire d'un refuge à l'autre.

### BUS

Aussi improbable que cela puisse paraître, le bus n°18 de Reykjavík Excursions (www.re.is) relie Reykjavík, l'Álftavatn, Hvanngil et Emstrur une fois par jour de fin juin à fin août (Reykjavík-Álftavatn 9 000 ISK, 4 heures). Il marque quelques pauses pour permettre aux voyageurs de se dégourdir les jambes.

## Þórsmörk

La réserve naturelle de Þórsmörk forme un royaume verdoyant de forêts et de vallons fleuris à l'abri du vent, englobant des gorges tourmentées, des rivières glacées et trois glaciers imposants (le Tindfjallajökull, l'Eyjafjallajökull et le Mýrdalsjökull). Ces derniers protègent le secteur des conditions météo les plus rudes : il fait souvent plus doux et plus sec à Þórsmörk (littéralement la "forêt de Thor") qu'aux alentours. Vu sa beauté et la proximité de Reykjavík (130 km), la réserve attire les foules en été.

Au nord-est, la partie la plus haute de la région, surnommée **Goðaland** (le "pays des Dieux"), est sublime. Les formations rocheuses se courbent vers le ciel comme les arches de quelque cathédrale, et des fleurs arctiques fluorescentes jaillissent de la mousse spongieuse en lumineux éclats de couleurs. En altitude, le temps est moins clément à Goðaland qu'à Þórsmörk.

Sur une carte, Þórsmörk semble proche de la Route circulaire, mais vous devrez prendre un bus ou un 4x4 surélevé (circuits en Super-Jeep) pour franchir les rivières et atteindre la réserve (vous pouvez aussi marcher depuis Skógar ou Landmannalaugar). En arrivant par le sud, il vous faudra franchir la périlleuse rivière Krossá, impraticable avec un 4x4 ordinaire.

Goðaland marque l'arrivée de la somptueuse randonnée par le col du Fimmvörðuháls (p. 146), qui part de Skógar. Le principal site de camping de Goðaland se trouve à Básar (p. 160) ; de Básar à Þórsmörk en voiture, vous devez faire la dangereuse traversée de la Krossá. Il y a des passerelles pour les piétons.

À Húsadalur, le refuge des Volcano Huts Þórsmörk (p. 161) est ouvert toute l'année. Les bus ne circulent généralement que de mai à mi-octobre. Le reste du temps, Þórsmörk est uniquement accessible dans le cadre d'un circuit en Super-Jeep.

### Activités

Les marcheurs exténués par le trek du Laugavegurinn préfèrent souvent prendre un bus pour quitter la réserve naturelle, sans prendre le temps de s'offrir une spectaculaire randonnée d'une journée (sans sac à dos). Le sentier qui rejoint Skógar par le col du Fimmvörðuháls (p. 146) est incroyable – mais plus facile à aborder dans l'autre sens, depuis Skógar.

Þórsmörk Trail Volunteers (www.trailteam.is), créé à l'initiative de l'Office des forêts islandais, propose des missions de bénévolat, notamment pour entretenir les sentiers.

**♥ Canyon Stakkholtsgjá** RANDONNÉE

Stakkholtsgjá (ou Stakksholtsgjá) est une magnifique gorge, présentant une alternance de roche nue et de mousses, avec une cascade cachée. Suivez le lit de la rivière, puis traversez-la. Lorsqu'elle se sépare en deux, prenez le bras de gauche qui descend dans un canyon étroit. Franchissez quelques rochers et vous découvrirez la cascade (ou de spectaculaires stalactites en hiver). La balade prend 1 heure 30 environ. Les bus de Reykjavík Excursions s'arrêtent au canyon.

*(Suite à la page 160)*

1

# Les aurores boréales

Les aurores boréales attirent tels des aimants d'innombrables visiteurs qui affrontent le froid en croisant les doigts, les yeux rivés vers le ciel nocturne.

## Qu'est-ce qu'une aurore boréale ?

Les Inuits pensaient qu'il s'agissait des âmes des défunts ; dans le folklore scandinave, elles sont décrites comme les esprits des femmes restées célibataires ; les Japonais croyaient qu'un enfant conçu sous ces lumières dansantes aurait une vie heureuse. La science moderne offre une tout autre explication.

Les fabuleux voiles de couleur qui traversent la nuit nordique sont créés par le vent solaire, un flot de particules provenant du Soleil qui entre en collision avec l'oxygène, le nitrogène et l'hydrogène de la haute atmosphère. Ces collisions produisent les envoûtantes traînées vertes et magenta lorsque le champ magnétique terrestre attire le vent vers les pôles.

## Où et comment les voir ?

Pour apercevoir une aurore boréale, il faut un ciel sombre sans trop de nuages... et un zeste de chance. Rien de moins, rien de plus.

De nombreux voyagistes proposent des "excursions aurores boréales" (en bateau, en jeep ou en bus) ; ils se contentent de vous conduire dans des zones sans trop de pollution lumineuse ni couverture nuageuse, pour augmenter vos chances d'admirer le phénomène. Vous pouvez aisément partir seul, mais ne prenez pas de risque si vous n'avez pas l'habitude de conduire sur neige la nuit.

Privilégiez les zones d'observation connues autour de Reykjavík (le phare

1. Jökulsárlón (p. 334)
2. Kirkjufell (p. 191)
3. Skaftafell (p. 326)

de Grótta à Seltjarnarnes ou la colline d'Öskjuhlíð, par exemple) ou réservez quelques nuits dans une auberge rurale, où vous guetterez la nuit venue l'arrivée du spectacle. De nombreux hôtels proposent à leurs clients de les réveiller si les lumières apparaissent au milieu de la nuit.

Ces dernières années, les hivers ont été riches en aurores boréales – on a même pu en observer dès la fin août. La saison habituelle s'étend entre la mi-septembre et la mi-avril ; elle peut se prolonger si les conditions sont réunies. Le cœur de l'hiver est le plus sombre (un facteur primordial pour l'observation des aurores), mais gare à la couverture nuageuse.

Sachez enfin qu'il n'est pas forcément nécessaire de s'éloigner des villes pour apprécier ce spectacle : si l'aurore boréale est importante, elle sera visible même à Reykjavík, malgré l'éclairage public.

## Prévoir leur formation

Il est pratiquement impossible de prédire la formation d'une aurore boréale ; il existe toutefois des outils et applications qui fournissent des indications, concernant notamment l'activité solaire – qui permet de mesurer la probabilité de la formation d'une aurore à court terme.

Le site de la météo islandaise, très complet, détaille l'activité des aurores boréales, la couverture nuageuse, l'ensoleillement et l'intensité de la lumière de la Lune, pour en tirer un bulletin "aurores boréales" (prévisions à une semaine, de septembre à mi-avril), consultable sur en.vedur.is/weather/forecasts/aurora. Reportez-vous également au site www.easyaurora.com.

1

2
GAVIN QUIRKE/GETTY IMAGES ©

3
KELLY CHENG/GETTY IMAGES ©

**1. Seljalandsfoss (p. 144)**
Passez derrière la cascade (attention : chemin glissant) pour voir l'eau qui se jette bruyamment dans le bassin.

**2. Blue Lagoon (p. 103)**
Un lagon riche en minéraux, en boue et en algues bénéfiques pour la peau, dans un champ de lave noire.

**3. Þórsmörk (p. 155)**
Cette réserve naturelle entourée par trois glaciers est un site de randonnée exceptionnel.

**4. Chevaux islandais**
Introduits par les Vikings, ils se distinguent par leur allure spécifique, le *tölt*, aux mouvements amples et fluides.

4
WANDERLUSTER/GETTY IMAGES ©

*(Suite de la page 155)*

### Tour du Valahnúkur RANDONNÉE

Un boucle de 2 heures 30 conduit au très beau point de vue du mont Valahnúkur qui porte jusqu'à l'océan, par-delà les canyons et les glaciers. Depuis Húsadalur, gravissez le sentier jusqu'au sommet, puis redescendez vers Langidalur, d'où vous longerez la crête séparant les vallées pour revenir à votre point de départ. Vous pouvez aussi faire l'aller-retour par le même chemin ou prendre un bus pour le retour.

### Tour du Tindfjöll RANDONNÉE

Pour cet itinéraire, comptez 4 heures 30 depuis Langidalur et 6 heures depuis Húsadalur. Des cartes sont en vente à Húsadalur, aux Volcano Huts Þórsmörk (p. 161).

La randonnée commence dans la **vallée de Slyppugil** (ou sur la crête du même nom), avant de traverser une moraine bordant une autre crête. Elle passe ensuite par la **Tröllakirkja** (l'“église des Trolls”), après laquelle apparaît une vaste étendue de verdure qui aboutit à un **panorama** de la vallée de Þórsmörk digne d'une carte postale. Suivez le sommet de l'arête de grès jusqu'à la rivière Krossá, qui vous ramènera à Langidalur ou, plus loin, à Húsadalur.

## Circuits organisés

En optant pour un circuit guidé en Super-Jeep, vous ferez davantage de découvertes qu'en venant par vos propres moyens.

Partout dans le Sud, des agences comme Southcoast Adventure (p. 144), Midgard Adventure (p. 141) et Icelandic Mountain Guides (p. 148) vous conduiront dans des vallées secrètes, et jusqu'à des cascades et des glaciers inaccessibles en bus, et vous initieront à la géologie et à la culture de la région. Vous approcherez par exemple la langue glaciaire du **Gígjökull**, qui a été en grande partie inondée de l'éruption de l'Eyjafjallajökull en 2010.

## Où se loger

Il existe 3 secteurs où loger dans la réserve de Þórsmörk : Langidalur et Slyppugil ; Básar (qui appartient en fait à Goðaland) ; et Húsadalur. Partout, vous trouverez des refuges et des emplacements de camping, ainsi que l'eau courante et de quoi cuisiner. Les hébergements sont pris d'assaut en été ; les lits en refuge doivent être réservés tôt. Emportez de la nourriture et un duvet. Le camping sauvage est interdit dans la région.

### Langidalur REFUGE, CAMPING €

(Þórsmörk ; Skagfjörðsskáli ; ☎893 1191, réservations 568 2533 ; www.fi.is ; N 63°40. 960', W 19°30. 890' ; empl/refuge 1 800/7 500 ISK/pers ; ⏲mai-sept). Le refuge de Langidalur (appelé aussi simplement refuge de Þórsmörk ou de Skagfjörðsskáli), géré par Ferðafélag Íslands, est le plus rustique des 4 hébergements de Þórsmörk. Bien entretenu, il peut accueillir 75 personnes et met 2 cuisines à disposition des clients. Les campeurs n'y ont pas accès, mais ils profitent d'une salle pour manger et d'un grand bloc sanitaire (douches). L'aire de camping est propre.

Une petite boutique vend du thé et du café, et quelques produits de base : réchauds de camping, chaussettes de laine, soupe, confiture, bière légère, etc. Ses horaires varient de mai à septembre.

### Básar REFUGE, CAMPING €

(☎893 2910, réservations 562 1000 ; www.utivist.is ; Goðaland, N 63°40,559', W 19°29,014' ; empl/refuge 1 500/5 500 ISK/pers). Son bel emplacement dans les arbres lui vaut la faveur des Islandais. Dans un espace restreint, le refuge peut accueillir 83 personnes (réservez via Útivist). Des allées de gazon et de planches sillonnent le camping, pris d'assaut les week-ends d'été. Douches : 500 ISK.

### Slyppugil CAMPING €

(☎575 6700 ; www.hostel.is ; empl 1 200 ISK/pers ; ⏲mi-juin à mi-août). Ce camping récent d'Hostelling International proche de Langidalur (500 m) est équipé de douches, de toilettes et de barbecues. Le gardien vous indiquera des randonnées à la journée. Vous bénéficierez de réductions en achetant le billet de bus au camping de Reykjavík (p. 79).

### Baldvinsskáli REFUGE €

(☎568 2533 ; www.fi.is ; N 63°36. 622', W 19°26. 477' ; dort 6 000 ISK ; ⏲mi-juin à mi-sept). Ce petit refuge géré par Ferðafélags Íslands est situé à mi-parcours de la randonnée du Fimmvörðuháls. Il peut accueillir 12 personnes ; il y a une petite cuisine à disposition et des toilettes extérieures, mais pas d'eau courante. Réservez tôt.

### Fimmvörðuháls REFUGE €

(☎893 4910, réservations 562 1000 ; www.utivist.is ; N 63°37. 320', W 19°27. 093' ; 6 000 ISK/pers ; ⏲mi-juin à août). Un refuge de 20 lits à Fimmvörðuskáli, à 1 000 m d'altitude, sur le col entre l'Eyjafjallajökull et le Mýrdalsjökull. Installé 600 m à l'ouest du sentier principal, il est difficile à repérer par mauvais temps.

Les groupes de l'agence Útivist étant prioritaires, le refuge est souvent plein. Pas de camping ni d'eau courante.

**Volcano Huts Þórsmörk** REFUGE, CAMPING €€
(☎552 8300 ; www.volcanohuts.com ; Húsadalur ; empl 2 000 ISK/pers, dort/s/d et bung sans sdb 7 500/16 000/25 000 ISK). Très fréquentés, les Volcano Huts mettent de l'animation dans la vallée d'Húsadalur ! On y trouve différents hébergements : dortoirs, chambres, bungalows pour 5 personnes (avec duvets ; kitchenette) et camping. Sdb communes et sauna. Un espace est prévu pour faire la cuisine, mais vous devrez avoir votre matériel (casseroles, ustentiles...). Draps : 3 000 ISK.

On mange bien au restaurant (petit-déj/déj/dîner 2 200/2 700/4 500 ISK) : soupe, pain frais, café et gâteau au déjeuner ; buffet pour le dîner. Wi-Fi. Cartes de randonnée et paniers pique-nique (2 500 ISK) en vente sur place.

## Où se restaurer

En dehors des Volcano Huts Þórsmörk, vous devrez apporter des provisions.

## Depuis/vers Þórsmörk

### BUS

Des bus tout-terrain équipés pour pouvoir traverser les rivières desservent Þórsmörk quand les routes sont ouvertes (infos sur www.road.is). Les bus Reykjavík-Þórsmörk s'arrêtent à Hveragerði, Selfoss, Hella, Hvolsvöllur et Seljalandsfoss. Les bus de Reykjavík Excursions sont très pratiques pour se déplacer dans la réserve de Þórsmörk.

Services assurés par **Reykjavík Excursions** (www.re.is) :

- Les bus n^os^9/9a Reykjavík-Þórsmörk (7 500 ISK, 4 heures, 1/jour mai à mi-oct) s'arrêtent à Húsadalur, au canyon de Stakkholtsgjá, à Básar et à Langidalur (2 bus supplémentaires de juin à août). Dans le sens du retour, le bus n°9a pour Reykjavík est un peu plus direct : si vous souhaitez descendre à Básar ou à Langidalur, vous devrez en faire la demande avant midi auprès du gardien de votre refuge. Comptez 5 000 ISK depuis Hella ou Hvolsvöllur, 4 000 ISK depuis Seljalandsfoss et 2 000 ISK depuis le carrefour au niveau de la rivière Krossá.

Services assurés par **Sterna** (www.sterna.is) :

- Bus n°14/14a Reykjavík-Þórsmörk (6 650 ISK, 4 heures 30, 1/jour fin juin à début sept). Il y a également 1 bus l'après-midi depuis/vers Seljalandsfoss.

Services assurés par **Trex** (www.trex.is) :

- Bus n°T11 Reykjavík-Þórsmörk (7 500 ISK, 4 heures 30, 2/jour mi-juin à mi-sept ; arrêts à Gígjökull, Básar et Langidalur). Autres tarifs : 6 300 ISK depuis Hveragerði ou Selfoss ; 4 600 ISK depuis Hella, Hvolsvöllur ou Seljalandsfoss.

### RANDONNÉE

Þórsmörk marque la fin du fameux trek du Laugavegurinn, qui part de Landmannalaugar. Le magnifique sentier du Fimmvörðuháls qui rallie Þórsmörk depuis Skógar est également apprécié. Si vous voulez marcher jusqu'à Þórsmörk, empruntez l'un de ces itinéraires ; il est bien moins spectaculaire de longer les routes 249 et F249 depuis Seljalandsfoss.

À pied, comptez environ 30 minutes entre Langidalur et Húsadalur par le plus court chemin.

### VOITURE

Il n'est pas possible d'aller jusqu'à Þórsmörk en voiture. Si vous avez un 4x4 avec une garde au sol très haute, vous pouvez tenter l'aventure par les routes 249 et F249 jusqu'au carrefour vers Húsadalur et Básar, au bord de la Krossá. Là, vous devrez laisser votre véhicule et prendre un bus (2 000 ISK/pers) ou une Super-Jeep. Il n'est en aucun cas envisageable de franchir les tourbillons sans Super-Jeep et sans connaître le passage. Les bus pour Þórsmörk sont des véhicules amphibies spécialement équipés pour traverser cette rivière profonde et les ravines encombrées de rochers. Les Super-Jeep parviennent jusqu'ici en hiver.

# De Skógar à Vík

Tandis que la Route circulaire s'incurve vers l'est entre Skógar et Vík, le relief s'élève vers les glaciers, les sommets et les volcans de l'intérieur des terres, et des rivières grondent dans des gorges mystérieuses, avant de traverser de vastes prairies jusqu'aux plages de sable noir et à l'océan. Le paysage est émaillé de fermes (beaucoup proposent un hébergement). Le paysage est tour à tour spectaculaire et bucolique, malgré l'affluence estivale.

## À voir

Voici les principaux sites remarquables de la région, classés d'ouest en est :

**Sólheimajökull** GLACIER
Le Sólheimajökull, l'une des langues glaciaires les plus faciles d'accès, se déploie depuis la grande calotte glaciaire du Mýrdalsjökull. C'est une destination très prisée pour la marche et l'escalade sur glace.

La Route 221 (4,2 km), qui part de la Route circulaire, mène à un petit parking et à l'Arcanum Glacier Café (p. 164), d'où l'on peut atteindre le glacier en 800 m par un large sentier bordant le lac glaciaire. N'essayez pas d'escalader le glacier sans guide.

**Mýrdalsjökull** CALOTTE GLACIAIRE

Le magnifique Mýrdalsjökull est le quatrième plus grand glacier du pays : sa calotte glaciaire, qui couvre 700 km², atteint par endroits 750 m d'épaisseur. Le volcan Katla, qui somnole dessous, entre périodiquement en éruption à travers la glace, noyant la plaine côtière sous un déluge de glace fondue, de sable et de téphras (produits volcaniques autres que la lave). Des agences locales incluent la couronne glaciaire dans certains circuits. Ne vous aventurez pas sans guide : la glace est instable et le sentier jusqu'au cratère peut être impraticable.

**Sólheimasandur** PLAGE

Le 21 novembre 1973, un avion de la US Navy dut faire un atterrissage forcé à Sólheimasandur (l'équipage survécut). L'épave du DC-3 est restée sur la plage de sable noir, située à l'est de l'embranchement Sólheimajökull/Route 221. On y accède par un chemin qui s'élance vers le sud jusqu'à la plage et est désormais fermé à la circulation. Vous devrez vous garer sur un parking improvisé et marcher jusqu'à la plage. (La création d'une véritable route d'accès est en projet).

♥ **Dyrhólaey** RÉSERVE NATURELLE

À la hauteur de Dyrhólaey (10 km à l'ouest de Vík, au bout de la Route 218) se dresse la plus spectaculaire formation naturelle de la côte sud : un promontoire de 120 m de haut, percé d'une immense arche au-dessus de l'océan. Admirez ses plages d'un noir profond et la vue depuis les hauteurs. Le site, classé réserve naturelle, abrite des colonies d'oiseaux, dont des macareux. Il est (partiellement ou entièrement) fermé pendant la nidification, du 15 mai au 25 juin.

♥ **Reynisfjara** PLAGE

Sur le versant ouest du Reynisfjall, la crête élevée qui surplombe Vík, la Route 215 descend sur 5 km jusqu'à la plage de sable noir de Reynisfjara. Cette grève sauvage est adossée à d'incroyables empilements de **colonnes basaltiques**, évoquant l'orgue de quelque église magique. La vue vers l'ouest et Dyrhólaey est superbe. Les falaises environnantes sont creusées de cavernes de basalte

## LE GÉOPARC DU KATLA

Le premier géoparc islandais a été créé en 2011, avec pour objectif de protéger une région d'une grande importance géologique, de promouvoir la culture locale et le développement durable, et de faire œuvre de pédagogie auprès des visiteurs. Le **géoparc du Katla** (☎560 2043 ; www.katlageopark.is) s'étend de Hvolsvöllur, au nord-est, jusqu'au grand Vatnajökull et aux plages de sable noir volcanique. Il englobe le volcan homonyme, l'Eyjafjallajökull et les terres torturées de Lakagígar. Il couvre 9% de la superficie de l'Islande. Il ne possède pas de bureau, mais son site Web fournit des renseignements.

De tous les volcans islandais, le Katla apparaît comme le plus menaçant pour les années qui viennent. Ce volcan de 30 km de long, très actif, est profondément enfoui sous la calotte glaciaire du Mýrdalsjökull. Il connaît en moyenne deux éruptions par siècle. La dernière ayant eu lieu en 1918, la suivante est attendue depuis plusieurs décennies.

Lorsque la nouvelle phase éruptive se produira, on s'attend, après l'explosion initiale, à des jours et des jours de retombées de cendres, de nuages de téphras et d'éclairs foudroyants, accompagnés d'inondations dues à la fonte soudaine du glacier. La géologie montre que les éruptions passées ont causé des raz-de-marée qui ont ricoché sur les Vestmannaeyjar (îles Vestmann) et créé un déluge dans la zone où se trouve aujourd'hui le village de Vík.

Les habitants de la région suivent des entraînements réguliers pour se préparer à une éventuelle évacuation. En cas d'éruption, tous les téléphones portables à portée de réseau (y compris le vôtre) recevront une alerte. Une fois le signal lancé, les fermiers devront débrancher les clôtures électriques, ouvrir les étables et les écuries (afin que les animaux puissent s'enfuir vers les hauteurs), afficher un panneau sur leur porte pour indiquer qu'ils ont quitté les lieux, puis se rendre dans l'un des centres d'évacuation à Hvolsvöllur, Vík ou Kirkjubæjarklaustur.

déformé ; en été, les macareux plongent dans les vagues depuis les hauteurs. Les hautes orgues basaltiques de Reynisdrangur (p. 164) se dressent à faible distance de la côte. Gare aux vagues imprévues : il n'est pas rare que des visiteurs se fassent emporter.

## Circuits organisés

**Arcanum** CIRCUITS AVENTURE
(☎487 1500 ; www.arcanum.is). Cette agence réputée organise chaque jour des marches sur le glacier du Sólheimajökull (12 990 ISK) et des circuits, notamment en motoneige (à partir de 24 990 ISK) ou en quad. Elle est basée à la ferme d'Ytri-Sólheimar I, à 11 km à l'est de Skógar. Transferts possibles depuis Reykjavík. Hébergements sur place.

**Mountain Excursion** CIRCUITS AVENTURE
(☎897 7737 ; www.mountainexcursion.is). Ce petit prestataire représenté au Volcano Hotel (p. 164) propose des randonnées de 2 heures sur le glacier du Sólheimajökull (14 900 ISK) et des circuits autour du volcan en Super-Jeep (à partir de 23 900 ISK).

## Où se loger et se restaurer

Il est interdit de camper à Dyrhólaey.

♥ **Garðar** GUESTHOUSE €
(☎487 1260 ; www.reynisfjara-guesthouses.com ; Reynisfjara ; bung 12 000-18 000 ISK). Un endroit magique au bout de la Route 215, à l'ouest de Vík. Ragnar, un sympathique fermier, loue 2 bungalows équipés en bord de plage, l'un en pierre (4 pers), l'autre en bois (2-4 pers). Draps : 1 500 ISK/personne.

♥ **Grand Guesthouse Garðakot** B&B €€
(☎487 1441 ; www.ggg.is ; ferme de Garðakot ; d 26 000 ISK). Dans une ferme d'élevage ovin, une agréable maison avec 4 belles chambres (TV dans chaque ; sdb privative pour 2 d'entre elles) – parquet chauffant, vue époustouflante sur les volcans et l'océan, accueil sympathique, cadre paisible. À 14 km à l'ouest de Vík, au sud de la Route circulaire, sur la Route 218.

**Giljur Gistihús** GUESTHOUSE €€
(☎866 0176 ; s/d sans sdb petit-déj inclus 15 000/20 000 ISK, d/tr petit-déj inclus 25 700/38 600 ISK ; ⊙juin à mi-sept). Une petite maison d'hôtes sur une ferme, dans un cadre superbe, au pied de versants verdoyants traversés par une cascade où paissent des chevaux. Chambres avec sdb privative ou partagée ; petit-déjeuner copieux. À 7 km à l'ouest de Vík, en retrait de la Route circulaire. Réservez via Icelandic Farm Holidays (www.farmholidays.is).

**Gistiheimlilið Reynir** GUESTHOUSE €
(☎894 9788 ; www.reyni.is ; Reynisfjara ; d sans sdb 14 000 ISK, f avec/sans sdb 24 100/22 000 ISK). Cet ensemble de mini-bungalows en tôle fait face à l'océan à Dyrhólaey. Les chambres avec lits jumeaux et les familiales (6 couchages) partagent sdb et cuisine. Lavabos et toilettes dans les bungalows plus anciens.

**Sólheimahjáleiga Guesthouse** B&B €€
(☎864 2919 ; ferme de Sólheimahjáleiga ; d avec/sans sdb 27 500/23 400 ISK, tr avec/sans sdb 38 400/33 300 ISK, qua 49 300 ISK ; P). Des bâtiments de ferme confortables abritent des chambres avec sdb et cuisine communes, ainsi que des chambres familiales à l'étage (sdb privative). Une construction récente renferme 10 chambres chaleureuses avec sdb privatives. À 11 km à l'est de Skógar, au nord de la Route circulaire.

**Farmhouse Lodge** B&B €€
(☎571 5879 ; www.farmhouse.is ; Skeiðflöt ; d avec/sans sdb petit-déj inclus 39 500/37 000 ISK, app 39 500 ISK). Des chambres à l'élégance contemporaine dans une ferme tranquille située sur la Route circulaire, à 14 km à l'ouest de Vík – chevets taillés dans des troncs d'arbre, espaces communs décorés avec goût. Buffet copieux au petit-déjeuner.

**Mið-Hvoll Cottages** BUNGALOWS €€
(☎863 3238 ; www.hvoll.com ; bung 21 000 ISK). Ces 7 bungalows tout en bois, très confortables, sont proches de Dyrhólaey, dans un coin de campagne au sud de la Route circulaire, avec vue sur les montagnes et l'océan. Chacun possède une cuisine, et peut accueillir 5 personnes (draps et serviettes : 1 500 ISK/pers). Les propriétaires proposent des balades à cheval sur les plages et dans les prairies alentour, pour tous les âges et tous les niveaux (à partir de 6 000 ISK).

À 12 km à l'ouest de Vík, en descendant la petite Route 216, juste à l'ouest de l'embranchement pour Dyrhólaey (Route 218).

**Hótel Dyrhólaey** HÔTEL €€
(☎487 1333 ; www.dyrholaey.is ; d 27 100-33 100 ISK ; @). Sur un promontoire à 10 km à l'ouest de Vík, cet hôtel de 88 chambres a la faveur des groupes. Ses 3 ailes renferment de grandes chambres confortables et ordinaires, desservies par de

### NATURE ISLANDAISE : PRUDENCE

Aussi envoûtants que soient les paysages islandais, avec leurs plages de sable noir et leurs glaciers étincelants en bord de route, il est primordial de comprendre les dangers encourus. La plage de Reynisfjara, près de Vík, est réputée pour ses vagues traîtresses – des touristes se font régulièrement piéger et il n'est pas toujours possible de les secourir. Il serait inconscient de s'aventurer sur les glaciers sans un guide local expérimenté. Des crevasses, souvent dissimulées sous la neige, peuvent apparaître soudainement ; les émanations de gaz dues à l'activité volcanique et les inondations (parfois invisibles de la surface) contribuent à fragiliser la glace.

Le nombre de touristes ne cesse de croître en Islande, et des visiteurs inexpérimentés au comportement irresponsable font malheureusement régulièrement la une des journaux (un homme a par exemple emmené sa famille sur un glacier avec une voiture de location). Soyez responsable. Vérifiez systématiquement les conditions météo et n'hésitez pas à changer vos plans en cas de danger. Quand vous partez en randonnée, enregistrez-vous sur www.safetravel.is.

longs couloirs moquettés. Restaurant ouvert de 19h à 21h de mai à octobre (parfois également au déjeuner).

**Guesthouse Steig** GUESTHOUSE €€€
(☎487 1324 ; www.guesthousesteig.is ; d avec/sans sdb petit-déj inclus 32 890/23 000 ISK ; @). À 16 km à l'ouest de Vík, à 1,5 km au nord de la Route circulaire (via une piste), cette jolie pension occupe une ferme toute simple, aux chambres spacieuses, modernes et claires. Cuisine commune et accueil sympathique.

**Volcano Hotel** HÔTEL €€
(☎486 1200 ; www.volcanohotel.is ; Ketilsstaðaskóli ; s/d/f petit-déj inclus à partir de 27 700/31 900/40 500 ISK ; 📶). Cet hôtel de 7 chambres, à 11,5 km à l'ouest de Vík, fait partie des établissements de choix dans la région (il affiche vite complet). L'agence Mountain Excursion y possède un bureau.

**Arcanum Glacier Café** CAFÉ €
(Café Solheimajökull ; ☎547 1500 ; www.arcanum.is ; en-cas 750-1 375 ISK ; ⏲9h30-17h mai-sept, horaires réduits oct-avr). Un endroit chaleureux aux pieds du glacier Solheimajökull. En-cas, pizzas, sandwichs, gâteaux, etc.

**Svarta Fjaran** CAFÉ €€
(Black Beach Restaurant ; ☎571 2718 ; www.svartafjaran.com ; Reynisfjara ; en-cas 990 ISK, dîner plats 2 500-6 000 ISK ; ⏲11h-22h). Ce restaurant moderne se distingue par une architecture cubique en pierre noire volcanique, évoquant la plage noire de Reynisfjara voisine et ses célèbres colonnes de basalte. Il sert des gâteaux maison et des en-cas pendant la journée, et propose un menu complet le soir. Les baies vitrées donnent sur l'océan et Dyrhólaey.

# Vík

320 HABITANTS

L'accueillant village de Vík (Vík í Mýrdal) est une base en plein essor pour les visiteurs souhaitant partir à la découverte de magnifiques tronçons de la côte sud. Localité la plus méridionale d'Islande, c'est aussi la plus pluvieuse, ce qui ne l'empêche pas de connaître une ambiance frénétique en été, lorsque toutes les chambres à 100 km à la ronde sont occupées. C'est un point de chute pratique, offrant de nombreux services, d'où l'on peut se rendre à la superbe plage de basalte de Reynisfjara et à ses falaises peuplées de macareux, au plateau rocheux de Dyrhólaey, aux volcans entre Skógar et le lac glaciaire de Jökulsárlón... Sur la côte, des vagues blanches viennent lécher le sable noir, tandis que les falaises prennent avec la pluie une couleur vert brillant. Un cadre magnifique.

## À voir

**Reynisdrangur** SITE REMARQUABLE
Les orgues basaltiques émergeant des flots emblématiques de Vík sont connues sous le nom de Reynisdrangur : elles surgissent de l'océan telles des tours d'ébène, à l'extrémité ouest de la plage de sable noir. La légende dit qu'il s'agirait des mâts d'un bateau que des trolls avaient pris d'assaut avant d'être frappés par la lumière du soleil. Les falaises voisines hébergent des colonies de macareux moines. À l'ouest de Vík, une marche tonifiante vous conduira en haut de la crête du **Reynisfjall** (340 m), d'où la vue est superbe.

**Víkurkirkja** ÉGLISE
(Hátún). Perchée au-dessus de la bourgade, l'église de Vík (1930) possède de rares vitraux aux formes géométriques. On y profite d'une belle vue sur le village et l'océan.

**Brydebúð** MUSÉE
(☎487 1395 ; brydebud. vik.is ; Víkurbraut 28 ; musée tarif plein/enfant 500 ISK/gratuit ; ⊙11h-20h lun-ven, 11h-17h sam-dim juin-août). Cette maison fut construite en 1831 dans les îles Vestmann et transportée à Vík en 1895. On y trouve aujourd'hui l'office du tourisme, le restaurant Halldórskaffi et un petit musée consacré à la pêche locale et à la vie au pied du volcan Katla.

## Circuits organisés

La plupart des agences proposant des circuits sur la côte sud sont concentrées à Skógar, à 33 km à l'ouest de Vík, et à Hvolsvöllur. À Vík, renseignez-vous à l'auberge de jeunesse pour les circuits au Mýrdalsjökull. De nombreux tour-opérateurs de Reykjavík ont ajouté la région à leur catalogue.

**Katla Track** JEEP
(☎849 4404 ; www.katlatrack.is). Circuits (29 900 ISK ; depuis Reykjavík 44 900 ISK) à la découverte des sites locaux et du Mýrdalsjökull.

## Où se loger

**Vík HI Hostel** AUBERGE DE JEUNESSE €
(Norður-Vík Hostel ; ☎487 1106 ; www.hostel.is ; Suðurvíkurvegur 5 ; dort/d sans sdb 4 750/12 900 ISK, bung à partir de 32 800 ISK ; @). Cette sympathique auberge ouverte toute l'année occupe une maison beige sur la colline à l'arrière du village. Cuisine à disposition des hôtes ; location de vélos (demi-journée/journée 2 000/3 000 ISK). Plusieurs bungalows indépendants peuvent loger 8 personnes. Organisation d'excursions dans le secteur (à partir de 9 000 ISK) et de vols en parapente (35 000 ISK ; mai-sept). Réduction de 750 ISK pour les membres HI.

**Camping de Vík** CAMPING €
(Tjaldsvæðið Vík ; ☎487 1345 ; www.vikcamping.is ; Klettsvegur 7 ; empl 1 500 ISK/adulte ; ⊙juin- sept). Sous une crête à l'est du village, juste après l'hôtel Edda. Cuisine, lave-linge, toilettes et douches (200 ISK) dans un bâtiment octogonal (un autre était en construction lors de nos recherches). Quatre petits bungalows sont aussi disponibles (10 000 ISK).

♥ **Guesthouse Carina** B&B €€
(☎699 0961 ; www.guesthousecarina.is ; Mýrarbraut 13 ; s/d/qua sans sdb petit-déj inclus à partir de 16 900/21 900/31 500 ISK ; P). L'un des meilleurs hébergements de Vík, dirigé par la sympathique Carina et son mari Ingvar. Les chambres, spacieuses et lumineuses, sont impeccables, tout comme les sdb communes. À proximité du centre, dans une vieille demeure restaurée.

**Heimagisting Erika** B&B €€
(☎487 1117 ; www.erika.is ; Sigtún 5 ; d sans sdb petit-déj inclus 21 000 ISK). Erika, hôtesse chaleureuse venue d'Allemagne, offre 2 chambres dans un cadre superbe. Elle concocte de succulents petits-déjeuners (confiture, sirops et tisanes maison – également en vente). Réservez ; paiement en espèces.

**Hótel Edda Vík** HÔTEL €€
(☎444 4840 ; www.hoteledda.is ; Klettsvegur 1-5 ; d petit-déj inclus 27 000 ISK ; P@). Cet établissement aux faux airs de motel, situé en face de l'hôtel Icelandair (dont il partage la réception) à proximité de la station-service N1, loue des chambres : 31 avec sdb, téléphone et TV ; 10 dans des bungalows avec sdb privative. Copieux petits-déjeuners.

♥ **Icelandair Hótel Vík** HÔTEL €€€
(☎487 1480, réservations 444 4000 ; www.icelandairhotels.com ; Klettsvegur 1-5 ; d/tr/f à partir de 24 500/29 000/50 000 ISK ; P). Cet élégant hôtel à la façade vitrée se dresse juste derrière l'hôtel Edda, dans la partie est de Vík, près du camping. Leur ressemblance s'arrête à la réception (commune). Les chambres ici sont plutôt haut de gamme ; certaines ont vue sur les falaises ou l'océan. La décoration, discrète, puise son inspiration dans l'environnement local.

**Puffin Hotel** HÔTEL €€€
(☎467 1212 ; www.puffinhotelvik.is ; Víkurbraut 24-26 ; d/tr petit-déj inclus à partir de 29 400/36 000 ISK ; @). Cet hôtel pris d'assaut par les groupes en haute saison possède des petites chambres sans fioritures, dont les prix élevés ne se justifient pas. Il comporte également une petite auberge (s/d sans sdb à partir de 11 000/13 400 ISK) et des appartements (à partir de 50 100 ISK). Il devrait monter en gamme à la suite d'un changement de direction.

## Où se restaurer

**Víkurskáli** INTERNATIONAL €
(☎487 1230 ; Austurvegur 18 ; plats 1 400-3 000 ISK ; ⊙11h-21h). Dégustez un hamburger dans un box de ce grill à l'ancienne situé dans la station-service N1, d'où l'on a vue sur le site de Reynisdrangur. Plats du jour également (ragoût de mouton, etc.).

♥ **Suður-Vík** ISLANDAIS, ASIATIQUE €€
(☎487 1515 ; www.facebok.com/Sudurvik ; Suðurvíkurvegur 1, Vík ; plats 2 100-5 000 ISK ; ⊙12h-22h). L'atmosphère sympathique (plancher, œuvres d'art intéressantes, accueil souriant) place le Suður au-dessus de la concurrence. Côte cuisine : des plats islandais roboratifs, de copieux sandwichs viande-bacon-béarnaise, des plats asiatiques (satay thaïlandais avec du riz)... Dans un bâtiment à l'éclairage chaleureux, en haut de la bourgade. Réservez en été.

**Halldórskaffi** INTERNATIONAL €€
(☎487 1202 ; www.halldorskaffi.is ; Víkurbraut 28, Vík ; plats 2 000-5 000 ISK ; ⊙11h-22h juin-août, horaires réduits sept-mai). Dans le musée Brydebúð, ce restaurant animé, garni de bois à l'extérieur, est très fréquenté en haute saison. À la carte : des plats pour tous les goûts, des hamburgers et des pizzas au filet d'agneau. Soyez prêt à patienter en été (pas de réservation). Ouvert plus tard, en tant que bar, le week-end.

**Ströndin Bistro** INTERNATIONAL €€
(☎487 1230 ; www.strondin.is ; Austurvegur 18, Vík ; plats 2 000-5 000 ISK ; ⊙6-22h). Derrière la station-service N1, ce bistrot assez chic, aux murs lambrissés, a vue sur les orgues basaltiques de Reynisdrangur. Optez pour une recette locale, comme la soupe à l'agneau ou le ragoût de poisson, ou un classique international (pizza, hamburger, etc.).

**Kjarval** SUPERMARCHÉ
(☎487 1325 ; Víkurbraut 4 ; ⊙9h-21h)

## Achats

**Víkurprjón** SOUVENIRS
(☎487 1250 ; www.vikwool.is ; Austurvegur 20, Vík ; ⊙8h-19h). Ce grand magasin de souvenirs et de tricots a beaucoup de succès auprès des groupes. On peut observer la confection des pulls dans la partie atelier. À côté de la station-service N1.

**Vínbúðin** VINS ET SPIRITUEUX
(Ránarbraut 1 ; ⊙16h-18h lun-jeu, 14h-18h ven). Chaîne nationale ; horaires restreints.

## Renseignements

**Centre d'information touristique** (☎487 1395 ; www.visitvik.is ; Víkurbraut 28 ; ⊙10h-20h lun-ven, 11h-17h sam-dim juin-août). Dans le Brydebúð.

## Depuis/vers Vík

Vík est l'un des principaux arrêts sur la ligne de bus Höfn-Reykjavík. Les bus font halte à la station-service N1.

Services assurés par **Stræto** (www.bus.is) :

- Bus n°51 Reykjavík-Vík-Höfn (Reykjavík-Vík 5 880 ISK, 2 heures 45, 2/jour). En prenant le premier bus, vous pourrez vous arrêter à Vík et changer pour Höfn ; de septembre à mai, le service est réduit et vous ne pourrez pas compter sur cette correspondance.

Services assurés par **Sterna** (www.sterna.is) :

- Bus n^os^12/12a Reykjavík-Vík-Höfn (Reykjavík-Vík 5 600 ISK, 4 heures 15, 1/jour juin à mi-sept)

Services assurés par **Reykjavík Excursions** (www.re.is) :

- Bus n^os^20/20a Reykjavík-Skaftafell (Reykjavík-Vík 7 500 ISK, 4 heures, 1/jour juin-début sept)
- Bus n^os^21/21a Reykjavík-Skógar (Reykjavík-Vík 7 500 ISK, 3 heures 45, 1/jour mi-juin à août). L'un des 2 bus quotidiens pour Skógar va jusqu'à Vík.

# Est de Vík

## Mælifell

Ce cône volcanique de Mælifell (682 m), dressé au bord du glacier Mýrdalssandur, compose avec la campagne alentour une vision spectaculaire. Les bungalows et le camping de **Þakgil** (☎893 4889 ; www.thakgil.is ; Höfðarbrekkuafrétti ; empl 1 500 ISK/pers, bung 25 000 ISK ; ⊙juin à mi-sept), simples et idylliques, sont nichés dans un cadre verdoyant qui contraste avec les montagnes sombres et les spectaculaires formations rocheuses. Ils constituent une base idéale pour découvrir les environs. À condition d'être convenablement équipé, vous pourrez faire l'ascension du Mælifell ou du *nunatak* (colline ou montagne complètement entourée par un glacier) Huldufjöll. Des randonnées plus accessibles longent des cours d'eau. Vérifiez les conditions météo et l'accessibilité de l'itinéraire avant votre départ.

Pour rejoindre Þakgil en voiture, suivez sur 15 km la Route 214 – une très mauvaise piste qui part de la Route circulaire à 5 km environ à l'est de Vík. On peut aussi venir à pied par un sentier au départ de Vík.

## Où se loger et se restaurer

Il n'y a aucun magasin dans le secteur très isolé du Mælifell. Faites des provisions à Vík.

**Hótel Katla – Höfðabrekka** HÔTEL €€€
(☎487 1208 ; www.hotelkatla.is ; Höfðabrekka ; d petit-déj inclus à partir de 31 000 ISK ; @). Au début de la Route 214, à 5,5 km à l'est de Vík, ce vaste hôtel compte 72 chambres confortables (sdb privatives), dans des bâtiments de style et d'époque variables. Bon restaurant ; 4 *hot pots*.

## Mýrdalssandur

Les vastes champs de sable volcanique noir de Mýrdalssandur, à l'est de Vík, ont été formés par la projection de matériaux provenant du volcan caché sous le Mýrdalsjökull durant les éruptions du Katla. Ce désert de 700 km² lugubre et désolé frappe les imaginations (certains disent qu'il est hanté). Il paraît inhabité, mais on y voit couramment des renards arctiques et des oiseaux marins.

Au sud de la Route circulaire, le petit pic d'**Hjörleifshöfði** (221 m), qui pointe au-dessus du sable, offre une belle vue sur les Vestmannaeyjar. De l'autre côté de la route, la verte colline d'**Hafursey** (582 m) attire des randonneurs basés à Vík.

# VESTMANNAEYJAR (ÎLES VESTMANN)

Déchiquetées et noires, les Vestmannaeyjar (îles Vestmann) forment un groupe de 15 silhouettes qui attire l'œil, au large de la côte sud. Ces îles furent formées par l'éruption de volcans sous-marins il y a quelque 11 000 ans, à l'exception de Surtsey, la plus jeune de l'archipel, qui surgit des vagues en 1963. Surtsey a été classée en 2008 au Patrimoine mondial ; de par son statut exceptionnel, il n'est possible d'y débarquer que dans le cadre d'études scientifiques.

Heimaey est la seule des îles à être habitée. Sa petite ville, au port bien abrité, est encadrée par de spectaculaires *klettur* (escarpements) et par deux volcans menaçants, l'Eldfell rouge sang et l'Helgafell, de forme conique. De nos jours, elle est connue pour ses macareux (une dizaine de millions d'oiseaux viennent y couver), le festival de Þjóðhátíð (le plus grand festival en plein air islandais, en août) et son excellent musée consacré aux volcans.

## Heimaey

4 290 HABITANTS

Le bourg d'Heimaey est enfermé dans une forteresse de lave déchiquetée. Son port est niché au bout d'un chenal tortueux qui se fraie un chemin entre des falaises à pic abritant quantité de nids d'oiseaux. Bien qu'elle ne soit qu'à quelques kilomètres du continent, l'île semble perdue au bout du monde, dans les eaux glaciales de l'Atlantique nord.

Les volcans à qui Heimaey doit sa formation ont aussi failli la détruire à plusieurs reprises. La plus grande éruption des temps modernes eut lieu en 1973 : une énorme faille s'ouvrit alors, laissant place au volcan Eldfell et provoquant l'évacuation de l'île.

### Histoire

Pendant des siècles, Heimaey fut la cible des maraudeurs. Les Anglais, qui lancèrent des raids sur l'île tout au long du XVe siècle, bâtirent le fort de Skansinn pour y établir leur quartier général. En 1627, Heimaey fut pillée par des pirates algériens qui tuèrent 36 habitants et en capturèrent 242 autres (soit près des trois quarts de la population). Seuls en réchappèrent ceux qui étaient descendus en rappel le long des falaises ou s'étaient cachés dans des grottes sur la côte ouest. Les captifs furent vendus comme esclaves en Afrique du Nord. Des années plus tard, 27 d'entre eux virent leur liberté rachetée et rentrèrent au pays.

### À voir

Les sites d'intérêt de l'île se concentrent dans le village principal, près des vestiges de Skalinn, dans le fascinant champ de lave récent et autour des volcans, ainsi que sur les falaises, d'où l'on peut observer les macareux. Il existe un guide téléchargeable sur iPhone ou iPad, avec chasse au trésor : cherchez "Vestmannaeyjar" dans l'App Store.

Vous pourrez opter pour un billet combiné valable pour les musées de Sæheimar, de Sagnheimar et d'Eldheimar (3 200 ISK/pers, 8 700 ISK/famille).

## Village d'Heimaey

♥ **Eldheimar** MUSÉE
(☎488 2700 ; www.eldheimar.is ; Gerðisbraut 10 ; tarif plein/enfant 2 300/1 200 ISK ; ⏲10h30-18h mai à mi-oct, 13h-17h mer-dim mi-oct à avr). Plus de 400 constructions reposent sous la lave de l'éruption de 1973. Au bord de cette

## Heimaey

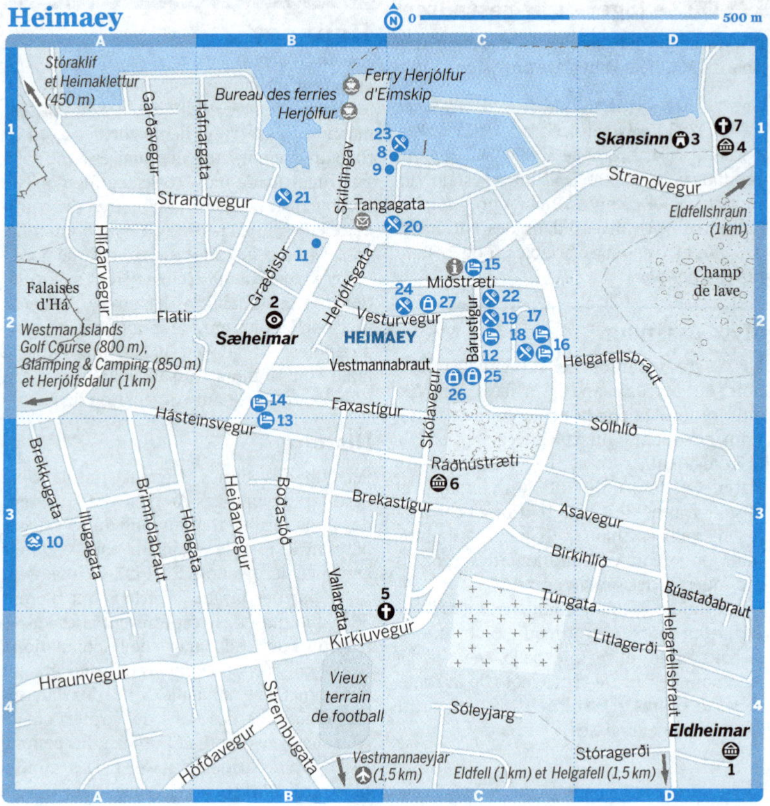


## Heimaey

**Les incontournables**

1 Eldheimar .......... D4
2 Sæheimar .......... B2
3 Skansinn .......... D1

**À voir**

4 Landlyst .......... D1
5 Landskirkja .......... C4
6 Sagnheimar Byggðasafn .......... C3
7 Stafkirkjan .......... D1

**Activités**

8 Eyja Tours .......... C1
9 Ribsafari .......... C1
Segway Tours .......... (voir 11)
10 Piscine .......... A3
11 Viking Tours .......... B2

**Où se loger**

12 Aska Hostel .......... C2
13 B&B Hrafnabjörg .......... B3
14 Gistiheimilið Hreiðrið .......... B2
15 Hótel Eyjar .......... C2
16 Hótel Vestmannaeyjar .......... C2
17 Sunnuhöll HI Hostel .......... C2

**Où se restaurer**

18 Einsi Kaldi .......... C2
19 Gott .......... C2
20 Krónan .......... C1
21 Slippurinn .......... B1
22 Stofan Bakhús .......... C2
23 Tanginn .......... C1
24 Vöruval .......... C2

**Achats**

25 Nostra .......... C2
26 Útgerðin .......... C2
27 Vínbúðin .......... C2

coulée, le musée de la "Pompéi du Nord" est organisé autour d'une maison qui a été dégagée sous 50 m de ponce, dans l'ancien Suðurvegur. Le bâtiment moderne du musée, en pierre volcanique, permet de voir l'intérieur de la maison avec ses murs en ruine et son mobilier renversé mais intact. Y sont relatées de manière interactive l'éruption et ses conséquences, à l'aide d'images fascinantes et de témoignages sur l'histoire de la maison et de ses propriétaires.

### ♥ Skansinn — FORT, SITE HISTORIQUE

Ce bel espace vert au bord de l'océan regroupe plusieurs sites historiques. Le fort de Skansinn, la plus ancienne construction de l'île, fut construit au XVe siècle pour défendre le port (ce qui n'empêcha pas les pirates algériens de débarquer en 1627 de l'autre côté de l'île). Ses murs, dévastés par la lave en 1973, ont été partiellement rebâtis. Au-dessus, remarquez les vestiges des **anciennes citernes** de la ville défoncées par la roche en fusion.

#### ➡ Landlyst — MUSÉE

(11h-17h mi-mai à mi-sept). GRATUIT Le taux de mortalité infantile à Heimaey atteignait le chiffre record de 80% jusqu'à ce qu'une habitante de l'île nommée Sólveig parte à l'étranger se former au métier de sage-femme dans les années 1840. Cette petite maison de bois est l'ancienne maternité fondée par Sólveig (et le deuxième plus ancien bâtiment de l'île). Elle abrite une petite exposition qui présente le matériel employé pour les saignées et d'autres instruments médicaux utilisés au XIXe siècle.

#### ➡ Stafkirkjan — ÉGLISE

(11h-17h mi-mai à mi-sept). Cet édifice recouvert de bitume est la réplique d'une église médiévale en bois offerte par les autorités norvégiennes en 2000, pour célébrer un millénaire de christianisme.

### ♥ Sæheimar — AQUARIUM, MUSÉE

(481 1997 ; www.saeheimar.is ; Heiðarvegur 12 ; tarif plein/enfant 1 200/500 ISK ; 10h-17h mai-sept, 13-16h sam oct-avr). Cet aquarium-Muséum d'histoire naturelle présente une collection intéressante d'animaux et d'oiseaux empaillés, des vidéos sur les macareux et les poissons-chats, et des aquariums où évoluent des poissons endémiques à l'Islande. Il est parfait pour les familles, et l'on y voit souvent de jeunes macareux qui se promènent en titubant – le musée fait aussi office d'hôpital vétérinaire.

### Sagnheimar Byggðasafn — MUSÉE

(musée des Arts et Traditions populaires ; 488 2045 ; www.sagnheimar.is ; Raðhústræti ; tarif plein/enfant 1 000 ISK/gratuit ; 11h-17h mi-mai à mi-sept, 13h-16h sam mi-sept à mi-mai). Ce musée interactif installé dans la bibliothèque municipale raconte l'histoire d'Heimaey depuis l'époque des pirates en maraude jusqu'aux éruptions survenues depuis 1973. Les expositions rendent également hommage aux héros sportifs – et aux oiseaux de l'île.

### Stóraklif et Heimaklettur — PANORAMA

Une ascension de 30 minutes mène au sommet de la vertigineuse Stóraklif. Le sentier part de la piste de 4x4, derrière la station-service N1 du port. À mesure qu'il devient plus raide, il est jalonné de cordes et de chaînes (pas totalement fiables). Le chemin est traître et terrifiant, mais les courageux seront récompensés par une vue exceptionnelle. Un peu plus loin sur la digue, Heimaklettur est plus risqué, avec des échelles qui brinquebalent dangereusement. Il s'agit de sites superbes pour voir des macareux couver. Mais, s'il pleut ou que le sol est glissant, ne vous y risquez pas.

### Landskirkja — ÉGLISE

La lave s'est arrêtée aux marches de cette église située au centre du village. Les portes en bois sculpté représentent des scènes de l'histoire des Vestmannaeyjar.

## En dehors du village

### ♥ Eldfellshraun — CHAMP DE LAVE

Cette étendue de terre créée par la coulée de lave de 1973 est désormais sillonnée d'un labyrinthe de sentiers qui descendent au fort de Skansinn et vers la zone où la lave est venue lécher les maisons, ainsi que sur la sauvage côte rouge, à l'est. Là, vous découvrirez de petites plages de sable noir, le jardin sur lave de Gaujulundur et un phare.

### ♥ Eldfell — VOLCAN

Le cône volcanique de l'Eldfell, qui atteint 221 m de haut, a surgi au petit matin du 23 janvier 1973. Après l'éruption, la chaleur du volcan alimenta Heimaey en énergie géothermique de 1976 à 1985. Aujourd'hui, le sol est encore si chaud par endroits que l'on peut y cuire du pain. Du village, on grimpe facilement en haut de l'Eldfell par la paroi nord effondrée du cratère. Ne quittez pas le sentier : les habitants tiennent à préserver de l'érosion leur volcan le plus récent.

## L'ÉRUPTION DE 1973

Sans aucun signe avant-coureur, le 23 janvier 1973, à 1h45 du matin, une gigantesque explosion retentit dans la nuit, tandis qu'une faille volcanique de 1,5 km de longueur entaillait la partie est de l'île. La zone éruptive se concentra progressivement en un cône volcanique qui se mit à grandir, projetant des torrents de lave et des cendres dans le ciel.

Alors que les bateaux de pêche auraient dû être en mer, un vent de force 12 les avait contraints à rester au port la veille. Le temps qui s'était calmé et la présence des bateaux au port permirent aux quelque 5 000 habitants de l'île de l'évacuer – à l'exception de 200 à 300 d'entre eux. Il n'y eut qu'une seule victime (un décès dû aux gaz toxiques).

Au cours des 5 mois qui suivirent, plus de 30 millions de tonnes de lave se déversèrent sur Heimaey, détruisant 360 maisons et créant une nouvelle montagne, l'Eldfell, un cône de braise rouge. Un tiers de la ville fut enseveli sous la lave ; l'île vit sa superficie accrue de 2,5 km$^2$.

Pendant la longue éruption, l'avancée de la lave menaça de bloquer le port et de rendre l'évacuation définitive – sans la pêche, il y aurait peu de moyens de survivre sur l'île. Pour tenter de ralentir l'inexorable flux de roche fondue, les pompiers arrosèrent la lave en déversant sur elle plus de 6 millions de tonnes d'eau de mer. Refroidie, la coulée s'arrêta à 175 m seulement de l'entrée du port et forma même un abri supplémentaire.

Les habitants de l'île, cantonnés sur le continent dans leur famille et chez leurs amis, observèrent de loin les éruptions, se demandant s'ils pourraient un jour revenir chez eux. Puis, au bout de cinq mois, l'éruption prit fin. Les deux tiers des habitants retournèrent sur l'île pour affronter la dure phase de l'opération de nettoyage. Le remarquable musée **Eldheimar** (p. 167) retrace cet épisode spectaculaire.

**Helgafell** VOLCAN

L'éruption de l'Helgafell (226 m) remonte à 5 000 ans. L'herbe a aujourd'hui recouvert les cendres et l'on y grimpe facilement depuis le terrain de foot sur la route de l'aéroport.

**Herjólfsdalur** SITE REMARQUABLE

GRATUIT C'est sur ce site herbeux protégé par un volcan éteint que se dressait jadis la demeure du premier colon des Vestmannaeyjar, Herjólfur Barðursson. Des fouilles ont mis au jour les vestiges d'une maison scandinave, sur lesquels est maintenant érigée une reconstitution. Le camping de l'île est installé à proximité.

Sur les falaises à l'ouest du golf, un monument salue la mémoire des 200 personnes qui ont adopté l'église mormone et sont parties pour l'Utah au XIX$^e$ siècle.

## Activités

Procurez-vous auprès de l'office du tourisme une carte détaillée des randonnées pédestres et cyclistes d'Heimaey. Les balades dans les champs de lave, le long des zones de nidification et sur les plages occidentales de l'île sont particulièrement remarquables. L'hôtel Eyjar loue des vélos.

**Stórhöfði** RANDONNÉE, OISEAUX

Une **station météorologique** a été construite sur Stórhöfði (122 m), la péninsule rocheuse à la pointe sud de l'île. Relié par un isthme étroit (formé par la lave provenant de l'éruption de l'Helgafell il y a 5 000 ans), Stórhöfði offre une vue magnifique depuis son sommet. On peut aussi observer les macareux depuis un **abri** situé à mi-hauteur ; prenez le premier embranchement vers la droite, puis jusqu'au bout du sentier balisé qui traverse un pâturage.

Il est aussi possible de descendre jusqu'à la plage de rochers de **Brimurð**, de continuer vers le nord le long des falaises, sur la côte est, et de rentrer par une route située juste avant l'aéroport. De juin à août, **Kervíkurfjall** et **Stakkabót** sont de bons endroits pour observer les macareux.

♥ **Piscine d'eau de mer** PISCINE

(Sundlaug Vestmannaeyja ; ☎488 2400 ; Brimhólabraut ; tarif plein/enfant 600/190 ISK ; ⏲6h15-21h lun-ven, 10h-19h sam-dim juin-août, horaires réduits sept-mai). Ce complexe sportif comprend une piscine intérieure d'eau salée, des bassins découverts, des *hot pots*, un Jacuzzi, des toboggans (avec trampoline pour l'un d'entre eux) et un gymnase. La piscine intérieure est fermée au public de 9h à 11h15, du lundi au vendredi.

**Golf des îles Vestmann** GOLF
(☎481 2363 ; www.gvgolf.is ; green fee 7 000 ISK). Un merveilleux parcours sauvage de 18 trous au bord de l'océan, à Herjólfsdalur. Location de clubs : 3 500 ISK.

**Côte ouest** RANDONNÉE, OISEAUX
Quelques sentiers difficiles sillonnent les pentes raides aux alentours d'Herjólfsdalur, et longent le sommet de Norðklettur jusqu'à **Stafnsnes**, l'une des plus importantes zones de nidification des macareux. L'ascension, ponctuée de quelques impressionnants abrupts, est grisante. Une randonnée plus facile longe la côte ouest vers le sud en passant au-dessus de grottes de lave où les habitants de l'île se réfugièrent pour échapper aux pirates en 1627. À **Ofanleitishamar**, d'innombrables macareux moines nichent dans les falaises.

## Circuits organisés

Les horaires des croisières coïncident souvent avec les départs des ferries, ce qui est pratique pour les excursions à la journée.

**Ribsafari** BATEAU
(☎661 1810, 846 2798 ; www.ribsafari.is ; Básaskersbryggja 8, port ; croisière 1 heure tarif plein/enfant 8 000/4 500 ISK, circuit Surtsey 16 500/9 500 ISK ; mi-avr à oct). Ces circuits quotidiens très impressionnants (1 heure) filent à travers l'archipel à bord d'un Zodiac ultra-rapide. La petite taille du bateau permet de pénétrer dans de petites grottes et de se faufiler entre les rochers pour approcher les colonies d'oiseaux. Les circuits à destination de Surtsey (attention, vous ne pourrez pas descendre du bateau) requièrent 5 personnes au minimum. Horaires et circuits longs détaillés en ligne. Vous pourrez faire le tour de l'archipel en 1 heure 40 (tarif plein/enfant ; 11 500/6 500 ISK).

**Viking Tours** BATEAU, BUS
(☎488 4884 ; www.vikingtours.is ; Strandvegur 65 ; 10h-18h mai à mi-sept). Les excursions en bateau (tarif plein/enfant à partir de 6 900/5 900 ISK) comprennent les sites de nidification des oiseaux sur la côte sud et la grotte marine de Klettshellir. Les circuits en bus (tarif plein/enfant 5 900/4 900 ISK) font le tour de l'île. Gratuit pour les moins de 9 ans.

**Eyja Tours** BUS
(☎852 6939 ; www.eyjatours.com ; Básaskersbryggja, Harbour). Ces circuits en bus couvrent les sites majeurs de l'île, y compris les colonies de macareux (tarif plein/enfant 7 000/3 500 ISK).

**Lyngfell** ÉQUITATION
(☎898 1809 ; www.lyngfell.123.is). Ce centre équestre sur la route de Stórhöfði propose des balades à cheval (6 000 ISK/1 heure).

**Segway Tours** SEGWAY
(☎891 6818 ; www.segwaytours.is ; Strandvegur 65, Viking Tours ; 6 000 ISK/heure). Visite guidée de la ville en Segway.

## Fêtes et festivals

**Þjóðhátíð** MUSIQUE
(www.dalurinn.is ; 22 900 ISK). Le plus grand festival en plein air du pays attire quelque 17 000 personnes du côté d'Herjólfsdalur le dernier week-end de juillet ou le premier week-end d'août. Musique, danse, feux de joie, feux d'artifice... L'alcool aidant, ces 3 jours de fête servent aussi de prétexte à des excès, qui prennent des allures de rites de passage pour les adolescents. Une chanson est écrite à l'occasion de chaque festival.

Des vols supplémentaires sont assurés depuis Reykjavík ; réservez le transport et l'hébergement plusieurs mois à l'avance.

La naissance de ce festival remonte à l'année où le mauvais temps empêcha les habitants des Vestmannaeyjar de rejoindre le continent pour participer aux célébrations de la première Constitution de l'Islande (1er juillet 1874). Les habitants de l'île organisèrent leurs propres festivités un mois plus tard, tradition qui se perpétue chaque année depuis lors.

## Où se loger

La traversée en ferry dure 30 minutes. De nombreux visiteurs viennent aux Vestmannaeyjar pour la journée, mais nous vous recommandons vivement de passer une nuit sur place. En dehors de la période du festival, il n'est pas difficile de trouver à se loger. Vous trouverez une liste exhaustive des hébergements sur www.vestmannaeyjar.is.

**B&B Hrafnabjörg** B&B €
(☎858 7727 ; www.facebook.com/BogBGuesthouse ; Hásteinsvegur 40 ; s/d sans sdb petit-déj inclus 8 800/13 400 ISK ; avr-nov). Un B&B confortable aux chambres bien tenues.

## SURTSEY

En novembre 1963, l'équipage du bateau de pêche *Ísleifi II* remarqua un étrange phénomène : la mer au sud d'Heimaey semblait être en feu. Au lieu de s'enfuir, le bateau se rapprocha ; l'équipage fut le premier à apercevoir l'île la plus récente du monde...

Une incroyable éruption sous-marine, qui dura 4 ans et demi, rejeta des cendres et des scories qui formèrent un îlot de 2,7 km² (aujourd'hui réduit par l'érosion à 1,4 km²). On l'appela Surtsey (île de Surtur), du nom du géant du Feu norrois qui réduira le monde en cendres à l'heure du Ragnarök.

Il fut décidé que cette île stérile ferait un laboratoire idéal pour observer comment les plantes et les animaux colonisent un nouveau territoire. **Surtsey** (www.surtsey.is) est donc interdite au public. Les chercheurs ont ainsi pu découvrir qu'un des premiers immigrants sur l'île fut l'*Anabaena variabilis*, une algue bleu-vert microscopique. Autre révélation : des fossiles transportés sur l'île par la lave durant l'éruption.

Les compagnies **Ribsafari** (p. 171) et **Viking Tours** (p. 171) proposent des excursions en bateau. Le musée **Eldheimar** (p. 167) relate la naissance tonitruante de Surtsey.

Grande salle pour le petit-déjeuner (copieux, avec notamment des gaufres maison).

**Aska Hostel** AUBERGE DE JEUNESSE €
(☎662 7266 ; www.askahostel.is ; Bárustigur 11 ; dort/d/qua sans sdb 5 400/12 900/27 100 ISK ; 📶). Dans un bâtiment ancien d'un jaune pimpant, dans le centre de la bourgade.

**Sunnuhöll HI Hostel** AUBERGE DE JEUNESSE €
(☎481 2900 ; www.hotelvestmannaeyjar.is ; Vestmannabraut 28 ; dort 4 750 ISK). Les dortoirs sont rarement pleins et l'ambiance est calme et décontractée. Réception à l'Hótel Vestmannaeyjar. Remise de 700 ISK pour les membres HI.

**Glamping & Camping** CAMPING €
(☎846 9111 ; www.glampingandcamping.is ; empl tarif plein/enfant 1 300 ISK/gratuit, bung et cabanons 7 900-9 900 ISK ; ⏲mi-mai à mi-sept). Le camping d'Herjólfsdalur, qui occupe le cratère d'un volcan éteint, possède des douches chaudes, une laverie et une cuisine. Vous pourrez aussi planter votre tente plus à l'intérieur des terres et en face du terrain de football de Þórsheimili, où il y a moins de vent. Coté "*glamping*" (contraction de glamour et camping), vous trouverez de petits bungalows en A et de minuscules maisons-tonneaux (cabanons). Draps : 1 600 ISK/personne.

**Gistiheimilið Hreiðrið** GUESTHOUSE €
(☎481 1045 ; tourist. eyjar.is ; Faxastígur 33 ; s/d/qua sans sdb 7 900/12 500/18 700 ISK). La sympathique Ruth saura vous faire sentir comme chez vous dans cette maison d'hôtes assez datée. Les hôtes ont accès à une cuisine bien équipée et à un confortable salon TV. Circuits pédestres en été. Option duvet à 4 300 ISK.

**Hótel Eyjar** HÔTEL €€
(☎481 3636 ; www.hoteleyjar.is ; Bárustígur 2 ; d/studio 23 000/24 000 ISK). Des chambres simples, spacieuses et claires, avec sdb privative. Certaines, particulièrement grandes, comprennent une kitchenette.

**Hótel Vestmannaeyjar** HÔTEL €€
(☎481 2900 ; www.hotelvestmannaeyjar.is ; Vestmannabraut 28 ; s/d petit-déj inclus 14 600/20 500 ISK ; @). Le tout premier cinéma d'Islande a été transformé en un hôtel agréable, aux chambres modernes (certaines avec vue sur le port et le village). Accueil sympathique et excellent restaurant (l'Einsi Kaldi). Réservez en été.

## Où se restaurer

Pour une île aussi isolée, Heimaey possède des établissements de grande qualité. Il y a même l'une des meilleures adresses du pays : le Slippurinn. Vous trouvere un bon choix de cafés et de restaurants dans Bárustigur et les rues alentour.

**Stofan Bakhús** BOULANGERIE €
(Bárustígur 7 ; viennoiseries 300-990 ; ⏲9h-17h lun-ven, 9h-15h30 sam-dim). Délicieuses viennoiseries et pâtisseries ; excellent café.

♥ **Slippurinn** ISLANDAIS €€
(☎481 1515 ; www.slippurinn.com ; Strandvegur 76 ; déj 2 200-3 000 ISK, dîner 3 500-4 000 ISK ; ⏲12h-14h30 et 17h-22h début mai à mi-sept). Le Slippurinn, très animé, occupe l'étage

supérieur, joliment rénové, d'un atelier de mécanique qui servait autrefois à la maintenance des bateaux du port. La cuisine islandaise, contemporaine et créative, place l'établissement au-dessus de ses concurrents – ingrédients sélectionnés avec soin et mélanges divins de poisson, viandes et produits frais locaux.

**Gott** BIOLOGIQUE €€
(☎ 481 3060 ; www.gott.is ; Bárustigur 11 ; plats 1 900-2 600 ISK ; 🅿). Une cuisine fusion soignée, à base de produits bio, sains et frais, servie dans une salle pimpante. Goûtez le filet de cabillaud à la purée de chou-fleur ou la galette d'épeautre au poulet grillé.

**Tanginn** ISLANDAIS €€
(☎ 414 4420 ; www.tanginn.is ; Básaskersbryggja 8 ; plats 1 600-5 800 ISK). Grandes baies vitrées donnant sur le port, cadre moderne et confortable fait d'ardoise et de bois : une adresse bien agréable pour se régaler de poisson frais, d'un burger ou d'une salade originale, à accompagner d'une bière islandaise à la pression. Présentation soignée.

**Einsi Kaldi** POISSON €€€
(☎ 481 1415 ; www.einsikaldi.is ; Vestmannabraut 28 ; plats 3 300-6 000 ISK ; ⏲12h-22h juin à mi-sept, 17-22h mi-août à mi-mai). Au rez-de-chaussée de l'hôtel Vestmannaeyjar, l'Einsi Kaldi, le restaurant le plus chic d'Heimaey, sert des recettes de la mer bien préparées.

### Faire ses courses

**Krónan** SUPERMARCHÉ
(Strandvegur 48 ; ⏲9h-21h lun-ven, 10h-19h sam-dim)

**Vöruval** SUPERMARCHÉ
(Vesturvegur 18 ; ⏲7h30-21h lun-ven, 10h-21h sam, 11h-21h dim). Sous un dôme géodésique.

## Achats

**Nostra** ARTISANAT
(☎ 571 0550 ; www.nostraverzlun.is ; Vestmannabraut 33 ; ⏲10h-18h lun-ven, 11h-15h sam). Broderies, vêtements, textiles et articles pour la maison créés par 3 artistes locaux.

**Útgerðin** VÊTEMENTS, ARTISANAT
(☎ 891 9060 ; www.facebook.com/utgerdin ; Vestmannabraut 37 ; ⏲11h-18h lun-sam). Un grand magasin moderne, idéal pour acheter de l'artisanat islandais et des objets de créateur.

**Vínbúðin** VINS ET SPIRITUEUX
(☎ 481 1301 ; Vesturvegur 50 ; ⏲11h-18h lun-jeu, 11h-19h ven, 11h-16h sam). Chaîne nationale.

## Renseignements

**Centre d'information touristique**
(☎ 488 2555 ; www.vestmannaeyjar.is ; Strandvegur ; ⏲9h-18h lun-ven, 10h-17h sam, 13h-17h dim). Des jeunes de l'île tiennent en été un centre d'information dans un café-librairie.

## Comment s'y rendre et circuler

### AVION

**L'aéroport des Vestmannaeyjar** (Vestmannaeyjaflugvöllur ; VEY ; ☎ 481 1969 ; www.isavia.is) est à 3 km au sud du centre d'Heimaey ; un **taxi** (p. 173) vous y emmènera pour 2 500 ISK – vous pouvez aussi marcher. Atlantsflug (p. 145) assure des vols au départ de Bakki (près du terminal des ferries de Landeyjahöfn ; aller tarif plein/enfant 8 500/5 950 ISK).

**Eagle Air** (www.eagleair.is) propose 2 vols quotidiens entre l'aéroport domestique de Reykjavík et les Vestmannaeyjar (17 000 ISK environ l'aller).

### BATEAU

Le ferry **Herjólfur** (☎ 481 2800 ; www.eimskip.is ; tarif plein/enfant/vélo 1 320/660/2 120 ISK) d'Eimskip relie toute l'année Landeyjahöfn (à 12 km environ de la Route circulaire entre Hvolsvöllur et Skógar) à Heimaey. Le trajet dure 30 minutes. La réservation est impérative pour les voitures. En haute saison, il est également conseillé de réserver même pour les piétons, surtout aux heures d'affluence : le matin en direction des Vestmannaeyjar et l'après-midi pour le retour. Il faut arriver au moins 30 minutes avant le départ. Le terminal de Landeyjahöfn dispose de billetteries automatiques, de sanitaires et de l'eau courante.

Du 15 mai au 14 septembre, 5 bateaux quittent les Vestmannaeyjar chaque jour (4 le mardi). Hors saison, les services sont plus réduits.

Si le temps est vraiment mauvais (en été ou en hiver), le port de Landeyjahöfn peut se charger de sable, et les départs/arrivées se feront alors de/à Þorlákshöfn, 2 fois par jour seulement. La traversée prend 2 heures 45, et elle est sensiblement plus chère. Les changements sont indiqués sur le site Web et la page Facebook de la compagnie ; notez que vous devrez alors refaire votre réservation. Comptez 2 heures en voiture entre Landeyjahöfn et Þorlákshöfn.

Pour circuler depuis/vers Landeyjahöfn, empruntez le bus n°52 de **Strætó** qui dessert la ligne Reykjavík (Mjódd)-Hveragerði-Selfoss-Hella-Hvolsvöllur-Landeyjahöfn (4 200 ISK, 2 heures 15, 3/jour en été) ; il y a aussi un **taxi** (p. 140) à Landeyjahöfn.

### TAXI

**Heimaey Taxi** (☎ 698 2038, 897 1190)

# L'Ouest

**Dans ce chapitre ➡**


Borgarnes . . . . . . . . . . 175

Haut de la vallée du Borgarfjörður . . . . . 182

Stykkishólmur . . . . . . 185

Grundarfjörður . . . . . . 191

Rif . . . . . . . . . . . . . . . . . 193

Hellissandur . . . . . . . . 193

Parc national du Snæfellsjökull . . . . 194

Eiríksstaðir . . . . . . . . . 199

Búðardalur . . . . . . . . . 199

Hjarðarholt et ses environs . . . . . 200

Laugar . . . . . . . . . . . . 200


## Le top des restaurants

- Bjargarsteinn Mathús (p. 192)
- Restaurant du Settlement Centre (p. 180)
- Gamla Rif (p. 193)
- Narfeyrarstofa (p. 188)

## Le top des hébergements

- Hótel Egilsen (p. 187)
- Hótel Flatey (p. 190)
- Hótel Húsafell (p. 184)
- Egils's Guesthouse & Apartments (p. 180)

## Pourquoi y aller

Géographiquement proche de Reykjavík, l'Ouest (Vesturland) semble pourtant à des années-lumière, avec ses plages balayées par les vents, ses villages historiques et ses paysages fabuleux. De nombreux visiteurs font l'impasse sur cette région merveilleuse, et vous pourrez sans doute en explorer les recoins isolés en toute quiétude.

La péninsule de Snæfellsnes doit avant tout sa renommée à son glacier, le Snæfellsjökull. Le secteur autour de son parc national est une destination de choix pour observer des oiseaux et des baleines, randonner dans des champs de lave et faire des balades à cheval. Les terres au-delà de Reykholt sont ponctuées de tunnels de lave et de glaciers reculés, comme le Langjökull aux insolites grottes de glace. Pour les Islandais, ces terres évoquent aussi les sagas : les célèbres *Saga des Gens du Val-au-Saumon* et *Saga d'Egill* ont pour cadre cette région aux eaux sombres, aujourd'hui jalonnée de cairns et dotée d'un musée exceptionnel à Borgarnes.

## Distances routières (en km)

| | Borgarnes | Húsafell | Stykkishólmur | Hellnar | Búðardalur |
|---|---|---|---|---|---|
| Húsafell | 65 | | | | |
| Stykkishólmur | 99 | 158 | | | |
| Hellnar | 122 | 179 | 90 | | |
| Búðardalur | 79 | 103 | 86 | 145 | |
| Reykjavík | 74 | 129 | 173 | 194 | 152 |

# HVALFJÖRÐUR

La région du Hvalfjörður ("fjord des baleines") possède un charme champêtre, à seulement 30 minutes de route de la capitale. Et, si elle n'a pas la majesté de la péninsule de Snæfellsnes, plus au nord, ses fjords étincelants se prêtent à de belles excursions à la journée. Les voyageurs pressés de rejoindre Borgarnes et le secteur situé au-delà prendront le **tunnel** (1 000 ISK) de 5,7 km qui passe sous le fjord (interdit aux cyclistes).

Durant la Seconde Guerre mondiale, le fjord abritait une base de sous-marins qui a vu passer plus de 20 000 soldats américains et britanniques.

Venez par vos propres moyens : les bus reliant Reykjavík aux destinations plus au nord empruntent le tunnel sous le fjord.

## À voir et à faire

**Glymur** CASCADE

À l'entrée du Hvalfjörður, la cascade de **Glymur**, la plus haute d'Islande (198 m), est accessible en suivant la bifurcation pour Botnsdalur. Du bout de la route, il faut 2 heures de marche sur un chemin escarpé pour atteindre la cascade – en été, un rondin permet de franchir une rivière. Venez plutôt après de fortes pluies ou la fonte des neiges pour la voir sous un jour spectaculaire.

**Saurbæjarkirkja** ÉGLISE

(Hallgrímskirkja í Saurbæ ; Route 47). De beaux vitraux signés Gerður Helgadóttir ornent l'**église** de la ferme de Saurbær, édifiée à la mémoire du révérend Hallgrímur Pétursson, qui y servit de 1651 à 1669 et composa l'œuvre sacrée la plus célèbre du pays, les *50 Hymnes de la Passion*.

**Esja** RANDONNÉE

Sur la rive sud du Hvalfjörður, l'imposant mont **Esja** (914 m) invite à une balade en pleine nature. Le chemin le plus apprécié jusqu'au sommet part d'Esjuberg, juste au nord de Mosfellsbær, et passe par **Kerhólakambur** (850 m) et **Kistufell** (830 m).

## Où se loger et se restaurer

On trouve des hébergements et de bons campings dans la région, mais pas d'épicerie.

**Hótel Glymur** HÔTEL €€€

(☎430 3100 ; www.hotelglymur.is ; d petit-déj inclus à partir de 37 000 ISK ; @). Cet hôtel situé sur la rive nord du fjord, près de Saurbær, offre des prestations très modernes – chambres en duplex "*executive doubles*" avec grandes baies vitrées et l'un des "cinq meilleurs *hot tubs* du monde" selon le *New York Times*. Le bon restaurant jouit d'une vue grandiose (2 plats 5 900 ISK).

### Akranes

6 970 HABITANTS

Nichée sous l'impressionnant mont **Akrafjall** (572 m), Akranes se dresse au bout de la péninsule séparant le Hvalfjörður du Borgarfjörður. Cette localité mérite une halte pour son **phare** et son grand **musée des Arts et Traditions populaires** (Byggðasafnið í Görðum Akranesi ; ☎431 5566 ; www.museum.is ; tarif plein/enfant 800 ISK/gratuit ; ⏲10h-17h mi-mai à mi-sept, sur rendez-vous mi-sept à mi-mai) regroupant un hangar à bateaux restauré, un séchoir, une église et plusieurs bateaux de pêche.

# BORGARBYGGÐ

La petite ville animée de Borgarnes et son fjord, le Borgarfjörður, furent le point de débarquement de plusieurs colons restés célèbres. En remontant dans la vallée parcourue de rivières, on découvre des fermes prospères à la longue histoire, puis les hautes terres aux imposants tunnels de lave, au-delà desquelles s'étendent des calottes glaciaires. Cette région à l'intérieur des terres fait partie d'un projet de géoparc de l'Unesco, le **Saga Geopark**, conçu pour promouvoir sa culture et son paysage.

### Borgarnes

1 890 HABITANTS

Modeste bourgade, Borgarnes n'en est pas moins bien vivante. Chargée d'histoire – ce fut l'une des premières zones de peuplement du pays –, elle se tient sur un joli promontoire au bord du large Borgarfjörður. Dépassez les stations-service et gagnez la vieille ville pour plonger dans son ambiance sympathique et découvrir un musée d'exception.

## À voir

**The Settlement Centre** MUSÉE

(Landnámssetur Íslands ; ☎437 1600 ; www.settlementcentre.is ; Brákarbraut 13-15 ; 1 expo tarif plein/enfant 1 900 ISK/gratuit, 2 expos 2 500 ISK/gratuit ; ⏲10h-21h). Aménagé dans un entrepôt ingénieusement restauré à côté du port, l'incontournable musée de la Colonisation

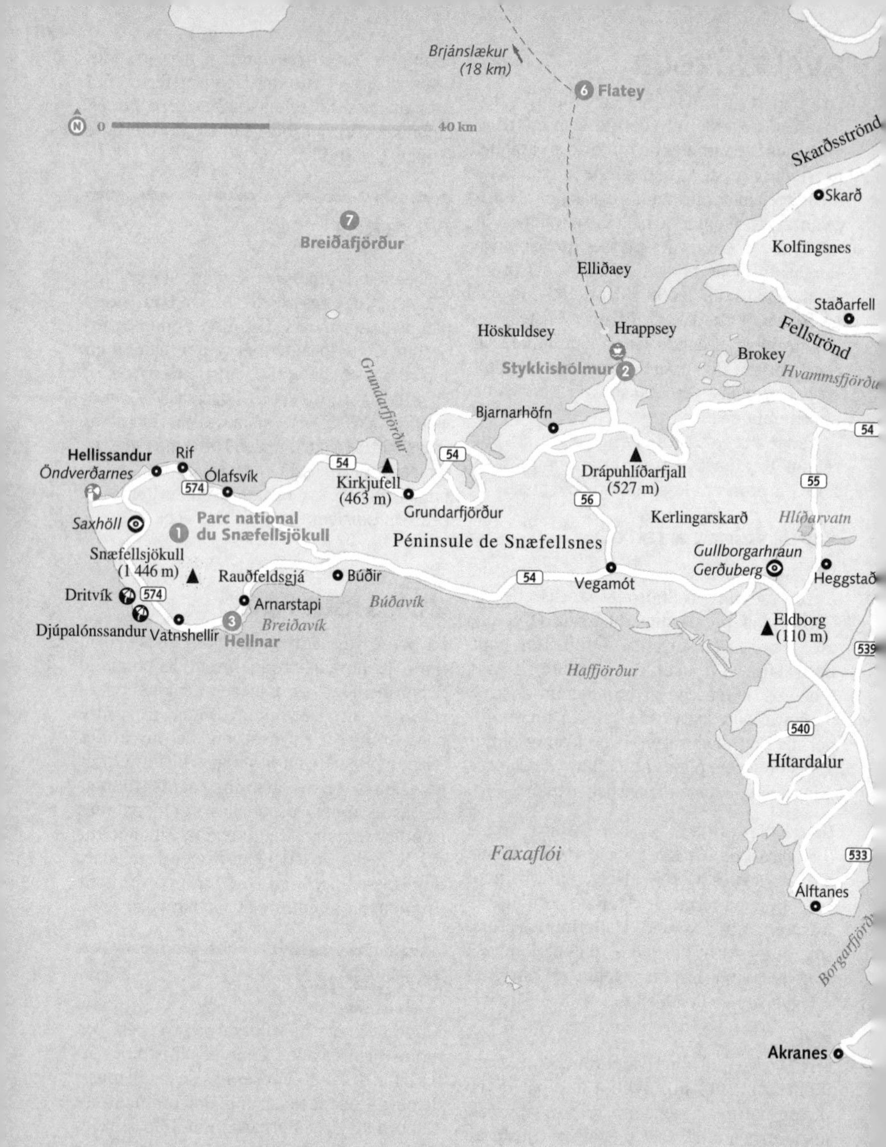


## À ne pas manquer

1 Les champs de lave, les côtes venteuses et le Snæfellsjökull, cœur glacé du féerique **parc national du Snæfellsjökull** (p. 194)

2 Les maisons colorées de la bourgade portuaire de **Stykkishólmur** (p. 185)

3 L'étroit **sentier côtier** (p. 196) à l'est d'Hellnar, bordé de roches escarpées et survolé par les oiseaux marins

4 L'exploration des grottes de glace du majestueux **Langjökull** (p. 184), ou de ses contours bruts par la piste de Kaldidalur

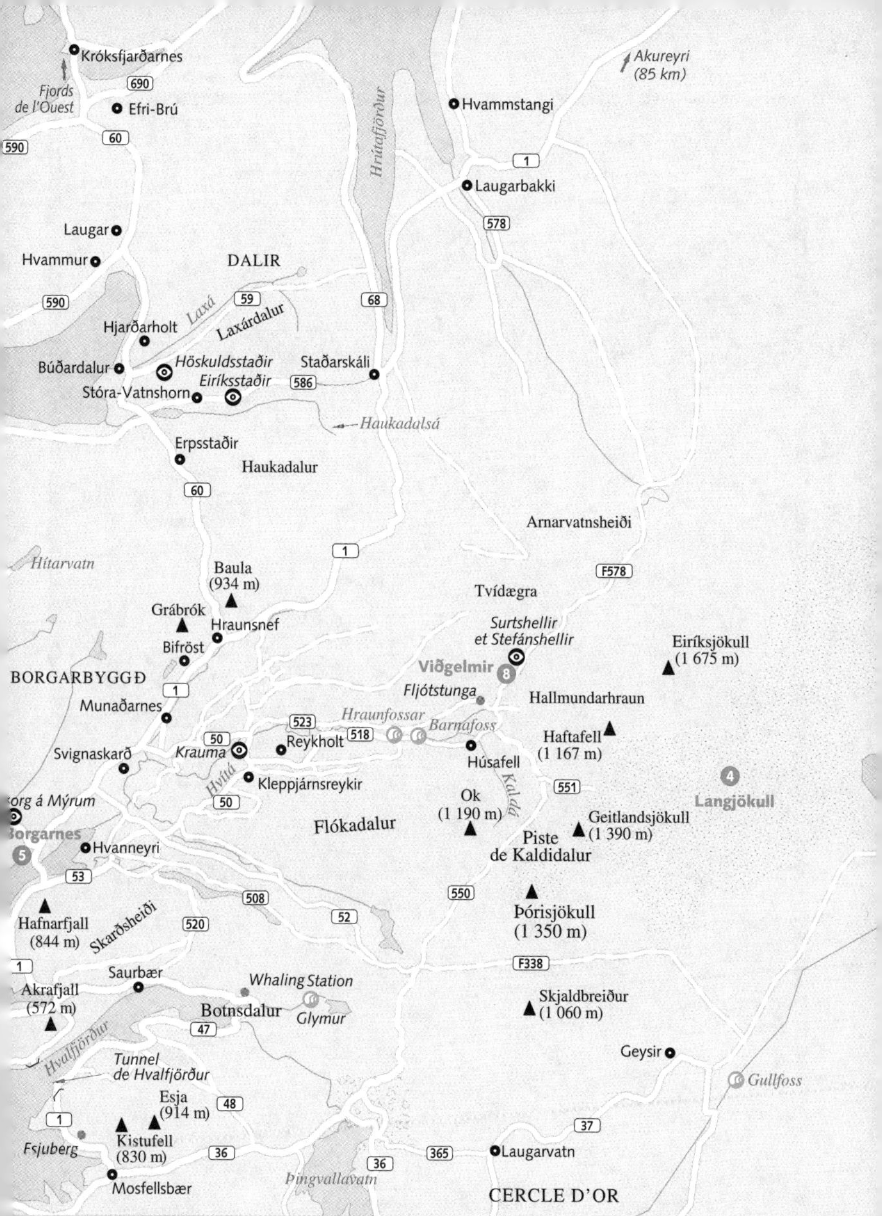


5 The Settlement Centre, impressionnant musée de la Colonisation, pour un retour à l'âge des sagas, dans la sympathique localité de **Borgarnes** (p. 175)

6 Une nuit (ou plus) sur l'île de **Flatey** (p. 190), loin de tout

7 Une sortie en bateau pour voir des macareux et des baleines dans le magnifique **Breiðafjörður** (p. 185)

8 La descente dans l'immense tunnel de lave de **Viðgelmir** (p. 184), vestige d'une terrible éruption volcanique

## Borgarnes

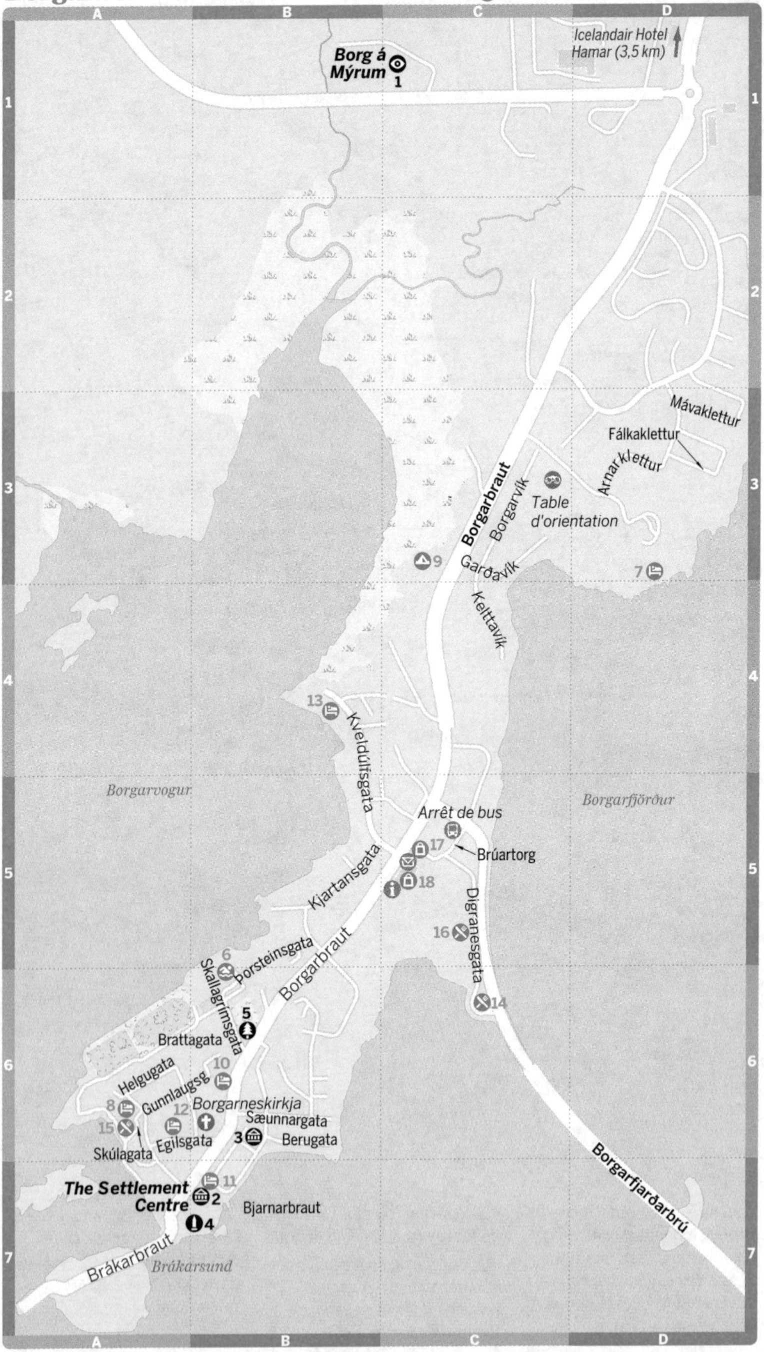
0 — 500 m
Icelandair Hotel Hamar (3,5 km)
Borg á Mýrum 1
Mávaklettur
Fálkaklettur
Arnarklettur
Borgarbraut
Borgarvík
Table d'orientation
7
9
Garðavík
Kelttavík
13
Kveldúlfsgata
Borgarvogur
Borgarfjörður
Arrêt de bus
17
Brúartorg
18
Kjartansgata
Digranesgata
16
6
Þorsteinsgata
Skallagrímsgata
14
5
Brattagata
10
Helgugata
Gunnlaugsg
8
12
Borgarneskirkja
Sæunnargata
15
3
Berugata
Skúlagata
Egilsgata
Borgarfjarðarbrú
11
The Settlement Centre 2
Bjarnarbraut
4
Brákarbraut
Brákarsund

## Borgarnes

**Les incontournables**

1 Borg á Mýrum ... C1
2 The Settlement Centre ... B7

**À voir**

3 Musée du Borgarfjördur ... B6
4 Brákin ... B7
5 Skallagrímsgarður ... B6

**Activités**

6 Piscine ... B6

**Où se loger**

7 Bjarg ... D3
8 Borgarnes B&B ... A6
9 Camping de Borgarnes ... C3
10 Borgarnes HI Hostel ... B6
11 Egils's Guesthouse & Apartments ... B7
12 Hótel Borgarnes ... A6
13 Kría Guesthouse ... B4

**Où se restaurer**

14 Bónus ... C6
15 Englendingavík ... A6
16 Ok Bistro ... C5
Restaurant du Settlement Centre ... (voir 2)

**Achats**

17 Ljómalind ... C5
18 Vínbúðin ... C5

permet de fascinantes immersions dans l'histoire des premiers Islandais et l'âge des sagas. Il comporte 2 expositions, qui se visitent chacune en 30 minutes environ. L'une couvre la découverte et la colonisation de l'île, l'autre est consacrée aux aventures d'Egill Skallagrímsson (héros de la *Saga d'Egill* ; p. 180) et de sa famille. L'entrée comprend un audioguide multilingue.

Loin d'être un banal musée des Arts et Traditions populaires, ce lieu offre une vision en profondeur de l'histoire, de la faune et de la flore islandaises, prélude idéal à une exploration de l'île. La *Saga d'Egill* est l'une des plus nuancées et des plus haletantes du genre, et le musée a installé dans la ville des **cairns** marquant les sites clés évoqués dans ce récit. Un excellent restaurant est installé sur place.

**Musée du Borgarfjördur** MUSÉE
(Safnahús ; ☎433 7200 ; www.safnahus.is ; Bjarnarbraut 4-6 ; tarif plein/enfant 1 000/gratuit ISK ; 13h-17h mai-août, 13h-16h lun-ven sept-avr). Ce petit musée municipal présente d'innombrables photos et objets qui retracent l'histoire des enfants en Islande au cours du siècle dernier. Les légendes sont traduites en anglais, mais n'hésitez pas à demander des explications à un employé. Une histoire passionnante se cache derrière chaque photo. Cette exposition vous hantera longtemps après votre retour d'Islande.

**Brákin** SCULPTURE
Þorgerður Brák était la nourrice d'Egill, sans doute une esclave celte. Dans l'un des épisodes les plus dramatiques de la *Saga d'Egill*, elle le sauva d'une tentative d'assassinat de la part de son père, Skallagrímur Kveldúlfssonn, et sauta dans la mer pour échapper à la colère de ce dernier. Une sculpture marque l'endroit où elle se jeta dans l'eau et mourut : frappée par une pierre que lui lança Skallagrímur, elle se noya.

**Skallagrímsgarður** PARC
Un cairn marque l'emplacement du tumulus où reposent le père et le fils du héros de la saga, Egill Skallagrímsson.

### Activités et circuits organisés

**Complexe sportif** PISCINE GÉOTHERMALE
(www.borgarbyggd.is ; Þorsteinsgata ; tarif plein/enfant 600/250 ISK ; 6h-22h lun-ven, 9h-18h sam-dim). Le grand complexe sportif de Borgarnes, situé au bord du fjord, comprend une belle piscine, des *hot pots* et un hammam. C'est un merveilleux havre de paix.

**Oddsstaðir** ÉQUITATION
(☎435 1413 ; www.oddsstadir.is ; ferme d'Oddsstaðir). Cette ferme propose des circuits à cheval de plusieurs jours dans l'Ouest.

### Fêtes et festivals

**Brákarhátíð** CULTURE
(www.brakarhatid.is ; fin juin). La ville honore Þorgerður Brák avec des décorations, des défilés, un concert et un match de football âprement disputé dans la boue.

### Où se loger

**Borgarnes HI Hostel** AUBERGE DE JEUNESSE €
(☎695 3366 ; www.hostel.is ; Borgarbraut 11-13 ; dort 4 750 ISK, d avec/sans sdb 17 900/12 900 ISK ; @). Une auberge sans prétention, aux faux airs d'internat de lycée. Remise de 750 ISK pour les adhérents HI.

**Camping de Borgarnes** CAMPING €
(Borgarbraut ; empl 1 200 ISK/pers). Un camping basique au bord du fjord, sur la route principale qui traverse en long la péninsule.

## LA SAGA D'EGILL

La *Saga d'Egill* débute par l'histoire de Kvedúlfur, grand-père du poète et guerrier Egill Skallagrímsson, qui s'enfuit en Islande au IXe siècle après une querelle avec le roi de Norvège. Pendant le voyage, Kveldúlfur tomba gravement malade. Avant de mourir, il demanda à son fils, Skallagrímur Kveldúlfsson, de jeter son cercueil à la mer et de construire la ferme familiale à l'endroit où il s'échouerait – ce fut **Borg á Mýrum** (page suivante). En grandissant, Egill Skallagrímsson s'avéra d'une nature féroce et créative : il tua son premier adversaire à 7 ans, mena de multiples raids en Irlande, en Angleterre et au Danemark et sauva sa vie à maintes reprises en composant d'éloquents poèmes. **The Settlement Centre** (p. 175), excellent, vous en apprendra plus sur lui.

Pour approfondir les liens entre cette saga et les paysages autour de Borgarnes, téléchargez l'application Locatify SmartGuide et lancez le circuit "Borg on the Moor", qui présente les sites locaux évoqués tout au long du récit. The Settlement Centre en a repéré huit à l'aide de cairns, notamment ceux de **Brákin** (p. 179), Borg á Mýrum et **Skallagrímsgarður** (p. 179), le tertre funéraire du père et du fils d'Egill Skallagrímsson.

♥ **Egils's Guesthouse & Apartments** GUESTHOUSE €€
(www.egilsguesthouse.is ; Brákarbraut 11 ; d avec/sans sdb petit-déj inclus 20 000/17 000 ISK, studios à partir de 20 400 ISK ; P). Choisissez entre les chambres ravissantes et lumineuses de la *guesthouse* Kaupangur avec vue sur le fjord, et les studios et appartements tout équipés en centre-ville. Petit café dans la *guesthouse*.

♥ **Bjarg** GUESTHOUSE €€
(☎437 1925 ; bjarg@simnet.is ; ferme Bjarg ; d avec/sans sdb petit-déj inclus 20 400/18 300 ISK). Dans l'un des plus beaux sites de la région, ces bungalows accolés les uns aux autres, à 1,5 km au nord du centre, dominent le fjord et les montagnes sur l'autre rive. Les chambres sont chaleureuses et confortables, avec boiseries et draps immaculés. Cuisines communes, bon buffet au petit-déjeuner, barbecue et sdb impeccables. Un bungalow au toit végétalisé peut loger 4 personnes.

**Borgarnes B&B** B&B €€
(☎434 1566, 842 5866 ; www.borgarnesbb.is ; Skúlagata 21 ; s/d/qua sans sdb petit-déj inclus 15 500/18 500/31 900 ISK, d avec sdb petit-déj inclus 21 500 ISK ; @). Optez pour l'une des 2 chambres du rez-de-chaussée avec portes anciennes et accessoires modernes (les autres sont au sous-sol) : elles ont une vue imprenable sur la baie. Délicieux buffet au petit-déjeuner.

**Kría Guesthouse** GUESTHOUSE €€
(☎845 4126 ; www.kriaguesthouse.is ; Kveldúlfsgata 27 ; s/d sans sdb petit-déj inclus 13 000/18 000 ISK). Cette maison privée dans une rue résidentielle compte 2 chambres avec une belle vue sur l'eau. Agréable cuisine commune, grande sdb accessible en fauteuil roulant, salon de jardin et *hot pot*.

**Hótel Borgarnes** HÔTEL €€
(☎437 1119 ; hotelborgarnes.is ; Egilsgata 16 ; s/d petit-déj inclus 20 100/23 700 ISK ; ⏲avr-nov ; @). Cet établissement vaste et sans cachet loue des chambres dans le style des hôtels d'affaires, avec une belle vue. Il accueille surtout des groupes en voyage organisé.

**Icelandair Hotel Hamar** HÔTEL, GUESTHOUSE €€€
(☎433 6600 ; www.icehotels.is ; Route 1, Golfvöllurinn ; hôtel d à partir de 26 100 ISK ; @). Le Hamar est installé sur un golf prisé à 4 km au nord de la ville. Si l'extérieur préfabriqué gris n'a rien d'attirant, l'intérieur, étonnamment raffiné, présente une foule de commodités. L'établissement possède un restaurant.

## Où se restaurer

**Bónus** SUPERMARCHÉ €
(Digranesgata 6 ; ⏲11h-18h30 lun-jeu, 10h-19h30 ven, 10h-18h sam, 12h-18h dim). À côté du pont sur le fjord en entrant dans la ville.

♥ **Restaurant du Settlement Centre** INTERNATIONAL €€
(☎437 1600 ; www.landnam.is ; Brákarbraut 13 ; buffet déj 2 200 ISK, plats 2 200-5 000 ISK ; ⏲10h-21h). Ce restaurant spacieux et animé, qui occupe une salle lumineuse construite dans la roche, est une excellente adresse. Choisissez une spécialité islandaise (agneau, ragoût de poisson, etc.). Le buffet (12h-15h) a beaucoup de succès. Réservez pour le dîner.

**Ok Bistro** ISLANDAIS €€
(☎437 1200 ; www.okbistro.is ; Digranesgata 2 ; petits plats 2 000-3 000 ISK, grands plats

3 700-5 000 ISK ; ⌚11h30-22h). Au 3e étage d'un bâtiment moderne occupé par des sociétés, vous découvrirez cette salle élégante offrant une vue magnifique sur le fjord et les montagnes. La cuisine créative est à base de produits locaux. Au choix : assiettes à partager façon tapas ou grand plat soigneusement présenté. Le restaurant doit son nom au mont Ok (1 200 m).

**Englendingavík** CAFÉ €€
(☎555 1400 ; www.englendingavik.is ; Skúlgata 17 ; plats 2 450-4 500 ISK ; ⌚11h30-23h mai-sept, horaires réduits oct-avr ; ). Un restaurant décontracté et accueillant, avec une jolie terrasse donnant sur l'eau. Bonne cuisine maison, depuis les plats complets à base de rôti d'agneau ou de poisson frais jusqu'aux gâteaux. Le restaurant gère aussi une *guest-house* dans un bâtiment restauré (d avec sdb commune à partir de 14 600 ISK).

## Achats

**Ljómalind** MARCHÉ
(marché de producteurs ; ☎437 1400 ; www.ljomalind.is ; Brúartorg 4 ; ⌚10h-18h mai-août, horaires réduits sept-avr). Fruit d'une collaboration entre producteurs locaux, ce marché est à la périphérie de la ville, près du rond-point. On y trouve des produits laitiers d'Erpsstaðir (p. 199), de la viande bio, des articles de bain, des lainages tricotés main, des bijoux, etc.

**Vínbúðin** VINS ET SPIRITUEUX
(Borgarbraut 58-60, centre Hyrnu Torg ; ⌚11h-18h lun-jeu, 11h-19h ven, 11h-16h sam juin-août, horaires réduits sept-mai). Chaîne d'État.

## Renseignements

**Office du tourisme** (☎437 2214 ; www.west.is ; Borgarbraut 58-60 ; ⌚9h-18h lun-ven, 10h-16h sam, 12h-16h dim juin-août, 9h-17h lun-ven sept-mai). Le principal office du tourisme de l'ouest de l'Islande, dans le grand centre commercial.

## Depuis/vers Borgarnes

Borgarnes est le principal point de transit entre Reykjavík et Akureyri, et la péninsule de Snæfellsnes et les fjords de l'Ouest. La **gare routière** (Borgarbraut) se trouve dans le complexe abritant les stations-service (N1, Orkan).

Services assurés par **Strætó** (www.bus.is) :

- Bus n°57 pour Reykjavík (1 680 ISK, 1 heure 30, 12 lun-ven, 6 sam-dim)
- Bus n°57 pour Akureyri (7 980 ISK, 5 heures, 2/jour lun-ven)
- Bus n°58 pour Stykkishólmur (2 520 ISK, 1 heure 30, 2/jour, correspondance avec le bus n°82 au carrefour de Vatnaleið pour Hellissandur et Arnarstapi)
- Bus n°59 pour Holmavík (5 040 ISK, 2 heures 15, 1/jour lun, mer, ven, sam et dim)
- Bus n°81 pour Reykholt (840 ISK, 1 heure 20, 1/jour lun-ven)

Services assurés par **Reykjavík Excursions** (www.re.is) :

- Le bus n°320 fait une boucle depuis Reykjavík, en passant par Borgarnes, Kleppjárnsreykir, Deildartunguhver, Reykholt, Hraunfossar, Húsafell et Þingvellir (via la vallée de Kaldidalur), avant de rejoindre la capitale (pour Borgarnes 3 500 ISK, 1/jour mi-juin à août)

Services assurés par **Sterna** (www.sterna.is) :

- Bus n°60 pour Akureyri (7 200 ISK, 4 heures, 1/jour fin-juin à août)
- Bus n°60a pour Reykjavík (1 600 ISK, 1 heure, 1/jour fin-juin à août)

# Environs de Borgarnes

On trouve de nombreux hébergements d'un excellent rapport qualité/prix autour de Borgarnes. Pour d'autres adresses, consultez l'office du tourisme ou la chaîne Icelandic Farm Holidays (www.farmholidays.is).

## À voir et à faire

**Borg á Mýrum** SITE REMARQUABLE
(Rocher dans les marécages ; Route 54) GRATUIT. C'est à Borg á Mýrum, au nord-ouest de Borgarnes sur la Route 54, que Skallagrímur Kveldúlfsson, le père d'Egill, bâtit sa ferme lors de la colonisation de l'Islande. Le lieu doit son nom au gros **rocher** (*borg*) situé derrière la ferme (aujourd'hui une propriété privée). On peut marcher jusqu'au **cairn** pour admirer la vue et visiter le petit **cimetière** où une vieille pierre tombale est gravée de runes.

### LES ALCOOLS DE BORGARNES

La cristalline **vodka Reyka** (www.reyka.com), que l'on trouve partout dans le pays, est produite à Borgarnes dans la première distillerie islandaise.

Une petite brasserie familiale, **Steðji Brugghús** (☎896 5001 ; www.stedji.com ; dégustation 1 500 ISK ; ⌚13h-17h lun-sam), installée à 25 km au nord de Borgarnes en retrait de la Route 50, propose un bon choix de bières : à la fraise, blonde, de saison. Vous pourrez toutes les goûter dans la nouvelle salle de dégustation.

### CIRCUIT GASTRONOMIQUE

**Crisscross Food Tour** (897 6140 ; www.crisscross.is) organise des excursions gastronomiques dans l'ouest de l'Islande, avec des arrêts dans des fermes, des en-cas et un repas (journée 39 500 ISK). Visite de sites naturels (cascades ou champs de lave) au passage. Départ de Reykjavík ou de Borgarnes.

**Hafnarfjall** RANDONNÉE

L'Hafnarfjall (844 m) est un impressionnant mont escarpé qui se dresse en face de Borgarnes, de l'autre côté du fjord. Le point de départ du sentier qui rejoint le sommet (7 km) se trouve sur la Route circulaire (Route 1), près de l'extrémité sud de la chaussée qui entre dans la bourgade. Gare aux éboulis glissants ! Point de vue remarquable depuis le sommet.

## Où se loger et se restaurer

**Fossatún** HÔTEL €

(433 5800 ; www.fossatun.is ; Route 50 ; huttes 8 000 ISK, d avec/sans sdb 18 600/12 500 ISK ; @). Adapté aux familles, cet endroit comprend une *guesthouse*, un hôtel et des huttes de camping près d'une chute d'eau. Le spacieux restaurant (plats 2 000-3 800 ISK ; 12h-14h et 18h-20h30) donne sur la cascade et sur des sentiers. Sur l'embranchement sud de la Route 50, à 23 km à l'est de Borgarnes et à 18 km au sud-ouest de Reykholt.

**Ensku Húsin** GUESTHOUSE €€

(437 1826 ; www.enskuhusin.is ; Route 54 ; d avec/sans sdb petit-déj inclus 20 400/16 700 ISK). À 8 km au nord-ouest de Borgarnes près de la Route 54, dans un cadre splendide en bordure de rivière, cette ancienne maison de pêcheurs a retrouvé sa décoration et son charme d'autrefois. Les chambres à l'étage recréent l'atmosphère de jadis ; il y a aussi une nouvelle aile. Les propriétaires louent d'autres chambres dans une ferme à 2 km.

**Skemma Cafe** CAFÉ €

(Skemman Kaffihús ; 868 8626 ; www.facebook.com/skemmancafe ; Musée agricole d'Islande, Havnneyri ; en-cas 890-1 350 ISK ; 12h-17h juin à mi-août). Dans un bâtiment de 1896 du village d'Havnneyri, ce petit café à la terrasse ensoleillée sert des soupes, des gâteaux et des cafés.

## Achats

**Ullarselið** VÊTEMENTS, ART ET ARTISANAT

(437 0077 ; www.ull.is ; Hvanneyri ; 11h-17h juin-août, 13h-17h jeu-sam sept-mai). Ce fabuleux magasin de laines et de tricots est situé dans le village de Hvanneyri, à 12 km à l'est de Borgarnes, parmi des maisons au bord du fjord. Chandails tricotés main, écharpes, chapeaux et couvertures côtoient des pelotes de laine filée à la main et des boutons en coquillage et en os, ainsi que des aiguilles et des modèles pour ceux qui veulent se lancer.

# Haut de la vallée du Borgarfjörður

## Reykholt

Difficile d'imaginer que la bourgade de Reykholt (www.reykholt.is), qui se résume à une poignée de fermes, était une importante cité médiévale où vécut l'un des plus grands chefs et historiens de l'époque, Snorri Sturluson (qui y trouva la mort). La plupart des sites à voir ici se rapportent à ce personnage.

### À voir

**Krauma** SOURCE THERMALE

(Deildartunguhver ; 555 6066 ; www.krauma.is ; Route 50 ; tarif plein/enfant 4 900/2 900 ISK ; 10h-22h). La source thermale de Deildartunguhver, la plus grande d'Europe, se trouve à environ 5 km à l'ouest de Reykholt, près de la Route 50, non loin de l'intersection avec la Route 518. Des volutes de vapeur s'élèvent au-dessus de l'eau à 100° qui remonte du sol (à raison de 180 litres par seconde !). Ce nouveau complexe thermal regroupe d'élégantes piscines chaudes, une piscine froide et deux hammams. L'eau bouillante de la source est mélangée à l'eau froide du proche ravin Rauðsgil, sans ajout de produits chimiques. Restaurant sur place.

**Snorrastofa** MUSÉE

(433 8000 ; www.snorrastofa.is ; 1 200 ISK ; 10h-18h mai-août, 10h-17h lun-ven sept-avr). Ce centre d'études médiévales consacré au célèbre poète, historien et homme d'État du Moyen Âge, Snorri Sturluson, est installé dans la ferme où il vivait et fut assassiné. On y découvre sa vie et son œuvre (admirez l'édition de 1599 de son *Heimskringla*, une histoire des rois de Norvège), ainsi que le droit, la littérature et la société de l'Islande médiévale. Une exposition retrace les fouilles

menées sur le site. Demandez à visiter l'église moderne et la salle de lecture à l'étage.

**Snorralaug** SOURCE

GRATUIT Principal vestige de la ferme de Snorri, le Snorralaug (bassin de Snorri) est un bassin circulaire en pierre alimenté par une source chaude. Les pierres du fond sont d'origine (Xe siècle) et on raconte que Snorri venait s'y baigner. À côté de la source (fermée au public), un tunnel aux parois de bois mène à l'ancienne ferme, où il fut assassiné. Le bassin serait la plus ancienne construction humaine d'Islande.

**Vieille église de Reykholt** ÉGLISE

Parmi les bâtiments plus modernes que l'on peut voir dans l'ancienne ferme de Snorri, citons cette charmante église de 1896, ouverte au public. En 2001, on a découvert dans ses fondations la citerne d'une forge datant de 1040-1260 ; une plaque vitrée dans le sol permet de l'observer.

**Centre des chèvres islandaises** FERME

(☎435 1448 ; www.geitur.is ; Route 523, Háafell ; visite guidée tarif plein/enfant 1 500/750 ISK ; ⏲13h-18h juin-août). On vous emmènera à travers de jolis champs où paissent des chèvres islandaises, une espèce menacée, avant de vous offrir un thé ou un café. Le plus célèbre pensionnaire est Casanova, un bouc qui a tourné dans *Game of Thrones* (où il est pourchassé par un dragon). Sur la Route 253, une piste au nord-est de Reykholt.

## Où se loger et se restaurer

Le restaurant de l'hôtel de Reykholt sert des repas simples. Vous aurez davantage de choix à Borgarnes – c'est également le cas pour les courses alimentaires.

**Steindórsstaðir** GUESTHOUSE €

(☎435 1227 ; www.steindorsstadir.is ; Route 517, Reykholtsdalur ; s/d/tr sans sdb 10 000/14 500/18 000 ISK). Dans une ferme au milieu des champs à 2 km de Reykholt, cette jolie *guesthouse* loue des chambres douillettes et propres avec vue sur la campagne. Cuisine commune, Jacuzzi (avec vue également) et accueil sympathique. Quelques chambres avec option duvet (5 000 ISK).

**Fosshótel Reykholt** HÔTEL €€

(☎562 4000, 435 1260 ; www.fosshotel.is ; d petit-déj inclus à partir de 21 100 ISK ; P @). Seul hôtel à Reykholt même, ce bâtiment quelconque possède des chambres basiques de style motel, deux *hot pots* et un restaurant.

**Restaurant Hverinn** INTERNATIONAL €

(☎571 4433 ; www.hverinn.is ; Kleppjámsreykir, Route 50 ; plats 1 600-2 500 ISK ; ⏲10h30-21h mai-oct). Repas simples (soupes, burgers, etc.) dans un grand restaurant en bord de route au personnel aimable. Vend aussi quelques produits alimentaires de base, et dispose d'un camping (1 500 ISK/adulte) et d'une *guesthouse* (d avec sdb commune 14 500 ISK). À environ 5 km à l'ouest de Reykholt, près du croisement de la Route 518 et de la Route 50.

## Depuis/vers Reykholt

Services assurés par **Strætó** (www.bus.is) :

➡ Bus n°81 pour Borgarnes (840 ISK, 1 heure 20, 1/jour lun-ven)

Services assurés par **Reykjavík Excursions** (www.re.is) :

➡ Le bus n°320 fait une boucle au départ de Reykjavík, en passant par Borgarnes, Kleppjárnsreykir, Deildartunguhver, Reykholt, Hraunfossar, Húsafell et Þingvellir (via la vallée de Kaldidalur), avant de rejoindre la capitale (pour Reykholt 7 000 ISK, 1/jour mi-juin à août).

# Húsafell

Dans une vallée émeraude sillonnée de cours d'eau, entre la rivière Kaldá et un champ de lave spectaculaire, le hameau d'Húsafell, son hôtel chic et ses chalets d'été ravissent les habitants de Reykjavík en quête d'un refuge champêtre. C'est aussi l'accès principal au glacier Langjökull.

## À voir

**Hraunfossar** CASCADE

(Route 518). La spectaculaire "cascade du Champ de lave" doit son nom à l'eau cristalline qui jaillit de sous le champ de lave qui l'entoure. Tournez vers le nord depuis la Route 518, à 6,5 km à l'ouest d'Húsafell.

## Où se loger et se restaurer

Le camping d'Húsafell compte un bistrot tout simple et une supérette, et l'hôtel abrite un restaurant gastronomique. Si vous souhaitez davantage de choix, la ville la plus proche est Borgarnes.

**Gamli Bær** GUESTHOUSE €

(Vieille Ferme ; ☎895 1342 ; sveitasetrid@simnet.is ; Route 518 ; d avec/sans sdb à partir de 14 000/13 000 ISK ; ⏲mi-mai à sept). Une ferme de 1908, avec sdb communes ou privatives. Un peu après Húsafell, sur la Route 518.

**Húsafell** CAMPING €
(Ferðaþjónustan Húsafelli ; ☎435 1556 ; www.husafell.is ; empl par tarif plein/enfant 1 500/800 ISK). Un camping, des bungalows et maisons d'été, une **supérette**, un **bistrot** (plats 2 000-2 700 ISK, 11h-21h) et une **piscine géothermale extérieure** (tarif plein/enfant 1 200/300 ISK, 10h-22h tlj juin-sept, horaires réduits oct-mai).

♥ **Hótel Húsafell** HÔTEL €€€
(☎435 1551 ; www.hotelhusafell.com ; d petit-déj inclus à partir de 39 500 ISK ; P). Cet hôtel chic et contemporain est le fleuron d'Húsafell. Les chambres sont spacieuses et confortables, et les œuvres originales de l'artiste local Páll Guðmundsson ornent l'établissement. Le **restaurant** (plats déj 2 000-4 000 ISK, dîner 4 500-7 000 ISK) est remarquable pour sa cuisine islandaise créative, aux ingrédients savoureux et joliment présentés.

## Depuis/vers Húsafell

Services assurés par **Reykjavík Excursions** (www.re.is) :

- Le bus n°320 fait une boucle au départ de Reykjavík, en passant par Borgarnes, Kleppjárnsreykir, Deildartunguhver, Reykholt, Hraunfossar, Húsafell et Þingvellir (via la vallée de Kaldidalur), avant de rejoindre la capitale (pour Húsafell 8 000 ISK, 1/jour mi-juin à août).

## Hallmundarhraun

À l'est d'Húsafell, sur la Route 518, les immenses coulées de lave provenant du Hallmundarhraun dessinent un merveilleux paysage, désertique et irréel, ponctué de gigantesques tubes de lave. Ces longues galeries ont été formées par de la lave en fusion coulant sous une croûte de lave solide. Il est possible d'en visiter quelques-unes.

Avec un 4x4, vous pourrez poursuivre à l'intérieur des terres au-delà de Surtshellir le long de la Route F578 en forme de "L". Vous longerez les lacs d'**Arnarvatnsheiði** et arriverez à **Hvammstangi**. La Route F578 n'est ouverte que 7 semaines par an (consultez le site www.road.is).

### À voir

♥ **Grotte Viðgelmir – The Cave** TUNNEL DE LAVE
(☎783 3600 ; www.thecave.is ; visite guidée tarif plein/enfant à partir de 6 000 ISK/gratuit). Le tunnel de lave le plus facile à visiter et le plus grand d'Islande, long de 1,5 km et vieux de 1 100 ans, se trouve dans une propriété privée près de la ferme de Fljótstunga. Il présente des formations de glace scintillantes et constamment changeantes. On le parcourt sur une passerelle stable, dans le cadre de visites guidées (horaires sur le site Web). Casques et lampes torches fournis.

**Surtshellir** TUNNEL DE LAVE
GRATUIT Un peu au sud-est de Fljótstunga sur la Route 518, un panneau jaune vif indique la bifurcation pour **Arnarvatnsheiði** sur la Route F578 (voitures de location interdites). Empruntez la piste cahoteuse sur 7 km jusqu'au **Surtshellir**, un impressionnant tunnel de lave de 2 km relié au **Stefánshellir**, un autre tunnel d'environ 1 km. On peut explorer seul le Surtshellir à condition d'être bien équipé (casque de sécurité, lampe torche, etc.).

## Langjökull et la vallée de Kaldidalur

Au sud-est d'Húsafell, l'incroyable vallée de Kaldidalur serpente au pied d'une série de glaciers offrant d'incroyables points de vue sur la calotte glaciaire du Langjökull, et par temps clair sur l'Eiríksjökull, l'Okjökull et le Þórisjökull. La Route 550 non goudronnée, appelée piste de Kaldidalur (Kaldidalur Corridor en anglais), est un itinéraire difficile et spectaculaire (glace et roche nue), souvent noyé dans la brume en été. Elle rejoint le Cercle d'or au sud et permet de faire une grande boucle à partir de Reykjavík. La meilleure façon de découvrir la piste de Kaldidalur est de l'emprunter en voiture ou avec les bus Reykjavík Excursions, mais des circuits organisés sont aussi possibles.

### À voir

♥ **Langjökull** GLACIER
La calotte glaciaire du Langjökull est le deuxième plus grand glacier d'Islande et le grand glacier le plus proche de Reykjavík. On y accède par les pistes de Kaldidalur ou de Kjölur. Le village d'Húsafell est la base la plus proche pour y accéder. N'essayez pas de rejoindre le glacier par vos propres moyens. Des excursions partent de Reykjavík et d'Húsafell : Mountaineers of Iceland (p. 72) propose des sorties à motoneige, et Dog Sledding (p. 71) en traîneaux à chiens, l'été.

♥ **Into the Glacier** GROTTES DE GLACE
(grottes de glace du Langjökull ; ☎578 2550 ; www.intotheglacier.is). Une immense galerie (300 m) et une série de grottes creusées par

l'homme, qui vous font pénétrer au cœur du glacier, à 1 260 m au-dessus du niveau de la mer. Ce réseau scintillant éclairé par des LED a ouvert en 2015. On y trouve des expositions, un café et même une petite chapelle pour ceux qui rêvent de se marier dans un glacier. Des excursions sont organisées à partir d'Húsafell ou du bord du glacier (tarif plein/enfant 19 500 ISK/gratuit), ou encore de Reykjavík (29 900 ISK). Il existe aussi des excursions combinées (avec motoneige, hélicoptère ou circuit du Cercle d'or).

Par groupe de 80 au maximum, les visiteurs montent jusqu'au site à bord de véhicules spéciaux, puis passent environ 45 minutes à explorer le glacier.

### Où se loger et se restaurer

Vous trouverez des hébergements à Húsafell, Reykholt ou Borgarnes.

Dirigez-vous vers les mêmes localités pour vous restaurer, car il n'y a qu'un minuscule café sur place.

### Depuis/vers le Langjökull

Services assurés par **Reykjavík Excursions** (www.re.is) :

- Le bus n°320 fait une boucle depuis Reykjavík en passant par Borgarnes, Kleppjárnsreykir, Deildartunguhver, Reykholt, Hraunfossar, Húsafell et Þingvellir (via la vallée de Kaldidalur), avant de rejoindre Reykjavík (1/jour mi-juin à août).

Sinon, optez pour une excursion organisée. Vous pouvez conduire sur les routes avec un véhicule autorisé (à vérifier auprès de l'agence de location), mais n'essayez surtout pas de grimper sur le glacier sans guide.

# PÉNINSULE DE SNÆFELLSNES

Fjords étincelants, pics volcaniques, falaises abruptes, vastes plages dorées et coulées de lave forment l'incroyable paysage de la péninsule de Snæfellsnes, longue de 100 km. La région est dominée par l'étincelante calotte glaciaire du Snæfellsjökull, immortalisée dans le *Voyage au centre de la Terre* de Jules Verne. Les routes en bon état et les bus réguliers font de ce condensé du meilleur de l'Islande une destination d'excursion aussi aisée que rapide depuis Reykjavík.

Stykkishólmur, sur la populaire côte nord, est la plus grande ville de la région, et un point de chute pratique. En continuant vers l'ouest le long de la côte, on traverse des localités plus petites. Dans la partie ouest de la péninsule, le parc national du Snæfellsjökull comprend un glacier, des colonies d'oiseaux et des champs de lave. La côte sud, tranquille, abrite des élevages de chevaux adossés à d'imposants escarpements rocheux.

## Stykkishólmur

1 110 HABITANTS

La bourgade pleine de charme de Stykkishólmur (www.visitstykkisholmur.is), la plus grande de la péninsule de Snæfellsnes, est construite autour d'un port naturel protégé par un îlot de basalte. Elle est ponctuée d'édifices colorés datant de la fin du XIX^e siècle. Ses transports en commun efficaces et son choix de restaurants et d'hébergements en font une base parfaite pour découvrir la région. Wi-Fi gratuit dans toute la localité.

### À voir et à faire

**Breiðafjörður** FJORD

La péninsule découpée de Stykkishólmur avance au nord dans le superbe Breiðafjörður, une immense étendue d'eau séparant la péninsule de Snæfellsnes des imposantes falaises des fjords de l'Ouest. Selon une légende locale, seules deux choses au monde ne peuvent être comptées : les étoiles dans le ciel et les îlots escarpés dans la baie. Vous pourrez contempler des paysages de rêve peuplés d'innombrables oiseaux (macareux, aigles, guillemots, etc.). Des **excursions en bateau** pour observer les baleines et les macareux partent de Stykkishólmur, Grundarfjörður ou Ólafsvík.

**Norska Húsið** MUSÉE

(Maison norvégienne ; ☎433 8114 ; www.norskahusid.is ; Hafnargata 5 ; tarif plein/enfant 800 ISK/gratuit ; ⏲11h-18h juin-août, 14h-17h mar-jeu sept-mai). Le charme marin de Stykkishólmur tient surtout à ses entrepôts, boutiques et maisons en bois qui entourent le port. La plupart datent d'il y a 150 ans. L'un des bâtiments les plus intéressants (et anciens) est la Norska Húsið, qui accueille le musée régional. Bâtie par le commerçant et astronome amateur Árni Þorlacius en 1832, elle a été habilement restaurée et conserve une collection d'antiquités très éclectique. L'étage recrée l'intérieur dans lequel vivait Árni, typique d'une demeure de la haute société islandaise du XIX^e siècle, avec sa décoration d'origine.

## Péninsule de Snæfellsnes

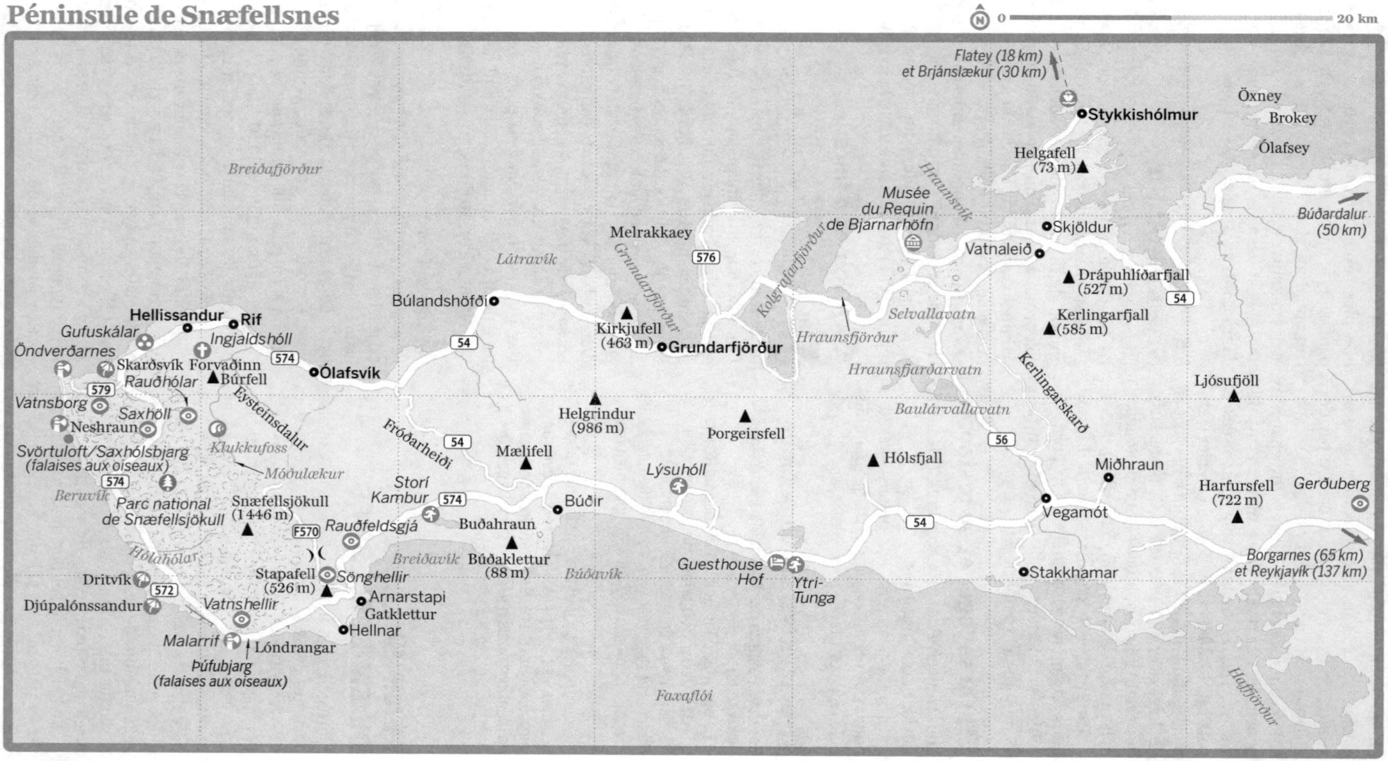

### Súgandisey — ÎLE

Un phare pittoresque se dresse sur l'île basaltique de **Súgandisey**, qui offre un large panorama du Breiðafjörður. On y accède par une jetée en pierres depuis le port de Stykkishólmur.

### Musée des Volcans — MUSÉE

(Eldfjallasafn ; 433 8154 ; www.eldfjallasafn.is ; Aðalgata 8 ; tarif plein/enfant 1 000 ISK/gratuit ; 11h-17h). Dans l'ancien cinéma, ce musée fondé par le vulcanologue Haraldur Sigurðsson réunit des œuvres d'art de différents styles et pays dépeignant des volcans, et une petite collection scientifique, issue d'éruptions (avec des bombes volcaniques) .

### Bibliothèque de l'Eau — MUSÉE D'ART

(Vatnasafn ; 857 1221 ; www.libraryofwater.is ; Bókhlöðustígur 17 ; tarif plein/enfant 500 ISK/gratuit ; 13h-18h juin-août, sur rdv sept-mai). Pour un beau panorama de la ville et de la baie, gagnez la bibliothèque de l'Eau, en haut de la colline. Admirez l'installation de l'artiste américain Roni Horn, né en 1955. La lumière se reflète et se réfracte à travers 24 colonnes de verre remplies d'eau provenant de plusieurs glaciers islandais.

### Stykkishólmskirkja — ÉGLISE

(438 1288 ; www.stykkisholmskirkja.is ; 10h-17h). Dessinée par Jón Haraldsson, l'église contemporaine de Stykkishólmur est parée d'un grand clocher évoquant une vertèbre de baleine. À l'intérieur, on découvre des centaines de lampes suspendues et une grande peinture de la Vierge à l'Enfant, représentée flottant dans un ciel nocturne.

### Piscine — PISCINE GÉOTHERMALE, HOT POTS

(Sundlaug Stykkishóms ; 433 8150 ; Borgarbraut 4 ; tarif plein/enfant 800/220 ISK ; 7h-22h lun-jeu, 7h-19h ven, 10h-18h sam-dim juin-août, horaires réduits sept-mai). Toboggans aquatiques et *hot pots* sont les points forts de la piscine du complexe sportif municipal.

## Circuits organisés

### Seatours — EN BATEAU

(Sæferðir ; 433 2254 ; www.seatours.is ; Smiðjustígur 3 ; 8h-20h mi-mai à mi-sept, 9h-17h mi-sept à mi-mai). Diverses sorties en bateau, dont le "Viking Sushi", un circuit de 1/2 heures (5 900/7 370 ISK) à la découverte des îles, des colonies d'oiseaux (macareux jusqu'en août) et des formations basaltiques. Un filet remonte des fruits de mer à déguster crus. Seatours propose aussi des dîners-croisières et gère le ferry *Baldur* pour Flatey. Départs possibles de Reykjavík en association avec Reykjavík Excursions. Boutique et café sur place. Gratuit pour les moins de 15 ans.

## Où se loger

### Harbour Hostel — AUBERGE DE JEUNESSE €

(517 5353 ; www.harbourhostel.is ; Hafnargata 4 ; dort/qua sans sdb à partir de 4 400/23 000 ISK). L'une des meilleures options bon marché, près du port et sans prétention. Dortoirs (4, 8 et 12 lits), doubles et chambres familiales.

### Camping — CAMPING €

(438 1075 ; mostri@stykk.is ; Aðalgata 27 ; empl tarif plein/enfant 1 300 ISK/gratuit ; mai-début sept). Rudimentaire ; géré par le golf voisin.

### Bænir og Brauð — GUESTHOUSE €€

(820 5408 ; www.baenirogbraud.is ; Laufásvegur 1 ; d 19 600-29 900 ISK). Cette maison accueillante et impeccable au bord du fjord est représentative des B&B de Stykkishólmur. Jolie vue sur la baie depuis certaines chambres. Greta, l'aimable propriétaire, s'occupe aussi de l'Hótel Egilsen, plus loin dans la même rue. Petit-déjeuner à 2 300 ISK. Réfrigérateur commun et cafetière.

### Hôtel Fransiskus — HÔTEL €€

(422 1101 ; www.fransiskus.is ; Austurgata 7 ; s avec/sans sdb petit-déj inclus à partir de 17 900/12 900 ISK, d/f petit-déj inclus à partir de 29 100/34 400 ISK ; P). Cet hôtel installé dans l'aile rénovée d'un monastère et dispensaire catholique loue des chambres modernes et bien entretenues, avec sdb privative et TV.

### Höfðagata Guesthouse — GUESTHOUSE €€

(694 6569 ; Höfðagata 11 ; d avec/sans sdb petit-déj inclus à partir de 23 000/18 000, app 25 000 ISK). Une *guesthouse* propre et soignée, avec 5 chambres doubles, petites et bien agencées, et un réfrigérateur commun. Également : un appartement tout équipé.

### Hótel Egilsen — BOUTIQUE-HÔTEL €€€

(554 7700 ; www.egilsen.is ; Aðalgata 2 ; s/d 24 000/30 000 ISK ; @). L'une de nos auberges préférées, dans une adorable maison de bois qui grince quand le vent hurle dans le fjord. La sympathique propriétaire loue de petites chambres cosy, avec couvertures en laine et œuvres d'art. Cerises sur le gâteau : le prêt gracieux d'iPad et le petit-déjeuner maison (2 500 ISK).

### Fosshotel Stykkishólmur — HÔTEL €€€

(430 2100 ; www.fosshotel.is ; Borgarbraut 8 ; s/d/tr petit-déj inclus 26 200/30 500/37 800 ISK ; @).

## Stykkishólmur

Les meilleures chambres de ce vilain bâtiment argenté perché sur une colline jouissent d'une superbe vue sur la baie et les îles. Les chambres, dans le style des motels, sont ordinaires et n'ont pas toutes le Wi-Fi.

### Où se restaurer

**Meistarinn** RESTAURATION RAPIDE €
(www.facebook.com/meistarinnsth ; Aðalgata ; hot dogs 540-600 ISK, sandwichs 1 400-1 600 ISK ; 12h-20h juin-août). Venez déguster les meilleurs hot dogs de la ville dans ce sympathique *pylsuvagninn* (wagon à saucisses). Détail amusant, chaque plat porte le nom d'un habitant de Stykkishólmur.

**Nesbrauð** BOULANGERIE €
(438 1830 ; Nesvegur 1 ; en-cas 400-1 200 ISK ; 7h30-21h lun-ven, 8h-21h sam-dim). À l'entrée de la ville, cette boulangerie est un bon choix pour un petit-déjeuner ou un repas rapide. Faites le plein de douceurs comme les *kleinur* (beignets torsadés) ou les *ástar pungur* ( "boules d'amour" ; beignets ronds aux raisins secs).

**Bónus** SUPERMARCHÉ €
(Borgarbraut 1 ; 11h-18h30 lun-jeu, 10h-19h30 ven, 10h-18h sam, 12h-18h dim). Près de la piscine.

**Narfeyrarstofa** ISLANDAIS €€
(438 1119 ; www.narfeyrarstofa.is ; Aðalgata 3 ; plats 2 000-5 000 ISK ; 11h30-0h lun-jeu, 11h30-1h ven-dim mai-sept, horaires réduits oct-avr ; ). Ce charmant restaurant est le chouchou gourmet de la péninsule. Réservez à l'étage pour dîner à la lumière douce de lampes anciennes avec vue sur le port. Demandez au serveur de vous parler des portraits au mur : l'histoire du bâtiment est intéressante.

**Plássið** ISLANDAIS €€
(436 1600 ; www.plassid.is ; Frúarstígur 1 ; plats 2 500-5 000 ISK ; 11h30-22h mai-sept ; ). Ouverte dans la vieille ville par les propriétaires du Narfeyrarstofa, cette adresse de

## Stykkishólmur

**Les incontournables**
1 Norska Húsið ........ C2
2 Súgandisey ........ D1

**À voir**
3 Bibliothèque de l'Eau ........ C2
4 Stykkishólmskirkja ........ D3
5 Musée des Volcans ........ C2

**Activités**
6 Seatours ........ D2
7 Piscine ........ C4

**Où se loger**
8 Bænir og Brauð ........ C3
9 Camping ........ B4
10 Fosshotel Stykkishólmur ........ C4
11 Fransiskus Hotel ........ D2
12 Harbour Hostel ........ C2
13 Höfðagata Guesthouse ........ C3
14 Hótel Egilsen ........ C2

**Où se loger**
15 Bónus ........ C3
16 Meistarinn ........ B3
17 Narfeyrarstofa ........ C2
18 Nesbrauð ........ B4
19 Plássið ........ C2
20 Sjávarpakkhúsið ........ C2
21 Skúrinn ........ C3

**Achats**
22 Gallerí Lundi ........ C2
23 Leir 7 ........ C3
24 Vínbúðin ........ B3

style bistrot au décor moderne et élégant convient bien aux familles grâce à son service chaleureux. On y sert des spécialités régionales à base de produits locaux. La pêche du jour (généralement délicieuse) est accompagnée d'une salade ou d'un risotto d'orge. Bières locales également. La direction a changé fin 2016 – espérons que les nouveaux gérants maintiendront le cap !

**Sjávarpakkhúsið** ISLANDAIS €€
(☎438 1800 ; Hafnargata 2 ; plats 2 600-3 500 ISK ; 12h-23h dim-jeu, 12h-3h ven-sam juin-août, horaires réduits sept-mai). Cette ancienne usine de conditionnement de poisson est devenue un café-bar lambrissé doté d'une terrasse sur le port. Si les moules fraîchement pêchées dans la baie sont la spécialité de la maison, l'endroit est aussi très agréable pour faire une pause en journée. Les soirs de week-end, il se transforme en bar où les gens du coin viennent jouer de la musique.

**Skúrinn** INTERNATIONAL €€
(☎544 4004 ; Þvervegur 2 ; plats 1 700-2 800 ISK ; 12h-23h). Pour manger en toute décontraction une pizza, un burger, des *nachos* ou un *fish and chips*, avec une bière. Terrasse agréable sous le soleil.

### Achats

**Leir 7** ART ET ARTISANAT
(www.leir7.is ; Aðalgata 20 ; 14h-17h lun-ven, 14h-16h sam). Sigríður Erla fabrique de la vaisselle à partir de l'argile noire du fjord voisin dans son atelier de céramique situé en plein cœur de la ville. Pièces en bois également.

**Gallerí Lundi** ART ET ARTISANAT
(Aðalgata 4a ; 12h30-18h mai-sept). De l'artisanat local vendu par de sympathiques villageois. Sert aussi du café.

**Vínbúðin** VINS ET SPIRITUEUX €
(Aðalgata 24 ; 14h-18h lun-jeu, 13h-19h ven, 11h-14h sam juin-août, horaires réduits sept-mai). De l'autre côté de la grand-rue par rapport au Bónus.

### Depuis/vers Stykkishólmur

#### BATEAU

**Ferry Baldur** (☎433 2254 ; www.seatours.is). Car-ferry entre Stykkishólmur et Brjánslækur dans les fjords de l'Ouest (2 heures 30), via Flatey (1 heure 30). De début juin à fin août, les départs se font quotidiennement de Stykkishólmur à 9h et à 15h45 – retour de Brjánslækur à 12h15 et à 19h. Le reste de l'année, il n'y a qu'un seul ferry par jour, qui part de Stykkishólmur à 15h (aucun le samedi) et revient à 18h.

Pour Brjánslækur, les adultes paient 5 460 ISK (gratuit pour les enfants). Pour les voitures, réservez (5 460/7 910 ISK en sus par voiture/camping-car). Un aller-retour entre Stykkishólmur et Flatey coûte 7 480 ISK. Réductions et tarifs d'hiver sur le site Web.

#### BUS

On peut rejoindre Reykjavík (2 heures 30) en changeant à Borgarnes. Les liaisons sont fortement réduites en hiver.

Services assurés par **Strætó** (www.bus.is) depuis la station-service Olís, dans Aðalgata :

- Bus n°58 pour Borgarnes (2 520 ISK, 1 heure 30, 2/jour)
- Bus n°82 pour Arnarstapi via Grundarfjörður, Ólafsvík, Rif et Hellissandur (2 100 ISK,

VAUT LE DÉTOUR

## FLATEY

Des innombrables îles du Breiðafjörður, la petite Flatey ("île plate" ; www.flatey.com) est la seule habitée à l'année. Au XIe siècle, un monastère y était installé ; de nos jours, elle offre un répit bienvenu aux voyageurs à destination ou en provenance des fjords de l'Ouest. Joignez-vous à eux pour profiter d'un après-midi de farniente parmi les maisons bigarrées survolées par les sternes arctiques.

### Où se loger et se restaurer

**Læknishús** (438 1476 ; s sans sdb 9 000 ISK ; juin-août). À 400 m de la jetée, cette ferme offre un hébergement sans prétention en été. Option duvet à 4 000 ISK.

**Krákuvör** (438 1451 ; empl 1 200 ISK/pers ; juin-août). Cette ferme à 300 m de la jetée dispose d'un camping.

**Hótel Flatey** (555 7788 ; www.hotelflatey.is ; s/d/tr sans sdb petit-déj inclus 23 900/27 500/36 900 ISK ; juin-août). Des chambres aux faux airs d'alcôves exquises et un **restaurant** (plats déj 2 200-3 100 ISK, dîner 5 000 ISK, menu 3 plats 9 300-9 700 ISK ; 12h-21h) non moins remarquable. Certains week-ends, en soirée, descendez au sous-sol pour les *jam-sessions* organisées par les musiciens locaux.

### Depuis/vers Flatey

Pour traverser le Breiðafjörður à bord du *Baldur* (p. 189) et faire halte à Flatey, vous devrez rejoindre l'île par le premier ferry de la journée, puis en repartir par le second ou celui du lendemain (le bateau marque un arrêt de 5 min seulement). Les voitures ne sont pas autorisées sur l'île ; la vôtre pourra rester sur le bateau et traverser la baie sans supplément pendant que vous visiterez Flatey.

Pour venir dans le cadre d'une excursion d'une journée depuis Stykkishólmur, prenez l'un des deux ferries qui circulent en été (uniquement). Vous pourrez aussi recourir aux services d'un tour-opérateur local.

1 heure 15, 2/jour juin à mi-sept). Le reste de l'année, il ne va que de Stykkishólmur à Hellissandur (4 jour par semaine).

## De Stykkishólmur au Grundarfjörður

Empreinte de légendes et de mysticisme, la belle région entre Stykkishólmur et le Grundarfjörður est ponctuée de monts sacrés et de champs de lave évoqués dans les sagas.

### À voir

**Helgafell** MONTAGNE

Environ 5 km au sud de Stykkishólmur, la montagne sacrée du Helgafell (73 m) était jadis vénérée par les fidèles du dieu Þór (Thor). De taille pourtant modeste, cette éminence était tellement vénérée à l'époque des sagas que les vieux Islandais tenaient à s'en approcher avant de mourir. Aujourd'hui, les habitants affirment que quiconque en atteint le sommet voit ses vœux se réaliser.

**Berserkjahraun** CHAMP DE LAVE

À 15 km à l'ouest de l'intersection des routes 54 et 56, l'impressionnant champ de lave de Berserkjahraun (des Berserkers) est dominé par d'imposantes montagnes. Ce paysage lunaire doit son nom à la *Saga de Snorri le Goði*.

**Musée du Requin de Bjarnarhöfn** MUSÉE

(438 1581 ; www.bjarnarhofn.is ; ferme Bjarnarhöfn ; tarif plein/enfant 1 100 ISK/gratuit ; 9h-18h juin-août, horaires réduits sept-mai). La ferme de Bjarnarhöfn est le plus grand producteur régional de *hákarl* (chair de requin faisandée), un mets traditionnel islandais. Le musée raconte l'histoire de cette curiosité culinaire et présente les bateaux de pêche et les outils de la famille qui vit ici. Une vidéo explique le processus d'abattage et de fermentation.

Le musée est situé en retrait de la Route 54, après un virage sur la Route 577, côté fjord, au nord-est du **Bjarnarhafnarfjall** (575 m).

Le requin du Groenland employé pour le *hákarl* contient des toxines que la fermentation neutralise. Il fait partie des espèces quasi menacées (voir l'encadré p. 80).

La visite s'accompagne d'une dégustation de *hákarl* et de *brennivín* (un alcool surnommé la "mort noire"). Demandez à voir le séchoir à l'arrière, où des centaines de tranches de requin sont mises à sécher, pour la dernière étape du processus.

# Grundarfjörður

860 HABITANTS

Au bord d'une baie superbe, Grundarfjörður est adossé à des chutes d'eau et entouré de pics glacés souvent drapés de brouillard. Avec beaucoup plus de préfabriqués que de bâtiments en bois, on se croirait ici dans un village de pêcheurs. Les infrastructures touristiques sont bonnes et les paysages alentour, dominés par l'emblématique Kirkjufell, sont exceptionnels.

## À voir

**Kirkjufell** MONTAGNE

Le Kirkjufell (463 m), qui domine Grundarfjörður au nord-ouest, serait l'un des sites les plus photographiés d'Islande – on voit Ben Stiller passer devant en skate-board dans son film *La Vie rêvée de Walter Mitty* (2013). Pour en faire l'ascension, adressez-vous au Saga Center, pour trouver un guide. Vous devrez être encordé pour franchir deux passages ; il serait dangereux de s'y aventurer sans assistance après la pluie.

Juste à côté du Kirkjufell, admirez les chutes d'eau de Kirkjufellsfoss.

**The Saga Center** MUSÉE

(Sögumiðstöðin Grundarfirði, centre d'information touristique ; ☎438 1881 ; www.grundarfjordur.is ; Grundargata 35 ; 9h-17h). Un office du tourisme, un café (p. 192), une bibliothèque, un cybercafé et un petit musée qui présente un vieux bateau, du matériel de pêche et une collection de jouets réunis en un seul lieu. Cartes du parc national en vente ; plan gratuit des randonnées dans le secteur.

## Circuits organisés

**Láki Tours** OBSERVATION DES BALEINES, VIE SAUVAGE

(☎546 6808 ; www.lakitours.com ; Nesvegur 5). Excellentes sorties de pêche ou d'observation des macareux et des baleines depuis Grundarfjörður ou Ólafsvík. L'excursion consacrée aux macareux (tarif plein/enfant 5 900 ISK/gratuit, juin-août) au départ de Grundarfjörður rejoint la belle île basaltique de **Melrakkaey** où vivent macareux, mouettes tridactyles et autres oiseaux marins – belle vue sur le Kirkjufell. Le circuit d'observation des baleines (tarif plein/enfant 9 400 ISK/gratuit), qui change selon la saison, couvre les meilleurs sites de la région : on peut voir des orques, des rorquals communs, des cachalots, des baleines bleues, des baleines de Minke ou des baleines à bosse. Vérifiez les offres et les points de départ sur le site Web. L'agence de Grundarfjörður possède un café (plats 1 600-2 500 ISK ; ouvert 9h-21h) qui sert un bon buffet déjeuner et une boutique.

**Snæfellsnes Excursions** EN BUS

(☎616 9090 ; www.sfn.is ; à partir de 10 000 ISK). Sorties d'une journée vers les principaux sites de la péninsule de Snæfellsnes, depuis Stykkishólmur, Grundarfjörður ou Ólafsvík. Possibilité de prise en charge à Reykjavík (à partir de 17 000 ISK, trajet en bateau inclus).

## Où se loger

Grundarfjörður offre un bon choix de *guesthouses* et d'appartements à louer, auxquels s'ajoute un camping – liste complète sur www.grundarfjordur.is. Consultez Icelandic Farm Holidays (www.farmholidays.is) pour des adresses sur les promontoires environnants comme Suður-Bár.

**Grund** GUESTHOUSE €

(☎840 6100 ; www.resthouse.is ; Route 54 ; d sans sdb 14 500 ISK). Tenue en famille, cette petite *guesthouse* bien rénovée est située à 2,8 km à l'est de Grundarfjörður. Les chambres douillettes ont pour certaines vue sur l'océan la montagne. Cuisine, salon et laverie.

**Grundarfjörður Hostel** AUBERGE DE JEUNESSE €

(☎562 6533 ; www.hostel.is ; Hlíðarvegur 15 ; dort à partir de 4 750 ISK, d avec/sans sdb à partir de 17 900/12 900 ISK ; @). Différents types d'hébergement, des dortoirs sobres aux chambres aux allures d'appartements. L'accueil occupe la maison rouge ; les chambres sont réparties dans plusieurs bâtiments du village. Remise de 750 ISK pour les adhérents HI.

**H5 Apartments** APPARTEMENTS €€

(☎898 0325 ; Hrannarstígur 5 ; app 23 700 ISK). Grands appartements modernes au centre du village. Réservez via Airbnb ou sur Booking.com.

**Hótel Framnes** HÔTEL €€

(☎438 6893 ; www.hotelframnes.is ; Nesvegur 8 ; s/d petit-déj inclus à partir de 17 100/24 000 ISK ; @). Cette auberge basique sur les quais dispose d'un hall spacieux et de petites chambres (certaines ont une jolie vue). Les moins chères sont dans un bâtiment voisin.

## VŒUX SUR LE MONT HELGAFELL

La croyance populaire veut que celui qui atteint le sommet du mont Helgafell verra trois vœux se réaliser, à condition d'énoncer ses requêtes avec un cœur pur et de suivre scrupuleusement les étapes suivantes :

**1e étape** Commencez votre ascension à la tombe de Guðrún Ósvífursdóttir, héroïne d'une vieille saga régionale.

**2e étape** Marchez jusqu'au Tótt (ruines de la chapelle) sans prononcer un seul mot et, comme Orphée quittant les Enfers, sans regarder en arrière.

**3e étape** Une fois aux ruines de la chapelle, vous devez faire vos vœux tourné vers l'est. Et ne les révélez jamais à quiconque, ou ils ne seront pas exaucés !

## Où se restaurer

**Emil's Cafe** CAFÉ €
(Grundargata 35, The Saga Center ; plats 1 190-1 950 ISK ; 9h-21h). Un café chaleureux, parfait pour un cappuccino, une soupe ou un sandwich.

**Meistarinn** RESTAURATION RAPIDE €
(hot dogs 540-600 ISK, sandwichs 700-1 600 ISK ; juin-sept). Les hot dogs portent les noms de membres de la famille royale danoise !

**Samkaup** SUPERMARCHÉ €
(Grundargata 38 ; 9h-20h lun-sam, 10h-20h dim juin-août, horaires réduits sept-mai). Petit supermarché et station-service N1 avec grill.

♥ **Bjargarsteinn Mathús** PRODUITS DE LA MER €€
(438 6770 ; www.facebook.com/Bjargarsteinnrestaurant ; Sólvellir 15 ; plats 2 900-4 000 ISK ; 14h-22h juin-août, 17h-20h sept-mai, fermé mi-déc à mi-jan). Une adresse tenue par des restaurateurs chevronnés. Résultat : un menu convaincant de spécialités islandaises, mettant l'accent sur les produits de la mer et les ingrédients frais. Les desserts conjuguent saveurs et esthétique. Le menu change régulièrement. Le beau point de vue sur le Kirkjufell est un atout supplémentaire.

**RúBen** INTERNATIONAL €€
(438 6446 ; Grundargata 59 ; plats 2 100-4 900 ISK ; 10h-23h lun-jeu, 10h-1h ven-sam, 12h-22h dim juin-août, horaires réduits sept-mai). On apprécie le service sympathique et décontracté, et la carte variée : pâtes, soupes, hamburgers, *fish and chips* ou agneau.

## Renseignements

**The Saga Center** (p. 191). Renseignements touristiques et cartes du secteur.

## Depuis/vers Grundarfjörður

Services assurés par **Strætó** (www.bus.is) :

- Le bus n°82 Stykkishólmur-Arnarstapi (840 ISK jusqu'à Stykkishólmur, 2/jour juin à mi-sept, 4 jours/semaine jusqu'à Hellissandur uniquement le reste de l'année) passe par Vatnaleið (au croisement des routes 54 et 56) et Ólafsvík, Rif et Hellissandur – il fait halte à la station-service N1 à Grundarfjörður.

# Ólafsvík

960 HABITANTS

Tranquille et ordinaire, Ólafsvík n'est guère engageante avec son usine de conditionnement de poisson. Peu de bâtiments d'origine ont survécu dans celle qui fut la première cité commerçante du pays (la première licence commerciale date de 1687). Aujourd'hui, on s'y arrête surtout pour observer les baleines ou avaler un repas rapide au Hraun.

Des excursions d'observation des baleines de Láki Tours (p. 191) partent d'ici : les eaux au large et à l'ouest de la péninsule sont les meilleures de la région pour cette activité.

## À voir

**Steypa** GALERIE
(866 8358 ; www.steypaphoto.com ; Norðurtangi ; 10h-17h juin-août). GRATUIT Collection de photographies exposées dans l'ancien musée de la Mer (Sjávarsafn).

**Ólafsvíkurkirkja** ÉGLISE
(www.kirkjanokkar.is ; 8h-18h). Église moderne composée de formes triangulaires.

**Pakkhúsið** MUSÉE
(usine de conditionnement ; 433 6930 ; Ólafsbraut ; tarif plein/enfant 500 ISK/gratuit ; 12h-17h juin à mi-sept). Un musée d'un intérêt modéré retrace l'histoire de la localité en tant que centre marchand. Café (en-cas 250-650 ISK).

## Où se loger et se restaurer

**Pension Við Hafið** GUESTHOUSE €
(☎436 1166 ; vid.hafid@hotmail.com ; Ólafsbraut 55 ; dort/d sans sdb 4 100/14 600 ISK). Grande pension aux chambres simples et propres, avec cuisine et sdb communes.

**Camping** CAMPING €
(☎433 6929 ; www.snb.is ; Dalbraut ; empl tarif plein/enfant 1 000 ISK/gratuit ; ⌚juin-août). Camping municipal avec douches et terrain de jeux.

**Hringhótel Ólafsvík** HÔTEL €€
(☎436 1650 ; www.hringhotels.is ; Ólafsbraut 20 ; d et studio 29 100 ISK ; @). Ce vaste hôtel loue des chambres fonctionnelles ainsi que, dans l'annexe en face, de bons studios avec kitchenette et, pour certains, vue sur l'océan. Fréquenté par les groupes.

**Hraun** INTERNATIONAL €€
(☎431 1030 ; Grundarbraut 2 ; plats 2 000-5 000 ISK ; ⌚12h-22h juin-août, certains week-ends sept-mai). Dans la rue principale, ce sympathique établissement occupe un bâtiment en bois blond doté d'une large terrasse. Seul vrai restaurant de la ville, il sert d'excellentes moules fraîches, des hamburgers, du poisson et de la bière pression.

## Renseignements

Ólafsvík est le village le plus peuplé du district de Snæfellsbær. L'**office du tourisme** (☎433 6929 ; www.snb.is ; Kirkjutún 2 ; ⌚10h-17h juin-août, horaires réduits sept-mai) occupe un bâtiment blanc derrière l'usine de conditionnement.

## Depuis/vers Ólafsvík

Services assurés par **Strætó** (www.bus.is) :
➡ Le bus n°82 Stykkishólmur-Arnarstapi (1 260 ISK pour Stykkishólmur, 2/jour juin à mi-sept, 4 jours/semaine en basse saison) s'arrête à la station-service.

Pour Reykjavík (4 260 ISK, 3 heures 30), changez pour le bus n°58 au carrefour de Vatnaleið, puis prenez une seconde correspondance à Borgarnes.

# Rif

160 HABITANTS

Ouvrez l'œil pour ne pas manquer le minuscule village de Rif. On aperçoit au loin les belles chutes de **Svödufoss**, avec leurs cascades impétueuses et leur formation de basalte hexagonale.

Entre Rif et Hellissandur, une église isolée (1903) se dresse à Ingjaldshóll, un site qui a servi de cadre à la *Saga de Víglundar*. Elle renferme un tableau représentant le possible passage de Christophe Colomb en Islande en 1477 : il y serait venu avec la marine marchande et se serait informé sur les incursions vikings dans le Vinland.

## Où se loger et se restaurer

Sans surprise, l'offre d'hébergements est limité. Il y a toutefois une bonne auberge de jeunesse. Vous trouverez davantage de choix à Grundarfjörður.

**Frystiklefinn** AUBERGE DE JEUNESSE €
(☎865 9432 ; www.thefreezerhostel.com ; Hafnargata 16 ; dort/app 6 100/28 500 ISK). Cette adresse pittoresque, installée dans une ancienne usine de poisson, abrite d'austères dortoirs de 4, 6 et 8 lits, et une salle de spectacles. En été : pièces de théâtre, musique et contes. Consultez la programmation sur le site Web. Location de 2 appartements.

♥ **Gamla Rif** CAFÉ €
(☎436 1001 ; Háarifi 3 ; gâteaux à partir de 850 ISK, soupe de poisson 1 900 ISK ; ⌚12h-20h juin-août). Deux femmes du village, dont les maris sont pêcheurs, préparent ici à la perfection un choix d'en-cas traditionnels. Tout en servant café et pâtisseries, elles dispensent des informations touristiques. La soupe de poisson (issue de la pêche du jour), accompagnée de pain frais, est exceptionnelle.

## Depuis/vers Rif

Services assurés par **Strætó** (www.bus.is) :
➡ Bus n°82 Stykkishólmur-Arnarstapi (1 680 ISK jusqu'à Stykkishólmur, 2/jour juin à mi-sept, 4 jours/semaine le reste de l'année jusqu'à Hellissandur uniquement).

# Hellissandur

380 HABITANTS

Hellissandur fut le premier village de pêcheurs des environs. Il n'a pas grand-chose à offrir, hormis une belle vue sur le glacier et le fjord.

## À voir

**Sjómannagarður** MUSÉE
(Musée maritime ; ☎436 6619 ; Útnesvegur ; tarif plein/enfant 800 ISK/gratuit ; ⌚9h30-12h et 13h-18h mar-ven, 13h-18h sam-dim juin-août).

Ce petit Musée maritime abrite le *Bliki*, le plus ancien bateau de pêche du pays, la reconstitution d'une maison de pêcheur au toit recouvert de gazon et d'innombrables photos et objets anciens. Remarquez les **pierres** de levage qui servaient jadis à tester la force des aspirants pêcheurs.

### Où se loger et se restaurer

Il y a un fast-food à la station-service. Vous aurez plus de choix à Rif, Ólafsvík ou Grundarfjörður, à l'est.

**Camping d'Hellissandur** CAMPING €
(☎433 6929 ; empl par tarif plein/enfant 1 000 ISK/gratuit ; ⏲juin à mi-sept). L'un de nos préférés, au beau milieu du champ de lave de Sandahraun, hérissé de pointes. Douches et petite aire de jeux.

**Hótel Hellissandur** HÔTEL €€
(☎430 8600 ; Klettsbuð 7 ; d petit-déj inclus 26 400 ISK). Des chambres agréables et propres aux sdb modernes. Certaines, à l'étage, ont vue sur le glacier. Attention : depuis le changement de direction, le restaurant a fermé et il n'y a généralement plus personne à la réception.

### Depuis/vers Hellissandur

Services assurés par **Strætó** (www.bus.is) :
➡ Le bus n°82 Stykkishólmur-Arnarstapi (1 680 ISK pour Stykkishólmur) s'arrête à la station-service N1.

## Parc national du Snæfellsjökull

Le **parc national du Snæfellsjökull** (☎436 6860 ; www.snaefellsjokull.is) englobe une grande partie de la pointe ouest de la péninsule de Snæfellsnes, notamment les pentes accidentées du Snæfellsjökull, l'étendue glacée au bout du long doigt de la péninsule. À ses pieds s'étirent des tunnels de lave et des champs de lave protégés abritant une faune endémique. On y vient pour randonner, et pour observer oiseaux et baleines.

Quand le brouillard qui enveloppe le glacier se lève, on aperçoit la gigantesque calotte glaciaire rendue célèbre par Jules Verne, qui en avait fait le cadre de son *Voyage au centre de la Terre*. Dans le livre, un géologue allemand et son neveu se lancent dans un voyage épique dans le cratère du Snæfell, guidés par un texte islandais du XVIe siècle leur dictant :

> *Descends dans le cratère du Yocul de Sneffels, que l'ombre du Scartaris vient caresser avant les calendes de juillet, voyageur audacieux, et tu parviendras au centre de la Terre.*

Le parc est strié de **sentiers** et, quand le temps s'y prête, on peut se rendre sur le glacier avec un guide ou dans le cadre d'un circuit organisé. Le centre des visiteurs du parc national (p. 195) est à Malarrif ; les offices du tourisme de la région fournissent des renseignements. Une excellente carte du parc est disponible sur le site Web.

### À voir

**♥ Snæfellsjökull** GLACIER
Rien d'étonnant à ce que Jules Verne ait choisi le Snæfell pour son roman : le pic fut détruit par l'explosion d'un volcan sous-jacent qui s'affaissa dans sa chambre magmatique, formant une immense caldeira. Certains groupes new age le considèrent comme un “centre d'énergie” majeur.

Le meilleur moyen d'atteindre son sommet de glace est de s'inscrire pour une excursion auprès de Summit Adventure Guides, de Snæfellsjökull Glacier Tours ou de Go West! (p. 196). Ces tour-opérateurs abordent tous le glacier depuis le sud, par la Route F570. La partie nord de la Route F570, près d'Ólafsvík, est très accidentée (4x4 indispensable) et souvent fermée en raison des dégâts occasionnés par les intempéries. Même en étant bien entraîné et équipé, il est interdit de monter sur le glacier sans un guide : contactez le centre d'accueil des visiteurs du parc national, à Malarrif.

**Cratère de Saxhöll** VOLCAN
Au sud-est du secteur d'Öndverðarnes, sur la Route 574, une bifurcation signalée mène au cratère de scories de Saxhöll, en bordure de route, d'où provient une partie de la lave qu'on voit dans la région. On peut se rendre en voiture par une piste jusqu'au pied du cratère : une montée accidentée de 300 m conduit ensuite à un point de vue superbe sur les immenses coulées de lave de Neshraun.

**♥ Plage de Djúpalón** PLAGE
(Djúpalónssandur). Sur la côte sud-ouest, la Route 572, qui part de la Route 574, mène à la spectaculaire plage de sable noir de **Djúpalónssandur**. On peut s'y promener en passant devant plusieurs formations rocheuses (une église elfique et un **kerling**,

troll femelle), deux bassins saumâtres (auxquels la plage doit son nom) et l'arche en pierre de **Gatklettur**. Certaines portions de sable noir sont couvertes de pièces de métal rouillées provenant du chalutier anglais *Eding*, qui s'échoua ici en 1948. Un parking asphalté et des toilettes expliquent la présence de la foule et des cars de tourisme.

**Vatnshellir** TUNNEL DE LAVE

Ce tunnel de lave vieux de 8 000 ans et constellé de cavernes s'étend à 32 m sous terre, à 1 km au nord de Malarrif (suivez la bifurcation qui part de la Route 574). Il ne se visite que dans le cadre d'un circuit organisé avec Summit Adventure Guides.

**Malarrif** PHARE

GRATUIT À environ 2 km au sud de Djúpalónssandur, une route bitumée descend au phare de **Malarrif**, en forme de fusée, d'où l'on peut longer les falaises à pied sur 1 km vers l'est jusqu'aux étonnantes colonnes de pierre de **Lóndrangar** (un cratère érodé) dressées vers le ciel. Selon les habitants, les elfes ont transformé ces formations de lave en une église. Un peu plus loin vers l'est, on atteint les **falaises aux oiseaux de Þúfubjarg**, également accessibles par la Route 574.

## Circuits organisés

**Summit Adventure Guides** EXCURSIONS

(787 0001 ; www.summitguides.is). Circuits de 45 minutes dans le tunnel de lave de Vatnshellir (tarif plein/enfant 3 250 ISK/gratuit). Les guides présentent les phénomènes géologiques à l'œuvre et les traditions régionales liées aux trolls. Casques et lampes torches fournis. Prenez des vêtements chauds, des chaussures de marche et, si possible, des gants. Également : quantité d'excursions sur le glacier du Snæfellsjökull (9 900-19 900 ISK), avec des options randonnée (10 900 ISK), ski (13 900 ISK), raquettes (9 900 ISK) ou escalade glaciaire (14 900 ISK).

**Snæfellsjökull Glacier Tours** BALADES EN MOTONEIGE

(663 3371 ; www.theglacier.is ; circuits chenillette/motoneige 11 500/27 000 ISK ; mars-juil). Ce tour-opérateur propose des balades de 2 heures en chenillette ou motoneige sur le glacier, jusqu'à 1 410 m d'altitude.

## Où se loger et se restaurer

On trouve dans la plupart des hameaux du parc des maisons à louer, des campings et des *guesthouses*. Il y a aussi quelques hôtels.

Faites des provisions à Borgarnes ou Stykkishólmur – les épiceries et restaurants sont rares et dispersés dans le parc.

## Renseignements

**Centre des visiteurs du parc national – Gestastofa** PARC, MUSÉE

(centre des visiteurs du parc national du Snæfellsjökull ; 436 6888, 591 2000 ; www.snaefellsjokull.is ; Malarrif ; 10h-17h juin-sept, 10h-16h lun-ven oct-mai). GRATUIT Le bureau de Malarrif fournit des renseignements, cartes et brochures sur le parc national du Snæfellsjökull. La partie musée présente la géologie, l'histoire, la flore, la faune et les coutumes de la région. L'été, les gardes proposent des **visites guidées gratuites** (infos sur le site Web ou par mail). Vous trouverez aussi sur place le Primus Café. Attention : le bureau du parc à Hellissandur, purement administratif, est fermé au public.

## Depuis/vers le parc national du Snæsfellsjökull

Services assurés par **Strætó** (www.bus.is) : Bus n°82 Stykkishólmur-Anarstapi (2/jour juin à mi-sept, 4 jours/semaine le reste de l'année jusqu'à Hellissandur uniquement).

Le meilleur moyen d'explorer le parc est d'être motorisé.

# Sud de la péninsule de Snæfellsnes

À l'est du parc national du Snæfellsjökull, la Route 574 suit la côte en passant par les hameaux d'Hellnar et d'Arnarstapi, où l'on peut voir des formations rocheuses sculptées par la mer et où des agences proposent des circuits sur le glacier. Puis la route continue vers l'est en longeant une large plaine côtière bordée d'un côté par d'immenses baies sablonneuses telle Breiðavík, et de l'autre par de hauts sommets aux versants tapissés de cascades. Ce secteur est idéal pour l'équitation.

## Hellnar

Le géant Bárður, héros mi-homme mi-troll de la *Saga de Bárðar Snæfellsáss*, élut domicile près d'ici, à Laugarbrekka, dans un site pittoresque surplombant une baie rocheuse. Vers la fin de sa saga mouvementée, il devint l'esprit gardien du Snæfell. Hellnar, autrefois un village très important,

**BALADES SUR LA CÔTE ENTRE ANARSTAPI ET HELLNAR**

Les cartes locales indiquent d'innombrables sentiers reliant les sites de la péninsule de Snæfellsnes (www.snaefellsjokull.is). L'une des balades les plus appréciées, et les plus belles, est celle de 2,5 km (environ 40 min) entre Hellnar et Arnarstapi. Ce sentier suit le rivage à travers une réserve naturelle en longeant des coulées de lave et des grottes de pierre érodées. Lorsque la mer est agitée, les vagues jaillissent à travers les arches de pierre. S'il fait beau, guettez les oiseaux marins qui y nichent.

est aujourd'hui un minuscule hameau de pêcheurs aux abords peuplés d'oiseaux marins et de baleines.

## À voir

**Bárðarlaug**, plus haut, non loin de la route principale, aurait servi de bain à Bárður (hélas, l'eau en est désormais froide). Sur le rivage, la grotte de **Baðstofa** accueille une profusion d'oiseaux nicheurs. Le départ du sentier pour Arnarstapi (p. 196) est situé non loin. D'anciennes coulées de lave couvertes de mousse velouteuse s'étendent vers l'est à travers l'**Hellnahraun**.

## Où se loger et se restaurer

**Fosshotel Hellnar** HÔTEL €€
(☎435 6820 ; www.fosshotel.is ; d petit-déj inclus à partir de 27 900 ISK ; ⌚mars-oct ; P). Souvent complet, cet hôtel pourvu de chambres confortables et lumineuses est le meilleur des environs.

**Primus Café** CAFÉ €
(☎865 6740 ; plats 1 500-2 500 ISK ; ⌚10h-21h mai à mi-sept, 11h-16h mi-sept à avr). Gâteaux, soupes et repas simples. Cadre accueillant.

**Fjöruhúsið** POISSON €€
(☎435 6844 ; gâteaux et quiches 950 ISK, plats 2 500-2 800 ISK ; ⌚11h-20h juin-août, horaires réduits mars-mai et sept-nov). Prenez la peine de suivre le sentier de pierre jusqu'au rivage pour déguster la soupe de poisson du pittoresque Fjöruhúsið, joliment situé. Proche des falaises aux oiseaux, à l'endroit où part le beau sentier Hellnar-Arnarstapi, il sert aussi du café dans une belle porcelaine ancienne.

**Restaurant du Fosshotel Hellnar** ISLANDAIS €€
(☎435 6820 ; plats dîner 3 500-5 600 ISK ; ⌚18h-21h30 mars-oct ; P). Même si vous ne logez pas à l'hôtel Hellnar, nous vous recommandons son restaurant, où vous pourrez savourer une cuisine islandaise à base de produits bio et locaux, avec un délicieux gâteau au *skyr* en dessert. Réservez.

## Depuis/vers Hellnar

Aucun transport public ne dessert Hellnar. Prenez le bus Strætó n°82 (Stykkishólmur-Anarstapi ; 2/jour juin à mi-sept, 4 jours/semaine en hiver) dans le hameau voisin d'Arnarstapi.

# Arnarstapi

Relié à Hellnar par la route principale et par un magnifique sentier côtier, ce hameau composé de petites maisons d'été est niché entre les eaux arctiques, d'un côté, et les formations torturées de deux champs de lave, de l'autre. Un monument rend hommage à Jules Verne, et une pancarte humoristique indique les distances vers les grandes villes du monde en passant par le centre de la Terre. Un second monument figurant un troll a été élevé en l'honneur de Bárður, esprit protecteur de la région et figure centrale d'une saga locale.

Les excursions sur le Snæfellsjökull partent généralement près d'Arnarstapi.

## Circuits organisés

**Go West!** CIRCUITS AVENTURE, EXCURSIONS À VÉLO
(☎695 9995 ; www.gowest.is). Un sympathique couple, Jon Joel et Maggy, organise des sorties à vélo, à pied ou en bateau, et des excursions jusqu'aux sources chaudes et au glacier. Certaines se concentrent sur des aspects culturels, d'autres sur les paysages. Les circuits sur le Snæfellsjökull (à partir de 14 000 ISK) se font à pied ; le matériel (crampons, piolet, etc.) est inclus. Propose aussi des excursions dans le sud de l'Islande, et peut venir vous chercher à Reykjavík.

## Où se loger et se restaurer

Prévoyez de faire vos courses à Borgarnes ou Stykkishólmur, car il n'y a pas de magasin à Arnarstapi – juste une cafétéria assez banale.

**Guesthouse Snjófell** GUESTHOUSE, CAMPING €€
(☎435 6783 ; www.hringhotels.is ; empl tente 1 600 ISK, d avec/sans sdb 25 100/15 700 ISK ; ⌚mai-sept). Propose un hébergement basique et le couvert (plats 2 000-5 000 ISK). On peut planter sa tente sur la pelouse (pas de douches) ou dormir dans la *guesthouse*

ou dans l'un des bungalows tout nouveaux équipés d'une sdb privative. Wi-Fi près de la réception uniquement.

### Depuis/vers Arnarstapi

Il n'y a pas de transport public allant vers l'est. Pour Reykjavík, empruntez le bus n°82 jusqu'au carrefour de Vatnaleið (entre les routes 56 et 55), puis le bus n°58 vers Borgarnes, où vous devrez prendre une autre correspondance.

Services assurés par **Strætó** (p. 418) :

- Bus n°82 Stykkishólmur-Anarstapi (2/jour juin à mi-sept, 4 jours/semaine le reste de l'année).

## Rauðfeldsgjá

Au nord d'Arnarstapi et de Stapafell, une piste partant de la Route 574 mène à Rauðfeldsgjá, une crevasse étroite et profonde qui disparaît mystérieusement dans la falaise. Les oiseaux tournoient dans le ciel, un ruisseau court au fond de la gorge et l'on peut se faufiler entre les parois sur une bonne distance. Cette crevasse figure dans un épisode de la saga de Bárður (panneau explicatif sur le parking).

## Breiðavík

À l'est de Rauðfeldsgjá, la Route 574 longe l'immense baie sablonneuse de Breiðavík. Cette étendue de sable jaune balayée par le vent est merveilleusement calme, bien que difficile d'accès. Les pâturages qui bordent les montagnes côtières vers l'est jusqu'à Vegamót constituent un terrain rêvé pour des balades à cheval. La région compte plusieurs écuries mondialement réputées.

À l'extrémité est de la baie, une pancarte raconte la sinistre histoire d'Axlar-Björn, célèbre tueur en série islandais du XVIe siècle qui gagnait sa vie en assassinant des voyageurs.

### Circuits organisés

**Stóri Kambur** ÉQUITATION
(8527028 ; www.storikambur.is ; juin à mi-sept). Ce centre équestre familial offre des balades de 1/2 heures sur la plage (7 500/13 000 ISK), avec vue sur le glacier par temps clair.

## Búðir et Búðahraun

Búðir possède une église solitaire et un hôtel ; ses criques aux roches moussues n'ont gardé aucune trace de son passé de village de pêcheurs. Un sentier traverse le champ de lave de Buðahraun, peuplé d'elfes et classé réserve naturelle. Dans les trous et les crevasses poussent des fleurs et des fougères, dont beaucoup d'espèces endémiques protégées. Le sentier conduit ensuite au cratère de Búðaklettur. Selon la légende, un tunnel de lave pavé d'or et de pierres précieuses, sous le Buðahraun, mènerait jusqu'à Surtshellir, dans le haut de la vallée du Borgarfjörður. Prévoyez 3 heures pour aller jusqu'au cratère et revenir.

**D'ARNARSTAPI JUSQU'AU GLACIER**

En suivant la Route F570 depuis Arnarstapi, on passe devant le **Stapafell** (526 m), où vivrait le Petit Peuple (des pignons miniatures sont peints sur les rochers en son honneur). Plus loin, l'effondrement d'un cratère a créé une série de grottes de lave à environ 1,5 km de la route principale. La plus grande est **Sönghellir** (la "grotte des chansons"), couverte de graffitis du XVIIIe siècle, où résonneraient des chants de lutins. Emportez une torche pour lire les inscriptions et n'hésitez pas à chanter à tue-tête votre air préféré !

### Où se loger et se restaurer

**Hótel Buðir** HÔTEL €€€
(435 6700 ; www.hotelbudir.is ; Buðir ; d petit-déj inclus 39 900-54 500 ISK ; @). Cet hôtel romantique se veut raffiné. Isolé et fouetté par les vents, il est aussi pris d'assaut par les groupes en voyage organisé. En outre, vu les prestations, ses prix sont élevés. La chambre n°28 a la plus belle vue (et un petit balcon). Le restaurant (plats 7 900-9 900 ISK) est parfois réservé aux groupes.

## De Lýsuhóll à Gerðuberg

Cette région compte de nombreux ranchs, dont plusieurs louent des chambres. Les champs verdoyants ou de lave, les plages de sable et les montagnes en arrière-plan se prêtent aux balades à cheval.

### À voir et à faire

**Lýsuhólslaug** PISCINE GÉOTHERMALE
(433 9917 ; tarif plein/enfant 3 000/1 000 ; 13h30-20h30 lun-sam, 13h30-18h dim juil-août). Une source géothermale fournit à Lýsuhólslaug une eau gazeuse riche en minéraux, à une température idéale de 37 à 39°C. Ne vous

souciez pas de la couleur verdâtre de l'eau, dont la haute teneur en fer attire des algues. Juste après la ferme équestre de Lýsuhóll.

**Gerðuberg** SITE GÉOLOGIQUE

Les spectaculaires tours de basalte de Gerðuberg jaillissent de la plaine là où la Route 54 s'incurve en quittant la péninsule de Snæfellsnes.

**Ytri-Tunga** OBSERVATION DE LA FAUNE

De la ferme abandonnée d'Ytri-Tunga, juste à l'est d'Hof, on observe parfois une colonie de phoques au large, surtout en juin et juillet.

## Circuits organisés

**Lýsuhóll** ÉQUITATION

(435 6716 ; www.lysuholl.is). Les passionnés de chevaux choisiront naturellement cet élevage. Même si vous ne montez pas, la pension et les bungalows (d/qua petit-déj inclus 20 000/32 000 ISK, bung 25 000 ISK) sont plaisants pour passer la nuit. Visite des box, balades (1 heure 7 000 ISK) et excursions de plusieurs jours (8 jours 1 850 €).

## Où se loger et se restaurer

**Traðir Guesthouse** GUESTHOUSE €€

(431 5353 ; www.tradirguesthouse.net ; Route 54, ferme Traðir ; d avec sdb 15 300 ISK, cottage 21 200 ISK). Cette *guesthouse* aux chambres confortables et son petit bungalow se trouvent sur la rive sud de la péninsule de Snæfellsnes. Un petit café sert des repas simples. Excursions à cheval et permis de pêche pour la rivière Staðará située non loin.

**Rjúkandi** HÔTEL €€

(788 9100 ; www.rjukandi.com ; intersection routes 54 et 56, Vegamót ; d petit-déj inclus 27 100 ISK ; café 10h-18h, restaurant 18h-21h30). Vegamót signifie "carrefour" et c'est justement là que vous trouverez cet hôtel, café et restaurant aux pratiques durables. Vous verrez sans doute d'abord son café, le **Rjúkandi Kaffi** (en-cas 450-1 600 ISK), à côté de la station-service N1. Ses gâteaux maison et ses soupes du jour font le bonheur des habitués. Les chambres, propres et sans prétention, disposent de sdb. Le restaurant sert des plats islandais bien présentés.

**Guesthouse Hof** GUESTHOUSE, BUNGALOWS €

(846 3897 ; www.gistihof.is ; Route 54, ferme Hof ; d avec/sans sdb 17 800/14 700 ISK, maison 2 chambres 26 000 ISK). Cette adresse accueillante loue des appartements sobres avec Jacuzzi privatif et très belle vue, ainsi que des bungalows indépendants avec sdb privative et cuisine commune. On peut aussi dormir dans un lit avec son duvet. Wi-Fi dans les parties communes uniquement.

**Langaholt** GUESTHOUSE €€

(435 6789 ; www.langaholt.is ; Route 54, Görðum ; empl 1 000 ISK/pers, d 25 200 ISK). Un golf, une pension, un camping et un restaurant (8h-21h) en un seul et même lieu – le tout tenu en famille. Les chambres, simples, bénéficient souvent d'une belle vue ; les sdb laissent à désirer.

### ÖNDVERÐARNES

À l'extrémité ouest de la péninsule de Snæfellsnes, la Route 574 bifurque en direction du sud, tandis que la Route 579, une minuscule piste de gravier bitumée sur certains tronçons, continue vers l'ouest à travers une ancienne coulée de lave jusqu'au bout de la péninsule d'Öndverðarnes, propice à l'observation des baleines.

La route goudronnée serpente le long de falaises de lave charbonneuses. Elle passe devant **Skarðsvík**, une plage de sable blond bordée de cubes de basalte. Une tombe viking fut découverte ici dans les années 1960. De fait, ce lieu idyllique semble convenir à merveille au repos éternel.

Après Skarðsvík, le revêtement disparaît et la piste devient plus accidentée (bien qu'accessible avec un véhicule ordinaire). Garez-vous à la bifurcation (côté gauche) pour partir à pied à travers les coulées de lave jusqu'à l'imposant cratère volcanique de **Vatnsborg** ou continuez tout droit jusqu' à une intersection en T. À 1 km sur la gauche se dressent les **falaises aux oiseaux de Svörtuloft** (Saxhólsbjarg), sillonnées de superbes promenades et où se dresse un grand **phare** orange. À droite, la piste longe la mer sur un 1,9 km jusqu'à un autre **phare**, également orange et trapu. Du parking voisin, on peut rejoindre à pied le bout de la péninsule pour **observer les baleines**, ou marcher sur 200 m au nord-est jusqu'à **Fálkí**, un vieux puits en pierre dont on disait jadis qu'il donnait de l'eau fraîche, de l'eau bénite et de la bière !

## DALIR

Avec ses champs onduleux et ses buttes sculptées par les rivières, le joli corridor entre l'ouest de l'Islande et les fjords de l'Ouest servit de cadre à la *Saga des Gens du Val-au-Saumon*, la plus populaire des sagas islandaises. L'histoire a pour thème un triangle amoureux entre Guðrun Ósvífursdóttir, réputée être la plus belle femme d'Islande, et les frères adoptifs Kjartan Ólafsson et Bolli Þorleiksson. Comme il se doit dans une saga, Guðrun mène les deux hommes par le bout du nez et les manipule jusqu'à leur mort - Kjartan est tué par Bolli et Bolli assassiné par les frères de Kjartan. La plupart des Islandais connaissent bien ces histoires et personnages et vouent un grand intérêt à la région qui les vit naître.

# Eiríksstaðir

**Reconstitution d'Eiríksstaðir** SITE HISTORIQUE
(☎434 1118 ; www.leif.is ; Route 586 ; tarif plein/enfant 1 250 ISK/gratuit ; ⌚9h-18h juin-août). La ferme d'Eiríksstaðir était la demeure d'Erik le Rouge, le père de Leif Eiríksson. Ce dernier fut le premier Européen à atteindre l'Amérique. Bien qu'il ne reste que quelques vestiges de la ferme d'origine, une reconstitution d'une cabane en tourbe a été réalisée au moyen des matériaux et outils de l'époque. Des guides en costume orientent les visiteurs et racontent l'histoire d'Erik le Rouge, qui fonda la première colonie européenne au Groenland. À 8 km vers l'intérieur des terres sur la Route 586 gravillonnée et asphaltée, à l'est de l'église de Stóra-Vatnshorn, au bord de la rivière Haukadalsá.

# Búðardalur

270 HABITANTS

Fondé comme dépôt de cargaisons à l'âge des sagas, ce minuscule village occupe un site plaisant sur la rive du fjord Hvammsfjörður, à l'embouchure de la Laxá. Il est actuellement connu pour son exploitation laitière qui produit la plus grande partie des fromages islandais. Vous en trouverez un bel échantillon au supermarché du village.

### À voir

**Leifsbúð** MUSÉE
(☎434 1441 ; www.dalir.is ; Buðarbraut 1 ; ⌚11h-17h avr-sept, horaires réduits oct-mars). GRATUIT Près du port, ce lieu regroupe un musée des Arts et Traditions populaires, un office du tourisme et un café-restaurant (p. 199). L'exposition du musée sur les Vikings évoque notamment Leif Eiríksson et Erik le Rouge.

> **VAUT LE DÉTOUR**
>
> **FERME LAITIÈRE D'ERPSSTAÐIR**
>
> Lorsque les enfants commencent à s'impatienter dans la voiture, il est temps de faire une halte à **Erpsstaðir** (☎868 0357 ; www.erpsstadir.is ; Route 60 ; étable tarif plein/enfant 650 ISK/gratuit ; ⌚13-17h juin à mi-sept ; 👪). C'est l'endroit idéal pour se dégourdir les jambes et un vrai paradis pour les becs sucrés ! Cette ferme laitière spécialisée dans les crèmes glacées (400 ISK) se trouve sur la magnifique Route 60, entre Búðardalur et la Route circulaire, ponctuée de vallées de hautes montagnes, de cours d'eau et de cascades. On peut visiter les lieux et saluer les vaches, les poules, les lapins et même les cochons d'Inde, avant de s'offrir une délicieuse boule de glace.
>
> La ferme vend aussi du *skyr* et du fromage ; essayez le *skyr-konfekt* en forme de fusée (il est censé ressembler à un pis), un excellent dessert fait d'une coque en chocolat blanc fourrée de *skyr* épais : un régal !
>
> Envie d'une glace au petit-déjeuner ? Logez dans le bungalow (à partir de 20 000 ISK ; draps 1 000 ISK/pers) !

### Où se loger

**Camping de Búðardalur** CAMPING €
(☎434 1644 ; empl tarif plein/enfant 1 200 ISK/gratuit ; ⌚mi-mai à mi-sept). Simple ; avec douches et laverie.

**Dalakot** GUESTHOUSE €€
(☎434 1644 ; www.dalakot.is ; Dalbraut 2 ; d avec/sans sdb 21 900/15 900 ISK). Chambres impeccables et sans chichis. Le restaurant (12h-21h) propose une carte variée (1 600-2 600 ISK).

### Où se restaurer et prendre un verre

**Leifsbúð Café & Restaurant** CAFÉ €
(☎434 1441 ; www.leifsbud.is ; café 12h-18h, restaurant 18h-22h lun-ven juin-sept ; ⌚en-cas 800-1 800 ISK, plats 2 500-3 000 ISK). Dans le bâtiment du musée Leifsbúð, ce café sert gâteaux, pizzas, soupes et boulettes de

viande. On pourra très probablement dîner au restaurant lorsque vous lirez ces lignes.

**Blómalindin Kaffihornið** CAFÉ
(☎434 1606 ; www.blomalindin.is ; Vesturbraut 12a). Prenez une bonne tasse de café dans cette enseigne, qui fait aussi fleuriste.

## Achats

**Bolli Craft** ART ET ARTISANAT
(☎434 1410 ; www.facebook.com/bollicraft ; Vesterbraut 12 ; ⏰10h-18h mi-mai à août, 12h-18h fin avr à mi-mai et sept). Jolis objets d'art et d'artisanat (chandails tricotés main, boutons en corne de chèvre, elfes, etc.).

## Depuis/vers Búðardalur

Services assurés par **Strætó** (www.bus.is) :

➡ Le bus n°59 Borgarnes-Bifröst-Búðardalur-Skriðuland-Króksfjarðarnes-Hólmavík (jusqu'à Hólmavík 2 940 ISK, 5/semaine mi-mai à mi-sept, 2/semaine mi-sept à mi-mai) s'arrête à la station-service N1 de Búðardalur.



# Hjarðarholt et ses environs

Bien que Dalir soit au centre de plusieurs des sagas islandaises les plus populaires, il ne reste pas grand-chose des fermes de l'époque. On ne voit ainsi plus trace d'**Hjarðarholt**, où vécurent Kjartan Ólafsson et son père Ólaf le Paon. Leur ferme était, dit-on, une merveille du monde nordique : des scènes des sagas étaient gravées sur les murs et une immense salle à manger pouvait accueillir 1 100 convives. Une belle **église** occupe désormais le site. Elle offre une vue magnifique sur la vallée, haut lieu de l'histoire régionale.

Non loin, toujours le long de la Laxá, c'est à **Höskuldsstaðir** que naquit Hallgerður aux longues jambes (alias à la longue chevelure), épouse de Gunnar de Hlíðarendi, personnage principal de la *Saga de Njáll le Brûlé*. D'autres personnages comme Bolli et son frère adoptif Kjartan, héros de la *Saga des Gens du Val-au-Saumon*, naquirent dans cette ferme.

# Laugar

Un peu au nord de l'endroit où la Route 590 s'écarte de la Route 60 vers l'ouest, on arrive à Laugar, où naquit Guðrun Ósvífursdóttir, belle héroïne de la *Saga des Gens du Val-au-Saumon*. Les historiens pensent avoir trouvé le **bassin de Guðrun (Guðrúnarlaug)**. Ce bassin chaud est indiqué près de l'entrée de l'Hótel Edda et il y a une cabane pour se changer. **Tungustapi**, plus loin, est une grande église elfique.

Vous devrez être motorisé pour venir à Laugar.

## À voir

**Musée des Traditions de Dalir** MUSÉE
(☎434 1328 ; tarif plein/enfant 1 000 ISK/gratuit ; ⏰10h-16h juin-août, sur rendez-vous sept-mai). Le conservateur de ce charmant musée est un personnage, qui en sait long sur le brillant passé de Dalir. Vous verrez une intéressante *baðstofa* (pièce à vivre/chambre) traditionnelle de 1883. Au sous-sol de l'Hótel Edda.

## Où se loger et se restaurer

**Hótel Edda** HÔTEL, CAMPING €€
(☎444 4930 ; www.hoteledda.is ; Sælingsdalur ; empl 1 200 ISK/pers, d avec/sans sdb 28 200/15 700 ISK ; ⏰début juin-fin août ; @ 🏊). Les chambres de l'aile rénovée sont étonnamment modernes, tandis que l'aile plus ancienne a des allures de dortoir, avec sdb communes et "espace duvet" dans des salles de classe reconverties. Le **restaurant** (☎444 4930 ; www.hoteledda.is ; Sælingsdalur ; plats 2 000-5 000 ISK ; ⏰18h-21h début juin-fin août) est réputé – on y sert de la délicieuse crème glacée d'Erpsstaðir. Grande piscine.

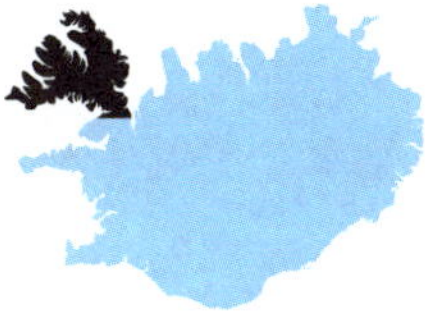

# Les fjords de l'Ouest

**Dans ce chapitre ➡**


Péninsule de Látrabjarg ...... 205
Patreksfjörður.......207
Bíldudalur ......... 208
Þingeyri ........... 209
Dýrafjörður .........210
Ísafjörður...........212
Ísafjarðardjúp .......218
Hólmavík .......... 223
Drangsnes ......... 224
Reykjarfjörður...... 225
Norðurfjörður ...... 226


## Le top des restaurants

- Tjöruhúsið (p. 215)
- Litlibær (p. 218)
- Heimsendi Bistro (p. 207)
- Simbahöllin (p. 210)
- Stúkuhúsið (p. 207)

## Le top des hébergements

- Kirkjuból í Bjarnardal (p. 211)
- Hótel Laugarhóll (p. 225)
- Urðartindur (p. 226)
- Camping de la réserve naturelle du Hornstrandir (p. 221)

## Pourquoi y aller

Malgré leurs paysages spectaculaires, les fjords de l'Ouest sont épargnés par le tourisme de masse – 10% seulement des visiteurs s'y rendent. Le Sud est bordé de falaises dentelées abritant des colonies d'oiseaux et de vastes plages, tandis que le Nord est ponctué de villages de pêcheurs, de fjords et de montagnes. Dans l'extrême Nord, la superbe réserve du Hornstrandir est sillonnée par une multitude de sentiers de randonnée qui permettent d'observer des oiseaux et des renards polaires, avec l'océan en toile de fond. Atmosphère irréelle, sources géothermales et hameaux au bord de l'océan : sur la côte du Strandir, encore moins fréquentée, on se croirait au bout du monde.

Un séjour dans les fjords de l'Ouest nécessite du temps : on se déplace ici sur des routes non goudronnées et cahoteuses, qui serpentent autour des fjords et franchissent des cols. Mais le paysage en vaut la peine et vous n'aurez bientôt plus envie de quitter cette contrée superbe.

## Distances routières (en km)

| | Patreksfjörður | Þingeyri | Ísafjörður | Hólmavík | Norðurfjörður |
|---|---|---|---|---|---|
| Þingeyri | 129 | | | | |
| Ísafjörður | 175 | 47 | | | |
| Hólmavík | 234 | 265 | 221 | | |
| Norðurfjörður | 333 | 348 | 303 | 105 | |
| Reykjavík | 397 | 405 | 450 | 230 | 334 |

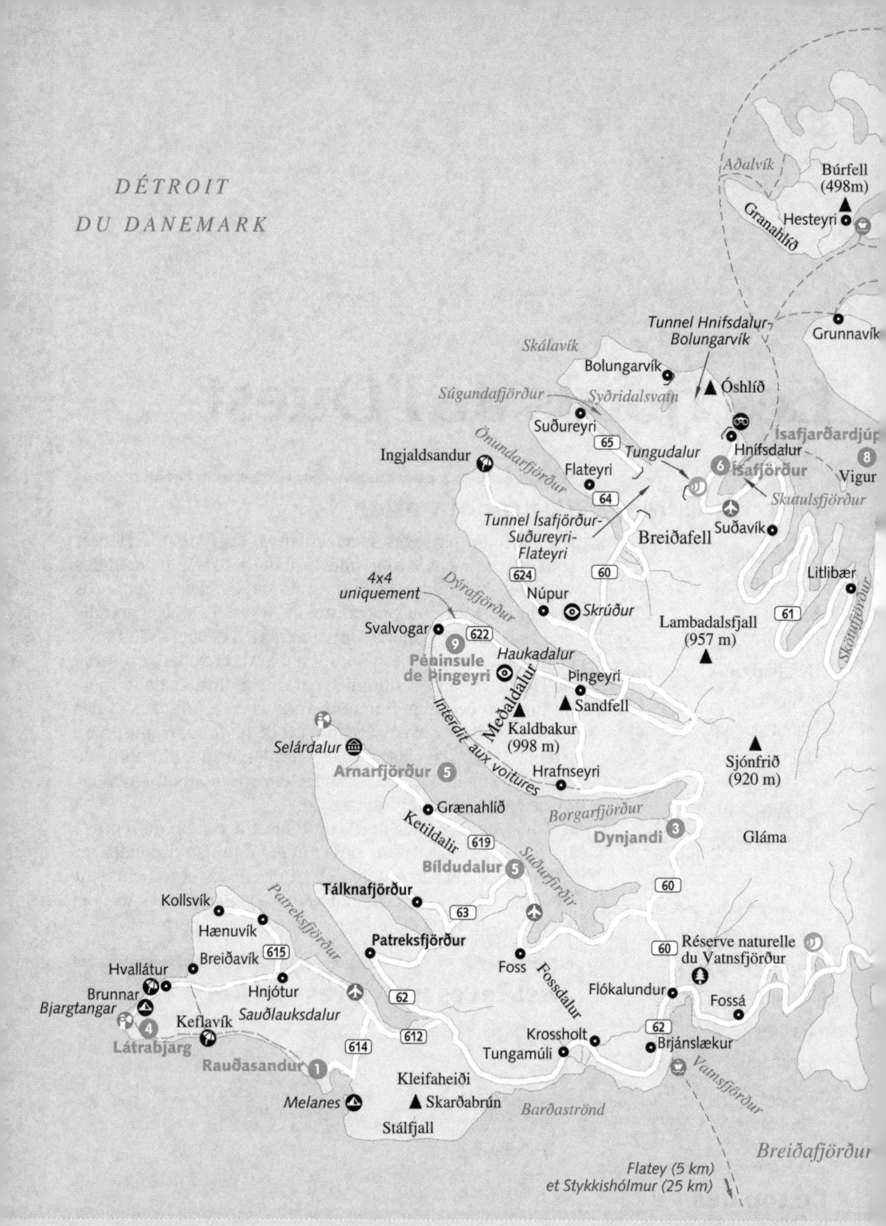


## À ne pas manquer

1 Les plages aux tons rougeâtres, la lagune azurée et les phoques de **Rauðasandur** (p. 205)

2 Les falaises dentelées et les renards arctiques de la **réserve naturelle du Hornstrandir** (p. 219)

3 Le brouillard qui s'élève de l'impressionnante cascade de **Dynjandi** (p. 209)

4 Les macareux de la falaise aux oiseaux de **Látrabjarg** (p. 205)

5 Les monstres marins de **Bíldudalur** et le majestueux **Arnarfjörður** (p. 209)

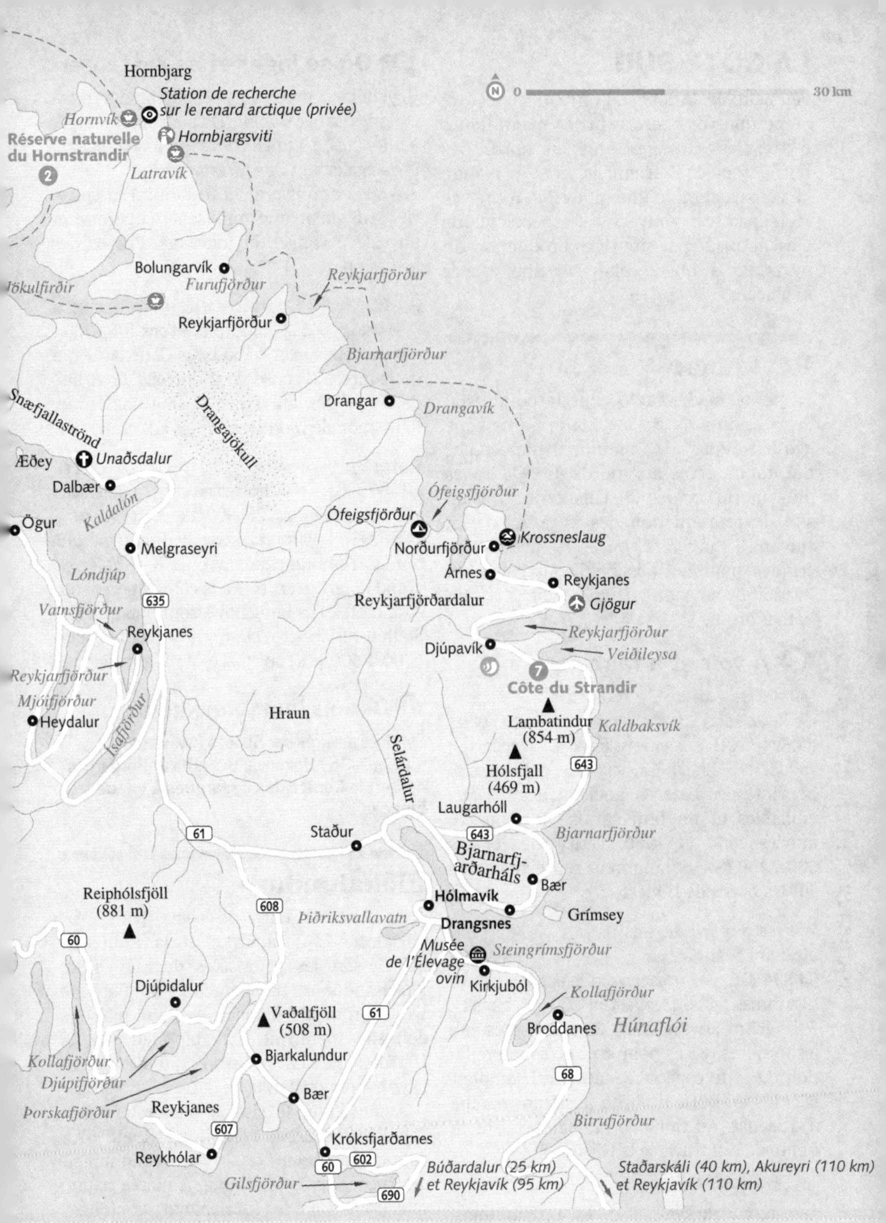


6 Une balade en kayak dans l'**Ísafjörður** (p. 209)

7 Les paysages sauvages de la **côte du Strandir** (p. 223), le charme de Djúpavík et les eaux du Krossneslaug

8 Un duel avec une sterne sur l'île Vigur, la découverte du renard arctique ou une balade en kayak parmi les phoques de l'immense **Ísafjarðardjúp** (p. 218)

9 Une balade à VTT sur la route côtière de la **péninsule de Þingeyri** (p. 209), jusqu'au phare isolé de Svalvogar

## LA CÔTE SUD

Peu peuplée, la côte sud offre un concentré de ce que vous réservent les magnifiques péninsules sauvages plus au nord. Des fjords reculés ourlent la côte ; malgré la construction d'une nouvelle route, ce secteur reste sauvage et spectaculaire. C'est le principal site de reproduction du pygargue à queue blanche, une espèce menacée.

# Reykhólar

La petite Reykhólar occupe la pointe sud de la **péninsule de Reykjanes**, une zone géothermique de moindre importance qui donne accès aux fjords de l'Ouest les plus méridionaux. Le Gilsfjörður est un site de reproduction des pygargues : en suivant la côte vers l'ouest, les principales criques pour les observer sont celles du Þorskafjörður, du Djúpifjörður et du Vatnsfjörður.

### À voir et à faire

**Musée de l'office du tourisme de Reykhólar** MUSÉE
(☎894 1011 ; www.visitreykholahreppur.is ; 750 ISK ; ⏲11h-17h juin-août). Ce petit musée présente des bateaux anciens, des oiseaux empaillés et un film sur la vie dans les années 1950 et 1960. Petit café (en-cas 500-1 200 ISK) et nombreux renseignements sur les fjords de l'Ouest.

**Centre des pygargues à queue blanche** EXPOSITION
(☎894 1011 ; www.visitreykholahreppur.is ; Króksifjarðarnes ; tarif plein/enfant 500 ISK/gratuit ; ⏲11h-18h mi-juin à mi-août). Ce centre présente les mesures prises pour accroître la population de cette espèce menacée qui comptait 66 nids en 2011. Il abrite aussi un marché d'artisanat. Au nord de la chaussée, sur la Route 60 qui traverse le Gilsfjörður.

**Norður Salt** SITE
(www.nordursalt.com). Sur le promontoire, cette entreprise produit du sel de mer extrait des salines locales. Jetez un coup d'œil par les fenêtres du bâtiment.

**Reykhólar Sea Baths** HOT POT
(Sjávarsmiðjan ; ☎577 4800 ; www.sjavarsmidjan.is ; tarif plein/enfant 3 900/1 000 ISK ; ⏲13h-19h juin-août). Bains d'algues avec vue sur la plaine côtière bordée de salines.

### Où se loger et se restaurer

Reykhólar compte 2 hébergements quelconques et un camping. On peut aussi camper à Miðjanes, à 4 km à l'ouest de Reykhólar, où il y a également une *guesthouse*.

Vous ne trouverez ni restaurant ni épicerie, seulement une minuscule supérette et un café à l'office du tourisme. Prenez des provisions.

**Reykhólar HI Hostel** AUBERGE DE JEUNESSE €
(Álftaland ; ☎892 7558, réservations 575 6700 ; www.hostel.is ; dort 4 750 ISK). Cette auberge de jeunesse dispose de 2 dortoirs de 8 lits, de 2 *hot pots* et d'une cuisine commune. Réduction de 750 ISK pour les adhérents HI.

**Hótel Bjarkalundur** HÔTEL €€
(☎434 7863 ; www.bjarkalundur.is ; d avec/sans sdb petit-déj inclus 26 900/19 900 ISK, bung 24 500 ISK ; ⏲mai-oct). Sur la Route 60, au nord de l'embranchement pour Reykhólar, ce grand hôtel ouvert l'été a le côté impersonnel d'un motel. Les bungalows sont plus calmes. Station-service et restaurant ordinaire (plats 1 700-4 500 ISK) sur place. Wi-Fi capricieux.

### Depuis/vers Reykhólar

Services assurés par **Strætó** (www.bus.is) :

- Le bus n°59 Hólmavík-Búðardalur-Borgarnes dessert le **Centre des pygargues à queue blanche**.

# Flókalundur

À la jonction entre la route pour l'Arnarfjörður et l'Ísafjörður et la Route 62 qui dessert les péninsules du Sud-Ouest, Flókalundur se tient au fond du fjord de Vatnsfjörður. Ce hameau de deux maisons doit son toponyme à l'explorateur viking Hrafna-Flóki Vilgerðarson, qui donna au pays le nom d'Islande en 860.

Aujourd'hui, le site le plus intéressant de la région est le **Hellulaug** (Route 62 ; don apprécié), un *hot pot* naturel au milieu des rochers près du rivage. À marée haute, vous pourrez imiter les habitants et plonger dans l'eau glaciale du détroit avant de sauter dans le bassin pour vous réchauffer (38°C). La **réserve naturelle du Vatnsfjörður** fut créée pour protéger les environs du lac Vatnsdalsvatn, où nichent des arlequins plongeurs et des plongeons imbrins. Plusieurs **sentiers** sillonnent les rives du lac et les collines environnantes. L'**Hótel Flókalundur** (☎456 2011 ; www.flokalundur.is ; empl 1 400 ISK/pers, d petit-déj inclus 24 200 ISK ; ⏲mi-mai à mi-sept) est un établissement aux allures de bungalow récemment rénové, doté de petites chambres lambrissées et de sdb rénovées. Son bon **restaurant** (plats déj 1 600-3 000 ISK, plats dîner 4 000-5 000 ISK ; ⏲8h-10h, 11h-14h et 18h-21h mi-mai à mi-sept) offre une belle vue sur le fjord. Le site comprend aussi un camping et une station-service. Seuls les clients de l'hôtel ont accès au Wi-Fi. Desservi par les bus Westfjords Adventures (www.wa.is).

## Brjánslækur

Brjánslækur se résume à son terminal de ferry. À l'ouest du débarcadère, la Route 62, accidentée, suit la côte jusqu'en haut du pittoresque village de Patreksfjörður, qui marque l'entrée dans les péninsules du sud-ouest. Modeste **café** (en-cas 400-1 200 ISK ; ⏲10h-19h juin-août) sur place.

### Depuis/vers Brjánslækur

Brjánslækur est le terminal du ferry *Baldur* en provenance de Stykkishólmur et de Flatey (p. 190). Pour rejoindre Reykjavík, il faut prendre le ferry de Brjánslækur à Stykkishólmur, puis le bus Strætó n°58 jusqu'à Borgarnes et enfin le bus n°57 jusqu'à Reykjavík.

Services assurés par **Westfjords Adventures** (www.wa.is) :

- De juin à août, un bus relie Patreksfjörður à Brjánslækur, Flókalundur, Dynjandi, Þingeyri et Ísafjörður (1/jour dans chaque sens lun, mer et ven). Un service est assuré sur réservation fin mai et début septembre.
- Sur réservation également, un autre bus circule l'été, les lundis, mercredis et vendredis, au départ de Brjánslækur et en direction de Patreksfjörður, de Látrabjarg et de Rauðasandur – il revient ensuite vers Patreksfjörður et Brjánslækur (14 500 ISK pour la boucle complète, où que vous montiez), à temps pour le ferry qui rentre à Stykkishólmur.

L'agence de location de voitures la plus proche se trouve à Patreksfjörður.

# PÉNINSULES DU SUD-OUEST

Les péninsules du sud-ouest des fjords de l'Ouest forment une région magnifique, peu peuplée et réellement sauvage, avec des plages blanches, noires, rouges et roses, des eaux bleues miroitantes, des falaises vertigineuses et des fjords séparés par des montagnes grandioses. La destination la plus prisée du secteur est Látrabjarg, une étendue de falaises de 12 km de long qui accueille des milliers d'oiseaux marins en été. L'état des routes oblige à rouler lentement.

## Péninsule de Látrabjarg

Connue pour ses falaises et son avifaune abondante, la lointaine péninsule de Látrabjarg est ponctuée de plages désertes, comme la belle Rauðasandur, et de nombreux sentiers propices aux longues promenades.

### À voir

En arrivant sur la Route 612 par la Route 62, remarquez l'épave rouillée du *Garðar*, au fond du fjord. De là, on rejoint des plages désertes au sable doré, la piste d'atterrissage de Sauðlauksdalur et d'autres sites le long de la péninsule.

**♥ Rauðasandur** PLAGE

La belle plage de Rauðasandur, aux reflets rouges, s'étire sur la pointe sud de la péninsule. Bordé par une immense lagune azur, c'est un lieu paisible d'une beauté exceptionnelle. On peut longer la lagune à marée basse, sans oublier de guetter les phoques. Un chemin côtier (20 km aller) relie Rauðasandur aux falaises aux oiseaux de Látrabjarg. On peut aussi rejoindre la plage en voiture depuis la Route 612, en empruntant la Route 614 sur environ 10 km.

**♥ Breiðavík** PLAGE

À Breiðavík, les falaises rocheuses encadrent une immense et splendide étendue de sable doré que baignent les eaux turquoise de la baie. Cette plage, parmi les plus belles d'Islande, est généralement déserte.

**Phare de Bjargtangar** PHARE

Ce phare au bout de la péninsule de Látrabjarg est le point le plus occidental d'Europe en dehors des Açores. Les fameuses falaises aux oiseaux de Látrabjarg se dressent un peu plus haut.

**Hvallátur** PLAGE

À 8 km à l'ouest de Breiðavík, le minuscule hameau de Hvallátur possède une superbe plage de sable blanc, sans infrastructures.

**Musée Minjasafn Egils Ólafssonar** MUSÉE

(☎456 1511 ; www.hnjotur.is ; Hnjótur, Örlygshöfn ; tarif plein/enfant 1 000 ISK/gratuit ; ⏲10h-18h mai-sept). À Hnjótur, à 10 km à l'ouest de Sauðlauksdalur, faites escale dans ce musée éclectique qui présente des bateaux de pêche, des expositions sur l'histoire de la région (de la pêche à la baleine à l'élevage) et un film datant de 1947 sur l'épave d'un chalutier. Petit café (gâteaux 450 ISK).

## Activités

### Falaises aux oiseaux de Látrabjarg — OISEAUX

Ces célèbres falaises se dressent juste après le phare de Bjargtangar. Elles longent le littoral sur 12 km, et s'élèvent à des hauteurs comprises entre 40 et 400 m. Même pour qui ne se passionne pas spécialement pour les oiseaux, elles sont fascinantes : un nombre impressionnant de macareux moines, de pingouins tordas, de guillemots, de cormorans, de fulmars, de goélands et de mouettes tridactyles y nidifient de juin à mi-août.

Par beau temps, les phoques se prélassent sur les récifs autour du phare. Pour observer les oiseaux, venez de préférence le soir, quand ils regagnent leur nid. Soyez extrêmement prudent par grand vent, car les falaises sont dépourvues de parapets. Il n'y a aucune installation sur place, et il est interdit de camper sur les falaises.

## Circuits organisés

Des agences de Patreksfjörður organisent des randonnées, ainsi que des circuits d'observation des oiseaux et des phoques – les professionnels pourront vous rejoindre sur la péninsule ou vous y conduire.

## Fêtes et festivals

### Festival de Rauðasandur — MUSIQUE

(www.raudasandurfestival.is ; début juil). Trois jours de concerts et un grand camping sur la plage de Melanes.

## Où se loger et se restaurer

Les quelques campings et possibilités d'hébergement, isolés et plutôt modestes, s'inscrivent dans des décors fabuleux.

### Camping de Melanes — CAMPING €

(565 1041 ; melanes451@gmail.com ; Rauðasandur ; empl tarif plein/enfant 1 500 ISK/gratuit ; mi-mai à mi-sept). Melanes possède un camping simple sur un terrain herbeux, derrière la crique de Rauðasandur, à 4 km de l'embranchement qui part de la Route 614 vers Rauðasandur. Le cadre, près de la plage, est sublime, et de nouveaux équipements ont été installés : eau courante, toilettes à chasse d'eau, douche, cuisine et laverie. Petit centre d'information et épicerie.

### Camping de Brunnar — CAMPING

GRATUIT On peut camper à Brunnar, 2 km avant les falaises aux oiseaux (au nord-est). Toilettes rudimentaires ; pas d'eau courante.

### Hnjótur Guesthouse — GUESTHOUSE, CAMPING €€

(456 1596 ; www.hnjoturtravel.is ; Hnjótur, Örlygshöfn ; empl 2 000 ISK/pers, d avec/sans sdb 23 000/15 900 ISK, f 24 000 ISK). Une *guesthouse* doublée d'un camping sans prétention, avec cuisine commune. Le sympathique propriétaire gère également le musée de l'Aviation adjacent (ouvert tlj 9h-18h mai-sept ; 2 000 ISK).

### Hótel Látrabjarg — HÔTEL €€

(456 1500 ; www.latrabjarg.com ; Örlygshöfn ; s/d/tr 11 900/23 900/26 700 ISK ; mi-mai à mi-sept). Dans un ancien pensionnat, cet hôtel loue des chambres sobres et de bon goût. Pour y accéder, prenez la Route 615 sur la droite juste après le musée Minjasafn Egils Ólafssonar : l'hôtel est à 3 km environ.

### Hótel Breiðavík — HÔTEL €€€

(456 1575 ; www.breidavik.is ; Breiðavík ; empl tarif plein/enfant 2 000 ISK/gratuit, d sans/avec sdb petit-déj inclus 31 500/21 500 ISK ; mi-mai à mi-sept). Cet hôtel, situé derrière la saisissante plage couleur crème du même nom, a presque l'exclusivité sur la scène hôtelière locale. Les prix sont élevés pour les prestations offertes : chambres basiques, lits avec option duvet (non fourni ; 11 500 ISK) et camping. En revanche, le cadre est sublime et quel plaisir de passer la nuit sur la péninsule ! Lave-linge, restaurant, cuisine commune et barbecue sur place.

### French Café — CAFÉ

(866 8129 ; Rauðasandur ; en-cas 600-900 ISK ; 12h-17h mi-juin à août). Dans la ferme de Kirkjuhvammur, juste après Rauðasandur, cette sympathique adresse sert de délicieux gâteaux et du café, ainsi que de la bière et du vin (1 300 ISK). Le récif est accessible à pied à marée basse.

## Depuis/vers la péninsule de Látrabjarg

La péninsule est desservie par les bus de Westfjords Adventures (p. 207). Depuis Breiðavík, l'aller-retour jusqu'aux falaises aux oiseaux coûte 8 000 ISK.

Les véhicules ordinaires peuvent emprunter les pistes accidentées, à une allure modérée.

### EN VOITURE

Faites le plein dès que vous voyez une station-service car elles sont rares dans les fjords de l'Ouest.

- Les cartes touristiques officielles indiquent les stations-service N1.
- Beaucoup de stations n'ont que des pompes en libre service, fonctionnant avec une carte bancaire.
- Procurez-vous une carte prépayée N1 dans une station tenue par des employés – pour le cas où votre carte bancaire ne fonctionnerait pas.
- Les routes sont souvent cahoteuses et non revêtues – mais absolument magnifiques –, bien que praticables avec un véhicule ordinaire.
- Pour covoiturer, consultez les sites www.samferda.net et www.bilfar.is.

Il n'y a pas de station-service sur la péninsule. Faites le plein à Patreksfjörður.

## Patreksfjörður

683 HABITANTS

Plus grand village de cette partie des fjords de l'Ouest, la dynamique bourgade de Patreksfjörður, sur le fjord du même nom, est une base pratique pour visiter la péninsule de Látrabjarg. Elle offre une vue fabuleuse sur les promontoires et permet de faire des provisions avant de partir vers des fjords plus reculés. Le bourg tient son nom de saint Patrick d'Irlande, guide spirituel d'Örlygur Hrappson, le premier homme à s'être installé dans la région.

### Circuits organisés

**Westfjords Adventures** RANDONNÉES, EXCURSIONS EN JEEP
(☎456 5006 ; www.wa.is ; Aðalstræti 62). L'offre du principal tour-opérateur local est variée : sorties d'observation des oiseaux, randonnées sur la péninsule de Látrabjarg (8 heures, 30 000 ISK), excursions d'une journée en jeep autour des fjords (34 000 ISK) ou le long de la "Kjaran's Avenue" (34 900 ISK) – piste gravillonnée taillée dans le fjord –, croisières d'observation des baleines ou de pêche (à partir de 9 000 IKS) dans le Patreksfjörður, expéditions dans des régions plus éloignées...

### Où se loger

**Camping de Patreksfjörður** CAMPING €
(Aðalstræti 107 ; empl tarif plein/enfant 1 450 ISK/gratuit ; juin à mi-sept). Camping municipal sur un terrain herbeux dans la rue principale, avec douches, laverie (1 100 ISK/machine) et cuisine.

**Ráðagerði** GUESTHOUSE €€
(☎456 0181 ; www.radagerdi.com ; Aðalstræti 31 ; s avec/sans sdb 16 200/12 000 ISK, d avec/sans sdb 23 000/16 200 ISK, petit-déj inclus). La plupart des chambres offrent une vue magnifique sur le fjord. Les propriétaires, sympathiques, préparent un généreux petit-déjeuner. Option duvet 5 500 ISK, draps 1 000 ISK.

**Hotel West** HÔTEL €€
(☎892 3414 ; www.hotelwest.is ; Aðalstræti 62 ; s/d 15 900/23 900 ISK ; wifi). Cet hôtel ouvert en 2014 loue des chambres ensoleillées avec sdb privée (et vue sur le fjord pour certaines), dans le bâtiment rénové d'une ancienne coopérative.

**Fosshótel Westfjords** HÔTEL €€€
(Fosshótel Vestfirðir ; ☎456 2004 ; www.fosshotel.is ; Aðalstræti 100 ; s/d petit-déj inclus à partir de 29 050/23 900 ISK ; mai-sept). Dans un bâtiment ancien, un hôtel aux chambres modernes avec sdb privative, TV et vue sur le fjord ou la montagne. Restaurant sur place.

### Où se restaurer

Patreksfjörður est le meilleur endroit pour faire des provisions ou se restaurer avant de partir vers des fjords plus reculés.

**Stúkuhúsið** CAFÉ €€
(☎456 1404 ; www.stukuhusid.is ; Aðalstræti 50 ; plats 1 200-4 500 ISK ; 11h-23h juin-août, 12h-16h mer-sam sept-mai ; ). Cet agréable café occupe une jolie petite maison ensoleillée dans la rue qui surplombe le fjord, parallèlement à la côte. Plats du jour, soupes, sandwichs, délicieuses pâtisseries et excellent cappuccino.

**Heimsendi Bistro** INTERNATIONAL €€
(☎456 5150 ; Eyrargata 5 ; plats déj 1 300-1 900 ISK, plats dîner 1 700-4 800 ISK ; 17h30-22h juin à mi-sept ; ). Ce restaurant décontracté à côté de la jetée occupe un bâtiment rénové aux murs rouges. Il concocte des plats islandais créatifs, servis dans un cadre original, avec des palettes en guise de marches et d'autres objets de récupération. Il y a foule les soirs d'été.

## Achats

**Vínbúðin** VINS ET SPIRITUEUX €
(☎456 2244 ; Þórsgata 10 ; ⏲14h-18h lun-jeu, 13h-19h ven, 11h-14h sam juin-août, horaires réduits sept-mai). Chaîne d'État.

## Depuis/vers Patreksfjörður

Les bus Westfjords Adventures (p. 207) sillonnent la région.

Sur demande, un **Flybus** assure la navette entre Patreksfjörður et l'aéroport de Bíldudalur (p. 208). Consultez le site www.westfjords.is.

Westfjords Adventures fait office d'agence de location de voitures (Europcar) et de vélos (4 200 ISK/4 heures).

# Tálknafjörður

251 HABITANTS

Perdu près d'un large fjord, Tálknafjörður est un village assoupi dans un magnifique écrin de collines verdoyantes et de pics rocheux.

L'été, le personnel de la piscine gère le camping municipal et fournit des informations touristiques. Procurez-vous la carte de randonnée détaillée *Vestfirðir & Dalir 4* et lancez-vous dans la magnifique marche de 10 km jalonnée de cairns jusqu'à Bíldudalur.

## Activités

**Pollurinn** HOT POT
GRATUIT Les *hot pots* naturels (46°C) de Pollurinn (littéralement "la flaque") sont des petits bassins extérieurs peu profonds, avec pour décor les montagnes et le fjord. Ils sont situés à 3,8 km sur la Route 617. Repérez le panneau d'accès sur une minuscule pancarte blanche.

**Piscine de Tálknafjörður** PISCINE GÉOTHERMALE, HOT POT
(☎456 2639 ; www.talknafjordur.is ; tarif plein/enfant 650/300 ISK ; ⏲9h-21h juin-août, horaires réduits sept-mai). Alimentée par l'une des rares zones géothermiques du secteur, cette piscine est le grand lieu de rendez-vous local.

## Où se loger et se restaurer

**Camping de Tálknafjörður** CAMPING €
(empl tarif plein/enfant 1 400 ISK/gratuit ; ⏲juin-août). À côté de la piscine ; laverie, cuisine et douches.

**Guesthouse Bjarmaland** GUESTHOUSE €€
(☎891 8038 ; www.guesthousebjarmaland.is ; Bugatún 8 ; d avec/sans sdb 17 800/15 000 ISK ; P). Des chambres impeccables vous attendent dans cette pension tenue par cinq sœurs chaleureuses. Option duvet à 4 300 ISK.

**Dunhagi** CAFÉ €
(☎662 0463 ; www.cafedunhagi.is ; Sveinseyri ; plats 1 200-3 900 ISK ; ⏲11h-22h juin-août). Ce charmant bâtiment historique a été rénové (parquet massif, box confortables et photos vintage). La cuisine, locale, est délicieuse. Mention spéciale pour la truite grillée à la poêle et le généreux gâteau au chocolat.

**Hópið** INTERNATIONAL €
(☎456 2777 ; Hrafnardalsvegur ; plats 1 200-4 400 ISK ; ⏲12h-23h lun-ven, 14h-23h sam-dim juin-août, horaires réduits sept-mai). Ce restaurant à l'ambiance décontractée sert des burgers et des plats islandais classiques. Possède un billard.

## Achats

**Villimey** COSMÉTIQUES
(☎892 8273 ; www.villimey.is ; Strandagata 44). Cette entreprise familiale réputée propose d'excellentes pommades bio fabriquées à partir d'herbes et de plantes islandaises. Les heures d'ouverture ne sont pas fixes : appelez si le magasin est fermé, un membre de la famille viendra vous ouvrir.

## Depuis/vers Tálknafjörður

Le **Flybus** (p. 209) entre Patreksfjörður et Bíldudalur s'arrête à Tálknafjörður. Il ne circule qu'aux heures des vols. Renseignez-vous à la piscine municipale.

# Bíldudalur

207 HABITANTS

Posté dans une baie merveilleusement calme du majestueux Arnarfjörður et entouré d'impressionnants sommets, le séduisant village de pêcheurs de Bíldudalur (www.bildudalur.is) occupe l'un des plus beaux sites en bord de fjord du pays. Par quelque côté que vous arriviez en voiture, vous aurez une vue splendide. Fondé au XVI^e^ siècle, Bíldudalur est aujourd'hui un grand centre producteur de crevettes et de saumon.

## À voir

**Musée islandais des Monstres marins Skrímslasetur** MUSÉE
(☎456 6666 ; www.skrimsli.is ; Strandgata 7 ; tarif plein/enfant 1 000 ISK/gratuit ; ⏲10h-18h mi-mai à

À NE PAS MANQUER

**SOURCES NATURELLES**

Au fond du minuscule Reykjarfjörður, à 23 km au sud-est de Bíldudalur (à 17 km vers l'ouest à la jonction avec la Route 60), arrêtez-vous aux splendides bassins géothermaux de **Reykjarfjarðarlaug** et prenez place dans la piscine en béton (32°C) récemment restaurée, à l'avant, ou dans le bassin naturel en pierre (45°C) à l'arrière, d'où vous pourrez contempler les oiseaux, les montagnes et le fjord.

mi-sept). Ce musée face à l'église présente des expositions amusantes et spectaculaires sur les monstres marins légendaires d'Islande et d'ailleurs. Une table multimédia interactive raconte d'innombrables anecdotes sur ceux qui hanteraient le fjord d'Arnarfjörður. Passionnant pour les enfants, même si les maquettes géantes pourront effrayer les plus jeunes. Petit café à l'intérieur.

### Où se loger et se restaurer

Il y a un camping près de la piscine.

**Bíldudalur HI Hostel** AUBERGE DE JEUNESSE €
(☎456 2100 ; Hafnarbraut 2 ; dort/s/d sans sdb 4 750/8 100/12 900 ISK). Cette adresse accueillante possède des chambres sommaires très propres et une agréable cuisine. Remise de 750 ISK pour les adhérents HI.

**Stiklur-Steppin' Stones B&B** B&B €
(☎456 5005 ; www.stiklur.is ; Dalbraut 1 ; d sans sdb 14 100 ISK). Excellent B&B de 7 chambres confortables, avec vue sur le fjord ou la montagne.

**Vegamót** CAFÉ €
(☎456 2232 ; Tjarnarbraut 2 ; plats 1 350-4 000 ISK ; ⏲10h-22h lun-ven, 12h-22h sam-dim). À la station-service, ce petit grill sympathique sert surtout des burgers, mais aussi quelques plats de poisson et d'agneau. Bonne supérette également.

### Depuis/vers Bíldudalur

**Eagle Air** (☎562 4200 ; www.eagleair.is) assure des vols entre Reykjavík et l'**aéroport de Bíldudalur** (BIU ; ☎Eagle Air 456 2152), à 8 km au sud du village (à partir de 20 200 ISK, 45 min, 1/jour).

Sur demande, des **Flybus** (☎893 0809, 456 2336, 893 2636 ; tarif unique 2 000 ISK) circulent depuis/vers Patreksfjörður via Tálknafjörður aux heures d'arrivée et de départ des vols.

Il y a une agence de location de voitures (Hertz) à l'aéroport de Bíldudalur. Vous en trouverez d'autres à Patreksfjörður et Ísafjörður.

# PÉNINSULES CENTRALES

Les péninsules centrales des fjords de l'Ouest commencent au nord avec Ísafjarðardjúp et la ville de Ísafjörður, particulièrement animée. En continuant vers le sud, on tombe sur le petit Súgandafjörður, puis sur l'Önundarfjörður, vaste et bleu, avec son hameau, Flateyri. Un tunnel relie ces trois fjords.

Encore plus au sud, le spectaculaire Dýrafjörður mérite d'être exploré à partir du village de Þingeyri. Une route accidentée franchit les montagnes jusqu'à Dynjandi, la cascade la plus impressionnante des fjords de l'Ouest, située au fond de l'un des fjords secondaires de l'immense Arnarfjörður.

Dégringolant par-dessus un escarpement rocheux de 100 m de haut, au fond de la baie de Dynjandivogur, Dynjandi (Fjallfoss) est une large cascade. La route accidentée qui y mène, quelle que soit la direction dont on vient, est célèbre en Islande pour ses points de vue fabuleux. Les chutes d'eau servent de bassin hydrographique aux sommets et aux vallées environnants.

Les bus Westfjords Adventures (p. 207) marquent un arrêt à Dynjandi.

Depuis Dynjandi, la Route 60 (en mauvais état) suit la rive nord de l'Arnarfjörður, puis vire vers le nord et l'intérieur des terres au niveau de la ferme d'**Hrafnseyri**. C'est ici que le 17 juin 1811 naquit Jón Sigurðsson, artisan de l'indépendance de l'Islande. Le **musée Jón Sigurðsson** (☎456 8260 ; www.hrafnseyri.is ; Hrafnseyri, Arnarfjörður ; tarif plein/enfant 800 ISK/gratuit ; ⏲11h-18h juin-début sept) qui retrace sa vie abrite une reconstitution de sa maison en tourbe, une église du XIXe siècle et un petit café placé sur un splendide promontoire avec vue sur le fjord.

Entre Hrafnseyri et Þingeyri, la Route 60 est fermée 6 à 8 mois par an. Consultez le site www.road.is.

## Þingeyri

Jadis principal centre de négoce des fjords de l'Ouest, le minuscule village de **Þingeyri**, au nord du superbe Dýrafjörður, semble aujourd'hui être tombé dans l'oubli. Bien qu'il n'y ait pas grand-chose à y voir, c'est une bonne base pour des balades à pied, à vélo ou à cheval sur la péninsule à l'ouest de la ville. Un cimetière français témoigne du temps où les marins bretons venaient nombreux pêcher dans les eaux islandaises.

L'**ancien atelier de forgeron** (Gamla Smiðjan Þingeyri ; ☎456 3294 ; www.nedsti.is ; Hafnarstræti 14 ; tarif plein/enfant 900 ISK/gratuit ; 9h-18h mi-mai à août), à Þingeyri, fait partie du musée des Fjords de l'Ouest d'Ísafjörður (p. 212). Le billet est commun aux deux sites.

À l'ouest de Þingeyri, la péninsule et ses sommets spectaculaires se prêtent à la randonnée à pied et à vélo. On peut louer des VTT au café Simbahöllin, et emprunter vers le nord-ouest la route en terre qui suit la côte nord de la péninsule le long du Dýrafjörður jusqu'à la jolie vallée d'**Haukadalur**, un important site viking.

Si les glissements de terrain n'obstruent pas la route, vous pourrez effectuer le tour de la péninsule en passant devant des falaises peuplées d'oiseaux et le phare isolé de **Svalvogar**. Il est impossible d'effectuer cet itinéraire avec une voiture ordinaire. Des tour-opérateurs locaux et d'Ísafjörður organisent des circuits dans le secteur.

À l'intérieur des terres, le **Kaldbakur** (998 m), le plus haut sommet des fjords de l'Ouest, est un bon lieu de randonnée. Le chemin escarpé qui y mène débute au bord de la route, à 2 km à l'ouest de Þingeyri.

## Circuits organisés

**Eagle Fjord Tours** CIRCUITS
(☎894 1684 ; www.eaglefjord.is ; juin-sept). Visites dans le secteur (tarif plein/enfant environ 18 500/9 500 ISK), sorties de pêche en mer (13 500/6 500 ISK) et sorties en bateau. Une petite agence.

## Où se loger et se restaurer

**Camping de Þingeyri** CAMPING €
(empl 1 500 ISK/tente ; mi-mai à mi-sept). Derrière la piscine ; laverie.

**Sandafell** HÔTEL €€
(☎456 1600 ; www.hotelsandafell.com ; Hafnarstræti 7 ; s sans sdb petit-déj inclus 13 700 ISK, d avec/sans sdb petit-déj inclus 24 100/16 500 ISK ; fin mai-début sept ; P). Cet hôtel fonctionnel loue des chambres impeccables dans le centre du village. Le restaurant (plats 2 200-3 200 ISK) sert une bonne cuisine islandaise. Le buffet du petit-déjeuner (1 800 ISK) est ouvert à tous.

**Við Fjörðinn** GUESTHOUSE €€
(☎456 8172 ; www.vidfjordinn.is ; Aðalstræti 26 ; s/d sans sdb 9 500/20 000 ISK, app à partir de 20 000 ISK ; mi-mai à sept). Cette *guesthouse* un peu terne loue des chambres vieillottes, simples et accueillantes. Les clients ont accès à la cuisine et au salon télé. Wi-Fi capricieux.

♥ **Simbahöllin** CAFÉ €
(☎899 6659 ; www.simbahollin.is ; Fjarðargata 5 ; en-cas et plats 1 400-3 100 ISK ; 10h-22h mi-juin à août, 12h-18 fin mai à mi-juin et début sept). Un agréable café dans une ancienne épicerie, où des serveurs décontractés proposent de savoureuses gaufres la journée et de copieux tajines d'agneau le soir. Tables à l'extérieur avec vue sur le fjord. Loue également d'excellents VTT (10 000 ISK/jour) et organise des balades à cheval (à partir de 9 900 ISK/2 heures).

## Renseignements

**Office du tourisme** (☎456 8304 ; www.thingeyri.is ; Hafnarstræti 6 ; 10h-18h lun-ven, 11h-18h sam-dim juin-août). Dans la grand-rue. Brochures succinctes et boutique d'artisanat.

## Depuis/vers Þingeyri

**Bus municipaux** (www.isafjordur.is) pour :
- Flateyri (350 ISK, 30 min, 3/jour lun-ven)
- Ísafjörður (350 ISK, 1 heure, 3/jour lun-ven)

Les bus Westfjords Adventures (www.wa.is) desservent aussi Þingeyri (p. 205).

# Dýrafjörður

## À voir

**Skrúður** JARDIN
(24h/24). GRATUIT Sur la rive nord du Dýrafjörður, le petit Skrúður est l'un des plus vieux jardins botaniques d'Islande. À usage pédagogique, il fut ouvert en 1909. On y entre par une arche constituée d'os de baleines, sur la Route 624.

**Ingjaldsandur** PLAGE
À l'ouest de l'Hótel Núpur, sur la rive nord du Dýrafjörður, la Route 624 devient une piste et passe devant une ferme abandonnée avant d'obliquer vers l'intérieur des terres pour rejoindre la pointe découpée de la péninsule. Il faut environ 20 minutes pour arriver à **Ingjaldsandur**, à l'entrée de l'Önundarfjörður. Dans une jolie vallée, cette plage isolée est idéale pour regarder le soleil de minuit frôler l'horizon avant de remonter dans le ciel.

### Où se loger et se restaurer

**Hótel Núpur** HÔTEL €€
(☎456 8235 ; Route 624 ; empl 2 500 ISK/tente, d/tr sans sdb petit-déj inclus 17 000/23 300 ISK ; ⏲mi-mai à mi-sept). Siggi et Gummi, deux frères, se sont appliqués à transformer cet ancien complexe scolaire défraîchi en un hébergement accueillant (ils tiennent aussi un restaurant). Les chambres, simples, partagent des sdb communes – sauf 2 chambres avec sdb privative. Cuisines communes. Chambres avec option duvet (4 500 ISK). L'hôtel est sur la Route 624, à 7 km de la Route 60, juste à l'ouest du Skrúður (p. 210).

## Önundarfjörður

L'Önundarfjörður bleu azur est flanqué de montagnes abruptes, et ses rives sont ponctuées de séchoirs à morues. Le minuscule village de Flateyri donne sur le fjord et ses beaux bancs de sable. Remarquez l'étonnant pare-avalanche qui le protège : il fut construit après une avalanche tragique en 1995.

### Où se loger

**Korpudalur Hostel** GUESTHOUSE, AUBERGE DE JEUNESSE €
(Korpudalur Kirkjuból ; ☎456 7808 ; www.korpudalur.is ; Route 627 ; empl 1 400 ISK/tente, dort/d sans sdb à partir de 5 700/13 000 ISK ; ⏲mi-mai à mi-sept). Vers le fond de l'Önundarfjörður, un embranchement indiquant Kirkjuból (à ne pas confondre avec la *guesthouse* du même nom) conduit à cette auberge de jeunesse très fréquentée, après 5 km sur la Route 627, en mauvais état. Installée dans une ferme centenaire, elle vaut le détour pour son emplacement exceptionnel et son pain maison. Seul inconvénient : les chambres sont petites. Option duvet à 5 000 ISK. Remise de 750 ISK pour les adhérents HI.

♥ **Kirkjuból í Bjarnardal** GUESTHOUSE €€
(☎456 7679 ; www.kirkjubol.is ; Route 60, Bjarnardalur ; d avec/sans sdb petit-déj inclus 20 700/15 300 ISK ; ⏲juin-août). Juste au sud de l'Önundarfjörður, à l'est de la Route 60, un embranchement en direction de Kirkjuból mène à cette charmante ferme isolée, blanche et verte. D'une propreté irréprochable, les jolies chambres sont décorées d'objets anciens. Cuisine commune et salon. Une adresse au calme, avec une belle vue. Propriétaires sympathiques.

## Flateyri

187 HABITANTS

Jadis un vaste port où mouillaient les baleiniers norvégiens, Flateyri est devenu un bourg assoupi, posté sur une langue de terre qui fait saillie dans l'Önundarfjörður. On y trouve deux musées et une piscine géothermale, mais c'est surtout le merveilleux décor naturel qui fait le charme du lieu.

### À voir et à faire

**Ancienne librairie de Flateyri** MUSÉE
(Gamla Bókabúðin Flateyri ; Hafnarstræti 3-5 ; don apprécié ; ⏲11h-17h juin-août). Découvrez cette librairie historique très bien conservée, ainsi que l'appartement adjacent, qui donne la délicieuse impression d'avoir été figé dans le temps. Café et gâteaux (1 200 ISK).

**Nonsense Museum** MUSÉE
(Hafnarstræti 11 ; tarif plein/enfant 1 000 ISK/gratuit ; ⏲13h-17h30 lun-ven, 13h-16h sam-dim juin-août). Ce musée du Nonsense regroupe les collections éclectiques de plusieurs habitants, soit d'innombrables stylos, boîtes d'allumettes et maquettes de bateaux rangés dans des vitrines avec un soin méticuleux. Café en bas.

**Kayak Flateyri** KAYAK
(☎863 7662 ; www.kayakflateyri.com). Pour pagayer sur le bel Önundarfjörður, avec ou sans guide. Possibilité d'hébergement.

**Iceland ProFishing** PÊCHE
(☎456 6667 ; www.icelandprofishing.com ; Hafnarstræti 9 ; ⏲avr-sept). Loue des bateaux pour des sorties de pêche dans les fjords (avec un guide si vous le souhaitez) et offre des excursions d'une semaine (960 €) avec hébergement à Flateyri et Suðureyri.

### Où se loger et se restaurer

**Síma Hostel** GUESTHOUSE €
(☎897 8700 ; www.icelandwestfjords.com ; Ránargata 1 ; d/f sans sdb à partir de 10 800/17 900 ISK ; ⏲mi-mai à début sept). Chambres modestes et propres. Beaucoup ont vue sur le fjord.

**Bryggjukaffi** CAFÉ €
(Café du Port ; Hafnarstræti 4 ; soupe 1 500 ISK ; ⏲11h30-18h juin-sept, sam-dim oct-mai). Une sympathique habitante prépare chaque jour d'excellentes soupes (celle de poisson est fabuleuse), servies avec du délicieux pain frais, et des gâteaux (800-900 ISK). Chambres à l'étage (d/f avec sdb commune 10 000/16 000 ISK).

## Depuis/vers Flateyri

Les **bus municipaux** (www.isafjordur.is) circulent entre Þingeyri, Flateyri et Ísafjörður (350 ISK, 3/jour lun-ven). L'arrêt à Flateyri se trouve à Ránargata 1 (en face du Síma Hostel).

# Suðureyri

268 HABITANTS

Perché à la pointe du Súgandafjörður, un fjord long de 13 km, le village de pêcheurs de Suðureyri (www.sudureyri.is) fut longtemps isolé du reste du monde par les montagnes. Désormais relié à Ísafjörður et Flateyri par un réseau de tunnels de 9 km, c'est un paradis pour les amateurs de pêche : il n'y a pas de meilleur endroit pour ferrer le flétan en Islande.

**Piscine** PISCINE GÉOTHERMALE, HOT POT
(☎450 8490 ; Túngata 8 ; tarif plein/enfant 650/300 ISK ; 11h-19h juin-août, horaires réduits sept-mai). Piscine géothermale, sauna et *hot pots* où se retrouvent les habitants.

## Circuits organisés

Iceland ProFishing, à Flateyri, propose des excursions à partir de Suðureyri. L'hôtel-restaurant Fisherman fait découvrir le mode de vie local à travers des circuits sur le thème de la pêche et de la mer – visite de la conserverie de poisson (5 000 ISK) ou excursions plus lointaines.

## Où se loger et se restaurer

**Hôtel Fisherman** HÔTEL €€
(☎450 9000 ; www.fisherman.is ; Aðalgata 14 ; empl 1 500 ISK/pers, d avec/sans sdb petit-déj inclus 25 000/18 500 ISK ; @). Des chambres lumineuses, avec des draps impeccables et des meubles en pin pour cet hôtel accueillant. Dans l'excellent **restaurant** (plats 3 800-4 900 ISK ; 18-21h ; ) de la mer, les sets de table et les menus en peau de poisson donnent le ton ! Dans l'assiette : du poisson frais pêché dans le secteur, de l'agneau et une option végétarienne. **Café** (plats 1 400-2 800 ISK ; 8h-23h mi-mai à mi-sept) plus modeste de l'autre côté de la rue.

## Achats

**Á Milli Fjalla** ARTISANAT
(☎456 6163 ; Aðalgata ; 13h-18h lun-ven, 13h-16h sam-dim juil-août). Cette petite boutique vend des produits artisanaux (tricots, poteries et bibelots originaux).

## Depuis/vers Suðureyri

Bus municipaux (www.isafjordur.is) pour Ísafjörður (350 ISK, 25 min, 3/jour lun-ven).

# Ísafjörður

2 559 HABITANTS

Point de départ des circuits aventure dans les fjords de l'Ouest et ville la plus importante de la région, Ísafjörður (www.isafjordur.is), agréable et prospère, constitue un excellent point de chute pour les voyageurs. S'étirant sur une langue de terre qui avance dans le Skutulsfjörður, elle est entourée de hauts sommets et des eaux sombres du fjord.

Le centre d'Ísafjörður est parsemé de charmants bâtiments en bois et en tôle, dont beaucoup n'ont pas changé depuis le XVIIIe siècle, époque à laquelle le port faisait le plein de grands navires et accueillait les équipages des baleiniers norvégiens ou des goélettes bretonnes ou basques venues pêcher la morue. Aujourd'hui, pour qui a passé un certain temps dans les fjords de l'Ouest, cette ville à l'ambiance cosmopolite prend des airs de métropole, avec des cafés engageants et un bon choix de restaurants.

On peut marcher dans les collines environnantes – et skier en hiver. L'été, des bateaux réguliers conduisent les randonneurs sur la péninsule isolée du Hornstrandir.

## À voir et à faire

**Musée des Fjords de l'Ouest** MUSÉE
(Byggðasafn Vestfjarða ; ☎456 3293 ; www.nedsti.is ; Neðstíkaupstaður ; tarif plein/enfant 1 000 ISK/gratuit ; 9h-18h mi-mai à mi-sept). Parmi un ensemble de maisons en bois près du port, ce musée occupe le **Turnhús** (1784), un ancien atelier. Il regorge de matériel de pêche, d'instruments nautiques, d'outils remontant à la "grande" époque de la chasse à la baleine, d'accordéons et de vieilles photos illustrant la vie à Ísafjörður au fil du temps. À droite, le **Tjöruhús** (1781) abrite un excellent restaurant de poisson. Le **Faktorhús** (1765), bâti pour loger le gérant de la boutique du village, et le **Krambúd** (1757), un ancien entrepôt, sont devenus des résidences privées.

**Tunnel Ísafjörður-Suðureyri-Flateyri** SITE
(Vestfjarðagöng). GRATUIT Achevé en 1996, ce réseau de tunnels de 9 km creusé sous la

montagne est à une seule voie sur certaines parties du tronçon de 6 km entre Ísafjörður et Flateyri. À mi-chemin, il se divise en deux routes ; l'une mène à Suðureyri (3 km). Sur toute la longueur, des espaces sont aménagés pour permettre aux véhicules de se croiser.

**Monument aux Marins** MONUMENT
Cet énorme monument en bronze fut érigé à la mémoire des marins ayant péri en mer.

**Route d'Óshlíð** MARCHE, VÉLO
D'Ísafjörður, une route fait le tour du promontoire en direction de Bolungarvík et du mont Óshlíð. Cette piste étroite et dangereuse, exposée aux chutes de pierres et aux avalanches, était jadis l'unique solution pour rejoindre Bolungarvík. En étant prudent, on peut emprunter à pied ou à vélo la partie la plus proche du tunnel vers Bolungarvík et contempler le Hornstrandir et Snæfjallaströnd au loin.

**Piscine** PISCINE
(☎450 8480 ; Austurvegur 9 ; tarif plein/enfant 650/350 ISK ; ⏲10h-21h lun-ven, 10-17h sam-dim). Plutôt ordinaire selon les critères islandais, cette piscine municipale est une bonne solution de repli par mauvais temps.

## Circuits organisés

**♥ West Tours** CIRCUITS AVENTURE
(Vesturferðir ; ☎456 5111 ; www.westtours.is ; Aðalstræti 7 ; ⏲8h-18h lun-ven, 8h30-16h30 sam, 10h-15h dim juin-août, 8h-16h lun-ven sept-mai). Cette agence reconnue propose un choix étendu d'excursions dans les fjords de l'Ouest. On peut visiter Vigur (10 800 ISK), ou encore marcher dans le Hornstrandir (13 900-41 900 ISK) ou faire du kayak (6 600-27 900 ISK). Vélo, équitation, excursions en bateau, pêche, observation des oiseaux et sorties culturelles sont quelques-unes des nombreuses autres possibilités. Demi-tarif pour les enfants.

**♥ Borea** CIRCUITS AVENTURE
☎456 3322 ; www.borea.is ; Aðalstræti 22b ; ⏲9h-19h lun-ven, 9h-18h sam-dim juin-août, horaires réduits sept-mai). Cette agence spécialisée dans les circuits aventure propose du kayak dans les fjords (à partir de 9 900 ISK), des randonnées dans le Hornstrandir (à partir de 41 900 ISK) et des excursions à vélo (à partir de 9 900 ISK). Elle assure la liaison en ferry pour le Hornstrandir. Elle gère aussi un refuge privé dans la réserve, à Kvíar.

**Fosshestar** ÉQUITATION
(☎842 6969 ; www.fosshestar.is). Courtes sorties à cheval (tous niveaux ; à partir de 25 000 ISK) dans la vallée d'Engidalur et séances de soins aux chevaux (5 000 ISK/pers). Les prix baissent en fonction du nombre de participants. Réservez ; paiement en espèces. Quelques maisons à louer.

**Wild Westfjords** CIRCUITS AVENTURE
(☎456 3300 ; www.wildwestfjords.com ; Hafnarstræti 9 ; ⏲9h-18h juin-août, horaires réduits sept-mai). Circuits en voiture de plusieurs jours guidés ou autoguidés, dans la région ou ailleurs en Islande, excursions à la journée (Dynjandi ; 20 000 ISK), sorties en kayak (à partir de 9 900 ISK) et randonnées dans le Hornstrandir (à partir de 29 900 ISK).

## Où se loger

**Camping de Tungudalur** CAMPING €
(☎864 8592 ; www.gih.is ; empl tarif plein/enfant 1 700 ISK/gratuit ; ⏲mi-juin à mi-sept). À Tungudalur, à 5 km de la ville, près de la cascade de Bunarfoss. Le terminus du bus municipal est à 1 km. Cuisine et laverie à pièces.

**Litla Guesthouse** GUESTHOUSE €
(☎893 6993 ; www.guesthouselitla.is ; Sundstræti 43 ; d sans sdb 15 000 ISK). Les chambres laissent un peu à désirer pour le prix, mais le propriétaire est serviable et il y a une cuisine à disposition (peu équipée).

**Gistiheimilið Mánagisting** GUESTHOUSE, APPARTEMENTS €
(Guesthouse Mánagisting ; ☎615 2014 ; www.simnet.is/managisting ; Mánagata 4 ; dort/d sans sdb 5 300/12 000 ISK, studio 15 000 ISK). Cette *guesthouse* sans prétention loue des dortoirs et chambres sobres qui se partagent des sdb, une cuisine et un salon. Ce n'est pas toujours impeccable, mais les studios avec sdb et cuisine constituent de bonnes affaires.

**Camping Kagrafell** CAMPING €
(☎862 8623 ; Suðurtangi 2 ; ⏲mi-mai à mi-sept). Camping rudimentaire sans aucun équipement. On utilise les toilettes du musée voisin.

**♥ Gentle Space** GUESTHOUSE, APPARTEMENTS €€
(☎892 9282 ; www.gentlespace.is ; Hlíðarvegur 14 ; ch/app à partir de 13 000/19 800 ISK). Une petite adresse familiale, dotée de 3 chambres avec kitchenette et TV dans une *guesthouse* bien tenue, et d'appartements impeccables et tout équipés dans le centre.

## Ísafjörður

**Gamla Ísafjörður** GUESTHOUSE €€
(☎456 4146 ; www.gistihus.is ; Mánagata 5 ; dort 5 200 ISK, d/tr sans sdb petit-déj inclus 20 600/27 000 ISK ; @). Lumineuse, joyeuse et propre, cette *guesthouse* loue des chambres simples et confortables, à la décoration chaleureuse (sdb commune). Les doubles ont le téléphone et un lavabo (peignoirs fournis). L'établissement possède une annexe en bas de la rue avec des chambres plus modernes et une cuisine commune.

**Hótel Horn** HÔTEL €€
(☎456 4611 ; www.hotelhorn.is ; Austurvegur 2 ; d petit-déj inclus 24 500 ISK). Ce vaste hôtel, dans le centre, possède des chambres basiques avec sdb. Les chambres familiales pour 5 personnes disposent d'une kitchenette.

**Hótel Edda** HÔTEL, CAMPING €€
(☎444 4960 ; www.hoteledda.is ; Mantaskólinn ; d avec/sans sdb 24 700/17 700 ISK ; ⏲début juin à mi-août). Cet hôtel d'été sans prétention est installé dans l'établissement scolaire de la ville. Au choix : hébergement rudimentaire avec son duvet personnel (2 800 ISK), dans les salles de classe, ou chambres avec sdb commune ou privative. Camping (1 200 ISK/tente, plus 800 ISK/pers).

**Hótel Ísafjörður** HÔTEL D'AFFAIRES €€€
(☎456 4111 ; www.hotelisafjordur.is ; Silfurtorg 2 ; d petit-déj inclus à partir de 31 000 ISK ; @). Le type même de l'hôtel d'affaires de centre-ville privilégié par les groupes en voyage organisé. Les chambres des étages supérieurs ont une belle vue sur les toits de tôle et le fjord.

### Où se restaurer

♥ **Gamla Bakaríð** BOULANGERIE €
(☎456 3226 ; Aðalstræti 24 ; ⏲7h-18h lun-ven, 7h-16h sam, 8h-16h dim). Pour une envie sucrée au petit-déjeuner, dans la matinée ou à midi, la ville compte plusieurs boulangeries

## Ísafjörður

**À voir**


1 Monument aux marins ............ B1


**Activités**


2 Borea ............ C3
3 Piscine ............ C2
4 West Tours ............ C3
5 Wild Westfjords ............ C2


**Où se loger**


6 Gamla Gistihúsið ............ C1
7 Gentle Space Guesthouse & Apartments ............ B1
8 Hótel Edda ............ A2
9 Hótel Horn ............ C2
10 Hótel Ísafjörður ............ C3
11 Litla Guesthouse ............ D3
12 Mánagisting Guesthouse ............ C2


**Où se restaurer**


13 Bræðraborg ............ C3
14 Gamla Bakaríð ............ C3
15 Hamraborg ............ C2
16 Húsið ............ B2
17 Samkaup ............ C2
18 Thai Koon ............ C2
Við Pollinn ............ (voir 10)


**Où prendre un verre et faire la fête**


19 Edinborg ............ C3


**Achats**


20 Centre Neisti ............ C2
21 Rammagerð Ísafjarðar ............ C3
22 Vínbúðin ............ C3


alléchantes. Gamla Bakaríð vend toutes sortes de biscuits, beignets et gâteaux, ainsi que du pain frais.

**Bræðraborg** CAFÉ €
(www.borea.is ; Aðalstræti 22b ; plats 1 190-1 690 ISK ; 9h-19h lun-ven, 9h-18h sam-dim juin-août, horaires réduits sept-mai ; ). Ce confortable café pour voyageurs permet de grignoter des en-cas équilibrés en bavardant avec d'autres touristes. Il sert aussi de quartier général au tour-opérateur Borea.

**Thai Koon** THAÏLANDAIS €€
(Hafnarstræti 9, centre Neisti ; plats 1 790-1 990 ISK ; 11h30-20h lun-ven, 17h-20h sam-dim). Après plusieurs jours dans une région reculée aux choix gastronomiques limités, ce petit restaurant thaïlandais vous paraîtra très exotique. Le cadre est quelconque mais on y sert des nouilles et curries copieux et savoureux.

**Tjöruhúsið** POISSON ET FRUITS DE MER €€
(456 4419 ; www.facebook.com/tjoruhusid ; Neðstakaupstaður 1 ; plats 2 500-5 000 ISK ; 12h-14h et 19h-22h juin-sept, horaires réduits oct-mai). Ce chaleureux restaurant rustique, voisin du musée des Fjords de l'Ouest, sert de succulents fruits de mer et poissons. Choisissez le *plokkfiskur* (effeuillé de poisson, pomme de terre et oignon) ou la pêche du jour, remontée du port en bas de la rue et servie chaude dans la poêle. Bancs à l'extérieur par beau temps. Concerts occasionnels.

**Húsið** INTERNATIONAL €€
(456 5555 ; Hrannargata 2 ; plats 1 600-3 000 ISK ; 11h-22h dim-jeu, 11h-2h ven-sam). Asseyez-vous dans la salle devant une table en bois grossièrement taillée ou sur la terrasse ensoleillée pour savourer un excellent repas et une bière pression dans une ambiance détendue. Sur un fond sonore groovy, les serveurs branchés apportent soupes, sandwichs, burgers, pizzas et plats islandais, à base de mouton notamment. Accueille parfois des DJ et des concerts.

**Hamraborg** RESTAURATION RAPIDE €€
(Hafnarstraeti 7 ; plats 1 000-2 790 ISK ; 9h-23h30 ; ). Dans ce restaurant (élu meilleur de sa catégorie à la faveur d'un sondage radiophonique national), les habitants viennent bavarder autour d'un burger sauce béarnaise ou d'une pizza. TV branchée sur les programmes sportifs.

**Við Pollinn** ISLANDAIS, POISSON €€€
(456 3360 ; www.vidpollinn.is ; Silfurtorg 2 ; plats 4 400-5 900 ISK ; 7h-21h mai-sept, 11h-14h lun-mer, 19-21h jeu-sam oct-avr, fermé de mi-nov à début jan). Si le décor manque de charme, le restaurant de l'Hótel Ísafjörður sert un excellent choix de spécialités bien préparées. Il offre en outre une superbe vue sur le fjord, où les pêcheurs capturent leurs prises.

### Faire son marché

Faites des provisions avant de partir vers des coins plus sauvages.

**Bónus** SUPERMARCHÉ €
(Skeiði 1 ; 11h-18h30 lun-jeu, 10h-19h30 ven, 10h-18h sam, 12h-18h dim). Prix modérés. Sur la route principale.

VAUT LE DÉTOUR

### VIGUR

Avec sa jolie ferme et ses milliers de macareux moines, la ravissante **Vigur** est une destination prisée pour une excursion d'une journée au départ d'Ísafjörður. Cette île minuscule, située à l'entrée de l'Hestfjörður, offre une vue imprenable sur le fjord. L'île permet peu d'activités, hormis les promenades (prenez un bâton au moulin et tenez-le au-dessus de votre tête – les sternes sont féroces par ici) et l'observation des eiders. Le café sert de succulents gâteaux et présente une collection d'œufs digne d'intérêt.

**West Tours** (p. 213) à Ísafjörður et **Ögur Travel** (p. 218) à Ögur organisent des visites et des circuits en bateau à Vigur.

**Samkaup** SUPERMARCHÉ €
(Hafnarstræti 9 ; 10h-20h lun-sam, 12h-20h dim). Dans le centre commercial Neisti.

## Où prendre un verre et faire la fête

**Edinborg** CAFÉ, BAR
(456 8335 ; Aðalstræti 7 ; plats 2 000-3 500 ISK ; restaurant 12h-22h, bar 12h-1h lun-ven, 12h-3h sam-dim juin-août, 12h-21h sept-mai). Dans le bâtiment de l'office du tourisme, cette adresse décontractée attire des voyageurs qui viennent prendre une bière ou un café dans le patio ensoleillé. Le pain maison est préparé avec de la bière.

## Achats

**Rammagerð Ísafjarðar** ARTISANAT
(456 3041 ; Aðalstræti 16 ; 13h-17h lun-ven, 12h-14h sam). Beaux tricots et artisanat local.

**Vínbúðin** VINS ET SPIRITUEUX €
(456 3455 ; Aðalstræti 20 ; 11h-18h lun-jeu, 11h-19h ven, 11h-16h sam juin-août, horaires réduits sept-mai). Chaîne d'État.

**Centre Neisti** CENTRE COMMERCIAL
(Hafnarstræti 9-13). Le principal centre commercial d'Ísafjörður : une poste, un supermarché, divers restaurants et magasins.

## Renseignements

**Centre d'information régional des fjords de l'Ouest** (450 8060 ; www.isafjordur.is ; Aðalstræti 7, Edinborgarhús ; 8h-18h lun-ven, 8h-15h sam-dim juin-août, horaires réduits sept-mai). Près du port, dans l'**Edinborgarhús** (1907), le sympathique personnel est une mine de renseignements sur les fjords de l'Ouest et la réserve naturelle du Hornstrandir. Poste Internet (10 min gratuites) et consigne à bagages (200 ISK/jour).

**Hôpital** (Heilbrigðisstofnun Vestfjarða Ísafirði ; 450 4500 ; www.fsi.is ; Torfnes). Le grand hôpital d'Ísafjörður, dont dépendent d'autres centres médicaux de la région.

## Depuis/vers Ísafjörður

### AVION

**Air Iceland** (456 3000 ; www.airiceland.is) assure 2 vols quotidiens entre **l'aéroport d'Ísafjörður** (IFJ ; 570 3000), à 5 km au sud de la ville le long du fjord, et l'aéroport domestique de Reykjavík. Également : circuits d'une journée.

Un **Flybus** (www.isafjordur.is ; Hafnarstræti) coïncidant avec les horaires des vols circule entre l'aéroport et Bolungarvík (1 500 ISK), avec arrêt près de l'Hótel Ísafjörður (1 000 ISK) environ 45 minutes avant chaque départ.

### BATEAU

En été, des ferries West Tours (p. 213) et Borea (p. 213) pour le Hornstrandir partent du port de Sundahöfn, sur le côté est du promontoire de la ville.

### BUS

Ísafjörður est le principal nœud de transports dans les fjords de l'Ouest. L'**arrêt des bus longue distance** (www.westfjords.is ; Aðalstræti) se trouve à l'office du tourisme.

Services assurés par **Westfjords Adventures** (www.wa.is) :

- De juin à août, un bus dessert Patreksfjörður (9 900 ISK) et Brjánslækur (terminal du ferry pour Stykkishólmur ; 8 400 ISK) via Þingeyri, Dynjandi et Flókalundur (1/jour dans chaque direction lun, mer et ven).
- Sur réservation fin mai et début septembre
- Pas de bus en basse saison.

Les bus **Hópferðamiðstöð Vestfjarða** (vidfjordinn@vidfjordinn.is) circulent de mi-mai à mi-septembre entre Ísafjörður et Hólmavík, 4 fois par semaine.

Pour rejoindre Reykjavík, montez dans un bus jusqu'à Hólmavík ou Brjánslækur, puis effectuez une correspondance. À Hólmavík, prenez le bus Strætó (www.bus.is) n°59 jusqu'à Borgarnes, où vous changerez à nouveau. À Brjánslækur, empruntez le ferry jusqu'à Stykkishólmur, puis le bus Strætó n°58 jusqu'à Borgarnes. Pour vous rendre à Akureyri, vous devrez également passer par Borgarnes – une autre solution est de changer à Bifröst pour prendre, au milieu de la nuit, le bus Sterna (www.sternatravel.com) n°60 ou de passer la nuit sur place (il n'y a pas de camping) et de voyager à bord du bus Strætó n°57 qui part pour Akureyri le matin.

Les **bus municipaux** (☎456 5518 ; www.isafjordur.is) font halte aux arrêts indiqués (Skutulsfjarðarbraut) sur le front de mer :

- Flateyri et Þingeyri (350 ISK, 3/jour lun-ven)
- Suðureyri (350 ISK, 20 min, 3/jour lun-ven)
- Un bus pour Bolungarvík (1 000 ISK, 15 min, 3/jour lun-ven) part du restaurant Hamraborg, près du supermarché **Samkaup** (p. 216).

### VOITURE

Pour du covoiturage, consultez les sites www.samferda.net et www.bilfar.is.

**Avis** (☎591 4000 ; www.avis.is ; aéroport d'Ísafjörður)

**Europcar** (☎461 6000 ; www.holdur.is ; aéroport d'Ísafjörður)

**Hertz** (☎522 4490 ; www.hertz.is ; aéroport d'Ísafjörður)

## Comment circuler

Les bus de ville (350 ISK) circulent de 7h20 à 18h15. Ils relient le centre-ville à Hnífsdalur et Holtahverfi, en périphérie – ils marquent un **arrêt** (Pollgata) sur le front de mer.

West Tours (p. 213) loue des vélos.

# Bolungarvík

882 HABITANTS

Malgré sa situation magnifique à l'entrée du fjord, Bolungarvík est une bourgade assoupie qui n'incite guère à faire étape. Elle possède cependant deux sites non dénués d'intérêt. Bolungarvík était autrefois reliée à Ísafjörður par une route dangereuse au pied du mont Óshlíð qui n'est plus empruntée que par les piétons depuis la construction d'un tunnel de 5,4 km entre les deux localités.

## À voir

**Musée maritime Ósvör** MUSÉE
(Ósvör Sjóminjasafn ; ☎892 5744 ; www.osvor.is ; tarif plein/enfant 950 ISK/gratuit ; ⏲9h-17h lun-ven, 10h-17h sam-dim juin à mi-août, sur rdv sept-mai). Aménagé dans de vieilles maisons de pêcheurs en pierre et tourbe, au bout d'une route bifurquant après le tunnel d'entrée dans le bourg, ce musée maritime vaut le détour. Un guide portant la tenue en peau de mouton typique des pêcheurs explique dans un anglais approximatif l'histoire de la région et la vie des marins, de l'époque de la colonisation à l'ère du plastique. La minuscule cabane de pêcheur est remplie de vieilleries intéressantes. Le musée abrite également un bateau à rames traditionnel.

**Muséum d'histoire naturelle** MUSÉE
(Náttúrugripasafn Bolungarvíkur ; ☎456 7507 ; www.nabo.is ; Vitastígur 3 ; tarif plein/enfant 950 ISK/gratuit ; ⏲9h-17h lun-ven, 10h-17h sam-dim juin à mi-août, 9h-16h lun-ven mi-août à mai). Ce musée présente une vaste collection de minéraux (notamment du lignite rappelant l'époque où l'Islande était couverte de végétaux) et des animaux empaillés, dont un ours polaire abattu par des pêcheurs au large du Hornstrandir. Remarquez le gigantesque os de baleine bleue centenaire.

## Où se loger et se restaurer

Il n'y a qu'un seul endroit où se restaurer à Bolungarvík. Pour un choix plus large ou des épiceries, rendez-vous à Ísafjörður.

**Einarshúsið** GUESTHOUSE €€
(☎456 7901 ; www.einarshusid.is ; Hafnargata 41 ; d sans sdb petit-déj inclus 18 500 ISK ; ⏲mai-sept, restaurant 11h30-21h). Dans une demeure du début du XX^e siècle sur le port, l'Einarshúsið est la meilleure adresse de la ville pour se loger et se restaurer. Le sympathique propriétaire dorlote ses clients, qui se régalent de succulents produits de la mer (plats 1 290-2 690 ISK ; buffet de la mer le week-end 4 500 ISK) et peuvent dormir dans l'une des 5 charmantes chambres à l'étage, décorées dans le style d'origine (vers 1902) et dotées de sdb modernes. Évitez la chambre en sous-sol.

## Achats

**O-Design** ARTISANAT
(www.facebook.com/odesigniceland ; Aðalstræti 21 ; ⏲16h-18h30 jeu-ven, 12h-16h sam). Cette belle petite boutique spécialisée dans l'artisanat et les articles de maison islandais a ouvert ses portes en 2016. Vérifiez les horaires.

## Depuis/vers Bolungarvík

### BATEAU

**Vaxon** (☎862 2221 ; www.vaxon.is ; Aðalstræti 9). Bateau pour le Hornstrandir et croisières dans les fjords.

### BUS

Des bus (www.bolungarvik.is) desservent Ísafjörður (1 000 ISK, 3/jour lun-ven) – départ de l'intersection entre Vitastígur et Aðalstræti.

### BÉNÉVOLAT À LA STATION DE RECHERCHE SUR LE RENARD ARCTIQUE

Les bénévoles sont les bienvenus à la Station de recherche sur le renard arctique (ou polaire), sur les falaises du littoral nord de la spectaculaire péninsule du Hornstrandir.

Chaque jour, de juin à août, les chercheurs/bénévoles partent pour 6 heures d'observation, durant lesquelles il faut surveiller et noter le comportement des renards et leurs déplacements, le tout dans un cadre magnifique.

Tout le monde peut déposer sa candidature pour devenir bénévole (les programmes sont complets 6 mois à l'avance), mais les personnes étudiant la biologie, l'écologie ou la photographie sont privilégiées. Le centre demande aux bénévoles de rester au minimum une semaine. Vous devrez payer votre transport et venir avec votre propre équipement (tente et vêtements adaptés). Le centre fournit la nourriture et les ustensiles de cuisine.

Vous pouvez aussi postuler comme bénévole au siège du Centre du renard arctique à Suðavík, près d'Ísafjörður. Les employés doivent rester un minimum de 2 semaines, tenir le café et soigner les éventuels renards recueillis par le centre.

Le **Flybus** (www.isafjordur.is) pour l'aéroport d'Ísafjörður (1 500 ISK) coïncide avec les horaires des vols.



## Ísafjarðardjúp

Ísafjarðardjúp, le plus grand fjord de la région (75 km de long), forme une immense échancrure dans le territoire des fjords de l'Ouest. Sur sa rive sud, la Route 61 contourne une série de fjords plus petits, si bien qu'en se rendant de la trépidante localité d'Ísafjörður (la plus grande des fjords de l'Ouest) à Hólmavík, sur la côte du Strandir, on a comme l'impression de passer en revue toutes les dents d'un peigne.

Le Drangajökull, un énorme glacier, s'étend de l'autre côté du fjord. La réserve naturelle du Hornstrandir se trouve plus loin, tout au nord.

### Súðavík

151 HABITANTS

À l'est d'Ísafjörður, ce petit village de pêcheurs (www.sudvik.is) jouit d'une vue incroyable sur la péninsule de Snæfjallaströnd, de l'autre côté du fjord. Ensemble de maisons colorées sans grand intérêt, il mérite toutefois une visite pour le Centre du renard arctique.

Le bus Ísafjörður-Hólmavík s'arrête à Súðavík (1 000 ISK, 20 min, 4/semaine mi-mai à mi-sept) – horaires sur www.westfjords.is.

**Centre du renard arctique** MUSÉE
(Melrakkasetur ; ☎456 4922 ; www.arcticfoxcenter.com ; tarif plein/enfant 1 200 ISK/gratuit ; ⏲9h-18h juin-août, 10h-16h sept-mai). Ce centre du renard arctique est installé dans la ferme rénovée d'Eyrardalur, l'un des plus anciens édifices de la région. Des études sont menées depuis plusieurs années sur le renard polaire dans le Hornstrandir, et ce centre présente les conditions de vie et l'environnement de l'animal.

### Skötufjörður

♥ **Litlibær** CAFÉ €
(☎456 4809 ; Skötufjörður ; gaufres et café 1 000 ISK ; ⏲10h-17h mi-mai à mi-sept). Dans une ferme du XIXe siècle au bord du Skötufjörður, ce charmant café est décoré d'objets anciens. Le propriétaire est né et a grandi ici, et sa famille bichonne les clients en proposant de savoureuses gaufres en forme de cœur avec jambon frais et crème fouettée. Faites-vous conseiller sur les endroits où voir des ruines celtiques et des phoques. Le ventre plein, trouvez la table de pique-nique 200 m au nord : une petite boîte contient une paire de jumelles destinée à l'observation des animaux sauvages.

### Ögur

**Ögur Travel** CIRCUITS
(☎857 1840 ; www.ogurtravel.com ; Route 61, Ögur ; ⏲mai-sept). Cette agence tenue par sept frères et sœurs propose des circuits en kayak ou à pied (à partir de 3 500 ISK) de quelques heures ou de quelques jours. Très prisée, la sortie en kayak de 4 heures à Vigur (15 000 ISK) permet d'admirer le paysage exceptionnel et l'avifaune. Réservez. Les excursions partent d'un agréable **café** (Route 61, Ögur ; en-cas 600-1 400 ISK ; ⏲10h-18h juin-août) familial situé sur le promontoire, à l'est du Skötufjörður.

## Mjóifjörður

**Heydalur** GUESTHOUSE €€
(☎456 4824 ; www.heydalur.is ; Mjóifjörður ; empl 1 200 ISK/adulte, s/d/bun à partir de 13 600/17 100 /21 500 ISK ; 📶). Heydalur est un bon endroit pour faire une halte sur la Route 61 qui serpente le long de la côte découpée. Au fond du Mjóifjörður, à 11 km de la route principale, cette pension, dans une ancienne étable, est tenue par l'affable Stella qui fait aussi des merveilles au fourneau de son **restaurant** (plats 1 800-4 000 ISK ; ⊙11h30-22h juin-août).

## Reykjarfjörður

**Hótel Reykjanes** HÔTEL €€
(☎456 4844 ; www.hotelreykjanes.is ; Reykjarfjörður ; empl 2 700 ISK/tente, d/qua sans sdb 18 300/36 000 ISK ; @). Au bout du hameau de Reykjarfjörður, usé par le temps et les intempéries, cet hôtel occupe un grand bâtiment blanc – l'ancienne école du district. Il offre un hébergement basique, à n'envisager que si vous êtes fatigué de conduire. Les chambres sont rudimentaires (la plupart avec sdb commune). En revanche, on apprécie la **piscine géothermale extérieure** (tarif plein/enfant 700/350 ISK) de 50 m. Comptez 5 200 ISK pour une nuit avec option duvet et 1 600-4 800 ISK pour un repas simple.

## Snæfjallaströnd

Sur la rive nord-est de l'Ísafjarðardjúp, la Route 635 non goudronnée mène au nord vers la magnifique vallée verdoyante de **Kaldalón**, qui se prolonge jusqu'à la calotte glaciaire du **Drangajökull**. Vous pouvez marcher jusqu'au départ du glacier mais ne vous aventurez pas plus avant sans guide, car la neige dissimule des crevasses dangereuses.

Plus au nord-ouest, **Snæfjallaströnd** a été abandonné en 1995. Les randonneurs audacieux pourront empunter la "route postale" depuis l'église d'Unaðsdalur et suivre la côte jusqu'au baraquement de **Grunnavík**, d'où l'on peut prendre un bateau jusqu'à Ísafjörður et Hesteyri.

Juste avant l'église d'Unaðsdalur, le refuge de **Dalbær** (☎821 7121 ; www.snjafjallasetur.is/tourism.html ; N 66° 6' 3.173" W 22° 34' 18.642", Snæfjallaströnd ; ⊙mi-juin à fin août) est en pleine nature en lisière du Hornstrandir – on peut dormir avec son duvet ou camper.

**Steinshús** MUSÉE
(☎822 1508 ; www.steinnsteinarr.is ; Route 635, Nauteyri ; ⊙10h-20h juin-sept). Ce musée a été inauguré en 2015 dans la maison de Steinn Steinarr (1908-1958), l'un des plus grands poètes islandais. Il retrace, en islandais et en anglais, son enfance malheureuse au sein d'une famille déchirée, puis sa découverte de la poésie et son développement en tant qu'écrivain. À 3 km au nord de la Route 61, sur la Route 635, non goudronnée.

# HORNSTRANDIR

Des montagnes escarpées, des falaises plongeant dans la mer et des cascades vertigineuses encadrent la magnifique péninsule presque inhabitée du Hornstrandir, à l'extrême nord des fjords de l'Ouest. La **réserve naturelle du Hornstrandir** (☎591 2000 ; www.ust.is/hornstrandir) comprend des zones aux conditions extrêmes, parmi les plus inhospitalières du pays. C'est une destination de choix pour les randonneurs chevronnés, ainsi que pour observer renards arctiques, phoques, baleines et oiseaux.

## Météo, sécurité et équipement

Les services étant inexistants, vous devez être paré à toute éventualité. Relief escarpé, fortes pluies qui rendent les rivières rapidement infranchissables, brouillards parfois denses : la randonnée s'avère lente et compliquée dans ce territoire. Les rivières se transforment au gré des marées ; procurez-vous les horaires. La plupart des sentiers ne sont pas balisés : il est impératif d'avoir une carte (comme la *Vestfirðir & Dalir 1*), une boussole et un GPS. Les vêtements imperméables de bonne qualité sont indispensables, car la progression se fait souvent sous la pluie froide avec de trop brefs répits. Une mauvaise préparation pourrait nécessiter l'intervention des secours.

Juillet est la meilleure période pour arpenter ce territoire. En dehors de la saison estivale, qui s'étend de fin juin à mi-août (les ferries circulent de juin à août), les visiteurs sont rares et la météo devient encore plus incertaine. Préparez votre itinéraire avec soin et renseignez-vous sur place sur les conditions. En toute saison, des congères peuvent se former aux cols et les rivières peuvent devenir infranchissables. Avant le 15 juin, il faut obligatoirement s'inscrire auprès d'un **ranger** (p. 221). Il est également fortement conseillé de détailler votre projet sur www.safetravel.is.

## Hornstrandir

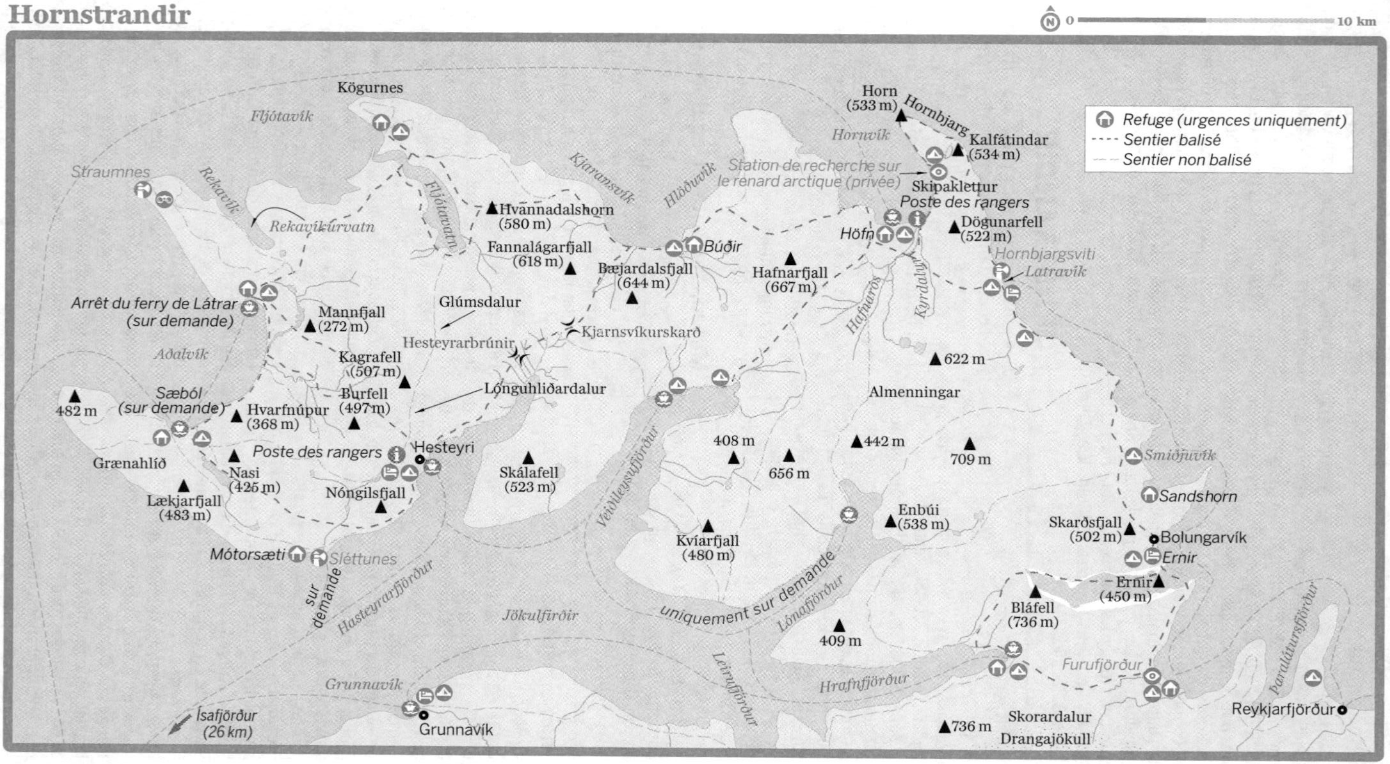

Le parc abrite plusieurs refuges d'urgence équipés d'une radio VHF réglée sur la fréquence des garde-côtes d'Islande, en cas d'urgence. Ces refuges sont souvent situés à proximité des campings.

Par sécurité, réservez votre trajet de retour en bateau. L'alerte sera donnée si vous ne vous présentez pas. Les agences d'Ísafjörður organisent des excursions guidées dans la réserve.

## Circuits organisés

Installées à Ísafjörður, les agences West Tour (p. 213), Borea (p. 213) et Wild Westfjords (p. 213) se taillent la part du lion pour ce qui est d'organiser des activités (bateau, kayak, ski, etc.) dans les étendues du Hornstrandir.

## Où se loger

Dans la partie centrale du Hornstrandir, vous trouverez des hébergements avec option duvet à Hesteyri, Hornbjargsviti et Grunnavík. Deux autres vous attendent à l'extrême est, à Reykjarfjörður et Bolungarvík.

Le camping est néanmoins à privilégier dans le Hornstrandir, où il est gratuit. Veillez à ne laisser aucun déchet et à rester dans les emplacements prévus, car le camping sauvage est interdit dans la réserve naturelle. Tous les terrains de camping disposent de toilettes sèches. Les portes des toilettes sont lestées avec de lourds morceaux de bois, afin d'éviter les dégâts que causerait inévitablement le vent si elles étaient laissées ouvertes – n'oubliez pas de les refermer convenablement. Le camping sur une propriété privée aménagée coûte environ 1 800 ISK. Prévoyez jusqu'à 6 500 ISK pour une nuit avec option duvet, à réserver bien à l'avance, surtout à Hesteyri.

**Old Doctor's House** GUESTHOUSE €

(Læknishúsið ; ☎845 5075, Hesteyri 899 7661 ; www.hesteyri.net ; Heysteri ; dort 9 000 ISK ; ⏲juin-fin août). De loin l'hébergement le plus complet du Hornstrandir. La "Vieille Maison du docteur" possède 16 couchages et une cuisine commune, et propose le petit-déjeuner (café et pancakes ; 2 000 ISK) et le dîner (5 000 ISK). Réservez tôt pour juin et juillet.

**Hornbjargsviti** REFUGE €

(☎Ferðafélag Íslands 568 2533 ; www.fi.is ; empl 1 800 ISK/pers, dort 7 500 ISK ; ⏲mi-juin à fin août). Géré par Ferðafélag Íslands (FI) et attenant au phare du même nom sur la côte est, ce refuge peut accueillir 50 personnes. Cuisine ; douches fonctionnant avec des pièces. Les campeurs ont accès aux toilettes, mais pas à la cuisine du refuge.

**Grunnavík** AUBERGE DE JEUNESSE €

(☎866 5491, 456 4664 ; www.facebook.com/thjonustagrunnavik ; Jökulfjirðir ; empl 1 500 ISK/pers, dort 5 000 ISK ; ⏲juil à mi-août). En dehors de la réserve naturelle du Hornstrandir (p. 219), le Grunnavík dispose d'un camping et peut héberger une vingtaine de personnes avec leur duvet.

**Bolungarvík á Ströndum** REFUGE €

(☎893 6926, 861 1425 ; refuge 4 500 ISK/pers ; ⏲juil, le reste de l'année sur réservation). Refuge sommaire, sur la côte sud-est du Hornstrandir, généralement fréquenté par les marcheurs au départ ou à l'arrivée de leur randonnée.

**Reykjarfjörður** REFUGE €

(☎456 7545 ; www.reykjarfjordur.is ; empl 1 000 ISK/pers, dort 4 000 ISK, bung à partir de 15 000 ISK ; ⏲juin-juil). Camping, lit avec option duvet (pas d'électricité), petit bungalow pour 5 personnes, piscine géothermale et *hot pot*. Dans la réserve naturelle du Hornstrandir : à ne pas confondre avec l'autre Reykjarfjörður, plus au sud sur la côte du Strandir.

## Où se restaurer

Sauf si vous vous contentez des repas rudimentaires servis à l'Old Doctor's House (p. 221) à Hesteyri, vous devrez prévoir vos propres repas.

Les feux de camp sont interdits dans la réserve et le matériel de cuisson doit être utilisé avec précaution.

## Renseignements

**Rangers du Hornstrandir** (Agence islandaise pour l'environnement ; ☎591 2000 ; www.ust.is/hornstrandir). Il est obligatoire de s'enregistrer auprès d'un *ranger* si vous entrez dans la réserve naturelle du Hornstrandir avant le 15 juin.

## Depuis/vers le Hornstrandir

Pour rejoindre le Hornstrandir, prenez le ferry à Ísafjörður (quai de **Sundahöfn** à l'est du promontoire de la ville) ou à Norðurfjörður (sur la côte du Strandir), de juin à août. Un aller coûte entre 9 500 et 15 500 ISK, selon la destination – moitié prix pour les enfants. Il est fortement conseillé de réserver le retour, par mesure de sécurité. Les réservations s'effectuent

## RANDONNÉE DANS LE HORNSTRANDIR

Comment choisir parmi tous les sentiers qui sillonnent la péninsule du Hornstrandir ? Les habitants comme les touristes s'accordent à dire que la Corne royale (ou Hornsleið) est de loin le meilleur itinéraire pour admirer toutes les merveilles de cette réserve. Cette randonnée de 4 ou 5 jours peut être facilement modifiée en cas de mauvais temps. Les sentiers balisés par des cairns et peu fréquentés permettent de ne pas s'égarer et de profiter pleinement de cette région isolée.

### La Corne Royale

**1er jour :** Prenez le bateau à Ísafjörður pour le Veiðileysufjörður, l'un des *jökulfirðir* (fjords glaciaires) locaux. La randonnée part d'une rue proche du pied du fjord et suit un chemin marqué par des cairns qui gravit la pente et passe le col. De là, il est possible de descendre par l'autre versant jusqu'au camping d'Höfn, dans l'Hornvík. L'étape entre le Veiðileysufjörður et l'Hornvík peut prendre entre 4 et 8 heures. Un poste de *rangers* (gardes forestiers) est installé dans le camping d'Höfn (Hornvík). Arrêtez-vous pour demander les prévisions météo et des renseignements sur l'état des sentiers.

**2e jour :** Passez une deuxième nuit dans l'Hornvík et profitez du 2e jour pour aller voir Hornbjarg, l'une des plus belles falaises colonisées par les oiseaux et par une faune et une flore variées. Vous pouvez aussi le consacrer à explorer les alentours du phare d'Hornbjargsviti.

**3e jour :** De l'Hornvík, ralliez le Hlöðuvík. Le chemin, en partie balisé, traverse un col. À l'arrivée, mieux vaut camper près du Hlöðuvíkurós (l'embouchure du fleuve Hlöðuvík). Comme l'Hornvík, le Hlöðuvík donne au nord : c'est l'endroit idéal pour admirer le soleil de minuit. Prévoyez environ 6 heures pour cette étape.

**4e jour :** Traversez le Kjarnsvíkurskarð (un col) et l'Hesteyrarbrúnir jusqu'à Hesteyri (environ 8 heures). Hesteyri est un vieux village qui fut abandonné vers le milieu du XXe siècle. On y voit quelques maisons bien conservées, au milieu des champs d'angéliques. Les ruines d'une station baleinière du début du siècle se trouvent près du village. Le café d'Hesteyri constitue une halte idéale en fin de randonnée – on peut y attendre le ferry pour Bolungarvík ou Ísafjörður.

**5e jour :** Si le ferry ne circule pas ce jour-là, passez la nuit à Hesteyri et baladez-vous dans le secteur le lendemain avant d'embarquer. Vous pourrez loger dans le camping ou, si vous avez réservé, dans la Old Doctor's House (p. 221), à Hesteyri.

### Version courte

Empruntez le ferry pour le Veiðileysufjörður, marchez jusqu'à l'Hornvík, passez-y une nuit (ou deux) et rejoignez à pied le Lónafjörður pour prendre le bateau du retour, ce qui suppose que vous avez réservé votre place à bord. Le parcours du Hornvík au Lónafjörður prend 6 ou 7 heures. Sinon, vous pouvez faire demi-tour et regagner le Veiðileysufjörður.

Autre solution : ralliez Hesteyri en bateau et faites une excursion d'une journée (possibilité d'hébergement avec option duvet, sur réservation).

directement auprès des compagnies ou par l'intermédiaire de **West Tours** (p. 213).

Au départ d'Ísafjörður, West Tours gère les bateaux **Sjóferðir** (☎ réservations 456 5111 ; www.sjoferdir.is) qui desservent notamment :

- Aðalvík (9 900 ISK, 2/semaine)
- Grunnavík (9 600 ISK, 1/semaine)
- Hesteyri (9 500 ISK, 6/semaine)
- Hornvík (15 800 ISK, 1/semaine)
- Hrafnfjörður (14 800 ISK, 1/semaine)
- Veiðileysufjörður (11 900 ISK, 2/semaine)

Depuis Ísafjörður également, **Borea** (p. 213) gère les bateaux **Bjarnarnes** pour :

- Aðalvík (10 000 ISK, 2/semaine)
- Grunnavík (8 500 ISK, 3/semaine)
- Hesteyri (9 500 ISK, 5/semaine)
- Hornvík (14 500 ISK, 1/semaine)
- Veiðileysufjörður (11 000 ISK, 5/semaine)

Hornbjargsviti, Hlöðuvík, Fljótavík, Slétta (Sléttunes) et Lónafjörður sont desservis sur demande. Début juin et fin août, il faut un minimum de 8 passagers.

Depuis Norðurfjörður, sur la côte du Strandir, les bateaux **Strandferðir** (☎849 4079, 859 9570, réservations West Tours 456 5111 ; www.strandferdir.is ; Norðurfjörður, Hornstrandir) circulent suivant des horaires précis de juin à mi-août. Ils peuvent également être affrétés à destination de Drangar (8 500 ISK), de Reykjarfjörður (9 500 ISK), de Þaralátursfjörður/Furufjörður (12 500 ISK), de Bolungarvík (dans le Hornstrandir, et non la ville du même nom à l'ouest d'Ísafjörður), de Látravík/Hornbjargsviti (14 500 ISK) et d'Hornvík (15 500 ISK).

### À PIED

Il est possible de rejoindre la réserve à pied depuis Norðurfjörður, sur la côte du Strandir. Prévoyez 3 jours pour atteindre le refuge de Reykjarfjörður et un jour de plus pour celui de Bolungarvík. Les deux premières nuits, vous pourrez faire du camping sauvage à Ófeigsfjörður et Drangar.

Il y a aussi un sentier au départ de Grunnavík.

# CÔTE DU STRANDIR

Faiblement peuplée, incroyablement paisible et très prisée des voyageurs, la côte est des fjords de l'Ouest est l'une des étendues les plus spectaculaires de l'île. Découpée par une succession de fjords et bordée de falaises irrégulières, la route qui part vers le nord d'Hólmavík, la seule localité importante de la région, est dure, sauvage et absolument superbe. Le Strandir, la zone la plus reculée d'Islande, était jadis considéré comme un haut lieu de la sorcellerie. Au sud, de douces collines s'étirent le long du littoral jusqu'à Staðarskáli, où la densité de la circulation vous indiquera que vous avez rejoint la Route circulaire.

## De Staðarskáli à Hólmavík

Moins spectaculaires que ceux de la région qui s'étend plus au nord, les paysages traversés par la Route 68 entre Staðarskáli (anciennement Brú) et Hólmavík sont plaisants, avec leurs collines vallonnées émaillées de petites fermes et d'églises solitaires au bord de vastes fjords. Le petit **musée de l'Élevage ovin** (Sauðfjársetur á Ströndum ; ☎661 2213, 451 3324 ; www.strandir.is/saudfjarsetur ; tarif plein/enfant 800 ISK/gratuit ; ⏲10h-18h juin-août), à 12 km au sud d'Hólmavík, retrace l'histoire de l'élevage à travers des photographies et des objets. Les plateaux d'échecs, la tourte, la glace et les boissons chaudes de son café (en-cas 800-1 300 ISK) risquent de vous retenir plus longtemps que prévu.

Pour dormir, essayez **Kirkjuból** (☎451 3474 ; www.strandir.is/kirkjubol ; Route 68 ; s/d avec sdb commune petit-déj inclus 9 600/15 400 ISK), une *guesthouse* aux chambres sommaires dotée d'une cuisine commune, ou l'**auberge de jeunesse HI de Broddanes** (☎618 1830 ; www.broddanes.is ; dort/d avec sdb commune 5 000/13 200 ISK ; ⏲mi-mai à mi-sept), sur le promontoire au sud du Kollafjörður.

La Route 68 n'est pas ouverte aux véhicules privés. Le bus Strætó (www.bus.is) n°57 relie Staðarskáli à Reykjavík (4 200 ISK, 2/jour), et Staðarskáli à Akureyri (5 600 ISK, 2/jour). Le bus n°59 assure la liaison entre Hólmavík et Borgarnes (6 300 ISK, 5/semaine).

## Hólmavík

341 HABITANTS

Le village de pêcheurs d'Hólmavík offre une vue panoramique sur les eaux tranquilles du Steingrímsfjörður et possède un pittoresque musée de la Sorcellerie. C'est le meilleur endroit où s'approvisionner avant de partir vers les étendues plus sauvages au nord.

### À voir

**Musée de la Sorcellerie** MUSÉE

(Strandagaldur ; ☎897 6525 ; www.galdrasyning.is ; Höfðagata 8-10 ; tarif plein/enfant 950 ISK/gratuit ; ⏲9h-19h). Contrairement à ce qui se passa dans d'autres pays, en Islande, presque toutes les personnes accusées de sorcellerie furent des hommes. La majeure partie de leurs pratiques occultes étaient en fait des traditions vikings ou des superstitions. Cependant, leurs grimoires cachés, pleins d'étranges symboles runiques, suffirent aux chasseurs de sorciers (les notables locaux) pour condamner au bûcher une vingtaine d'entre eux (pour la plupart des paysans). Remarquez les *necropants*, sortes de pantalons en peau humaine (selon la croyance populaire, les *necropants* produisaient instantanément de l'argent quand ils étaient portés, à condition que le donneur de peau ait donné son accord verbal à ce que sa peau lui soit retirée après sa mort).

### Circuits organisés

**Strandahestar** ÉQUITATION

(☎862 3263 ; www.strandahestar.is ; Víðidalsá). Balades à cheval pour tous niveaux, à réserver par téléphone ou à l'office du tourisme.

## Où se loger et se restaurer

**Iceland Visit Hostel** AUBERGE DE JEUNESSE €
(☎860 6670 ; www.icelandvisit.is ; Hafnarbraut 25 ; dort 6 000 ISK). Cette auberge de jeunesse récente loue des dortoirs propres et agréables, avec TV et cuisine commune.

**Camping d'Holmavík** CAMPING €
(☎451 3560 ; www.strandabyggd.is ; empl tarif plein/enfant 1 200 ISK/gratuit ; ⏲mi-mai à mi-sept). Près de la station-service N1. Laverie payante.

**Steinhúsið** GUESTHOUSE, APPARTEMENT €€
(☎856 1911 ; www.steinhusid.is ; Höfðagata 1 ; d sans sdb 24 000/19 000 ISK, app 25 000 ISK). Option agréable en face du musée de la Sorcellerie. Quelques chambres impeccables, un salon, une cuisine et un appartement en sous-sol.

**Finna Hótel** HÔTEL €€
(☎451 3136 ; www.finnahotel.is ; Borgarbraut 4 ; s/d petit-déj inclus 18 900/23 000 ISK, d sans sdb petit-déj inclus 17 800 ISK). Située sur une hauteur, cette adresse propose de petites chambres propres, bien que sommaires, et un bon petit-déjeuner. Wi-Fi capricieux.

**Restaurant Galdur** CAFÉ €€
(Höfðagata 10 ; plats 1 600-3 100 ISK ; ⏲9h-21h). La carte change tous les jours dans ce restaurant qui propose souvent, en saison, des moules du fjord et des baies sauvages pour le dessert. Les tables extérieures sont agréables par beau temps.

**Café Riis** INTERNATIONAL €€
(☎451 3567 ; Hafnarbraut 39 ; plats 1 200-4 300 ISK ; ⏲11h30-21h juin-août, 11h30-22h). Très apprécié, le pub-restaurant de la ville occupe un bâtiment en bois historique avec des symboles magiques gravés sur le bar. Au menu : délicieux blanc de poulet rôti et truite.

## Renseignements

**Centre d'information touristique** (☎451 3111 ; www.holmavik.is/info ; Höfðagata 8-10 ; ⏲9h-19h). Dans le musée de la Sorcellerie. Accès Internet, renseignements et cartes de randonnée (1 500 ISK).

## Depuis/vers Hólmavík

Les bus s'arrêtent à la station-service N1.

Services assurés par **Strætó** (www.bus.is) :

➡ Bus n°59 Hólmavík-Búðardalur-Borgarnes (6 300 ISK, 5/semaine mi-mai à mi-sept, 2/semaine mi-sept à mi-mai), avec correspondance pour Reykjavík.

Pour Akureyri, descendez à Bifröst (vous devrez y passer la nuit – il n'y a pas de camping) ou à Borgarnes, et prenez le bus n°57. Vous pourrez aussi prendre le bus de nuit Sterna (www.sternatravel.com) n°60 à Bifröst en direction d'Akureyri.

Services assurés par **Hópferðamiðstöð Vestfjarða** (vidfjordinn@vidfjordinn.is) :

➡ De mi-mai à mi-septembre, des bus circulent entre Hólmavík et Ísafjörður (7 000 ISK, 3 heures, 4/semaine). Horaires sur www.westfjords.is.

Pour acheter de l'essence à Hólmavík, il faut obligatoirement une carte N1 prépayée (non vendue sur place) ou une carte bancaire.

# Drangsnes

73 HABITANTS

De l'autre côté du Steingrímsfjörður, en face d'Hólmavík, Drangsnes (prononcez "draongsness") est un petit village isolé d'où la vue se déploie vers le nord du pays jusqu'à l'île inhabitée de **Grímsey** (plusieurs îles homonymes en Islande). Près du littoral se dresse le rocher **Kerling**, tenu pour les restes pétrifiés d'un troll. Uxi, son taureau, est la formation rocheuse située au large, près de Grímsey. Des bateaux gérés par le Malarhorn (p. 225) permettent de se rendre sur l'île.

Au nord de Drangsnes, une route accidentée serpente le long d'une série de superbes escarpements de roches friables et de minuscules baies jonchées de bois flotté. Cette route n'est pas desservie par les transports, mais les personnes motorisées seront enchantées par l'incroyable tranquillité, la vue magnifique et la sensation d'isolement. Les amateurs de sagas apprendront avec intérêt que la *Saga de Njáll le Brûlé* débute ici.

Il y a une station-service à Drangsnes (paiement par carte bancaire).

## Activités

♥ **Hot pots de Drangsnes** HOT POT
(don apprécié). Les habitants adorent ces bassins logés dans la digue qui longe la route principale. Repérez la petite pancarte qui les indique, ainsi que le bâtiment blanc bordé de bleu abritant les douches et les toilettes. N'oubliez pas de vous doucher avant de vous baigner, comme le font les Islandais. Vous trouverez trois Jacuzzis géométriques de l'autre côté de la rue.

**Sundlaug Drangsnes** PISCINE GÉOTHERMALE
(☎451 3201 ; Grundargata 15 ; tarif plein/enfant 300 ISK/gratuit ; ⏲10h-21h lun-jeu, 10h-18h ven-dim juin-août, horaires réduits sept-mai). La piscine municipale comprend deux *hot pots*, pour les jours où il fait trop mauvais au bord de l'océan.

### Où se loger et se restaurer

**Malarhorn** GUESTHOUSE €€
(☎853 6520 ; www.malarhorn.is ; Grundargata 17 ; d avec/sans sdb 20 800/15 000 ISK, app à partir de 29 500 ISK). À côté du Kerling, le Malarhorn loue différents hébergements, dont des bungalows en pin modernes, paisibles et incroyablement douillets, et des appartements. Un bon **café** (plats 2 200-5 900 ISK) sert un large éventail de plats de poisson sous une véranda sur 2 étages avec vue sur le fjord. Le Malarhorn organise aussi des excursions en bateau à Grímsey (tarif plein/enfant 8 000/4 000 ISK), où nichent de nombreux macareux.

## Bjarnarfjörður

Bjarnarfjörður mérite une courte escale. Vers le nord, le paysage devient plus sauvage et de jolis panoramas se déploient sur la péninsule de Skagi. Cette route est souvent fermée dès les premières chutes de neige en automne et jusqu'au printemps. Renseignez-vous auprès des habitants sur les conditions de circulation.

À **Kaldbaksvík**, le versant escarpé d'un large fjord dévale jusqu'à un petit village de pêcheurs au pied duquel se reflètent paisiblement les montagnes. Derrière le lac, un sentier de 4 km grimpe jusqu'au sommet du **Lambatindur** (854 m). Vous remarquerez les quantités de bois flotté accumulé le long du rivage – il vient pour une bonne part de Sibérie, par-delà l'océan Arctique.

Il n'y a pas de transports en commun à Bjarnarfjörður.

### À voir et à faire

**Maison du Sorcier** MUSÉE
(www.galdrasyning.is ; Bjarnarfjörður ; ⏲8h-22h juin-août). GRATUIT Cette maison de 3 pièces au toit végétalisé fait partie du musée de la Sorcellerie d'Hólmavík. Elle montre le mode de vie qu'avaient jadis les supposés sorciers. Un panneau l'indique derrière l'Hótel Laugarhóll.

**Gvenderlaug** MONUMENT
GRATUIT Le Gvenderlaug n'est pas un bassin comme les autres. Avec ses 42°C (baignade interdite !), sa réputation de faire des miracles et sa bénédiction au XIIIe siècle par l'archevêque Gvendur le Bon, c'est aujourd'hui un monument national. Un panneau l'indique derrière l'Hótel Laugarhóll (dont il alimente la piscine).

**Piscine** PISCINE GÉOTHERMALE
(tarif plein/enfant 500/250 ISK ; ⏲8h-22h mai-sept). La piscine de l'Hótel Laugarhóll (ci-dessous), magnifiquement située.

### Où se loger et se restaurer

♥ **Hótel Laugarhóll** HÔTEL €€
(☎451 3380 ; www.laugarholl.is ; d avec/sans sdb petit-déj inclus 24 500/19 000 ISK ; ⏲mai-sept ; @ ). Cet hôtel de Bjarnarfjörður est tenu par des propriétaires sympathiques, anciens enseignants. L'adresse est accueillante ; des couettes blanches attendent sur chaque lit, dont certains sont surmontés d'œuvres d'art.

L'hôtel compte un bon **restaurant** proposant des soupes et des sandwichs à midi (1 000-1 200 ISK) et un buffet élaboré le soir (4 000-5 000 ISK ; ⏲18h30-20h30).

## Reykjarfjörður

Accessible par une route offrant des points de vue fabuleux sur la montagne et l'océan, l'étrange et envoûtante conserverie de **Djúpavík** se niche sous une paroi rocheuse où s'écoule une immense cascade sur le fjord Reykjarfjörður. Jadis centre florissant du traitement du hareng, la région fut désertée après la fermeture de l'usine en 1950. La fabrique aujourd'hui réhabilitée et un chalutier échoué dominent ce pittoresque hameau et confèrent une atmosphère féerique à ce fjord immense, profond et isolé.

### Où se loger et se restaurer

**Hótel Djúpavík** AUBERGE €€
(☎451 4037 ; www.djupavik.com ; d auberge/bung sans sdb 15 300/14 300 ISK). Dans l'ancien dortoir pour femmes de la conserverie de hareng, cette charmante auberge meublée d'objets anciens dégage une ambiance chaleureuse dès l'entrée dans le restaurant (plats 1 800-5 000 ISK) animé du rez-de-chaussée. Localisation idéale dans l'une des plus belles baies d'Islande. Réservation indispensable en été. Seul inconvénient : les cloisons sont fines et les chambres parfois bruyantes.

# Norðurfjörður

Au nord de Djúpavík, en direction du Norðurfjörður, **Árnes** compte deux églises intéressantes, l'une traditionnelle en bois et l'autre (pratiquement en face) d'un futurisme singulier. Le petit musée Kört présente des expositions consacrées à la pêche et à l'élevage, et vend de l'artisanat.

Allez voir Kistan ("le Cercueil"), une zone rocheuse escarpée qui servit de principal lieu d'exécution des sorciers dans la région. D'après les documents, c'est ici qu'on brûla pour la dernière fois une sorcière en Islande. Le site est indiqué depuis la route principale, mais il est plus facile de le trouver en demandant son chemin.

Au bout de la longue route cahoteuse suivant la côte du Strandir, on atteint le minuscule village de pêcheurs de **Norðurfjörður** (du même nom que le fjord). On y trouve un café, une station-service et quelques *guesthouses*. C'est le dernier endroit où s'approvisionner avant de gagner la réserve naturelle du Hornstrandir (p. 219) à pied ou en bateau.

## Activités

**Krossneslaug** PISCINE GÉOTHERMALE
(tarif plein/enfant 500/200 ISK). Le Krossneslaug est une remarquable piscine géothermale (à débordement). On rejoint le site, au bord d'une plage de galets noirs, en suivant un chemin de terre à environ 3 km de Norðurfjörður. C'est un endroit de choix pour regarder le soleil de minuit flirter avec les vagues rugissantes.

## Où se loger et se restaurer

Il y a un bon restaurant à Norðurfjörður et une petite supérette près de la station-service.

**Norðurfjörður Hut** AUBERGE DE JEUNESSE €
(☎568 2533 ; www.fi.is ; N 66°03.080', W -21°33.970' ; dort 6 500 ISK ; ⏲juin-sept). Gérée par Ferðafélag Íslands (FI), cette auberge de jeunesse plutôt sommaire peut accueillir jusqu'à 22 personnes et dispose d'une cuisine.

**Bergistangi** AUBERGE DE JEUNESSE €
(☎451 4003 ; www.bergistangi.is ; dort 9 000 ISK). Juste derrière le port, une adresse accueillante avec hébergement basique et cuisine.

**Urðartindur** GUESTHOUSE €€
(☎843 8110 ; www.urdartindur.is ; empl tarif plein/enfant 1 200 ISK/gratuit, d 17 000 ISK ; ⏲mai-sept). Au bord d'une plage de sable noir, ces chambres simples et modernes, avec sdb privée et réfrigérateur, bénéficient d'une vue dégagée sur le fjord. Deux bungalows (21 600 ISK l'un) peuvent accueillir 4 personnes chacun, et l'on peut aussi camper. Demandez à Arinbjörn, l'aimable propriétaire, où se trouve le sentier secret conduisant à un lac caché.

**Kaffi Norðurfjörður** INTERNATIONAL €€
(☎862 3944 ; www.nordurfjordur.is ; plats 2 200-4 900 ISK ; ⏲12h-21h mi-mai à mi-sept). Deux dames sympathiques font la cuisine à partir d'ingrédients frais agrémentés de touches asiatiques. Vue paisible sur le fjord et le port. Possibilité de réserver pour un buffet au petit-déjeuner (2 400 ISK).

## Depuis/vers Norðurförður

### AVION

**Eagle Air** (www.eagleair.is) propose 2 vols par semaine entre l'aéroport domestique de Reykjavík et l'aérodrome de Gjögur (20 000 ISK, 50 min, 1/semaine), à 16 km au sud-est de Norðurfjörður.

### BATEAU

Les bateaux **Strandferðir** (www.strandferdir.is) à destination de la réserve naturelle du Hornstrandir circulent selon des horaires précis de juin à mi-août ; ils peuvent aussi être affrétés au départ de Norðurfjörður et à destination de Drangar (8 500 ISK), de Reykjarfjörður (9 500 ISK), de Þaralátursfjörður/Furufjörður (12 500 ISK), de Bolungarvík (dans le Hornstrandir, et non la localité du même nom à l'ouest d'Ísafjörður), de Látravík/Hornbjargsviti (14 500 ISK) et d'Hornvík (15 500 ISK). Demi-tarif pour les enfants.

# Le Nord

**Dans ce chapitre ➡**


Est d'Húnaflói ............230
Ouest du Skagafjörður.232
Tröllaskagi.................. 237
Akureyri......................248
Goðafoss....................265
Région du lac Mývatn...265
Reykjahlíð .................270
Krafla.......................... 275
Húsavík ..................... 276
Jökulsárgljúfur (parc national du Vatnajökull – Nord) ...........................283
Dettifoss.....................286


## Le top des restaurants

- Vogafjós (p. 271)
- Gísli, Eiríkur, Helgi (p. 247)
- Kaffi Kú (p. 264)
- Sjávarborg (p. 231)
- Naustið (p. 280)

## Le top des hébergements

- Skjaldarvík (p. 256)
- Dalvík HI Hostel (p. 247)
- Kaldbaks-Kot (p. 280)
- Halllandsnes (p. 258)
- Apartment Hótel Hjalteyri (p. 248)

## Pourquoi y aller

Immense et magnifique, le nord de l'Islande est un paradis pour les géologues. Alliant champs de lave lunaires, marmites de boue actives, altières cascades, pics enneigés et baies où évoluent des baleines, il incarne tout ce qui fait le charme de l'Islande, avec de nombreux sites liés au volcanisme.

Bien des surprises vous y attendent, entre la petite ville d'Akureyri, très animée, les pâturages venteux en bord de fjord où paissent des chevaux vikings, et les pistes de terre menant à de pittoresques villages de pêcheurs.

L'aventure se trouve également au gré des îles peuplées de colonies d'oiseaux de mer et de quelques courageux habitants, des péninsules isolées aux confins du cercle polaire, des chemins de randonnée sillonnant les parcs nationaux, des pistes de ski presque désertes, ou encore des merveilles sous-marines, qui attirent les plongeurs dans des profondeurs glaciales.

## Distances routières (en km)

| | Reykjavík | Akureyri | Siglufjörður | Húsavík | Reykjahlíð (Mývatn) |
|---|---|---|---|---|---|
| Akureyri | 389 | | | | |
| Siglufjörður | 384 | 76 | | | |
| Húsavík | 476 | 92 | 168 | | |
| Reykjahlíð (Mývatn) | 478 | 100 | 176 | 54 | |
| Þórshöfn | 613 | 235 | 311 | 142 | 172 |

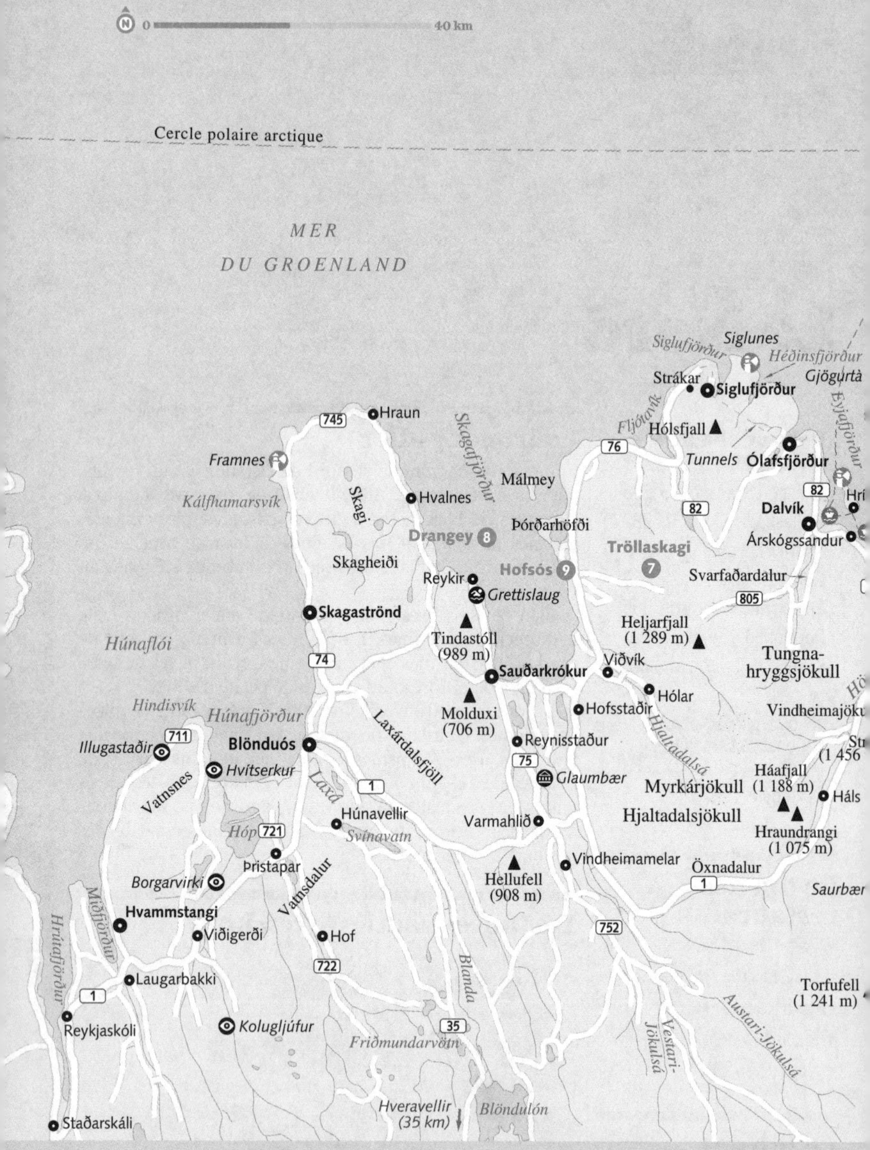


## À ne pas manquer dans le nord de l'Islande

1 Le pan nord-islandais de la vie urbaine dans la deuxième ville du pays, **Akureyri** (p. 248)

2 L'île de **Grímsey** (p. 266), hantée par les oiseaux et les trolls, le seul territoire islandais du cercle arctique

3 Une balade parmi les châteaux de lave et les pseudo-cratères, puis un bain dans les **Mývatn Nature Baths** (p. 274)

4 La majesté des baleines émergeant des profondeurs au large d'**Húsavík** (p. 276)

5 Un paysage lunaire, des effluves puissantes… une expérience irréelle à **Hverir** (p. 275)

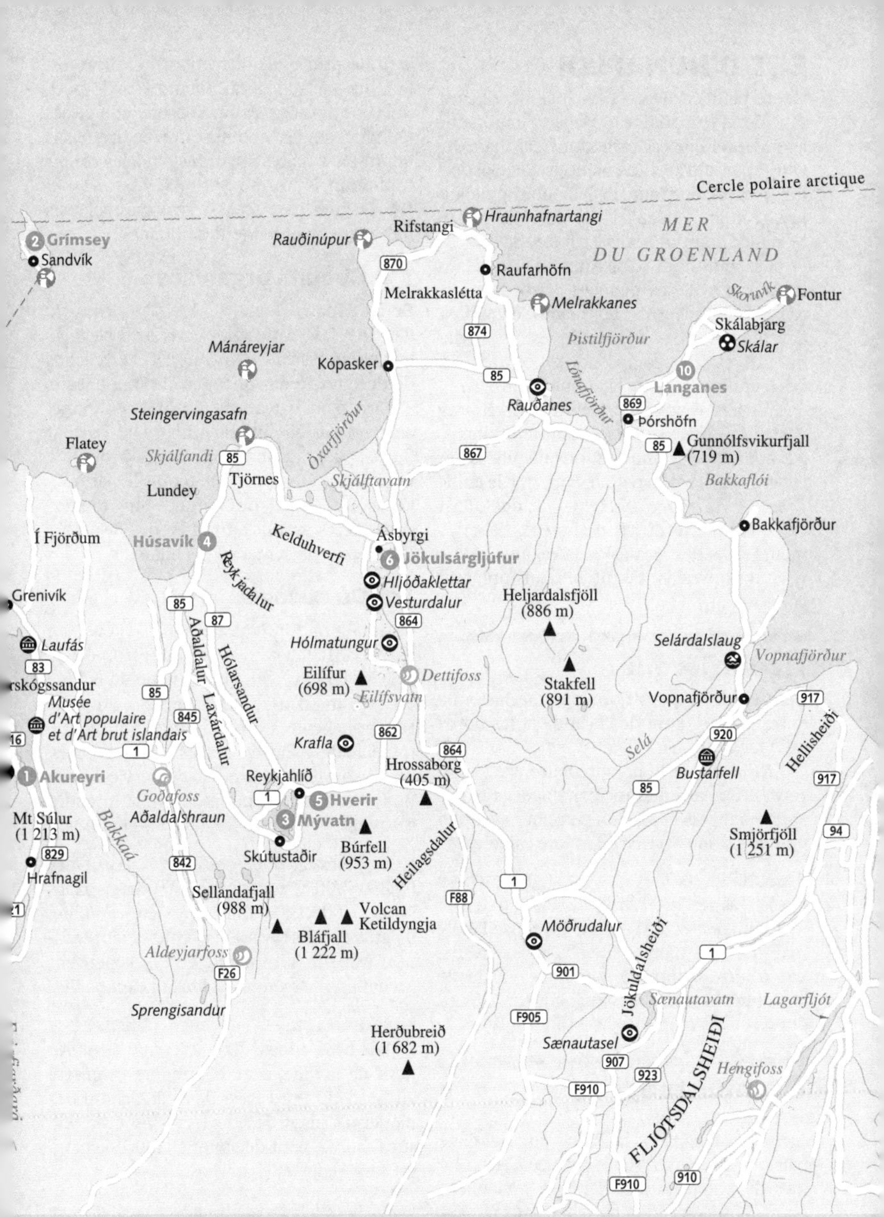


❻ Une exploration entre formations rocheuses et canyon dans le parc national de **Jökulsárgljúfur** (p. 283)

❼ Vastes panoramas et montagnes abruptes se succèdent entre deux points de ravitaillement sur la **péninsule de Tröllaskagi** (p. 232)

❽ Une rencontre au sommet avec les macareux de la petite île de **Drangey** (p. 236), dans le Skagafjörður

❾ À **Hofsós** (p. 237), la vue depuis le bassin Sundlaugin á Hofsósi, en bord de fjord

❿ Le mémorable spectacle de falaises envahies d'oiseaux sur la péninsule de **Langanes** (p. 289)

## EST D'HÚNAFLÓI

Guère peuplée, avec sa poignée de villages, la baie d'Húnaflói est riche d'une faune abondante. Elle est surnommée la "baie des Ours", par allusion aux plantigrades polaires qui, parfois, dérivent sur la banquise depuis le Groenland jusqu'ici. Le paysage est ici bien plus doux que dans les fjords de l'Ouest, et une multitude d'oiseaux nichent dans les basses collines dénuées d'arbres. Ajoutez à cela quelques bourgades coquettes, des phoques, des fermes équestres et des musées, et vous comprendrez pourquoi on ne s'ennuie pas sur le chemin d'Akureyri.

Procurez-vous la brochure *Húnaþing vestra* (en ligne sur www.visithunathing.is) qui contient des informations détaillées sur Hvammstangi et sa région, ainsi que le guide *Discover Rural Iceland* (www.farmholidays.is), qui répertorie les nombreux hébergements dans des fermes de la région. Le site www.northwest.is est utile pour préparer votre séjour.

# Hrútafjörður

L'entrée de ce petit fjord marque la limite entre le nord-ouest de l'Islande et les fjords de l'Ouest.

En suivant la Route circulaire, vous arriverez à Staðarskáli (anciennement Brú). Il s'agit pour l'essentiel d'un carrefour avec une grande station-service N1 et une cafétéria.

**Staðarskáli N1** RESTAURATION RAPIDE €
(Staðarskáli ; 7h30-22h30). Essence, toilettes, magasin, bar-grill, Wi-Fi : il est conseillé d'y marquer une halte, car vous ne trouverez pas d'autre commerce sur cette partie de la Route circulaire (au moins jusqu'à Blönduós, si vous roulez vers l'est).

# Hvammstangi

580 HABITANTS

À 6 km au nord de la Route circulaire, ce paisible village doit sa renommée à ses colonies de phoques. Les visiteurs y viennent pour observer, depuis un bateau, ses pinnipèdes, se promener à cheval dans les environs ou emprunter la route qui fait le tour de la péninsule de Vatnsnes.

### À voir

**Selasetur Íslands** MUSÉE
(451 2345 ; www.selasetur.is ; Strandgata 1 ; tarif plein/enfant 950 ISK/gratuit ; 9h-19h juin-août, 9h-16h mai et sept, 12h-15h mar-sam avr et oct). La principale attraction du village est le Centre islandais du phoque, sur le port, qui vous renseignera sur la protection de ces animaux, sur les produits qu'on en tire, et sur la présence de ces créatures dans les contes traditionnels. Un **comptoir d'information touristique** y est installé ; le personnel vous indiquera où observer des phoques.

### Circuits organisés

**Selasigling** EN BATEAU
(897 9900 ; www.sealwatching.is ; 1 heure 45 tarif plein/enfant 7 500/3 750 ISK). Ecursions de découverte des phoques et de la nature, à bord d'un bateau de pêche traditionnel en bois. Les circuits de 1 heure 45 partent du port à 10h, 13h et 16h tous les jours de mi-mai à septembre (si le temps le permet). Croisières "soleil de minuit" sur rendez-vous. Accès gratuit au musée des Selasetur Íslands sur présentation du billet.

### Où se loger

**Camping de Kirkjuhvammur** CAMPING €
(empl 1 200 ISK/pers ; mi-mai à mi-sept). Vaste et bien tenu, ce camping à flanc de colline est voisin d'une vieille église. Repérez l'embranchement à proximité de la piscine municipale. Entre autres équipements, on y trouve un bâtiment de services, très pratique, avec une grande salle où prendre ses repas. Belles balades dans les environs.

**Hvammstangi Cottages** CHALETS €€
(860 7700 ; www.smahysi.is ; chalets draps inclus 17 000 ISK). Tout près du camping, 9 petits chalets ravissants, entièrement équipés, avec sdb, kitchenette et TV. Ils peuvent accueillir 4 personnes (3 lits, un canapé-lit).

**Mörk Homestay** GUESTHOUSE €€
(862 5466 ; route 711 ; d 23 000 ISK). Au nord de la ville, cette charmante propriété au bord du fjord loue de belles chambres modernes, assorties de terrasses avec vue sur l'eau. Le petit-déjeuner (1 500 ISK/pers) est servi dans les chambres.

**Guesthouse Hanna Sigga** GUESTHOUSE €€
(451 2407 ; www.facebook.com/hannasigg ; Garðavegur 26 ; d/tr sans sdb à partir de 15 000/18 800 ISK). Excellent choix, cette pension accueillante et douillette donne dans une rue résidentielle et centrale. Les chambres sont bien tenues et une cuisine est à disposition. Le petit plus : le petit-déjeuner maison (1 700 ISK), servi dans un endroit ravissant qui surplombe le fjord.

## Où se restaurer

**KVH Supermarket** SUPERMARCHÉ €
(Strandgata ; 9h-18h lun-jeu, 9h-19h ven, 10h-18h sam, 11h-16h dim mai-sept, horaires réduits avr et oct). Pour faire vos courses.

**Sjávarborg** ISLANDAIS €€
(451 3131 ; www.sjavarborg-restaurant.is ; Strandgata 1 ; plats 2 250-5 550 ISK ; 11h30-22h). Ce restaurant au-dessus du Centre islandais du phoque se distingue par son cadre chic, ses grandes baies vitrées donnant sur le fjord et sa cuisine variée : thon poêlé, délicieux burgers, souris d'agneau confite... La glace aux myrtilles maison est un pur délice (elle suffit amplement pour 2 personnes).

**Hlaðan Kaffihús** CAFÉ €€
(Brekkugata 2 ; repas 1 400-3 500 ISK ; 9h-22h lun-sam, 10h-22h dim mai à mi-sept). Sur le port, ce café au charme désuet sert les habituels paninis, soupes, quiches et gâteaux, ainsi que des plats plus consistants (côtelettes d'agneau ou filets de truite notamment).

## Depuis/vers Hvammstangi

Les bus d'été Sterna (n[os]60/60a) qui empruntent la Route circulaire entre Reykjavík et Akureyri ne desservent que le carrefour de Hvammstangi, à 6 km du village.

Services assurés par **Strætó** (www.straeto.is) :

- Bus n°57 pour Reykjavík (5 460 ISK, 3 heures 30, 2/jour).
- Bus n°57 pour Akureyri (4 200 ISK, 3 heures, 2/jour).

Le bus Strætó n°57 entre Reykjavík et Akureyri s'arrête au carrefour. Le bus n°83 (420 ISK) assure un service depuis/vers le carrefour pour les correspondances. Il doit être réservé au moins 2 heures à l'avance ; téléphonez au 540 2700.

# Péninsule de Vatnsnes

D'une austère beauté, la courte péninsule de Vatnsnes, qui s'avance dans la baie d'Húnaflói, est traversée tout du long par une crête de collines tortueuses. La Route 711, cahoteuse et gravillonnée, serpente le long de la côte ; elle constitue un splendide détour à partir de la Route circulaire (comptez 82 km pour aller de la Route circulaire à Hvammstangi, avant de faire le tour de la péninsule par la Route 711).

En été, la Route 711 est facilement accessible avec une voiture ordinaire, à condition toutefois de conduire prudemment. Il est indispensable d'être motorisé pour explorer la péninsule.

## À voir

**Illugastaðir** FERME
(Route 711). À l'ouest de la péninsule de Vatnsnes, cette ferme jouit d'une vue superbe sur les sommets qui jalonnent la côte du Strandir, dans les fjords de l'Ouest. Laissez votre voiture au parking puis marchez 10 minutes à travers champs, pour parvenir à un lieu réputé pour sa colonie de phoques. Vous trouverez, au bout du sentier, un abri d'observation avec des jumelles à disposition. Le site est fermé du 1er mai au 20 juin (période de nidification des eiders). Il y a des toilettes et un petit terrain de camping (empl 1 000 ISK/pers) sur place.

**Hvítserkur** PAYSAGE
(Route 711). Sur la côte est de la péninsule, un chemin balisé conduit à Hvítserkur, un piton rocheux de 15 m qui surgit de la mer. Selon la légende, il s'agirait d'un troll surpris par le lever du soleil alors qu'il tentait de détruire le monastère de Þingeyrar.

Si vous ne faites pas le tour de la péninsule, vous pourrez rejoindre Hvítserkur par la Route 711, à 30 km au nord de la Route circulaire.

## Où se loger et se restaurer

**Ósar HI Hostel** AUBERGE DE JEUNESSE €
(862 2778 ; www.hostel.is ; Route 711 ; dort/d sans sdb 4 700/12 400 ISK ; fév-nov). Au sud de Hvítserkur (ou à 30 km au nord de la Route circulaire sur une route non goudronnée), voici l'une des auberges rurales les plus agréables du pays. Et cela tient autant à l'accueil du sympathique gérant, Knútur, qu'à la vue, et à la présence d'une faune et d'une flore exceptionnelles. Aménagée dans une ferme laitière en activité, elle possède des chambres, des chalets, et une yourte mongole où le petit-déjeuner est servi.

**Geitafell** ISLANDAIS €€
(861 2503 ; www.geitafell.is ; Route 711 ; soupe de poisson 3 200 ISK ; 11h-22h mi-mai à sept). À 25 km de Hvammstangi (3 km après Illugastaðir), cet excellent restaurant établi dans une grange rénovée a pour spécialité une soupe de poissons accompagnée de salade et de pain maison. La carte, peu fournie, affiche également une tarte au *skyr* (yaourt islandais) très prisée. Les propriétaires, Sigrún et Robert, qui vivent sur place depuis longtemps, connaissent bien la région.

## D'Hvammstangi à Blönduós

Si vous êtes engagé sur la Route circulaire entre Hvammstangi et Blönduós, n'hésitez pas à la quitter, le temps de quelques jolies découvertes entre églises en pierre et fermes équestres.

**Kolugljúfur** GORGE

(Route 715). Empruntez la Route 715 au sud de la Route circulaire pour rejoindre les belles cascades de Kolugljúfur, qui doivent leur nom à un troll qui aurait vécu ici. À 6 km par la route en venant de l'embranchement situé 7 km après la ferme équestre de Gauksmýri.

**Þingeyrar** ÉGLISE

(thingeyraklausturskirkja.is/en ; Route 721 ; tarif plein/enfant 1 000 ISK/gratuit ; 10h-17h juin-août). À 19 km à l'ouest de Blönduós, un détour de 6 km sur la Route 721 conduit à Þingeyrar, une superbe église en pierre au bord de la paisible lagune d'Hóp. L'édifice actuel date des années 1860 ; 800 ans auparavant, le site accueillait le *þing* (assemblée) du district et un monastère bénédictin. Un petit centre d'accueil des visiteurs présente une exposition et vend des rafraîchissements. Le billet d'entrée donne accès à une visite guidée.

### Circuits organisés

**Gauksmýri Lodge** ÉQUITATION

(451 2927 ; www.gauksmyri.is ; Route 1). Ce centre, qui possède des hébergements et un restaurant agréables, est également très apprécié pour ses balades guidées à cheval, en particulier celle de 1 heure 30 ("Country Tour" tarif plein/enfant 9 500/6 000 ISK) qui part à 10h, 14h, 16h et 18h tous les jours de mi-mai à mi-septembre (si la météo le permet). Réservez. Des circuits plus longs sont également proposés, ainsi qu'une sortie au soleil de minuit, des balades familiales et de simples visites de l'écurie (800 ISK).

### Où se loger et se restaurer

**Gauksmýri Lodge** HÔTEL RURAL €€

(451 2927 ; www.gauksmyri.is ; Route 1 ; d avec/sans sdb petit-déj inclus 21 300/14 500 ISK ; @). Véritable paradis pour les amoureux des chevaux, cette ferme équestre réputée figure sur la Route circulaire, à 3,5 km à l'est de l'embranchement vers Hvammstangi. Chambres confortables ; restaurant, salon et jardin très agréables.

## Blönduós

880 HABITANTS

Blönduós, quoique dotée de deux musées et d'une église moderne singulière, ne recèle pas grand-chose qui justifie en soi de quitter la route principale, hormis sa pension, remarquable. Le bourg n'en constitue pas moins une halte appréciable pour faire le plein et se dégourdir les jambes.

La rivière Blanda traverse la localité. La station-service N1 est à l'entrée nord. Son bar-grill est le lieu le plus animé de Blönduós.

♥ **Brimslóð Atelier** GUESTHOUSE €€

(820 0998 ; www.brimslod.is ; Brimslóð 10 ; d/tr sans sdb petit-déj inclus 22 000/30 500 ISK ; mars-nov). Cette excellente pension de bord de mer, gérée par des habitants, offre sans conteste le meilleur hébergement de Blönduós. Aussi accueillante qu'élégante, c'est aussi une référence en matière culinaire (organisation d'ateliers gastronomiques, édition de livres de recettes). Elle compte 4 chambres, 2 sdb et un beau salon. Petit-déjeuner délicieux. Repas 3 plats à base d'ingrédients locaux (7 500 ISK, sur réservation).

# OUEST DU SKAGAFJÖRÐUR

Réputé pour ses élevages de chevaux et ses paysages sauvages, le Skagafjörður compte par ailleurs son lot de vestiges historiques et d'activités riches en émotions.

Les bourgades de la partie ouest de la péninsule de Tröllaskagi (Hólar í Hjaltadalur, Hofsós, Lónkot) sont regroupées sur la côte du Skagafjörður. Deux ou trois îles sur le fjord – celle de Drangey (p.236) en particulier – valent le détour.

Renseignements sur www.visitskagafjordur.is.

## Varmahlíð

140 HABITANTS

Plus grand qu'un simple carrefour et plus petit qu'une vraie bourgade, ce centre commerçant sur la Route circulaire est une bonne base pour pratiquer le rafting et l'équitation. La plupart des prestataires sont regroupés sur la Route 752 (goudronnée), à l'ouest du village.

Varmahlíð est aussi un point d'accès pratique vers les hautes terres : la piste de Kjölur (Route 35) part de la Route circulaire à environ 25 km à l'ouest de la ville (elle est interdite aux véhicules ordinaires de location ; un 4x4 est obligatoire). Un bus dessert ce trajet quotidiennement en été.

## Activités

### Spectacles équestres et expositions

De nombreuses fermes équestres de la région organisent des spectacles d'une heure, avec démonstration des cinq allures du cheval islandais et présentation des origines de cette race. Ils sont plutôt prévus pour les groupes, mais néanmoins accessibles aux visiteurs indépendants. Renseignez-vous au centre d'information touristique (p. 234) ou contactez directement les fermes.

Nous avons également apprécié la formule Horses & Heritage ("chevaux et patrimoine") du centre Lýtingsstaðir. Riche en anecdotes et récits historiques, elle a pour cadre la "Vieille Écurie", une très belle maison végétalisée. Elle est organisée en soirée, tous les mardis en été et à la demande pour les groupes (20h30 ; 2 500 ISK, gratuit pour les clients qui passent la nuit au centre). On peut aussi visiter l'exposition de la Vieille Écurie (tarif plein/enfant 750 ISK/gratuit, tous les jours de mai à septembre).

## Circuits organisés

### Équitation

À Varmahlíð et alentour, une demi-douzaine de centres proposent de courtes balades (1-2 heures) pour débutants et des sorties à la journée. Certains organisent des excursions à la semaine dans les hautes terres et proposent même de participer au rassemblement des moutons (*réttir*) en septembre.

**Hestasport** ÉQUITATION
(☎453 8383 ; www.riding.is ; Route 752). Ce centre équestre proche de la Route circulaire sur la Route 752 offre un accueil agréable et est particulièrement apprécié. Il propose des parcours de 1 ou 2 heures le long de la Svartá (6 400/9 400 ISK ; débutants acceptés) et des promenades d'une journée (18 000 ISK). Des sorties plus longues sont également organisées (réservez tôt), dont un périple de 8 jours dans les hautes terres (à partir de 2 585 ISK). Courtes balades en hiver (7 800 ISK).

**Lýtingsstaðir** ÉQUITATION
(☎453 8064 ; www.lythorse.com ; Route 752 ; balade 1/2 heures 6 000/7 800 ISK). Cette charmante ferme équestre, située à 20 km au sud de Varmahlíð, propose des balades courtes et longues. La formule *Stop and Ride* comprend une nuit dans un chalet indépendant et une balade de 2 heures (30 000 ISK/2 pers, draps fournis). Des excursions longues (à partir de 1 200 € pour 6 jours) dans les hautes terres et une participation au rassemblement saisonnier des moutons sont également possibles.

### Rafting

Les environs de Varmahlíð se prêtent au rafting (de mai à septembre, combinaisons fournies).

On pourra descendre l'impétueuse Austari-Jökulsá (rivière glaciaire de l'Est – East Glacial River ; classe IV + rapides) ou la Vestari-Jökulsá (rivière glaciaire de l'Ouest – West Glacial River ; classe II + rapides), plus adaptée aux familles.

**Viking Rafting** RAFTING
(☎823 8300 ; www.vikingrafting.com ; Route 752). Parmi les sorties proposées : une descente de la Vestari-Jökulsá de 4 heures, parfaite pour les familles (tarif plein/enfant 14 990/9 990 ISK ; à partir de 6 ans) ; une aventure plus sportive de 6 heures sur l'Austari-Jökulsá (21 990 ISK) ; et une expédition de 3 jours (189 990 ISK) qui part des hautes terres de Sprengisandur. Des sorties guidées en kayak dans les rapides peuvent également être organisées.

Le camp de base de l'agence est situé à Hafgrímsstaðir, à 15 km au sud de Varmahlið sur la Route 752. Il est possible

> **VAUT LE DÉTOUR**
>
> **GLAUMBÆR**
>
> En suivant la Route 75 au nord de Varmahlíð, vous rejoindrez le **musée de Glaumbær** (www.glaumbaer.is ; tarif plein/enfant 1 500 ISK/gratuit ; ⏲9h-17h mai, 9h-18h juin à mi-sept, 10h-16h lun-ven mi-sept à mi-oct), une ferme en tourbe du XVIIe siècle. Ce musée, le meilleur du genre dans le Nord, mérite largement le détour de 8 km depuis la Route circulaire.
>
> La ferme islandaise traditionnelle en tourbe était composée de plusieurs petits bâtiments, reliés par un couloir central. Celle de Glaumbær, avec des pièces ornées de meubles et d'ustensiles d'époque, offre un fascinant aperçu des conditions de vie jadis.

de camper. Transferts envisageables, à partir d'Akureyri, pour les plus longues excursions.

**Bakkaflöt** RAFTING
(☎453 8245 ; www.bakkaflot.com). Au sud le long de la Route 752 (à 11 km de la Route circulaire), la ferme de Bakkaflöt propose des descentes en rafting de 3 heures sur la Vestari-Jökulsá (13 500 ISK) et de 6 heures sur l'Austari-Jökulsá (24 400 ISK). Elle offre un assez grand choix d'hébergements, allant du camping aux bungalows.

## Où se loger et se restaurer

Il existe de nombreux hébergements dans la campagne alentour ; renseignez-vous au centre d'information touristique. Si vous participez à un circuit de rafting ou à cheval organisé par les fermes de Bakkaflöt (p. 234) ou Lýtingsstaðir (p. 233), sachez que toutes deux possèdent d'excellents hébergements, ouverts à tous ; consultez les sites Web.

**Camping** CAMPING €
(tjoldumiskagafirdi.is ; empl 1 300 ISK/pers ; ⏲mi-mai à mi-sept). Le site, à l'écart et abrité, domine la ville. Suivez les panneaux depuis l'hôtel.

♥ **Hestasport Cottages** CHALETS €€
(☎453 8383 ; www.riding.is/cottages ; chalets 2/4/6 pers 20 800/28 600/35 100 ISK). Perchés sur la colline au-dessus de Varmahlíð (suivez la route qui passe devant l'hôtel), cet ensemble de 7 chalets en bois haut de gamme possède des chambres confortables, un attrayant *hot pot* en pierre et une belle vue ; jusqu'à 6 couchages dans certains chalets, draps fournis et cuisine équipée pour tous. Excellent rapport qualité/prix, surtout pour les familles et les groupes.

**Sauðárkróksbakarí** BOULANGERIE €
(Route 1 ; ⏲9h-16h lun-sam, 10h-16h dim). Une succursale de l'excellente boulangerie de Sauðárkrókur, dans le bâtiment de l'ancienne banque jouxtant la station-service/supérette N1. Excellents sandwichs, pâtisseries, en-cas et café.

**KS Supermarket** SUPÉRETTE €
(Route 1 ; ⏲9h-11h30 mi-juin à mi-août, 9h-22h fin août à début juin). La supérette à côté de la station-service N1 reste ouverte tard le soir. Il y a également un restaurant-grill, qui sert des burgers et des plats chauds ; la cuisine ferme à 21h.

## Renseignements

**Centre d'information touristique** (☎455 6161 ; www.visitskagafjordur.is ; ⏲tlj toute l'année). Dans la station-service N1, ce centre efficace dispose de nombreuses brochures et cartes. Le personnel (présent de 10h à 18h tous les jours en été) vous indiquera la route des chutes cachées de **Reykjafoss**.

## Depuis/vers Varmahlíð

Tous les bus s'arrêtent à la station-service N1.

Services assurés par **SBA-Norðurleið** (www.sba.is) :

- Bus n°610a pour Reykjavík via la piste de Kjölur (13 000 ISK, 9 heures, 1/jour mi-juin à mi-sept)

Services assurés par **Sterna** (www.sterna.is) :

- Bus n°60a pour Reykjavík (7 400 ISK, 4 heures 45, 1/jour mi-juin à début sept)
- Bus n°60 pour Akureyri (1 400 ISK, 1 heure, 1/jour mi-juin à début sept)

Services assurés par **Strætó** (www.bus.is) :

- Bus n°57 pour Reykjavík (7 140 ISK, 5 heures 15, 2/jour)
- Bus n°57 pour Akureyri (2 520 ISK, 1 heure 15, 2/jour)
- Bus n°57 pour Sauðárkrókur (840 ISK, 20 min, 2/jour)

# Öxnadalur

Si vous n'avez pas le temps d'explorer le Skagafjörður ou la magnifique péninsule de Tröllaskagi, vous pourrez jeter votre dévolu sur les panoramas splendides de l'Öxnadalur, une étroite vallée longue de 30 km sur la Route circulaire entre Varmahlíð et Akureyri. Des pics grandioses et des aiguilles rocheuses flanquent le col ; l'imposante flèche du **Hraundrangi** (1 075 m) et les sommets environnants de l'**Háafjall** sont particulièrement spectaculaires.

# Sauðárkrókur

2 640 HABITANTS

Sauðárkrókur borde la Jókulsá à l'endroit où la rivière se jette dans le delta marécageux du Skagafjörður supérieur.

La prospérité de cette jolie bourgade dynamique repose sur la pêche, la tannerie et le commerce. Elle offre tous les services nécessaires, ainsi que de bons hébergements et restaurants. Le musée fournit des informations touristiques. C'est également d'ici qu'on accède aux trésors des environs de Tindastóll (p. 236) et à la belle île de Drangey (p. 236).

## À voir

### Centre des visiteurs de la tannerie
TANNERIE

(Gestastofa Sútarans ; ☎512 8025 ; www.sutarinn.is ; Borgarmýri 5 ; ⏲8h-16h lun-ven, 8h-12h sam-dim mi-mai à mi-sept, 11h-16h lun-ven reste de l'année). Des visites de l'unique tannerie d'Islande (500 ISK) sont organisées en semaine à 10h et 14h (de mi-mai à mi-septembre). On peut aussi venir à tout moment pour admirer (et acheter) des produits : magnifiques peaux de mouton à poil long, articles en cuir coloré et pièces uniques en galuchat (peau de raie ou de requin tannée).

### Minjahúsið
MUSÉE

(Aðalgata 16b ; ⏲12h-19h juin-août). GRATUIT La "maison du patrimoine" présente une collection excentrique : une série d'ateliers d'artisan restaurés, une Ford A de 1930 en parfait état, un ours polaire naturalisé, capturé dans la région en 2008...

## Où se loger

### MicroBar & Bed
GUESTHOUSE €

(☎467 3133 ; microbar2@outlook.com ; Aðalgata 19 ; s/d sans sdb 10 500/13 000 ISK). Dans le bâtiment jouxtant le MicroBar de la rue principale, 10 couchages à bas prix répartis dans 5 chambres de bonne taille. Une petite cuisine et un salon sont à disposition.

### Camping
CAMPING €

(tjoldumiskagafirdi.is ; empl 1 300 ISK/pers ; ⏲mi-mai à mi-sept). Le camping, à côté de la piscine, sans arbres et un peu aride, possède des équipements corrects.

### ♥ Gamla Posthúsið
APPARTEMENTS €€

(☎892 3375 ; www.ausis.is ; Kirkjutorg 5 ; app 23 400-25 000 ISK). Vicki, une Australienne, a restauré la vieille poste en face de l'église, où elle a aménagé 2 appartements spacieux d'une chambre où l'on se sent comme chez soi. Chacun possède une cuisine moderne (avec un panier garni de bienvenue) et une décoration de style scandinave chic. En hiver, les prix baissent presque de moitié : une excellente affaire !

### ♥ Guesthouse Hofsstaðir
GUESTHOUSE €€

(☎453 7300 ; www.hofsstadir.is ; Route 76 ; s/d petit-déj inclus 26 500/29 500 ISK). Fort d'un emplacement exceptionnel, à l'entrée du fjord Skagafjörður et à égale distance (20-25 km) de Sauðárkrókur, Varmahlíð et Hofsós, cet établissement haut de gamme, chaleureux et accueillant, s'enorgueillit de belles chambres et d'un agréable restaurant (ouvert d'avril à octobre). On profite de la vue depuis les terrasses privatives.

### Guesthouse Mikligarður
GUESTHOUSE €€

(☎453 6880 ; www.arctichotels.is ; Kirkjutorg 3 ; s/d sans sdb petit-déj inclus à partir de 11 500/15 000 ISK). Cette pension sympathique à côté de l'église loue des petites chambres confortables et joliment décorées, avec TV (sdb commune pour la plupart). Les hôtes ont accès à une cuisine spacieuse et à un salon TV. Bon petit-déjeuner.

### Hótel Tindastóll
HÔTEL €€

(☎453 5002 ; www.arctichotels.is ; Lindargata 3 ; ch petit-déj inclus à partir de 27 500 ISK). La légende veut que Marlene Dietrich ait séjourné dans cet hôtel de charme, qui date de 1884. Les chambres, toutes décorées différemment, mêlent mobilier d'époque et style récent. Un attrayant *hot pot* en pierre est installé à l'extérieur et un bar cosy occupe le sous-sol. Une annexe renferme des chambres modernes, plus banales.

## Où se restaurer et prendre un verre

### Sauðárkróksbakarí
BOULANGERIE, CAFÉ €

(Aðalgata 5 ; ⏲7h-18h lun-ven, 8h-16h sam, 9h-16h dim). Dans cette boulangerie de la rue principale, véritable épicentre du bourg, on trouve de tout : pain frais, soupes, beignets surgelés, délicieux cookies aux pépites de chocolat...

### Skagfirðingabúð
SUPERMARCHÉ €

(Ástorg ; ⏲9h-19h lun-ven, 10h-16h sam). Au sud de la ville, près de la station-service N1.

### Ólafshús
ISLANDAIS €€

(☎453 6454 ; www.olafshus.is ; Aðalgata 15 ; buffet déj 1 960 ISK, plats dîner 1 690-6 750 ISK ; ⏲11h-22h30 ; 👪). Une façade bleue (impossible à manquer) signale cet excellent établissement, ouvert toute l'année, où l'on pourra faire le choix radical d'un steak de poulain, s'offrir des queues de langoustine ou opter, plus simplement, pour une pizza, des pâtes ou un burger. Carte très variée et cuisine de qualité privilégiant les produits locaux – omble chevalier, côtelettes d'agneau, gâteau au *skyr* à la vanille...

### Kaffi Krókur
ISLANDAIS €€

(www.kaffikrokur.is ; Aðalgata 16 ; plats 1 550-3 790 ISK ; ⏲11h30-23h dim-mer, 11h30-1h jeu, 11h30-3h ven-sam juin-août). Ce café à la discrète façade beige est réputé pour ses sandwichs aux langoustines et crevettes,

À NE PAS MANQUER

**DRANGEY**

Le petit îlot rocheux de Drangey, au milieu du Skagafjörður, est une masse de tuf volcanique au sommet plat, dont les falaises abruptes semblent surgir de la mer à 180 m de haut. Elles sont peuplées de près d'un million d'oiseaux marins (macareux, guillemots, fous de Bassan, mouettes tridactyles, fulmars, puffins) et servent depuis la nuit des temps de "garde-manger naturel" (pour la chasse aux oiseaux et aux œufs). **Drangey Tours** propose d'extraordinaires excursions de 3 heures au départ du petit port de Reykir, à côté de Grettislaug.

La *Saga de Grettir* raconte que le héros et son frère, Illugi, vécurent sur l'île trois ans durant et y furent tués. Des fans de sagas intrépides (ou inconscients ?) viennent pour reproduire l'exploit de Grettir : franchir à la nage les 7 km entre Drangey et Reykir.

Les macareux quittent en général Drangey avant la mi-août.

ses crêpes farcies et son gâteau tiède à la rhubarbe. En hiver, il fait office de pub (avec musique live) – ouvert uniquement les jeudis, vendredis et samedis soir.

**MicroBar & Bed** BAR

(Aðalgata 19 ; ⌚21h-23h30 jeu, 21h-2h30 ven-sam). Belles illustrations de sommets montagneux et canapés vintage pour le décor de cette adresse conviviale, dans l'artère principale de Sauðárkrókur. On y sert des bières du cru à la pression (et beaucoup d'autres en bouteille). Gæðingur (Indian Pale Ale, bière de blé ou brune) est la meilleure marque locale.

**Vínbúðin** VIN ET SPIRITUEUX

(Smáragrund 25 ; ⌚12h-18h lun-jeu, 11h-19h ven, 11h-14h sam). Chaîne d'État.

## Depuis/vers Sauðárkrókur

L'arrêt de bus est au niveau de la station-service N1, à 1,3 km au sud du centre, sur Aðalgata.

Services assurés par **Strætó** (www.bus.is) :

- Bus n°57 pour Reykjavík (7 140 ISK, 5 heures, 2/jour)
- Bus n°57 pour Akureyri (2 520 ISK, 1 heure 30, 2/jour)
- Bus n°57 pour Varmahlíð (840 ISK, 20 min, 2/jour)
- Bus n°85 pour Hólar et Hofsós (840 ISK pour chaque destination, 2/jour mer, ven et dim). Uniquement sur réservation. Appelez Strætó au moins 2 heures avant le départ.

# Nord de Sauðárkrókur

Au nord de Sauðárkrókur, la côte ouest du Skagafjörður est un royaume silencieux, couronné par de belles montagnes, dont le Tindastóll est le point culminant. À l'extrême nord, on trouve un secteur marqué par une forte activité géothermique et le Grettislaug, un bassin naturel en bord de mer alimenté par une source chaude.

Gardant l'embouchure du Skagafjörður, les îles désertes de Drangey et Málmey sont de paisibles refuges pour les oiseaux de mer. En été, les excursions en bateau vers Drangey partent d'un petit port à côté du Grettislaug.

## À voir

**Tindastóll** MONTAGNE

Le massif du Tindastóll (989 m) s'étire sur 18 km le long de la côte du Skagafjörður. La montagne et ses grottes seraient peuplées de monstres marins, de trolls et de géants. Du sommet, la vue sur le fjord est spectaculaire. Pour y accéder, suivez le chemin balisé qui part de la butte au bord de la Route 745, à l'ouest de la montagne (c'est une randonnée ardue). On y fait du ski en hiver (consultez le site skitindastoll.is).

**Grettislaug** BASSIN GÉOTHERMIQUE

(bain de Grettir ; tarif plein/enfant 1 000 ISK/gratuit). À l'extrêmité nord du massif du Tindastóll, le secteur de Reykir est marqué par une forte activité géothermique. Il est mentionné dans la *Saga de Grettir*. Grettir serait arrivé à la nage de l'île de Drangey et se serait délassé dans une source. Aujourd'hui, le Grettislaug, un bassin naturel alimenté par une source chaude, est un lieu de baignade populaire, flanqué d'un second *hot pot*.

Si vous conduisez, soyez prudent : il est facile de déraper sur la Route 748, gravillonnée sur 15 km entre Sauðárkrókur et le Grettislaug (l'embranchement se trouve sur la Route 744, au nord de la ville). Il n'y a pas de transports publics.

Vous trouverez un petit café, un camping (1 000 ISK/pers) et une pension à proximité du Grettislaug. On peut faire de belles balades alentour. C'est d'ici que partent les excursions vers Drangey.

### Circuits organisés

**Drangey Tours** EN BATEAU
(☎821 0090 ; www.drangey.net ; tarif plein/enfant 11 900/6 500 ISK). Belles croisières de 3 heures vers Drangey, depuis le petit port à côté du Grettislaug. Départ à 9h30 tous les jours entre mi-mai et mi-août (si la météo le permet) ; réservez. Le tarif comprend la croisière et l'ascension de la falaise avec guide – il s'agit d'un parcours difficile avec cordes et échelles, qui peut poser problème aux personnes souffrant de vertige ou ayant des problèmes de mobilité.

### Où se loger et se restaurer

Vous devrez prévoir de vous ravitailler à Sauðárkrókur.

**Reykir Guesthouse** GUESTHOUSE €€
(☎841 7313 ; fagranesgisting@gmail.com ; Route 748, Reykir ; avec/sans draps 8 000/4 800 ISK/pers). Des chambres convenables, avec cuisine et sdb communes, dans une confortable maison en bois à proximité du Grettislaug (p. 236).

# TRÖLLASKAGI

La péninsule Tröllaskagi (des Trolls) est un massif montagneux qui s'étend entre le Skagafjörður et l'Eyjafjörður. Ses monts escarpés, ses vallées profondes et ses rivières tumultueuses évoquent davantage les fjords de l'Ouest que les collines vallonnées qui couvrent la majeure partie du Nord. Bonne nouvelle pour les amateurs de routes spectaculaires : des tunnels relient désormais les localités de Siglufjörður et d'Ólafsfjörður, dans le nord de la péninsule, qui étaient jadis des culs-de-sac peu visités par les touristes.

Mieux vaut être motorisé pour visiter la région. Le trajet de 95 km le long de la Route circulaire entre Varmahlíð et Akureyri est splendide. Toutefois, si vous avez du temps et que vous aimez sortir des sentiers battus, l'itinéraire de 186 km qui suit la côte de Tröllaskagi entre ces deux villes (Routes 76 et 82) est ponctué de paysages magiques et de nombreux endroits à explorer.

## Hólar í Hjaltadalur

Avec son église imposante dominée par les montagnes, la petite localité d'Hólar (www.holar.is), dans la jolie vallée de Hjaltadalur, constitue un intéressant détour historique. L'évêché d'Hólar fut la capitale œcuménique et le grand centre d'enseignement du nord de l'Islande de 1106 à la Réforme. Elle demeura un centre religieux et le siège des évêques du Nord jusqu'en 1798, date à laquelle l'évêché fut supprimé.

Hólar devint ensuite un presbytère (paroisse anglicane) jusqu'en 1861, avant que celui-ci ne soit transféré à Viðvík, à l'ouest (il est finalement revenu à Hólar en 1952). L'actuel Hólar University College, fondé en 1882, est spécialisé dans la science équine, l'aquaculture et le tourisme rural.

Quelques hébergements basiques sont proposés sur le campus universitaire ; il existe aussi un agréable camping.

Hólar est située à 11 km de la Route 76. L'embranchement est signalé à 20 km à l'est de Sauðárkrókur et à 15 km au sud d'Hofsós.

### À voir

Une brochure (disponible au comptoir d'information de l'hébergement de la localité) détaille un itinéraire historique qui croise quelques édifices d'Hólar. **Nýibær**, une ferme en tourbe du milieu du XIXe siècle, fut habitée jusqu'en 1945. L'**Auðunarstofa**, une copie de l'évêché du XIVe siècle construite avec des outils et des méthodes traditionnels, mérite aussi une visite.

**Cathédrale** ÉGLISE
(⏲10h-18h juin à mi-sept). Achevée en 1763, cette cathédrale en grès rouge est la plus vieille église en pierre d'Islande. Elle recèle de nombreuses œuvres d'art anciennes et des fonts baptismaux de 1674 sculptés dans un bloc de stéatite qui dériva du Groenland sur un morceau de banquise.

**Centre historique du cheval islandais** MUSÉE
(Sögusetur Íslenska Hestsins ; www.sogusetur.is ; tarif plein/enfant 900 ISK/gratuit ; ⏲10h-18h juin-août). Abrite une exposition très complète sur cette race unique et son rôle dans l'histoire du pays. Le billet d'entrée donne accès à une visite guidée. Le centre est installé dans une ancienne écurie au cœur d'Hólar.

## Hofsós

190 HABITANTS

Somnolent village de pêcheurs, Hofsós s'imposa comme un centre de négoce à partir des années 1500. Sa fameuse piscine le place désormais sur les itinéraires touristiques.

## À voir et à faire

**Centre de l'émigration islandaise** MUSÉE
(Vesturfarasetrið ; ☎453 7935 ; adulte/enfant 1 000-1 500 ISK/gratuit ; 🕒11h-18h juin-août). Dans le port, plusieurs bâtiments restaurés ont été reconvertis pour accueillir un musée où sont détaillées les causes de l'émigration islandaise en Amérique du Nord, les espoirs des migrants pour une vie nouvelle et la réalité des conditions lors de leur arrivée. De 1870 à 1914, 16 000 émigrants ont quitté ce petit pays, réduisant sa population à seulement 88 000 habitants.

L'exposition principale, "Nouvelle terre, nouvelle vie", décrit la vie d'émigrants à travers des photos, des lettres et des objets.

Consultez la page Facebook du musée.

♥ **Sundlaugin á Hofsósi** PISCINE
(Suðurbraut ; tarif plein/enfant 700/300 ISK ; 🕒9h-21h juin-août, 7h-13h et 17h-20h lun-ven, 11h-15h sam-dim sept-mai). La splendide piscine municipale en plein air (avec *hot pot* adjacent) a fait connaître Hofsós dans tout le pays. Elle fut ouverte en 2010 grâce aux donations de deux villageoises. Sa conception en bord de fjord, son intégration dans le paysage et un horizon presque à perte de vue frisent la perfection.

Infinity Blue (www.infinityblue.is) propose une formule-détente (*"float therapy"*, 3 500 ISK), tous les soirs entre 22h et 1h (si les conditions sont réunies, on se baigne alors au soleil de minuit ou sous une aurore boréale). Réservation indispensable.

## Circuits organisés

**Sailing in Skagafjörður** EN BATEAU
(☎849 2409 ; www.hafogland.is ; 7 500 ISK ; 🕒mai-oct). Ce tour-opérateur organise des sorties en bateau à partir du petit port (à côté du musée) pour découvrir le paysage et l'avifaune de l'îlot de Málmey, ainsi que le curieux promontoire de Þórðarhöfði, rattaché au continent par une fine langue de terre. Les circuits partent généralement à 9h30 ; réservez. Également : circuits de pêche en mer ou d'observation des oiseaux.

## Où se loger et se restaurer

Il existe quelques hébergements simples en ville, un camping basique dans la rue Skólagata (1 300 ISK/pers) et quelques autres options alentour.

Pour une option originale, continuez 25 km vers le sud, jusqu'à la Guesthouse Hofsstaðir (p. 235).

**Sunnuberg** GUESTHOUSE €
(☎893 0220 ; www.sunnuberg.is ; Suðurbraut 8 ; s/d 10 600/14 500 ISK). Cette pension accueillante loue des chambres cosy avec sdb (pas de cuisine). Elle est située à 200 m après la piscine, en face de la supérette et de la pompe à essence. Les propriétaires proposent également, dans une maison à Prestbakki, des lits à petit prix, avec duvet (5 200 ISK).

**KS Hofsósi** SUPÉRETTE €
(Suðurbraut 9 ; 🕒9h30-21h30 lun-ven, 10h-20h sam, 11h-20h dim juin-août, 9h30-18h lun-ven, 11h-16h sam sept-mai). À côté du bar-grill et de la station-service.

**Sólvík** ISLANDAIS €€
(plats 1 250-3 400 ISK ; 🕒10h-21h mi-mai à mi-sept). Sur le petit port, parmi les bâtiments du musée, ce charmant restaurant campagnard affiche une courte carte de plats locaux classiques (morue, agneau, burgers, *fish and chips* et pancakes traditionnels).

## Depuis/vers Hofsós

S'il est difficile d'accéder à Hofsós sans être motorisé, cela reste néanmoins possible.

Services assurés par **Strætó** (www.bus.is) :

- Le bus n°85 assure une liaison entre Sauðárkrókur et Hofsós, où l'on peut prendre pour le bus n°57, entre Akureyri et Reykjavík. Le problème ? Il ne circule que 3 fois par semaine (mercredi, vendredi et dimanche) et doit être réservé au moins 2 heures avant le départ.

# D'Hofsós à Siglufjörður

Long de 60 km, le trajet entre Hofsós et Siglufjörður est un régal pour les yeux : au large, la minuscule île de **Málmey** et le promontoire de **Þórðarhöfði** ; au nord, les lacs. À l'intérieur des terres, quelques fermes ponctuent un paysage de champs, de vallées et de montagnes (ces dernières voient affluer, en hiver et au printemps, les adeptes de l'héliski). Les rivières attirent les passionnés de pêche. C'est dans ce secteur pittoresque, dans la vallée de Fljót, que se niche l'hébergement le plus luxueux d'Islande : la ferme de Deplar (www.elevenexperience.com), dont le splendide isolement séduit les célébrités et les millionaires.

Vous devrez impérativement être motorisé, car il n'y a pas de transports publics.

## Où se loger et se restaurer

**Brúnastaðir** CHALETS €€
(☎467 1020 ; bruna@simnet.is ; Route 76 ; chalet à partir de 27 000 ISK). Cet ferme dotée d'une vue superbe et d'un jardin fleuri réserve un bel accueil aux grandes familles et aux groupes. Elle possède notamment un nouveau chalet de 3 chambres tout équipé (10 couchages). Kayaks et bateaux à disposition ; nombreux animaux. Draps en supplément (2 000/pers pour toute la durée).

**Lónkot** GUESTHOUSE €€€
(☎453 7432 ; www.lonkot.is ; d avec/sans sdb petit-déj inclus 30 900/24 900 ISK ; ⏲avr-oct). Une étape gourmande sur la côte sauvage, balayée par les vents. À 13 km au nord d'Hofsós, cette "station rurale" assure des prestations dignes d'un boutique-hôtel (il y a notamment une spacieuse suite familiale) – magnifique vue sur la mer et *hot-pot* intérieur. Les plats (restaurant ouvert de 12h à 21h30 ; plats dîner 4 100-5 400 ISK) sont préparés avec des produits locaux lentement mijotés.

# Siglufjörður

1 200 HABITANTS

Sigló (comme la surnomment ses habitants) se tient au pied d'une pente escarpée, en surplomb d'un fjord splendide. À son apogée, la bourgade comptait 10 000 travailleurs et des bateaux de pêche se pressaient dans le port pour décharger leurs prises que les femmes vidaient et salaient.

Après la disparition du hareng sur la côte nord islandaise à la fin des années 1960, Siglufjörður a décliné ; depuis, la localité ne s'est jamais totalement rétablie.

De nouveaux tunnels la relient à Ólafsfjörður et à d'autres destinations plus au sud. Les voyageurs apprécient les belles possibilités de randonnée, la marina et les distractions. Sigló est aussi connue pour avoir servi de cadre, en 2015, à la série télévisée islandaise *Trapped*. Dans les deux sens, on y accède par un trajet époustouflant.

## À voir

**Musée de l'Ère du hareng** MUSÉE
(Síldarminjasafnið ; www.sild.is ; Snorragata 10 ; tarif plein/enfant 1 500 ISK/gratuit ; ⏲10h-18h juin-août, 13h-17h mai et sept, sur rdv oct-avr). Ce musée primé et minutieusement conçu retrace brillamment l'âge d'or de Siglufjörður entre 1903 et 1968, quand elle était la capitale islandaise de la pêche au hareng. Installé dans 3 anciens édifices d'une station norvégienne de pêche au hareng, le musée décrit le travail et la vie des habitants. Commencez par le bâtiment rouge sur la gauche.

**Centre de musique folklorique islandaise** MUSÉE
(www.folkmusik.is ; Norðurgata 1 ; tarif plein/enfant 800 ISK/gratuit ; ⏲12h-18h juin-août). Les amateurs de musique traditionnelle seront intéressés par ce joli petit musée qui présente des instruments du XIXe siècle et propose des enregistrements de chansons et mélopées islandaises. Entrée gratuite avec le billet du musée de l'Ère du hareng.

## Activités

Siglufjörður constitue une excellente base de randonnée. Quelque 19 km de chemins balisés longent la barrière d'avalanche au-dessus du village ; il existe plusieurs points d'accès. Un panneau d'information à la sortie nord de Siglufjörður, à côté d'un parking, recense ces pare-avalanches.

Une autre randonnée prisée franchit les cols d'Hólsskarð et d'Hestsskarð pour rejoindre le superbe **Héðinsfjörður**, le fjord voisin et inhabité, à l'est. C'est là que débouchent les tunnels qui relient Siglufjörður à Ólafsfjörður.

En hiver, des remontées mécaniques fonctionnent dans le domaine skiable de **Skarðsdalur** (☎878 3399 ; www.skardsdalur.is) – qui a été amélioré et agrandi –, au-dessus du bout du fjord. Un nombre croissant de prestataires organisent des sorties d'héliski sur la péninsule de Tröllaskagi en hiver ; renseignez-vous auprès de Viking Heliskiing (p. 245), à la sortie d'Ólafsfjörður.

En été, optez pour une partie de **golf** dans un cadre splendide sur le nouveau green de 9 trous, qui devrait ouvrir d'ici votre passage.

## Circuits organisés

**Steini Vigg** EN BATEAU
(☎461 7730 ; Snorragata 3 ; ⏲tarif plein/enfant 8 900/4 450 ISK). Le Sigló Hótel organise un circuit en bateau pour touristes et pêcheurs amateurs (ouvert à tous) à bord d'un bateau de pêche vieux de 40 ans ; départ devant l'hôtel à 14h tous les jours en été. Les circuits durent entre 2 heures et 2 heures 30. Le restaurant pourra, si vous le souhaitez, cuisiner votre prise.

*(Suite à la page 244)*

ARCTIC-IMAGES/GETTY IMAGES ©

1. Pistes de ski à Hlíðarfjall (p. 249) 2. Skógafoss (p. 147)
3. Chiens de traîneau 4. Grotte de glace près de Þórsmörk (p. 155)

DARIA MEDVEDEVA/SHUTTERSTOCK ©

# Tourisme hivernal

Aurores boréales, nature à l'état brut, cadence soutenue de courtes journées : on comprend que l'Islande séduise de plus en plus de visiteurs en hiver ! D'autant que, malgré une affluence accrue, la saison hivernale ne connaît pas les foules de l'été.

## Au départ de Reykjavík

Malgré la brièveté des heures diurnes, la vie suit son cours dans la capitale. Les possibilités d'activités extérieures abondent, entre cascades gelées, monts enneigés, patin à glace, ski, raquettes... En hiver, ayez recours à des agences locales qui garantiront votre sécurité. Les excursions à la journée depuis Reykjavík (p. 69) sont recommandées.

## Ski et sports d'hiver

Bláfjoll, près de Reykjavík, attire les skieurs de novembre à avril, mais c'est dans le nord du pays que se rendent les vrais passionnés. Dans la région d'Akureyri, Hlíðarfjall est le plus grand domaine skiable d'Islande (p. 249). Plus au nord encore, on trouve de plus petites stations et la péninsule de Tröllaskagi, qui se prête à l'héliski (p. 237). Vous pourrez faire coïncider votre séjour avec les Iceland Winter Games, organisés fin mars à Akureyri (p. 248).

## Grottes de glace

En hiver, les grottes de glace du Sud-Est se parent d'une beauté irréelle. Certaines se visitent de novembre à mars, généralement aux abords des glaciers, et en compagnie d'un guide. Des agences locales partent de plusieurs endroits entre le Skaftafell et Höfn. Le bleu dont se teintent parfois les paysages participe du charme de l'hiver.

## Raquettes et chiens de traîneau

L'Islande se prête toute l'année aux balades en motoneige, à l'escalade, à la randonnée sur les glaciers et aux sorties en traîneau à chiens. Pour un surcroît de magie, direction Mývatn pour des circuits en raquettes, du ski nordique et d'autres périples, en motoneige sur lac gelé ou en traîneau attelé dans les collines.

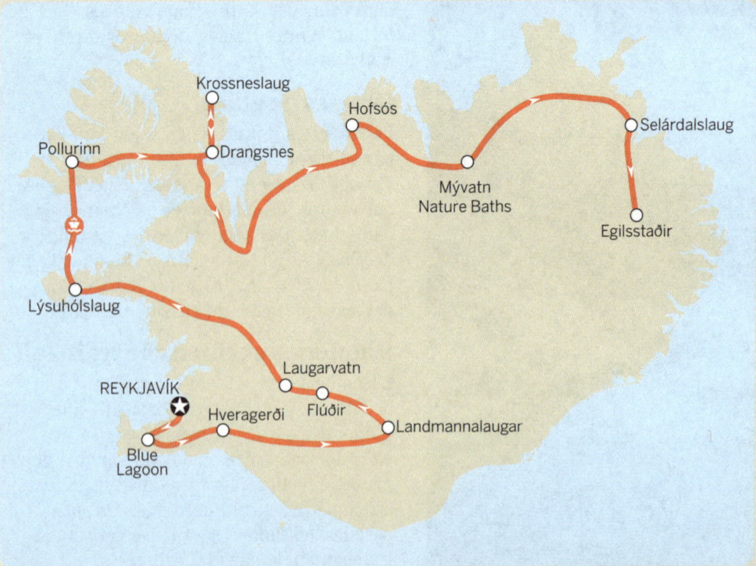
Krossneslaug
Hofsós
Selárdalslaug
Pollurinn
Drangsnes
Mývatn
Nature Baths
Egilsstaðir
Lýsuhólslaug
Laugarvatn
REYKJAVÍK
Hveragerði
Flúðir
Landmannalaugar
Blue
Lagoon

MICAH WRIGHT/DESIGN PICS/GETTY IMAGES ©

SAM SPICER/GETTY IMAGES ©

En haut : Gamla Laugin, Flúðir
En bas : rivière chaude de Reykjadalur, Hveragerði

2 SEMAINES

# La tournée des hot pots

**Chères aux islandais, qui aiment à s'y prélasser, les sources chaudes riches en minéraux adoucissent la peau comme les âmes. Vous pourrez en apprécier les charmes à l'occasion d'un périple dans ce royaume de la géothermie.**

Commencez à **Reykjavík** et faites comme les habitués : nagez et échangez quelques potins dans les bassins publics.

Puis rejoignez le **Blue Lagoon**, une attraction planétaire inscrite dans un cadre d'exception, et offrez-vous un masque de silice antioxydante.

Faites une pause à **Hveragerði**, marqué par une forte activité géothermique alimentant de nombreux bains bouillonnants.

Ensuite, direction le **Landmannalaugar**, où vous céderez aux délices d'un bassin fumant au terme d'une longue randonnée.

Passez par **Flúðir**, dont le lagon naturel entouré de prairies fut longtemps confidentiel.

Faites un détour par l'ensemble de bains géothermiques de Fontana, à **Laugarvatn**, alimenté par un geyser naturel.

Baignez-vous à **Lýsuhólslaug** et ressortez de la soupe d'algues avec une peau de bébé !

Faites un saut à **Pollurinn**, à la sortie du Tálknafjörður – un lieu prisé des baigneurs islandais.

Gare à ne pas manquer les *hot pots* de **Drangsnes**, nichés dans une digue.

Détendez-vous à **Krossneslaug**, dans l'irréelle beauté d'une rive sauvage parsemée de galets.

Ne ratez pas le magnifique site d'**Hofsós**, où l'on contemple un horizon à perte de vue depuis un bassin au bord d'un fjord, accessible sur réservation pour un bain de minuit.

Dans le Nord, les **Mývatn Nature Baths** sont le pendant plus discret du Blue Lagoon.

Terminez par **Selárdalslaug**, une piscine aménagée entre deux éminences à proximité du Vopnafjörður.

Il sera alors temps de regagner Reykjavík en avion depuis **Egilsstaðir**.

*(Suite de la page 239)*

## Fêtes et festivals

**Festival de musique folklorique** MUSIQUE
(www.folkmusik.is ; juil). Pendant 5 jours, début juillet.

**Fête du Hareng** CULTURE
(août). La plus grande fête de Siglufjörður a lieu pendant un week-end prolongé début août. La localité y retrouve un temps l'ambiance de son âge d'or. De nombreux événements animent la semaine qui précède : chants, danses et festins de poisson.

## Où se loger

**Camping** CAMPING €
(Snorragata ; empl 1 100 ISK/pers ; mi-mai à mi-sept). Curieusement situé au milieu du village, près du port, il comprend un petit bloc sanitaire et une laverie. Un second terrain herbeux se trouve en dehors de la localité – suivez Suðurgata (ou empruntez Norðurtún, indiquée près de Snorragata).

**Herring Guesthouse** GUESTHOUSE €€
(868 4200 ; www.theherringhouse.com ; Hávegur 5 ; s/d sans sdb 13 500/17 900 ISK, app 4 pers 44 800 ISK). Þorir (l'ancien maire) et Erla, des hôtes charmants et bien informés, assurent un service personnalisé, dans leur pension chic avec vue, qui possède également une annexe (Hlíðarvegur 1, derrière l'église). La maison principale comprend une cuisine commune ; un délicieux petit-déjeuner est proposé (2 000 ISK). Les familles apprécieront l'appartement de 2 chambres.

**Siglunes Guesthouse** GUESTHOUSE €€
(467 1222 ; www.hotelsiglunes.is ; Lækjargata 10 ; d avec/sans sdb à partir de 19 400/15 900 ISK). Cette pension séduit par son caractère et son ambiance détendue, résultant de l'association de meubles rétro et d'œuvres d'art contemporain. Les chambres (sdb partagées, pas de cuisine) sont attrayantes ; le petit-déjeuner (2 000 ISK) est servi dans une grande salle. *Happy hour* de 17h à 19h dans le bar intimiste. Sdb ultramodernes dans l'aile de style "hôtel". Petit plus appréciable : les vélos mis à la disposition des clients.

**Siglo Harbour Hostel & Apartments** GUESTHOUSE, APPARTEMENT €€
(897 1394 ; www.sigloharbourhostel.is ; Tjarnargata 14 ; d sans sdb 13 500 ISK, app 32 000 ISK). La partie "*hostel*" (auberge de jeunesse) de l'établissement s'apparente davantage à une pension à prix modéré : elle compte 5 chambres doubles avec draps, et sdb et cuisine communes (laverie gratuite). Parfaitement adaptés aux familles et aux groupes, les 2 appartements spacieux peuvent accueillir 6 personnes. Réduction pour les séjours de plusieurs nuitées.

**Sigló Hótel** HÔTEL €€€
(461 7730 ; www.siglohotel.is ; Snorragata 3 ; d petit-déj inclus 37 000 ISK). Le "mécène" de la ville, un Islandais qui a réussi aux États-Unis, est à l'origine de la réhabilitation de la marina. Son dernier projet en date est ce luxueux hôtel de 68 chambres, sur le port. Si les chambres sont élégantes et bien équipées, les espaces communs sont plus impressionnants encore : très beaux bar-restaurant et *lounge*, *hot-pot* au bord de l'eau.

## Où se restaurer et prendre un verre

Une boulangerie/pizzeria très fréquentée est installée dans Aðalgata (la rue en face de la supérette). Aux heures des repas, l'attention se tourne vers la marina aux couleurs primaires.

Renseignez-vous pour savoir ce que propose la Siglunes Guesthouse : un chef marocain y proposait des plats authentiques lors de nos recherches.

**Aðalbakarinn** BOULANGERIE, CAFÉ €
(Aðalgata 28 ; buffet soupes 1 590 ISK ; 7h-17h lun-ven, 8h-17h sam, 9h-16h dim). Ce grand espace est apprécié des habitués comme des voyageurs. On y vient pour un café avec un gâteau, pour le buffet-soupe du midi ou pour acheter de quoi pique-niquer.

**Samkaup-Úrval** SUPERMARCHÉ €
(Aðalgata ; 10h-19h lun-ven, 11h-19h sam, 13h-17h dim). Bien approvisionné. DAB à l'intérieur.

**Kaffi Rauðka** ISLANDAIS €€
(www.raudka.is ; plats 1 690-2 950 ISK ; 11h30-21h30 juin-août ; ). Cet établissement décontracté, à la devanture rouge, sert des sandwichs, des salades et des plats copieux (grillades au barbecue, burgers, *fish and chips*). Délicieuse tartine aux crevettes (pêchées localement). Concerts fréquents le week-end. Horaires erratiques en hiver.

**Hannes Boy** ISLANDAIS €€€
(461 7734 ; www.hannesboy.is ; Gránugata 23 ; buffet tarif plein/enfant 6 490/3 245 ISK ; 18h-22h juin-août). Un lieu à la façade jaune vif, élégant, lumineux et original, avec des sièges

confectionnés à partir d'anciens tonneaux à harengs. Il appartient aux mêmes personnes que le Sigló Hótel et propose un buffet de qualité, prévu pour les groupes, mais ouvert à tous. Pour un repas à la carte, préférez le restaurant de l'hôtel. Poissons et fruits de mer ; bar à glaces pour le dessert.

**Vínbúðin** VIN ET SPIRITUEUX
(Eyrargata 25 ; 14h-18h lun-jeu, 12h-19h ven, 11h-14h sam mai-août, fermé sam sept-avr). Chaîne d'État.

## Renseignements

On trouve de nombreux services dans le village : banque, pharmacie, poste... Vous pourrez glaner quelques informations touristiques au musée de l'Ère du hareng.

Le site www.fjallabyggd.is (la municipalité de Fjallabyggð englobe Siglufjörður et Ólafsfjörður) fournit quelques renseignements ; rendez-vous également sur www.visittrollaskagi.is.

**Centre d'information touristique** (464 9120 ; Gránugata 24 ; 9h-17h lun-ven, 11h-15h sam-dim juin-août, horaires réduits sept-mai). Personnel serviable ; dans le Ráðhús (hôtel de ville), sur Gránugata.

## Depuis/vers Siglufjörður

### BUS

Services assurés par **Strætó** (www.bus.is) :

- Bus n°78 pour Ólafsfjörður (840 ISK, 15 min, 3/jour lun-ven, 1/jour dim)
- Bus n°78 pour Akureyri (2 520 ISK, 1 heure 10, 3/jour lun-ven, 1/jour dim). Via Dalvík.

### VOITURE

Avant l'ouverture des tunnels en 2010, Siglufjörður et Ólafsfjörður étaient reliées par une route de montagne de 62 km via Lagheiði (ancienne Route 82). Cette route n'était accessible qu'en été ; en hiver, les deux villes étaient à 234 km l'une de l'autre. Grâce aux tunnels, la distance s'est réduite à 16 km.

En direction de l'est, un tunnel de 4 km débouche dans le superbe Héðinsfjörður ; un deuxième, de 7 km, conduit à Ólafsfjörður.

# Ólafsfjörður

825 HABITANTS

Nichée entre deux versants escarpés et les eaux sombres du fjord, cette bourgade de pêcheurs semble toujours isolée malgré les tunnels qui la relient désormais à Siglufjörður, au nord.

D'Akureyri, vous devrez traverser un étroit tunnel de 3 km pour entrer dans l'agglomération.

## Activités

Ólafsfjörður bénéficie d'un bon enneigement en hiver – dont on peut profiter sur les pistes de ski qui la surplombent.

La bourgade compte aussi une belle piscine et un golf (9 trous). Le Brimnes Hotel loue des bateaux et des kayaks ; consultez son site Web pour une description des activités dans la région.

## Circuits organisés

**Arctic Freeride** AVENTURE
(859 8800 ; www.arcticfreeride.com ; 2 heures tarif plein/enfant 9 000/5 500 ISK). Un duo père-fils originaire du coin organise des parcours à bord d'autochenilles, de janvier à mai. Un circuit mène au sommet du mont Múlakolla (984 m) ; excursion plus longue en soirée pour observer des aurores boréales (20 000 ISK). On peut également réserver un aller simple (avec retour à ski).

**Viking Heliskiing** SKI
(846 1674 ; www.vikingheliskiing.com). Des guides expérimentés (certains ont concouru aux Jeux olympiques d'hiver) proposent des sorties héliski sur les monts de la péninsule (dépose jusqu'à 1500 m), de mi-mars à mi-juin environ (quand la météo est favorable). Également : formules tout compris avec transferts depuis Akureyri et pension complète en *lodge*. La formule 2 jours/2 nuits avec héliski commence à 4 300 €.

## Où se loger et se restaurer

Pour manger, mieux vaut aller à Siglufjörður.

**Camping** CAMPING €
(1 100 ISK/pers ; mi-mai à mi-sept). Toilettes, eau et électricité à disposition ; les campeurs utilisent les douches de la piscine voisine. Règlement au café Kaffi Klara (p. 246).

**Brimnes Hotel & Bungalows** HÔTEL, BUNGALOWS €€
(660 3955 ; www.brimnes.is ; Bylgjubyggð 2 ; s/d petit-déj inclus 12 300/18 000 ISK, bung à partir de 23 200 ISK). De fabuleux bungalows en rondins au bord du lac (diverses tailles, jusqu'à 7 pers), avec *hot tub* (Jacuzzi) dans la véranda et vue sur l'eau : tel est l'atout majeur du plus bel hébergement de la ville. L'établissement compte également 11 chambres lumineuses et rénovées, avec sdb privative, ainsi qu'un assez bon restaurant en été – horaires irréguliers, selon le nombre de réservations de groupes. Cuisine sans surprise (soupe, poisson, burgers).

**Gistihús Jóa** GUESTHOUSE €€
(Joe's Guesthouse ; ☎847 4331 ; joesguesthouse.is ; Strandgata 2 ; d sans sdb petit-déj inclus 15 000-18 000 ISK). Cette ravissante pension occupe une ancienne poste restaurée à côté du supermarché. Elle comprend 6 chambres compactes avec lavabo (sol original et décor moderne couleur chocolat) et un charmant café au rez-de-chaussée, où le petit-déjeuner est servi.

**Kaffi Klara** CAFÉ €
(www.kaffiklara.is ; Strandgata 2 ; déj buffet 1 850 ISK ; ⏲10h-18h). Cet adorable café fournit des renseignements sur la région et sert un beau choix de soupes, sandwichs et gâteaux. Les livres et les jeux de plateau permettent de passer le temps les jours de pluie. Également installé dans l'ancienne poste, il en a conservé les vieilles cabines téléphoniques.

### Renseignements

**Centre d'information touristique** (☎464 9215 ; Ólafsvegur 4 ; ⏲13h-17h lun-ven, 11h-15h sam juin-août, horaires réduits sept-mai). Utile ; à l'intérieur de la bibliothèque municipale, à proximité immédiate de la rue principale.

### Depuis/vers Ólafsfjörður

Services assurés par **Strætó** (www.bus.is) :

- Bus n°78 pour Siglufjörður (840 ISK, 15 min, 3/jour lun-ven, 1/jour dim)
- Bus n°78 pour Akureyri (2 100 ISK, 55 min, 3/jour lun-ven, 1/jour dim). Via Dalvík.

## Dalvík

1 455 HABITANTS

La bourgade somnolente de Dalvík se niche dans un endroit pittoresque entre l'Eyjafjörður venteux et les collines de Svarfaðardalur. La plupart des touristes y viennent pour prendre le ferry de Grímsey (p. 266). Si vous avez du temps, de nombreuses raisons invitent à s'attarder – excellentes activités dans le secteur, musées intéressants, superbes hébergements...

**Byggðasafnið Hvoll** MUSÉE
(www.dalvik.is/byggdasafn ; Karlsbraut ; tarif plein/enfant 700 ISK/gratuit ; ⏲11h-18h juin-août, 14h-17h sept-mai). Le musée de Dalvík mérite la palme de l'insolite. Négligez les animaux empaillés pour visiter les salles consacrées à l'histoire poignante de Jóhan Pétursson, un géant local de 2,34 m qui fut le plus grand homme d'Islande.

### Circuits organisés

**Arctic Sea Tours** OBSERVATION DES BALEINES
(☎771 7600 ; www.arcticseatours.is ; Hafnarbraut 22 ; 3 heures tarif plein/enfant 9 900/4 950 ISK ; ⏲mars-nov). Ce prestataire propose des croisières de 3 heures jusqu'à 5 fois par jour en très haute saison et des

### MERVEILLES HIVERNALES

Le nombre de visiteurs en Islande a grimpé en flèche ces dernières années. Pour autant, il reste possible d'apprécier la beauté naturelle du pays à l'écart de la foule : il suffit de venir en hiver. Pour les aurores boréales, bien sûr, mais pas seulement. Ne croyez pas devoir vous contenter de Reykjavík et ses environs. Des vols intérieurs desservent Akureyri toute l'année, et un nombre croissant d'activités et de tour-opérateurs dans le nord du pays permettent de profiter des montagnes enneigées.

Akureyri, la péninsule de Tröllaskagi et Mývatn sont de parfaites destinations hivernales : Akureyri offre un accès facile à **Hlíðarfjall** (p. 274), la plus grande station de ski du pays, et des festivals y sont organisés en hiver. Sur la péninsule de Tröllaskagi, on trouve des domaines skiables plus petits (à Dalvík, Ólafsfjörður et Siglufjörður) et il existe d'excellentes agences d'héliski (mois principaux : mars et avril) ; renseignements en ligne sur www.skiiceland.is. À Mývatn, vous pourrez partir pour des circuits en raquettes ou en ski nordique, à motoneige sur le lac gelé ou en traîneau à chiens dans les collines. Des formules combinent activités, transferts et hébergements. Un conseil : venez à partir de février, quand les jours rallongent (même si la période festive de Noël et du Nouvel An est aussi plaisante).

Si vous n'avez pas l'expérience de la conduite sur neige ou sur glace, mieux vaut avoir recours à des professionnels, équipés de Super-Jeeps et dotés d'une solide expérience, comme Saga Travel (p. 268), basé à Akureyri et Mývatn. Consultez aussi les sites Web de compagnies comme **Bergmenn Mountain Guides** (page suivante), **Viking Heliskiing** (p. 245), **Hike & Bike** (p. 267) et **Sel-Hótel** (p. 273), à Mývatn.

circuits d'observation des baleines de mars à novembre. Tous les circuits comprennent un intermède de pêche en mer avec préparation de votre prise au barbecue dès votre descente du bateau. Rendez-vous dans leurs locaux, situés dans la rue principale, à proximité de la station-service N1.

**Bergmenn MountainGuides** AVENTURE
(☎858 3000 ; www.bergmenn.com). Cette compagnie réputée installée en dehors de Dalvík est spécialisée dans le ski de fond, le ski alpin, l'héliski, l'escalade glaciaire ou alpine, et d'autres activités liées à la montagne. Le nom du propriétaire, Jökull Bergmann, signifie "montagnard des glaciers" - sans doute l'origine de sa vocation... La société possède également Arctic Heli Skiing (www.arcticheliskiing.com) ainsi que 4 *lodges* répartis sur la péninsule.

## Où se loger et se restaurer

**Dalvík HI Hostel** AUBERGE DE JEUNESSE €
(☎699 6616, 865 8391 ; www.dalvikhostel.com ; Hafnarbraut 4 ; dort/d sans sdb 4 900/12 700 ISK). Cette auberge de jeunesse, l'une des meilleures d'Islande (y compris pour le rapport qualité/prix), ressemble à une pension de charme. Heiða, l'une des aimables propriétaires, a créé un cadre original d'inspiration rétro. L'établissement de 7 chambres occupe, dans le centre-ville, un bâtiment blanc appelé Gimli.

**Camping** CAMPING €
(empl camping-car/tente 2 250/1 750 ISK ; ⏲juin-août). Grande aire de camping jouxtant la piscine municipale ; suivez les panneaux indiquant *Fosshótel* (règlement à la piscine).

**Vegamót** COTTAGE €€
(☎699 6616, 865 8391 ; www.dalvikhostel.com ; Skíðarbraut ; cottages 16 300-24 900 ISK). Heiða et Bjarni, les sympathiques propriétaires de l'excellente auberge de jeunesse, possèdent d'autres hébergements, notamment 3 chalets en bois et le Gamli Bærinn (la "vieille ferme"), un chalet indépendant romantique à souhait. Tous se trouvent dans leur propriété face à la station-service Olís, à l'entrée sud de la ville. Réception au café Gísli, Eiríkur, Helgi, qui leur appartient également.

**Gísli, Eiríkur, Helgi** ISLANDAIS €
(Kaffihús Bakkabræðra ; Grundargata 1 ; soupe et buffet salades 1 990 ISK ; ⏲10h-22h). Ce café lambrissé, dont le nom évoque trois frères d'un conte traditionnel, est rempli d'un bric-à-brac vintage et de porcelaines dépareillées. Il a un charme fou, et l'on s'y régale d'une délicieuse soupe de poisson et de gâteaux maison. Il comprend un coin bar et un petit théâtre à l'arrière.

## Renseignements

Un **point d'information touristique** (☎846 4908 ; www.dalvikurbyggd.is ; Goðabraut ; ⏲8h-18h lun-ven, 13h-17h sam) utile est installé dans le Menningarhúsið Berg, le centre culturel moderne qui abrite la bibliothèque et un café. Le personnel vous renseignera sur les activités dans la région – équitation, ski, golf, randonnées, observation des oiseaux...

## Depuis/vers Dalvík

Dalvík est le point de départ des ferries pour Grímsey (p. 266).

Services assurés par **Strætó** (www.bus.is) :

- Bus n°78 pour Siglufjörður (1 260 ISK, 35 min, 3/jour lun-ven, 1/jour dim)
- Bus n°78 pour Akureyri (1 680 ISK, 40 min, 3/jour lun-ven, 1/jour dim)

# D'Akureyri à Dalvík

Une riche région agricole s'étend au nord, sur la Route 82 reliant Akureyri à Dalvík. Des routes secondaires mènent à des villages de pêcheurs sur la rive ouest d'Eyjafjörður : Hjalteyri, Hauganes et Árskógssandur (du sud au nord).

La vue sur les montagnes par-delà le fjord est superbe, et on trouve des lieux où faire étape et des activités en chemin. Árskógssandur est le point de départ principal pour se rendre sur Hrísey (p. 261), la principale île du fjord.

## À voir et à faire

**Hjalteyri** VILLAGE
Hjalteyri (43 habitants), à 20 km d'Akureyri, était autrefois un important port de pêche du hareng ; l'ancienne usine de transformation du poisson, construite en 1937, était alors la plus grande d'Islande. L'activité de pêche cessa dans les années 1960, entraînant la fermeture de l'usine. L'île, devenue un lieu d'agrément, réserve quelques bonnes surprises : des expositions artistiques en été, de l'artisanat, un centre de plongée (p. 248) et des circuits d'observation des baleines.

**Whale Watching Hauganes** OBSERVATION DES BALEINES
(☎867 0000 ; www.whales.is ; Hafnargata 2, Hauganes ; 3 heures tarif plein/enfant 9 400/4 700 ISK ;

## PLONGÉE DANS L'EYJAFJÖRÐUR

La plongée sous-marine évoque habituellement des plages ensoleillées et des poissons tropicaux. Pourtant, les froides eaux islandaises cachent un site fascinant. Si la plupart des plongeurs affluent dans l'eau cristalline de Silfra, près de Þingvellir, dans le Sud, l'endroit le plus fabuleux se trouve dans l'Eyjafjörður : il s'agit d'un cône géant (55 m) appelé **Strýtan**, qui s'élève du fond de l'océan et crache une eau bouillante. Cette cheminée géothermique composée de dépôts de silicate de magnésium est une véritable anomalie. Les seules autres structures de ce type connues ont été découvertes à des profondeurs de 2 000 m et plus. Or, le sommet du Strýtan n'est qu'à 15 m sous la surface.

Outre le majestueux Strýtan, il existe des cônes de vapeur plus petits de l'autre côté du fjord. Appelées **Arnanesstrýtur**, ces formations ne sont pas aussi spectaculaires, mais l'on estime que l'eau qui jaillit des évents aurait 11 000 ans. Il s'agit d'eau douce ; vous pourrez placer une Thermos au-dessus d'un évent, récupérer l'eau bouillante et l'utiliser pour faire une boisson chaude, une fois remonté à la surface !

Plonger autour de l'île de Grímsey (p. 266), où l'eau est étonnamment claire, est aussi mémorable. Les oiseaux constituent ici la principale attraction : des guillemots plongent en piqué à la recherche de nourriture, et nager parmi eux donne l'impression de voler !

Si vous souhaitez découvrir ces sites et d'autres dans le Nord (notamment des crevasses et des rivières géothermiques), contactez Erlendur Bogason dans son centre de plongée, le **Strytan Divecentre** (☎862 2949 ; www.strytan.is ; Hjalteyri ; 2 plongées guidées 40 000 ISK), basé à Hjalteyri, à environ 20 km au nord d'Akureyri. Erlendur a découvert le Strýtan en 1997 ; il est désormais officiellement chargé de sa préservation. Consultez le site Web pour connaître le niveau de plongée requis ; sachez enfin que certains endroits sont accessibles en snorkeling avec combinaison.



🕑mi-mai à mi-sept). Au départ du hameau d'Hauganes, prenez place à bord du *Níels Jónsson*, un ancien bateau de pêche, pour une excursion comprenant pêche et observation des baleines (ce fut le premier prestataire du pays à proposer des sorties à la rencontre des cétacés).

**Bruggsmiðjan – Kaldi** BRASSERIE
(Bière Kaldi ; ☎466 2505 ; www.bruggsmidjan.is ; Öldugata 22, Árskógssandur ; 2 000 ISK ; 🕑sur rdv 11h-15h). La microbrasserie Bruggsmiðjan, qui est établie à Árskógssandur, produit la très demandée bière Kaldi suivant des méthodes tchèques. Elle est ouverte au public, mais il est préférable de téléphoner au préalable. On peut également la visiter, parmi d'autres sites de production, dans le cadre du circuit gastronomique proposé par Saga Travel (p. 251), à Akureyri.

### Où se loger et se restaurer

♥ **Apartment Hótel Hjalteyri** BOUTIQUE-HÔTEL €€€
(☎462 2770, 897 7070 ; www.hotelhjalteyri.is ; Hjalteyri ; d 39 000 ISK, app 2 ch petit-déj inclus 49 000 ISK). Cette ancienne école transformée en un hôtel superbe donne sur la route du port de Hjalteyri. On y trouve 3 chambres doubles et 4 appartements de tailles diverses – Jacuzzi et terrasse dans celui du dernier étage. Grands volumes, toiles, nombreux livres : un décor soigné et élégant. Café en été (ouvert à tous de 14h à 21h).

# AKUREYRI

18 200 HABITANTS

Deuxième ville du pays (malgré sa faible population), Akureyri témoigne d'une étonnante vitalité : ses cafés animés, ses restaurants de qualité, ses quelques galeries d'art et sa riche vie nocturne la distinguent des autres localités de l'Islande rurale.

La localité est nichée au fond de l'Eyjafjörður, le plus long fjord islandais (60 km), au pied de pics enneigés. En été, les jardins fleuris font oublier, un moment, la proximité du cercle polaire arctique. En hiver, des festivals animés et d'excellentes possibilités de ski en font une destination attrayante. Cette ville plutôt détendue, riche d'un beau choix d'hébergements et de restaurants, est aussi le point de départ idéal pour découvrir l'Eyjafjörður et ses environs.

De plus en plus de bateaux de croisière font escale à Akureyri, avec l'affluence que l'on devine. De nombreux visiteurs désireux de se rendre à Tröllaskagi, Mývatn et Húsavík partent d'ici.

## À voir

### Akureyrarkirkja ÉGLISE

(www.akureyrarkirkja.is ; Eyrarlandsvegur ; généralement 10h-16h lun-ven). Perchée sur une colline qui domine la ville, l'église emblématique d'Akureyri fut conçue par Guðjón Samúelsson, l'architecte qui dessina l'Hallgrímskirkja de Reykjavík. Bien que l'une et l'autre soient en basalte, l'Akureyrarkirkja évoque davantage un édifice Art déco que sa grande sœur de la capitale.

Construite en 1940, l'église contient un orgue monumental de 3 200 tuyaux et des reliefs originaux retraçant la vie du Christ. Le modèle réduit de bateau suspendu au plafond reflète une vieille tradition nordique d'offrandes votives pour la protection des êtres aimés en mer. Le superbe vitrail central du chœur, qui provient de la cathédrale de Coventry (Angleterre), est sans doute son plus bel ornement.

L'église accepte les visiteurs presque tous les jours ; consultez le tableau à l'extérieur pour les horaires, qui changent fréquemment.

### Lystigarðurinn JARDIN

(www.lystigardur.akureyri.is ; Eyrarlandsholt ; 8h-22h lun-ven, 9h-22h sam-dim juin-sept). GRATUIT Ce jardin botanique, parmi les plus septentrionaux du monde, est un endroit charmant. À considérer la proximité du cercle arctique, le nombre de plantes est stupéfiant. Le lieu recèle en effet toutes les espèces endémiques d'Islande, ainsi que d'autres de toutes latitudes et altitudes du globe. On y trouve un café, superbement situé.

### Musée d'Art d'Akureyri MUSÉE

(Listasafnið á Akureyri ; www.listak.is ; Kaupvangsstræti 12 ; 1 000 ISK ; 10h-17h juin-août, 12h-17h mar-dim sept-mai). Le musée d'Art d'Akureyri présente des expositions éclectiques et innovantes, allant du design graphique à l'art du portrait. Voisin d'une poignée de galeries d'art, il donne dans une rue du centre que les autorités en charge du tourisme ont surnommé, un brin pompeusement, "l'Allée des arts".

### Musée d'Akureyri MUSÉE

(Minjasafnið á Akureyri ; www.akmus.is ; Aðalstræti 58 ; tarif plein/enfant 1 200 ISK/gratuit ; 10h-17h juin à mi-sept, 13h-16h mi-sept à mai). Ce joli musée bien conçu renferme des objets historiques et des œuvres d'art ayant trait à la ville, dont des cartes, des photos et des reconstitutions d'anciennes maisons islandaises. Le jardin du musée s'étend sur le site de la première pépinière d'Islande, qui fut créée en 1899. Remarquez la petite église voisine, en bois goudronné, de 1846.

### Nonnahús MUSÉE

(www.nonni.is ; Aðalstræti 54 ; tarif plein/enfant 1 200 ISK /gratuit ; 10h-17h juin-août). La Nonnahús est la résidence d'artiste la plus intéressante d'Akureyri. Ce fut la maison d'enfance du révérend Jón Sveinsson (1857-1944), célèbre auteur de livres pour enfants surnommé Nonni. Ses histoires de bravoure à l'ancienne possèdent une riche saveur locale. La maison date de 1850 ; ses pièces exiguës et son mobilier modeste offrent un aperçu de la vie en Islande au XIX^e siècle.

Le billet combiné pour la Nonnahús et le musée d'Akureyri coûte 2 000 ISK.

## Activités

En hiver, les versants enneigés attirent des skieurs de tout le pays. L'été est propice à la randonnée, au golf, à la baignade dans des *hot pots*... Les cartes de randonnées Útivist & afþreying sont utiles. Il en existe 7 en tout ; les plans n^os 1 et 2 concernent la région d'Eyjafjörður. Elle sont en vente chez Ferðafélag Akureyrar (p. 251) et à l'office du tourisme (p. 262).

Lors de nos recherches, il n'était pas possible de louer des vélos. Renseignez-vous à l'office du tourisme.

Vous pourrez organiser à Akureyri une multitude de circuits et d'activités guidés dans tout le nord de l'Islande.

### Sundlaug Akureyrar PISCINE

(Þingvallastræti 21 ; tarif plein/enfant 750/200 ISK ; 6h45-21h lun-ven, 8h-19h30 sam-dim ; ). Cœur de la vie locale, la piscine en plein air d'Akureyri est l'une des plus belles du pays. Elle comporte 3 bassins chauffés, des *hot pots*, des toboggans, des saunas et des bains de vapeur.

### Domaine skiable de Hlíðarfjall SKI

(462 2280 ; www.hlidarfjall.is ; forfait journée tarif plein/enfant 4 900/1 400 ISK ; ). Le principal domaine skiable d'Islande se trouve à 5 km à l'ouest de la ville. Avec un dénivelé de 455 m, il possède 7 remontées mécaniques, 23 pistes de ski alpin (la plus longue dépasse 2,5 km) et des pistes de ski nordique.

La saison de ski s'étend de décembre à fin avril. Les conditions sont optimales en février et mars ; Pâques marque un pic de fréquentation.

## Akureyri

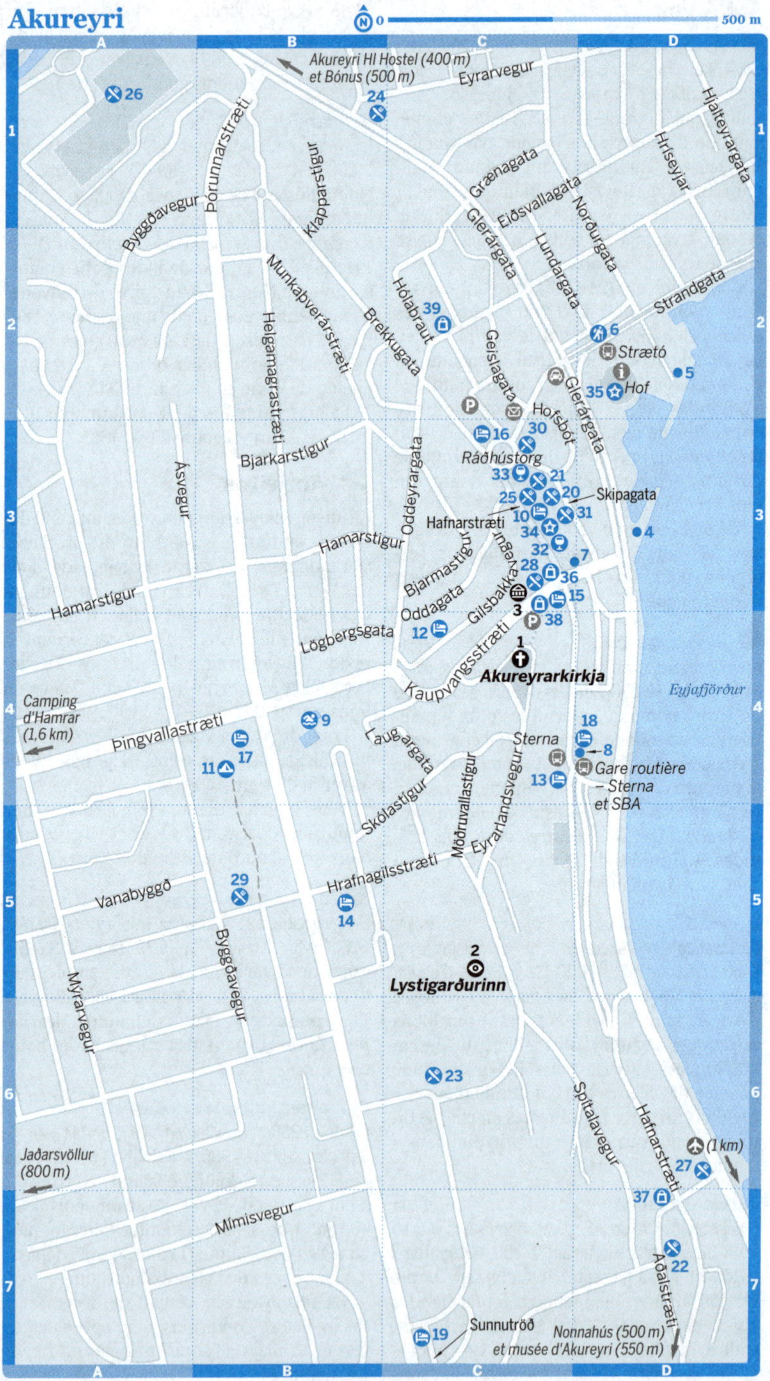
0
500 m
Akureyri HI Hostel (400 m) et Bónus (500 m)
Eyrarvegur
Þórunnarstræti
Klapparstígur
Grænagata
Eiðsvallagata
Norðurgata
Hríseyjar
Hjalteyrargata
Byggðavegur
Glerárgata
Lundargata
Strandgata
Munkaþverárstræti
Hólabraut
Brekkugata
Helgamagrastræti
Geislagata
Stætó
Hof
Hofsbót
Ráðhústorg
Bjarkarstígur
Ásvegur
Oddeyrargata
Skipagata
Hafnarstræti
Hamarstígur
Bjarmastígur
Oddagata
Gilsbakkavegur
Hamarstígur
Lögbergsgata
Kaupvangsstræti
Akureyrarkirkja
Eyjafjörður
Camping d'Hamrar (1,6 km)
Þingvallastræti
Laugargata
Sterna
Gare routière – Sterna et SBA
Skólastígur
Möðruvallastígur
Eyrarlandsvegur
Hrafnagilsstræti
Vanabyggð
Byggðavegur
Lystigarðurinn
Mýrarvegur
Spítalavegur
Hafnarstræti
(1 km)
Jaðarsvöllur (800 m)
Mímisvegur
Aðalstræti
Sunnutröð
Nonnahús (500 m) et musée d'Akureyri (550 m)

## Akureyri

### Les incontournables

1 Akureyrarkirkja ........ C4
2 Lystigarðurinn ........ C5

### À voir

3 Musée d'Art d'Akureyri ........ C3

### Activités

4 Ambassador ........ D3
5 Elding ........ D2
6 Ferðafélag Akureyrar ........ D2
7 Saga Travel ........ C3
8 SBA-Norðurleið ........ D4
9 Sundlaug Akureyrar ........ B4

### Où se loger

10 Akureyri Backpackers ........ C3
11 Camping municipal ........ B4
12 Guesthouse Hvítahúsið ........ C4
13 Hótel Akureyri ........ C4
14 Hótel Edda ........ B5
15 Hótel Kea ........ C3
16 Hrafninn ........ C3
17 Icelandair Hotel Akureyri ........ B4
18 Our Guesthouse ........ D4
19 Sæluhús ........ C7

### Où se restaurer

20 Akureyri Fish Restaurant ........ C3
21 Berlin ........ C3
Blaá Kannan ........ (voir 32)
22 Brynja ........ D7
23 Café Laut ........ C6
24 Greifinn ........ B1
Hamborgarafabrikkan ........ (voir 15)
Icelandair Hotel Akureyri ........ (voir 17)
25 Indian Curry Hut ........ C3
26 Nettó ........ A1
27 Noa Seafood Restaurant ........ D6
28 Rub23 ........ C3
29 Samkaup-Strax ........ B5
30 Serrano ........ C3
31 Strikið ........ C3

### Où prendre un verre et faire la fête

Akureyri Backpackers ........ (voir 10)
32 Götubarinn ........ C3
33 R5 ........ C3

### Où sortir

34 Græni Hatturinn ........ C3
35 Hof ........ D2

### Achats

36 Eymundsson ........ C3
Geysir ........ (voir 10)
37 Háaloftið ........ D7
38 Sjoppan ........ C3
39 Vínbúðin ........ C2

On peut louer des skis et des snowboards dans la station, qui compte aussi 2 restaurants et une école de ski. En saison, des bus assurent la liaison avec Akureyri ; consultez le site Web.

**Ferðafélag Akureyrar** RANDONNÉE
(Touring Club d'Akureyri ; ☎462 2720 ; www.ffa.is ; Strandgata 23 ; ⌚15h-18h lun-ven mai-août, 11h-13h lun-ven sept-avr). Pour des renseignements sur la randonnée dans la région, Web le Ferðafélag Akureyrar ; son site Internet répertorie (en anglais) les refuges qu'il possède dans le Nord et dans les hautes terres, décrit la piste d'Askja et détaille (en islandais) son programme de randonnées et de ski.

**Kjarnaskógur** BOIS
(👪). À 3 km au sud de la ville, les bois de Kjarnaskógur (600 ha) sont la "forêt" la plus visitée du pays. Ils comportent des sentiers pédestres et de VTT, des aires de pique-nique et des barbecues, et des terrains de jeux pour les enfants. En hiver, le site se prête au ski de fond (il y a notamment une piste éclairée de 7 km). Le camping d'Hamrar (p. 258) offre un accès facile à Kjarnaskógur.

**Jaðarsvöllur** GOLF
(☎462 2974 ; www.golficeland.org ; partie 5 900-7 000 ISK ; ⌚mi-mai à oct). Envie d'une partie de golf à minuit ? De juin à début août, le soleil ne se couche jamais sur le parcours par 71 d'Akureyri, à seulement quelques degrés au sud du cercle polaire, et l'on peut jouer 24h/24. Clubs et chariots sont disponibles à la location.

Le golf accueille chaque année l'**Arctic Open** (www.arcticopen.is ; ⌚fin juin), un tournoi (36 trous) sous le soleil de minuit, qui dure deux nuits à la fin juin.

## Circuits organisés

**♥ Saga Travel** AVENTURE
(☎558 8888 ; www.sagatravel.is ; Kaupvangsstræti 4 ; ⌚agence 7h30-18h juin-août, horaires réduits le reste de l'année). Un programme complet, à l'année, d'excursions et d'activités dans le Nord, couvrant aussi bien les destinations incontournables comme Mývatn, Húsavík (pour l'observation des baleines) et Askja dans les hautes terres, que des thématiques variées – gastronomie, art, design...

*(Suite à la page 256)*

OZZO PHOTOGRAPHY/500PX ©

1. Grotte de glace, au Vatnajökull 2. Glacier de l'Eyjafjallajökull
3. Ferme au pied du volcan Hekla 4. Magni

2

STOCKWITHME/SHUTTERSTOCK ©

4

# De feu et de glace

**"Islande, terre de glace et de feu". Au-delà du simple slogan, la formule reflète bien la réalité des paysages islandais, dont la paisible majesté dissimule, souvent sous une épaisse calotte gelée, une trentaine de volcans actifs. Lorsque l'un d'eux se réveille, comme ce fut le cas, en 2010, de l'Eyjafjallajökull, c'est l'hémisphère Nord tout entier qui retient son souffle.**

## Vatnajökull

Au sein du plus vaste parc national d'Islande (p. 326), auquel il a donné son nom, le Vatnajökull forme la plus grande calotte glaciaire d'Europe. Vous pourrez en parcourir l'immensité blanche à l'occasion d'une virée en motoneige : une expérience inoubliable.

## Eyjafjallajökull

Ce nom imprononçable évoque pour beaucoup l'éruption qui, en 2010, recouvrit l'Europe d'un nuage de cendres et entraîna l'annulation de milliers de vols (p. 145).

## Hekla et Katla

Telles des sœurs malveillantes tout droit sorties d'un conte islandais, l'Hekla (p. 138) et le Katla sont deux monstres impétueux qui dominent un large pan des paysages du Sud et menacent à tout instant de répandre vapeur, fumée et lave sur les glaciers et plaines alentour.

## Snæfellsjökull

Le célèbre *Voyage au centre de la Terre*, de Jules Verne, part de ce point culminant de la péninsule de Snæfellsnes (p. 185). Le glacier est visible, par temps clair, depuis Reykjavík.

## Magni et Móði

Ces éminences, les plus récentes du pays (p. 146), naquirent de l'éruption de 2010. Emportez des *pýlsur* (hot dogs) pour faire l'ascension du mont Magni : la terre encore fumante les cuira en un rien de temps !

# Culture islandaise

La météo n'est pas propice aux activités de plein air ? Aucun problème : vous aurez largement de quoi vous occuper avec la riche culture et l'inventivité islandaises. Les sagas ont forgé un patrimoine de contes et de légendes ; la musique comme le design s'inspirent de la nature ; et la tradition et l'innovation sont toutes deux à l'honneur. Les Islandais, attachés à leur l'identité, l'affichent résolument.

1

BRAGI THOR JOSEFSSON/GETTY IMAGES ©

CHRISTIAN GEHRIG/500PX ©

**1. Nuit de la culture, Reykjavík**
Mi-août, la capitale s'épanouit à l'occasion de la Menningarnótt (p. 26).

**2. Lopapeysur**
Habitants et visiteurs arborent ces pulls traditionnels (p. 94) en laine islandaise.

**3. Harpa**
La salle de spectacles étincelante de Reykjavík (p. 64) a été conçue par les cabinets d'architectes d'Henning Larsen et de Batteríið, avec l'artiste Olafur Eliasson.

**4. Skyr**
Ne partez pas sans goûter ce yaourt crémeux (p. 394) !

ROSEMARY CALVERT/GETTY IMAGES ©

(Suite de la page 251)

Consultez l'offre complète sur le site Web ou rendez-vous à l'agence dans le centre.

Les circuits sous le soleil de minuit, qui partent à 22h en juin, conduisent à des endroits comme la cascade de Dettifoss et le lac Mývatn au petit matin ; les sorties hivernales sont variées (motoneige, balades en raquettes, observation des aurores boréales avec conseils pour les photographier). Des itinéraires individuels peuvent être organisés. Les guides connaissent parfaitement la région, dont ils sont originaires. Maximum : 16 participants par circuit (2 au minimum).

**The Traveling Viking** AVENTURE
(☎896 3569 ; www.ttv.is ; 👪). Cette agence propose de nombreux circuits locaux, classiques (Mývatn, Dettifoss, Húsavík) ou originaux, dont un de 4 heures consacré au "peuple caché", parfait pour les familles, ou de la pêche sur glace en hiver. L'agence attire aussi avec son circuit *"Game of Thrones"*, mené dans la région du Mývatn ; sympathiques excursions en kayak également.

Les circuits partent en principe d'Hof ; il est souvent possible d'organiser le transfert depuis un hôtel des environs.

**SBA-Norðurleið** EN BUS
(☎550 0700 ; www.sba.is ; Hafnarstræti 82). Cette compagnie de bus vend divers circuits touristiques dans le Nord, notamment à Mývatn, Dettifoss, Ásbyrgi et Húsavík.

♥ **Skjaldarvík** ÉQUITATION, AVENTURE
(☎552 5200 ; www.skjaldarvik.is ; balade à cheval 10 900 ISK, voiturette 19 900 ISK). Outre une très belle pension (p. 258) et un excellent restaurant, Skjaldarvík propose d'agréables excursions à cheval et de mémorables balades en voiturette au départ de son site en bord de fjord, à 6 km au nord de la ville. Étonnamment puissants, ces

## LONG WEEK-END : LE CERCLE DE DIAMANT

Idéalement située entre l'Amérique du Nord et l'Europe, l'Islande est devenue la destination tendance pour une escapade d'un long week-end. L'afflux constant de visiteurs a transformé le circuit de 3 jours Reykjavík-Cercle d'or-Blue Lagoon en une autoroute touristique ; aussi peut-il être judicieux de suivre un autre itinéraire et de découvrir les superbes sites du triangle du Nord : Mývatn, Húsavík et Akureyri. C'est moins compliqué qu'il n'y paraît : en arrivant à l'aéroport international de Keflavík, prenez une correspondance aérienne ou un bus pour Akureyri (pour ce faire, il vous faudra peut-être aller jusqu'à l'aéroport domestique de la capitale).

### Premier jour : Akureyri

Débutez votre périple dans le Nord par une activité typiquement islandaise : l'équitation (mieux encore, dans un cadre grandiose !). Consacrez ensuite une demi-journée à flâner dans les rues du centre-ville ou, si un autre vol ne vous rebute pas, passez l'après-midi à Grímsey, la seule partie du territoire islandais située au niveau du cercle arctique. Le soir, dînez au **Strikið** (p.260) ou au **Rub23** (p. 260), avant de profiter de l'animation nocturne.

### Deuxième jour : Húsavík et ses environs

Le matin, rejoignez Húsavík. Commencez par visiter le **musée de la Baleine** (p. 277), puis embarquez pour un circuit d'observation des baleines. Poursuivez vers l'est pour une promenade dans la gorge d'Ásbyrgi, écoutez le grondement de la cascade de Dettifoss, puis racontez vos aventures en dînant au **Naustið** (p. 280) à Húsavík.

### Troisième jour : Mývatn

Si les spas islandais aux eaux turquoise vous font rêver, découvrez les **Mývatn Nature Baths** (p. 274) à Mývatn, la version locale du Blue Lagoon. Après un bain délassant, entamez une randonnée de 3 heures dans l'est du Mývatn, émaillé d'anomalies géologiques. Faites étape à **Hverir** (p. 275) aux fumerolles soufrées et, si vous en avez le temps, promenez-vous parmi les jets de vapeur de Krafla. Revenez ensuite à Akureyri pour prendre l'avion, après avoir visité un dernier site : la splendide cascade de **Goðafoss** (p. 265).

petits véhicules, à l'origine dévolus au golf, accueillent 2 personnes pour un parcours auto-guidé sur les chemins de la ferme (permis de conduire obligatoire ; casque et tenue fournis).

Si vous préférez l'équitation, des circuits de 1 heure 30 couvrent les abords du fjord et les collines environnantes. Départs à 10h, 14h et 17h tous les jours en été.

On peut choisir l'une ou l'autre de ces activités ou les combiner en une formule qui comprend également un accès au *hot-pot* extérieur de Skjaldarvík et un dîner (2 plats). Toutes les possibilités sont détaillées sur le site Web ("Ride & Bite", "Buggy & Bite", "Horses & Horsepower"). Le transfert depuis Akureyri est envisageable.

**Circle Air** EN AVION
(☎588 4000 ; www.circleair.is). Au départ de l'aéroport d'Akureyri, cette société propose un survol de la région, des circuits photo à la carte et même un passage par le Groenland. Les tarifs débutent à 25 000 ISK pour un survol d'Akureyri et de la péninsule de Tröllaskagi (40 min) ; des itinéraires plus longs conduisent au-dessus de la cascade de Dettifoss, du Mývatn et des hautes terres centrales ; il est même possible de faire une escale de 2 heures à Grímsey (49 000 ISK).

### Observation des baleines et circuits en bateau

**Elding** OBSERVATION DES BALEINES
(☎519 5000 ; www.elding.is ; Akureyri harbour ; 3 heures tarif plein/enfant 10 900/5 450 ISK). Ce prestataire originaire de Reykjavík est désormais basé à Akureyri, derrière le centre culturel Hof (p. 262). La croisière d'observation des baleines (3 heures) est proposée toute l'année (seulement 1/jour d'octobre à avril), tandis que le "circuit express" en Zodiac (RIB ; 19 990 ISK/pers, à partir de 10 ans) est organisé de mai à septembre.

**Ambassador** OBSERVATION DES BALEINES, EN BATEAU
(☎462 6800 ; www.ambassador.is ; embarcadère de Torfunefsbryggja ; 3 heures tarif plein/enfant 11 490/5 745 ISK). Ce prestataire affiche un nombre croissant de formules sur l'Eyjafjörður – observation des baleines (3 heures) ou circuits à vive allure en Zodiac (2 heures, tarif plein/enfant 19 990/14 990 ISK). Parmi les sorties plus longues, figure une croisière estivale vers Grímsey (6 heures ; tarif plein/enfant 29 990/16 990 ISK), avec observation des baleines et escale de 2 heures sur l'île. Les croisières hivernales à la découverte des aurores boréales (tarif plein/enfant 11 490/5 745 ISK) sont une nouveauté ; l'apparition du phénomène n'est évidemment pas garanti.

## Fêtes et festivals

Pour une liste détaillée, consultez la rubrique *Calendar* du site www.visitakureyri.is. Il y a de plus en plus de manifestations en hiver.

**Iceland Winter Games** SPORTS
(www.icelandwintergames.com ; ⏲mars). La neige est à l'honneur en mars, dans la capitale islandaise des sports d'hiver, qui accueille alors des compétitions internationales de freestyle et de snowboard. Les tour-opérateurs rivalisent d'idées pour tirer le meilleur parti des superbes paysages hivernaux (en traîneau à chiens, à motoneige, en Super-Jeep ou en hélicoptère). À vos doudounes !

**Summer Arts Festival** CULTURE
(Listasumar ; www.listasumar.is ; ⏲juil/août). De mi-juillet et fin août, Akureyri célèbre les arts : 6 semaines d'expos, de concerts, etc.

**Fête d'Akureyri** CULTURE
(⏲août). La plus grande fête estivale d'Akureyri commémore la fondation de la ville le dernier week-end d'août – concerts, expositions et événements variés.

## Où se loger

Ces dernières années, l'offre d'hébergements a considérablement évolué à Akureyri, avec l'apparition de nouvelles adresses remarquables. La ville connaît une forte affluence estivale ; mieux vaut réserver.

**Akureyri Backpackers** AUBERGE DE JEUNESSE €
(☎571 9050 ; www.akureyribackpackers.com ; Hafnarstræti 98 ; dort/d sans sdb 5 800-6 300/20 300 ISK ; @ ). Très bien située au cœur de la ville, cette auberge de jeunesse à l'ambiance détendue offre un service de réservation de circuits et possède un bar fort prisé. Les dortoirs (4 à 8 lits) sont répartis sur 3 niveaux ; des chambres (draps fournis) occupent le dernier étage. Seul bémol : les douches et le sauna gratuit sont au sous-sol (toilettes et lavabos à chaque étage).

Petite cuisine et laverie. Location de draps : 990 ISK (pour les dortoirs). Petit-déjeuner : 1 700 ISK.

**Akureyri HI Hostel** AUBERGE DE JEUNESSE €
(Stórholt ; ☎462 3657 ; www.hostel.is ; Stórholt 1 ; dort 4 450 ISK, d sans/avec sdb 18 350/15 350 ISK ;

### SE LOGER À AKUREYRI

- Le choix ne manque pas en dehors du centre-ville : Akureyri est entourée de nombreuses fermes proposant un hébergement (véhicule indispensable). Consultez le site Web www.farmholidays.is et la plaquette *Icelandic Farm Holidays*, très utile.
- La plupart des hébergements restent ouverts à l'année (les week-ends d'hiver, ils sont pris d'assaut par les skieurs).
- Le site Web de l'office du tourisme (www.visitakureyri.is) affiche une liste presque exhaustive. Si vous arrivez sans avoir réservé, le personnel pourra théoriquement vous aider (service : 500 ISK), mais à condition d'avoir le temps, ce qui est rare. Mieux vaut ne pas compter dessus et venir avec une réservation en poche.
- Consultez les sites d'hébergements pour les tarifs mis à jour et les réductions hors saison.



jan à mi-déc @). Un peu en retrait de l'animation, cette auberge de jeunesse accueillante et bien tenue est à 15 minutes à pied au nord du centre. Elle comprend un salon TV et 2 cuisines (TV dans toutes les chambres) dans la maison principale, ainsi qu'une terrasse avec barbecue et 2 cottages pouvant loger 8 personnes. Le propriétaire partage volontiers sa connaissance de la région. L'horaire d'arrivée (à partir de 15h) est strict.

Remise de 700 ISK pour les membres HI ; possibilité de louer des draps.

**Camping municipal** CAMPING €
(Þórunnarstræti ; empl 1 300 ISK/pers, plus taxe de séjour 100 ISK/empl ; ⏲juin à mi-sept). Ce camping central, bien situé, n'a guère de charme. On y trouve un petit espace pour les repas, des douches (300 ISK) et un lave-linge, mais pas de cuisine. Les voitures sont interdites (sinon pour charger et décharger ses bagages ; camping-cars autorisés). À proximité de la piscine et d'un supermarché.

**Camping d'Hamrar** CAMPING €
(☎461 2264 ; www.hamrar.is ; empl 1 300 ISK/pers, plus taxe de séjour 100 ISK/empl ; ⏲mi-mai à mi-oct). Cet immense camping, à 1,5 km au sud de la ville, s'inscrit dans un cadre verdoyant, dans les bois de Kjarnaskógur. Il affiche des équipements plus récents que ceux du camping municipal et donne sur la montagne. Les couchages les plus économiques de la ville sont proposés dans un bâtiment aux allures d'auberge de jeunesse : 2 000 ISK pour un matelas à même le sol.

♥ **Skjaldarvík** GUESTHOUSE €€
(☎552 5200 ; www.skjaldarvik.is ; s/d sans sdb petit-déj inclus 18 900/23 900 ISK ; @). Cette ravissante pension est installée dans une ferme bucolique à 6 km au nord de la ville. Propriété d'une jeune famille, elle s'agrémente de détails originaux (plantes poussant dans des chaussures, vieilles machines à écrire accrochées aux murs). À cela s'ajoutent un exceptionnel buffet au petit-déjeuner, des promenades à cheval et en buggy, la location de VTT, un *hot pot* et un salon confortable avec bar en libre-service.

♥ **Guesthouse Hvítahúsið** GUESTHOUSE €€
(☎869 9890 ; www.guesthousenorth.is ; Gilsbakkavegur 13 ; d sans sdb 15 100-16 400 ISK). Dans une zone résidentielle à l'écart, derrière Kaupvangsstræti, cet établissement de caractère (la "Maison blanche") compte 5 chambres et une cuisine commune. Le thé et le café sont offerts (pas de petit-déjeuner). Demandez une chambre sous les toits – mention spéciale à celle avec balcon.

♥ **Halllandsnes** APPARTEMENTS €€
(☎895 6029 ; www.halllandsnes.is ; Rte 1 ; app à partir de 28 000 ISK). Sorte de refuge aux faux-airs cycladiques sur la Route circulaire, cette belle propriété, à 6 km à l'est d'Akureyri, possède des bâtiments chaulés, un superbe espace extérieur avec vue sur le fjord, et un intérieur impeccable. Appartements pour 4 à 6 personnes entièrement équipés avec électroménager de qualité (lave-vaisselle, lave-linge séchant).

♥ **Sæluhús** APPARTEMENTS €€
(☎412 0800 ; www.saeluhus.is ; Sunnutröð ; studio/maison 25 700/49 000 ISK). Ce superbe ensemble de studios et maisons modernes est parfait pour quelques jours de détente. Les maisons sont très bien équipées : 3 chambres (pouvant loger 7 personnes), cuisine, lave-linge et véranda avec Jacuzzi et barbecue. Les studios sont plus petits, avec cuisine et accès à une buanderie (certains, plus chers, disposent d'un Jacuzzi) ; ils conviennent parfaitement pour un couple.

♥ **Icelandair Hotel Akureyri** HÔTEL €€
(☎518 1000 ; www.icelandairhotels.com ; Þingvallastræti 23 ; d à partir de 28 100 ISK ; @). Cet hôtel haut de gamme expose des artistes et designers islandais dans un cadre pimpant blanc et caramel. Les chambres, compactes, sont bien conçues. La terrasse extérieure, le bon restaurant et le *lounge* (p. 260), où l'on sert un thé complet l'après-midi et des cocktails durant l'*happy hour* en début de soirée, sont autant d'atouts supplémentaires.

**Hrafninn** GUESTHOUSE €€
(☎462 2300 ; www.hrafninn.is ; Brekkugata 4 ; s/d 23 800/27 300 ISK). Cet établissement central, qui se présente comme une "boutique-pension", ressemble à un élégant manoir, la prétention et l'esprit guindé en moins. Réparties sur 3 niveaux, ses 12 chambres ont une sdb privative et la TV. Les espaces communs sont joliment décorés et les clients ont accès à une kitchenette. Attention : pas de petit-déjeuner.

**Hótel Akureyri** HÔTEL €€
(☎462 5600 ; www.hotelakureyri.is ; Hafnarstræti 67 ; d petit-déj inclus à partir de 18 000 ISK). Cet hôtel de charme, proche de la gare routière, comprend des chambres compactes et bien équipées, avec vue sur le fjord en façade et sur la verdure à l'arrière (n'hésitez pas à payer plus cher pour une vue sur l'eau). Les propriétaires sont sympathiques et attentifs au service.

**Hotel Natur** HÔTEL €€
(☎467 1070 ; www.hotelnatur.com ; Þórisstaðir ; s/d petit-déj inclus 19 250/27 500 ISK). À 15 km à l'est d'Akureyri sur la Route circulaire, cet hôtel, géré par une famille, offre des chambres minimalistes, à la simplicité toute nordique, et possède une immense salle à manger et une vue époustouflante sur le fjord. Les chambres sont aménagées dans une ancienne étable (ce que vous n'auriez jamais deviné !). Une attention particulière a été accordée aux équipements de loisirs : sympathique "tour d'observation", sentiers de randonnée, *hot pot*, billard.

**Our Guesthouse** GUESTHOUSE €€
(☎461 1200 ; Hafnarstræti 82 ; dort 5 500 ISK, d 16 600-25 500 ISK). Le rêve de quiconque voyage en bus : une pension convenable voisine d'une gare routière. Le choix est large : dortoir, chambres avec sdb commune, suite avec sdb privative, appartement familial. Cuisine commune ; pas de petit-déjeuner. Consultez la page Facebook.

**Hótel Edda** HÔTEL €€
(☎444 4900 ; www.hoteledda.is ; entrée par Þórunnarstræti 14 ; d avec/sans sdb 28 200/17 700 ISK ; ⊙mi-juin à fin août ; @). Ce vaste hôtel occupe l'internat local en été ; il loue plus de 200 chambres, plutôt impersonnelles. Celles de la nouvelle aile moderne sont lumineuses et bien équipées (sdb, TV) ; l'aile ancienne, moins chère et défraîchie, comporte des sdb communes. Salons charmants. L'hôtel est situé à courte distance de la piscine et du jardin botanique. Petit-déjeuner à 2 050 ISK. Au dîner, le buffet est très apprécié (6 300 ISK).

**Hótel Kea** HÔTEL €€€
(☎460 2000 ; www.keahotels.is ; Hafnarstræti 87-89 ; d petit-déj inclus 35 500 ; @). Voici le plus grand hôtel à rester ouvert toute l'année à Akureyri. Prisé des groupes et très central, il compte 104 chambres dans le style des hôtels d'affaires, bien équipées (minibar et machines à thé/café) ; certaines ont un balcon et la vue sur le fjord. Si l'établissement manque de cachet, il accueille en ses murs le Múlaberg, un restaurant chic, et possède un joli salon. Dans cette catégorie de prix, l'Icelandair Hotel Akureyri (page précédente) est plus attrayant (et moins cher).

## Où se restaurer

Malgré un très large choix, les établissements sont vite complets : n'hésitez pas à réserver en été. Des fast-foods sont regroupés du côté est de Ráðhústorg.

♥ **Berlin** CAFÉ €
(Skipagata 4 ; petit-déj 750-1690 ISK ; ⊙7h-18h ; 🖉). Vous recherchez un petit-déjeuner servi à toute heure ? Direction le Berlin, un confortable café aux lignes design, qui vous régalera d'œufs avec du bacon, de tartines à l'avocat ou de gaufres nappées de caramel. Le café est bon. À partir de 11h30, quelques plats sont proposés – *dhal* de légumes, ailes de poulet…

**Blaá Kannan** CAFÉ €
(Hafnarstræti 96 ; buffet déj 1 600 ISK ; ⊙9h-23h30 lun-ven, 10h-23h30 sam-dim). Dans l'artère principale, la "Théière Bleue" est un café fréquenté, idéalement situé pour observer les passants (dans le bâtiment bleu foncé du Cafe Paris). L'intérieur, lambrissé, est éclairé de lustres ; paninis et bagels sur la carte ; desserts dans la vitrine pour les gourmands. Le lieu est très prisé pour un café ou un verre de vin en soirée.

**Café Laut** CAFÉ €
(Eyrarlandsvegur 30 ; buffet déj 1 600 ISK ; ⏲10h-20h juin-sept). Dans le jardin botanique, ce café de designer possède des baies vitrées et une grande terrasse ensoleillée. Il sert un bon café, des bagels et des paninis, et propose un buffet de soupes et de salades au déjeuner.

**Brynja** GLACIER €
(Aðalstræti 3 ; glaces à partir de 400 ISK ; ⏲9h-23h mai, 9h-23h30 juin-août, 11h-23h sept-avr ; 👪). Cette adresse légendaire a la réputation de fabriquer les meilleures glaces de toute l'Islande (avec du lait, et non de la crème). À 500 m du jardin botanique.

**Serrano** RESTAURATION RAPIDE €
(www.serrano.is ; Ráðhústorg 7 ; repas 1 400-1 700 ISK ; ⏲11h-21h lun-sam, 12h-21h dim). Copieux *burritos, nachos, quesadillas* et salades.

♥ **Strikið** INTERNATIONAL €€
(☎462 7100 ; www.strikid.is ; Skipagata 14 ; déj 2 400-3 200 ISK, plats dîner 3 800-6 200 ISK ; ⏲11h30-22h lun-jeu, 11h30-22h30 ven-sam). Appréciez, un cocktail à la main, la vue magique sur le fjord depuis les baies vitrées de ce restaurant installé au 5e étage. La carte fait la part belle aux produits frais islandais (burger de renne, sushis extra-frais, épaule d'agneau, soupe de crustacés). La crème brûlée aux fruits de la passion clôt délicieusement le repas. Le menu de la maison, emblématique, affiche un bon rapport qualité/prix pour ses 3 plats (7 600 ISK).

**Noa Seafood Restaurant** POISSON €€
(Örkin hans Nóa ; ☎461 2100 ; www.noa.is ; Hafnarstræti 22 ; plats 3 800-7 400 ISK ; ⏲18h-22h). À la fois galerie, magasin de meubles et restaurant, "L'Arche de Noé" est un endroit unique, où l'on déguste une cuisine simple et bien préparée. La carte comprend un beau choix de poissons frais, servis poêlés avec des légumes (la poêle est apportée sur la table). Classique, efficace et savoureux. Bœuf de qualité et mouton pour les amateurs de viande. Réservez.

**Icelandair Hotel Akureyri** DESSERTS €€
(www.icelandairhotels.com ; Þingvallastræti 23 ; thé complet 2 500 ISK ; ⏲thé complet 14h-17h30). Au cours d'un après-midi indolent, offrez-vous le thé complet servi tous les jours dans l'élégant salon de l'hôtel Icelandair. D'un excellent rapport qualité/prix, il se compose d'un plateau à 3 étages de délices salés et sucrés (café/thé inclus, champagne en option).

Le bar est ouvert de 11h30 à minuit (*happy hour* 16h-18h). La cuisine ferme vers 21h.

**Greifinn** INTERNATIONAL €€
(☎460 1600 ; www.greifinn.is ; Glerárgata 20 ; plats 1 890-4 290 ISK ; ⏲11h30-22h ; 👪). Cher aux familles et invariablement bondé, ce restaurant est l'un des plus appréciés de la ville. La carte met l'accent sur des mets roboratifs : burgers, plats tex-mex, pizzas, pâtes, milk-shakes et glaces alléchantes. Plats à emporter également.

**Akureyri Fish Restaurant** FISH AND CHIPS €€
(☎414 6050 ; www.reykjavikfish.is ; Skipagata 12 ; plats 1 400-3 900 ISK ; ⏲11h-22h). Sur l'ardoise de cet établissement décontracté et très animé, le poisson est roi : *fish and chips* en premier lieu, mais aussi saumon cuit au four, émiettée de morue, soupe et burger de poisson, moules et *plokkfiskur* (savoureux ragoût de poisson crémeux accompagné de pain de seigle). La bière locale accompagne parfaitement les *fish and chips*.

**Hamborgarafabrikkan** RESTAURATION RAPIDE €€
(☎575 7575 ; www.fabrikkan.is ; angle Hafnarstræti et Kaupvangsstræti ; burger-frites 1 995-2 795 ISK ; ⏲11h30-22h30 juin-août, horaires réduits sept-mai ; 🌶👪). L'Islande est l'un des rares pays sans McDonald's. Membre d'une petite chaîne, la "Fabrique de hamburgers" offre le choix entre 15 garnitures (essentiellement du bœuf, mais aussi de l'agneau, du poulet et des champignons portobello farcis). Salades, travers de porc et desserts classiques (banana split !) pour compléter la carte.

**Indian Curry Hut** INDIEN €€
(Hafnarstræti 100b ; plats 1 895-2 495 ISK ; ⏲11h30-13h30 mar-ven, 17h30-21h mar-dim). Réchauffez une soirée glaciale avec un curry parfumé de cette échoppe de plats à emporter.

**Rub23** INTERNATIONAL €€€
(☎462 2223 ; www.rub23.is ; Kaupvangsstræti 6 ; déj 1 990-3 190 ISK, plats dîner 4 290-6 690 ISK ; ⏲11h30-14h lun-ven et 17h30-22h tous les jours). Ce bel établissement aux influences japonaises met à l'honneur les produits de la mer et les marinades (piment et mangue, agrumes et romarin...). Au dîner, la profusion de formules peut dérouter (menu été, menu sushis, menus dégustation...), mais la qualité de la cuisine reste au rendez-vous. Réservation conseillée.

### Faire ses courses

Akureyri compte quelques supermarchés ; aucun n'est vraiment central.

VAUT LE DÉTOUR

## HRÍSEY

Deuxième plus grande île islandaise après Heimaey, Hrísey (166 habitants), paisible et plutôt plate, est aisément accessible depuis le littoral islandais. Nichée au milieu de l'Eyjafjörður, elle offre des panoramas spectaculaires. Connue en tant que site de reproduction et secteur protégé du lagopède alpin, elle abrite aussi une impressionnante colonie de sternes arctiques. Des lagopèdes incroyablement familiers fréquentent les rues du village. De là, 3 **sentiers** balisés contournent le sud-est de l'île et conduisent à de beaux points de vue.

Un **bureau d'information** (695 0077 ; 13h-17h juin-août) se tient dans le petit musée Hús Hákarla Jörundur (500 ISK) consacré à la pêche au requin, à côté de l'église du village pittoresque où accoste le bateau. Ne manquez pas les amusantes **excursions en tracteur** (695 0077 ; tarif plein/enfant 1 300 ISK/gratuit) de 40 minutes, qui sillonnent l'île et passent par tous les sites principaux. Elles partent régulièrement de l'embarcadère, généralement à 10h, 12h, 14h et 16h, tous les jours en été.

Si une demi-journée suffit pour explorer l'île, vous apprécierez mieux la vie insulaire en y passant la nuit. Le site www.visithrisey.is propose quelques maisons à louer sur l'île. Un **camping** (Austurvegur ; empl 1 400 ISK/pers ; juin-août) avec réception et équipements jouxte le complexe sportif moderne de la piscine. Telle une confortable maison en colocation, la **Wave Guesthouse** (695 2277 ; www.waveguesthouse.is ; Austurvegur 9 ; d sans sdb 18 500 ISK) propose 3 chambres doubles et 1 chambre avec lits jumeaux. Toutes donnent accès à une sdb, une cuisine et un salon.

**Verbúðin 66** (467 1166 ; Sjávargata ; repas 1 500-2 600 ISK ; 11h-20h30 juin-août) est un agréable petit restaurant à proximité du quai. Au menu du déjeuner : soupe, sandwichs, burgers et poisson pêché du jour. Vous pourrez par ailleurs faire des courses au magasin du village, **Hríseyjarbúðin** (Norðurvegur ; 11h-18h lun-ven, 13h-16h sam-dim).

Le ferry **Sævar** (695 5544 ; tarif plein/enfant 1 500/750 ISK) relie Árskógssandur à Hrísey (15 min) au moins 7 fois/jour toute l'année ; horaires sur www.hrisey.is. Le bus n°78 qui arrive d'Akureyri n'entre pas dans le village d'Árskógssandur ; il s'arrête à environ 1 km de l'embarcadère des ferries.

**Bónus** SUPERMARCHÉ
(Langholt ; 11h-18h30 lun-jeu, 10h-19h30 ven, 10h-18h sam, 12h-18h dim). Discount.

**Samkaup-Strax** SUPERMARCHÉ
(Byggðavegur 98 ; 9h-23h lun-ven, 10h-23h sam-dim). Près du camping municipal (p. 258).

**Nettó** SUPERMARCHÉ €
(Glerárgata ; 10h-19h). Dans la galerie marchande Glerártorg.

### Où prendre un verre et faire la fête

En soirée, promenez-vous sur Hafnarstræti pour découvrir les établissements les plus fréquentés.

**Akureyri Backpackers** BAR
(www.akureyribackpackers.com ; Hafnarstræti 98 ; 7h30-23h dim-jeu, 7h30-1h ven-sam). Rendez-vous convivial dans l'artère principale, le sympathique bar lambrissé de l'Akureyri Backpackers est prisé des habitants et des voyageurs pour ses concerts occasionnels, ses burgers d'un bon rapport qualité/prix, son brunch le week-end et son grand choix de bières, dont celles des microbrasseries locales, Kaldi et Einstök.

**Götubarinn** BAR
(Hafnarstræti 95 ; 17h-1h jeu, 17h-3h ven-sam). Bar favori des habitants, joyeux et central, le Götubarinn ("Bar de la Rue") est étonnamment cosy : bois, miroirs et canapés ; piano au rez-de-chaussée, autour duquel on chante en chœur jusque tard dans la nuit.

**R5** BAR
(www.r5.is ; Ráðhústorg 5 ; 17h-1h lun-jeu, 17h-3h ven-sam). Un établissement convivial et décontracté, au cadre hétéroclite (carrelage, chaises et banquettes rembourrées, plateaux de table en rondins bruts). Choix de bières étrangères et islandaises. Concerts occasionnels.

### Où sortir

**Græni Hatturinn** CONCERTS
(graenihatturinn.is ; Hafnarstræti 96). Nichée dans une petite rue à côté du Blaá Kannan, cette salle intime est le meilleur endroit

de la ville pour écouter de la musique live. Quel que soit le programme, n'hésitez pas à prendre une place.

**Hof** MUSIQUE, SPECTACLES VIVANTS

(☎450 1000 ; www.mak.is ; Strandgata 12). L'Hof est un centre culturel moderne dédié à la musique et à d'autres arts de la scène. Outre des salles de conférence et d'exposition et un excellent restaurant (1862 Nordic Bistro), il abrite l'office du tourisme d'Akureyri, où l'on vous renseignera sur les spectacles.

## Achats

Plusieurs boutiques dans Hafnarstræti vendent les traditionnels *lopapeysur* (pulls islandais en laine), des livres, des bibelots et des souvenirs. Vérifiez bien l'origine des pulls (certains proviennent de Chine) et renseignez-vous sur le système de détaxe.

Le centre commercial de Glerártorg, situé sur la Route circulaire à 1 km au nord du centre-ville, abrite un grand supermarché Nettó.

♥ **Geysir** VÊTEMENTS

(www.geysir.com ; Hafnarstræti 98 ; ⏲9h-22h). Tout fait envie, dans cette enseigne hors du commun, depuis les couvertures en laine jusqu'aux très chics pulls *lopapeysur*, en passant par les anciennes cartes d'Islande. Le style bûcheron, chic et sexy, a trouvé sa boutique.

**Sjoppan** DESIGN

(www.facebook.com/sjoppanvoruhus ; Kaupvangsstræti 21). Ce magasin de poche, en face du musée d'Art (p. 249), vend des objets design, que l'on vous tendra par une petite fenêtre (sonnez pour que quelqu'un vienne). Horaires variables ; plus d'infos sur la page Facebook.

**Eymundsson** LIVRES, SOUVENIRS

(www.eymundsson.is ; Hafnarstræti 91-93 ; ⏲9h-22h lun-ven, 10h-22h sam, 12h-22h dim). Cette excellente librairie vend aussi des cartes et un large choix de magazines internationaux. Un bon café est installé sur place.

**Háaloftið** BROCANTE

(Hafnarstræti 19 ; ⏲13h-17h lun-ven, 11h-15h sam). Près du glacier Brynja, "Le Grenier", envahi d'antiquités et d'objets vintage, est le paradis des chineurs. Fouillez parmi les livres, disques, porcelaines, etc., pour dénicher un souvenir original. Paiement en espèces uniquement.

**Christmas Garden** SOUVENIRS

(Jólagarðurinn ; ⏲10h-21h juin-août, 14h-21h sept-déc, 14h-18h jan-mai). Si l'ambiance de Noël vous manque hors saison, direction cette maison, où l'on vend, sur plusieurs niveaux, des décorations et produits islandais traditionnels de Noël fabriqués localement. À 10 km au sud d'Akureyri sur la Route 821. À côté, une charmante boutique propose des articles pour la maison et des produits alimentaires. À l'arrière, un pittoresque stand vend des gaufres et des pommes d'amour.

**Vínbúðin** VINS ET SPIRITUEUX

(Hólabraut 16 ; ⏲11h-18h lun-jeu et sam, 11h-19h ven). Chaîne d'État.

## Renseignements

### ACCÈS INTERNET

La plupart des hébergements permettent d'accéder gratuitement au Wi-Fi, de même que plusieurs cafés et musées. L'office du tourisme et la **bibliothèque** (Amtsbókasafnið á Akureyri ; www.amtsbok.is ; Brekkugata 17 ; ⏲10h-19h lun-ven toute l'année, plus 11h-16h sam mi-sept à mi-mai ; 📶) mettent à disposition des ordinateurs connectés – le prix est minime.

### ARGENT

Les banques (ouvertes de 9h à 16h) sont regroupées autour de Ráðhústorg. Toutes possèdent un service de change et des DAB accessibles 24h/24.

### OFFICES DU TOURISME

**Office du tourisme** (☎450 1050 ; www.visitakureyri.is ; Hof, Strandgata 12 ; ⏲8h-18h30 mi-juin à mi-sept, horaires réduits fin sept à début juin). Accueillants et compétents, les employés de ce bureau situé à l'intérieur du centre culturel Hof (p. 262) pourront éventuellement vous aider à trouver un hébergement (service : 500 ISK) – voir l'encadré p. 258. Les horaires sont irréguliers en dehors de la saison estivale : fermeture habituelle à 16h en hiver, et à 17h au printemps et en automne.

### POSTE

**Poste principale** (Strandgata 3 ; ⏲9h-18h lun-ven)

### SERVICES MÉDICAUX

**Apótekarinn** (Hafnarstræti 95 ; ⏲9h-17h30 lun-ven). Pharmacie centrale.

**Centre médical Heilsugæslustöðin** (☎460 4600 ; 3e ét., Hafnarstræti 99 ; ⏲8h-16h lun-ven)

**Hôpital d'Akureyri** (☎463 0100 ; www.sak.is Eyrarlandsvegur). Au sud du jardin botanique.

**Médecins de garde** (☎1700 ; ⏲24h/24). En cas d'urgence uniquement.

### URGENCES

**Police** (☎112 ; ☎non urgent 464 7700 ; Þórunnarstræti 138)

## Depuis/vers Akureyri

### AVION

L'**aéroport d'Akureyri** (www.akureyriairport.is) est situé à 3 km au sud du centre-ville.

**Air Iceland** (☎460 7000 ; www.airiceland.is) assure jusqu'à 8 vols/jour entre Akureyri et Reykjavík (45 min), plus un vol/jour en été (3/semaine en hiver) d'Akureyri à Grímsey (30 min). Un vol hebdomadaire dessert Vopnafjörður et Þórshöfn dans le Nord-Est. Tous les autres vols intérieurs (et internationaux) passent par Reykjavík.

**Icelandair** (www.icelandair.com) propose, de juin à septembre, un vol hebdomadaire depuis Keflavík – ce qui évite de devoir rejoindre l'aéroport domestique de Reykjavík pour se rendre à Akureyri. Ces vols ne peuvent se réserver qu'avec un vol international depuis/vers l'Islande sur Icelandair.

### BUS

Les services changent constamment ; pour des informations actualisées sur les horaires et les tarifs, consultez les sites Web des compagnies ou renseignez-vous dans les offices du tourisme.

La **gare routière** (Hafnarstræti 82) d'Akureyri est le *hub* des compagnies SBA-Norðurleið et Sterna pour les lignes dans le nord du pays ; les bus Strætó partent d'un arrêt devant le centre culturel Hof (p. 262). (Une gare routière centrale destinée à accueillir toutes les compagnies était en projet lors de nos recherches. Vérifiez bien les points de départ et d'arrivée de votre bus.)

Si vous devez retourner à Reykjavík, mieux vaut prendre un bus tout-terrain à travers les hautes terres, plutôt que de voyager par la Route circulaire.

Services assurés par **SBA-Norðurleið** (www.sba.is) au départ de la gare routière d'Hafnarstræti :

- Bus n°62 pour Mývatn (4 000 ISK, 2 heures, 1/jour juin à mi-sept)
- Bus n°62 pour Egilsstaðir (9 600 ISK, 4 heures, 1/jour juin à mi-sept)
- Bus n°62 pour Höfn (19 000 ISK, 9 heures 30, 1/jour juin à mi-sept)
- Bus n°610a pour Reykjavík via la piste de Kjölur (17 000 ISK, 10 heures 30, 1/jour mi-juin à mi-sept)
- Bus n°641 pour Húsavík (3 800 ISK, 1 heure 45, 1/jour mi-juin à août)
- Bus n°641 pour Ásbyrgi (6 900 ISK, 3 heures, 1/jour mi-juin à août)
- Bus n°641 pour Dettifoss (9 900 ISK, 4 heures 30, 1/jour mi-juin à août)

Services assurés par **Sterna** (☎551 1166 ; www.icelandbybus.is ; Hafnarstræti 77) au départ du camping municipal (p. 258) puis de la gare routière Hafnarstræti :

- Bus n°60a pour Reykjavík via la Route circulaire (8 800 ISK, 5 heures 30, 1/jour mi-juin à début sept)

Services assurés par **Strætó** (☎540 2700 ; www.straeto.is) au départ du centre culturel Hof – généralement toute l'année :

- Bus n°56 pour Mývatn (2 520 ISK, 1 heure 30, 2/jour). Liaisons réduites à 4/semaine en hiver.
- Bus n°56 pour Egilsstaðir (7 560 ISK, 3 heures 30, 1/jour). Liaisons réduites à 4/semaine en hiver.
- Bus n°57 pour Reykjavík via la Route circulaire (9 240 ISK, 6 heures 30, 2/jour)
- Bus n°78 pour Siglufjörður (2 250 ISK, 1 heure 10, 3/jour lun-ven, 1/jour dim). Via Dalvík et Ólafsfjörður.
- Bus n°79 pour Húsavík (2 520 ISK, 1 heure 15, 3/jour). Services réduits le week-end en hiver (aucun le samedi, 2 le dimanche).
- Bus n°79 pour Þórshöfn (7 140 ISK, 4 heures, 1/jour dim-ven été, 3/semaine hiver). Ce bus ne circule d'Húsavík à Þórshöfn (via Ásbyrgi, Kópasker et Raufarhöfn) que sur réservation. Téléphonez au moins 4 heures avant le départ.

Services assurés par **Airport Express North** (www.airportexpress.is) au départ du centre culturel Hof :

- Une liaison directe quotidienne (juin-sept) relie Akureyri à l'aéroport de Keflavík (11 000 ISK, 6 heures, trajet de nuit). Renseignements auprès de la compagnie pour les liaisons en dehors de la saison estivale, moins fréquentes.

### VOITURE

Deuxième nœud des transports après Reykjavík, Akureyri compte plusieurs agences de location de voitures ; toutes les grandes enseignes sont présentes à l'aéroport. Moyennant un supplément, la plupart acceptent que vous preniez le véhicule à Akureyri et le rendiez à Reykjavík (ou inversement).

Pour des informations sur le covoiturage, consultez le site www.samferda.is et les panneaux d'affichage des auberges de jeunesse.

## Comment circuler

Le centre d'Akureyri, compact, se parcourt aisément à pied.

### BUS

Des bus municipaux gratuits (de couleur jaune) desservent 4 itinéraires ; ils circulent régulièrement de 7h à 19h en semaine (jusqu'à 22h sur une ligne). Certaines lignes

### UN NOUVEAU TUNNEL

Un nouveau tunnel routier de 7,5 km est en construction du côté est de l'Eyjafjörður. Il raccourcira de 16 km le trajet sur la Route circulaire jusqu'à Húsavík. Il permettra d'éviter le col de Víkurskarð (souvent bloqué par la neige en hiver) et offrira un accès plus facile en hiver aux services d'Akureyri pour ceux qui habitent à l'est de la ville. Le tunnel sous le mont Vaðlaheiði est en construction ; après quelques ratés, il devrait être achevé d'ici votre venue !

ne fonctionnent pas le week-end. Aucune ne rallie l'aéroport.

#### TAXI

**Station de taxis BSO** (☎461 1010 ; www.bso.is ; Strandgata). En face du Hof (p. 262) ; possibilité de réserver un taxi 24h/24.

Le site Internet de BSO et un panneau à la station indiquent les prix d'une voiture avec chauffeur pour visiter les sites alentour.

#### VOITURE

Akureyri applique le système du disque de stationnement dans le centre-ville (placez-le sur le tableau de bord, de sorte à ce qu'il soit visible de l'extérieur). Le stationnement est gratuit ; la durée maximale (de 15 min à 2 heures entre 10h et 16h en semaine) diffère selon les emplacements. Notez que "1 klst" signifie "1 heure". Tout dépassement est passible d'une amende. Des disques de stationnement (gratuits) sont disponibles à l'office du tourisme, dans les banques et dans les stations-service. On peut stationner sans limite de temps au Hof (p. 262).



## Environs d'Akureyri

Si vous avez du temps et un véhicule, quittez la Route circulaire pour explorer les alentours de l'Eyjafjörður, le fjord d'Akureyri.

**Eyjafjarðarsveit**, la vallée au sud d'Akureyri, est desservie par les routes 821 et 829. La rivière Eyjafjarðará traverse une région agricole fertile, avec d'idylliques paysages champêtres sur fond de montagnes.

La **rive est** de l'Eyjafjörður est nettement plus calme que la rive ouest. Plusieurs endroits invitent à marquer une pause dans un environnement exceptionnel. Visitez par exemple le **musée d'Art populaire et d'Art brut islandais** (Safnasafnið ; www.safnasafnid.is ; tarif plein/enfant 1 000 ISK/gratuit ; ⌚10h-17h mi-mai à août), à 12 km d'Akureyri sur la Route circulaire.

Plus au nord, la Route 83 part de la Route circulaire et conduit au petit village de pêcheurs de **Grenivík**, à 20 km au nord, riche d'une vue magnifique. Vous y trouverez notamment un camping avec piscine, un petit musée de la mer et une supérette avec un restaurant. En chemin (sur la Route 83), vous découvrirez les toits en tourbe de **Laufás** (www.minjasafnid.is ; Route 83 ; tarif plein/enfant 1 200 ISK/gratuit ; ⌚9h-17h juin-août) et les fameuses écuries de **Pólar Hestar** (☎463 3179 ; www.polarhestar.is ; Route 83 ; balade 2 heures 10 000 ISK).

### Où se loger et se restaurer

Il existe de nombreux hébergements ruraux dans la vallée de la rivière Eyjafjarðará. Pour d'autres adresses (de campings notamment), renseignez-vous auprès de l'office du tourisme d'Akureyri (p. 262).

**Nollur** MAISONS €€€

(www.nollur.is ; maison 1 ch à partir de 144 000 ISK/sem). Sur la route de Grenivík, ces maisons de vacances conçues par des architectes se louent à la semaine en haute saison (2 nuitées minimum de septembre à mai ; réservation en ligne). Elles offrent une vue superbe et tout le confort voulu (*hot pots*). La même société propose des logements haut de gamme dans les environs de Grenivík.

♥ **Kaffi Kú** CAFÉ €

(www.kaffiku.is ; Route 829 ; plats 500-1 950 ISK ; ⌚10h-18h avr-déc, 10h-18h sam-dim jan-mars ; 👪). Cet établissement constitue une étape à la mesure de la région agraire d'Eyjafjarðarsveit (à 11 km d'Akureyri). Installé au-dessus d'une étable ultramoderne (on assiste à la traite automatisée des vaches), régalez-vous de goulasch, de bagels au rosbif et de gaufres à la crème fraîche de la ferme. L'étable se visite (300 ISK).

**Silva** VÉGÉTARIEN €€

(☎851 1360 ; www.silva.is ; Route 829 ; plats 1 790-3 090 ISK ; ⌚17h-21h juin-août ; 🌶). À 15 km au sud d'Akureyri (sur la Route 829), ce petit restaurant mise sur des plats sains (notamment crus) et maison. Lieu de prédilection des végétariens et des végans, il sert des pizzas, des burgers veggie, du gâteau à la carotte et aux *blueberries*, des smoothies et des jus de fruits – toujours à base de produits locaux de qualité. Plats sans gluten.

VAUT LE DÉTOUR

## ALDEYARFOSS

Si la magnifique cascade de Goðafoss ne vous a pas suffi et que vous avez un peu de temps devant vous, la cascade d'**Aldeyarfoss** vaut le déplacement. Elle est située à 41 km de la Route circulaire, sur un axe non goudronné (Route 842, juste à l'ouest de Goðafoss) qui marque l'entrée/la sortie nord de la longue piste de Sprengisandur (Route F26) à travers l'intérieur des hautes terres – un itinéraire réservé aux 4x4.

Au niveau de la cascade, le fleuve Skjálfandafljót se faufile en bouillonnant dans un étroit passage avant de se jeter dans le bassin profond d'une gorge ponctuée d'étonnantes colonnes basaltiques.

La Route 842 est en principe accessible avec un véhicule ordinaire, mais mieux vaut demander confirmation sur place. Suivez-la sur 37 km, puis prenez à gauche au niveau de la ferme de Mýri ; la route est mauvaise sur les derniers 3,5 km menant à l'aire de stationnement de la cascade (roulez lentement). Sans 4x4, n'allez pas au-delà de la cascade.

Réservez. Des cottages indépendants sont également proposés à la location.

## Goðafoss

Sur la route entre Akureyri et Mývatn (ou d'Akureyri à Húsavík, moyennant un léger détour), la magnifique cascade de Goðafoss invite de nombreux voyageurs à s'écarter un peu de leur itinéraire tout tracé.

On accède directement à Goðafoss par la Route circulaire, juste à l'est de l'embranchement vers Húsavík par la Route 85 (repérez la station-service N1).

Les bus qui relient Akureyri à Mývatn s'arrêtent à ce niveau. Les bus entre Akureyri et Húsavík n'y font pas halte systématiquement ; certains empruntent la Route 85.

**♥ Goðafoss** CHUTE

La Goðafoss (chute des Dieux) dévale directement à travers le champ de lave de Bárðardalur, le long de la Route circulaire. Plus petite et moins puissante que d'autres chutes islandaises, c'est sans conteste l'une des plus belles. Le site compte 2 parkings : l'un sur la Route circulaire, l'autre plus loin, à côté de la station-service. Empruntez le chemin qui passe derrière la cascade pour un point de vue moins fréquenté.

### Où se loger et se restaurer

**Fosshóll** GUESTHOUSE, CAMPING €€

(☎464 3108 ; www.godafoss.is ; empl 1 500 ISK/pers, d avec/sans sdb petit-déj inclus 25 935/19 950 ISK ; ⏲mi-mai à mi-sept). Les chambres (onéreuses) de cet établissement jaune vif sont situées tout près de la cascade de Goðafoss. Économisez en choisissant l'option duvet. Aire de camping et restaurant (ouvert le soir) sur place.

**Tourist Complex** CAFÉTÉRIA €

(Route 1 ; ⏲8h-22h). Un complexe touristique proche de la cascade. Point d'information touristique, Wi-Fi gratuit, petite épicerie, boutique de souvenirs, toilettes publiques et cafétéria honorable. Au menu : soupes, burgers, pizzas, etc. En été, buffet du déjeuner à 2 990 ISK.

# RÉGION DU LAC MÝVATN

Joyau incontesté du Nord-Est, le lac Mývatn peuplé d'oiseaux et ses alentours composent un paysage surréaliste d'une beauté austère, ponctué de marmites de boue, d'étranges formations de lave, de fumerolles et de cratères volcaniques.

Le bassin du Mývatn, qui se tient sur la dorsale médio-atlantique, doit son aspect unique aux soubresauts géologiques propres à la région. Vous découvrirez ici l'Islande telle que vous vous l'imaginiez.

## Histoire et géologie

Il y a 10 000 ans, le bassin du Mývatn était couvert d'une calotte glaciaire. Elle fut détruite par des éruptions volcaniques qui firent également disparaître le lac présent à l'époque. Les explosions formèrent les montagnes au sommet aplati qui se dressent au sud du lac actuel, tandis que l'activité volcanique à l'est créa les téphras (fragments solides projetés dans l'air lors d'une éruption volcanique) de Lúdent.

Une autre phase d'activité violente, après plus de 6 000 ans, fut à l'origine du volcan

## GRÍMSEY

Connue pour être la seule portion du territoire islandais située au-delà du **cercle arctique**, la lointaine île de Grímsey, à 40 km au large de l'île principale, est un endroit désert où les oiseaux sont environ 10 000 fois plus nombreux que les hommes. Si l'île est petite (5 km², que se répartissent 60 habitants), l'accueil est inversement proportionnel à ces faibles dimensions.

L'attrait de Grímsey doit beaucoup à son caractère symbolique. On y vient pour décrocher son certificat "J'ai visité le cercle Artique", poser pour l'incontournable photo attestant de cet exploit et apprécier le cadre balayé par les vents. De belles falaises côtières et de spectaculaires formations basaltiques servent de logis à d'innombrables espèces d'oiseaux, dont des macareux et des sternes arctiques. La piste d'atterrissage doit d'ailleurs être libérée des sternes qui l'occupent chaque fois qu'un avion s'en approche ! Ornithologues amateurs, sachez que la présence de macareux n'est pas garantie après le 10 août. Ils arrivent en général en avril et la meilleure période d'observation s'étend entre mai et juillet. Les sternes s'installent en mai et se montrent assez agressives en juillet, lorsque leurs petits prennent leur envol ; elles quittent en principe l'île début septembre. Attention : soyez extrêmement prudent en marchant au bord des falaises.

**Arctic Trip** (☎848 1696 ; www.arctictrip.is) propose une découverte approfondie de l'île, ainsi qu'une occasion unique de plonger dans l'Arctique parmi les macareux et les guillemots. Des compétences en plongée sont requises : brevet PADI ou équivalent de plongée en eau libre, et expérience antérieure de plongée avec combinaison. Les excursions sont proposées de juin à début août (2/3 jours 230 000/330 000 ISK en pension complète).

Il est aussi possible de faire du snorkeling (49 000 ISK) et de visiter l'île à pied.

### Où se loger et se restaurer

Si l'idée de dormir au-delà du cercle arctique vous séduit, montez l'escalier au-dessus de la boutique de souvenirs de l'île (ses horaires suivent les arrivées des bateaux et elle sert des en-cas), pour accéder au confortable **Gullsól** (☎467 3190 ; gullsol@visir.is ; ch sans sdb 7 000 ISK/pers), où de minuscules chambres vous attendent. Les clients ont accès à la cuisine. Le **Básar** (☎467 3103 ; www.gistiheimilidbasar.is ; s/d sans sdb avec petit-déj 12 000/17 000 ISK), à côté de l'aérodrome, est un peu moins rudimentaire : comptez 6 000 ISK pour dormir dans un duvet ; accès à une cuisine et à un salon également ; possibilité de prendre ses repas sur place ; circuits en bateau et pêche en mer sur arrangement préalable. Un petit camping rudimentaire (500 ISK/pers) jouxte le foyer rural.

Le seul restaurant de l'île, le **Krían** (☎467 3112 ; ⏲12h-21h mi-mai à début sept), qui tire son nom de la sterne arctique (*kría* en islandais), est ouvert tous les jours en été et de façon

Ketildyngja, à 25 km au sud-est du Mývatn. La lave qui s'écoula de ce cratère vers le nord-ouest, le long de la vallée de Laxárdalur, forma un barrage et un nouveau lac. Près d'un millénaire plus tard, une explosion volcanique le long de la même fissure fit surgir le Hverfell, le cratère de téphra qui domine le paysage actuel. Durant les 200 ans qui suivirent, l'activité s'intensifia le long du littoral est, et des cratères apparurent dans une vaste région, vomissant un flot continu de débris en fusion coulant vers l'Öxarfjörður. Le barrage de lave formé à la fin de ce cycle créa le rivage du Mývatn.

Entre 1724 et 1729, les éruptions de Mývatnseldar (les "feux du Mývatn") surgirent de la colline de Leirhnjúkur, près de Krafla, au nord-est du lac. Cette fissure à l'activité irrégulière entra de nouveau en éruption dans les années 1970 (c'est ce que l'on appela les Kröflueldar, ou "feux de Krafla") ; l'épisode dura cette fois 9 ans.

Depuis 1974, la région du Mývatn est protégée par l'aire de conservation de Mývatn-Laxá. Le champ de pseudo-cratères de Skútustaðir, à la pointe sud du lac, est classé monument naturel d'importance nationale.

## Circuits organisés

Le tourisme règne en maître à Reykjahlíð, où sont proposés de nombreux circuits organisés dans la région (certains au départ d'Akureyri). Ils sont vite complets en été. Réservez au moins la veille ; le centre d'accueil des visiteurs (p. 269) pourra vous aider.

Plusieurs tour-opérateurs organisent des circuits en Super-Jeep dans les hautes irrégulière en hiver. Cet endroit agréable, avec une terrasse donnant sur le port, sert en principe des soupes et du poisson. La supérette **Búðin** (12h-16h lun-ven, 15h-16h sam-dim) est bien fournie. Si elle est fermée, il suffit généralement de demander à un habitant de la faire ouvrir (la vie peut être simple, quand on y pense).

### Depuis/vers Grímsey

Il existe plusieurs possibilités pour rejoindre Grímsey. Les excursions en bateau et en avion ne sont en principe proposées qu'en été. À Akureyri, l'**office du tourisme** (p. 262) pourra vous renseigner ; consultez également le site www.akureyri.is/grimsey.

**Avion** Entre mi-juin et mi-août, **Norlandair** (www.norlandair.is) assure des vols quotidiens depuis/vers Akureyri ; le reste de l'année, comptez sur 3 vols/semaine. Le survol assez mouvementé de 25 minutes longe la totalité de l'Eyjafjörður, ce qui est déjà une expérience en soi ! La billetterie est assurée par **Air Iceland** (p. 263) ; comptez 12 000 ISK aller.

**Excursions à la journée** De la mi-juin et la mi-août, Air Iceland propose des excursions au départ d'Akureyri (à partir de 26 000 ISK/demi-journée), qui comprennent le vol et quelques heures sur l'île (avec randonnée guidée). L'excursion est également possible au départ de Reykjavík ; vous devrez prendre au préalable un rapide vol intérieur jusqu'à Akureyri. Plusieurs compagnies aériennes proposent des escales de 2 heures sur l'île. C'est notamment le cas de **Mýflug Air** (p. 268) à Mývatn et de **Circle Air** (p. 257) à Akureyri.

**Bateau** Un ferry assure toute l'année des liaisons entre Dalvík et Grímsey. Entre mi-mai et août, le ferry **Sæfari** (458 8970 ; www.saefari.is) quitte Dalvík à 9h les lundis, mercredis et vendredis, et repart de Grímsey à 16h (ce qui laisse 4 heures sur l'ile si vous n'y passez pas la nuit). Le trajet de 3 heures revient à 4 830 ISK/adulte (gratuit pour les enfants) aller. En hiver, les horaires du ferry sont inchangés ; en revanche, le bateau repart dès qu'il a été déchargé puis rechargé.

Si vous arrivez d'Akureyri, le bus du matin (bus Strætó n°78) ne pourra pas vous amener à temps pour prendre le ferry à Dalvík. Si vous n'êtes pas motorisé, vous devrez passer une nuit à Dalvík.

Depuis Dalvík, **Arctic Sea Tours** (p. 246) propose chaque jour une excursion de 10 heures qui emprunte le ferry Sæfari (randonnée guidée de 4 heures sur Grímsey incluse ; 25 000 ISK). **Ambassador** (p. 257), à Akureyri, organise, en été, une croisière en soirée, avec une escale de 2 heures sur l'île (tarif plein/enfant 29 990/16 990 ISK). **Gentle Giants** (p. 278), à Húsavík, vend des excursions à la journée vers Grímsey en Zodiac (RIB), assez onéreuses (72 300 ISK).



terres, jusqu'à Askja (p. 356) et ses alentours, de mi-juin (date de l'ouverture de la route) jusqu'à fin septembre si le climat le permet. Prévoyez une longue journée d'excursion, jusqu'à 15 heures au départ d'Akureyri ou 12 heures depuis Reykjahlíð. Les transferts sont assurés par les prestataires depuis/vers le parking du centre d'accueil des visiteurs.

**Geo Travel** AVENTURE
(464 4442 ; www.geotravel.is). Les propriétaires travaillent en partenariat avec des agences locales pour proposer, toute l'année, des circuits variés : excursions en Super-Jeep, circuits à destination d'Askja et d'Holuhraun (38 000 ISK), observation des aurores boréales (19 500 ISK), randonnées hivernales à Krafla (20 000 ISK)...

**Mývatn Activity – Hike & Bike** AVENTURE
(899 4845 ; www.hikeandbike.is ; 9h-17h juin-août). Hike & Bike possède un kiosque à côté de la taverne Gamli Bærinn à Reykjahlíð, où il est possible de réserver des circuits et de louer des VTT (4 500 ISK/jour).

Le programme estival comprend une randonnée de 4 heures jusqu'au Hverfell et au Dimmuborgir (p. 272 ; 12 500 ISK) ; un circuit de 3 heures à vélo dans l'arrière-pays (12 500 ISK) ; et un circuit à vélo en soirée qui s'achève par un bain aux Nature Baths (p. 274 ; 12 500 ISK, entrée comprise).

Leur grande connaissance du terrain est un réel plus, tout comme la liste d'activités hivernales (circuits en Super-Jeep, traîneau à chiens, raquettes sur le site de

## Mývatn et Krafla

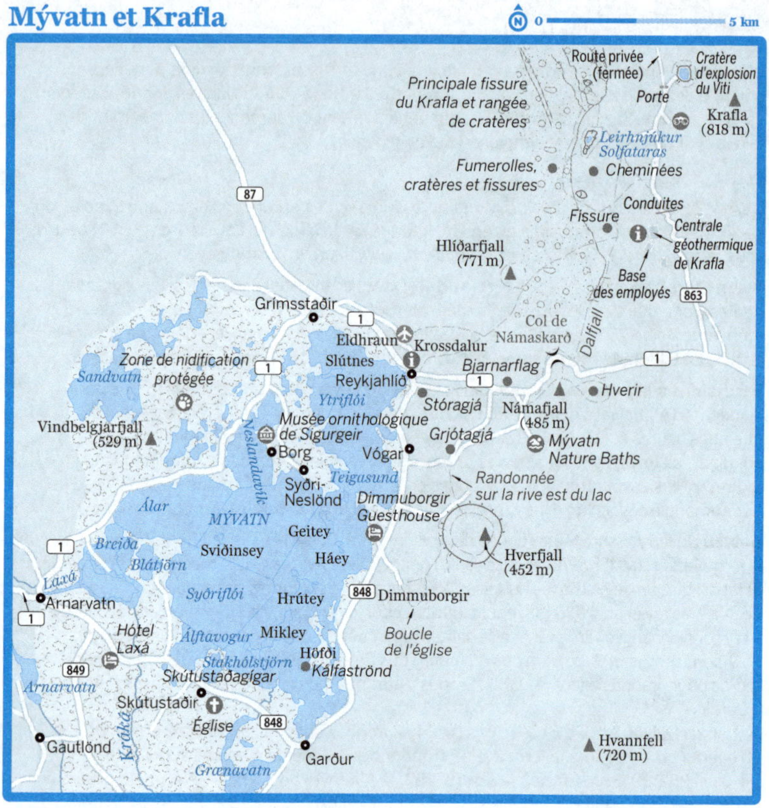


Dimmuborgir, ski nordique et motoneige sur le lac gelé). Certaines formules incluent l'hébergement.

### Saga Travel

AVENTURE

(☎558 8888 ; www.sagatravel.is). Ce prestataire propose à l'année un vaste choix de formidables circuits dans les environs du Mývatn – visite guidée, spéléologie, observation des oiseaux, randonnées dans les champs de lave… Offre détaillée sur le site Web. Les participants aux circuits des aurores boréales ont droit à des conseils photo. Possibilité de venir depuis Akureyri ou Reykjahlíð.

### SBA-Norðurleið

EN BUS

(☎550 0700 ; www.sba.is). Le circuit guidé de ce prestataire offre un bon aperçu des sites incontournables de la région du Mývatn. Il part d'Akureyri, mais on peut également le prendre à Reykjahlíð (départ de Reykjahlíð à 12h30 tous les jours de juin à septembre ; circuit 3 heures 30, 8 800 ISK). Le circuit est adapté en hiver ; d'autres parcours guidés dans le Nord-Est sont également proposés.

### Mýflug Air

SURVOL

(☎464 4400 ; www.myflug.is ; aéroport de Reykjahlíð). Survols quotidiens (en fonction de la météo) : 20 minutes au-dessus du Mývatn et de Krafla (15 700 ISK) ; "super tour" de 2 heures (51 000 ISK) passant également au-dessus de la cascade de Dettifoss, d'Ásbyrgi, de Kverkfjöll, d'Herðubreið et d'Askja ; et survol de Grímsey avec escale sur place de 1 heure (43 200 ISK).

### Snowdogs

TRAÎNEAU À CHIENS

(☎847 7199 ; www.snowdogs.is ; tarif plein/enfant 30 000/15 000 ISK ; ⏲nov-avr/mai). Dans la ferme isolée d'Heiði, à 8 km de la route principale au sud de Mývatn (prenez la Route 849 à l'ouest de Skútustaðir), Sæmi et sa famille organisent des balades en pleine nature, en traîneau à chiens. Le trajet varie en fonction de l'attelage, des participants, de la météo et de l'état des sentiers. La durée est généralement comprise entre 45 et 60 minutes, pour une distance de 8 km.

Consultez le site Web pour savoir connaître les possibilités de visiter le chenil.

**Saltvík** ÉQUITATION

(☎847 6515 ; www.saltvik.is ; 2 heures 9 500 ISK). Au sud de Reykjahlíð, partez pour une excursion à cheval dans les environs du Mývatn (ouverte à tous, débutants compris). Départs à 10h, 14h et 17h de mi-juin à mi-septembre. Saltvik possède une annexe, plus grande, à Húsavík (p. 276).

**Safarí Hestar** ÉQUITATION

(☎464 4203 ; www.safarihorserental.com ; 1/2 heures 7 000/10 000 ISK). Belles balades à cheval sur les rives du lac et parmi les pseudo-cratères au départ de la ferme d'Álftagerði III, du côté sud du lac (à 400 m à l'ouest du Sel-Hótel, p. 273).

## Où se loger et se restaurer

Victime de son succès, le Mývatn a vu les tarifs de ses hébergements flamber. La demande excédant largement l'offre, il faut impérativement réserver. La plupart des prix sont surévalués : une chambre double ordinaire en haute saison vaut 275 €. Hors saison, les tarifs redeviennent raisonnables. Dans les pensions, vous ferez des économies en optant pour l'option duvet.

La plupart des hébergements et des restaurants sont concentrés à Reykjahlíð et à Vógar, sur la rive orientale du lac, ainsi qu'à Dimmuborgir et à Skútustaðir. Les gros hôtels ont tous d'un restaurant.

La spécialité locale est un pain de seigle humide semblable à un gâteau, appelé *hverabrauð* (souvent traduit par "pain de Geysir"). Il est cuit lentement sous terre grâce à la chaleur géothermique et servi dans tous les restaurants de la ville.

## Renseignements

**Centre d'accueil des visiteurs de Mývatnsstofa** (☎464 4390 ; www.visitmyvatn.is ; Hraunvegur 8, Reykjahlíð ; ⏲7h30-18h juin-août, horaires réduits sept-mai). Ce centre bien informé à Reykjahlíð (près du supermarché) présente des expositions intéressantes sur la géologie locale. Il vous aidera à effectuer des réservations (hébergement, circuits ou transports). Procurez-vous un exemplaire de la brochure consacrée au Mývatn. Très utile, elle offre un bon aperçu des sentiers du secteur.

La région du Mývatn, protégée, est surveillée par des *rangers* de l'Umhverfisstofnun (agence islandaise de l'environnement). Ils tiennent un guichet dans le centre d'accueil, ouvert de 9h à 18h en été.

Les circuits et les bus partent du parking.

### LE LAC DES MOUCHERONS

Mývatn signifie lac des Moucherons (ou des Mouches). Les voyageurs qui le découvrent en été ne sont pas près d'oublier les nuées d'insectes. Mais aussi exaspérants puissent-ils être, les mouches et moucherons représentent une source d'alimentation vitale pour la faune.

Pour vous protéger, portez un filet de protection sur la tête (en vente au supermarché de Reykjahlíð, et ailleurs), aspergez-vous de répulsif... et croisez les doigts pour que le vent repousse dans l'eau les insectes importuns.

## Depuis/vers le Mývatn

Tous les bus prennent/déposent les passagers au centre d'accueil des visiteurs de Reykjahlíð ; les bus n°s62/62a, 56, 14/14a et 17/17a s'arrêtent également à Skútustaðir, à côté du Sel-Hótel (p. 273).

Services assurés par **SBA-Norðurleið** (www.sba.is) :

- Bus n°62a pour Akureyri (4 000 ISK, 1 heure 45, 1/jour juin à mi-sept)
- Bus n°62 pour Egilsstaðir (6 100 ISK, 2 heures, 1/jour juin à mi-sept)
- Bus n°62 pour Höfn (15 500 ISK, 7 heures 30, 1/jour juin à mi-sept)
- Bus n°650 pour Húsavík (3 500 ISK, 40 min, 1/jour mi-juin à août)
- Bus n°661 pour Krafla (1 900 ISK, 15 min, 2/jour mi-juin à début sept)
- Bus n°661 pour Dettifoss (4 100 ISK, 1 heure, 1/jour mi-juin à début sept). À Dettifoss, vous pouvez prendre le bus n°641a pour Ásbyrgi, Húsavík ou Akureyri.

Services assurés par **Strætó** (www.bus.is) :

- Bus n°56 pour Akureyri (2 520 ISK, 1 heure 30, 2/jour). Services réduits à 4/semaine en hiver.
- Bus n°56 pour Egilsstaðir (5 469 ISK, 2 heures, 1/jour). Services réduits à 4/semaine en hiver.

Services assurés par **Reykjavík Excursions** (www.re.is) :

- Bus n°14a pour Landmannalaugar par la piste de Sprengisandur dans les hautes terres (16 500 ISK, 10 heures, 1/jour juil-août)

## S'ORIENTER AUTOUR DU LAC MÝVATN

Une route goudronnée de 36 km (Route circulaire sur les rives ouest et nord, et Route 848 sur les rives sud et est) fait le tour du Mývatn. La principale localité, Reykjahlíð, est située dans le coin nord-est ; le centre d'accueil des visiteurs et la plupart des hébergements et des restaurants y sont regroupés.

Presque tous les sites sont accessibles par la Route circulaire (Route 1). C'est notamment le cas des formations de lave à l'est du Mývatn, des pseudo-cratères proches au sud et des plaines marécageuses peuplées d'oiseaux à l'ouest.

Au nord du lac, la Route circulaire oblique vers l'est après Reykjahlíð, puis franchit le col de Námaskarð pour rejoindre le secteur géothermique de Hverir. Un embranchement vers le nord (Route 863) conduit à Krafla, à 14 km de Reykjahlíð. En continuant 20 km sur la Route circulaire, vous atteindrez la bifurcation vers la cascade de Dettifoss sur la Route 862 (goudronnée).

Si vous êtes motorisé, vous pourrez explorer la région en une journée ; en bus ou à vélo, prévoyez 2 jours. Comptez au moins 3 jours si vous souhaitez découvrir des montagnes et des champs de lave plus éloignés.

➡ Bus n°17a pour Reykjavík par la piste de Sprengisandur dans les hautes terres (20 500 ISK, 11 heures 30, 1/jour juil-août)

## Comment circuler

De superbes chemins de randonnée sillonnent les alentours du Mývatn (ils ne sont pas tous reliés). Sans moyen de transport, vous devrez marcher longtemps sur la route en bord de lac.

Louez plutôt une voiture à Akureyri ou, par beau temps, un VTT auprès d'Hike & Bike(p. 267). Le tour du lac (36 km) peut s'effectuer en une journée.

S'il vous faut un taxi, appelez le ☎ 893 4389 (de juin à août).

# Reykjahlíð

150 HABITANTS

Reykjahlíð, sur la rive nord-est du lac, est le principal village et la base la plus pratique pour explorer la région du Mývatn. On n'y trouve guère plus que quelques pensions et hôtels, un supermarché, une station-service et le centre d'accueil des visiteurs consacré au Mývatn.

## Où se loger

Lors de nos recherches, Fosshótel devait ouvrir un nouvel hôtel dans le nord de Reykjahlíð ; renseignements détaillés sur www.fosshotel.is.

**Bjarg** CAMPING €

(☎ 464 4240 ; ferdabjarg@simnet.is ; empl 1 600 ISK/pers, d sans sdb 15 900 ISK ; ⏲ mi-mai à sept). Ce camping profite d'un emplacement somptueux sur la rive du lac (presque en face du supermarché). Il offre une cuisine sous tente, un service de blanchisserie et un comptoir de réservation de circuits ; on peut y louer des barques et des vélos en été. Le bâtiment principal compte quelques chambres. Pas de Wi-Fi.

**Hlíð** CAMPING, GUESTHOUSE €

(☎ 464 4103 ; www.myvatnaccommodation.is ; Hraunbrún ; empl 1 600 ISK/pers, dort 5 000 ISK, d petit-déj inclus 25 000 ISK, cottages 36 500 ISK ; @). Vaste et bien tenu, ce camping, à 300 m au-dessus de l'église, propose un choix complet d'hébergements : camping, dortoirs avec option duvet, chambres avec accès à une cuisine commune, bungalows sommaires, cottages pouvant accueillir 6 personnes et chambres avec sdb. Buanderie, terrain de jeux et location de vélos.

**Helluhraun 13** B&B €€

(☎ 464 4132 ; www.helluhraun13.blogspot.com ; Helluhraun 13 ; d sans sdb petit-déj inclus 19 000 ISK ; ⏲ juin-août). Une petite chambre d'hôtes douillette donnant sur les champs de lave, tenue par la charmante Ásdis. Une sdb et 3 chambres lumineuses, impeccables et joliment décorées.

**Eldá** GUESTHOUSE €€

(☎ 464 4220 ; www.elda.is ; Helluhraun 9 ; s/d sans sdb petit-déj inclus 17 500/21 500 ISK ; @). Cette pension sympathique est composée de 3 propriétés réparties le long d'Helluhraun. Elle assure un hébergement simple et douillet, avec cuisines communes et salons TV.

**Vógar** GUESTHOUSE, CAMPING €€

(☎ 464 4399 ; www.vogahraun.is ; Vógar ; empl par pers/tente 1 500/500 ISK, pension d avec/sans sdb 23 600/15 700 ISK). À 2,5 km au sud de Reykjahlíð, cet établissement propose plusieurs types d'hébergements : camping, chambres dans des préfabriqués (d 11 600 ISK) et chambres compactes dans un bâtiment plus récent, avec ou sans sdb. Réduction pour l'option duvet et à partir de 2 nuits. Toutes les chambres donnent accès à la cuisine ; les chambres avec sdb comprennent le petit-déjeuner.

**Vogafjós Guesthouse** GUESTHOUSE €€€
(☎ 464 3800 ; www.vogafjos.net ; Vógar ; d petit-déj inclus à partir de 29 000 ISK). Les bungalows en bois douillets, avec chauffage au sol, fleurent bon le pin et le cèdre. Ils sont installés dans un champ de lave à 2,5 km au sud de Reykjahlíð et à deux pas du café-restaurant de l'établissement (ci-après), où le petit-déjeuner est servi. Majorité de chambres doubles ; chambres familiales également.

**Hótel Reynihlíð** HÔTEL €€€
(☎ 464 4170 ; www.myvatnhotel.is ; s/d petit-déj inclus à partir de 28 800/34 400 ISK ; @). Le plus bel hôtel du Mývatn compte 41 chambres, un restaurant, un bar-*lounge* et un sauna. Les supérieures ont plus d'espace et une meilleure vue. Nous avons aimé les 9 chambres de l'annexe plus cosy, au bord du lac : l'**Hótel Reykjahlíð** (mêmes prix).

## Où se restaurer

**Samkaup-Strax** SUPERMARCHÉ €
(9h-22h mi-juin à août, 10h-18h sept à mi-juin). Ce supermarché, bien approvisionné, est voisin du centre d'accueil des visiteurs. Station-service et grill (burgers) pour un repas sur le pouce à prix doux.

♥ **Vogafjós** ISLANDAIS €€
(☎ 464 3800 ; www.vogafjos.net ; plats 2 500-5 400 ISK ; 10h-23h juin-août, horaires réduits sept-mai ; ). À 2,5 km au sud de Reykjahlíð, "L'Étable" est un restaurant mémorable où l'on peut contempler un paysage verdoyant et découvrir la laiterie de la ferme (traite des vaches à 7h30 et 17h30). La carte est une ode aux produits locaux : agneau fumé, mozzarella maison, omble chevalier à l'aneth, pain de Geysir, pâtisseries et glaces maison. Tout est délicieux.

**Gamli Bærinn** ISLANDAIS €€
(☎ 464 4270 ; www.myvatnhotel.is ; en-cas et plats 950-3 950 ISK ; 10h-23h). À proximité de l'hôtel Reynihlíð, cet établissement (la "Vieille Ferme") convivial et gai sert toute la journée une cuisine de pub : soupe à la viande d'agneau, quiches, salade de poulet et délicieux burger au saumon accompagné d'une salade de pommes de terre. Le soir, l'établissement attire les habitués. Les horaires peuvent être étendus le week-end, mais la cuisine ferme invariablement à 22h.

**Daddi's Pizza** PIZZERIA €€
(www.vogahraun.is ; pizzas 1 720-3 115 ISK ; 12h-23h ; ). Dans le camping Vogár, ce petit comptoir vend de savoureuses pizzas à déguster sur place ou à emporter. Goûtez sa spécialité, avec truite fumée, noix et crème de fromage.

**Myllan** ISLANDAIS €€
(☎ 464 4170 ; www.myvatnhotel.is ; plats 2 100-5 900 ISK ; 18h30-21h). Le restaurant de l'hôtel Reynihlíð, ouvert le soir, est le meilleur de la ville. Au menu : agneau fumé, poêlée d'omble chevalier, bavette d'aloyau sauce béarnaise... et club sandwich ! Enfin, laissez-vous tenter par un dessert au parfum local (*skyr* brûlé, par exemple).

## Renseignements

La **poste** (Helluhraun ; 9h-16h lun-ven) est située dans la rue derrière le supermarché. Elle abrite une banque, dotée d'un DAB (24h/24).

# Est du Mývatn

Si vous manquez de temps, concentrez-vous que la rive est du Mývatn, où l'on peut faire une agréable promenade d'une demi-journée (voir l'encadré page suivante).

## À voir

**Grjótagjá** GROTTE
Les fans de *Game of Thrones* reconnaîtront peut-être le lieu où Jon Snow et Ygritte se sont unis pour la première fois. La Grjótagjá, une faille béante avec une grotte remplie d'eau à 45°C, se trouve dans une propriété privée. Il est interdit de s'y baigner, mais les propriétaires permettent les visites et les photos. C'est un endroit magnifique, surtout quand le soleil filtre à travers les lézardes du plafond. On y accède facilement par la route.

♥ **Hverfjall** FORMATION GÉOLOGIQUE
Le Hverfjall (ou Hverfell) est un cône de téphra dominant les champs de lave à la lisière est du Mývatn. Cet imposant cratère de forme très régulière est apparu il y a 2 700 ans, à l'issue d'une éruption cataclysmique. Haut de 452 m et large de 1 040 m, il est emblématique de la région du Mývatn.

Le cratère est composé de graviers ; un chemin facile, qui mène de l'extrémité nord-ouest au sommet (où vous trouverez des toilettes), offre une vue époustouflante sur le cratère et le paysage alentour. Un sentier suit le bord ouest jusqu'à un point de vue à l'extrémité au sud, avant de descendre en pente raide vers le Dimmuborgir.

Une route gravillonnée vous conduira jusqu'au chemin à l'extrémité nord-ouest du cratère ; le parking est à 2,5 km de la route principale.

### ♥ Lofthellir — GROTTE

Avec ses magnifiques sculptures naturelles de glace, la grotte de lave de Lofthellir est l'un des plus beaux sites du Mývatn.

Elle se trouve dans une propriété privée et ne se visite que dans le cadre d'un circuit d'une demi-journée organisé par Saga Travel (p. 268). Cette excursion comprend un trajet de 45 minutes en 4x4 et une marche de 20 minutes à travers un champ de lave pour rejoindre la grotte, où l'on vous fournira l'équipement requis (lampe frontale, chaussures à crampons, etc.) pour pouvoir vous faufiler dans les espaces étroits. Habillez-vous chaudement.

### ♥ Dimmuborgir — CHAMP DE LAVE

Les gigantesques formations déchiquetées de Dimmuborgir (littéralement "Châteaux noirs") en font l'un des plus fascinants champs de lave du pays. Un réseau de chemins balisés sillonne ce paysage aux contours anthropomorphes. La **boucle de l'église** (2,3 km) est la plus fréquentée. En été, renseignez-vous au café sur les randonnées gratuites guidées par des *rangers*.

Il est communément admis que les étranges aiguilles et crevasses de Dimmuborgir sont apparues il y a quelque 2 000 ans, lorsqu'un lac de lave jailli des cratères de Þrengslaborgir et de Lúdentarborgir se forma à cet endroit, au-dessus d'un marais ou d'un petit lac. L'eau du marais se mit à bouillonner, et des jets de vapeur traversèrent la lave en fusion et la refroidirent, créant les colonnes. Tandis que la lave continuait de s'écouler plus bas, les colonnes creuses de lave solidifiée demeurèrent.

#### RANDONNÉE SUR LA RIVE EST DU LAC

Facilement accessibles en voiture, les sites le long de la rive est du Mývatn peuvent aussi se découvrir au cours d'une agréable randonnée d'une demi-journée. Un chemin balisé court de Reykjahlíð au Hverfjall (4 km), en passant par la Grjótagjá. Il continue ensuite jusqu'au Dimmuborgir (3 km), aux formations de lave ruiniformes. Si vous partez en fin d'après-midi et marchez d'un bon pas, vous pourrez terminer la journée par un repas à Dimmuborgir, à l'heure où le soleil couchant éclairera le paysage lunaire. Autre possibilité : le circuit du coin nord-ouest du Hverfjall jusqu'aux **Nature Baths** (p. 274 ; 2,3 km) – le crépuscule y est tout aussi surprenant.

### Höfði — FORMATIONS DE LAVE

Le promontoire de lave d'Höfði, couvert de fleurs sauvages, de bouleaux et d'épicéas, offre l'un des paysages les plus doux de la région ; au large, des îlots et une eau cristalline attirent des oiseaux migrateurs.

Depuis les chemins qui longent le rivage, vous verrez des petites grottes et d'étonnantes *klasar* (colonnes de lave), dont les plus fameuses surgissent des flots à **Kálfaströnd**, sur la rive sud de la péninsule d'Höfði.

## Où se loger et se restaurer

### ♥ Dimmuborgir Guesthouse — GUESTHOUSE €€

(☎464 4210 ; www.dimmuborgir.is ; d/chalets petit-déj inclus à partir de 22 100/28 500 ISK). Cet établissement au bord du lac, à côté du champ de lave de Dimmuborgir, loue des chambres avec sdb (et accès à la cuisine commune et à la salle à manger). Quelques chalets complètent l'offre : de différentes tailles, ils sont bien équipés et peuvent, pour certains, convenir aux familles. Le petit-déjeuner est servi dans le bâtiment principal, à l'abri de baies vitrées dominant le lac.

### Kaffi Borgir — ISLANDAIS €€

(☎464 1144 ; www.kaffiborgir.is ; plats 1 950-3 950 ISK ; ⏲10h-21h juin-août, horaires réduits sept-mai, fermé déc-fév). Ce café-boutique de souvenirs se tient au sommet de la crête qui domine le champ de lave de Dimmuborgir. Installez-vous en terrasse, commandez la spécialité de la maison (la truite grillée) et contemplez les ombres que le soleil dessine parmi les pics de lave. Au déjeuner, comptez 1 950 ISK pour le buffet de soupes ; les soirs d'été, excellent rapport qualité/prix pour le dîner 2 plats (3 300 ISK).

## Sud du Mývatn

Si l'est du Mývatn est un trésor d'anomalies géologiques, la rive sud séduit par son ensemble de pseudo-cratères.

Seul autre village autour du lac avec Reykjahlíð, **Skútustaðir** compte quelques hôtels, une pension, une pompe à essence et un arrêt de bus. Quelques activités touristiques y sont proposées.

**Skútustaðagígar** FORMATION GÉOLOGIQUE
Les pseudo-cratères de Skútustaðagígar ont été formés quand de la lave en fusion a coulé dans le lac, provoquant des explosions de vapeur. Ces plissements spectaculaires sont apparus quand l'eau bloquée sous la surface est devenue bouillante et a forcé le passage, formant ainsi des petits cônes et cratères de scories.

L'ensemble de pseudo-cratères le plus accessible longe un court sentier en face de Skútustaðir, qui mène aussi au **Stakhólstjörn**, un étang peuplé d'oiseaux aquatiques.

### Où se loger et se restaurer

**Skútustaðir Farmhouse** GUESTHOUSE €€
(464 4212 ; www.skutustadir.is ; Skútustaðir ; d avec/sans sdb 27 000/21 000 ISK, petit-déj inclus ; fermé Noël-Nouvel An). Des prix raisonnables pour le secteur, un bon accueil et une hygiène irréprochable pour cette pension recommandée, ouverte toute l'année. Chambres avec sdb commune dans le bâtiment de la ferme, une annexe de 5 chambres avec sdb, un bungalow de 2 chambres, et une nouvelle aile abritant d'autres chambres et une grande cuisine commune.

**Hótel Laxá** HÔTEL €€€
(464 1900 ; www.hotellaxa.is ; s/d petit-déj inclus 32 800/39 400 ISK). À 2 km à l'est de Skútustaðir, cet hôtel à l'architecture saisissante et respectueuse de l'environnement compte 80 chambres modernes et simples, chères et confortables, dont les couleurs sont en harmonie avec l'environnement. Les grandes fenêtres et les canapés verts du bar-*lounge* invitent à la contemplation. Il y a aussi un beau restaurant.

Au dîner, comptez 2 550-5 750 ISK pour un plat ou préférez le buffet (repas complet 7 200 ISK, buffet soupes et salades 2 900 ISK). L'hôtel est assez onéreux, mais les tarifs baissent au moins de moitié en hiver (d'octobre à avril).

**Sel-Hótel Mývatn** HÔTEL €€€
(464 4164 ; www.myvatn.is ; Skútustaðir ; s/d petit-déj inclus 27 000/32 600 ISK ; @). Les chambres et la réception de cet établissement ont été rénovées. Si la décoration est peu élaborée, les équipements et le service sont satisfaisants. En hiver, formules avec observation des aurores boréales, excursions en Super-Jeep, motoneige ou karting sur le lac gelé, équitation, etc. Hors saison, les tarifs sont nettement plus abordables.

Sans grand intérêt, le restaurant n'en dresse pas moins des buffets appréciés des groupes de touristes (déjeuner/dîner 3 500/6 900 ISK) ; possibilité de commander à la carte le soir. Admirez les photos de la région et des éruptions volcaniques.

**Hótel Gígur** HÔTEL €€€
(464 4455 ; www.keahotels.is ; Skútustaðir ; s/d petit-déj inclus 29 800/36 100 ISK ; @). Cet hôtel rénové (nouveau mobilier, déco contemporaine) loue ses petites chambres à des tarifs excessifs. Le service est néanmoins satisfaisant, tout comme l'emplacement, au bord du lac, à Skútustaðir – vue magnifique. L'atout majeur de l'établissement reste son restaurant, l'un des meilleurs du secteur.

**Kaffi Sel** CAFÉTÉRIA €
(Skútustaðir ; en-cas 400-1 800 ISK ; 8h-21h juin-août, 10h-17h sept-mai). En cas de petite faim, cette cafétéria/boutique de souvenirs propose des hot dogs, des soupes et des sandwichs sous vide. Elle jouxte l'hôtel Sel.

## Ouest du Mývatn

Si les voyageurs se massent devant les anomalies géologiques de la rive est de Mývatn, la rive ouest, plus sauvage et tranquille, vaut également le détour – surtout pour les amoureux des oiseaux.

La Route circulaire (Route 1) passe par la rive ouest du lac, moins peuplée. En revanche, les bus empruntent plutôt les rives sud et est.

### À voir et à faire

L'ouest du Mývatn est l'un des meilleurs endroits du pays pour observer les oiseaux, avec plus de 115 espèces, dont 28 de canards. La plupart des oiseaux aquatiques d'Islande vivent ici en grand nombre. Parmi les 15 espèces de canards qui y nichent, trois – la macreuse, le canard chipeau et le garrot d'Islande – ne se reproduisent nulle part ailleurs en Islande.

Arlequins plongeurs, fuligules morillons, colverts, fuligules milouinans, cygnes chanteurs, plongeons huards, sternes arctiques et pluviers dorés comptent parmi les autres espèces qui fréquentent la région. Les marécages, les étangs et la toundra humide constituent d'importants secteurs de nidification ; aussi, il est interdit de sortir des sentiers du 15 mai au 20 juillet (période de la couvée). Les affûts aménagés près du Musée ornithologique de Sigurgeir permettent d'admirer les oiseaux.

**Vindbelgjarfjall** RANDONNÉE

Escarpé bien que relativement facile à gravir, le Vindbelgjarfjall (ou Vindbelgur ; 529 m), sur la rive ouest, offre l'une des meilleures vues sur le lac de Mývatn et ses étranges pseudo-cratères. Le chemin débute au sud, près de la ferme de Vagnbrekka. Comptez 30 minutes pour rejoindre la montagne et autant pour atteindre le sommet.

**♥ Musée ornithologique de Sigurgeir** MUSÉE

(Fuglasafn Sigurgeirs ; ☎ 464 4477 ; www.fuglasafn.is ; tarif plein/enfant 1 200/600 ISK ; ⌚9h-18h juin-août, horaires réduits sept-mai). Pour approfondir vos connaissances sur les oiseaux, visitez ce musée, installé au bord du lac dans un superbe bâtiment alliant un design moderne à des éléments hérités des maisons de tourbe traditionnelles. Il renferme une impressionnante collection d'oiseaux naturalisés, avec plus de 180 espèces du monde entier, dont toutes celles présentes en Islande (à l'exception du phalarope à bec large). L'éclairage étudié et les explications détaillées enrichissent la visite.

Le musée est dédié à Sigurgeir Stefansson, qui débuta cette collection à titre privé et se noya dans le lac à 37 ans. Il comprend un petit café et prête des télescopes high-tech aux passionnés d'ornithologie. Des affûts y sont loués pour l'observation.



## Nord du Mývatn

Alors que la route qui longe le lac retourne vers Reykjahlíð, les marécages s'assèchent et cèdent la place aux étendues de lave qui couvrent la majeure partie de la région.

**Eldhraun** CHAMP DE LAVE

Le champ de lave qui borde la rive nord du Mývatn comprend la coulée qui faillit engloutir l'église de Reykjahlíð. Elle fut crachée par le Leirhnjúkur (p. 275) durant les fameux feux de Mývatn en 1729, et se déversa dans le canal Eldá. Vous pourrez découvrir l'Eldhraun à pied depuis Reykjahlíð – la progression est lente.

**Hlíðarfjall** RANDONNÉE

Si vous marchez directement jusqu'à Krafla depuis la crête nord du Mývatn, vous passerez par l'imposante montagne rhyolitique de Hlíðarfjall (771 m), juste avant la marque indiquant la moitié du parcours. À 5 km de Reykjahlíð, ce mont peut faire l'objet d'une agréable promenade d'une journée – vue spectaculaire sur le lac d'un côté et sur les champs de lave de Krafla de l'autre.

## Est de Reykjahlíð

Les trésors géologiques du nord du Mývatn bordent la Route circulaire tandis que celle-ci serpente dans un terrain inhospitalier, entre le nord du lac et l'embranchement vers Krafla. De nombreux chemins permettent d'explorer le secteur à pied.

**Bjarnarflag** SECTEUR GÉOTHERMIQUE

Bjarnarflag, à 3 km à l'est de Reykjahlíð, est un secteur marqué par une forte activité géothermique. La terre se soulève et bouillonne, et des colonnes de vapeur bordent la vallée. Bjarnarflag a toujours attiré des entrepreneurs désireux d'exploiter ses ressources naturelles. Des fermiers ont même tenté de faire pousser des pommes de terre, mais la chaleur extrême du sol a anéanti leurs espoirs.

Dans les années 1960, 25 forages tests furent réalisés pour juger de la faisabilité d'une centrale géothermique. L'un atteint 2 300 m ; la vapeur s'en échappe à 200°C.

Une usine de transformation de la diatomite fut construite par la suite ; il ne reste plus aujourd'hui qu'un étang turquoise que les habitants ont surnommé le "Blue Lagoon". Ce bassin attrayant est en réalité toxique ; il ne doit pas être confondu avec les Mývatn Nature Baths, un peu plus loin (et parfois appelés "Blue Lagoon du Nord").

**♥ Mývatn Nature Baths** SPA

(Jarðböðin ; ☎ 464 4411 ; www.myvatnnaturebaths.is ; tarif plein/enfant 4 000 ISK/gratuit ; ⌚9h-0h juin-août, 12h-22h sept-mai). Le pendant septentrional du Blue Lagoon se trouve à 3 km à l'est de Reykjahlíð. Plus petit et moins chic que son homologue proche de Reykjavík (ce qui est plutôt une bonne chose), c'est un endroit superbe, où l'on se baigne dans une eau bleu ciel, riche en minéraux, en admirant le paysage. Après un bain relaxant, essayez l'un des deux bains de vapeur naturelle et/ou allez manger à la cafétéria.

**Námafjall** MONTAGNE

Des colonnes de vapeur jalonnent la crête rose-orangé du Námafjall, 3 km après Bjarnarflag (du côté sud de la Route circulaire). Formée par une éruption fissurale, la crête se tient entièrement sur la dorsale médio-atlantique. Franchissez le col de Námaskarð et dévalez l'autre côté pour entrer dans l'univers surréaliste de Hverir.

**Hverir** SECTEUR GÉOTHERMIQUE

Monde magique aux tons ocre, Hverir (également appelé Hveraröndl) se déploie en un paysage lunaire de chaudrons de boue, de colonnes de vapeur, de dépôts minéraux et de fumerolles. Les gargouillis de la boue et l'odeur de soufre peuvent sembler peu attrayants, mais tous les visiteurs sont saisis par la beauté éthérée de Hverir.

Des sentiers sécurisés sont délimités par des cordes. Pour éviter de vous blesser ou de dégrader la nature, ne marchez pas sur les sols plus clairs et ne vous écartez pas des itinéraires tracés.

Un chemin de randonnée relie Hverir à la crête du Námafjall. Cette ascension de 30 minutes est sublimée par une vue splendide sur le paysage fumant.

## Krafla

Le paysage de Krafla, une région volcanique active à 7 km au nord de la Route circulaire, englobe un ensemble de colonnes de vapeur et de cratères. Le nom Krafla, qui désigne au sens strict du terme le volcan de 818 m de haut, est communément employé pour la région entière, ainsi que pour la centrale géothermique et la série d'éruptions qui créèrent le plus impressionnant champ de lave d'Islande. Le cycle d'éruptions appelé feux du Mývatn se produisit entre 1724 et 1729, quand s'ouvrirent de nombreuses fissures. Les feux de Krafla (1975-1984), un phénomène très similaire, se caractérisèrent par des éruptions fissurales et des mouvements magmatiques intermittents, qui se prolongèrent pendant 9 ans.

De Reykjahlíð, une **randonnée** assez facile de 13 km (3-5 heures) conduit au Hlíðarfjall et au Leirhnjúkur par un chemin balisé qui débute près de l'aérodrome. Un autre itinéraire (difficile ; comptez 3 à 5 heures) part du col de Namaskarð (face au Námafjall) et longe la crête du Dalfjall jusqu'à Leirhnjúkur.

**Centrale de Krafla** CENTRALE GÉOTHERMIQUE

(centre des visiteurs 10h-17h juin-août). L'idée de construire une centrale géothermique à Krafla naquit en 1973 ; les travaux préliminaires commencèrent par des forages destinés à vérifier la faisabilité du projet. En 1975, après une longue période de tranquillité, la fissure du Krafla entra dans une phase d'activité. La centrale fut cependant construite et agrandie ultérieurement. Le centre des visiteurs explique son fonctionnement.

Ne ratez pas l'impressionnant point de vue sur la région : pour y accéder, continuez sur la Route 863.

**Leirhnjúkur** CHAMP DE LAVE

Le cratère du Leirhnjúkur et ses solfatares forment le site le plus impressionnant et potentiellement dangereux de Krafla. Il apparut en 1727 sous la forme d'une fontaine de lave et rejeta des débris en fusion pendant 2 ans avant de se calmer.

En 1975, les feux de Krafla débutèrent par une petite éruption de lave à côté du Leirhnjúkur. Après 9 ans d'activité intermittente, le Leirhnjúkur devint le trou de boue sulfureuse à l'aspect menaçant que l'on connaît aujourd'hui. La croûte de terre est extrêmement fine et, par endroits, le sol est brûlant.

Un sentier bien tracé court vers le nord-ouest du parking de Krafla jusqu'au Leirhnjúkur. En raison de l'activité volcanique, des hautes températures, et de la présence de marmites de boue et de jets de vapeur, ne vous écartez pas des chemins balisés.

**Víti** FORMATION GÉOLOGIQUE

Le cratère brun du Víti recèle un lac vert, que l'on découvre depuis le bord du volcan. Large de 300 m, le cratère d'explosion apparut en 1724, au début des dévastateurs feux de Mývatn. Un chemin circulaire longe la crête du Víti jusqu'au secteur géothermique à l'est.

Attention : ne confondez pas le cratère du Víti ("l'enfer" en islandais !) avec celui situé à côté de la caldeira d'Askja (dans lequel on peut se baigner, ce qui n'est pas le cas ici).

### Depuis/vers Krafla

Au départ de Reykjahlíð, vous pourrez venir à pied, prendre le bus (en été seulement) ou venir en voiture ; à 15 km par la Route circulaire et la Route 863.

Services assurés par **SBA-Norðurleið** (www.sba.is) :

- Bus n°661 de Reykjahlíð à Krafla (1 900 ISK, 15 min, 2/jour mi-juin à début août). Départs à 8h et 11h30 ; celui de 11h30 continue jusqu'à Dettifoss. Le bus qui revient de Krafla à Reykjahlíð part à 14h15.

# DU MÝVATN À EGILSSTAÐIR (PAR LA ROUTE CIRCULAIRE)

En quittant Reykjahlíð par l'est en direction d'Egilsstaðir, la Route circulaire passe par le sommet du Námafjall et Hverir (gare à l'odeur !), et bifurque vers Krafla. Après 20 km, elle atteint l'embranchement vers le nord menant à Dettifoss (p. 286) par la Route 862 (goudronnée), puis la bifurcation vers la Route 88 réservée aux 4x4 qui part en direction du sud, vers Askja, dans les hautes terres.

En poursuivant sur la Route circulaire, vous franchirez bientôt le pont au-dessus de la Jökulsá á Fjöllum ; la Route 864 est signalée en direction du nord juste à l'est du pont ; cette rude piste de gravier, généralement ouverte de juin à octobre, rejoint Dettifoss (porte de l'Est) 28 km plus loin, puis Ásbyrgi, à 56 km.

À partir du pont, la Route circulaire coupe au travers des hautes terres désolées de l'arrière-pays du Nord-Est. Si vous ne souhaitez pas explorer les hautes terres, vous en aurez un aperçu ici. Le paysage gris et aride est parsemé de basses collines, de petits lacs formés par la fonte des neiges et de cours d'eau qui serpentent au petit bonheur.

## Möðrudalur et ses environs

Les fermes sont rares dans cette région qui a toujours été rude. À 469 m d'altitude, Möðrudalur est la ferme la plus élevée d'Islande ; elle évoque une oasis, perdue dans ce désert islandais. On y trouve aujourd'hui un hameau très fréquenté en été et où les touristes viennent se ravitailler. Un nouveau centre d'information touristique est destiné aux personnes voyageant dans les hautes terres – après Möðrudalur, elles poussent vers les hautes terres centrales par la Route F905, toute proche (vous devrez être parfaitement équipé et circuler en 4x4).

Möðrudalur se trouve 8 km au sud de la Route circulaire sur la Route 901 – l'embranchement est à environ 63 km à l'est de Reykjahlíð et à 104 km à l'est d'Egilsstaðir. Vous pourrez vous procurer de l'essence, dans ce qui est sans doute la plus jolie station-service d'Islande.

### Circuits organisés

**Volcano Heli** EN HÉLICOPTÈRE
(☎ 647 3300 ; www.volcanoheli.is). Matthias, un pilote d'hélicoptère originaire du Liechtenstein, s'installe en été dans la ferme de Möðrudalur. Son jardin donne sur des paysages grandioses (Askja, Holuhraun, le lac Mývatn, Kverkfjöll...), tous à portée d'ailes. L'hélicoptère peut emmener 3 personnes ; les tarifs valent pour la sortie (et non par personne). Premier prix : 106 200 ISK/30 minutes.

### Où se loger et se restaurer

**Fjalladýrð** GUESTHOUSE, CAMPING €€
(☎ 471 1858 ; fjalladyrd.is ; Möðrudalur ; empl/pers 1 350 ISK, d avec/sans sdb 35 000/15 900 ISK). La partie touristique de la ferme de Möðrudalur comprend un large choix d'hébergements, pour tous budgets : camping, couchages avec duvet, chambres de pension, adorables chalets au toit végétalisé, suites familiales... Hors saison, les tarifs chutent de 30%.

N'hésitez pas à y passer la nuit si vous comptez explorer l'intérieur des terres ; l'établissement organise d'excellentes excursions en Super-Jeep vers Askja et Kverkfjöll.

**Fjallakaffi** ISLANDAIS €€
(Möðrudalur ; plats 2 290-7 490 ISK ; 7h-22h mai-sept, 9h-17h oct-avr). Si vous ne faites que passer à Möðrudalur, arrêtez-vous dans cet excellent établissement pour un café et un *kleina* (beignet traditionnel tressé), ou pour un plat à base d'ingrédients locaux : agneau de montagne, magret d'oie, omble chevalier poêlé, steak de renne. On peut aussi se contenter d'une soupe ou d'un croque-monsieur.

# HÚSAVÍK

2 240 HABITANTS

Húsavík, la capitale islandaise de l'observation des baleines, attire de nombreux voyageurs. Avec ses maisons colorées, ses musées passionnants et ses sommets enneigés de l'autre côté de la baie, c'est le plus joli port de pêche du Nord-Est.

## À voir et à faire

**Musée de la Baleine d'Húsavík** MUSÉE

(Hvalasafnið ; ☎414 2800 ; www.whalemuseum.is ; Hafnarstétt ; tarif plein/enfant 1 800/500 ISK ; 8h30-18h30 mai-sept, 9h-14h lun-ven oct-avr). Cet excellent musée vous apprendra tout ce qu'il faut savoir sur les baleines de la baie de Skjálfandi. Installé dans un ancien abattoir sur le port, il présente admirablement l'écologie et les mœurs des baleines, leur protection et l'histoire de leur chasse en Islande. On y voit d'énormes squelettes.

**Húsavíkurkirkja** ÉGLISE

(Garðarsbraut). L'église d'Húsavík est sans équivalent en Islande. Construite en 1907 avec du bois norvégien et délicatement proportionnée, cet édifice blanc et rouge serait plus à sa place dans les Alpes. Son plan cruciforme se remarque plus à l'intérieur, où une représentation de la résurrection de Lazare surplombe le maître-autel.

**Skrúðgarður** JARDIN

Aussi plaisant que soit le front de mer, flâner dans le charmant parc de la ville, le long du cours d'eau rempli de canards, offre un agréable moment de tranquillité. Accès via une passerelle dans Ásgarðsvegur ou à côté de la pension Árból.

**Musée de l'Exploration** MUSÉE

(www.explorationmuseum.com ; Héðinsbraut 3 ; tarif plein/enfant 1 000/500 ISK ; 14h-19h). Inauguré en 2014, ce musée retrace l'histoire de l'exploration humaine, des voyages des Vikings aux expéditions polaires (une dameuse de 1952 est garée devant le bâtiment). Sa section la plus singulière concerne les astronautes d'Apollo, qui furent envoyés en Islande dans les années 1960 pour s'exercer dans les paysages accidentés autour d'Askja, semblables à ceux de la Lune.

**Maison de la culture** MUSÉE

(Safnahúsið ; www.husmus.is ; Stórigarður 17 ; tarif plein/enfant 1 000 ISK/gratuit ; 10h-18h juin à mi-sept, 10h-16h lun-ven mi-sept à mai). À la fois musée des traditions populaires, musée maritime et muséum d'histoire naturelle, la Maison de la culture est l'un des plus intéressants musées régionaux du Nord. L'exposition "Homme et Nature" retrace un siècle de vie dans la région, de 1850 à 1950. La collection d'animaux naturalisés comprend un phoque à capuchon et un ours polaire, abattu en 1969 à Grímsey.

**Sundlaug Húsavíkur** PISCINE

(Laugarbrekka 2 ; tarif plein/enfant 650/300 ISK ; 6h45-21h lun-ven, 10h-18h sam-dim juin-août, horaires réduits sept-mai ; ). La piscine municipale comprend des *hot pots* et des toboggans.

## Circuits organisés

### Observation des baleines

Bien que d'autres localités proposent des circuits d'observation des baleines (Reykjavík et Eyjafjörður, au nord d'Akureyri), Húsavík est devenue la destination phare en la matière. Et pour cause : jusqu'à 11 espèces de cétacés viennent s'y nourrir en été. La meilleure période s'étend de juin à août. C'est la haute saison touristique et il y a pratiquement 100% de chances d'en voir.

Quatre tour-opérateurs partent du port d'Húsavík. Ils pratiquent des prix similaires et proposent des services comparables pour le circuit standard de 3 heures (services du guide, survêtements chauds, boissons chaudes et une pâtisserie inclus).

Les offres diffèrent pour les excursions moins classiques. Pendant la période de nidification des macareux (de mi-avril à mi-août), toutes les agences organisent des circuits avec observation des baleines et traversée jusqu'à l'île de Lundey, peuplée de macareux. Mais North Sailing l'effectue en 4 heures à bord d'une vieille goélette pittoresque (qui hisse les voiles quand le temps le permet), alors que Gentle Giants (p. 278) utilise un canot pneumatique rapide, pour une sortie de 2 heures 30 seulement.

Des circuits partent toute la journée (de juin à août), de 8h à 20h. Les bateaux circulent aussi en avril, mai, septembre, octobre et novembre, à une fréquence moindre (North Sailing propose même un circuit quotidien les deux dernières semaines de mars). Vous ne pourrez pas manquer les bureaux sur le front de mer : North Sailing avec des drapeaux jaunes, Gentle Giants peint en bleu et Salka, plus petit, dans son café de l'autre côté de la rue. Un quatrième prestataire, Húsavík Adventures, a fait son apparition et propose des sorties en Zodiac. Avant de réserver un circuit standard, renseignez-vous sur la taille du bateau et le nombre de passagers. Partez plutôt tôt le matin ou en soirée (les groupes en bus viennent en milieu de journée). Attention, les circuits en Zodiac ne conviennent pas aux enfants de moins de 8 ans.

## Húsavík

**North Sailing** OBSERVATION DES BALEINES
(☎464 7272 ; www.northsailing.is ; Garðarsbraut ; 3 heures tarif plein/enfant 10 500/4 200 ISK). Le plus ancien prestataire d'observation des baleines possède une flotte de bateaux traditionnels rénovés avec soin. Son circuit de 4 heures "Whales, Puffins & Sails" ("baleines, macareux et voiles" ; tarif plein/enfant 14 000/5 600 ISK) se fait à bord d'une vieille goélette ; si les conditions le permettent, on coupe les moteurs et on hisse les voiles. Certains circuits de 4 heures affichent un bilan carbone neutre (le bateau avance grâce aux énergies renouvelables).

**Gentle Giants** OBSERVATION DES BALEINES
(☎464 1500 ; www.gentlegiants.is ; Garðarsbraut ; 3 heures tarif plein/enfant 10 300/4 200 ISK). Une flotte de vieux bateaux de pêche est dévolue aux circuits de 3 heures, tandis que des Zodiacs (RIB) permettent de couvrir de plus grandes distances dans la baie (circuits en Zodiac à partir de 18 400 ISK). Des sorties d'observation des oiseaux sont organisées sur Flatey. Également : excursions à la journée vers Grímsey, rapides et onéreuses, en Zodiac.

**Salka** OBSERVATION DES BALEINES
(☎464 3999 ; www.salkawhalewatching.is ; Garðarsbraut 6 ; 3 heures tarif plein/enfant 9 950/4 200 ISK ;

## Húsavík


**Les incontournables**
1 Musée de la Baleine d'Húsavík ............ C3
2 Húsavíkurkirkja ............ C4
3 Skrúðgarður ............ D5

**À voir**
4 Maison de la Culture ............ D3
5 Musée de l'Exploration ............ C3

**Activités**
6 Gentle Giants ............ C3
7 Húsavík Adventures ............ C3
8 North Sailing ............ C4
9 Salka ............ C4
10 Sundlaug Húsavíkur ............ B2

**Où se loger**
11 Árból ............ D5
12 Camping ............ C1
13 Fosshótel Húsavík ............ D4
14 Húsavík Hostel ............ C3
15 Port Guesthouse ............ C4
16 Sigtún ............ C5

**Où se restaurer**
Café Hvalbakur ............ (voir 18)
17 Fish & Chips ............ C4
18 Gamli Baukur ............ C3
19 Heimabakarí Konditori ............ C4
20 Krambúð ............ C3
21 Naustið ............ D5
22 Salka Restaurant ............ C3

**Achats**
23 Vínbúðin ............ D4


mai-sept). Relativement récent, ce prestataire affronte la concurrence des anciens en proposant des tarifs légèrement inférieurs, des circuits en plus petit nombre et un bateau en chêne de 42 passagers. Il est basé dans son **café** (464 2551 ; plats 1 500-4 750 ISK ; 11h30-22h) baigné de lumière, dans la rue principale.

**Húsavík Adventures** OBSERVATION DES BALEINES
(859 8505 ; www.husavikadventures.is ; Garðarsbraut 5 ; Zodiac 2 heures tarif plein/enfant 18 000/12 500 ISK). Y avait-t-il seulement assez de place dans la baie pour un 4e prestataire d'observation des baleines ? Manifestement, oui ! Ce nouveau venu propose des circuits de 2 heures en Zodiac, entre 3 et 7 fois/jour de mai à septembre. De fin juin à fin juillet, un circuit au soleil de minuit (25 000 ISK) part à 22h30.

### Autres circuits organisés

Les deux principaux tour-opérateurs organisent des circuits combinés, comprenant une croisière et une balade à cheval à Saltvík. Gentle Giants propose une excursion en mer ou une randonnée de 2 jours. North Sailing offre en avril-mai un formule de plusieurs jours intitulée “Ski jusqu'à la mer”, en collaboration avec des guides de ski ; et, en été, des excursions à la semaine au Groenland. Détails sur les sites Web.

**Ferme équestre de Saltvík** ÉQUITATION
(847 9515 ; www.saltvik.is ; Route 85 ; 2 heures 9 500 ISK). Des balades à cheval de 2 heures, avec une vue somptueuse sur la baie de Skjálfandi, sont proposées par la ferme équestre de Saltvík, à 5 km au sud d'Húsavík. Aucune compétence particulière n'est requise. Également : chevauchées d'une semaine (autour du Mývatn, dans les confins du Nord-Est ou sur la piste de Sprengisandur dans les hautes terres) et hébergement à la ferme.

**Húsavík Walking Tours** CIRCUIT PÉDESTRE
(858 5848 ; francesco@visithusavik.com). Lors de nos recherches, les circuits pédestres partaient 2 ou 3 fois/semaine, et étaient conduits par Heiðar, un guide local, ou par Francesco, italien d'origine. Il s'agissait d'un excellent moyen de découvrir Húsavík. Renseignez-vous auprès du centre d'information touristique ou de l'auberge de jeunesse pour savoir si elles existent toujours.

**Fjallasýn** AVENTURE
(464 3941 ; www.fjallasyn.is). Ce prestataire réputé basé à Húsavík propose un large choix de circuits dans la région et au-delà, dans les hautes terres et dans le Nord-Est : à la journée ou sur plusieurs jours, en 4x4, en randonnée, d'observation des oiseaux...

## Où se loger

**Húsavík Hostel** AUBERGE DE JEUNESSE €
(858 5848 ; www.husavikhostel.com ; Vallholtsvegur 9 ; dort/d sans sdb 6 500/15 840 ISK). Le seul hébergement économique de la ville compte 21 couchages, répartis entre des dortoirs avec lits superposés et quelques chambres privatives (dans lequelles les draps sont fournis). Cuisine ; pas de véritable salon. Les sympathiques gérants connaissent bien la région.

**Camping** CAMPING €
(empl 1 400 ISK/pers ; ⊙mi-mai à sept). À côté du terrain de sport à l'extrémité nord de la ville, ce camping soigné dispose de lave-linge et d'installations limitées pour cuisiner – un peu justes pour faire face à la demande en été. On paie à la piscine Sundlaug Húsavíkur (p. 277) ou auprès du gardien qui passe le soir.

♥ **Kaldbaks-Kot** CHALETS €€
(☎464 1504 ; www.cottages.is ; chalets 2-4 pers sans draps 18 600-26 300 ISK ; ⊙mai-sept ; @). Ce bel ensemble de confortables chalets est à 3 km au sud d'Húsavík. Choisissez votre niveau de service : apportez vos draps ou louez-les, amenez des provisions ou prenez le petit-déjeuner (1 500 ISK) dans la superbe étable.

Le séjour minimal de 2 nuits invite à profiter de la propriété, des *hot pots*, de la tranquillité et de l'avifaune. Des maisons plus grandes peuvent loger 10 personnes.

♥ **Árból** GUESTHOUSE €€
(☎464 2220 ; www.arbol.is ; Ásgarðsvegur 2 ; s/d sans sdb petit-déj inclus 11 100/19 000 ISK). Cette demeure de 1903 jouxte un joli ruisseau et le parc municipal. Les grandes chambres impeccables sont réparties sur 3 niveaux ; celles du rez-de-chaussée et du dernier étage sont les plus attrayantes (les chambres lambrissées sous les toits sont particulièrement charmantes). Pas de cuisine.



**Port Guesthouse** GUESTHOUSE €€
(☎864 0250 ; husavik.timerules.org ; Garðarsbraut 14 ; s/d sans sdb petit-déj inclus 10 900/18 900 ISK). Cette pension installée dans les anciens bureaux d'une exploitation piscicole peut déplaire par son aspect austère. Elle possède néanmoins une belle vue sur le port, des chambres spacieuses et des équipements satisfaisants (cuisine et buanderie). Des efforts sont déployés pour rendre le lieu plus chaleureux.

**Sigtún** GUESTHOUSE €€
(☎864 0250 ; www.guesthousesigtun.is ; Túngata 13 ; s/d sans sdb petit-déj inclus 10 900/18 900 ISK). Accès gratuit à la machine à café, au lave-linge et à une belle cuisine, confort, secteur résidentiel calme... Les atouts de cette pension de haut vol sont nombreux. Le petit-déjeuner est servi dans la Port Guesthouse, la pension associée.

**Fosshótel Húsavík** HÔTEL €€
(☎464 1220 ; www.fosshotel.is ; Ketilsbraut 22 ; d petit-déj inclus à partir de 23 600 ISK). Fosshótel, une chaîne d'hôtels en plein essor, a mené dans cet établissement des travaux d'agrandissement (de 67 à 110 chambres) et de rénovation nécessaires : désormais élégante et contemporaine, la décoration déploie des tons neutres rehaussés de quelques touches de couleur. Les beaux volumes de l'entrée donnent une excellente première impression et le bar joue subtilement sur le thème des baleines. La création d'un restaurant était envisagée lors de nos recherches.

## Où se restaurer

**Fish & Chips** RESTAURATION RAPIDE €
(Hafnarstétt 19 ; fish & chips 1 700 ISK ; ⊙11h30-20h mai-oct). Sans surprise, cette petite gargote sur le port sert du poisson (souvent du cabillaud) et des frites. Elle dispose de quelques tables en terrasse et d'une salle à l'étage. Descendez les marches en face de l'église et tournez à gauche.

**Café Hvalbakur** CAFÉ €
(Garðarsbraut ; en-cas et repas 300-1 250 ISK ; ⊙8h-20h juin-août, 11h30-20h sept-mai). Avec sa terrasse solarium au-dessus de l'eau, ce café accueillant – propriété de North Sailing (p. 278) – expose, dans sa grande vitrine, baguettes, wraps, muffins et gâteaux. Bon café. Descendez l'escalier depuis la billetterie de North Sailing.

**Heimabakarí Konditori** BOULANGERIE, CAFÉ €
(Garðarsbraut 15 ; ⊙7h-18h lun-ven, 8h-16h sam-dim). Du pain frais, des sandwichs et une vitrine pleine de pâtisseries alléchantes.

♥ **Naustið** PRODUITS DE LA MER €€
(☎464 1520 ; www.facebook.com/naustid ; Ásgarðsvegur 1 ; plats 1 950-4 800 ISK ; ⊙12h-22h). Aménagé dans de nouveaux locaux à l'écart du port, cet établissement jaune poussin recueille bien des louanges pour son poisson extra-frais et son concept simple et parfaitement maîtrisé : brochettes de poisson et légumes grillés à la commande. Au menu également : soupe de poisson, tacos de poisson et langoustines. Au dessert, laissez-vous tenter par un gâteau maison à la rhubarbe.

**Gamli Baukur** ISLANDAIS €€
(☎464 2442 ; www.northsailing.is ; Hafnarstétt 9 ; plats 2 220-5 940 ISK ; ⊙11h30-1h juin-août, horaires réduits sept-mai). Dans une belle ambiance marine, ce bar-restaurant lambrissé sert des plats de grande qualité

## LES BALEINES D'HÚSAVÍK

Avec l'aide d'Edda Elísabet Magnúsdóttir, biologiste marine, nous avons enquêté sur les raisons qui ont conduit Húsavík à devenir la capitale islandaise de l'observation des baleines.

Húsavík est située dans la baie, particulièrement belle, de Skjálfandi (que l'on pourrait traduire par "Baie instable", bien nommée car sujette à de fréquents séismes de faible intensité, imputables à la faille dans la croûte terrestre qui s'étend sous elle).

La topographie en forme de bol de Skjálfandi et l'eau douce provenant de deux estuaires signifient qu'une grande quantité de nutriments s'amasse dans la baie. Les dépôts de nutriments s'accumulent en hiver et, au début de l'été, avec les longues journées ensoleillées, les eaux froides de la baie de Skjálfandi se remplissent de plancton. Ces riches dépôts agissent comme des balises attirant en grand nombre les baleines.

Avec l'apparition du plancton démarre la saison d'alimentation : les baleines commencent à arriver en nombre dans la baie. D'abord les baleines à bosse (*Megaptera novaeangliae*), puis les baleines de Minke (*Balaenoptera acutorostrata*). Les premières sont connues pour leur nature curieuse, leur calme et leur taille spectaculaire ; tandis que les secondes sont réputées pour leur silhouette élégante : un corps noir, fin et hydrodynamique, et un aileron pectoral rayé de blanc.

Des baleines à bosse et de Minke restent dans la baie toute l'année, mais la plupart migrent vers le sud en hiver. L'énorme baleine bleue (*Balaenoptera musculus*), sans conteste la vision la plus extraordinaire à Skjálfandi, arrive en général mi-juin et reste jusqu'à mi-juillet. Parmi les autres espèces observées en été à Skjálfandi figurent l'orque, ou épaulard (*Orcinus orca* ; certains viennent dans la baie se nourrir de poissons, d'autres chassent des mammifères), la baleine à bec commune du Nord (ou hyperoodon boréal, *Hyperoodon ampullatus* ; une mystérieuse espèce qui plonge profondément), le rorqual commun (*Balaenoptera physalus*), le rorqual boréal (*Balaenoptera borealis*), la baleine-pilote (*Globicephala melas*) et le cachalot (*Physeter macrocephalus*).

(spaghettis aux crustacés, risotto d'orge aux champignons sauvages, viande d'agneau bio) et un remarquable dessert : le *skyramisu*. L'été, sa magnifique terrasse et des concerts occasionnels en font l'un des lieux les plus courus de la région. La cuisine ferme à 22h en été.

### Pour cuisiner

**Krambúð** SUPERMARCHÉ €
(Garðarsbraut 5 ; 8h-10h). Central.

**Nettó** SUPERMARCHÉ €
(Garðarsbraut 64 ; 10h-19h). Au sud de la ville, près de la station-service Olís.

**Vínbúðin** VIN ET SPIRITUEUX
(Garðarsbraut 21 ; 11h-18h lun-jeu, 11h-19h ven, 11h-14h sam mai-août, horaires réduits sept-avr). Chaîne d'État.

## Renseignements

**Centre d'information touristique** (464 4300 ; www.visithusavik.is ; Hafnarstétt ; 8h30-18h30 mai-sept, 9h-14h lun-ven oct-avr). Au musée de la Baleine ; nombreuses cartes et brochures.

## Depuis/vers Húsavik

### AVION

L'aéroport d'Húsavík est situé à 12 km au sud de la ville. **Eagle Air** (562 4200 ; www.eagleair.is) relie toute l'année Reykjavík et Húsavík.

### BUS

Services assurés par **SBA-Norðurleið** (550 0700 ; www.sba.is) depuis le restaurant Gamli Baukar, sur le front de mer :

- Bus n°641a pour Akureyri (3 700 ISK, 1 heure 30, 1/jour mi-juin à août)
- Bus n°641 pour Ásbyrgi (2 500 ISK, 1 heure 15, 1/jour mi-juin à août)
- Bus n°641 pour Dettifoss (6 500 ISK, 2 heures 45, 1/jour mi-juin à août). À Dettifoss, bus n°661a pour Mývatn.
- Bus n°650a pour Mývatn (3 500 ISK, 55 min, 1/jour mi-juin à août)

Services assurés par **Strætó** (540 2700 ; www.straeto.is) depuis la station-service N1 :

- Bus n°79 pour Akureyri (2 520 ISK, 1 heure 15, 3/jour)
- Bus n°79 pour Ásbyrgi (2 100 ISK, 1 heure, 1/jour dim-ven été, 3/sem hiver). Ce bus ne circule d'Húsavík à Þórshöfn (via Ásbyrgi, Kópasker et Raufarhöfn) que sur réservation. Appelez au moins 4 heures avant le départ.

➡ Bus n°79 pour Þórshöfn (5 040 ISK, 2 heures 45, 1/jour dim-ven été, 3/semaine hiver). Voir ci-dessus.

### VOITURE

Depuis la Route circulaire, il y a deux itinéraires pour relier Húsavík, vers le nord. La Route 85, la plus rapide (45 km), part de la Route circulaire juste à l'ouest de Goðafoss (p. 265).

Depuis le nord de Mývatn, empruntez la Route 87 sur 55 km en direction du nord. Elle n'est pas entièrement goudronnée, mais est néanmoins accessible aux véhicules ordinaires.

## D'Húsavík à Ásbyrgi

En suivant la Route 85 vers le nord à la sortie d'Húsavík, vous longerez la côte de la petite **péninsule de Tjörnes**, connue pour ses falaises côtières riches en fossiles (les strates les plus anciennes datent d'environ 2 millions d'années). À la pointe de la péninsule, le **musée Mánárbakki** (Route 85 ; tarif plein/enfant 1 000 ISK/gratuit ; ⏲ 9h-18h juin-août) vaut le détour.

D'immenses fissures et grabens (dépressions entre des failles géologiques) strient le sol à **Kelduhverfi**, où la dorsale médio-atlantique pénètre dans l'océan Arctique. Comme Þingvellir, la région révèle des preuves de la dislocation de l'Islande.

On trouve un très beau point de vue sur la côte à environ 12 km à l'est du musée de Mánárbakki ; des panneaux informatifs expliquent les mouvements telluriques.

♥ **Tungulending** GUESTHOUSE €€
(☎ 896 6948 ; www.tungulending.is ; en retrait de la Route 85 ; s/d sans sdb petit-déj inclus 15 900/22 500 ISK ; ⏲ mi-mai à sept). Un séjour minimal de 2 nuitées s'applique dans cette pension au bord de l'eau, dont l'isolement invite à marquer le pas et à profiter, dans un cadre confortable, des alentours. L'embranchement se trouve à 11 km au nord-est d'Húsavík ; continuez sur 2,5 km au millieu de terres agricoles (laissez les barrières que vous franchirez en chemin comme vous les aurez trouvées, ouvertes ou fermées). Pas d'accès à la cuisine ; un dîner est proposé.

**Hótel Skúlagarður** HÔTEL RURAL €€
(☎ 465 2280 ; www.skulagardur.com ; s/d petit-déj inclus 17 100/23 600 ISK). Derrière la façade rébarbative d'un ancien pensionnat, cet hôtel réserve un accueil chaleureux. Il possède des chambres compactes et modernes avec sdb (un peu surévaluées) et un restaurant simple servant une bonne cuisine maison (omble chevalier au four ou filet d'agneau ; plats 2 900-4 200 ISK). À 12 km à l'ouest d'Ásbyrgi. Assez rudimentaire, l'aile appelée **River**

### RANDONNÉE D'ÁSBYRGI À DETTIFOSS

La randonnée la plus prisée à Jökulsárgljúfur est celle qui relie en 2 jours (30 km environ) Dettifoss à Ásbyrgi ; elle est ponctuée de bosquets de bouleaux, d'extraordinaires formations rocheuses, de vallées luxuriantes et d'impressionnantes falaises. L'itinéraire inclut les sites majeurs de la région. La vue sur les différentes gorges est fantastique.

La randonnée peut se faire dans l'un ou l'autre sens. Toutefois, les *rangers* recommandent de partir de Dettifoss pour remonter vers le nord.

Rejoignez en voiture Ásbyrgi, où vous pourrez vous garer. Vous pourrez trouver des infos et des plans au centre d'accueil des visiteurs (p. 284), avant de prendre le bus pour Dettifoss (lors de nos recherches, un bus SBA quittait la station-service d'Ásbyrgi à 11h en été ; consultez les horaires actualisés sur www.sba.is). Le bus s'arrête 30 minutes à Vesturdalur ; profitez-en pour monter votre tente et laissez votre matériel au camping de Vesturdalur. Ainsi, vous ne serez pas inutilement chargé pour marcher au retour (c'est même indispensable si vous avez l'intention d'emprunter le difficile sentier d'Hafragil). L'été, vous pourrez prendre tout votre temps sans craindre la tombée de la nuit…

Comptez 6 à 8 heures pour aller de Dettifoss à Vesturdalur. Il existe 2 itinéraires. Considérablement plus ardu, le premier comprend un passage abrupt et une portion spectaculaire de 18 km sur le sentier d'Hafragil ; il n'est pas adapté aux randonneurs inexpérimentés ou aux personnes souffrant de vertige. Le trajet plus facile passe au nord d'Hafragil (19,5 km).

Le lendemain, marchez sur les sentiers menant aux principaux sites de Vesturdalur, puis rentrez tranquillement à Ásbyrgi (12 km, 3 à 4 heures). Vous pourrez, au choix, longer la gorge d'Ásbyrgi ou le fleuve Jökulsá. Vous trouverez une douche chaude au camping d'Ásbyrgi (page suivante).

**Guesthouse** (☎463 3390 ; www.skulagardur.com ; Route 85 ; s/d sans sdb 5 700/9 500 ISK) est plus économique.

**Keldunes** GUESTHOUSE €€
(☎465 2275 ; www.keldunes.is ; s/d sans sdb petit-déj inclus 14 500/20 900 ISK). À 11 km à l'ouest d'Ásbyrgi, cette pension comporte une cuisine-salle à manger, un *hot pot* et de grands balcons d'où l'on voit les oiseaux. Cottages avec sdb (23 900 ISK) et quelques bungalows sommaires avec option duvet (4 000 ISK/pers). Dîner sur demande.

# JÖKULSÁRGLJÚFUR (PARC NATIONAL DU VATNAJÖKULL – NORD)

Le parc national du Vatnajökull, l'un des plus grands secteurs protégés d'Europe, a été créé en 2008 en réunissant le parc national de Jökulsárgljúfur et celui de Skaftafell, au sud. Il est destiné à préserver la calotte glaciaire du Vatnajökull et ses ruissellements.

La secteur de Jökulsárgljúfur englobe une crête éruptive sub-glaciaire unique et des gorges de 25 km creusées par le deuxième fleuve d'Islande, le **Jökulsá á Fjöllum** – Jökulsárgljúfur signifie littéralement "gorge de la rivière glaciaire".

Le Jökulsá á Fjöllum court sur plus de 200 km avant de se jeter dans l'océan Arctique, à Öxarfjörður. Des *jökulhlaup* (crues provoquées par une éruption volcanique sous-glaciaire) ont formé les gorges et sculpté un gouffre de 100 m de profondeur sur 500 m de largeur. Les gorges sont réputées pour leurs cascades – celle de Dettifoss est la plus célèbre.

## À voir et à faire

La partie nord du parc national du Vatnajökull peut se diviser en trois parties :

**Ásbyrgi** L'entrée nord. Une plaine boisée et verdoyante encerclée par les parois verticales des gorges. Le centre des visiteurs est installé ici.

**Vesturdalur** La partie centrale, truffée de grottes et d'anomalies géologiques.

**Dettifoss** Cette chute d'eau puissante marque l'entrée sud du parc.

Une superbe randonnée de 2 jours (p. 282) serpente le long des gorges, en incluant ses principaux attraits. Si vous ne marchez pas, sachez que les sites majeurs, comme les cascades à l'extrémité sud du parc et la gorge d'Ásbyrgi en forme de fer à cheval à la lisière nord, sont desservis par de bonnes routes asphaltées. La route entre Ásbyrgi et Dettifoss (Route 862), qui longe les gorges par l'ouest, comprend des tronçons goudronnés ; elle devrait être achevée d'ici quelques années.

De mi-juin à mi-août, les *rangers* guident des randonnées tous les jours au départ du parking le plus proche de la gorge d'Ásbyrgi. Renseignements sur le site Web du parc ou sur place auprès du personnel.

Les *rangers* sont en train d'aménager une piste de VTT (pour cyclistes expérimentés).

## Circuits organisés

En été, les bus qui desservent Ásbyrgi et Dettifoss facilitent la découverte du parc pour les voyageurs indépendants. Plusieurs agences proposent des circuits organisés à partir de Mývatn, Akureyri et Húsavík.

**Active North** ÉQUITATION
(☎858 7080 ; www.activenorth.is ; randonnée équestre 2 heures 9 900 ISK). Envie de découvrir à cheval une gorge dont l'apparition est associée à la monture d'Odin ? En face du centre des visiteurs, Active North organise des balades à cheval de 2 heures, facile et pittoresque, dans la gorge d'Ásbyrgi, à 11h et 14h. D'autres excursions sont proposées, dans l'enceinte du parc et au-delà : à cheval, à VTT ou en Super-Jeep. Location de VTT.

Les circuits en Super-Jeep fonctionnent toute l'année (une formule permet d'observer des aurores boréales). On peut en général partir à VTT ou à cheval entre juin et septembre.

## Où se loger et se restaurer

Le magasin près du centre des visiteurs d'Ásbyrgi vend quelques produits d'épicerie et comprend un bar-grill. Si vous partez en randonnée, faites plutôt des provisions à Húsavík.

**Camping d'Ásbyrgi** CAMPING €
(☎470 7100 ; www.vjp.is ; empl par adulte/jeune/enfant 1 600/750 ISK/gratuit ; ⊙mi-mai à sept). Le camping dans l'enceinte du parc est strictement réglementé. Des emplacements sont prévus à Ásbyrgi et Vesturdalur (p. 285), ainsi qu'à Dettifoss pour les randonneurs. Le grand camping d'Ásbyrgi, facilement accessible, comprend un bâtiment avec douches (500 ISK) et lave-linge (500 ISK). Certains

emplacements sont reliés à l'électricité, mais il n'y a pas d'équipement pour cuisiner. Pas de réservation.

**Ásbyrgi Store** RESTAURATION €€
(Route 85 ; plats 900-2 950 ISK ; 9h-21h juin-août, 10h-18h sept-mai). Ce magasin sur la Route 85, proche du centre d'accueil des visiteurs, vend des produits d'épicerie et des plats simples (soupe, agneau, poisson, burgers, sandwichs).

## Renseignements

L'amélioration des routes et l'accroissement du nombre de visiteurs devraient inévitablement aboutir à l'aménagement de nouvelles infrastructures et à la modification des horaires des transports ; consultez le site Web du parc ou renseignez-vous au centre des visiteurs.

Un poste de *rangers* est installé à Vesturdalur.

Notez que les drones sont interdits dans l'enceinte du parc national, sauf autorisation expresse de la direction du parc.

**Centre d'accueil des visiteurs de Gljúfrastofa** (470 7100 ; www.vjp.is ; Ásbyrgi ; 9h-19h juin-août, 10h-16h mai et sept-oct, 10h-14h avr). Le centre d'Ásbyrgi est situé juste en retrait de la Route 85. Vous pourrez vous y procurer des brochures et des plans, et consulter des expositions sur la région. Le personnel est particulièrement efficace et connaisseur. Le centre reste ouvert jusqu'à 21h pendant environ 6 semaines de fin juin à début août (vacances scolaires en Islande).

### CARTES ET PLANS

Les *rangers* ont créé plusieurs bonnes cartes de la région. L'excellente carte du parc (350 ISK ) au 1/55 000 classe les randonnées par niveau de difficulté.

Les cartes *Útivist & afþreying* sont également utiles. La n°3 (690 ISK) décrit l'itinéraire Ásbyrgi-Dettifoss.

## Depuis/vers Jökulsárgljúfur

### BUS

Les bus s'arrêtent au magasin d'Ásbyrgi sur la Route 85, près du centre d'accueil des visiteurs.

Services assurés par **SBA-Norðurleið** (www.sba.is) au départ d'Ásbyrgi :

- Bus n°641a pour Húsavík (2 500 ISK, 45 min, 1/jour mi-juin à août)
- Bus n°641a pour Akureyri (6 900 ISK, 2 heures, 1/jour mi-juin à août)
- Bus n°641 pour Hljóðaklettar, à Vesturdalur (2 000 ISK, 20 min, 1/jour mi-juin à août)
- Bus n°641 pour Dettifoss (3 600 ISK, 1 heure 30, 1/jour mi-juin à août). À Dettifoss, bus n°661a pour Krafla et Mývatn.

Services assurés par **Strætó** (www.bus.is) au départ d'Ásbyrgi – le bus n°79 (1/jour sauf sam en été, 3/semaine en hiver) ne circule entre Húsavík et Þórshöfn (via Ásbyrgi, Kópasker et Raufarhöfn) que sur réservation. Appelez au moins 4 heures avant le départ :

- Bus n°79 pour Húsavík (2 100 ISK, 1 heure)
- Bus n°79 pour Kópasker (1 260 ISK, 30 min)
- Bus n°79 pour Þórshöfn (3 360 ISK, 2 heures)

### VOITURE

La Route 85 (goudronnée) conduit à la partie nord du parc et au centre d'accueil des visiteurs d'Ásbyrgi (à 65 km d'Húsavík).

Deux routes nord-sud courent parallèlement de part et d'autre des gorges. Le parc est ouvert toute l'année ; en revanche, les routes gravillonnées ne le sont que de fin mai/début juin à début octobre ou novembre (selon la météo).

- **Route 862 (ouest)**. Asphaltée de la Route circulaire jusqu'à Dettifoss (24 km), la Route 862 est ensuite gravillonnée sur 29 km au nord de Dettifoss. Elle passe par Hólmatungur et Vesturdalur avant de rejoindre la Route 85 et Ásbyrgi. Certains tronçons sont goudronnés et d'autres sont en passe de l'être ; renseignez-vous sur place de l'avancement des travaux.
- **Route 864 (est)**. Cette mauvaise piste gravillonnée de 60 km est accessible avec une voiture ordinaire. Attention toutefois : les ornières et les nids-de-poule rendent la conduite éreintante – pas d'amélioration en perspective.

La route goudronnée entre la Route circulaire et Dettifoss est ouverte toute l'année. L'accès à Dettifoss n'est pas garanti en hiver : la météo peut imposer la fermeture de la route pour une durée indéterminée. Dans ce cas, vous pourrez avoir recours à un circuit en Super-Jeep au départ de Mývatn.

Où que vous soyez, ne vous aventurez pas en dehors des routes et des chemins balisés : c'est interdit, pour protéger le fragile écosystème.

# Ásbyrgi

Lorsque la Route 85 débouche dans la plaine herbeuse à l'extrémité nord du parc national du Vatnajökull, rien n'indique que l'on est au bord d'une immense gorge en forme de fer à cheval. Pourtant, la verdoyante **gorge d'Ásbyrgi** s'étend sur 3,5 km du nord au sud, avec une largeur moyenne de 1 km.

Depuis le parking proche du bout de la route (à 3,5 km au sud du centre des visiteurs), plusieurs courts sentiers faciles traversent la forêt jusqu'à de beaux panoramas. Le chemin en direction de l'est mène à une source à proximité de la paroi de la gorge, tandis que celui qui s'élance vers l'ouest grimpe jusqu'à

### LA FORMATION DE LA GORGE

Il existe deux explications concernant l'apparition de la gorge d'Ásbyrgi. Les premiers colons nordiques croyaient que le cheval volant à 8 pattes d'Odin, Slættur (plus connu dans les Eddas sous le nom de Sleipnir), avait accidentellement touché le sol et laissé l'empreinte d'un sabot. L'autre théorie est plus scientifique : d'après les géologues, la gorge aurait été créée par une énorme éruption du volcan Grímsvötn, en contrebas du lointain Vatnajökull ; elle aurait déclenché une gigantesque *jökulhlaup* qui se serait déversée au nord jusqu'au Jökulsá á Fjöllum et aurait creusé la gorge en quelques jours. Le fleuve aurait coulé dans Ásbyrgi pendant une centaine d'années, puis son cours dévia vers l'est.

un point de vue sur le fond de la vallée. Celui qui part tout droit aboutit au **Botnstjörn**, un petit lac peuplé de canards au bout d'Ásbyrgi.

Près du centre de la gorge, observez l'affleurement d'**Eyjan** et, vers le sud, les parois sombres s'élevant à 100 m. Les falaises protègent une forêt de bouleaux des vents violents, et les arbres parviennent à pousser jusqu'à 8 m de haut. On peut rejoindre le sommet de l'Eyjan depuis le camping (p. 285 ; 4,5 km aller-retour) ou emprunter un sentier au centre d'accueil des visiteurs, qui conduit en haut des falaises en se scindant en deux voies (la plus simple part à l'est, le long du golf et vire au sud à la jonction).

## Vesturdalur

Vesturdalur est une destination hors des sentiers battus prisée des randonneurs, offrant des paysages variés. Du camping, des chemins sinueux traversent les broussailles jusqu'aux pics criblés de grottes et aux formations rocheuses de Hljóðaklettar, à la rangée de cratères de Rauðhólar, aux bassins de l'Eyjan (à ne pas confondre avec l'Eyjan à Ásbyrgi) et à la gorge elle-même.

En été, un *ranger* est basé à Vesturdalur.

**Camping de Vesturdalur** CAMPING €

(☎ 470 7100 ; www.vjp.is ; empl 1 600 ISK/pers ; ⏲ début juin à mi-sept). Le camping dans l'enceinte du parc est strictement réglementé. Des emplacements sont prévus à Ásbyrgi (p. 285) et Vesturdalur, ainsi qu'à Dettifoss pour les randonneurs. Le camping de Vesturdalur est proche du bureau des *rangers*. Il n'a ni électricité, ni douches, ni eau chaude. Il a pour seul "luxe" des toilettes.

Vesturdalur est à 14 km au sud d'Ásbyrgi, en retrait de la Route 862. Lors de nos recherches, il fallait emprunter un tronçon goudronné de 8 km depuis la Route 85, puis faire 4 km sur une portion non goudronnée jusqu'à l'embrachement de Vesturdalur, avant les 2 derniers kilomètres.

Hólmatungur est situé 16 km plus au sud ; quittez la Route 862 et prenez la Route 887. Dettifoss se trouve à 7 km au sud d'Hólmatungur.

Des bus circulent sur la Route 862 en été (p. 284).

♥ **Hljóðaklettar** FORMATIONS ROCHEUSES

Les colonnes et formations de basalte de Hljóðaklettar (les rochers des Échos) comptent parmi les grand attraits d'une randonnée à Vesturdalur. Il est difficile d'imaginer qu'une activité volcanique ait pu produire ces formations rocheuses tordues. Outre des roches en accordéon et des motifs répétés, vous verrez des colonnes de basalte (formées par de la lave qui se refroidit rapidement) horizontales, et non verticales comme à l'accoutumée.

Ces étranges formations créent un effet acoustique qui rend impossible de déterminer d'où vient le grondement du fleuve, une curiosité qui a donné son nom à la région.

Une **boucle de randonnée** part du parking (3 km ; environ 1 heure). Les plus belles formations, également criblées de grottes de lave, se trouvent le long du fleuve, au nord-est du parking.

**Rauðhólar** RANGÉE DE CRATÈRES

Les cônes couverts de cendre de la rangée de cratères de Rauðhólar (collines Rouges), juste au nord de Hljóðaklettar, présentent une belle palette de couleurs vives. Une boucle de 5 km à partir du parking de Vesturdalur permet d'en faire le tour à pied.

**Karl og Kerling** FORMATIONS ROCHEUSES

Deux colonnes rocheuses, les Karl og Kerling ("Vieil Homme et Vieille Femme"), qui seraient des trolls pétrifiés, se dressent sur la rive ouest du fleuve – une marche de 2 km aller-retour depuis le parking de Vesturdalur. Sur l'autre rive, **Tröllahellir**, la plus grande grotte de la gorge, est uniquement accessible par une randonnée de 5 km à partir de la Route 864, du côté est.

**Hólmatungur** SECTEUR

Au sud de Vesturdalur, une végétation luxuriante, des cascades et un calme absolu font d'Hólmatungur l'un des plus beaux secteurs du parc. Des sources souterraines jaillissent pour former de courtes rivières qui serpentent et dévalent jusqu'à la gorge.

La randonnée la plus prisée, une boucle de 4,5 km, part du parking vers le nord le long de la rivière Hólmá jusqu'à Hólmáfossar, où les parois abruptes de la gorge s'adoucissent et sont ponctuées de plusieurs jolies cascades.

Elle suit retourne ensuite vers le sud le long du Jökulsá jusqu'à sa confluence avec la Melbugsá, où la rivière dévale par-dessus une saillie, formant la cascade d'**Urriðafossar**. Pour voir la chute d'eau, vous devrez suivre le chemin escarpé de 2 km vers Katlar.

Pour un beau panorama d'Hólmatungur, grimpez au sommet de l'**Ytra-Þórunnarfjall**, une colline au sud du parking.

On accède à Hólmatungur en bifurquant de la Route 862 sur la Route 887. Il n'est pas indispensable d'avoir un 4x4, mais c'est néanmoins conseillé – il faut une bonne garde au sol sur la Route 887A. Vous pourrez vous garer à Vesturdalur et partir pour une longue randonnée d'une journée. Il est interdit de camper à Hólmatungur, mais le site est en revanche idéal pour pique-niquer.

# Dettifoss

La puissance de la nature apparaît dans toute sa gloire à Dettifoss, l'une des cascades les plus impressionnantes d'Islande.

Bien que haute de 45 m seulement et large de 100 m, elle déverse 400 m³ d'eau par seconde l'été, créant un panache de gouttelettes visible à 1 km. Ce débit, inégalé en Europe, en fait un site spectaculaire. Quand le soleil est au rendez-vous, deux arcs-en-ciel se forment au-dessus du fracas des eaux glaciales, et il faut jouer des coudes pour profiter de la vue. Soyez prudent sur les chemins, rendus glissants par les gouttelettes.

La cascade est visible de part et d'autre de la gorge, mais il n'existe aucun passage (par exemple, un pont) au niveau du site lui-même. L'un et l'autre points de vue se valent, et les deux nécessitent de marcher 15 à 20 minutes depuis les parkings respectifs. Le côté est a souvent la faveur des photographes. L'accès par la route est plus facile par le côté ouest (et donc plus emprunté par les cars de touristes). N'hésitez pas à découvrir la cascade par les deux côtés, en vous arrangeant pour le faire au soleil de minuit estival, afin d'éviter la plus forte affluence.

Une route asphaltée, la Route 862, relie la Route circulaire au côté ouest de Dettifoss. Elle aboutit dans un grand parking avec toilettes. Du parking, une boucle de 2,5 km conduit au superbe panorama de Dettifoss au bord de la gorge et offre la vue sur une chute plus modeste, **Selfoss**.

Si vous arrivez à l'est des cascades par la Route 864 (non goudronnée), continuez 1 ou 2 km au nord du parking de Dettifoss et repérez le panneau indiquant **Hafragilsfoss** : il s'agit d'une belle petite cascade en amont de Dettifoss, avec un superbe point de vue sur la gorge.

## DÉCOUVRIR DETTIFOSS

En été, il existe 3 itinéraires pour rejoindre Dettifoss en voiture – contre un seul en hiver (sans garantie d'arriver à Dettifoss !).

**Route 862, au sud d'Ásbyrgi** (37 km). Lors de nos recherches, cette route était goudronnée par petits tronçons (la portion nord de 16 km pourrait l'être d'ici votre passage). Elle est ouverte de juin à début octobre environ (selon la météo).

**Route 862, au nord de la Route circulaire** La bifurcation vers Dettifoss se trouve à 27 km à l'est de Reykjahlíð (Mývatn) ; il reste alors une portion goudronnée de 24 km pour arriver à la cascade. Attention, des chutes de neige peuvent entraîner la fermeture de cette route en hiver ; l'accès n'est donc pas garanti. Si vous souhaitez voir la cascade, il vous faudra alors suivre un circuit en Super-Jeep depuis Mývatn.

**Route 864, sur la rive est de la rivière** La portion de 60 km, non goudronnée, entre la Route circulaire et Ásbyrgi n'est pas classée F (réservée aux seuls véhicules 4x4), mais elle peut être difficilement praticable avec un véhicule ordinaire. La Route 864 est ouverte de juin à début octobre environ (selon la météo).

## CIRCUIT DU NORD-EST

Ignorée par les touristes qui filent le long de la Route circulaire, une route côtière sauvage et peu peuplée, qui fait le tour de la péninsule nord-est, constitue une alternative intéressante à la route directe Mývatn-Egilsstaðir. Elle traverse une région de landes désolées et de paysages superbes, qui s'étend à quelques kilomètres du cercle arctique, et permet d'accéder à une Islande authentique, encore exempte de touristes.

### Comment s'y rendre et circuler

#### AVION

**Air Iceland** (www.airiceland.is) offre en semaine un vol/jour reliant Akureyri, Þórshöfn et Vopnafjörður.

#### BUS

Services assurés par **Strætó** (www.bus.is) :

- Bus n°79 d'Akureyri à Húsavík, puis jusqu'à Þórshöfn par la Route 85 (et en sens inverse ; tlj sauf sam été, 3/semaine hiver). Ce service continue au-delà d'Húsavík (avec arrêts à Ásbyrgi, Kópasker, Raufarhöfn et Þórshöfn), mais uniquement sur réservation. Appelez au moins 4 heures avant le départ.

Aucun bus ne circule depuis/vers Vopnafjörður.

## Kópasker

120 HABITANTS

Kópasker, sur la rive est de l'Öxarfjörður à 35 km au nord d'Ásbyrgi, est la première localité que vous traverserez avant de vous enfoncer dans les confins sauvages du Nord-Est.

**Kópasker HI Hostel** AUBERGE DE JEUNESSE €
(465 2314 ; www.hostel.is ; Akurgerði 7 ; dort/d sans sdb 4 700/12 400 ISK ; mai-oct). Cette accueillante auberge de jeunesse gérée par Benni loue des chambres dans 2 maisons bien tenues ; le secteur est propice à l'observation des oiseaux (et parfois des phoques). Remise de 700 ISK pour les membres HI. Draps : 1 500 ISK. Paiement uniquement en espèces.

**Camping** CAMPING €
(empl 1 200 ISK/pers ; juin-août). Petit camping propre, à l'entrée du village.

**Dettifoss Guesthouse** GUESTHOUSE €€
(869 7672 ; gisting@kopasker.is ; Route 85 ; s/d sans sdb 8 475/15 960 ISK). Ne vous méprenez pas : cette pension se trouve à 7 km au nord d'Ásbyrgi en direction de Kópasker (et non en direction du sud, vers Dettifoss). Prix raisonnables, confort, 12 chambres de tailles diverses, accès à une cuisine, sdb communes. Petit-déjeuner : 1 700 ISK. Les campeurs sont acceptés (1 200 ISK/pers).

**Skerjakolla** SUPERMARCHÉ, CAFÉ €
(Bakkagata 10 ; en-cas et pizza 290-2 000 ISK ; 10h-20h lun-ven, 12h-20h sam, 12h-18h dim juin-août, horaires réduits sept-mai). Cette supérette comprend un coin café qui sert des pizzas, des sandwichs, du café et des gâteaux. On y trouve même un **Vínbúðin** (vins et spiritueux ; Bakkagata 10 ; 16h-18h lun-jeu, 13-18h ven), ainsi qu'une pompe à essence.

## Raufarhöfn

195 HABITANTS

Localité la plus septentrionale d'Islande, Raufarhöfn est étrangement calme. Son port date de l'époque des sagas. Toutefois, il fallut attendre le début du XXe siècle pour que l'économie locale connaisse son apogée durant le boom du hareng : Raufarhöfn était alors deuxième après Siglufjörður en termes de volume pêché. Aujourd'hui, les rangées de tristes maisons préfabriquées donnent peu d'indices sur ce glorieux passé.

**Arctic Henge** MONUMENT
(www.arctichenge.com ; 24h/24). Dans le cadre d'un projet de longue haleine, un imposant cercle de monolithes est en construction sur la colline juste au nord du village. Quand il sera achevé, l'Arctic Henge mesurera 50 m de diamètre et comprendra 4 portes de 7 m de haut (symbolisant les saisons). Ce cercle de pierres devrait servir comme cadran solaire pour célébrer les solstices. On viendra aussi pour contempler le soleil de minuit et mieux comprendre les croyances locales liées à la mythologie du poème *Völuspá* (Prophétie de la voyante) de l'Edda.

### Où se loger et se restaurer

**Sólsetur** GUESTHOUSE €
(849 3536 ; www.solsetur.com ; Víkurbraut 18 ; d sans sdb petit-déj inclus 9 900-12 400 ISK). Ce confortable établissement est tenu par le propriétaire du café Kaupfélagið Raufarhöfn, où est d'ailleurs servi le petit-déjeuner. Cuisine équipée, salon, belle vue sur la baie.

### LES ROUTES DU NORD-EST

Une route intérieure asphaltée (Route 85), qui relie depuis peu Kópasker à l'Est, rejoint la côte non loin de Rauðanes ; la Route 874 bifurque vers le nord jusqu'à Raufarhöfn.

La nouvelle Route 85 est peu empruntée ; toutefois, depuis sa création, l'ancienne route côtière 85 (rebaptisée Route 870), très belle et non goudronnée, est peu entretenue aux abords de la sombre (et peu visitée) péninsule de **Melrakkaslétta** (la "plaine du renard polaire"). Les 4x4 circuleront sans difficultés ; renseignez-vous sur place pour savoir ce qu'il en est pour les véhicules ordinaires.

Sur 55 km entre Kópasker et Raufarhöfn, la Route 870 traverse les basses terres, les lacs et les marais de cette région dotée d'une riche avifaune. Des chemins conduisent à des phares solitaires sur des caps isolés. Longtemps, Hraunhafnartangi a été considéré comme le point le plus septentrional d'Islande. Des mesures récentes ont conféré cet honneur à sa voisine Rifstangi, à 2,5 km du cercle arctique.

**Kaupfélagið Raufarhöfn** CAFÉ €
(Aðalbraut 24 ; 8h-10h30 et 14h-21h). Ce beau café (qui fait également office de galerie d'artisanat) ne manque pas de caractère (bois flotté, toiles, cafetières). Buffet au petit-déjeuner, café et gâteaux l'après-midi, plats simples le soir.

## Rauðanes

On peut faire de belles randonnées à **Rauðanes** : un sentier de 7 km mène à de curieuses formations rocheuses, à des arches naturelles, à des grottes et à des plages isolées. Maintes espèces d'oiseaux y vivent, notamment des macareux. La bifurcation vers Rauðanes est à mi-chemin entre Raufarhöfn et Þórshöfn (le panneau est petit) ; 1,5 km plus loin, on arrive à un petit parking avec panneaux d'information sur le sentier. De là, une piste réservée aux 4x4 permet d'approcher de la côte.

## Þórshöfn

380 HABITANTS

Þórshöfn, qui fut un port animé dès l'époque des sagas, connut son âge d'or quand une usine de salage de harengs s'installa au début du XXe siècle. Aujourd'hui, ce modeste village constitue une base idéale pour rejoindre la péninsule de Langanes.

Vous trouverez un point information touristique au complexe sportif (piscine et gymnase).

### Circuits organisés

**Þórshöfn Kayak** KAYAK
(468 1250 ; www.baranrestaurant.is ; Eyrarvegur 3 ; mai-sept). Au niveau du restaurant Báran, près du port, ce prestataire propose des circuits en kayak, de la simple sortie (1 heure, 4 000 ISK) à l'excursion de cabotage qui croise de petites falaises, un phare et une multitude d'oiseaux marins (3 heures, 9 700 ISK). Circuit soleil de minuit en juin et juillet. Combinaisons incluses dans le tarif.

### Où se loger et se restaurer

**Lyngholt Guesthouse** GUESTHOUSE €
(897 5064 ; www.lyngholt.is ; Langanesvegur 12 ; s/d sans sdb 9 500/14 500 ISK). Ce bel établissement en bois se trouve près de la piscine. Il est bien aménagé (cuisine et salon).

**Camping de Þórshöfn** CAMPING €
(empl 1 200 ISK/pers ; juin-août). Camping herbeux et propre, proche du centre-ville.

**Samkaup-Strax** SUPERMARCHÉ €
(Langanesvegur 2 ; 9h-18h lun-ven, 10h-16h sam-dim juin-août, horaires réduits sept-mai). Pour faire vos courses.

**Báran** ISLANDAIS €€
(baranrestaurant.is ; Eyrarvegur 3 ; plats 1 200-3 600 ; 8h-23h dim-jeu, 8h-1h ven, -8h3h sam mai-sept, horaires réduits oct-avr). Derrière la station N1, ce restaurant sur le port a changé à plusieurs reprises mais semble avoir trouvé sa voie. De bonnes surprises y attendent le visiteur : un espace confortable, une carte variée, une cuisine de grande qualité et un choix d'excellentes bières locales. Les pizzas, pâtes et burgers sont bons, tout comme les plats d'agneau et de poisson de la région.

Le week-end, venez en fin de soirée prendre un verre avec les habitués.

## Langanes

La brumeuse péninsule de Langanes, dont la forme évoque une oie à grosse tête, est l'un des endroits les plus isolés d'Islande. Son terrain plat, couvert de prairies moussues et parsemé de bâtisses en ruine, se prête à la randonnée.

Avant de découvrir la région, installez-vous au Ytra Lón Farm Lodge, tout près de la Route 869 (non goudronnée, mais aisément praticable avec un véhicule ordinaire en été).

La Route 869 s'achève au bout de 17 km dans cette péninsule longue de 50 km. Il est possible de continuer en 4x4 le long de la piste jusqu'au phare de Fontur au bout de la presqu'île, tout en sachant que certains tronçons sont difficiles.

Si vous n'êtes pas motorisé, vous pouvez appeler l'Ytra Lón Farm Lodge pour que l'on vienne vous chercher à Þorsförn (moyennant un supplément).

♥ **Ytra Lón Farm Lodge** APPARTEMENTS €€
(☎ 846 6448 ; www.ytralon.is ; s/d petit-déj inclus 22 300/25 900 ISK). Rien de mieux pour découvrir Langanes que de séjourner dans cet excellent établissement tenu par une accueillante famille islando-néerlandaise, à 14 km au nord-est de Þórshöfn, à la sortie de la Route 869, dans un élevage de moutons. Des studios colorés, avec sdb et kitchenette privatives, sont installés dans des conteneurs de marchandises réhabilités et alignés sous ce qui ressemble à un toit de serre. Buffet de produits locaux au petit-déjeuner ; *hot pot*.

## Vopnafjörður et ses environs

700 HABITANTS

Selon la légende, le fjord était jadis le territoire d'un dragon redouté qui protégeait le nord-est de l'Islande. Les dragons ont aujourd'hui disparu et le village somnole. La région est néanmoins réputée pour ses rivières pleines de saumons.

Attention : le Vopnafjörður est officiellement dans l'est de l'Islande. Vous trouverez des informations en ligne sur www.east.is. Nous avons choisi de le traiter dans *Le Nord* pour l'intégrer dans le circuit du Nord-Est via la Route 85.

### À voir et à faire

**Kaupvangur** CENTRE CULTUREL
(Hafnarbyggð 4). Ce centre culturel, le site le plus important du village de Vopnafjörður, occupe une ancienne douane. Il accueille un bon café, un centre d'information touristique et une boutique d'artisanat au rez-de-chaussée. À l'étage, une exposition bien pensée présente 2 figures locales et une autre retrace le parcours d'émigrés qui quittèrent le pays pour tenter leur chance en Amérique du Nord. De 1850 à 1914, c'est ici qu'ils venaient acheter leur aller simple en bateau.

Sur place, le **Centre de l'émigration est-islandaise** permet aux "Islandais de l'Ouest" (c'est à dire les Américains d'origine islandaise) de renouer avec leur héritage.

HORS DES SENTIERS BATTUS

### À PIED OU EN VOITURE JUSQU'AU BOUT DU MONDE

Fermes abandonnées, phares isolés, colonies de phoques, falaises battues par les vents et peuplées d'oiseaux : peu d'endroits au monde semblent aussi perdus que Langanes. Son principal attrait est la nouvelle plateforme d'observation au-dessus des falaises peuplées d'oiseaux à **Skoruvíkurbjarg** : elle surplombe un pilier rocheux (le "Stóri Karl") où nichent d'innombrables fous de Bassan – des colonies de pingouins, de guillemots et de macareux vivent à proximité.

Langanes se prête à la randonnée. Pour préparer votre itinéraire, procurez-vous la carte *Útivist & afþreying* n°7 (disponible à l'Ytra Lón et dans les centres d'information locaux). Autre excellente ressource, la carte *Birding Trail* donne des renseignements sur l'observation des oiseaux dans le Nord-Est (du Mývatn à Langanes) ; pour des informations en ligne, consultez le site www.birdingtrail.is.

Si vous manquez de temps, n'hésitez pas à suivre un **circuit en 4x4** organisé par l'Ytra Lón (à gauche). Une sortie de 2 heures 30 jusqu'aux falaises envahies d'oiseaux de Skoruvík coûte 15 900 ISK/personne (minimum 2 pers). Comptez 28 900 ISK pour celui de 5 heures, avec visite du village abandonné de Skálar et du phare de Fontur. Ces excursions sont proposées de mai à septembre (la meilleure période pour observer les oiseaux, même si les guillemots quittent la zone de nidification début août). Réservez.

VAUT LE DÉTOUR

### LA ROUTE 917

À l'est de Vopnafjörður, un spectaculaire trajet de 73 km dans les montagnes le long de la Route 917, essentiellement non goudronnée, grimpe à 665 m jusqu'à **Hellisheiði**, puis descend vers la côte est. Impraticable par mauvais temps, la route est généralement accessible avec une petite voiture ordinaire en été. Elle gravit une succession de lacets avant de dévaler jusqu'aux stupéfiants deltas glaciaires de l'**Héraðssandur**.

**Bustarfell** MUSÉE
(tarif plein/enfant 900/200 ISK ; 10h-17h mi-juin à mi-sept). Ce musée des traditions est installé dans un magnifique manoir au toit végétalisé du XVIIIe siècle, au sud-ouest de Vopnafjörður. Sur place, le Cafe Croft sert des gâteaux maison et du café. À 8 km en retrait de la Route 85, à environ 19 km de Vopnafjörður (également accessible par la Route 920, goudronnée).

**Selárdalslaug** PISCINE
(tarif plein/enfant 700/350 ISK ; 12h-22h mai-août, horaires réduits sept-avril). Cette piscine au milieu de nulle part est indiquée à 8 km au nord de Vopnafjörður près de la Route 85, juste au sud de la rivière Selá. Faites halte pour un bain dans l'eau géothermale du *hot pot* et pour admirer les vestiaires éclairés à la bougie : il n'y a pas d'électricité.

## Où se loger et se restaurer

**Under the Mountain/ Refsstaður II** GUESTHOUSE €
(895 1562 ; twocats@simnet.is ; s/d sans sdb 6 000/9 000 ISK ; wi-fi). Cathy, une Américaine d'ascendance islandaise, a le don de l'hospitalité. Sa ferme douillette est située à 9 km au sud du village. Prenez la Route 917 après l'aérodrome, puis suivez la Route 919 sur 4 km. L'option duvet revient à 4 000 ISK ; accès à la cuisine et remises pour les séjours prolongés (téléphonez avant de venir en hiver). Paiement uniquement en espèces.

Cathy, qui s'occupe du Centre de l'émigration est-islandaise, offre un regard intéressant sur la vie dans l'Islande rurale.

**Camping** CAMPING €
(empl 1 100 ISK/pers juin à mi-sept). Un bon camping avec vue sur le fjord et le village en contrebas. Suivez Miðbraut vers le nord et tournez à gauche à l'école.

♥ **Hvammsgerði** GUESTHOUSE €€
(588 1298 ; www.hvammsgerdi.is ; s/d sans sdb petit-déj inclus 10 900/15 900 ISK). Peu après la bifurcation vers Selárdalslaug, environ 9 km au nord du village, cette agréable pension en bord de rivière est une adresse confortable et familiale : chambres agréables, gentils animaux pour les enfants, et œufs de la ferme au petit-déjeuner (1 500 ISK). Option duvet disponible (5 500 ISK).

♥ **Kaupvangskaffi** CAFÉ €
(www.kaupvangskaffi.com ; Hafnarbyggð 4 ; buffet soupes 1 390 ISK, pizza 1 360-4 620 ISK ; 10h-22h). Tout Vopnafjörður semble s'être donné rendez-vous ici, et on comprend pourquoi : on y trouve des canapés pour la détente, un excellent café, un copieux buffet de soupes au déjeuner, des pizzas (sur place ou à emporter) et des desserts très tentants.

**Kauptún** SUPERMARCHÉ €
(Hafnarbyggð ; 9h30-18h lun-ven, 12h-16h sam). Partage un parking avec le Kaupvangur.

## Renseignements

**Centre d'information touristique** (473 1331 ; www.vopnafjordur.com ; Hafnarbyggð 4 ; 11h-17h lun-ven). Dans le Kaupvangur. Possibilité d'obtenir des brochures et des renseignements même en dehors des heures d'ouverture. Guides pratiques et gratuits sur les itinéraires de randonnée alentour.

## Depuis/vers Vopnafjördur

Aucun bus ne dessert Vopnafjörður, qui se trouve à 137 km de Reykjahlíð et à 136 km d'Egilsstaðir (par la Route 85 et la Route circulaire) ; vérifiez votre jauge d'essence avant de partir.

La Route 917 (route de montagne gravillonnée) offre un itinéraire plus court, plus pittoresque et plus vertigineux jusqu'à Egilsstaðir (95 km).

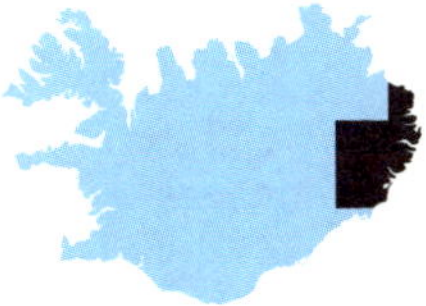

# L'Est

**Dans ce chapitre ➡**


Egilsstaðir ......... 294
Lagarfljót .......... 298
Borgarfjörður Eystri . . 301
Seyðisfjörður ....... 303
Reyðarfjörður ...... 309
Eskifjörður ......... 309
Neskaupstaður ...... 311
Stöðvarfjörður ...... 313
Berufjörður ......... 315
Djúpivogur .......... 315


## Le top des restaurants

- Randulffs-sjóhús (p. 310)
- Eldhúsið (p. 298)
- Klausturkaffi (p. 300)
- Kaupfélagsbarinn (p. 312)
- Norð Austur Sushi & Bar (p. 307)

## Le top des hébergements

- Ferðaþjónustan Mjóeyri (p. 310)
- Hafaldan Old Hospital Hostel (p. 306)
- Fosshotel Eastfjords (p. 312)
- Silfurberg (p. 314)
- Wilderness Center (p. 299)

## Pourquoi y aller

Géographiquement à l'opposé de la dynamique Reykjavík (à quelque 650 km), l'Est, sauvage et relativement peu habité, reste plus discret que d'autres régions. Ce qui fait tout son charme. Les fjords de l'Est en forment sans conteste la plus belle partie ; le paysage est spectaculaire autour des villages du fjord nord, adossés à des montagnes abruptes constellées de cascades. Par beau temps, plusieurs jours de randonnée dans la région vous laisseront des souvenirs inoubliables.

À l'écart de la côte accidentée, le lac le plus long du pays s'étire vers le sud-ouest à partir d'Egilsstaðir, et ses rives sont superbes. Plus loin à l'intérieur des terres, on découvre des fermes oubliées, des montagnes, des landes peuplées de rennes et le Snæfell, l'un des plus beaux sommets d'Islande.

Bref, ne vous contentez pas d'une halte d'une nuit à Egilsstaðir, car l'est de l'Islande recèle bien des trésors : fjords majestueux, chemins de randonnée pittoresques, géologie fascinante, villages accueillants...

## Distances routières (en km)

| | Djúpivogur | Reykjavík | Egilsstaðir | Borgarfjörður Eystri | Seyðisfjörður | Neskaupstaður |
|---|---|---|---|---|---|---|
| Reykjavík | 552 | | | | | |
| Egilsstaðir | 85 | 698 | | | | |
| Borgarfjörður Eystri | 155 | 702 | 70 | | | |
| Seyðisfjörður | 111 | 660 | 27 | 92 | | |
| Neskaupstaður | 164 | 703 | 72 | 140 | 96 | |
| Breiðdalsvík | 64 | 612 | 84 | 153 | 109 | 100 |

## À ne pas manquer

1 L'arrivée en Islande par bateau, le long d'un beau fjord, jusqu'au pittoresque village de **Seyðisfjörður** (p. 303), à l'ambiance bohème

2 Une rencontre avec le peuple caché et les colonies de macareux de la petite localité de **Borgarfjörður Eystri** (p. 301)

3 Une promenade le long des berges boisées du **Lagarfljót** (p. 298), ravissant lac où vivrait un monstre aquatique

4 Le bien nommé **Mjóifjörður** ("Fjord étroit", p. 308), entouré de collines parsemées de ruines – doux sentiment d'isolement assuré

5 La splendide collection de minéraux du petit village de **Stöðvarfjörður** (p. 313)

6 La rudesse des hautes terres et les randonnées du **Wilderness Center** (p. 299), une ferme unique du bout du monde

7 L'observation à cheval des oiseaux, des phoques et des splendides paysages aux environs d'**Húsey** (p. 306), une ferme équestre

8 La musique live et la cuisine veggie de l'**Havarí** (p. 315), superbe lieu niché sur la rive du Berufjörður

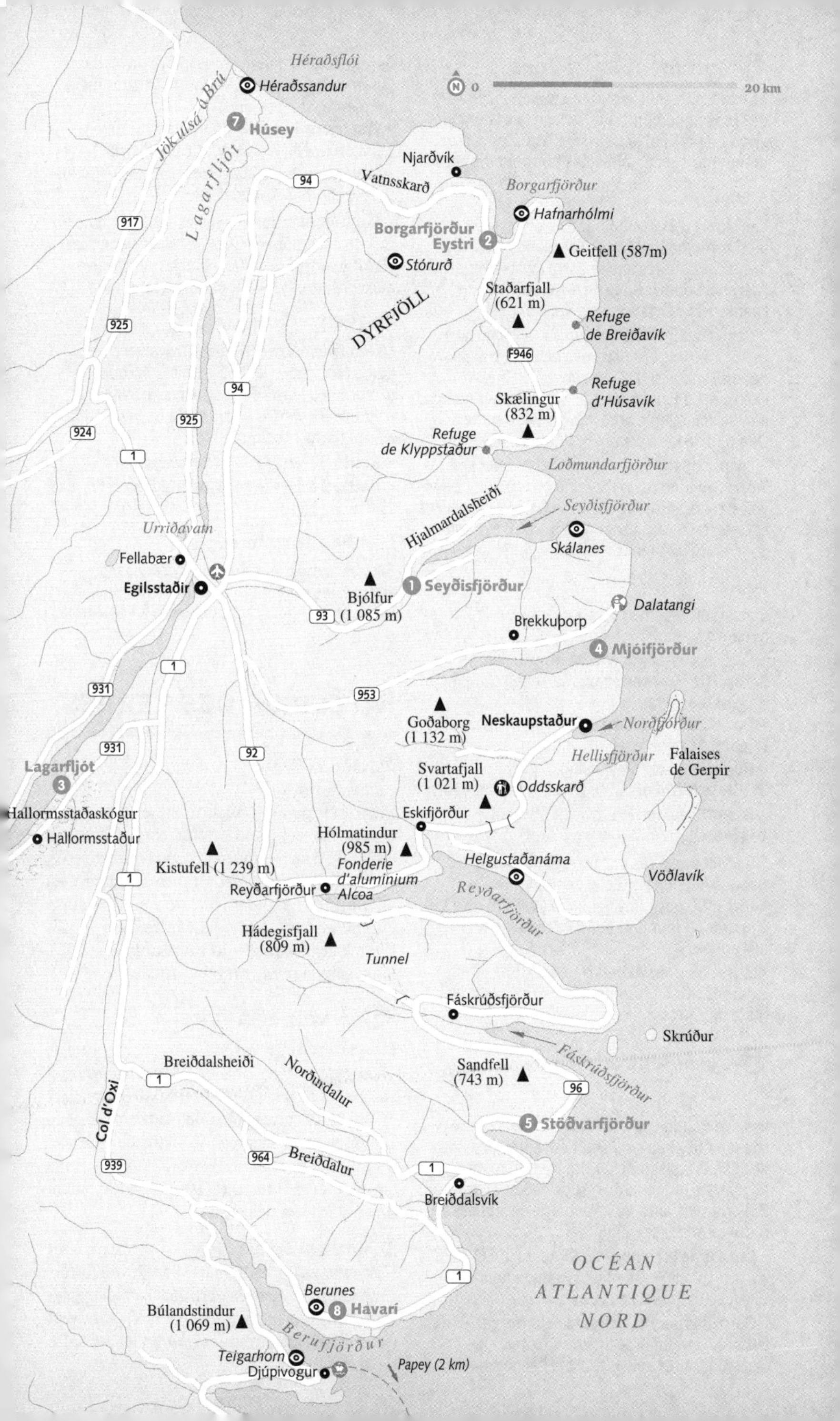
Héraðsflói
Héraðssandur
0
20 km
Jökulsá á Brú
7 Húsey
Lagarfljót
Njarðvík
94
Vatnsskarð
Borgarfjörður
Hafnarhólmi
917
Borgarfjörður Eystri 2
Geitfell (587m)
Stórurð
Staðarfjall (621 m)
DYRFJÖLL
Refuge de Breiðavík
925
F946
94
Refuge d'Húsavík
Skælingur (832 m)
925
924
Refuge de Klyppstaður
1
Loðmundarfjörður
Hjalmardalsheiði
Seyðisfjörður
Urriðavatn
Skálanes
Fellabær
Egilsstaðir
1 Seyðisfjörður
Bjólfur (1 085 m)
93
Dalatangi
Brekkuþorp
4 Mjóifjörður
1
931
953
Goðaborg (1 132 m)
Neskaupstaður
Norðfjörður
931
92
Hellisfjörður
Falaises de Gerpir
Lagarfljót 3
Svartafjall (1 021 m)
Oddsskarð
Hallormsstaðaskógur
Eskifjörður
Hallormsstaður
Hólmatindur (985 m)
Helgustaðanáma
Kistufell (1 239 m)
Fonderie d'aluminium Alcoa
Vöðlavík
1
Reyðarfjörður
Reyðarfjörður
Hádegisfjall (809 m)
Tunnel
Fáskrúðsfjörður
Skrúður
Breiðdalsheiði
Norðurdalur
Sandfell (743 m)
Fáskrúðsfjörður
1
96
Col d'Oxi
5 Stöðvarfjörður
939
964
Breiðdalur
1
Breiðdalsvík
OCÉAN ATLANTIQUE NORD
1
Berunes
Búlandstindur (1 069 m)
8 Havarí
Berufjörður
Teigarhorn
Djúpivogur
Papey (2 km)

## Comment s'y rendre

Le site Visit East Iceland (www.east.is) fournit des renseignements sur les transports – pour arriver dans l'Est et y circuler. Vous trouverez notamment les horaires des bus pour les fjords.

### AVION

L'aéroport d'Egilsstaðir est à 1 km au nord de la ville. Air Iceland (www.airiceland.is) assure 3 vols/jour toute l'année entre Egilsstaðir et l'aéroport domestique de Reykjavík (et non l'aéroport international de Keflavík).

Ces vols sont très empruntés (en plein hiver, ils sont parfois la seule possibilité de transport depuis la capitale). Il est question d'ouvrir l'aéroport d'Egilsstaðir aux vols internationaux, afin de soulager la pression qui pèse sur le Sud-Ouest et de faire découvrir l'Est aux touristes.

Le tour-opérateur britannique Discover the World (www.discovertheworld.co.uk) a lancé des vols directs entre l'aéroport de Gatwick à Londres et Egilsstaðir (en juillet-août) ; renseignez-vous pour savoir s'ils fonctionnent toujours.

### BUS

Egilsstaðir est une étape majeure sur la Route circulaire.

Services assurés par **SBA-Norðurleið** (☎550 0700 ; www.sba.is) ; arrêt au camping d'Egilsstaðir ; pas de bus en hiver :

- Bus n°62 pour Höfn (9 400 ISK , 4 heures 30, 1/jour juin à mi-sept)
- Bus n°62a pour Reykjahlíð, Mývatn (6 100 ISK, 2 heures 30, 1/jour juin à mi-sept)
- Bus n°62a pour Akureyri (9 600 ISK, 4 heures 15, 1/jour juin à mi-sept)

Services assurés par **Strætó** (☎540 2700 ; www.straeto.is) ; arrêt au camping :

- Bus n°56 pour Reykjahlíð, Mývatn (5 460 ISK, 2 heures, 1/jour juin-août, 4/semaine le reste de l'année)
- Bus n°56 pour Akureyri (7 560 ISK, 3 heures 30, 1/jour juin-août, 4/semaine le reste de l'année)

## Comment circuler

### BUS

Les bus quotidiens **SBA-Norðurleið's** (www.sba.is) n°62/62a circulent l'été entre les fjords de l'Est. D'Egilsstaðir à Höfn, ils font halte à Reyðarfjörður, Fáskrúðsfjrður, Stöðvarfjörður, Breiðdalsvík, ainsi qu'à l'auberge de jeunesse Berunes et à Djúpivogur.

Les bus de la compagnie **SVAust** (☎471 2320 ; www.svaust.is) partent d'Egilsstaðir pour les villages des fjords. Les vélos sont interdits à bord.

Outre des services directs pour Borgarfjörður Eystri et Seyðisfjörður, SVAust dessert les deux itinéraires suivants toute l'année, essentiellement pour les employés d'Alcoa. Les bus circulent tous les jours (liaisons moins fréquentes le week-end).

- **Itinéraire 1** : Egilsstaðir-Reyðarfjörður-Eskifjörður-Neskaupstaður (Nordfjörður)
- **Itinéraire 2** : Reyðarfjörður-Fáskrúðsfjörður-Stöðvarfjörður-Breiðdalsvík

Consultez les horaires et les tarifs en ligne (le prix du billet dépend de la distance – comptez 700 ISK entre 16 et 30 km) ou renseignez-vous auprès d'un office du tourisme de la région.

### VOITURE

La Route circulaire (Route 1) traverse Egilsstaðir ; vous devrez la quitter ici pour explorer les fjords de l'Est. Trois possibilités :

- **Route 92** vers le sud jusqu'à Reyðarfjörður et des fjords proches.
- **Route 93** vers l'est jusqu'à Seyðisfjörður
- **Route 94** vers le nord jusqu'à Borgarfjörður Eystri

#### Location de voiture

Si vous arrivez en avion ou en ferry sans voiture, les principaux loueurs (Avis, Budget, Hertz et Europcar) sont présents à Egilsstaðir.

# INTÉRIEUR DES TERRES

## Egilsstaðir

2 330 HABITANTS

Principal nœud régional de transports et centre du commerce local, Egilsstaðir n'a guère de charme mais offre de bons services, dont des hôtels et restaurants de qualité. La ville grandit rapidement, de manière anarchique et sans véritable centre. Son attrait tient à la proximité du ravissant Lagarfljót, le troisième plus grand lac du pays.

### À voir et à faire

**Minjasafn Austurlands** MUSÉE
(musée de l'est de l'Islande ; www.minjasafn.is ; Laufskógar 1 ; tarif plein/enfant 1 000 ISK/gratuit ; 11h30-19h lun-ven, 10h30-18h sam-dim juin-août, 11h-16h mar-ven sept-mai). Le musée culturel d'Egilsstaðir présente de belles expositions consacrées à l'histoire de la région, ainsi qu'au renne sauvage de l'Est.

**Sundlaugin Egilsstöðum** PISCINE, HOT POT
(Tjarnarbraut 26 ; tarif plein/enfant 700/270 ISK ; 6h30-21h30 lun-ven, 10h-18h sam-dim juin-août, ferme 1 heure plus tôt sept-mai). Au nord du centre, avec saunas, *hot pots* et salle de sport.

### CHOIX D'ITINÉRAIRES

Trois possibilités s'offrent à vous entre Egilsstaðir et Djúpivogur : deux routes de montagne et une le long des fjords. Toutes trois sont magnifiques. Les itinéraires sont ici décrits d'Egilsstaðir vers le sud ; circulez en sens inverse si vous allez de Djúpivogur vers le nord.

- **Route 1** D'Egilsstaðir, la **Route circulaire** court vers le sud, en descente abrupte depuis la lande de Breiðdalsheiði, puis vers l'est dans la vallée de Breiðdalur jusqu'à Breiðdalsvík ; elle serpente ensuite le long de la côte jusqu'à Djúpivogur. Sur ce tronçon de 84 km entre Egilsstaðir et Breiðdalsvík, elle n'est pas entièrement goudronnée. L'hiver, il arrive qu'elle soit fermée à Breiðdalsheiði en raison de chutes de neige ; c'est alors signalé sur www.road.is.
- **Route 939** Cette route gravillonnée constitue un raccourci via le **col d'Öxi**. Fermée en hiver, elle est fortement déconseillée par mauvais temps ou brouillard. Elle part de la Route circulaire à environ 45 km au sud d'Egilsstaðir, et rejoint le bout du Berufjörður après 19 km. La plupart des GPS indiquent automatiquement cet itinéraire, qui est le plus court, mais ne l'empruntez pas sans réfléchir.
- **Routes 92 et 96** Une troisième possibilité consiste à emprunter les routes 92 et 96 entre Egilsstaðir et Breiðdalsvík via les **fjords** de Reyðarfjörður, Fáskrúðsfjörður et Stöðvarfjörður. Un peu plus long que l'itinéraire par la Route circulaire, ce trajet de 92 km est entièrement goudronné. Il est souvent le seul praticable en hiver, quand la neige bloque la Route circulaire à Breiðdalsheiði. Il a même été suggéré de dévier officiellement la Route circulaire par les routes 92 et 96.

**Baðhúsið Spa** SPA

(☎471 1114 ; client/non-client de l'hôtel 2 000/3 500 ISK ; ⏲10h-22h). Ce spa délicieusement rustique, installé au sein du Gistihúsið – Lake Hotel Egilsstaðir (p. 297), est idéal pour reposer ses muscles fourbus après une bonne randonnée. *Hot tub* (sorte de Jacuzzi à l'extérieur), sauna et vue sur le lac. Réservation obligatoire.

## Circuits organisés

**Jeep Tours** EN JEEP

(☎898 2798 ; www.jeeptours.is). Agnar, très compétent, organise d'excellents circuits en 4x4 d'une journée d'Egilsstaðir aux hautes terres : à Askja et Herðubreið (44 500 ISK), ou au Snæfell (39 500 ISK) ; safaris d'observation des rennes également. Jeep Tours est l'une des seules agences à proposer des excursions au Kverkfjöll dans la journée (44 500 ISK) – en passant par la Route 910 (asphaltée) jusqu'au barrage de Kárahnjúkar, puis par des pistes reculées. Circuits hivernaux également (voir site Web).

**Wild Boys** RANDONNÉES

(☎864 7393, 896 4334 ; www.wildboys.is). Ce petit opérateur organise des randonnées guidées dans la région : une journée au Snæfell (41 000 ISK), à Dyrfjöll et Stórurð près de Borgarfjörður Eystri ou à Askja ; plusieurs jours dans les hautes terres de l'Est.

## Fêtes et festivals

**Dagar Myrkurs** CULTURE

(⏲début nov). Durant 5 jours début novembre dans l'est de l'Islande, les “Journées de l'obscurité” célèbrent le déclin de la lumière et la venue de l'hiver par des histoires de fantômes, la contemplation des aurores boréales et des processions aux flambeaux.

## Où se loger

Évitez si possible Egilsstaðir le mercredi soir en été : le ferry vers l'Europe part de Seyðisfjörður (à 27 km) le jeudi matin et les hôtels et campings affichent complet. Si vous prenez le bateau, réservez une chambre longtemps à l'avance.

Consultez les sites Web pour les tarifs actualisés.

**Camping d'Egilsstaðir** CAMPING €

(☎470 0750 ; Kaupvangur 17 ; empl 1 400 ISK/pers ; @). On apprécie la situation centrale et les équipements corrects (moins les emplacements disposés en rangées) ; laverie et café ; pas de cuisine. Vous pourrez louer des vélos à la réception (3 900 ISK/24 heures) et réserver des circuits.

**Olga Guesthouse** GUESTHOUSE €€

(☎860 2999 ; www.gistihusolgu.com ; Tjarnabraut 3 ; d avec/sans sdb petit-déj inclus 24 990/20 990 ISK). Cette pension centrale et peinte en rouge compte 5 chambres

## Egilsstaðir

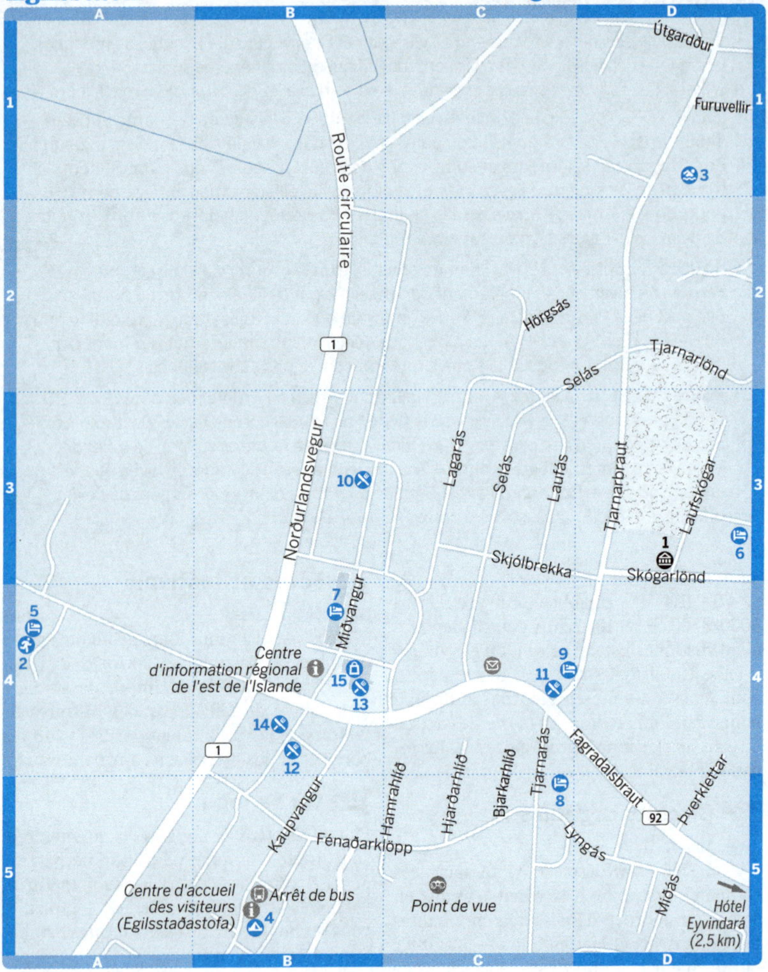


## Egilsstaðir

**À voir**

1 Minjasafn Austurlands ........................ D3

**Activités**

2 Baðhúsið Spa ........................ A4
3 Sundlaugin Egilsstöðum ........................ D1

**Où se loger**

4 Camping ........................ B5
5 Gistihúsið – Lake Hotel Egilsstaðir ....... A4
6 Hótel Valaskjálf ........................ D3
7 Icelandair Hótel Hérað ........................ B4
8 Lyngás Guesthouse ........................ C5
9 Olga Guesthouse ........................ C4

**Où se restaurer**

10 Bónus ........................ B3
11 Café Nielsen ........................ C4
Eldhúsið ........................ (voir 5)
12 Nettó ........................ B4
13 Salt ........................ B4
14 Söluskálinn ........................ B4

**Achats**

15 Vínbúðin ........................ B4

(toutes avec machines à café/thé, TV et réfrigérateur), 3 sdb communes et une petite cuisine. Deux maisons plus bas, la **Birta Guesthouse**, peinte en jaune et gérée par les mêmes propriétaires sympathiques, comporte des équipements identiques et de qualité. Les 2 pensions offrent aussi des chambres avec sdb dans une annexe.

**Lyngás Guesthouse** GUESTHOUSE €€
(☎471 1310 ; www.lyngas.is ; Lyngás 5-7 ; s/d sans sdb 15 600/19 320 ISK). Derrière une façade quelconque, 6 chambres pimpantes, dont 2 parfaites pour les familles. Cuisine et jolie vue. Option duvet (s/d 12 480/15 456 ISK).

**Hótel Eyvindará** HÔTEL, CHALETS €€
(☎471 1200 ; www.eyvindara.is ; Eyvindará II ; s/d petit-déj inclus 23 000/28 500 ISK ; ⏲avr-oct). À 4 km de la ville sur la Route 94, l'Eyvindará, tenu en famille, englobe un bel ensemble d'options : chambres d'hôtel (récentes), bonnes chambres de style motel avec véranda et vue, et bungalows cachés dans les sapins. Restaurant correct (ouvert de mi-mai à mi-septembre) ; coin salon accueillant.

**Hótel Valaskjálf** HÔTEL €€
(☎471 1600 ; www.valaskjalf.is ; Skógarlönd 3 ; s/d petit-déj inclus 21 900/28 200 ISK). Dans cet établissement admirablement rénové, les chambres sont certes petites, mais elles sont bien conçues et agrémentées de touches rétro colorées. Restaurant réputé sur place (le Glóð) ; le petit-déjeuner est fameux.

**Gistihúsið – Lake Hotel Egilsstaðir** HÔTEL €€€
(☎471 1114 ; www.lakehotel.is ; ch petit-déj inclus 33 100 ISK ; @). La ville tire son nom de cette ferme, où se dresse un splendide hôtel historique (1903) sur les rives du Lagarfljót, à 300 m à l'ouest du carrefour. Dans l'aile ancienne, les chambres (sdb) ont conservé leur cachet. En revanche, les 30 chambres de l'extension sont un peu anonymes. Excellent restaurant (p. 298) et spa (p. 294).

**Icelandair Hótel Hérað** HÔTEL €€€
(☎471 1500 ; www.icelandairhotels.is ; Miðvangur 5-7 ; ch à partir de 33 500 ISK ; @). Un hôtel d'affaires stylé, accueillant et ultra-confortable, où des touches de couleur égaient les 60 chambres douillettes. Bon restaurant (plats 2 200-7 600 ISK) – le renne est sa spécialité. Buffet petit-déjeuner à 2 600 ISK.

100% ISLANDAIS

### À LA RENCONTRE DES HABITANTS

L'objectif de **Tanni Travel** (☎476 1399 ; www.meetthelocals.is) : vous faire vivre des expériences uniques dans l'est du pays. Cette agence propose notamment des promenades guidées dans les villages (tous les jours de juin à mi-septembre) ; elle peut aussi établir des itinéraires et vous mettre en relation avec des guides, ce qui est particulièrement utile en hiver. Elle organise en outre des dîners chez l'habitant (14 500 ISK/pers).

## Où se restaurer

**Bókakaffi Hlöðum** CAFÉ €
(www.bokakaffi.is ; Helgafelli 2 ; buffet de soupe 1 950 ISK ; ⏲10h-17h lun-ven). À Fellabær, à l'extrémité ouest du pont en venant d'Egilsstaðir, ce café charmant et discret sert du bon café et des pâtisseries maison, au milieu des meubles rétro, des disques vinyles et des livres d'occasion.

**Söluskálinn** RESTAURATION RAPIDE €
(plats 900-2 100 ISK ; ⏲8h-23h30). Dans la station-service N1 sur la Route circulaire ; pour avaler un repas rapide avant de faire le plein.

**Café Nielsen** INTERNATIONAL €€
(Tjarnarbraut 1 ; plats 1 800-7 400 ISK ; ⏲11h30-23h30 lun-ven, 13h-23h30 sam-dim mi-mai à sept ; 👪). Le joli café Nielsen occupe la plus vieille maison d'Egilsstaðir. De la soupe de langoustines et du steak de renne (onéreux) aux *nachos* et travers de porc grillés, la longue carte peut satisfaire tous les goûts. En été, on s'installe sur la terrasse verdoyante ou dans le jardin. Le buffet du déjeuner (soupe, salade, pâtes), servi en semaine, coûte 2 100 ISK. Attention : la cuisine ferme à 22h.

**Salt** INTERNATIONAL €€
(www.saltbistro.is ; Miðvangur 2 ; en-cas et repas 900-3 900 ISK ; ⏲10h-22h lun-sam, 12h-22h dim ; 🥕👪). Cet agréable café-bistrot est très apprécié pour sa carte intéressante – l'une des plus variées à des kilomètres à la ronde. Au menu : pizzas à l'orge aux garnitures originales, burgers, salades et plats tandoori. Rançon du succès, il est souvent plein et le service en souffre.

**Eldhúsið** ISLANDAIS €€€
(☎471 1114 ; www.lakehotel.is ; plats déj 1 390-3 990 ISK, dîner 3 190-6 190 ISK ; ⏱11h30-22h). La cuisine proposée par le restaurant du Gistihúsið – Lake Hotel Egilsstaðir (p. 297) se distingue par sa créativité. La carte privilégie les produits locaux (agneau, poisson, gibier). La spécialité est le bœuf élevé à la ferme : goûtez le chateaubriand nappé de béarnaise ou le filet accompagné de tempura à la langoustine. Délicieux desserts. Réservez.

Très bon rapport qualité/prix pour le menu de produits fermiers (3 plats 8 990 ISK).

### Faire ses courses

**Nettó** SUPERMARCHÉ
(⏱9h-20h lun-sam, 10h-19h dim). Derrière la station-service N1.

**Bónus** SUPERMARCHÉ
(⏱11h-18h30 lun-jeu, 10h-19h30 ven, 10h-18 sam, 12h-18h dim). Sur la Route circulaire au nord de la station-service N1.

**Vínbúðin** VINS ET SPIRITEUX
(Miðvangur 2-4 ; ⏱11h-18h lun-jeu, 11h-19h ven, 11h-16h sam mai-août, horaires réduits sept-avr). Chaîne d'État.

## Renseignements

**Centre d'information régional de l'est de l'Islande** (☎471 2320 ; www.east.is ; Miðvangur 1-3 ; ⏱8h30-18h lun-ven, 10h-16h sam, 13h-18h dim juin-août, 13h-18h lun-ve, 10h-14h sam sept-mai). Tout ce dont vous avez besoin pour explorer l'Est (y compris des cartes et des brochures). Excellente boutique d'objets d'art et de design dans le même bâtiment.

**Centre d'accueil des visiteurs** (Egilsstaðastofa Visitor Center ; ☎470 0750 ; www.visitegilsstadir.is ; Kaupvangur 17 ; ⏱7h-23h juin-août, 8h30-15h lun-ven mai-sept, 8h30-12h30 lun-ven oct-avr). Bureau à la réception du camping. Renseignements sur Egilsstaðir et ses environs. Possibilité d'acheter des billets de bus et de s'inscrire pour des activités variées : randonnées, circuits en Super-Jeep, pêche en mer, etc. Location de vélos (2 900 ISK/4 heures, 3 900 ISK/24 heures).

## Depuis/vers Egilsstaðir

Egilsstaðir possède un aéroport et tous les bus traversent la ville. Le principal arrêt de bus se trouve au camping.

# Lagarfljót

Les eaux grisâtres du fleuve formé par le lac Lagarfljót abriteraient un monstre effrayant, le **Lagarfljótsormurinn**, qui vivrait là depuis l'époque viking. La dernière "apparition" de l'animal (également appelé *wyrm*, le ver) a fait sensation : en 2012, un fermier du coin a filmé une grande créature serpentine nageant dans le fleuve. Le clip a été regardé plus de 5 millions de fois sur YouTube et a suscité l'intérêt des médias internationaux. Plus de détails sur le site www.lagarfljotsormur.com.

Réel ou imaginaire, l'animal doit être gelé : le Lagarfljót prend sa source dans la calotte glaciaire du Vatnajökull et coule en direction du nord jusqu'à l'océan Arctique, formant un lac de 38 km de long et 50 m de profondeur, souvent appelé Lögurinn, au sud d'Egilsstaðir.

Il s'agit d'un joli plan d'eau, dont on peut faire le tour en voiture. La Route 931, qui comprend des tronçons asphaltés ou gravillonnés (ces derniers sur la rive ouest moins fréquentée), part de la Route circulaire à 10 km au sud d'Egilsstaðir et fait le tour du lac jusqu'à Fellabær – un circuit de 70 km.

Vous trouverez des renseignements utiles sur la région sur www.hengifoss.is.

## Hallormsstaðaskógur

Hallormsstaðaskógur (740 ha ; www.skogur.is), l'une des plus grandes forêts d'Islande, est vénérée dans ce pays doté d'une faible couverture forestière. Petite selon les standards de nombreux pays, elle offre un cadre verdoyant bienvenu après le paysage morne et désolé des versants montagneux au nord et au sud d'Egilsstaðir. Elle est plantée de bouleaux nains et de sorbiers des oiseleurs, deux espèces endémiques, ainsi que de 80 autres essences provenant d'un peu partout dans le monde.

Il s'agit d'un lieu de promenade populaire, aménagé avec des sentiers balisés.

### Où se loger et se restaurer

Emportez un pique-nique que vous pourrez déguster sur l'une des nombreuses aires prévues à cet effet, dans la forêt ou au bord du lac. Il y a un petit magasin et une station-service.

**Camping d'Atlavík** CAMPING €
(empl 1 400 ISK/pers ; ⏱mi-mai–sept). Un camping idyllique et fréquenté, au bord

du lac dans une anse boisée. Des fêtes s'y déroulent souvent les week-ends d'été. Location de pédalos, de barques et de canoës.

**Camping d'Höfðavík** CAMPING €
(empl 1 400 ISK/pers ; ⏲ mi-mai à sept). Un autre camping au bord du lac, juste au nord de la station-service. Petit et tranquille. Bornes électriques à disposition.

**Hótel Hallormsstaður** HÔTEL €€
(☎471 2400 ; www.hotel701.is ; hôtel s/d à partir de 22 650/28 600 ISK, pension s/d sans sdb 14 050/19 000 ISK, toutes petit-déj inclus ; ⏲ mi-mai à sept). Ce vaste ensemble bucolique aménagé au milieu des arbres comprend des chambres d'hôtel modernes, de charmants chalets en bois et la petite pension Grái Hundurinn. Il y a 2 restaurants (le buffet du dîner est réputé), un spa et un espace extérieur attrayant.

Nombreuses activités possibles (équitation, circuits en quad...). Location de vélos.

## Hengifoss

**♥ Hengifoss** CASCADE
Traversez le pont qui franchit le Lagarfljót sur la Route 931 pour accéder au parking de l'Hengifoss, la deuxième plus haute cascade du pays, qui dévale sur 118 m dans une gorge striée de brun et de rouge et jonchée de rochers.

Prévoyez 1 ou 2 heures de marche aller-retour pour atteindre l'Hengifoss, à 2,5 km du parking ; de là, un long escalier grimpe à flanc de colline et la cascade apparaît bientôt à distance. La montée est raide par endroits ; le chemin devient plat à l'entrée de la gorge.

## Skriðuklaustur

D'Hengifoss, parcourez 5 km vers le sud pour arriver au site de Skriðuklaustur, où vous plongerez à la fois dans l'histoire médiévale et dans celle du XXe siècle – n'oubliez pas de goûter les excellents produits locaux. À côté du centre culturel de Skriðuklaustur, le centre d'accueil des visiteurs, consacré à la partie est du parc national du Vatnajökull, mérite une halte.

### À voir

**Skriðuklaustur** CENTRE CULTUREL
(☎471 2990 ; www.skriduklaustur.is ; tarif plein/enfant 1 000 ISK/gratuit ; ⏲10h-18h juin-août, 12h-17h mai et sept). Skriðuklaustur regroupe les vestiges d'un monastère catholique de la fin du XVe siècle et la belle demeure de Gunnar Gunnarsson (1889-1975), auteur islandais dont les œuvres furent traduites en allemand dès 1913, et qui compta plus tard parmi les écrivains nordiques célébrés par le IIIe Reich. L'inhabituelle maison de Gunnarsson, une grande ferme aux murs de basalte noir assemblés au mortier blanc et à toit de tourbe, fut édifiée en 1939 sur les plans d'un architecte allemand. Elle abrite désormais un centre culturel (qui est notamment dédié

VAUT LE DÉTOUR

### LE WILDERNESS CENTER

Le **Wilderness Center** (Óbyggðasetur Íslands ; ☎440 8822 ; www.wilderness.is ; musée tarif plein/enfant 2 500/1 900 ISK) est un nouveau lieu exceptionnel qui défie toute classification. Cette ferme isolée propose à la fois un hébergement unique, de la cuisine locale, des randonnées à pied et à cheval, et des excursions personnalisées. Vous la trouverez 13 km après Skriðuklaustur sur la Route 934, au bout de la Norðudalur (vallée du nord), aux confins des hautes terres. Le musée qui retrace l'histoire de la région a été conçu par les propriétaires des lieux, un réalisateur et une historienne ; il est d'une très grande qualité, tout comme le centre dans son ensemble.

Côté hébergement, vous aurez le choix entre des chambres modestes décorées à l'ancienne, avec sdb commune (d 16 900 ISK) et, plus original, un dortoir aménagé comme une *baðstofa*, la pièce à vivre/chambre traditionnelle des fermes islandaises (lit en dortoir 6 900-7 900 ISK). Nourriture disponible toute la journée (mi-mai à septembre) et visites guidées variées – de la randonnée à cheval de 3 heures (14 400 ISK) à l'exploration d'une ferme abandonnée des environs (8 500 ISK). Également : des activités sur plusieurs jours. L'offre est détaillée sur le site Web.

N'hésitez pas à vous installer pour plusieurs jours et à parcourir le **Waterfall Trail** (piste des cascades). Cette randonnée facile de 6 heures vous emmènera jusqu'à Laugarfell (p. 301) – possibilité de prise en charge pour l'aller ou le retour.

HORS DES SENTIERS BATTUS

### RANDONNER DANS LES MONTS DYRFJÖLL

Les monts Dyrfjöll forment un massif spectaculaire. Ils s'élèvent abruptement jusqu'à 1 136 m d'altitude, entre les plaines marécageuses d'Héraðssandur et de Borgarfjörður Eystri. Dyrfjöll signifie "porte de la montagne". Le massif doit son nom à l'énorme entaille dans le sommet le plus élevé.

Des sentiers traversent le massif, où l'on peut randonner à la journée en partant de Borgarfjörður Eystri. Stórurð, sur le versant ouest des Dyrfjöll, est un paradis pour les randonneurs, parsemé d'énormes rochers et de petits lacs glaciaires. Plusieurs chemins d'accès sont indiqués le long de la Route 94 ; la meilleure période pour marcher jusqu'à Stórurð se situe entre la mi-juillet et la mi-septembre.

Des organismes proposent des randonnées guidées à la journée aux monts Dyrfjöll et à Stórurð, au départ d'Egilsstaðir. Vous pourrez contacter notamment Wild Boys (p. 295).

à l'écrivain) et scientifique. Cet auteur prolifique connut une immense popularité au Danemark et en Allemagne où, au sommet de sa gloire, il fut l'écrivain le plus vendu, après Goethe. Vous pourrez notamment lire en français *Frères jurés* (1918 ; Fayard, 2000).

**Snæfellsstofa – centre d'accueil des visiteurs du parc national** CENTRE D'INFORMATION
(☎470 0840 ; www.vatnajokulsthjodgardur.is ; ⌚9h-17h juin-août, 10h-17h mai et sept). GRATUIT Couvre la partie est du gigantesque parc national du Vatnajökull. D'intéressantes expositions présentent le mont Snæfell ("montagne de neige") et l'environnement naturel des hautes terres de l'Est. Cartes et conseils aux visiteurs et aux randonneurs.

## Où se restaurer

**♥ Klausturkaffi** CAFÉ €€
(www.skriduklaustur.is ; buffet déj tarif plein/enfant 2 990/1 495 ISK ; ⌚10h-18h juin-août, 12h-17h mai et sept ; 👪). Le Klausturkaffi, sur le site de Skriðuklaustur (page précédente), sert au déjeuner un excellent buffet à base de produits locaux (soupe de poisson, tourte au renne, gâteau aux mûres et au *skyr* – yaourt islandais). Plus alléchant encore, un buffet de desserts à volonté (tarif plein/enfant 1 990/995 ISK) est servi à partir de 15h.

Il est inutile d'acheter un billet pour le Skriðuklaustur pour aller au café.

# Hautes terres de l'Est

Le Snæfell (1 833 m) domine l'extrémité sud de Fljótsdalsheiði, une étendue de toundra humide, de champs ponctués de rochers, de plaques de neige éternelle et de lacs alpins, qui s'étire du Lagarfljót vers les hautes terres à l'ouest.

La construction controversée du barrage de Kárahnjúkar et de la centrale hydroélectrique de Fljótsdalur a permis l'amélioration des voies de circulation autour du Snæfell. La Route 910 goudronnée qui part de Fljótsdalur est la meilleure ; en chemin, guettez les rennes sauvages et arrêtez-vous aux sources thermales du Laugarfell. Si vous n'êtes pas motorisé, renseignez-vous au Laugarfell (page suivante) ou consultez les offres de Jeep Tours (p. 295), à Egilsstaðir.

L'embranchement vers la Route 910 est situé juste au nord de Skriðuklaustur (sur la Route 934) ; cet axe, accessible avec une voiture ordinaire, monte *rapidement*, puis s'aplanit. Aucun transport public ne dessert cette zone ; il existe quelques circuits guidés (partant pour la plupart d'Egilsstaðir).

Pour poursuivre vers le sud après le point de vue du barrage de Kárahnjúkar (vers Askja ou Kverkfjöll, par exemple), il vous faudra un gros 4x4 à garde élevée et un GPS. Finies les routes goudronnées…

**Barrage de Kárahnjúkar** POINT DE VUE
Un trajet pittoresque de 60 km depuis l'embranchement de la Route 910 conduit au barrage de Kárahnjúkar et au lac artificiel d'Hálslón, où un bureau d'information et des points de vue permettent d'apprécier ce chef-d'œuvre d'ingénierie et de découvrir l'incroyable gorge d'**Hafrahvammagljúfur**, en contrebas.

Venez entre 14h et 17h un jeudi ou un samedi de juin à août, quand un représentant de la compagnie électrique propose une visite gratuite du barrage (il fournit des explications et répond aux questions).

Rendez-vous sur le parking (vérifiez les horaires sur www.landsvirkjun.com/company/visitus).

**Laugarfell** GUESTHOUSE, CAMPING €€
(☎773 3323 ; www.laugarfell.is ; lits jum/f 16 000/29 000 ISK ; ⏲juin-sept). À 2 km de la Route 910 (accessible avec un véhicule ordinaire), le Laugarfell attire les visiteurs grâce à ses sources chaudes (tarif plein/enfant 1 000/500 ISK) et à sa pension douillette. Cette ancienne auberge de jeunesse dispose de différentes chambres (à lits jumeaux, familiales jusqu'à 6 pers). Draps fournis. Pas de cuisine ; petit-déjeuner (1 900 ISK) et dîner (3 500 ISK) proposés ; café et en-cas dans la journée.

## Snæfell

Le Snæfell est-il éteint ou assoupi ? Le doute subsiste. Plus haut sommet d'Islande après le Vatnajökull, il est relativement accessible et prisé des randonneurs et des alpinistes.

Si l'ascension ne présente pas de difficultés pour des randonneurs expérimentés et bien préparés, le temps peut poser problème. En outre, il est conseillé de se munir de crampons. On effectue généralement cette ascension par l'ouest ; comptez de 6 à 9 heures de marche selon l'état de la glace. Discutez de l'itinéraire avec le gardien du refuge. Vous pourrez aussi opter pour une ascension guidée (environ 41 000 ISK) ; contactez le Laugarfell ou Wild Boys (p. 295).

**Refuge du Snæfell** REFUGE €
(Snæfellsskáli ; ☎842 4367 ; snaefellsstofa@vjp.is ; N 64°48.250', W 15°38.600' ; empl/dort 1 600/6 000 ISK/pers). Ce refuge géré par le parc national peut accueillir 45 personnes. Doté d'un camping, d'une cuisine et de douches, il n'est accessible qu'en 4x4. Des *rangers* sont présents en été.

Le Snæfell fait partie du vaste parc national du Vatnajökull, dont le site (www.vjp.is) fournit des renseignements utiles. Au centre d'accueil des visiteurs du parc (ci-contre), vous trouverez également des informations, ainsi que des expositions et des cartes ; le personnel pourra répondre à vos questions et vous conseiller.

Un 4x4 est indispensable pour emprunter la Route F909 (qui part de la Route 910) et atteindre le refuge du Snæfell, au pied du volcan. Il y a 12 km de la Route 910 au refuge.

# FJORDS DE L'EST

## Borgarfjörður Eystri

100 HABITANTS

Ce minuscule village bénéficie d'un cadre époustouflant : pics de rhyolite déchiquetés d'un côté et spectaculaires monts Dyrfjöll de l'autre. Un réseau de sentiers balisés sillonne la région, propice à de fantastiques randonnées. S'il n'y a pas grand-chose à voir dans le village (également connu sous le nom, moins courant, de Bakkagerði), les sculptures en bois flotté, les elfes cachés et les cris des oiseaux de mer lui confèrent un charme magique. C'est également l'un des endroits les plus accessibles du pays pour observer des macareux pendant la nidification.

Pour des informations locales, consultez le site www.borgarfjordureystri.is.

### À voir

**Hafnarhólmi** ÎLE
(www.puffins.is). À 5 km du village se trouve le pittoresque petit port et îlot d'Hafnarhólmi, peuplé d'une importante **colonie de macareux**. Un escalier et des plateformes d'observation permettent d'approcher ces jolies créatures pataudes et d'autres oiseaux de mer. Les macareux, qui arrivent mi-avril, repartent au début ou au milieu du mois d'août. D'autres espèces (dont des mouettes tridactyles, des fulmars, ainsi que des eiders communs) s'attardent davantage.

**Bakkagerðiskirkja** ÉGLISE
Jóhannes Sveinsson Kjarval (1885-1972), l'un des grands peintres islandais, a grandi près d'ici et s'est beaucoup inspiré de Borgarfjörður Eystri et des environs. Au-dessus de l'autel de la petite église, une peinture insolite signée de sa main représente le Sermon sur la montagne et s'adresse directement au

### DRÔLE DE BUVETTE

À mi-chemin entre Egilsstaðir et Borgarfjörður, sur la Route 94, on découvre une curiosité : une cabane vert vif au milieu de nulle part, abritant un distributeur de boissons réfrigérées fonctionnant à l'énergie solaire. S'il est éteint, mettez l'interrupteur sur "*on*" (ce n'est pas une plaisanterie), attendez 2 minutes (profitez-en pour signer le livre d'or), puis choisissez une boisson ou un en-cas.

village : Jésus prêche depuis l'Álfaborg, avec le mont Dyrfjöll en arrière-plan.

**Lindarbakki** MAISON REMARQUABLE

D'un rouge vif, la Lindarbakki (1899) est une adorable maison couverte d'herbe verte touffue, sous laquelle n'apparaissent que quelques fenêtres et une paire de bois de renne. Cette résidence privée est fermée au public, mais un intéressant panneau informatif relate son histoire.

**Álfaborg** RÉSERVE NATURELLE

L'Álfaborg (rocher des Elfes), un petit tertre classé réserve naturelle près du camping, est le "*borg*" qui a donné son nom à Borgarfjörður Eystri. Certains habitants croient que la reine des elfes islandais vit ici. Du sommet, la vue sur les champs est fabuleuse.

## Activités

**Musterið Spa** SPA

(☎861 1791 ; www.blabjorg.is ; tarif plein/enfant 3 000/1 000 ISK ; ⊙16h-22h ou sur rdv). Au rez-de-chaussée de la Blábjörg Guesthouse, ce spa comporte des Jacuzzis et des saunas intérieurs et extérieurs (les plus courageux pourront plonger dans l'océan). La vue est splendide. Gratuit pour les résidents de la Blábjörg Guesthouse.

## Fêtes et festivals

**Bræðslan** MUSIQUE

(www.braedslan.is ; ⊙fin juil). Organisé dans une ancienne conserverie de hareng tout un week-end fin juillet, le Bræðslan est l'un des meilleurs festivals musicaux de l'été. Il est réputé pour sa programmation de qualité et son ambiance intime. Des célébrités locales (et quelques stars internationales) s'y produisent chaque année.

## Où se loger

**Camping** CAMPING €

(empl 1 100 ISK/pers ; ⊙mi-mai à sept). Ce camping bien entretenu comporte une cuisine, une machine à laver et des douches.

♥ **Blábjörg Guesthouse** GUESTHOUSE €€

(☎861 1792 ; www.blabjorg.is ; s/d sans sdb petit-déj inclus à partir de 15 900/18 900 ISK). Cette pension impeccable ouverte toute l'année occupe une ancienne conserverie de poisson habilement transformée. Il y a 11 chambres d'un blanc immaculé (vue sur l'océan en supplément), une cuisine et un salon. Quelques très bons appartements sont parfaits pour les familles (à partir de 32 900 ISK). Atout de taille, le spa Musterið au rez-de-chaussée est gratuit pour les hôtes.

### RANDONNÉE DE BORGARFJÖRÐUR À SEYÐISFJÖRÐUR

Magnifiquement sauvage et inexplorée, la campagne accidentée entre Borgarfjörður et Seyðisfjörður vous réserve l'une des plus belles randonnées de plusieurs jours dans la région. Procurez-vous la carte *Víknaslóðir – Trails of the Deserted Inlets* (1 000 ISK) et/ou contactez **Álfheimar** ou **Borg** à Borgarfjörður si vous cherchez un guide. Pour des renseignements sur les refuges le long de cet itinéraire, consultez le site www.ferdaf.is.

**Jour 1 :** Partez de Kolbeinsfjara, à 4 km de Borgarfjörður Eystri, et pénétrez dans les montagnes par le col de Brúnavíkurskarð (chemin n°19 sur la carte). Tournez vers le sud (chemin n°21) à hauteur du refuge d'urgence de Brúnavík, puis dépassez le beau mont Kerlingarfjall. Après 5 ou 6 heures de marche (12,5 km), installez-vous pour la nuit dans la ferme-camping à Breiðavík.

**Jour 2 :** Préparez-vous à 5 heures de marche spectaculaire (13,5 km sur le chemin n°30). Vous traversez d'abord les prés au pied du Hvítafjall, avant de rejoindre la piste de 4x4 courant vers le sud jusqu'au refuge d'Húsavík, où vous passerez la deuxième nuit. Le secteur entre Breiðavík et Húsavík est hanté par le "peuple caché" – le shérif elfe vit à Sólarfjall et l'évêque elfe à Blábjörg, plus au sud le long du littoral.

**Jour 3 :** Suivez le chemin n°37 sur 14 km (5 heures de marche) pour rejoindre la côte au niveau du paisible Loðmundarfjörður. La piste de 4x4 s'achève au refuge de Klyppstaður, sur le delta de la Norðdalsá, au fond du fjord.

**Jour 4 :** Le dernier jour vous conduira sur plus de 12 km du Loðmundarfjörður au Seyðisfjörður (chemin n°14). Au sommet du col, vous trouverez un livre en bois signé par les randonneurs. Le grondement des cascades accompagne la descente dans le Seyðisfjörður.

**Álfheimar Country Hotel** HÔTEL RUSTIQUE €€
(☎471 2010 ; www.alfheimar.com ; s/d 20 000/25 200 ISK ; ⏲mai-sept). De loin l'hébergement le plus haut de gamme du secteur (et le seul à offrir des sdb privatives !), l'Álfheimar compte 30 chambres de style motel. Si les chambres lambrissées ont plus de charme que celles du nouveau bâtiment, toutes sont très propres et bien équipées. Les aimables propriétaires connaissent parfaitement la région et organisent des circuits.

**Borg Guesthouse** GUESTHOUSE €€
(☎894 4470, 472 9870 ; gistiheimilidborg.wordpress.com ; s/d sans sdb 10 000/16 000 ISK). Cette maison d'hôtes, aussi connue sous le nom de Gistiheimilið Borg, possède des chambres vieillottes et correctes, une cuisine et un salon. Petit-déjeuner à 1 700 ISK. Options duvet intéressantes (d sans draps 12 000 ISK). Le propriétaire possède d'autres hébergements dans le village. Possibilité d'organiser des randonnées, et des circuits guidés ou en 4x4.

### Où se restaurer et prendre un verre

**Eyrin** SUPÉRETTE €
(⏲11h-18h lun-ven, 12h-16h sam-dim juin-août, horaires réduits sept-mai). Près de Fjarðarborg (centre communal). Vend des articles d'épicerie.

**Já Sæll Fjarðarborg** ISLANDAIS €€
(☎472 9920 ; repas 1 500-3 600 ISK ; ⏲11h30-24h juin-août). Un cadre quelconque et une carte très simple pour le Já Sæll, installé dans le Fjarðarborg. Venez manger un burger ou une côte d'agneau, ou prendre une bière en compagnie des habitants. Concerts hebdomadaires en été.

**Álfacafé** ISLANDAIS €€
(☎472 9900 ; soupe de poisson 2 200 ISK ; ⏲10h-22h juin-août, 10h-20h mai et sept). Le principal restaurant et café du village, avec de grandes tables en pierre. Au menu : une savoureuse soupe de poisson accompagnée de pain plat et de saumon, ainsi que des gâteaux et des gaufres. Minéraux et autres souvenirs à vendre.

### Depuis/vers Borgarfjörður Eystri

Le village se trouve à 70 km d'Egilsstaðir sur la Route 94, dont la moitié est goudronnée (praticable avec une voiture ordinaire). La route serpente abruptement dans les monts Dyrfjöll avant de descendre vers la côte.

Il y a une pompe à essence à l'entrée du village.

Toute l'année, en semaine, un **bus** (☎472 9805, 894 8305 ; hlid@centrum.is ; 2 000 ISK, 1 heure) circule entre le camping (départ 8h) et Egilsstaðir (départ de l'aéroport et du centre d'information à 12h).



## Seyðisfjörður

665 HABITANTS

Si vous ne visitez qu'un seul village dans les fjords de l'Est, choisissez celui-ci. Composé de maisons en bois colorées et entouré de montagnes enneigées et de cascades, Seyðisfjörður est incroyablement pittoresque. C'est la localité la plus intéressante de la région, tant sur le plan historique qu'architectural. C'est aussi un endroit accueillant, qui attire des artistes, artisans et étudiants étrangers.

Par beau temps, le trajet le long de la Route 93 à partir d'Egilsstaðir est superbe : vous monterez jusqu'à un haut col, avant de redescendre en suivant la rivière Fjarðará, jalonnée de cascades.

L'été est la saison la plus animée, surtout quand le ferry de Smyril Line remonte majestueusement le fjord sur 17 km jusqu'au village – c'est une façon magique d'arriver en Islande. À cette saison, vous préférerez peut-être éviter Seyðisfjorður le mercredi soir, car le ferry à destination de l'Europe continentale part le jeudi matin. Les hôtels et les restaurants sont bondés. Si vous prenez le bateau, réservez votre hébergement dès que possible.

### Histoire

Seyðisfjörður fut fondé en tant que centre marchand en 1848. Il prospéra plus tard grâce à "l'argent de la mer", le hareng. Son long fjord protégé l'avantageait par rapport aux autres villages de pêcheurs, et il devint la plus grande et la plus prospère localité de l'est de l'Islande. La plupart de ses édifices en bois furent construits par des marchands norvégiens, attirés par l'industrie du hareng.

Durant la Seconde Guerre mondiale, Seyðisfjörður servit de base aux forces britanniques et américaines. Le village n'essuya qu'une seule attaque, le bombardement d'un pétrolier (*El Grillo*) par trois avions allemands. Les bombes manquèrent leur cible, mais l'une d'elles explosa si près du fjord que le bateau coula – il repose toujours au fond et constitue un bon site de plongée.

Les versants escarpés de la vallée de Seyðisfjörður la rendent sujette aux

## Seyðisfjörður

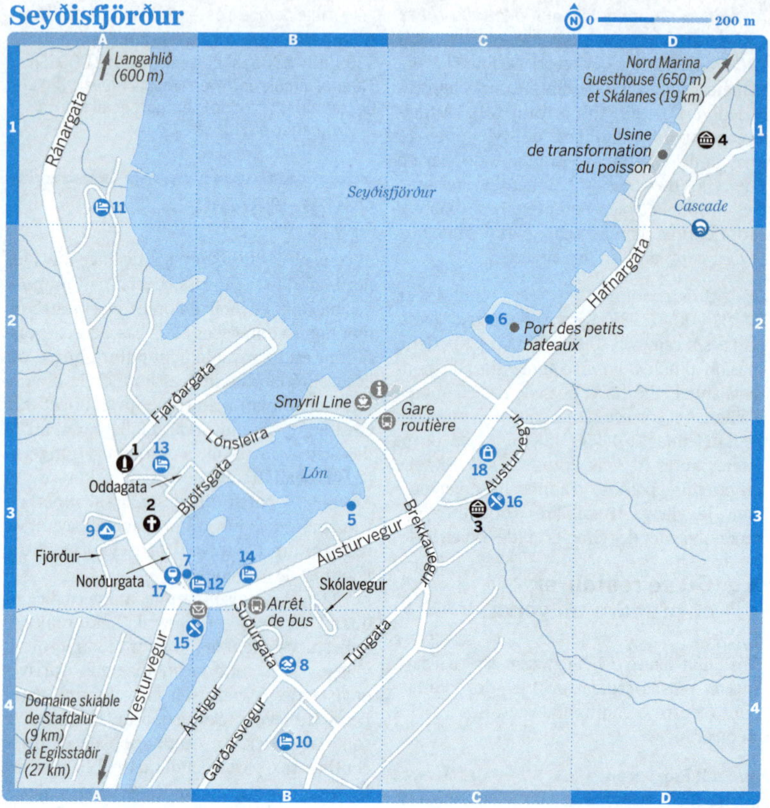


## Seyðisfjörður

**À voir**

1 Mémorial des avalanches ..... A3
2 Bláa Kirkjan ..... A3
3 Skaftfell – Centre d'arts visuels ..... C3
4 Tækniminjasafn Austurlands ..... D1

**Activités**

5 Hlynur Oddsson ..... B3
6 Sea Fishing Seyðisfjörður ..... C2
7 Seyðisfjörður Tours ..... A3
8 Sundhöll Seyðisfjarðar ..... B4

**Où se loger**

9 Camping ..... A3
10 Hafaldan Old Hospital Hostel ..... B4
11 Halfaldan Harbour Hostel ..... A1
12 Hótel Aldan ..... B3
13 Hótel Aldan (Old Bank) ..... A3
14 Hótel Aldan (Snæfell) ..... B3

**Où se restaurer**

Norð Austur Sushi & Bar ..... (voir 12)
Nordic Restaurant ..... (voir 12)
15 Samkaup-Strax ..... B4
16 Skaftfell Bistro ..... C3

**Où prendre un verre et faire la fête**

17 Kaffi Lára – El Grillo Bar ..... A3

**Où sortir**

Concerts d'été à la Bláa Kirkjan ..... (voir 2)

**Achats**

18 Vínbúðin ..... C3

avalanches. En 1885, une avalanche dévala du Bjólfur, tuant 24 personnes et entraînant plusieurs maisons directement dans le fjord. En 1996, une avalanche détruisit une usine, sans faire de victime.

## À voir

Seyðisfjörður se targue de nombreux bâtiments en bois du XIXe siècle, apportés en kit de Norvège ; plusieurs ont été transformés en ateliers d'artisan. Un rapide circuit dans le village vous fera découvrir des boutiques vendant des œuvres d'art, de l'artisanat, des lainages ou des articles de décoration design. La galerie installée au-dessus du bistrot-centre culturel Skaftfell mérite une visite.

**Bláa Kirkjan** ÉGLISE
(www.blaakirkjan.is ; Ránargata). Star de nombreuses photos de vacances, la belle "Église bleue" se détache sur un paysage de montagnes majestueux. Souvent fermée, elle ouvre ses portes chaque semaine en été pour des concerts (p. 307).

**Mémorial des avalanches** MONUMENT
(Ránargata). Ce monument élevé près de l'église a été réalisé avec les poutres tordues d'une usine détruite par l'avalanche de 1996. Les poutres ont été peintes en blanc et érigées telles qu'elles avaient été trouvées.

**Skaftfell – Centre d'arts visuels** GALERIE D'ART
(☎472 1632 ; www.skaftfell.is ; Austurvegur 42 ; ⌚12h-18h). Au-dessus du Skaftfell Bistro, ce centre d'art contemporain mérite le détour. Au programme ici : expositions et autres événements, ateliers et résidences d'artistes. Plus d'informations sur le site.

**Tækniminjasafn Austurlands** MUSÉE
(www.tekmus.is ; Hafnargata 44 ; tarif plein/enfant 1 000 ISK/gratuit ; ⌚11h-17h lun-ven juin à mi-sept). Cet intéressant musée, consacré à l'histoire locale de la pêche et des télécommunications, occupe deux bâtiments dans Hafnargata : l'imposante maison (1894) de l'armateur norvégien Otto Wathne (l'ancien bureau du télégraphe) et un atelier de mécanique de 1907.

## Activités

De courts sentiers montent du secteur du musée jusqu'aux cascades et à la "sculpture sonore" de **Tvísöngur**, composée de 5 dômes en béton communicants. Une autre petite marche mène de la route à la rive nord du fjord (à 6 km de la Bláa Kirkjan) et au **Dvergasteinn** (rocher des Nains) ; selon la légende, il s'agit d'une église de nains qui se déplaça de l'autre côté du fjord pour suivre l'église des hommes.

Les collines qui surplombent Seyðisfjörður se prête à une randonnée plus longue. **Vestdalur**, une vallée herbeuse au nord du village (juste avant les chalets de Langahlið), est renommée pour ses cascades. En longeant la rivière Vestdalsá pendant 2 ou 3 heures, vous arriverez au Vestdalsvatn, un petit lac gelé la majeure partie de l'année (généralement recouvert de neige jusqu'en juillet).

Les chemins sont indiqués sur la carte *Víknaslóðir – Trails of the Deserted Inlets* (1 000 ISK), en vente partout ; le site Web www.visitseydisfjordur.com présente de beaux itinéraires, dont la Seven Peaks Hike (qui gravit sept des sommets à plus de 1 000 m autour du village).

**Domaine skiable de Stafdalur** SKI
(www.stafdalur.is ; ⌚17h-19h mar-ven, 11h-16h sam-dim déc-mai). De décembre à mai, on peut pratiquer le ski alpin ou nordique (location de matériel sur place) à Stafdalur, à 9 km de Seyðisfjörður sur la route d'Egilsstaðir. La fréquentation est maximale le week-end. Les horaires varient selon la météo. Renseignez-vous à l'office du tourisme (p. 307).

**Sundhöll Seyðisfjarðar** PISCINE, HOT POT
(Suðurgata 5 ; tarif plein/enfant 550/280 ISK ; ⌚6h30-9h et 15h-20h lun-ven, 13h-16h sam). Une piscine couverte, avec sauna et *hot pots*.

## Circuits organisés

**Seyðisfjörður Tours** CIRCUITS
(☎785 4737 ; www.facebook.com/seydisfjordurtours ; Norðurgata 6 ; ⌚juin-août, sept sur demande). Au cœur du village, près de la réception/restaurant de l'Hótel Aldan, cette agence propose des circuits à vélo guidés autour des fjords (2 heures 7 000 ISK) et des visites à pied de Seyðisfjörður (1 heure ; 4 000 ISK). Location de vélos ; randonnées, sorties en mer et de pêche personnalisées. Les heures de départ des différentes excursions varient ; demandez confirmation.

**Hlynur Oddsson** KAYAK
(☎865 3741 ; hlynur@hotmail.de ; Austurvegur 15b ; ⌚juin-août). Pour une expérience mémorable, contactez le sympatique Hlynur, qui passe l'été dans le village et met sur pied des itinéraires sur mesure – par exemple différents circuits dans le fjord (1-6 heures), avec visite d'une épave ou de cascades (4 000 ISK/heure, 8 000 ISK/3 heures).

Les kayakistes chevronnés préféreront des circuits plus longs, notamment jusqu'à Skálanes (25 000 ISK/jour, 2 pers minimum).

**Sea Fishing Seyðisfjörður** BATEAU, PÊCHE
(☎785 4737 ; www.facebook.com/seydisfjordurtours ; 1 heure 4 pers 25 000-30 000 ISK ; ⌚juin-août, sept sur demande). Depuis le petit port, Halli, un pêcheur expérimenté, emmène jusqu'à 7 personnes à bord de son bateau. Au programme : pêche ou visite guidée du fjord.

VAUT LE DÉTOUR

## HÚSEY

Pour rejoindre Húsey à partir de la Route circulaire, vous devrez effectuer un long et superbe trajet de 30 km sur les mauvaises routes 925 et 926, non asphaltées, qui suivent la rivière Jökulsá á Brú (en tout 60 km depuis Egilsstaðir). Les bonnes raisons de s'aventurer jusqu'à cette ferme isolée ne manquent pas : une auberge de jeunesse rustique, des balades à cheval, des oiseaux à épier et des phoques qui s'ébattent, le tout dans un décor majestueux où coule des rivières.

Vous pourrez profiter d'exceptionnelles randonnées à cheval d'observation des phoques. D'une durée de 2 heures, elles partent tous les jours à 10h et 17h ; réservez. De plus longues randonnées à cheval sont possibles (de 2 jours à une semaine).

Vous ne regretterez pas de séjourner plusieurs jours à l'**auberge de jeunesse HI d'Húsey** (471 3010 ; www.husey.de ; dort/d sans sdb 4 000/8 500 ISK ; mi-jan à mi-déc), une petite auberge conviviale et sans prétention. Le petit-déjeuner est fourni (1 800 ISK). Pour le reste, apportez des provisions – le supermarché le plus proche est à Egilsstaðir.

Si vous prévenez suffisamment à l'avance, on pourra venir vous chercher à Egilsstaðir (19 200 ISK par véhicule, 4 pers maximum).

Il est possible d'aller jusqu'à Skálanes ou jusqu'au Loðmundarfjörður voisin. Sorties de 1 heure minimum - 2 heures permettent d'en profiter davantage. Réservez auprès de Seyðisfjörður Tours.

## Où se loger

**Hafaldan Old Hospital Hostel** AUBERGE DE JEUNESSE €
(611 4410 ; www.hafaldan.is ; Suðurgata 8 ; dort 5 100 ISK, d avec/sans sdb 17 600/13 800 ISK ; @). Le meilleur établissement pour les voyageurs à petit budget de Seyðisfjörður occupe deux sites : l'Harbour Hostel, un peu en dehors du village, et l'Old Hospital Hostel, l'annexe estivale, plus centrale. C'est dans cette dernière que l'on trouve la réception principale des deux auberges HI de juin à août, ainsi que des dortoirs, quelques chambres avec sdb et une belle cuisine-salle à manger.

**Halfaldan Harbour Hostel** AUBERGE DE JEUNESSE €
(611 4410 ; www.hafaldan.is ; Ránargata 9 ; d/qua sans sdb 12 900/19 800 ISK). Une salle à manger et un salon confortables, dotés d'une belle vue : tels sont les atouts majeurs de l'Harbour Hostel, près de la Bláa Kirkjan. Les chambres (sdb commune) sont banales et les murs, trop fins.

**Camping** CAMPING €
(Ránargata ; empl 1 300 ISK/pers ; mai-sept). Ce camping est réparti entre 2 secteurs : l'un protégé et herbeux pour les tentes, en face de la Bláa Kirkjan ; l'autre, à proximité, destiné aux camping-cars. Cuisine, douches et buanderie.

**Hótel Aldan** HÔTEL €€
(472 1277 ; www.hotelaldan.com ; réception Norðurgata 2 ; s/d petit-déj inclus à partir de 17 900/25 900 ISK). Ce superbe hôtel occupe 3 vieux bâtiments en bois. La réception et le bar-restaurant (où le petit-déjeuner est servi) sont dans Norðurgata, mais pas les chambres. L'établissement loue aussi des appartements spacieux (2 ou 3 chambres), dans le bâtiment central, avec cuisine équipée et décoration agréablement rétro.

➡ **Hótel Aldan (Snæfell)** HÔTEL €€
(Austurvegur 3). L'hôtel Snæfell, suranné et plein de cachet, abrite, sur 3 niveaux, les chambres les moins chères, peintes en blanc et dotées de couvre-lits indiens. Quelques suites familiales au rez-de-chaussée.

➡ **Hótel Aldan (Old Bank)** HÔTEL €€
(Oddagata 6 ; s/d petit-déj inclus 21 900/29 900 ISK). Une pension de charme à l'ambiance raffinée, avec des meubles anciens.

**Nord Marina Guesthouse** GUESTHOUSE €€
(787 0701 ; nordmarina1@gmail.com ; Strandarvegur 21 ; d avec/sans sdb 16 600/13 100 ISK ; avr-oct). À 2 km au nord-est du supermarché, cette modeste pension en bord de mer bénéficie d'une vue superbe. Ses 13 chambres, très convenables, sont réparties dans 2 bâtiments, et il y a 2 appartements (l'un peut accueillir jusqu'à 7 pers pour 36 500 ISK). Cuisine et salon confortable.

**Langahlið** CHALETS €€€
(897 1524 ; www.langahlid.com ; chalets 35 000/40 000 ISK). Réservez *dès que possible* les confortables chalets de 3 chambres, qui peuvent accueillir jusqu'à 6 personnes. Ils

comprennent une cuisine et un salon, et sont prolongés par une terrasse en bois, avec *hot tub* et barbecue, bénéficiant d'une vue splendide sur le fjord. À 2 km au nord de l'Hótel Aldan. Les propriétaires, de sympathiques Italiens, envisagent de construire d'autres chalets d'une seule chambre.

## Où se restaurer et prendre un verre

**Samkaup-Strax** SUPERMARCHÉ €
(Vesturvegur 1 ; 9h-18h lun-ven, 9h-16h sam, 10h-16h dim). Fermé le dimanche hors saison. Distributeur de billets à l'extérieur.

**Norð Austur Sushi & Bar** SUSHIS €€
(787 4000 ; 2e ét., Norðurgata 2 ; plats 1 890-4 290 ISK ; 18h-22h dim-jeu, 18h-23h ven-sam mi-mai à mi-sept). Les habitants adorent cet endroit, et ils n'ont pas tort. Le saumon, la truite et l'omble passent directement des bateaux de pêche aux mains de chefs es-sushis accomplis, venus de différents pays. Menus dégustation d'un bon rapport qualité/prix (5/7 plats 5 900/6 000 ISK). Le décor est aussi tendance que les cocktails. Réservation conseillée.

**Skaftfell Bistro** INTERNATIONAL €€
(472 1633 ; skaftfell.is/en/bistro ; Austurvegur 42 ; plats 1 300-3 500 ISK ; 8h-22h ; ). Ce fabuleux bistrot-centre culturel est parfait pour se détendre, savourer un bon repas et rencontrer les habitants. À la courte carte, qui change chaque semaine, s'ajoutent des pizzas (dont une au renne et une autre aux langoustines). Le petit-déjeuner est servi jusqu'à 11h : gaufres ou porridge au choix. Intéressantes expositions dans la galerie à l'étage. Réservez pour manger en groupe.

**Nordic Restaurant** ISLANDAIS €€
(472 1277 ; www.hotelaldan.is ; Norðurgata 2 ; déj 2 100-2 900 ISK, plats dîner 3 650-6 250 ISK ; 11h30-22h mi-mai à mi-sept). Dans le bâtiment de la réception de l'Hótel Aldan, ce restaurant au chic rustique sert du café et des gâteaux toute la journée. Salades (par exemple au fromage de chèvre) et poisson du jour au déjeuner. Le soir, des chandelles embellissent les tables et la carte mise sur les plats islandais traditionnels (agneau, renne, poisson), préparés avec une touche de modernité. Réservation conseillée.

**Kaffi Lára – El Grillo Bar** BAR
(Norðurgata 3 ; 11h30-1h dim-jeu, 11h30-3h30 ven-sam). Si vous ne pouvez obtenir une table ailleurs dans le village, vous trouverez sans doute une place dans cet accueillant café-bar sur 2 niveaux. Les grillades sont simples et goûteuses, et il y a plus de 20 sortes de bières islandaises. Goûtez à l'El Grillo, brassée selon une recette à l'histoire fascinante (elle porte le nom du pétrolier britannique gisant au fond du fjord).

**Vínbúðin** VINS ET SPIRITUEUX
(Hafnargata 4a ; 16h-18h lun-jeu, 13h-18h ven). Chaîne d'État.

## Où sortir

**Concerts d'été à la Bláa Kirkjan** MUSIQUE LIVE
(www.blaakirkjan.is ; Ránargata ; tarif plein/réduit 3 000 ISK/gratuit ; 20h30 mer fin juin à mi-août). Le mercredi soir de fin juin à la mi-août, la jolie Église bleue accueille des concerts de jazz, de musique classique ou de folk ; consultez la programmation sur le site. Si vous partez un jeudi par le ferry, c'est une belle façon de conclure un séjour islandais !

## Renseignements

Il y a un distributeur automatique de billets (DAB) devant le supermarché.

Le site www.visitseydisfjordur.com est excellent.

**Office du tourisme** (472 1551 ; Ferjuleira 1 ; 8h-18h lun-ven mai-sept). Dans le terminal des ferries ; renseignements sur la région et sur tout le pays. En mars, avril et octobre, le bureau est ouvert le mardi et le mercredi, lorsque le ferry de Smyril Line est à quai. Fonctionne également quand un bateau de croisière est à quai.

## Depuis/vers Seyðisfjörður

### BATEAU

Le car-ferry *Norröna* de **Smyril Line** (îles Féroé 298 345900 ; www.smyrilline.com ; Ferjuleira 1) relie chaque semaine, toute l'année, Hirsthals (Danemark) à Seyðisfjörður via Tórshavn (îles Féroé).

De mi-juin à la fin août, le *Norröna* arrive à Seyðisfjörður le jeudi à 8h30 ; il en repart pour la Scandinavie 2 heures plus tard. Le reste de l'année, il arrive à Seyðisfjörður le mardi à 9h et repart le mercredi à 20h. Des traversées sont également possibles en hiver (selon les conditions météorologiques d'octobre à mars) ; consultez le site Web.

### BUS

**FAS** (472 1515, 893 2669) assure un service entre Egilsstaðir et Seyðisfjörður (1 050 ISK, environ 45 min) toute l'année, avec 1 à 3 bus/jour du lundi au samedi (les bus circulent le dimanche de mi-juin à août). Des services coïncident avec l'arrivée et le départ du ferry. Horaires actualisés sur le site www.visitseydisfjordur.com. Arrêts près du terminal du ferry et devant la bibliothèque, dans Austurvegur.

Dernière possibilité : si vous passez la nuit à Skálanes, vous pouvez demander que l'on vienne vous chercher à la rivière (6 700 ISK aller-retour par véhicule).



# Environs de Seyðisfjörður

## Skálanes

La ferme de Skálanes, isolée à 19 km à l'est de Seyðisfjörður le long du fjord, est tout à la fois une réserve naturelle et un centre de préservation du patrimoine. Le propriétaire a restauré cette ferme abandonnée pour en faire un paradis pour les botanistes, les écologistes, les archéologues (des vestiges de l'époque de la colonisation ont été découverts) et les ornithologues (avec plus de 45 espèces d'oiseaux).

L'isolement et le caractère expérimental de ce centre (qui se présente comme un lieu d'étude et non comme une pension) séduiront les amoureux de la nature. Skálanes est impliqué dans le développement durable, la recherche et la protection de la nature. Ses équipements sont limités, c'est pourquoi les visites à la journée ne sont pas encouragées. Un séjour de plusieurs jours est recommandé.

### Où se loger et se restaurer

**Skálanes Mountain Lodge** GUESTHOUSE €€
(861 7008, 690 6966 ; www.skalanes.com ; mai-oct, sur demande nov-avr). Différents forfaits sont proposés, comprenant pour la plupart les activités et les repas. Consultez le site Web et contactez la ferme pour plus de détails. Des travaux étaient prévus lors de la rédaction de ce guide (comme l'ajout de sdb privatives dans les chambres). Hébergement confortable et convivial.

### Depuis/vers Skálanes

Rejoindre Skálanes est déjà une aventure en soi. Vous pourrez marcher depuis Seyðisfjörður (des passerelles enjambent les trois rivières), venir à VTT ou louer un kayak à Seyðisfjörður.

En voiture, vous devrez parcourir 13 km sur une mauvaise piste jusqu'à la rivière, puis marcher 4 km. Si vous n'avez qu'une voiture ordinaire, téléphonez pour vous enquérir de l'état de la route. Avec un gros 4x4, vous pourrez conduire jusqu'au centre (prudence en traversant les rivières), mais cela peut valoir le coup de marcher à partir de la première rivière : c'est une belle balade de 4 km qui vous plongera dans l'ambiance de la réserve.

# Mjóifjörður

Premier fjord au sud de Seyðisfjörður, le Mjóifjörður ("Fjord étroit") est flanqué de falaises spectaculaires et de cascades. Avec une voiture ordinaire, vous devrez rouler lentement sur la route gravillonnée qui le dessert. Une fois arrivé, vous serez entouré de collines verdoyantes parsemées de ruines fascinantes, et verrez des poissons sautant hors de l'eau glacée du fjord.

Les alentours du Mjóifjörður réservent de belles randonnées. Moyennant finances, le personnel du Sólbrekka vous conduira de l'autre côté du fjord, d'où une marche de 4 heures mène à Neskaupstaður ; vous pourrez aussi franchir les montagnes du Nord pour rejoindre Seyðisfjörður au cours d'un trek de 6 ou 7 heures (la meilleure période pour randonner est la fin de l'été, à partir de la mi-juillet, lorsque la neige à haute altitude a enfin fondu).

Depuis le bout du Mjóifjörður, il faut parcourir 12 km pour atteindre Brekkuþorp. La route continue vers l'est sur 14 km jusqu'au **phare de Dalatangi** (1895) ; à côté, le phare "moderne", de 1908, est toujours en service. Après Brekkuþorp, mieux vaut avoir un 4x4, ou louer des vélos au Sólbrekka.

### Où se loger et se restaurer

Le **Sólbrekka Cafe** (en-cas et sandwichs 350-650 ISK ; 11h-19h juin à mi-août) sert du café et des en-cas, ainsi que le petit-déjeuner et le dîner si vous y passez la nuit. Prévoyez de faire vos courses à Egilsstaðir ou à Reyðarfjörður.

**Sólbrekka** GUESTHOUSE, CHALETS €€
(476 0007 ; mjoifjordur.weebly.com ; chalets sans draps 18 000 ISK ; pension juin à mi-août, chalets juin-sept). Le Sólbrekka, une ancienne école à proximité de l'océan, est le seul hébergement du côté nord du Mjóifjörður. Il y a des emplacements de camping et des chambres rudimentaires avec sdb commune (camping/duvet 1 200/4 500 ISK/pers), mais les hébergements les plus attrayants sont en haut de la colline : il s'agit de 2 petits chalets en pin indépendants pouvant loger jusqu'à 6 personnes, un peu à l'étroit (une chambre, une petite mezzanine et un canapé-lit).

## Depuis/vers Mjóifjörður

D'Egilsstaðir, il faut parcourir 30 km pour arriver au bout du Mjóifjörður (via les routes 26 et 953), puis encore 12 km jusqu'à Brekkuþorp. Il n'y a pas de transports publics dans le fjord. La route du Mjóifjörður peut rester impraticable d'octobre à mai ; un bateau dessert alors le fjord 2 fois par semaine au départ de Neskaupstaður.

# Reyðarfjörður

1 200 HABITANTS

Reyðarfjörður n'est pas le plus attrayant des villages des fjords de l'Est, loin de là. Cette petite localité relativement récente est surtout connue pour sa gigantesque fonderie d'aluminium, qui s'étire sur 2 km le long du fjord.

## À voir

**Íslenska Stríðsárasafnið** MUSÉE

(stridsarasafn.fjardabyggd.is ; Spítalakampu ; tarif plein/enfant 1 100 ISK/gratuit ; 13-17h juin-août). Durant la Seconde Guerre mondiale, quelque 3 000 soldats alliés – soit près de 10 fois la population locale – furent basés à Reyðarfjörður. Au bout d'Heiðarvegur, l'excellent musée islandais de la Seconde Guerre mondiale retrace ces années étranges. Le bâtiment, entouré de mines, de jeeps et d'hélices d'avion, abrite d'autres reliques de la guerre. Des photos et des tableaux donnent un aperçu de l'implication du pays dans le conflit.

## Où se loger

**Reyðarfjörður HI Hostel** AUBERGE DE JEUNESSE €

(Hjá Marlín ; 892 0336, 474 1220 ; www.bakkagerdi.net ; Vallargerði 9 ; dort 6 000 ISK, d avec/sans sdb 19 600/14 600 ISK, qua 32 000 ISK ; @). Marlín, un Belge polyglotte qui habite en Islande depuis plus de 20 ans, est l'hôte chaleureux de cette auberge de jeunesse qui ne cesse de s'agrandir. La maison principale abrite des chambres avec sdb, ainsi que la salle du petit-déjeuner (2 000 ISK) ; dans la même rue, une autre grande maison comprend des chambres sans prétention, un barbecue et un sauna. Non loin, dans Austurvegur, un magasin de meubles récemment reconverti compte 12 dortoirs de 4 lits avec sdb.

**Camping** CAMPING €

(empl 1 200 ISK/pers ; juin-août). À l'entrée du village sur la Route 92, et près d'une mare peuplée de canards, ce camping offre de bons équipements (machine à laver).

**Tærgesen** GUESTHOUSE €€

(470 5555 ; www.taergesen.com ; Búðargata 4 ; d avec/sans sdb 24 000/13 000 ISK). Le Tærgesen, une pension dotée d'un restaurant (ci-après) au rez-de-chaussée, occupe un bâtiment noir en tôle ondulée de 1870. Ses confortables chambres lambrissées (sdb communes) sont agrémentées de volets blancs. À cela s'ajoutent 22 chambres spacieuses de style motel avec sdb.

## Où se restaurer

**Sesam Brauðhús** BOULANGERIE, CAFÉ €

(www.sesam.is ; Hafnargata 1 ; 7h30-17h lun-ven, 9h-16h sam). Entrez dans cette boulangerie-café et choisissez dans la vitrine remplie de sandwichs, de salades et de pâtisseries.

**Supermarché Krónan** SUPERMARCHÉ €

(Hafnargata 2 ; 11h-18h lun-jeu, 11h-19h ven, 11h-17h sam, 12h-16h dim). Adresse centrale.

**Tærgesen** ISLANDAIS €€

(470 5555 ; www.taergesen.com ; Búðargata 4 ; plats 1 350-5 250 ISK ; 10h-22h). Le Tærgesen est renommé pour ses pizzas et sa cuisine traditionnelle copieuse – du sandwich au steak à la truite frite au beurre.

**Vínbúðin** VINS ET SPIRITEUX

(Hafnargata 2 ; 11h-18h lun-jeu, 11h-19h ven, 11h-16h sam mai-août, horaires réduits sept-avr). Chaîne d'État.

## Renseignements

Les cartes et les panneaux indiquent parfois Fjarðabyggð – il s'agit de la commune, qui a pour centre Reyðarfjörður et qui englobe les fjords compris entre le Mjóifjörður, au sud, et le Stöðvarfjörður. Le site www.visitfjardabyggd.is est très bien renseigné.

# Eskifjörður

1 060 HABITANTS

Cette bourgade accueillante et prospère s'étend dans un repli du Reyðarfjörður. Le cadre est magnifique, face à l'imposant mont Hólmatindur (985 m), qui sort abruptement de l'eau scintillante du fjord.

## À voir

**Helgustaðanáma** MINE

À l'est d'Eskifjörður, subsistent les vestiges de l'une des plus grandes carrières de spath du monde. Le spath d'Islande (*silfurberg* en islandais) est une variété de calcite cristalline ; ce fut un composant essentiel des premiers microscopes.

Pour rejoindre l'ancienne mine, suivez la route gravillonnée après le Mjóeyri (une *guesthouse*) sur 6 km le long de la côte jusqu'à un panneau d'information ; la carrière est à 500 m à flanc de montagne (vous devrez monter à pied).

**Sjóminjasafn Austurlands** MUSÉE
(Strandgata 39b ; tarif plein/enfant 1 100 ISK/gratuit ; 13-17h juin-août). Dans l'entrepôt en bois noir "Gamlabuð" de 1816, le Musée maritime de l'est de l'Islande retrace deux siècles de l'industrie régionale du hareng, du requin et de la baleine.

## Activités

De nombreux sentiers de randonnée grimpent dans les montagnes voisines, et les itinéraires de trekking sur plusieurs jours ne manquent pas autour des péninsules à l'est d'Eskifjörður – la région connue sous le nom de Gerpir est particulièrement prisée. Lors de nos recherches, il était difficile de se procurer une carte de randonnée sur place ; renseignez-vous. Les propriétaires du Ferðaþjónustan Mjóeyri (p. 310) sauront vous conseiller au sujet des randonnées, guidées notamment, et des activités (ils louent des canots à moteur).

La Semaine de la randonnée, la "**Göngu-vikan**", organisée après le solstice d'été, est un événement majeur dans la région.

**Oddsskarð** SKI
Si les conditions sont bonnes, il est possible de skier de décembre à avril sur les pentes proches de l'Oddsskarð, le col qui conduit à Neskaupstaður. Le site www.visitfjardabyggd.is fournit des infos actualisées.

**Péninsule d'Hólmanes** RANDONNÉE
La rive sud de la péninsule d'Hólmanes, au pied du pic **Hólmatindur**, est classée réserve naturelle. En la découvrant à pied, vous profiterez de beaux panoramas maritimes et apercevrez peut-être des bancs de dauphins. La randonnée d'Hólmaborgi, au sud de la route principale, est très appréciée (1-2 heures).

**Sundlaug Eskifjarðar** PISCINE, HOT POTS
(Norðfjarðarvegur ; tarif plein/enfant 700/200 ISK ; 6h-21h lun-ven, 10h-18h sam-dim). Une piscine avec toboggans, *hot pots* et sauna ; au bord de la route principale.

## Où se loger

**Camping** CAMPING €
(empl 1 200 ISK/pers ; juin à mi-sept). Un camping simple dans un joli cadre, près de l'entrée de la bourgade.

**♥ Ferðaþjónustan Mjóeyri** GUESTHOUSE, CHALETS €€
(696 0809, 477 1247 ; www.mjoeyri.is ; Strandgata 120 ; s/d sans sdb 14 100/18 800 ISK, chalets à partir de 30 900 ISK). Un charmant ensemble de petites maisons traditionnelles (certaines anciennes) à l'extrémité est de la localité, sur une parcelle s'avançant dans l'eau à la pointe d'une petite péninsule – vue magnifique. Au choix : chambres d'hôtes dans le bâtiment principal et chalets confortables, assez grands pour les familles, disséminés sur la propriété. Il est également possible de camper ; *hot pot* original, dans un bateau transformé. Une adresse de choix.

**Hótel Eskifjörður** HÔTEL €€
(476 0099 ; www.hoteleskifjordur.is ; Strandgata 47 ; d 26 000-30 000 ISK). Un hôtel élégant et agréable, au centre du village, dans le bâtiment d'une ancienne banque. La décoration met les macareux à l'honneur. Les tarifs varient selon la taille de la chambre et la vue. La chambre la plus chère dispose d'un balcon. Petit-déjeuner à 1 550 ISK.

## Où se restaurer et prendre un verre

Il y a peu de restaurants et la plupart n'ouvrent que l'été. L'hiver, vous devrez peut-être vous rendre dans l'une des localités voisines pour faire un repas digne de ce nom. Pour manger sur le pouce, essayez le grill de la station-service.

**Samkaup-Strax** SUPERMARCHÉ €
(Strandgata 50 ; 9h-18h lun-ven, 10h-14h sam). Pour faire vos courses. Distributeur automatique de billets à l'entrée.

**♥ Randulffs-sjóhús** ISLANDAIS €€
(477 1247 ; www.mjoeyri.is ; plats 3 290-4 490 ISK ; 12h-21h juin-août ou sur rdv). Ce superbe hangar à bateaux date de 1890. Quand les propriétaires ont emménagé en 2008, rien n'avait changé depuis 80 ans. Ils ont laissé en l'état les dortoirs des pêcheurs à l'étage, et installé un restaurant orné de souvenirs maritimes au rez-de-chaussée. Sans surprise, la carte privilégie le poisson (les spécialités locales sont le requin et le poisson séché). Sur le domaine du Mjóeyri.

**Kaffihúsið** BAR-RESTAURANT, GUESTHOUSE
(476 1150 ; www.kaffihusid.is ; Strandgata 10 ; 12h-23h mar-jeu et dim, 12h-3h ven-sam). Repérez la grande tasse à café qui signale le Kaffihúsið, un bar-restaurant confortable où se retrouvent les habitants. Agréable

ambiance de pub, notamment lors des karaokés et des soirées quizz. Notez que la cuisine ferme à 21h30. Quelques chambres sans prétention à l'arrière, avec sdb commune (s/d 9 850/13 500 ISK).

## Depuis/vers Eskifjörður

Eskifjörður est à 15 km à l'est de Reyðarfjörður sur la Route 92 qui, lors de la rédaction de ce guide, franchissait le col d'Oddsskarð (632 m) puis un tunnel à une seule voie pour atteindre Neskaupstaður, à 24 km au nord-ouest. Le trajet entre Eskifjörður et Neskaupstaður sera sans doute beaucoup moins pittoresque (et moins palpitant) lorsque le nouveau tunnel de 8 km entre les deux villes aura ouvert (ce qui devrait être le cas d'ici votre passage).

La route de montagne restera ouverte entre Eskifjörður et Oddsskarð (mais pas entre Oddsskarð et Neskaupstaður). Le trajet jusqu'à Oddsskarð vaut la peine : la pente est raide et les points de vue sont fabuleux !

# Neskaupstaður

1 500 HABITANTS

Neskaupstaður (aussi connue sous le nom de Norðfjörður) est l'une des plus grandes localités de la région des fjords. Toutefois, du fait de son emplacement en bout de route, elle paraît petite et bien isolée.

À l'instar de nombreuses bourgades des fjords de l'Est, Neskaupstaður fut fondée au XIXe siècle en tant que centre de commerce, et prospéra au début du XXe siècle grâce au boom du hareng. Son avenir fut assuré par la construction de la plus importante conserverie et usine de congélation d'Islande, la Síldarvinnslan (SNV), au bout du fjord. La ville possède le principal hôpital de l'est de l'Islande.

## À voir

**Fólkvangur Neskaupstaðar** — RÉSERVE NATURELLE

À l'extrémité est de la ville, là où la route s'achève, cette jolie réserve naturelle invite à de courtes promenades. Plusieurs chemins franchissent des petits ponts en bois, contournent rochers et tourbières, et longent des falaises et l'océan, avec les cris des oiseaux en bruit de fond. Vous apercevrez peut-être des baleines au large.

**Safnahúsið** — MUSÉE

(Egilsbraut 2 ; tarif plein/enfant 1 100 ISK/gratuit ; 13h-21h lun-sam, 13h-17h dim juin-août). Trois collections sont regroupées dans un entrepôt rouge vif sur le port, appelé la "Maison Musée". Le **Tryggvasafn** présente une collection de peintures abstraites de Tryggvi Ólafsson, l'un des grands artistes contemporains islandais, né en 1940 à Neskaupstaður. Au 1er étage, le **Musée maritime** renferme une collection privée d'artefacts reliés à la mer ; au dernier étage, le **Muséum d'histoire naturelle** présente une importante collection de roches locales (dont du spath de la carrière d'Helgustaðanáma), ainsi que divers animaux empaillés.

## Circuits organisés

**Skorrahestar** — ÉQUITATION

(477 1736 ; www.skorrahestar.is ; Skorrastaður ; randonnée/équitation 2 heures 15 500/19 500 ISK ; circuits courts 12h30 juin-sept). Dans une ferme à l'ouest de la bourgade, Skorrahestar organise de longues randonnées pour cavaliers expérimentés, dont des excursions d'une semaine jusqu'à des fjords inhabités conduites par Doddi, un guide conteur et guitariste, ancien biologiste et professeur. En version courte, une bonne formule comprend 2 heures de randonnée guidée à pied ou à cheval, suivies d'une collation avec pancakes et café. Bonne pension également.

**Neskaupstaður Sailing** — BATEAU

(477 1950 ; www.hildibrand.com). Partez en balade sur un vieux vaisseau, pour profiter de la majesté du paysage et guetter les baleines tout en vous instruisant sur l'histoire locale. Les sorties durent 2 heures 30 (tarif plein/enfant 8 900/4 450 ISK), l'après-midi et le soir. Également : sorties de pêche en mer et excursions personnalisées.

## Fêtes et festivals

**Eistnaflug** — MUSIQUE

(www.eistnaflug.is ; juil). Festival apprécié de métal et de punk, l'Eistnaflug ("Testicules volants") a lieu à Neskaupstaður, le 2e week-end de juillet. Quelque 60 groupes attire des métalleux sous le soleil de minuit.

## Où se loger

**Camping** — CAMPING €

(empl 1 200 ISK/pers ; juin à mi-sept). Perché au-dessus de la localité près des barrières anti-avalanches, ce camping (indiqué depuis l'hôpital) jouit d'une vue splendide.

**Tónspil** — GUESTHOUSE €

(477 1580 ; www.tonspil.is ; Hafnarbraut 22 ; s/d sans sdb 7 900/13 900 ISK). Vous devrez vous adresser au disquaire pour les chambres

sans prétention au-dessus de la boutique. La pension comprend une salle TV et une cuisine (machine à laver). Option duvet possible hors saison (4 900 ISK/pers).

**Hildibrand Hotel** HÔTEL €€
(☎477 1950 ; www.hildibrand.com ; Hafnarbraut 2 ; d/app à partir de 21 200/29 100 ISK). Un ensemble de 15 appartements, très spacieux et entièrement équipés, dans le centre de Neskaupstaður. Chaque appartement (1 à 3 chambres) possède une cuisine et un balcon (vue superbe) ; les plus grands peuvent loger 8 personnes. Petites chambres standards, lumineuses et bien équipées, dans un autre bâtiment.

**Hótel Edda** HÔTEL €€
(☎444 4860 ; www.hoteledda.is ; Nesgata 40 ; s/d 22 200/24 700 ISK ; ⏲début juin à mi-août ; @). Au bord de l'eau à l'extrémité est de la bourgade, voici un hôtel d'été accueillant et bien tenu, avec vue. Chambres modestes et propres (toutes avec sdb) ; restaurant correct le soir (plats 2 100-5 000 ISK). Petit-déjeuner à 2 050 ISK.

## Où se restaurer

**Nesbær Kaffihus** CAFÉ €
(Egilsbraut 5 ; déj 750-2 000 ISK ; ⏲9h-18h lun-mer et ven, 9h-22h30 jeu, 10h-18h sam). Ce café-boulangerie-boutique d'artisanat sert d'excellentes crêpes, ainsi que des gâteaux, sandwichs, gaufres et soupes.

**Samkaup-Úrval** SUPERMARCHÉ €
(Hafnarbraut 13 ; ⏲10h-19h lun-ven, 12h-18h sam-dim). Dans le centre, en face de l'hôtel Hildibrand.

**Kaupfélagsbarinn** ISLANDAIS €€€
(☎477 1950 ; www.hildibrand.com ; Hafnarbraut 2 ; déj 2 000-3 200 ISK, plats dîner 3 300-7 000 ISK ; ⏲11h-22h juin-août, 12h-21h sept-mai). Dans le complexe de l'hôtel Hildibrand, le restaurant le plus chic du secteur est un vaste espace aux tons pastel où l'on vient se régaler de queues de langoustines, de filet de veau au four et de mousse au *skyr* avec citron vert et chocolat blanc. Le menu du jour, plus simple, est tout aussi alléchant : goûtez le burger d'agneau ou le *fish and chips*.

**Vínbúðin** VINS ET SPIRITEUX
(Hafnarbraut 15 ; ⏲14h-18h lun-ven). Chaîne d'État.

## Depuis/vers Neskaupstaður

En attendant l'ouverture du tunnel (voir Depuis/vers Eskifjörður, p. 311), vous devrez encore franchir le plus haut col praticable en voiture dans le pays (632 m), puis emprunter un tunnel à voie unique de 630 m qui mettra vos nerfs à rude épreuve !

Quelques bus, peu nombreux, desservent la ville. Mieux vaut toutefois être motorisé, comme la plupart des visiteurs.

# Fáskrúðsfjörður

710 HABITANTS

Le village de Fáskrúðsfjörður, parfois appelé Búðir, fut fondé par des marins français, originaires de Paimpol notamment, qui venaient pêcher au large de l'Islande entre la fin du XIX^e siècle et 1914 (on pourra lire à ce sujet *Pêcheur d'Islande*, de Pierre Loti, paru en 1886). Afin de rappeler ce passé, les noms des rues sont en islandais et en français. À la sortie de Fáskrúðsfjörður, le cimetière de Krossar est la dernière demeure d'une cinquantaine de marins belges et français.

**Frakkar á Íslandsmiðum** MUSÉE
(musée des Français en Islande ; ☎470 4070 ; Hafnargata 12 ; tarif plein/enfant 1 000 ISK/gratuit ; ⏲10h-18h mai-sept, sur rdv le reste de l'année). Cet excellent musée, auquel on accède par le hall du Fosshotel Eastfjords, explique en détail le lien entre le fjord et les Terras-neuvas (nom donné aux pêcheurs, majoritairement français, qui venaient pêcher en Islande – ils sont appelés Islandais en Bretagne). La réception de l'hôtel se trouve dans l'ancienne maison du médecin, qu'un passage sous Hafnargata relie à l'ancien hôpital (où se trouvent aujourd'hui les chambres d'hôtel). Visitez la reconstitution des quartiers des marins. Entrée au musée gratuite pour les résidents de l'hôtel.

## Où se loger et se restaurer

**Guesthouse Elín Helga** GUESTHOUSE €€
(☎868 2687 ; elinhelgak99@gmail.com ; Stekkholt 20 ; ch sans sdb petit-déj inclus à partir de 9 000 ISK/pers). Nous aimons cette maison d'hôtes de 4 chambres, haut perchée au-dessus du village (suivez Skólavegur puis Holtavegur), avec ses lambris en pin et sa belle vue. Laverie ; pas de cuisine à disposition. L'hôtesse est charmante.

**Fosshotel Eastfjords** HÔTEL €€€
(☎470 4070 ; www.fosshotel.is ; Hafnargata 11-14 ; d petit-déj inclus à partir de 25 000 ISK). Cet hôtel très applaudi a ouvert en 2014 dans des bâtiments historiques, dont l'ancien hôpital français (1903). Tout n'est qu'élégance : les

47 chambres haut de gamme sont décorées de tons subtils bleus et gris, dans un mélange savant de moderne et d'ancien. Vue grandiose depuis le restaurant et le bar-*lounge*.

**Samkaup-Strax** SUPERMARCHÉ €
(Skólavegur 59 ; ⌚10h-18h lun-ven, 10h-14h sam). Pour faire vos courses.

**L'Abri** ISLANDAIS €€
(www.fosshotel.is ; Hafnargata 9 ; plats 3 900-5 900 ISK ; ⌚12h-23h). Fidèle à l'esprit du village, L'Abri cultive le côté français. Le restaurant du Fosshotel, installé dans l'ancien hôpital français, propose des produits locaux (soupe de poisson, filet de bœuf), ainsi que de la cuisine de bistrot plus légère et abordable (salades et pizzas autour de 2 500 ISK). La vue sur le fjord est splendide. Parfait pour une pause café avec un gâteau.

**Café Sumarlína** ISLANDAIS €€
(www.sumarlina.is ; Búðavegur 59 ; repas 1 050-3 570 ISK ; ⌚11h-22h). Cet accueillant bar-restaurant sert une bonne cuisine (pizzas, burgers et crêpes) dans une jolie maison en bois à l'entrée du village. La cuisine ferme à 20h45.

## Stöðvarfjörður

200 HABITANTS

Vous croyez la géologie ennuyeuse ? Vous changerez d'avis à Stöðvarfjörður ! Ce modeste village doit sa renommée à une remarquable collection minéralogique et à son goût pour la créativité. Un adorable observatoire à oiseaux vous attend au bout du fjord à l'ouest de la localité.

### À voir

**♥ Steinasafn Petru** MUSÉE
(www.steinapetra.is ; Fjarðarbraut 21 ; tarif plein/enfant 1 000 ISK/gratuit ; ⌚9h-18h mai-sept, 9h-15h oct, nov et fév-avr). La merveilleuse "collection de pierres de Petra" a été constituée par Petra Sveinsdóttir (1922-2012) tout au long de sa vie. Dans sa maison, les pierres et minéraux s'empilent du sol au plafond ; 70% proviennent de la région. Il y a de superbes morceaux de jaspe, d'agate polie, d'améthyste, de cristal de quartz scintillant... Une vraie malle aux trésors !

**Fish Factory** CENTRE CULTUREL
(☎537 0711 ; www.inhere.is ; Bankastræti 1). Connue sous différents noms (Fish Factory, Sköpunarmiðstöð, "In Here"), cette ancienne conserverie désaffectée près du port est une véritable ruche de créativité. Il s'agit d'un espace collaboratif qui héberge des ateliers d'artistes, un studio d'enregistrement et des ateliers (bois, métal, textile...), et accueille aussi des concerts dans une petite salle. Restez à l'affût des événements qui s'y déroulent, ou passez tout simplement, en prévenant si possible : il s'agit d'un espace de travail sans heures d'ouverture fixes, mais les visiteurs sont généralement les bienvenus (don de 500 ISK apprécié).

### Où se loger et se restaurer

**Camping** CAMPING €
(empl 1 200 ISK/pers ; ⌚juin à mi-sept). Un petit camping bien tenu, juste à l'est du village.

**Saxa** GUESTHOUSE €€
(☎511 3055 ; www.saxa.is ; Fjarðarbraut 41 ; s/d/tr 9 300/16 600/21 000 ISK). Le meilleur hébergement du village prouve que les Islandais ne manquent pas d'imagination pour convertir des bâtiments de tous types en pensions ! Celle-ci occupe un ancien supermarché. Elle possède des chambres modernes et pimpantes – pas de cuisine. Café plaisant ouvert toute la journée (en-cas et repas 500-4 000 ISK) ; cuisine maison et bonne sélection de plats pour le dîner.

**Brekkan** RESTAURATION RAPIDE €
(Fjarðarbraut 44 ; repas 500-1 500 ISK ; ⌚9h30-22h lun-ven, 10h-22h sam, 11h-20h dim). Cette gargote, qui sert hot dogs, burgers et sandwichs, vend aussi des produits d'épicerie.

### Achats

**Salthússmarkaður** ARTISANAT
(Fjarðarbraut 43 ; ⌚11h-17h juin-août). Dans le centre communal, ce marché vend de charmants objets faits main (tricots, gravures, pierres, etc.). Il partage l'espace avec l'office du tourisme de Fjarðabyggð.

## LA ROUTE CIRCULAIRE : DE BREIÐDALSHEIÐI À DJÚPIVOGUR

Cette section de la Route circulaire longue de 150 km traverse des sites majestueux : elle franchit un col dans la lande déserte de Breiðdalsheiði (au sud d'Egilsstaðir), coupe par une large vallée et longe un littoral magnifique. En été, il est possible d'emprunter un raccourci en prenant sur 19 km la Route 939 pour passer le col d'Öxi ; vous gagnerez ainsi

60 km, mais sachez que la Route 939 est une piste étroite et gravillonnée, déconseillée en cas de brouillard ou de mauvais temps, ainsi qu'aux conducteurs nerveux.

La Route 939 est fermée en hiver ; la Route 1 (Route circulaire) l'est parfois également près de Breiðdalsheiði, quand les conditions météo sont mauvaises. Dans tous les cas, pas d'inquiétude : vous pourrez toujours emprunter la ravissante route des fjords, goudronnée (routes 92 et 96 via Reyðarfjörður, Fáskrúðsfjörður et Stöðvarfjörður), qui rallonge à peine l'itinéraire.

# Breiðdalur

Alors que la Route circulaire court d'Egilsstaðir vers la côte, elle franchit un col sur la lande de Breiðdalsheiði avant de descendre dans Breiðdalur, la "large vallée". Le trajet est superbe dans cette vallée nichée entre des sommets de rhyolite colorés et parcourue par une rivière appréciée des pêcheurs, la Breiðdalsá. Si vous avez envie de vous dégourdir les jambes, faites un détour par **Flögufoss**, une cascade de 60 m de haut située à 19 km à l'ouest du village de Breiðdalsvík.

## Circuits organisés

**Strengir** PÊCHE

(☎660 6890 ; www.strengir.com). Strengir emmène les pêcheurs à la ligne dans des eaux riches en saumons et gère l'**Eyjar Fishing Lodge**, un hébergement haut de gamme ouvert toute l'année sur la Route 964, qui part de la Route 1.

**Odin Tours Iceland** ÉQUITATION

(☎475 8088, ☎849 2009 ; www.odintoursiceland.com ; Höskuldsstaðir). Odin Tours, à 24 km de Breiðdalsvík, organise toute l'année des randonnées à pied et à cheval dans Breiðdalur, et possède un chalet à louer.

## Où se loger et se restaurer

**Hótel Staðarborg** HÔTEL €€

(☎475 6760 ; www.stadarborg.is ; ch petit-déj inclus à partir de 21 850 ISK). Dans une ancienne école à 6 km à l'ouest de Breiðdalsvík, cet hôtel accueillant regorge de plantes. Ses chambres, modernes, sont impeccables. Possibilité de pêcher dans un lac et de faire des balades à cheval. Option duvet ; dîner proposé (plats autour de 4 000 ISK).

♥ **Silfurberg** GUESTHOUSE €€€

(☎475 1515 ; www.silfurberg.com ; Þorgrímsstaðir ; d petit-déj inclus à partir de 37 500 ISK ; ⊙juin à mi-sept). Une superbe pension de charme dans une propriété rurale à 50 km au sud d'Egilsstaðir (à 30 km de Breiðdalsvík). Avec style, humour et savoir-faire, la grange a été transformée en un hébergement haut de gamme, dotée de 4 chambres, d'une suite et de luxueuses parties communes. Le sauna en plein air et le *hot pot* sous une coupole ajoutent à l'attrait du lieu. Restauration possible sur demande.

# Breiðdalsvík

139 HABITANTS

Joliment situé au bout de la vallée de Breiðdalur, Breiðdalsvík est un paisible village de pêcheurs (vue imprenable sur l'océan et les plages de sable noir) ; c'est une base idéale pour se balader dans les collines alentour, et pêcher dans les rivières et les lacs voisins.

Renseignements sur www.breiddalsvik.is.

**Travel East** AVENTURE

(☎471 3060 ; www.traveleast.is). Cette agence organise toutes sortes de circuits et d'activités : pêche, vélo, randonnées guidées... Les croisières, très populaires, permettent souvent d'observer des macareux et d'autres oiseaux marins ; départs à 10h et 13h30 de mai à septembre (9 700 ISK). Également : des circuits en jeep, dont un d'une demi-journée sur les plus beaux sites de Breiðdalur (22 500 ISK).

## Où se loger et se restaurer

**Hótel Bláfell** HÔTEL €€

(☎475 6770 ; www.hotelblafell.is ; Sólvellir 14 ; s/d petit-déj inclus 23 850/27 800 ISK). Au centre du village, cet hôtel aux élégantes chambres monochromes (certaines lambrissées) dispose d'un sauna et d'un superbe salon avec cheminée. Malgré un cadre quelconque, le restaurant est très fréquenté, notamment pour son buffet du dîner (5 900 ISK) ; vous pourrez aussi choisir à la carte, qui comprend des pizzas (plats 1 500-4 100 ISK).

L'hôtel gère également de très beaux appartements de 2 chambres dans le village, ainsi que l'**Aurora Lodge**, un confortable chalet de 5 chambres pouvant loger jusqu'à 10 personnes, situé sur la Route 96 en direction de Stöðvarfjörður.

**Kaupfjélagið** CAFÉ €
(Sólvellir 23 ; repas léger 400-1 650 ISK ; 10h-19h). En plus de vendre des produits d'épicerie, le Kaupfjélagið sert des cafés et des repas légers aux voyageurs. Remarquez l'amusante collection d'articles rétro retrouvés dans le grenier (certains sont à vendre).

## Berufjörður

La Route circulaire serpente autour du Berufjörður, un long fjord flanqué de pics de rhyolite escarpés. Pas de village ici, rien qu'une poignée de fermes disséminées sur le majestueux rivage. La rive sud-ouest est dominée par le **Búlandstindur**, une montagne pyramidale qui s'élève à 1 069 m.

Autour du Berufjörður, la Route circulaire est recouverte de gravier sur 8 km.

Au fond du fjord, le col d'Öxi (Route 939) offre aux conducteurs un raccourci vers Egilsstaðir.

Les bus qui circulent l'été entre Höfn et Egilsstaðir s'arrêtent à l'auberge de jeunesse HI de Berunes.

**Teigarhorn** RÉSERVE NATURELLE
(www.teigarhorn.is ; 9h-17h juin-août). Les amateurs de minéralogie adoreront l'exposition de zéolithes présentée dans cette ferme à 5 km au nord-ouest de Djúpivogur. Le musée, gratuit et réputé pour ses cristaux zéolitiques, est ouvert de 13h à 15h. Des petits sentiers charmants ont été aménagés sur la côte ; ils sont parfaits pour se dégourdir les jambes et observer les oiseaux.

### Où se loger et se restaurer

**Berunes HI Hostel** AUBERGE DE JEUNESSE €
(869 7227, 478 8988 ; www.berunes.is ; dort/d sans sdb 5 300/13 500 ISK, chalets à partir de 22 500 ISK ; avr-oct ; @). L'auberge de jeunesse de Berunes occupe une ferme centenaire, tenue par l'aimable Ólafur et sa famille. Ce bâtiment délicieusement suranné abrite des chambres, des alcôves, une cuisine et un salon. Il y a également des chambres dans la nouvelle maison de ferme, ainsi qu'un camping (1 500 ISK/pers) et des petits chalets (avec sdb). Gâteaux et pain faits maison au petit-déjeuner. Restaurant en été (vous pouvez aussi apporter des provisions). Remise pour les membres HI ; draps : 1 500 ISK.

L'auberge est située à 22 km au sud de Breiðdalsvík sur la Route circulaire, à 40 km de Djúpivogur. Les bus qui circulent entre Egilsstaðir et Höfn s'y arrêtent. De beaux sentiers de randonnée partent de la ferme.

**Havarí** CAFÉ €
(663 5520 ; www.havari.is ; Karlsstaðir ; repas 1 200-1 800 ISK ; 11h-21h ; ). Fidèle à la tradition islandaise de jouer de la musique dans des lieux improbables, cette ferme à l'ambiance artististique et conviviale est tenue par des membres de la famille du célèbre musicien Prins Póló. Une grange a été transformée en café et salle de concerts. Consultez la page Facebook pour le programme des événements, et goûtez les délicieux *bulsur* (saucisses véganes) faits sur place. À 1 km à l'est de l'auberge de jeunesse HI de Berunes.

## Djúpivogur

460 HABITANTS

Si les bâtiments historiques et le petit port méritent le coup d'œil, on vient avant tout dans cet accueillant village de pêcheurs à l'embouchure du Berufjörður pour prendre le bateau pour l'île de Papey (p. 316).

Djúpivogur est l'un des plus anciens ports du pays ; il fut fondé au XVIe siècle, lorsque des marchands allemands venaient commercer dans la région. Le dernier fait marquant remonte à 1627 : des pirates d'Afrique du Nord débarquèrent, pillèrent le village et les fermes alentour, et emmenèrent des dizaines d'esclaves.

Aujourd'hui, Djúpivogur a rejoint le réseau Cittaslow ("ville lente" ; www.cittaslow.org), une ramification du mouvement Slow Food, dont l'objectif est de promouvoir la culture du bien vivre. C'est la seule cité membre en Islande.

### À voir

Un esprit créatif discret règne dans ce village, où quelques artisans fabriquent des bijoux et objets d'art avec des pierres locales et du bois flotté.

**Eggin í Gleðivík** ART PUBLIC
Rejoignez le front de mer derrière le Langabuð, à pied ou en voiture, et suivez la route vers l'est jusqu'à cette œuvre contemporaine réalisée par l'artiste islandais Sigurdur Gudmundsson (né à Reykjavík en 1942) : 34 œufs de pierre géants le long de la jetée représentent chacun un oiseau de la région. Profitez-en pour visiter l'ancienne conserverie de poisson (Bræðsla), qui accueille des expositions d'art contemporain en été.

VAUT LE DÉTOUR

## PAPEY

Le nom de l'île de **Papey** (île des Moines) suggère qu'il s'agissait jadis d'un ermitage pour les moines irlandais qui vécurent brièvement en Islande avant de fuir à l'arrivée des Scandinaves. Une ferme était autrefois installée sur cette petite île paisible (2 km²), aujourd'hui peuplée par des phoques et des oiseaux de mer, dont une colonie de macareux. Le rocher Kastali (le Château) est la demeure du "peuple caché" local ; il y a aussi un phare de 1922, et la plus petite et plus ancienne église en bois d'Islande (1807).

**Papeyjarferðir** (☎862 4399, 478 8119 ; www.djupivogur.is/papey ; tarif plein/enfant 10 000/5 000 ISK) propose des circuits de 4 heures jusqu'à l'île, avec observation de la faune et promenade sur les sentiers. Si le temps le permet, départ quotidien à 13h du port de Djúpivogur, de juin à août.

**Musée de Langabúð** MUSÉE
(tarif plein/enfant 500/300 ISK ; ⊙10h-18h juin-août). Le plus vieil édifice de Djúpivogur est le **Langabúð** rouge vif, un long entrepôt en rondins dans le port datant de 1790. Il abrite un café (p. 316) et un musée singulier. Au rez-de-chaussée sont exposées des œuvres du sculpteur Rikarður Jónsson (1888-1977) : bustes grandeur nature d'Islandais célèbres, miroirs décorés de sirènes, reliefs représentant des personnages de sagas... À l'étage, le grenier (qui sent le goudron) abrite une collection d'artefacts liés à l'histoire locale.

## Où se loger

**Klif Hostel** AUBERGE DE JEUNESSE €
(☎478 2288 ; www.klifhostel.is ; Kambur 1 ; dort/d sans sdb 4 500/13 200 ISK ; ⊙mai-oct). Une petite auberge de jeunesse confortable de 5 chambres, installée dans l'ancienne poste. Lit en dortoir à 4 500 ISK/personne (apportez votre duvet ; supplément pour les draps) ; draps inclus dans les doubles.

**Camping** CAMPING €
(empl 1 550 ISK/pers ; ⊙avr-oct). Derrière le Við Voginn, ce camping est géré par l'Hótel Framtíð (payez à la réception de l'hôtel). Possibilité de faire la cuisine ; douches et laverie à pièces. De sympathiques cabanes en forme de tonneaux ont été récemment ajoutées – elles comptent 3 lits et pas grand-chose d'autre (15 300 ISK, draps non inclus).

**Hótel Framtíð** HÔTEL €€€
(☎478 8887 ; www.hotelframtid.com ; Vogaland 4 ; s/d/app à partir de 24 200/30 900/37 800 ISK). Cet hôtel accueillant à côté du port surprend dans ce petit village. Établi de longue date (le bâtiment d'origine a été apporté en kit de Copenhague en 1906), il dispose d'un choix d'hébergements (et de prix) dans plusieurs bâtiments : chambres d'hôtel lambrissées, 4 jolis chalets et 5 appartements (dont 2 chics et modernes). Un autre bâtiment comprend des chambres avec sdb communes (s/d 17 900/21 000 ISK), un autre encore est une auberge de jeunesse plus abordable (duvet s/d 7 600/12 100 ISK).

## Où se restaurer et prendre un verre

**Samkaup-Strax** SUPERMARCHÉ €
(Búland 2 ; ⊙9h-18h lun-ven, 9h-16h sam, 10h-16h dim). Sur la route principale ; **Vínbúðin** (⊙16h-18h lun-jeu, 13h-18h ven juin-août) attenant.

**Langabúð Kaffihús** CAFÉ €
(www.langabud.is ; déj 800-1 700 ISK ; ⊙10h-18h dim-jeu, 10h-1h ven-sam mai-sept). Le café du musée, apprécié, sert des gâteaux, soupes et sandwichs dans une atmosphère désuète.

**Restaurant de l'Hótel Framtíð** ISLANDAIS €€€
(☎478 8887 ; Vogaland 4 ; plats dîner 4 650-6 160 ISK ; ⊙10h-21h). Ce restaurant est de loin le meilleur du village. Au dîner, les queues de langoustine et le filet d'agneau sont aussi succulents que coûteux ; des pizzas (à partir de 1 830 ISK), des gâteaux et du café sont proposés toute la journée.

## Renseignements

Vous trouverez un plan du village (qui offre des services corrects : banque, poste, etc.) à l'**office du tourisme** (☎470 8740 ; Bakki 3 ; ⊙9h-17h lun-ven, 10h-16h sam-dim mi-mai à mi-sept), en face du magasin d'artisanat Bakkabuð.

## Depuis/vers Djúpivogur

L'été, les bus qui relient Egilsstaðir à Höfn desservent le village. Il n'y a pas de bus en hiver.

Services de SBA-Norðurleið (www.sba.is) :

- Bus n° 62 pour Höfn (3 800 ISK, 1 heure 30, 1/jour juin à mi-sept)
- Bus n° 62a pour Egilsstaðir (5 700 ISK, 3 heures 15, 1/jour juin à mi-sept)

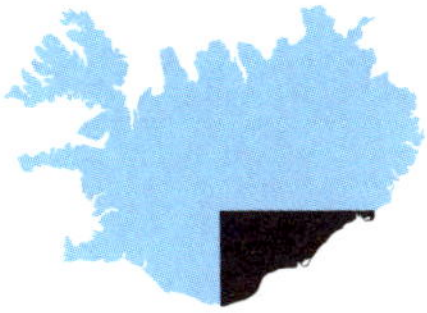

# Le Sud-Est

**Dans ce chapitre ➡**


Kirkjubæjarklaustur . . 320
Lakagígar . . . . . . . . . . 323
Sandar . . . . . . . . . . . . 324
Skaftafell (parc national du Vatnajökull – Sud) . . 326
Du Skaftafell à Jökulsárlón . . . . . . . . 331
Jökulsárlón . . . . . . . . 334
Höfn . . . . . . . . . . . . . . 340
D'Höfn à Djúpivogur . . 344


## Le top des restaurants

- Humarhöfnin (p. 343)
- Pakkhús (p. 343)
- Jón Ríki (p. 340)
- Viking Cafe (p. 343)

## Le top des hébergements

- Hrífunes Guesthouse (p. 322)
- Glacier View Guesthouse (p. 322)
- Guesthouse Dyngja (p. 342)
- Árnanes Country Lodge (p. 339)
- Milk Factory (p. 342)
- Hólmur (p. 339)

## Pourquoi y aller

Sur 200 km, entre Kirkjubæjarklaustur et Höfn, la Route circulaire traverse des deltas de sable gris, passe devant des fermes isolées, contourne des montagnes escarpées, longe des langues glaciaires et des lagunes parsemées d'icebergs... sans une seule ville à l'horizon !

L'imposant Vatnajökull domine la région, où ses énormes rivières de glace dévalent des vallées encaissées jusqu'à l'océan. Dans la somptueuse lagune de Jökulsárlón, l'eau et le vent sculptent des icebergs aux formes invraisemblables qui glissent doucement et dérivent vers l'océan.

Les déserts côtiers de sable glaciaire sont les vestiges de terribles collisions entre le feu et la glace. Dans les terres, les cratères du Laki remontent à la plus violente éruption volcanique que l'Islande ait connue. Tout cela contribue à la popularité du Skaftafell. Entre glaciers et étendues de sable, dans cette enclave abritée débordant de vie et de couleurs, le silence n'est entrecoupé que par les pas des marcheurs.

## Distances routières (en km)

| | Höfn | Reykjavík | Jökulsárlón | Skaftafell |
|---|---|---|---|---|
| Reykjavík | 459 | | | |
| Jökulsárlón | 79 | 378 | | |
| Skaftafell | 135 | 323 | 57 | |
| Kirkjubæjarklaustur | 200 | 257 | 122 | 69 |

## À ne pas manquer

**1** Les sculptures de glace aux formes changeantes de l'envoûtante lagune glaciaire de **Jökulsárlón** (p. 334)

**2** Le **Skaftafell** (p. 326), spectaculaire enclave de nature protégée, parmi les glaciers et les deltas de sable

**3** Une ascension du **Laki** (p. 323), pour admirer la vue sur trois glaciers… et suivre une incroyable leçon d'histoire

**4** Une sortie en kayak sur les eaux silencieuses de la lagune glaciaire parsemée d'icebergs d'**Heinabergslón** (p. 337)

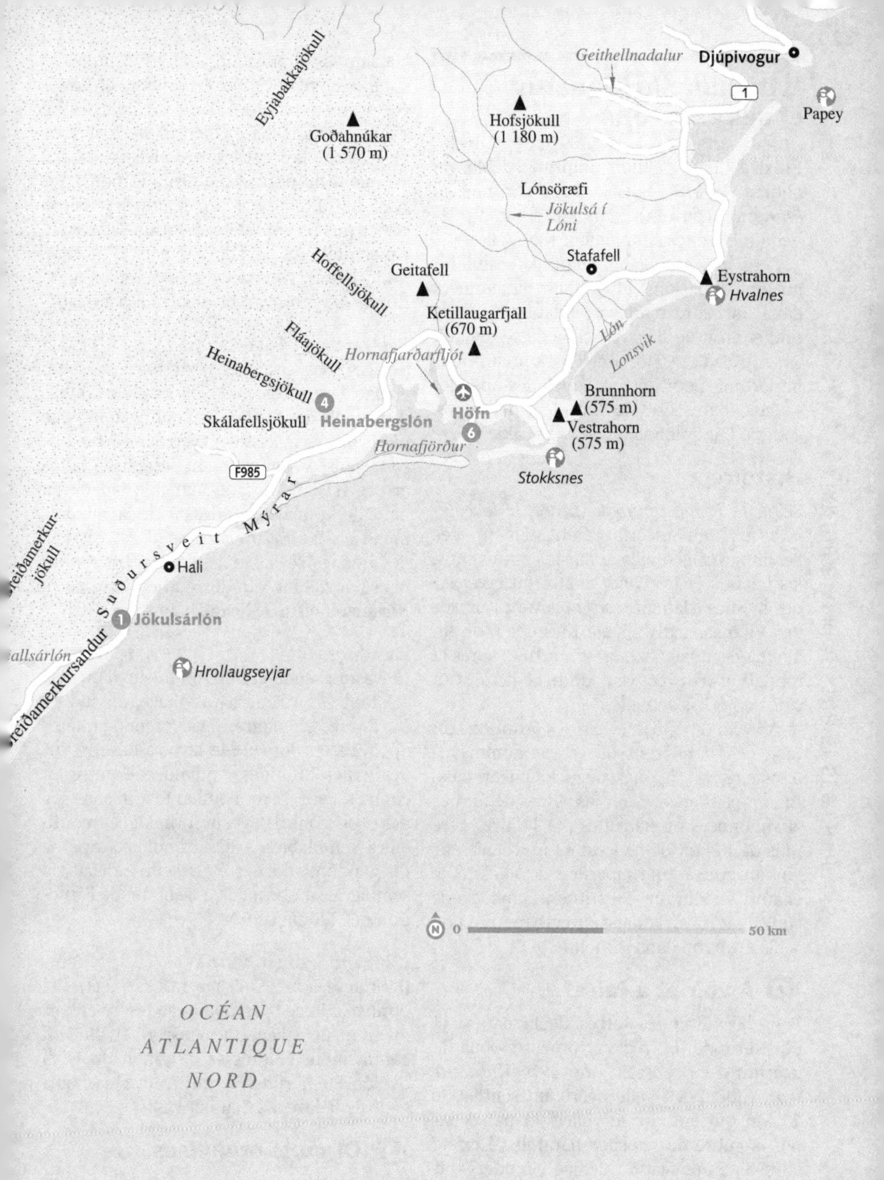


5 L'irrésistible circuit en motoneige sur le **glacier du Vatnajökull** (p. 335)

6 Un festin de produits de la mer fraîchement sortis des filets des pêcheurs dans un restaurant d'**Höfn** (p. 340)

7 Une balade en tracteur à **Ingólfshöfði** (p. 333), pour saluer les macareux moines et s'extasier devant les plongeons en piqué des grands labbes

8 Le vertigineux sentier en bordure du **Fjaðrárgljúfur** (p. 331), un canyon saisissant

# Kirkjubæjarklaustur et ses environs

120 HABITANTS

En découpant ce nom imprononçable, on obtient *kirkju* (église), *bæjar* (ferme) et *klaustur* (couvent). Mais faites comme les habitants : dites simplement Klaustur.

Cette minuscule bourgade se résume à quelques maisons et fermes disséminées dans un cadre d'un vert éclatant. C'est le seul endroit où il est possible de se ravitailler entre Vík et Höfn, et c'est un carrefour important pour gagner quelques-uns des spectaculaires sites de l'intérieur des terres, comme Landmannalaugar et le Laki.

## Histoire

Selon le *Landnámabók* (*Livre de la colonisation*, qui décrit l'établissement des Scandinaves), ce village paisible situé entre les falaises et la rivière Skaftá fut créé par des moines irlandais (*papar*) avant l'arrivée des Vikings. Jadis appelé Kirkjubær, on lui ajouta le suffixe "*klaustur*" en 1186, après la fondation d'un couvent de bénédictines (à côté de l'église actuelle).

À la fin du XVIII$^{e}$ siècle, les éruptions du Laki occasionnèrent de graves dommages dans la région ; à l'ouest de Kirkjubæjarklaustur, on peut encore voir les ruines de fermes abandonnées ou détruites par la lave. Avec plus de 15 km$^3$ de lave sur 12 m d'épaisseur en moyenne et une superficie de 565 km$^2$, le champ d'Eldhraun constitue la plus grosse coulée de lave jamais enregistrée en une seule éruption dans le monde.

## À voir et à faire

Pour découvrir les forces de la nature et l'histoire de la région, procurez-vous la brochure en anglais intitulée *Klaustur trail* (600 ISK) : elle décrit un sentier de 20 km qui entoure le village et passe par bon nombre de ses sites naturels (il existe aussi une application dédiée ; rendez-vous sur www.visitklaustur.is/en/to-do/on-your-own/smartguides-and-treasure-hunt-3). Le géoparc du Katla édite une très bonne carte des chemins de randonnée, la *Hiking routes in the Skaftárhreppur Region* (1 890 ISK). Vous trouverez des cartes et renseignements au centre d'information de Skaftárstofa.

### Kirkjugólf — CURIOSITÉ GÉOLOGIQUE

Les colonnes de basalte de Kirkjugólf ("sol de l'église"), aplanies par l'érosion marine et glaciaire il y a plusieurs millions d'années et comme cimentées par la mousse, ont jadis été prises pour le sol d'une vieille église. Il s'agit pourtant bel et bien d'une œuvre de la nature. Les structures alvéolaires qui évoquent un pavage régulier s'étendent sur quelque 50m$^2$ dans un champ à environ 400 m au nord-ouest de la station-service N1. Un chemin qui part du panneau d'information y mène ; vous pouvez aussi rouler sur la Route 203 jusqu'à l'autre portail (panneau).

### Systrafoss et Systravatn — CASCADE

(Les cascades sœurs). À l'extrémité ouest du village, Systrafoss, une belle cascade double, dégringole des falaises. Un panneau indique trois courtes marches à faire dans cette jolie zone boisée (où poussent les plus grands arbres d'Islande). Une agréable balade en haut de la falaise, au-dessus de la cascade, mène au lac Systravatn, où il est dit que des nonnes se baignaient jadis. Un sentier balisé de 2,5 km qui descend du lac jusqu'à Kirkjugólf offre de beaux points de vue.

### Landbrotshólar — CURIOSITÉ GÉOLOGIQUE

Ce vaste pseudo-cratère onduleux d'un vert éclatant est à l'ouest du village, au sud de la Route circulaire. Les pseudo-cratères apparaissent lorsque la lave se déverse sur des zones humides ; quand elle entre en contact avec l'eau bouillante du sous-sol, des explosions de vapeur forment ces monticules semblables à des tumulus. L'origine du Landbrotshólar a été sujette à débat ; il semblerait désormais qu'il soit né de l'éruption de l'Eldgjá en 934.

### Chapelle Steingrímsson — ÉGLISE

(Klausturvegur ; 9h-18h mi-mai à mi-sept). Cet étrange édifice triangulaire en pierre et bois au cœur du village fut consacré en 1974. Il commémore l'Eldmessa ("sermon du feu") de Jón Steingrímsson, qui "sauva" la bourgade de la lave le 20 juillet 1783.

## Circuits organisés

### Kind Adventure — VTT

(847 1604 ; www.kindadventure.is). Cette agence est gérée par un jeune couple d'agriculteurs ("*kind*" signifie mouton) amoureux de leur région qui proposent des excursions en *fatbikes* (VTT à pneus très larges), particulièrement adaptés au terrain islandais (neige, boue, sable...), en toutes saisons (2-3 heures 15 500 ISK). Une excursion de 2 jours mène aux cratères du Laki (130 000 ISK).

**Hólasport** AVENTURE

(☎660 1151 ; www.holasport.is ; ⏲mai-oct). Basé à l'Hótel Laki, au sud de Klaustur, Hólasport propose des circuits en Super-Jeep, dont une journée complète au Laki (32 500 ISK) et une excursion plus courte dans les montagnes, avec passage de rivière à gué (16 500 ISK). Également : d'amusants circuits en quad aux pseudo-cratères de Landbrotshólar ou sur les plages de sable noir (à partir de 14 500 ISK).

## Où se loger

**Kirkjubær II** CAMPING €

(☎894 4495 ; www.kirkjubaer.com ; empl 1 300 ISK/pers, chalets 18 000 ISK ; ⏲camping juin-sept, chalets avr-oct). Dans le village, ce terrain verdoyant abrité par des haies est bien équipé, avec notamment une cuisine, des douches chaudes et une laverie. Bénédiction en cas de mauvais temps : 6 refuges tout simples, de 4 lits (apportez votre duvet).

**Nonna og Brynjuhús** AUBERGE DE JEUNESSE €

(www.kiddasiggi.is ; Þykkvabæjarklaustur 2 ; dort 5 300 ISK, f 16 540-17 760 ISK). Pour rejoindre cette auberge de jeunesse pimpante, accueillante et parfaite pour les familles, tournez à 37 km à l'ouest de Klaustur (prenez la Route 211 vers le sud depuis la Route circulaire, au panneau "Álftaver"). Continuez ensuite sur 8 km, et vous trouverez cette laiterie et ferme ovine, décorée d'œuvres amusantes. Elle compte 21 lits (option duvet), pour la plupart en dortoir, avec cuisine et sdb communes. Draps : 1 665 ISK.

**Kleifar** CAMPING €

(www.kleifar.com ; empl 750 ISK/pers ; ⏲juin-août). Un camping très basique (toilettes et eau courante), à 1,5 km sur la Route 203 (indiqué en direction de Geirland), à côté d'une jolie cascade.

**Hunkubakkar** GUESTHOUSE €€

(☎487 4681 ; www.hunkubakkar.is ; d avec/sans sdb 26 790/22 150 ISK petit-déj inclus ; ⏲fév-nov). De petits bungalows rouges sont ici dispersés dans le décor vert d'un élevage d'ovins, à 7 km à l'ouest de Klaustur (sur la Route 206, à 2 km du canyon de Fjaðrárgljúfur). Sdb privative ou commune selon les chambres. Petit-déjeuner inclus et dîner disponible, servis au restaurant sur place.

**Hörgsland** CAMPING, CHALETS €€

(☎487 6655 ; www.horgsland.is ; empl 1 250 ISK, chalets 2/6 pers à partir de 19 200/35 400 ISK, d avec/sans sdb petit-déj inclus 22 300/18 800 ISK). À environ 8 km au nord-est de Klaustur, sur la Route circulaire, ce mini-village compte 13 maisonnettes en bois. Spacieuses et impeccables, elles peuvent accueillir 6 personnes (sur le site Web, elles sont appelées "*guesthouses*"). Une annexe pimpante abrite des chambres avec sdb privative ou commune. Il y a également un camping, des *hot pots* extérieurs, un petit magasin et un café servant le petit-déjeuner et le dîner.

**Klausturhof** GUESTHOUSE €€

(☎567 7600 ; www.klausturhof.is ; Klausturvegur 1-5 ; d avec/sans sdb 18 200/15 200 ISK). Une agréable pension voisine de la jolie cascade de Systrafoss. Au programme : un assortiment de dortoirs et de petites chambres à des prix raisonnables, avec accès à une cuisine commune et à un café. Les tarifs baissent considérablement en hiver ; d'octobre à avril, vous pourrez aussi faire des économies en apportant votre duvet. Petit-déjeuner à 1 700 ISK.

**Hótel Laki** HÔTEL €€€

(Efri-Vík ; ☎487 4694 ; www.hotellaki.is ; s/d petit-déj inclus à partir de 26 600/30 500 ISK). Le petit gîte des débuts est devenu un grand hôtel de 64 chambres, sur un terrain situé à 5 km au sud de Klaustur, sur la Route 204. Outre des chambres confortables (aux prix excessifs), il y a 15 petits bungalows, moins chers que les chambres. Côté équipements et loisirs : parcours de

### CONSEILS AUX EXPLORATEURS DU SUD-EST

Il y a des hôtels et des *guesthouses* un peu partout dans la région, mais pas en nombre suffisant pour satisfaire la demande. Nous vous conseillons de réserver le plus tôt possible. Préparez-vous à payer cher : les tarifs sont parmi les plus élevés du pays.

C'est autour de Kirkjubæjarklaustur et d'Höfn que le choix est le plus vaste ; les hébergements sont plus rares vers Skaftafell et Jökulsárlón.

Höfn est le meilleur endroit pour dîner, surtout si vous aimez les produits de la mer. Pour les courses, il faudra vous ravitailler à Kirkjubæjarklaustur et/ou à Höfn : on trouve quelques cafés et restaurants entre ces deux localités, mais pas de supermarché.

VAUT LE DÉTOUR

## SÉJOURS DE CHARME À HRÍFUNES

Hrífunes est un tout petit hameau idéalement situé entre Kirkjubæjarklaustur (Klaustur) et Vík, dans le décor calme et incroyablement vert du Skaftártunga. Vous y trouverez deux pensions accueillantes qui valent le détour. Toutes deux proposent le dîner en option – repas mémorable garanti ! Il n'est pas possible de cuisiner sur place.

Pour rejoindre Hrífunes depuis Klaustur, suivez la Route circulaire vers l'ouest sur 24 km, avant de prendre la Route 208, puis la 209. Depuis Vík, empruntez la Route circulaire vers l'est sur 39 km, puis la Route 209 sur 6 km.

Si vous avez un gros 4×4, Hrífunes est un bon point de départ pour explorer l'intérieur des terres du Sud, saisissant – avec Landmannalaugar et la piste de Fjallabak (Route 208).

**Glacier View Guesthouse** (☎770 0123 ; www.glacierviewguesthouse.is ; s/d sans sdb petit-déj inclus 15 500/22 000 ISK ; ⊙mai-oct). Borgar et Elín, les hôtes, sont des pros du voyage – ils organisent des voyages en Afrique et sauront vous mettre à l'aise dans leur maison confortable. Quand il fait beau, on peut voir le Vatnajökull *et* le Mýrdalsjökull de leur salon. Lors de notre passage, la construction de 10 petites "maisons" supplémentaires (des bungalows modernes et originaux) était prévue dans cette propriété splendide.

**Hrífunes Guesthouse** (☎863 5540 ; www.hrifunesguesthouse.is ; d avec/sans sdb petit-déj inclus 36 000/27 000 ISK ; ⊙fév-nov). Cette vieille maison communale a été rajeunie par ses propriétaires, Haukur et Hadda, fort inspirés. Ils l'ont transformée en une élégante maison de campagne, décorée de superbes clichés pris par Haukur, qui organise des excursions-photo (consultez www.phototours.is). Salon confortable avec cheminée. Six chambres avec sdb devaient être aménagées lors de nos recherches ; elles s'ajouteront aux 6 existantes (certaines avec sdb commune). Séjour de 2 nuitées minimum en été.

golf de 9 trous, circuits organisés en quad et en Super-Jeep, grand restaurant-bar et matériel pour pêcher dans le lac.

**Icelandair Hótel Klaustur** HÔTEL €€€
(☎487 4900 ; www.icelandairhotels.com ; Klausturvegur 6 ; d à partir de 28 900 ISK). Une valeur sûre : un personnel sympathique veille sur les 57 chambres joliment décorées et bien équipées (un nouveau bâtiment comporte des chambres de catégorie supérieure), une terrasse ensoleillée et abritée pour dîner, et un bar-*lounge*. Le restaurant (plats dîner 2 650-5 750 ISK), l'un des meilleurs de la région, sert des produits locaux appétissants (maquereau fumé, omble chevalier grillé, filet d'agneau frit, tartare de renne).

### Où se restaurer

La plupart des voyageurs dînent là où ils logent, ce qui est une bonne solution. En effet, le choix est maigre à Klaustur et les restaurants des hébergements, souvent de qualité, sont généralement ouverts aux non-résidents.

Sur les cartes, guettez l'omble chevalier (sorte de truite) : il est pêché dans une eau pure qui jaillit sous le champ de lave voisin.

**Skaftárskáli** RESTAURATION RAPIDE €
(Route 1 ; plats 1 350-1 950 ISK ; ⊙9h-22h juin-août, 9h-20h sept-mai). Pour manger sur le pouce, le sempiternel bar-grill de la station N1, ouvert toute la journée, convient. La cuisine ferme à 21h30 en été.

**Kaffi Munkar** CAFÉ €€
(Klausturvegur 1-5 ; plats 1 400-3 600 ISK ; ⊙10h-22h). À la lisière ouest de la bourgade, le Kaffi Munkar est le lumineux café-réception du Klausturhof. Goûtez la soupe du jour, le poulet épicé, le ragoût de poisson ou l'omble chevalier.

**Systrakaffi** INTERNATIONAL €€
(☎487 4848 ; www.systrakaffi.is ; Klausturvegur 12 ; plats 1 100-4 600 ISK ; ⊙12h-22h juin-août, horaires réduits en mai et sept). Ce café-bar est l'adresse la plus animée de Klaustur. Il est bondé en été. Sur la carte : des soupes, salades, pizzas et burgers, mais aussi des mets locaux, comme l'agneau et l'omble chavalier.

**Kjarval** SUPERMARCHÉ
(Klausturvegur 13 ; ⊙9h-21h). Pour faire vos courses. DAB à côté.

**Vínbúðin** VINS ET SPIRITEUX
(Klausturvegur 15 ; ⊙16h-18h lun-jeu, 13h-19h ven, 12h-14h sam mai-août, 16h-18h lun-jeu, 14h-18h ven sept-avr). Chaîne d'État.

## Renseignements

L'office du tourisme, bien documenté, est situé dans le **centre d'information de Skaftárstofa** (☎487 4620 ; www.visitklaustur.is ; Klausturvegur 2 ; ⏲9h-18h mi-avr à mi-oct). Il fournit des renseignements utiles et donne un bon aperçu du géoparc du Katla et du parc national du Vatnajökull, à travers des expositions notamment. On peut y voir un court-métrage sur l'éruption du Laki. C'est aussi le point de départ pour visiter l'ouest du parc, moins fréquenté par les touristes, auquel on accède uniquement en 4x4 ou en bus par la piste de Fjallabak (p. 144).

## Depuis/vers Kirkjubæjarklaustur

Tous les bus assurant la liaison Reykjavík-Vík-Höfn desservent Klaustur ; la localité sert de carrefour pour se rendre à Landmannalaugar et au Laki. L'arrêt est à la station-service N1.

Les bus vers l'est s'arrêtent à Skaftafell et à Jökulsárlón.

Services assurés par **Sterna** (www.sterna.is) :

- Bus n°12 pour Höfn (4 800 ISK, 5 heures, 1/jour juin à mi-sept). Il s'arrête 1 heure à Jökulsárlón, ce qui laisse le temps de faire un tour en bateau.
- Bus n°12a pour Vík (2 400 ISK, 1 heure 15, 1/jour juin à mi-sept)
- Bus n°12a pour Reykjavík (6 800 ISK, 5 heures, 1/jour juin à mi-sept)

Services assurés par **Strætó** (www.bus.is) :

- Bus n°51 pour Höfn (5 460 ISK, 2 heures 45, 2/jour)
- Bus n°51 pour Vík (1 260 ISK, 1 heure, 2/jour)
- Bus n°51 pour Reykjavík (7 140 ISK, 4 heures 15, 2/jour)

En hiver (mi-sept à mai), le bus n°51 ne circule qu'une fois par jour, tous les jours sauf samedi.

Services assurés par **Reykjavík Excursions** (www.re.is) :

- Bus nos 10/10a Skaftafell-Klaustur-Eldgjá-Landmannalaugar ; un bus/jour de mi-juin à mi-septembre. Lignes régulières pouvant faire office de circuit organisé. Aller de Klaustur à Landmannalaugar : 6 500 ISK.
- Bus nos 16/16a Skaftafell-Lakagígar via Klaustur (1/jour fin juin à mi-sept). Peuvent être empruntés pour un circuit à la journée depuis Skaftafell ou Klaustur, avec un arrêt de 3 heures 30 à Laki (12 000 ISK depuis Klaustur).
- Bus n°20 pour Skaftafell (3 000 ISK, 1 heure, 1/jour juin à mi-sept)
- Bus n°20a pour Vík (2 500 ISK, 1 heure, 1/jour, juin à mi-sept)
- Bus n°20a pour Reykjavík (9 500 ISK, 6 heures, 1/jour juin à mi-sept). S'arrête 1 heure à Vík et 25 minutes à Skógafoss.

# Lakagígar

L'éruption linéaire du Laki fut l'une des plus grandes catastrophes volcaniques de l'histoire de l'humanité. Aujourd'hui, le champ de lave ne laisse rien imaginer de l'apocalypse qui l'engendra il y a plus de 230 ans. Ses tortueuses formations de lave noire sont recouvertes par un tapis de mousse verte. C'est un endroit fascinant, qui attire pourtant peu de visiteurs.

## Histoire

Au début de l'été 1783, une énorme fissure s'ouvrit. Près de 135 cratères se formèrent, faisant jaillir de la roche fondue jusqu'à 1 km de hauteur. Ils furent collectivement appelés le Lakagígar (cratères du Laki). Les Skaftáreldar (feux de la Skaftá – formés par les coulées de lave qui suivirent le lit de la rivière) durèrent 8 mois et crachèrent quelque 14 km³ de matière volcanique ; les coulées de lave qui formèrent le champ d'Eldhraun recouvrirent une surface de 565 km². Vingt fermes de la région furent détruites par la lave ; 30 autres furent tellement endommagées qu'elles durent être abandonnées temporairement.

Les centaines de millions de tonnes de cendres et d'acide sulfurique qui se déversèrent de la déchirure furent plus dévastatrices encore. Le soleil disparut derrière un écran de fumée, l'herbe se dessécha et les deux tiers des troupeaux islandais moururent de faim ou intoxiqués. Près de 9 000 personnes – un cinquième de la population du pays – périrent ; ceux qui restèrent durent affronter la famine qui s'ensuivit, connue sous le nom de Moðuharðindin ("la dureté du brouillard").

Les dégâts ne se limitèrent pas à l'Islande : dans tout l'hémisphère Nord, des nuages de cendres masquèrent le soleil, les températures chutèrent et une pluie acide détruisit d'innombrables récoltes au Japon, en Alaska et en Europe.

## À voir et à faire

**Laki** VOLCAN

Le Laki (818 m) – qui n'est pas entré en éruption à proprement parler – a donné son nom au Lakagígar, une série de cratères formés par une éruption linéaire qui s'étire sur 25 km vers le nord-est et le sud-ouest depuis sa base. Comptez 40 minutes pour gravir le Laki depuis le parking. Du sommet, admirez la vue à 360° sur la fissure, les champs de lave et les glaciers scintillant au loin.

**Lakagígar** SITE NATUREL EMBLÉMATIQUE
Ce secteur fascinant est constellé de dunes de sable noir et de tunnels de lave, dont beaucoup contiennent de minuscules stalactites. Au pied du Laki, des sentiers balisés vous permettront d'accéder aux deux cratères les plus proches, en passant par un intéressant tunnel de lave.

**Sentier de découverte** PROMENADE
L'excellent sentier de découverte aménagé autour du cratère constitue une petite promenade de 500 m. Procurez-vous la brochure d'accompagnement (ou téléchargez-la sur le site du parc) pour une passionnante plongée dans l'histoire, la géologie et l'écologie de la région. Dans ce secteur à l'écosystème très fragile, il est impératif de rester sur les chemins balisés.

**Fagrifoss** CASCADE
La bien-nommée Fagrifoss ("belle cascade") est une **cascade** majestueuse, dégringolant avec fracas de quelques dizaines de mètres d'une falaise de roche noire moussue. La bifurcation se trouve sur la route du Laki, à 24 km sur la Route F206. Les circuits jusqu'au Lakagígar y marquent un arrêt.

## Où se loger et se restaurer

Il est interdit de camper dans la réserve du Laki. Le camping le plus proche (lit/empl 4 500/1 600 ISK/pers) comporte un refuge sommaire, des toilettes et l'eau courante. Situé à **Blágil**, à 11 km du Laki, il est géré par le parc national et n'est accessible qu'entre l'ouverture de la piste du Laki (qui intervient en général mi-juin ou fin juin) et début septembre. Contactez klaustur@vjp.is pour de plus amples renseignements.

Apportez des provisions, car il n'y a pas de commerce dans le secteur. Pour les excursions à la journée, prenez un pique-nique.

## Circuits organisés

Il est impossible d'explorer la région sans une grosse jeep – et une certaine expérience de la conduite en 4x4 (nombreux passages à gué). Sinon, mieux vaut opter pour un circuit guidé. L'organisation des excursions dépend de l'état des routes et de la météo.

**Reykjavík Excursions** EN BUS
(☎580 5400 ; www.re.is). L'excursion à la journée laisse environ 3 heures 30 pour marcher dans la zone des cratères. Elle est simplement indiquée dans les brochures comme la ligne de bus n°16 – départ quotidien de fin juin à début septembre, à 8h de Skaftafell (17 000 ISK) et à 9h de la station-service N1 à Kirkjubæjarklaustur (12 000 ISK). Apportez votre déjeuner.

**Hólasport** EN SUPER-JEEP
(☎660 1151 ; www.holasport.is). Basée à l'Hótel Laki, au sud de Kirkjubæjarklaustur, l'agence Hólasport organise des circuits à la journée (8 heures) en Super-Jeep au Laki (32 500 ISK) de juin à mi-octobre. Apportez votre déjeuner.

**Kind Adventures** VTT
(☎847 1604 ; www.kindadventure.is). Pour une expérience plus intense, cette agence basée à Kirkjubæjarklaustur propose un circuit à VTT (*fatbikes*) de 2 jours autour des cratères du Laki (130 000 ISK, repas inclus). L'arrivée se fait en jeep. Le circuit comprend une nuit en refuge, l'exploration d'une grotte, et le retour à VTT (64 km de vélo au total, surtout en descente). Expérience du VTT requise.

## Renseignements

La région du Lakagígar est englobée dans le parc national du Vatnajökull (www.vjp.is). Vous trouverez des renseignements sur le site Web du parc. En haute saison (de mi-juillet à mi-août), des *rangers* (gardes forestiers) vous attendent au parking du Laki, de 11h à 15h.

Le **centre d'information de Skaftárstofa** (p. 323), à Kirkjubæjarklaustur, fournit également de nombreuses infos utiles.

## Depuis/vers le Lakagígar

La Route F206 (à l'ouest de Kirkjubæjarklaustur) est généralement ouverte de juillet à début septembre (vérifiez sur www.vegagerdin.is). Il faut parcourir 50 km de route très cahoteuse pour atteindre les cratères du Laki ; il est impossible de s'y rendre avec une voiture ordinaire, car il faut franchir plusieurs rivières. Lors du dégel printanier ou après les pluies, lorsque les rivières sont plus profondes, les traversées peuvent même être problématiques avec un 4x4 ayant une faible garde au sol.

# Sandar

Les *sandar* (pluriel de *sandur*) sont des régions plates, vides et monotones bordant la côte sud-est de l'Islande. En haut des montagnes, les glaciers absorbent le limon, le sable et les graviers produits par l'érosion de la roche sous-jacente, qui sont ensuite transportés vers la côte par les rivières glaciaires – ou, plus spectaculairement, par les débâcles glaciaires (*jökulhlaup*) – et se déversent dans d'immenses plaines désertiques. Ici, les *sandar* sont si vastes que le mot islandais est utilisé dans toutes les langues pour désigner le phénomène topographique d'une plaine d'alluvions glaciaires.

Le Skeiðarársandur est le plus visible et le plus impressionnant de tous. Il s'étend sur environ 40 km entre la calotte glaciaire et la côte, de Núpsstaður à Öræfi. Là, tout n'est que grandes étendues de sable gris-noir, vents violents (le cauchemar des cyclistes) et puissants cours d'eau gris et marron qui s'entremêlent. Attention : ne sortez pas des routes dans ces étendues ! C'est interdit, et destructeur pour ce fragile environnement.

## À voir

**Lómagnúpur** MONTAGNE

Autre joyau de la région, les flancs à pic du Lómagnúpur (767 m), qui a inspiré bien des légendes, dominent le paysage, telle une immense palissade de falaises.

**Núpsstaður** FERME

Les falaises abruptes du Lómagnúpur fournissent un arrière-plan splendide à la vieille ferme au toit herbeux de Núpsstaður. Le corps de ferme date du début du XIXe siècle ; la ravissante petite chapelle, la Núpsstaðakirkja (qui fut le premier bâtiment historique à être classé, en 1930, et à intégrer la collection du Musée national), paraît enfouie sous son toit d'herbes touffues. La ferme, qui était auparavant un musée, était fermée au public lors de nos recherches.

La propriété est interdite aux voitures, mais vous pourrez vous garer le long de la route et marcher jusqu'aux bâtiments.

**Skeiðarársandur** PLAINE D'ALLUVIONS GLACIAIRES

Le Skeiðarársandur, le plus vaste *sandur* du monde, a été formé par le puissant Skeiðarájökull. Il s'étend sur 1 300 km². Depuis l'époque de la colonisation, le Skeiðarársandur a gagné considérablement sur les terres agricoles ; le phénomène se poursuit. La région était autrefois relativement peuplée, jusqu'en 1362, quand le volcan situé sous l'Öræfajökull (qu'on appelait alors le Knappafellsjökull) entra en éruption. L'inondation causée par cette éruption sous-glaciaire ravagea toute la zone. Après quoi l'endroit prit le nom d'Öræfi ("désert").

### GARE AUX GRANDS LABBES !

Sur la côte sud de l'Islande, les vastes *sandar* forment la zone de nidification du grand labbe (*Stercorarius skua* ; *skúmur* en islandais) la plus vaste du monde. Ce grand oiseau marron et charnu tend à nicher parmi les touffes d'herbe, dans le sable cendreux. Il n'hésite pas à attaquer des mouettes pour leur voler leur casse-croûte, à tuer et à dévorer des macareux et d'autres petits oiseaux, ou à vous foncer dessus si vous vous approchez trop de son nid.

Heureusement, contrairement aux sternes arctiques, les labbes cesseront de vous harceler si vous vous éloignez de leur territoire. Vous pouvez aussi éviter l'attaque en portant un chapeau ou en tenant un bâton au-dessus de votre tête.

## Où se loger et se restaurer

Les hôtels sont rares sur cette bande de 70 km. Les quelques hébergements se trouvent dans de jolies oasis de verdure.

**Dalshöfði Guesthouse** GUESTHOUSE €€

(☎861 4781 ; dalshofdi@gmail.com ; s/d sans sdb petit-déj inclus 13 000/18 300 ISK ; ⏲mars-oct). Cette pension installée sur le domaine d'une ferme isolée, dans un beau paysage à 5 km au nord de la Route circulaire, est un bon choix. Les chambres sont claires et impeccables ; elles donnent accès à la cuisine et à une terrasse ensoleillée garnie de plantes. Un appartement de 2 pièces est aussi disponible (33 200 ISK). Belles randonnées alentour.

**Hvoll Guesthouse** GUESTHOUSE €€

(☎487 4785 ; www.road201.is ; d/f sans sdb à partir de 16 850/27 600 ISK). Cette pension bien tenue, également connue sous le nom de "Road 201", est située à la lisière du Skeiðarársandur (à 3,5 km de la Route circulaire en passant par une route de gravier). Elle procure un sentiment d'isolement, malgré son atmosphère animée. On y trouve notamment plusieurs cuisines (apportez des provisions car le supermarché le plus proche est à Klaustur, à 25 km) et une laverie.

**Fosshótel Núpar** HÔTEL €€

(☎517 3060 ; www.fosshotel.is ; d petit-déj inclus à partir de 28 800 ISK). Derrière une longue façade de plain-pied évoquant les barraquements de chantier, cet hôtel de chaîne abrite des chambres modernes minimalistes, qui profitent souvent d'une belle vue. Restaurant assez quelconque, avec buffet le soir. À l'ouest de la Hvoll Guesthouse.

## Skaftafell (parc national du Vatnajökull – Sud)

Le Skaftafell, joyau du parc national du Vatnajökull, englobe un ensemble vertigineux de pics et de glaciers. C'est le coin de nature préféré des Islandais : 500 000 visiteurs viennent chaque année admirer ses cascades grondantes, ses bois de bouleaux noueux, le réseau de rivières qui parcourent les *sandar* et le Vatnajökull scintillant d'un blanc bleuté, avec ses langues glaciaires qui descendent des montagnes et évoquent les glaçages sur les gâteaux.

Le Skaftafell mérite sa réputation et peu de visiteurs lui résistent. Au cœur de l'été, on peut avoir la sensation que tous les touristes du pays se sont donné rendez-vous ici. Mais si vous êtes prêt à sortir des sentiers battus (littéralement), en suivant des pistes plus reculées pour randonner sur des étendues de lande dénudées et au-delà, vous laisserez les autres marcheurs loin derrière. Autre astuce si vous cherchez le calme : découvrez Svartifoss sous le soleil de minuit !

**Skaftafell**

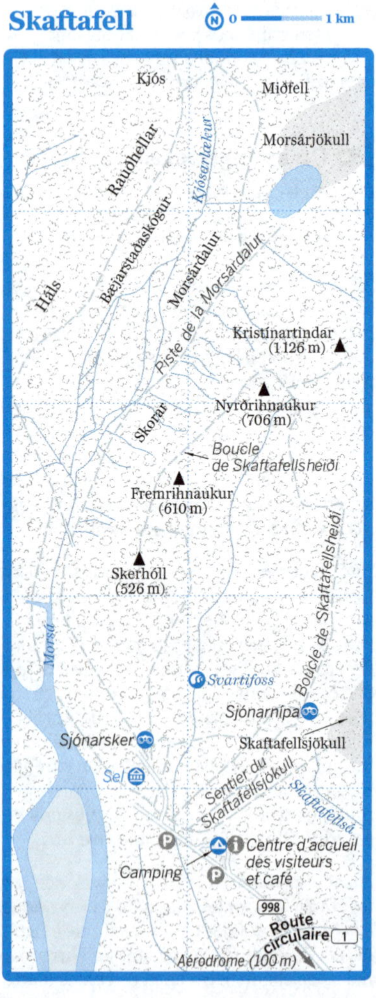


### Histoire

Skaftafell était à l'origine une vaste ferme située au pied des collines, à l'ouest du camping actuel. Quand les sables glaciaires mouvants commencèrent à ensevelir les champs, la ferme dut être déplacée sur la lande, à 100 m au-dessus du *sandur*. La zone prit le nom d'Hérað Milli Sandur ("contrée entre les sables") ; puis, après l'anéantissement de toutes les fermes par les éruptions de 1362, la région devint la "contrée sous les sables" et fut renommée Öræfi (désert). Lorsque la végétation repoussa, la ferme de Skaftafell fut reconstruite à son emplacement initial.

Le parc national de Skaftafell fut créé en 1967 par les autorités islandaises et le WWF. En juin 2008, il fusionna avec le parc national de Jökulsárgljúfur, au nord de l'Islande, pour former l'immense étendue sauvage du parc national du Vatnajökull.

### Activités

Le Skaftafell se prête à des randonnées d'une journée et à des treks plus longs dans les étendues sauvages. Les autorités du parc éditent de bonnes cartes indiquant les randonnées les plus courtes (350 ISK) et vendent les cartes topographiques détaillées de plusieurs éditeurs.

De nombreux visiteurs s'en tiennent aux itinéraires populaires sur le Skaftafellsheiði. Les randonnées dans d'autres zones accessibles, tel le haut des vallées de Morsárdalur et du Kjós, demandent plus de temps, de motivation et d'organisation. Avant de vous lancer sur des itinéraires plus reculés, entretenez-vous avec le personnel du centre d'information des visiteurs du Skaftafell (Skaftafellsstofa), qui vous aidera à vous préparer et vous informera des risques potentiels. Renseignez-vous également sur les rivières que vous aurez à traverser, et n'oubliez pas d'indiquer votre projet d'itinéraire sur le site www.safetravel.is.

Il existe aussi une longue randonnée d'une journée qui vous mènera au-delà de Bæjarstaðarskógur, dans le Skaftafellsfjöll accidenté. Nous vous recommandons la **crête du Jökulfell** (862 m) pour la fabuleuse perspective offerte sur les étendues du Skeiðarárjökull. L'excursion dans le vallon de **Kjós** est encore plus spectaculaire.

Tous les jours, de mi-juin à mi-août, les *rangers* proposent des balades de découverte gratuites partant du centre d'information des visiteurs – un excellent moyen d'en apprendre davantage sur la région. Consultez le site ou renseignez-vous auprès du personnel du parc.

## Svartifoss

Vedette d'innombrables cartes postales, Svartifoss ("la cascade noire") est une chute d'eau superbe, entourée de colonnes géométriques de basalte noir. Elle est facilement accessible par le sentier qui part du centre d'information et passe par le camping (1,8 km).

Afin de limiter l'affluence sur ce sentier, le personnel du parc recommande un autre itinéraire pour le retour au centre d'information. De Svartifoss, continuez vers l'ouest jusqu'à **Sjónarsker**, où une table d'orientation panoramique vous aidera à vous repérer dans le paysage ; le point de vue sur le Skeiðarársandur est inoubliable. De là, vous pourrez aller visiter Sel, une ferme traditionnelle au toit herbeux typique ; il s'agit d'une marche de 2 heures 30 (5,3 km aller-retour), sans difficulté.

Sinon, de Svartifoss, dirigez-vous vers l'est à travers la lande jusqu'au point de vue de **Sjónarnípa** qui donne sur le Skaftafellsjökull. Pour cette randonnée, éprouvante, comptez 3 heures aller-retour (7,4 km).

## Skaftafellsjökull

Un autre itinéraire facile (1 heure aller-retour), également très populaire, mène au Skaftafellsjökull. Ce sentier balisé de 3,7 km part du centre d'information des visiteurs et mène au front du glacier, où vous entendrez les craquements et les gémissements de la glace (elle est assez grise et sableuse à cet endroit). Le Skaftafellsjökull a énormément reculé ces dernières décennies, à tel point que la terre réapparaît progressivement le long du sentier ; procurez-vous la brochure consacrée à sa géologie. Ce parcours est accessible aux personnes à mobilité réduite.

### S'ENVOLER AU-DESSUS DU SKAFTAFELL

**Atlantsflug** (☎478 2406, 854 4105 ; www.flightseeing.is) propose des vols touristiques au départ du minuscule aérodrome situé sur la Route circulaire, à proximité de l'embranchement pour le centre d'information des visiteurs du Skaftafell. Choisissez parmi six possibilités pour survoler les sommets de Landmannalaugar, de Lakagígar, du Skaftafell, de Jökulsárlón et de Grímsvötn. À partir de 26 100 ISK, pour un vol de 20 minutes "surprise du pilote" (selon le temps et les conditions de vol).

## Boucle du Skaftafellsheiði

Par une belle journée, l'excursion de 5-6 heures autour du Skaftafellsheiði est féerique. Du camping, on commence par une montée passant par la Svartifoss et Sjónarsker, puis on traverse la lande jusqu'au **Fremrihnaukur** (610 m). Ensuite, le sentier suit le bord du plateau jusqu'au prochain sommet, le **Nyrðrihnaukur** (706 m), qui offre un superbe panorama de la Morsárdalur, et du Morsárjökull avec le lac comme obstrué par des icebergs à sa base. Puis le chemin part en direction du sud-est, vers un point de vue sur la falaise, à **Gláma**, au-dessus du Skaftafellsjökull.

Pour un spectacle imprenable sur le Skaftafellsjökull, la Morsárdalur et le Skeiðarársandur, escaladez le **Kristínartindar** (1 126 m). Le meilleur itinéraire est un sentier bien balisé (2 km, difficile) surplombant l'immense vallée, au sud-est du belvédère de Nyrðrihnaukur, et redescendant près de Gláma.

## Circuits organisés

### Randonnée et escalade glaciaires

Le point d'orgue de toute visite du Skaftafell est une randonnée glaciaire. Progresser sur la glace chaussé de crampons procure un plaisir infini, dans un site de toute beauté : chutes d'eau, grottes de glace, balles de mousses et cendres multicolores héritées

## JÖKULHLAUP !

Fin 1996, l'éruption dévastatrice du Grímsvötn – la quatrième plus grave du XX^e^ siècle en Islande, après celles du Katla (1918), de l'Hekla (1947) et de Surtsey (1963) – frappa le sud-est du pays et provoqua un incroyable *jökulhlaup* (inondation ou débâcle glaciaire) dans le Skeiðarársandur. La genèse de cet événement résume bien le fascinant mélange de feu et de glace inhérent à l'Islande.

Au matin du 29 septembre 1996, un séisme de magnitude 5 secoua la calotte glaciaire du Vatnajökull. Le magma d'un nouveau volcan, situé sous le Vatnajökull à proximité du Grímsvötn, s'était frayé un passage jusqu'à la glace à travers la croûte terrestre, provoquant une éruption au niveau du Gjálp, une fissure de 4 km de longueur en subsurface. Le lendemain, l'éruption explosa à la surface, crachant une colonne de vapeur de 10 km de hauteur dans le ciel.

Le lac subglaciaire, dans la caldeira du Grímsvötn, commença à se remplir d'eau provenant de la glace fondue au cours de l'éruption, ce qui provoqua l'inquiétude des scientifiques. Selon les premières prévisions du 3 octobre, la glace allait se soulever et le lac se déverser dans le Skeiðarársandur, menaçant la Route circulaire et ses ponts. Afin de détourner l'eau des ponts, on entreprit la construction d'énormes digues dans le Skeiðarársandur.

Le 5 novembre, plus d'un mois après le début de l'éruption, la glace finit par se soulever et un énorme *jökulhlaup* se forma dans le lac artificiel du Grímsvötn : 3 000 milliards de litres d'eau se déversèrent en quelques heures. Les torrents, charriant des icebergs gros comme des immeubles de trois étages, détruisirent les ponts de Gígjukvísl (375 m de long) et de Skeiðará (900 m), tous deux sur le Skeiðarársandur. Au **Gamlabúð** (p. 340), à Höfn, vous pourrez voir une vidéo de l'éruption et des gigantesques blocs de glace dérivant sur le Skeiðarársandur.

L'éruption du Grímsvötn fut également à l'origine du canyon d'Ásbyrgi, qui fut creusé en quelques jours seulement par une terrible inondation. En 1934, une éruption avait entraîné un *jökulhlaup* de 40 000 $m^3$/seconde et la rivière Skeiðará avait gonflé jusqu'à atteindre 9 km de largeur, dévastant de vastes parcelles agricoles.

Le Grímsvötn se déchaîna à nouveau en décembre 1998, en novembre 2004 et en mai 2011. L'énorme nuage de cendres qu'il cracha alors dans l'atmosphère perturba le trafic aérien (mais sans commune mesure avec l'éruption de l'Eyjafjallajökull, en 2010). Ces trois dernières éruptions ne provoquèrent pas de *jökulhlaup*.

d'explosions passées. Mais prenez garde : aussi attirants que soient les glaciers, ils sont parcourus de fissures et potentiellement dangereux. Ne vous y aventurez pas sans guide – et sans l'équipement adéquat.

Des guides officiels font visiter toute l'année la région, ainsi que des langues glaciaires plus à l'est, vers Höfn. Icelandic Mountain Guides (p. 329) et Glacier Guides (p. 329), les deux principales agences, ont un kiosque sur le parking du centre d'information des visiteurs du Skaftafell (Skaftafellsstofa ; p. 330) ; vous y rencontrerez des spécialistes et pourrez vous équiper pour une excursion sur glacier (des vêtements chauds et des chaussures de marche sont indispensables ; des vêtements imperméables sont disponibles à la location).

Ces deux prestataires proposent aussi des randonnées plus exigeantes et de l'escalade glaciaire, y compris l'ascension du plus haut sommet d'Islande (le Hvannadalshnúkur). Ils organisent par ailleurs des excursions combinées – randonnée glaciaire et tour en bateau dans la lagune par exemple. Suggestions et tarifs actualisés sur leurs sites.

### Grottes de glace

Nouveauté très recherchée : la visite en hiver de grottes de glace. Ces magnifiques cavités bosselées d'un bleu clair et lumineux ne sont accessibles que de novembre à mars environ, le plus souvent en bordure d'un glacier. C'est en effet par temps froid que l'on peut les explorer, car elles deviennent instables et moins sûres lorsque la température monte. Chaque année, des grottes de glace éphémères sont recréées par les forces de la nature, puis explorées par des experts locaux. Elles ne peuvent être visitées qu'en compagnie d'un guide, qui assurera votre sécurité et vous fournira le matériel nécessaire. Comme c'est le cas pour les randonnées glaciaires, l'excursion commence généralement par l'équipement (crampons, casque, etc.) ; vous serez acheminé par véhicule jusqu'au glacier, où vous rejoindrez à pied votre destination. Notez qu'une bonne forme physique est requise pour ce type d'excursion.

De plus en plus populaires, les grottes de glace les plus grandes et les plus accessibles peuvent être encombrées, surtout lorsque les groupes de touristes affluent – parfois d'aussi loin que Reykjavík. De nombreux visiteurs se retrouvent souvent sur les mêmes sites, et l'on peut avoir la mauvaise surprise de découvrir une file d'attente à l'entrée. Des agences proposent des circuits privés dans des grottes moins accessibles ; ils sont plus longs, plus chers, et requièrent souvent une meilleure condition physique.

Dans le Sud, Local Guide (ci-dessous) est spécialisé dans les grottes de glace. Ce prestataire pourra vous dévoiler des lieux plus confidentiels – ce qui demande du temps, de l'endurance et de l'argent. Il existe d'autres bonnes agences locales, comme Glacier Adventure (p. 338), IceGuide (p. 336) et Glacier Trips (p. 338).

### Agences de circuits guidés

**Local Guide** AVENTURE

(☎ 894 1317 ; www.localguide.is ; Fagurhólsmýri ; ⏲ 9h-17h). Cette agence basée à Fagurhólsmýri (où il y a une station-service N1), à 26 km de Skaftafell, organise des randonnées et escalades glaciaires sur mesure, toute l'année (le circuit le plus court comprend 1 heure 30 sur la glace, pour 11 900 ISK). C'est aussi le spécialiste des grottes de glace dans la région (mi-nov à mars).

La visite classique d'une grotte de glace coûte 18 900 ISK. Il existe des sorties plus longues dans des grottes plus confidentielles, ainsi que des circuits destinés aux photographes. Options et tarifs sur le site Web.

La famille des gérants habite depuis des générations dans une ferme des environs, à Hofsnes – d'où leur connaissance approfondie de la région. Également proposés : des circuits au cap d'Ingólfshöfði et des ascensions du Hvannadalshnúkur à ski.

**Icelandic Mountain Guides** AVENTURE

(IMG ; ☎ Reykjavík 587 9999, Skaftafell 894 2959 ; www.mountainguides.is ; ⏲ 8h30-18h mai-sept, horaires réduits oct-avr). L'option la plus populaire est l'excursion "Blue Ice Experience", accessible aux familles – une randonnée de 1 heure 30-2 heures sur le Svínafellsjökull (tarif plein/enfant 10 900/5 450 ISK, à partir de 8 ans). Il y a entre 2 et 6 départs quotidiens pour le Skaftafell, toute l'année (à 10h et 14h ; départs supplémentaires de juin à septembre).

Il existe aussi des randonnées de 3 heures sur le même glacier (15 900 ISK). Ces excursions peuvent être associées à une initiation à l'escalade glaciaire (18 900 ISK).

L'impressionnant programme d'IMG est consultable en ligne. Il comprend aussi des excursions de plusieurs jours à vélo, à skis ou en Super-Jeep, ainsi que des randonnées, dont une de 5 jours intitulée "Rivières et glaciers du Vatnajökull".

Pour certains circuits, IMG pourra venir vous chercher au camping de Svínafell et à l'Hótel Skaftafell (sur réservation).

**Glacier Guides** AVENTURE

(☎ Reykjavík 562 7000, Skaftafell 659 7000 ; www.glacierguides.is ; ⏲ 8h30-18h avr-oct, horaires réduits nov-mars). Glacier Guides organise des randonnées glaciaires (différents niveaux et durées), des sorties d'escalade glaciaire et des visites de grottes de glace en hiver, au départ du Skaftafell. Le circuit pour débutants "Glacier Wonders", accessible aux familles, est une randonnée de 3 heures 30, dont 1 heure sur le Falljökull (tarif plein/enfant 10 990/5 495 ISK, à partir de 10 ans) ; 4 départs quotidiens d'avril à octobre.

#### L'HIVER DANS LE SKAFTAFELL

L'attrait des aurores boréales et des grottes de glace (assez solides et sûres pendant les mois les plus froids) est à l'origine de la progression du tourisme hivernal dans la région. On peut aussi faire des randonnées glaciaires en hiver : les glaciers, qui semblent alors plus purs, se parent d'une belle nuance de bleu. Habituellement, les chutes de Svartifoss gèlent en janvier-février (il arrive qu'elles soient inaccessibles, à cause des sentiers glissants et dangereux). De décembre à mars, l'accès aux chemins de randonnée dépend des conditions météo ; des crampons sont nécessaires sur certains itinéraires. Pensez bien que la durée du jour est réduite ; il est recommandé de discuter de vos projets avec le personnel du parc, qui vous conseillera.

Il existe aussi une randonnée de 5 heures 30 (dont 3 heures sur glace) sur le même glacier, plus difficile (15 990 ISK), et un circuit de 7 heures combinant escalade et marche glaciaires (24 900 ISK).

## Où se loger

À l'intérieur du parc, vous n'aurez pas d'autre choix que le camping. Il y a très peu d'hébergements dans le secteur et les hôtels sont surchargés en été dans le Sud-Est – pour explorer la région, il vous faudra réserver ou prendre votre tente.

L'hôtel le plus proche est l'Hótel Skaftafell (p. 331), à Freysnes, à 5 km à l'est de l'entrée du parc. Vous trouverez aussi à vous loger à Hof, 15 km plus loin vers l'est.

**Camping de Skaftafell** CAMPING €
(☎470 8300 ; www.vjp.is ; empl adulte/ado/enfant 1 600/750 ISK/gratuit ; ⏲mai-sept). La plupart des visiteurs apportent leur tente (ou viennent en camping-car) dans ce grand site panoramique, très caillouteux. On peut y faire sa lessive, et il y a des douches chaudes (500 ISK). Le camping est très fréquenté en été (il contient jusqu'à 400 emplacements) ; les réservations ne sont obligatoires que pour les groupes importants (au-delà de 40 personnes). Aucun équipement de cuisine sur place. Wi-Fi au centre d'information.

Si vous recherchez la tranquillité, préférez le camping de Svínafell (p. 331), 8 km plus à l'est.

L'hiver, il est possible de camper sur le parking du centre d'information (payant).

## Où se restaurer

L'été, le café du centre d'information des visiteurs est ouvert et un *food truck* s'installe à proximité ; il n'y a aucun restaurant ouvert pendant l'hiver. Vous pourrez vous restaurer et faire des courses toute l'année au Söluskálinn Freysnesi (p. 331), à Freysnes, à 5 km à l'est de l'entrée du parc.

Faites des provisions à l'avance, à Kirkjubæjarklaustur ou Höfn.

**Café du centre d'information** CAFÉ €
(repas légers 1 190-1 990 ISK ; ⏲10h-20h mai-sept). Dans le centre d'information des visiteurs, ce café très animé sert du café, des soupes, des paninis, des gâteaux et des gaufres. Il est fermé en hiver.

**Glacier Goodies** RESTAURATION RAPIDE €€
(www.facebook.com/glaciergoodies ; plats 2 200-2 700 ISK ; ⏲11h30-19h mi-mai à sept). Ce *food truck* stationné près du centre d'information prépare de bons plats à base de produits locaux : soupe de langoustine, *fish and chips*, côtes de porc et frites.

## Renseignements

La faune et la flore du parc sont protégées. Il est interdit de faire du feu et, bien sûr, de laisser des déchets. Il est primordial de rester sur les sentiers, pour ne pas abîmer la fragile végétation.

Les drones sont interdits dans le parc national, sauf autorisation spéciale.

**Skaftafellsstofa – centre d'information des visiteurs du Skaftafell** (☎470 8300 ; www.vjp.is ; ⏲9h-19h mai-sept, 10h-17h fév-avr, oct-nov, 11h-17h déc, 10h-16h jan). Très utile, ce centre ouvert toute l'année dispose d'un guichet d'information, avec des brochures gratuites et des cartes à vendre. Expositions, café (en été) et accès Internet. Personnel compétent.

## Depuis/vers le Skaftafell

Les bus Reykjavík-Höfn desservent le Skaftafell, d'où l'on rejoint d'autres régions sauvages, comme Landmannalaugar et le Lakagígar. Les liaisons avec Jökulsárlón sont fréquentes. L'arrêt est en face du centre d'information des visiteurs.

Services assurés par **Sterna** (www.sterna.is) :

- Bus n°12 pour Höfn (2 800 ISK, 2 heures 45, 1/jour, juin à mi-sept). S'arrête 1 heure à Jökulsárlón.
- Bus n°12a pour Reykjavík (8 800 ISK, 6 heures 45, 1/jour juin à mi-sept)

Services assurés par **Strætó** (www.bus.is) :

- Bus n°51 pour Höfn (3 360 ISK, 1 heure 45, 2/jour juin à mi-sept, 1/jour dim-ven mi-sept à mai). Arrêts à Freysnes et Jökulsárlón.
- Bus n°51 pour Reykjavík (9 240 ISK, 5 heures 15, 2/jour juin à mi-sept, 1/jour dim-ven mi-sept à mai)

Services assurés par **Reykjavík Excursions** (www.re.is) :

- Bus n°s10/10a pour Landmannalaugar (9 000 ISK, 5 heures, 1/jour mi-juin à mi-sept). Passe par Eldgjá. Possibilité d'utiliser cette ligne régulière pour un circuit d'une journée.
- Bus n°15 pour Jökulsárlón (2 500 ISK, 45 min, 3/jour juin à mi-sept)
- Bus n°s16/16a pour Lakagígar (1/jour fin juin à mi-sept). Possibilité de réaliser un circuit d'une journée, avec un arrêt de 3 heures 30 au Laki (aller-retour 17 000 ISK).
- Bus n°19 pour Höfn (5 500 ISK, 2 heures, 1/jour juin à mi-sept)
- Bus n°20a pour Reykjavík (11 000 ISK, 7 heures, 1/jour juin à mi-sept). S'arrête 1 heure à Vík.

# Du Skaftafell à Jökulsárlón

Des glaciers étincelants et des montagnes menaçantes bordent la bande d'asphalte de 60 km reliant le Skaftafell à la lagune parsemée d'icebergs de Jökulsárlón ; il est parfois difficile de garder les yeux sur la route tant les paysages qui défilent sont grandioses.

## Svínafell et ses environs

Si vous poursuivez sur la Route circulaire à partir du Skaftafell, vous tomberez sur un panneau indiquant le glacier **Svínafellsjökull**. Une route non goudronnée, en bon état, mène au parking, 2 km plus loin, d'où l'on peut facilement atteindre à pied la frange nord du glacier. Ne vous aventurez pas sur le glacier sans guide. Icelandic Mountain Guides (p. 329) propose de nombreuses excursions.

À l'est du Skaftafell, **Freysnes** est le premier hameau que vous croiserez sur votre route. On y trouve un hôtel, une station-service et un magasin.

Flosi Þórðarson, le personnage qui brûla Njáll et sa famille dans la *Saga de Njáll le Brûlé* (voir l'encadré p. 142), vécut dans la ferme de Svínafell, à 8 km au sud-est du Skaftafell. C'est également ici que les familles de Flosi et de Njáll finirent par se réconcilier, mettant fin à l'une des querelles les plus sanglantes de l'histoire islandaise. Au XVII^e^ siècle, le glacier Svínafellsjökull avait presque englouti la ferme ; il a reculé depuis. Il ne reste pratiquement rien de ce minuscule village, où vous pourrez néanmoins loger.

### Circuits organisés

**Glacier Horses** ÉQUITATION
(☎847 7170 ; www.glacierhorses.is ; tarif plein/enfant 9 500/5 000 ISK ; ⏲juin-sept). Un peu après Svínafell (vers Hof), cette agence propose de courtes balades à cheval (1 heure-1 heure 30) dans la campagne environnante : départs à 10h, 13h et 16h (réservez par téléphone ou e-mail).

### Où se loger et se restaurer

**Ferðaþjónustan Svínafelli** CAMPING €
(☎478 1765 ; www.svinafell.com ; empl 1 500 ISK/pers, bung et ch 4 300-5 000 ISK/pers ; ⏲camping mai-sept ). Ce camping bien organisé possède 6 bungalows pour 4 personnes et des installations impeccables – douches, toilettes et salle à manger. Si vous êtes motorisé, c'est une bonne alternative au camping de Skaftafell. Le propriétaire propose aussi des lits (option duvet) dans des appartements ou des maisons alentour (toute l'année). Consultez le site Web pour les tarifs actualisés.

**Hótel Skaftafell** HÔTEL €€€
(☎478 1945 ; www.hotelskaftafell.is ; Freysnes ; s/d petit-déj inclus 28 500/33 000/39 600 ISK) Voici l'établissement le plus proche du Skaftafell. À 5 km à l'est, à Freysnes, cet hôtel est l'un des rares de la région ; il est donc très demandé – les prix s'en ressentent. Ses 63 chambres sont plus fonctionnelles que luxueuses. Bon service ; restaurant (plats 3 650-5 750 ISK) correct, privilégiant les produits locaux, comme l'omble chevalier et l'agneau.

**Söluskálinn Freysnesi** ISLANDAIS €
(plats 1 000-3 200 ISK ; ⏲9h-20h). La cafétéria de la station-service face à l'Hótel Skaftafell propose des plats du jour chauds et bon marché, ainsi que des burgers et des pizzas. Rayon épicerie correct.

## Hvannadalshnúkur

Plus haute montagne d'Islande, le Hvannadalshnúkur (2 110 m) se dresse sur l'**Öræfajökull**, un appendice du Vatnajökull. Cet imposant sommet frôle le rebord nord-ouest d'un immense cratère de 5 km de largeur, qui compose le plus grand volcan en activité d'Europe après l'Etna. Il entra en éruption en 1362 et expulsa une quantité de téphra sans égale dans l'histoire islandaise. La région fut dévastée, d'où son nom d'Öræfi (désert).

À NE PAS MANQUER

**FJAÐRÁRGLJÚFUR**

Le canyon de **Fjaðrárgljúfur**, sombre et pittoresque, fut creusé il y a 2 millions d'années par la rivière Fjaðrá. Le sentier qui suit la rive sud sur quelques kilomètres permet d'admirer ses profondeurs rocheuses et sinueuses.

Le canyon est situé un peu à l'ouest de Klaustur, à 3 km au nord de la Route circulaire par la Route 206 – ne tournez pas à droite là où un panneau indique le Laki, continuez plutôt sur environ 1 km jusqu'à un parking (avec toilettes).

## LE PARC NATIONAL DU VATNAJÖKULL

Le parc national du Vatnajökull fut créé en 2008. Immense, varié et très spectaculaire, il regroupe la calotte glaciaire du Vatnajökull et les anciens parcs nationaux du Skaftafell (au sud-est de l'Islande) et de Jökulsárgljúfur (au nord-est). Il couvre 13 900 km$^2$, soit près de 14% de la superficie du pays. C'est l'un des plus vastes parcs nationaux d'Europe.

Le parc recèle une variété incroyable de paysages et quelques-uns des plus grands trésors naturels d'Islande, façonnés par les forces combinées des rivières, des glaciers, et de l'activité volcanique et géothermique. La calotte glaciaire du Vatnajökull est protégée dans son intégralité, ce qui comprend les innombrables glaciers secondaires et rivières glaciaires. Les stupéfiantes formations rocheuses du canyon d'Ásbyrgi, les cascades étincelantes de Dettifoss et Svartifoss, les cratères du Laki, l'Askja et les autres volcans des hautes terres comptent parmi les splendeurs du parc ; mais on ne pourrait mentionner tous les lieux où les leçons de géologie, d'écologie et d'histoire prennent vie.

### Renseignements

Sur le site du parc (www.vjp.is), vous trouverez quantité d'informations sur les itinéraires, les campings, les routes, etc, ainsi que des plans et brochures à télécharger.

Il y a 5 centres d'accueil des visiteurs principaux :

- **Skaftafellsstofa** (p. 330). À Skaftafell, dans le Sud-Est.
- **Gamlabúð** (p. 343). À Höfn, dans le Sud-Est.
- **Skaftárstofa** (p. 323). À Kirkjubæjarklaustur, dans le Sud-Est.
- **Snæfellsstofa** (p. 300) À Skriðuklaustur (à 40 km au sud-ouest d'Egilsstaðir, en direction du mont Snæfell), dans l'Est.
- **Gljúfrastofa** (p. 284) À Ásbyrgi, dans le Nord.

Tous présentent des expositions sur le patrimoine naturel et culturel du parc ; des *rangers* vendent des cartes et vous conseilleront. Certains n'ouvrent qu'une partie de l'année.

## Circuits organisés

Le meilleur itinéraire pour escalader le Hvannadalshnúkur part du Sandfellsheiði, à 12 km au sud-est du Skaftafell. La plupart des expéditions guidées réalisent l'ascension en une très longue et épuisante journée (départ vers 5h). Il ne s'agit pas d'une expédition technique, mais elle est éprouvante tant sur le plan mental que physique. Il y a plus de 2 000 m de dénivelé, pour une longueur totale de 23 km. Les grimpeurs indépendants devront emporter suffisamment de vivres et de matériel pour plusieurs jours, et avoir une bonne expérience de la marche sur glacier.

Avril et mai, avant la fonte des ponts de neige, sont les meilleurs mois pour tenter l'aventure. D'année en année, les ponts qui permettent l'excursion fondent plus tôt et plus vite, ce qui écourte la saison d'escalade. Les tour-opérateurs annoncent parfois de longues saisons d'avril à août, mais il est peu probable que les conditions permettent l'ascension après juin.

Icelandic Mountain Guides, Glacier Guides et Local Guide (p. 329 ; tous basés à Skaftafell ou alentour) proposent l'ascension du Hvannadalshnúkur ; les briefings ont lieu la veille au soir. Attention, les prix sont toujours susceptibles de changer : les conditions peuvent contraindre les agences à engager des guides supplémentaires, ce qui augmente le coût des expéditions.

Réservez et prévoyez quelques jours de battement, en cas de report pour mauvais temps. Plus de détails sur les sites Web.

**From Coast to Mountains** AVENTURE
(Öræfaferðir ; ☎894 0894 ; www.fromcoasttomountains.is ; Fagurhólsmýri). Einar, le propriétaire, détient le record du monde du nombre d'ascensions du Hvannadalshnúkur (près de 300 !). L'ascension à ski est proposée de fin mars à mi-mai. Le prix dépend du nombre de participants (pour 2 personnes 65 000 ISK/pers). Il faut avoir ses propres skis. Il est possible de monter en septembre et en octobre si les conditions sont bonnes.

**Icelandic Mountain Guides** AVENTURE
(IMG ; ☎bureau de Reykjavík 587 9999, Skaftafell 894 2959 ; www.mountainguides.is). Vous devrez débourser 42 900 ISK/personne (2 pers minimum) pour cette ascension guidée

(10-15 heures) – 3 départs/semaine en saison, lorsque la météo le permet. Également dans le parc, IMG propose l'ascension du Hrútsfjallstindar (42 900 ISK), qui culmine à 1 875 m. L'agence est basée sur le parking du parc national du Skaftafell.

**Glacier Guides** AVENTURE
(☎Reykjavík 562 7000, Skaftafell 659 7000 ; www.glacierguides.is). L'ascension du Hvannadalshnúkur revient à 42 990 ISK/pers (2 pers minimum). Départs quotidiens en saison (lorsque les conditions le permettent). L'agence est basée sur le parking du parc national du Skaftafell.

## Hof

Le hameau d'Hof est connu pour son église en bois et tourbe (la Hofskirkja) digne d'un livre de contes, bâtie sur les fondations d'un édifice du XIVe siècle. Reconstruite en 1884, elle est maintenant entourée d'un joli bosquet de bouleaux et de frênes. Son toit est couvert d'herbe et de fleurs.

**Nónhamar** BUNGALOWS €€
(☎616 1247 ; www.nonhamar.is ; bung 19 000-22 000 ISK ; ⏲mars-oct). Le Nónhamar comporte 3 bungalows indépendants confortables, de 4 couchettes (apportez votre duvet ou louez des draps – 1 800 ISK/pers). Tous possèdent une kitchenette et une sdb. L'établissement était auparavant connu sous le nom de Lækjarhús.

**Hof 1 Hotel** HÔTEL RURAL €€€
(☎478 2260 ; www.hof1.is ; d avec/sans sdb petit-déj inclus 30 600/24 900 ISK). Le Hof 1 Hotel jouit d'un cadre inégalé, en contrebas du glacier Öræfajökull. Il abrite une impressionnante collection d'art moderne islandais, et possède un élégant petit salon, ainsi qu'un joli coin détente avec sauna et *hot pot*. Les chambres sont réparties entre plusieurs annexes ; le restaurant ouvre pour le dîner (2 plats 3 900-4 900 ISK).

## Ingólfshöfði

Si tous les regards se portent naturellement vers l'intérieur des terres dans cette partie spectaculaire de l'Islande, la côte est également digne d'intérêt – et notamment le cap d'Ingólfshöfði, un promontoire haut de 76 m qui jaillit ici de la plaine.

Situé à mi-chemin entre Höfn et Kirkjubæjarklaustur, le cap d'Ingólfshöfði est une **réserve naturelle** historique, superbe et isolée. Au printemps et en été, il est envahi par les macareux, les grands labbes et d'autres oiseaux marins qui viennent y nicher. On voit parfois des baleines au large. Par ailleurs, c'est ici qu'Ingólfur Arnarson, le premier colon installé en Islande, passa l'hiver lors de sa première incursion dans le pays en 874. D'où le nom du cap.

Les circuits dans la réserve partent à environ 25 km à l'est de Skaftafell, à proximité de l'agence Local Guide (p. 329), à Fagurhólsmýri (il y a un panneau).

**From Coast to Mountains** AVENTURE
(Öræfaferðir ; ☎894 0894 ; www.puffintour.is ; tarif plein/enfant 7 500/2 500 ISK ; ⏲départs 10h15 et 13h30 lun-sam mi-mai à mi-août). Les circuits dans la réserve d'Ingólfshöfði commencent avec l'amusante traversée d'une lagune littorale peu profonde sur 6 km (dans un chariot tiré par un tracteur), à laquelle succède une montée courte mais raide dans du sable, suivie d'une visite guidée de 1 heure 30 autour du promontoire. Le circuit est axé sur l'observation des oiseaux ; le paysage de montagnes alentour est admirable. Notez que les macareux quittent l'Islande vers la mi-août.

### Où se loger et se restaurer

Dans l'agence Local Guide de Fagurhólsmýri (p. 329), un café sympathique (Glacier Kitchen) sert du café, des sandwichs et des gâteaux.

**Fosshotel Glacier Lagoon** HÔTEL €€€
(☎514 8300 ; www.fosshotel.is ; Hnappavellir ; ch petit-déj inclus à partir de 33 600 ISK). Le nom de ce grand hôtel quatre étoiles à l'architecture contemporaine est trompeur : il est situé à Hnappavellir, à mi-chemin entre Skaftafell et Jökulsárlón, à 3 km à l'est du point de départ des circuits dans la réserve. Aucune vue sur la lagune glaciaire ici, puisque Jökulsárlón est à 20 minutes en voiture. Le Fosshotel comprend 104 chambres simples et élégantes, un bon restaurant et un espace bar accueillant.

## Breiðamerkursandur

Le Breiðamerkursandur, qui forme la partie orientale des grands *sandar*, est l'une des principales zones de nidification des grands labbes en Islande. Le nombre croissant de ces oiseaux nichant à terre a entraîné l'augmentation de la population de renards polaires. Le Breiðamerkursandur apparaît dans la

*Saga de Njáll le Brûlé,* qui se termine par l'arrivée de Kári Sölmundarson dans ce lieu idyllique pour "y vivre heureux jusqu'à la fin de ses jours"... un miracle dans une saga !

Le *sandur* s'adosse à un vaste panorama de montagnes couronnées de glace, avec parfois de profondes lagunes à leur pied. Le **glacier du Kvíárjökull** serpente jusqu'à la rivière Kvíá et l'on y accède facilement depuis la Route circulaire (Route 1) – guettez le panneau qui indique Kvíármýrarkambur à l'ouest du pont qui enjambe la rivière. Laissez votre voiture au petit parking et suivez le sentier jusqu'à la pittoresque vallée.

Le **Breiðamerkurfjall** (742 m) était autrefois un *nunatak* (piton rocheux) enclavé entre le Breiðamerkurjökull et le Fjallsjökull, mais les glaciers qui ont reculé depuis l'ont libéré.

Un panneau en retrait de la Route circulaire indique **Fjallsárlón**, une lagune glaciaire facilement accessible, autour de laquelle on peut faire de belles randonnées. Elle est moins fréquentée que celle de Jökulsárlón, à 10 km à l'est. Si vous avez le temps, nous vous recommandons de vous arrêter aux deux endroits, qui ont chacun leurs qualités : Jökulsárlón est plus grande et plus majestueuse, tandis que depuis les rives de Fjallsárlón on peut voir le front glaciaire (la limite basse du glacier). Des sorties en bateau sont proposés sur les deux lagunes. Fjallsárlón se distingue par son nouveau centre d'accueil des visiteurs, un lieu agréable qui abrite un café.

Un sentier mène à une autre lagune à 5 km à l'est : celle de **Breiðarlón**, où finissent les eaux de fonte du Breiðamerkurjökull (c'est également la source des eaux de fonte de Jökulsárlón).

**Fjallsárlón Glacier Lagoon** SORTIES EN BATEAU
(☎666 8006 ; www.fjallsarlon.is ; tarif plein/enfant 6 200/3 500 ISK ; ⏲départs toutes les heures 10h-17h mai-sept). Quelque 600 m sur une piste difficile séparent la Route circulaire du parking pour Fjallsárlón, où est installé ce prestataire qui organise des circuits en Zodiac de 45 minutes au milieu des icebergs de la lagune. On peut réserver en ligne.

Fjallsárlón (3 km²) n'est ni aussi grande ni aussi impressionnante que Jökulsárlón (25 km²), mais elle est plus calme. Le sentier qui va du parking au point de départ des bateaux se prête plus à l'aventure et le circuit sur la lagune a un côté plus intime – le parcours est plus rapide pour parvenir au front, abrupt, du glacier.

## Jökulsárlón

De nombreux icebergs spectaculaires, d'un bleu lumineux, dérivent à travers la lagune de Jökulsárlón, qui donne directement sur la Route circulaire, entre Höfn et le Skaftafell. Vous pourrez passer plusieurs heures sur place, à admirer les sculptures de glace (certaines sont zébrées par la cendre d'éruptions volcaniques passées), à guetter les phoques ou à faire un tour en bateau.

Les icebergs qui se détachent du Breiðamerkurjökull, une ramification du Vatnajökull, s'écrasent dans l'eau et dérivent vers l'océan Atlantique. Certains flottent jusqu'à cinq ans dans la lagune de 25 km² et 260 m de profondeur, fondent, regèlent et s'effondrent parfois dans un grand bruit qui effraie les oiseaux. Ils dérivent ensuite jusqu'à l'océan en empruntant la **Jökulsá**, la plus courte rivière d'Islande.

La lagune, dont on pourrait croire qu'elle date de la dernière période glaciaire, n'a en fait que 80 ans. Jusqu'au milieu des années 1930, le Breiðamerkurjökull atteignait la Route circulaire ; il recule désormais à une vitesse stupéfiante (jusqu'à 500 m par an) et la lagune grandit en conséquence.

### Activités

Les sorties en bateau sur la lagune sont excellentes, mais vous pourrez approcher ces merveilles bleues de presque aussi près en longeant la rive à pied, et goûter la glace ancienne en la tirant hors de l'eau. Sur la Route circulaire à l'ouest du parking, des aires de stationnement ont été aménagées pour que vous puissiez escalader les monticules de terre et découvrir la lagune depuis les endroits moins fréquentés de la rive.

Il est aussi recommandé d'aller voir l'embouchure de la Jökulsá (il y a des parkings sur la Route circulaire, côté océan) : de gros amas de glace sont déposés sur la plage de sable noir, dernière étape avant leur voyage final vers l'océan.

### Circuits organisés

**Glacier Lagoon Amphibious Boat Tours** SORTIES EN BATEAU AMPHIBIE
(☎478 2222 ; www.icelagoon.is ; tarif plein/enfant 5 000/1 500 ISK ; ⏲9h-19h juin-août, 10h-17h avr-mai et sept-oct). Offrez-vous une mémorable visite à bord d'un bateau amphibie

À NE PAS MANQUER

## À L'ASSAUT DU VATNAJÖKULL

Même si la calotte glaciaire du Vatnajökull et les glaciers voisins sont impressionnants depuis la Route circulaire, de nombreux voyageurs éprouvent l'irrésistible envie de s'en approcher. Les randonnées guidées sur les langues glaciaires constituent une merveilleuse introduction ; l'exploration du glacier lui-même est réservée aux marcheurs chevronnés prêts à s'engager dans une expédition de type polaire : la calotte est striée de profondes crevasses dissimulées par de la neige fraîche et des tempêtes de blizzard peuvent éclater subitement. Mais ne soyez pas déçu ! On peut accéder à toute cette blancheur en se joignant à des circuits en motoneige ou en Super-Jeep organisés par deux agences locales, y compris en hiver.

Toutes deux empruntent l'accès le plus facile au Vatnajökull : la piste de 4x4 F985 (à 35 km à l'est de Jökulsárlón et à 45 km à l'ouest d'Höfn) jusqu'à la large saillie du Skálafellsjökull. Au bout de la piste, à 840 m au-dessus du niveau de la mer et avec un point de vue spectaculaire à 360°, la plupart des visiteurs choisissent l'époustouflant **circuit en motoneige**. Équipé d'une combinaison, d'un casque, de bottes et de gants, il ne vous reste plus qu'à suivre le guide sur un itinéraire défini. C'est très amusant et, bien que vous n'ayez qu'un bref aperçu de ce qu'est l'exploration d'un glacier, le bruit, les secousses et l'odeur d'essence qui parvient à vos narines vous aideront sans doute à ne pas regretter que ça ne dure pas plus longtemps ! Autres solutions : le **circuit en Super-Jeep** sur la glace et la **randonnée glaciaire**.

Glacier Jeeps (p. 338) et Glacier Journey (p. 337) proposent des circuits en motoneige et en Super-Jeep. Glacier Jeeps organise aussi des randonnées glaciaires. Ces excursions sont très populaires ; il est conseillé de réserver (en ligne). Le tarif enfant pour la motoneige est applicable de 6 à 12 ans (6 ans est l'âge minimum requis).

Glacier Journey est le seul opérateur à assurer les excursions en motoneige en hiver. Son équipe s'installe à Jökulsárlón à partir de la mi-décembre. Tarifs actualisés, horaires et points de rendez-vous sur les sites Web.

(40 min) ; cet engin avance lentement sur le rivage, comme un bus, avant d'entrer dans l'eau. À bord, les guides racontent des anecdotes aux participants, qui peuvent goûter la glace millénaire. Départs réguliers (pas d'horaires, jusqu'à 40 départs/jour en été) depuis le parking est, à côté du café.

Le dernier bateau part 1 heure avant la fermeture. Des sorties peuvent avoir lieu entre novembre et mars, selon les demandes et la météo – contactez le prestataire.

L'agence propose aussi des sorties en Zodiac de 1 heure (tarif plein/enfant 8 500/4 200 ISK ; déconseillé aux moins de 10 ans). Départs à heures fixes ; réservation recommandée (possible sur Internet).

**Ice Lagoon Zodiac Boat Tours** SORTIES EN ZODIAC
(☎860 9996 ; www.icelagoon.com ; tarif plein/enfant 9 500/6 000 ISK ; ⏲9h-17h30 mi-mai à mi-sept). Cet opérateur propose des circuits sur la lagune uniquement en Zodiac. Ils durent 1 heure, avec un maximum de 20 passagers par bateau, et rejoignent très vite le bord du glacier (ce qui n'est pas le cas des bateaux amphibies) avant de revenir lentement. Il est préférable de réserver en ligne ; à partir de 6 ans.

Ice Lagoon opère depuis un énorme camion sur le parking ouest (toilettes dans le camion pour les clients). Occasionnellement, le véhicule peut être garé sur le parking est. Vous ne pourrez pas le manquer.

## Fêtes et festivals

**Feu d'artifice** FESTIVITÉS
(www.visitvatnajokull.is ; ⏲mi-août). Si vous êtes dans le coin à la mi-août, ne manquez pas le feu d'artifice annuel de Jökulsárlón. L'accès coûte environ 1 000 ISK/personne (gratuit pour les enfants) et les fonds récoltés vont à l'équipe de sauvetage locale. Des bus acheminent les spectateurs depuis Höfn, Kirkjubæjarklaustur et Skaftafell.

## Où se loger et se restaurer

L'hôtel le plus proche se trouve dans le hameau d'Hali, à 13 km à l'est ; le premier camping des environs est à Hrollaugsstaðir (p. 338), à 10 km à l'est d'Hali.

Vers l'ouest, vous trouverez d'abord le Fosshotel (p. 333) de Hnappavellir, à 28 km de Jökulsárlón. Pour camper, il faut parcourir 52 km, jusqu'à Svínafell (p. 331), ou 60 km jusqu'au parc national de Skaftafell (p. 326).

Les hébergements le long de la Route circulaire sont très recherchés ; mieux vaut réserver (c'est inutile dans les campings).

**Café** CAFÉ €

(en-cas 400-2 000 ISK ; ⌚9h-19h). Le petit café ouvert toute l'année à côté de la lagune est idéal pour glaner des informations et se restaurer. Il est vite bondé en été.

### Depuis/vers Jökulsárlón

De très nombreux circuits organisés incluent Jökulsárlón. Nous vous déconseillons fortement de faire l'aller-retour de Reykjavík à la lagune dans la journée (375 km, soit un trajet d'environ 4 heures 30, dans chaque sens).

Le bus n° 12/12a de **Sterna** (www.sterna.is) relie quotidiennement Reykjavík et Höfn de juin à la mi-septembre. Dans les deux sens, le bus s'arrête 1 heure à Jökulsárlón (assez longtemps pour un tour en bateau).

Le bus n°51 de **Strætó** (www.bus.is) entre Reykjavík et Höfn s'arrête ici 2 fois/jour de juin à mi-septembre (1/jour le reste de l'année). Il dépose ou prend des passagers, sans s'attarder.

**Reykjavík Excursions** (www.re.is) a 2 lignes pratiques en été :

- Le bus n°15 effectue une boucle quotidienne entre le centre d'information des visiteurs du Skaftafellsstofa et Jökulsárlón (2 500 ISK, 45 min, 3/jour de juin à mi-sept).
- Le bus n°19 circule tous les jours d'Höfn à Skaftafell et retour ; il s'arrête assez longtemps à la lagune dans les deux sens (pour Höfn 3 500 ISK, 1 heure, 1/jour mi-juin à mi-sept).

## De Jökulsárlón à Höfn

La section de 80 km de la Route circulaire qui va de Jökulsárlón à Höfn, absolument superbe, longe une vingtaine de fermes (ayant souvent un glacier dans le "jardin"), qui proposent un hébergement, des activités et parfois le couvert.

Parmi les innombrables atouts de cette région qui séduit les familles, on notera une mini-ferme (p. 339), un producteur de crèmes glacées (p. 338), un musée de qualité, des zones marécageuses peuplées d'oiseaux et des *hot pots* extérieurs. Les visiteurs en quête d'action opteront pour une randonnée jusqu'aux (voire sur les) langues glaciaires, une visite hivernale aux grottes de glace, une excursion en motoneige, une balade en kayak sur une lagune glaciaire ou un tour en quad ou à cheval dans un décor naturel d'une étonnante splendeur.

### À voir et à faire

**Þórbergssetur** MUSÉE

(☎478 1078 ; www.thorbergur.is ; Hali ; tarif plein/enfant 1 000 ISK/gratuit ; ⌚9h-20h). Ce musée à l'architecture ingénieuse (la façade figure une étagère de livres) rend hommage à l'enfant du pays le plus connu de cette région faiblement peuplée, l'écrivain Þórbergur Þórðarson (Thórbergur Thórdarson, 1888-1974). Þórbergur était un non-conformiste (qui avait pour passions le yoga, l'espéranto et l'astronomie) ; son premier livre, intitulé *Bréf til Láru* (*Lettre à Laura*), causa une immense polémique en raison de son contenu radical-socialiste.

Le Þórbergssetur (Thórbergssetur) est également une sorte de centre culturel, qui accueille des expositions artistiques temporaires, et se double d'un excellent café-restaurant (p. 340). Plusieurs hébergements, dont l'Hali Country Hotel (p. 338), sont rassemblés autour de l'établissement. L'entrée au musée est gratuite pour les clients du restaurant et ceux de l'hôtel.

**Piste F985** ROUTE PANORAMIQUE

La Piste F985, réservée aux 4x4, part de la Route circulaire à 35 km à l'est de Jökulsárlón et à 45 km à l'ouest d'Höfn, pour se diriger vers la large langue glaciaire du Skálafellsjökull. Longue de 16 km, elle est par endroits extrêmement pentue et recouverte de neige en hiver. Glacier Jeeps et Glacier Journey proposent de confortables circuits jusqu'en haut, d'où vous pourrez poursuivre l'exploration en motoneige ou en Super-Jeep.

Il est absolument inenvisageable d'emprunter cette piste avec un véhicule ordinaire – vous n'y gagneriez qu'une énorme facture pour les secours. Les pistes F sont *exclusivement* réservées aux 4x4. Si vous avez un petit 4x4 ou que vous n'êtes pas habitué à conduire ce type de véhicule, ne vous aventurez pas sur la Piste F985.

### Circuits organisés

♥ **IceGuide** AVENTURE

(☎661 0900 ; www.iceguide.is). Óskar et son équipe, qui travaillent l'été (de juin à septembre) depuis la Guesthouse Skálafell (p. 339), proposent une excursion unique :

## À VOS GLACIERS !

La direction du parc national du Vatnajökull s'est associée à quelques propriétaires entre Jökulsárlón et Höfn pour ouvrir au public l'accès à certaines zones naturelles restées vierges – et par la même occasion soulager la région du Skaftafell, qui doit faire face à une augmentation continue du nombre de touristes. Ces zones, signalées depuis la Route circulaire, sont encore peu connues ; vous avez donc une chance d'avoir pour vous seul une étendue de merveilles glaciaires.

Phénomène rare, trois langues glaciaires (le Skálafellsjökull, l'Heinabergsjökull et le Fláajökull) convergent dans la région de Hjallanes et Heinaberg. Il y a en une quatrième, l'Hoffellsjökull, un peu plus à l'est, près d'Höfn. Cette région aux paysages magnifiques (lacs glaciaires et moraines, là où se terminaient jadis les glaciers) est sillonnée par de nombreux chemins de randonnée, tous plus beaux les uns que les autres.

L'**Heinabergsjökull** se trouve à 8 km de la Route circulaire, sur une route gravillonnée (indiquée un peu à l'est de la Guesthouse Skálafell). Parmi les sentiers de randonnée au départ de la Guesthouse Skálafell (p. 339), figurent une boucle de 8 km vers Hjallanes et une promenade de 7,5 km jusqu'à Heinabergslón (lagune parsemée d'icebergs au pied du Heinabergsjökull). Depuis Heinabergslón, un sentier de 8,3 km mène au Fláajökull. D'excellents circuits en kayak à Heinabergslón sont organisés par IceGuide (p. 336).

Le **Fláajökull** est également à 8 km de la Route circulaire, sur une route gravillonnée indiquée un peu à l'est de la pension Hólmur (p. 339). Un très beau chemin de randonnée (qui emprunte un nouveau pont suspendu) mène du petit parking à la langue glaciaire. Glacier Trips (p. 338) organise des randonnées glaciaires sur le Fláajökull.

De la pension Hoffell (p. 339), une route gravillonnée de 4 km conduit à la langue glaciaire d'**Hoffellsjökull**, qui donne naissance à un petit lac.

Les pensions citées ici servent de points d'information (cartes disponibles). Vous pourrez aussi vous arrêter au centre d'information d'Höfn pour connaître l'état des routes et savoir si l'on peut accéder à de nouvelles zones. Procurez-vous la carte *Heinaberg, Hjallanes, Hoffell* éditée par le parc national et disponible aux centres d'information d'Höfn et du Skaftafellsstofa. Vous trouverez par ailleurs des renseignements sur le site Web du parc : www.vatnajokulsthjodgardur.is.

Notez que les routes d'accès indiquées depuis la Route circulaire sont non goudronnées et souvent en mauvais état (mais il ne s'agit pas de pistes F, réservées aux 4x4). Mieux vaut se renseigner sur place sur leur état avant de s'y engager avec un véhicule ordinaire. Certaines sont plus praticables que d'autres. Des travaux de maintenance ont parfois lieu en hiver.

une sortie en kayak sur une lagune glaciaire silencieuse au milieu des icebergs. La lagune en question est l'Heinabergslón tout proche, au pied du Heinabergsjökull ; l'excursion comprend une courte marche sur le glacier (tarif plein/enfant à partir de 14 900/7 900 ISK ; à partir de 12 ans). Les kayaks sont adaptés aux personnes non expérimentées. Réservation conseillée.

De novembre à mars, IceGuide organise des visites de grottes de glace depuis Jökulsárlón (tarif plein/enfant 18 900/8 900 ISK ; à partir de 8 ans). Ces circuits comprennent le trajet en 4x4 jusqu'au bord du glacier, puis une marche sur un terrain difficile jusqu'à la grotte. Il faut être en bonne forme physique et équipé de vêtements chauds. Plus de renseignements sur le site Web.

**Glacier Journey** AVENTURE

(☎867 0493 ; www.glacierjourney.is). Cette agence organise toute l'année des circuits en motoneige et en Super-Jeep (soumis aux conditions météo). L'été, elle est basée à la Guesthouse Skálafell (p. 339), et l'accès à la neige se fait par la Piste F985 ; l'hiver, elle est installée à Jökulsárlón. Les excursions en motoneige coûtent 23 500/11 750 ISK par adulte/enfant (sur la base de 2 personnes par véhicule). Supplément de 9 000 ISK pour une motoneige individuelle.

Si vous préférez être à l'abri des éléments, un circuit en Super-Jeep sur la glace reviendra à 23 000/11 500 ISK. Les excursions comprennent une offre "soleil de minuit" en juin et juillet. Réservation obligatoire.

À NE PAS MANQUER

### LA BIÈRE DU VATNAJÖKULL

Cette bière a de sérieux atouts : elle est brassée par Ölvisholt Brugghús, près de Selfoss, avec une eau qui a plus de mille ans (celle des icebergs de Jökulsárlón) et parfumée au thym de l'Arctique, cultivé sur place. Elle est en vente dans les restaurants du Sud-Est. Goûtez sa saveur fruitée et maltée.

**Glacier Trips** AVENTURE

(☎779 2919 ; www.glaciertrips.is). Cette agence locale organise des promenades en groupes restreints sur le Fláajökull, un glacier qu'aucun autre tour-opérateur ne couvre. C'est un bon moyen de sortir des sentiers battus. L'été, des marches partent tard le soir pour profiter du soleil de minuit. Pour les randonnées glaciaires (à partir de 15 500 ISK), le point de rendez-vous est à la pension Hólmur.

L'hiver, l'agence est spécialisée dans les aurores boréales et les visites de grottes et crevasses de glace. Départs de Jökulsárlón (19 500 ISK).

**Glacier Adventure** AVENTURE

(☎571 4577 ; www.glacieradventures.is ; Hali). Cette agence est la plus proche de Jökulsárlón. Les excursions partent de l'Hali Country Hotel (p. 338), à 13 km à l'est de la lagune. Les expéditions sur le Breiðamerkurjökull comprennent 1 heure à 1 heure 30 de marche sur glace (tarif plein/enfant 15 500/8 000 ISK). Autres possibilités : demi-journée d'escalade glaciaire (21 900 ISK) et visite de grottes de glace en hiver (à partir de 19 500 ISK) – dont une plus ardue vers une grotte éloignée.

**Glacier Jeeps** AVENTURE

(☎478 1000, 894 3133 ; www.glacierjeeps.is ; ⏲mi-mai à mi-oct). Cette agence chevronnée spécialisée dans les circuits en motoneige est installée au Vagnsstaðir HI Hostel (à droite), qui est aussi le point de rendez-vous pendant la saison intermédiaire. De juillet à octobre, les excursions de 3 heures partent à 9h30 et à 14h du petit parking situé au départ de la Piste F985, près de la Route circulaire.

Les excursions en motoneige coûtent 23 000 ISK/personne, à deux par véhicule ; supplément de 8 500 ISK pour une motoneige individuelle. Également : circuits en Super-Jeep (23 000 ISK) et randonnées glaciaires (23 000 ISK). L'acheminement par la Piste F985 et l'équipement sont toujours inclus, ainsi qu'environ 1 heure sur la glace. Réservation obligatoire.

## Où se loger

La plupart des établissements sur ce tronçon de la Route circulaire ont augmenté leur capacité d'accueil ces dernières années ; pourtant, la demande dépasse toujours largement l'offre en été, et les prix sont très élevés. N'oubliez pas de réserver, et consultez les tarifs actualisés en ligne.

Les adresses ci-après sont classées en allant de l'ouest vers l'est.

**Hali Country Hotel** HÔTEL €€€

(☎478 1073 ; www.hali.is ; s/d/app petit-déj inclus 28 500/36 500/55 300 ISK). Le musée Þórbergssetur sert de réception et de restaurant à cet hôtel élégant, le plus proche de Jökulsárlón, à Hali. Chambres d'hôtel haut de gamme et deux très beaux appartements de 2 chambres, tout équipés.

♥ **Skyrhúsid Guesthouse** GUESTHOUSE €€

(☎899 8384 ; www.facebook.com/skyrhusid ; Hali ; d/tr sans sdb petit-déj inclus 19 000/23 000 ISK). Cette jolie petite pension est située à Hali, juste après Þórbergssetur. C'est un endroit douillet, avec 9 chambres récentes et un petit espace coloré pour le petit-déjeuner. Équipement de cuisine limité.

**Hrollaugsstaðir** CAMPING, AUBERGE DE JEUNESSE €

(☎478 1905 ; empl 1 900 ISK/pers, s/d sans sdb 12 500/17 000 ISK ; ⏲juin-août). Que les campeurs et les voyageurs au budget serré restent à l'affût du panneau signalant cet établissement discret, en retrait de la Route circulaire, à 23 km à l'est de Jökulsárlón. Dans une ancienne école, il dispose d'emplacements de camping et de chambres modestes (option duvet 7 500 ISK), avec accès à la cuisine.

Il s'agit d'un établissement public. Les gérants peuvent tourner d'une année sur l'autre et il peut y avoir des changements.

**Vagnsstaðir HI Hostel** AUBERGE DE JEUNESSE €

(☎478 1048 ; www.hostel.is ; dort/d sans sdb à partir de 4 800/17 400 ISK). C'est ici, sur la Route circulaire, qu'est basée l'équipe de Glacier Jeeps, dont on aperçoit les motoneiges à l'entrée. Les lits superposés sont un peu entassés dans cette petite auberge dotée d'un coin-repas lumineux. Il y a aussi des chalets de 6 lits (tous avec toilettes, mais sans douches) à côté du bâtiment principal. Un reproche souvent formulé :

les installations sanitaires et la cuisine sont trop petites pour le nombre de lits. Réduction de 700 ISK pour les membres HI.

**Hótel Smyrlabjörg** HÔTEL RURAL €€€

(☎478 1074 ; www.smyrlabjorg.is ; s/d petit-déj inclus 25 000/30 500 ISK). Une bonne adresse alliant confort moderne, vue sur la montagne et tranquillité absolue. Chaleureux et vaste (sa taille a été multipliée par deux récemment), le Smyrlabjörg abrite un restaurant réputé pour sa cuisine à base de produits locaux (plats 2 550-7 500 ISK).

♥ **Guesthouse Skálafell** GUESTHOUSE €€

(☎478 1041 ; www.skalafell.net ; d avec/sans sdb petit-déj inclus 24 500/20 100 ISK). Au pied du Skálafellsjökull, cette accueillante ferme familiale abrite une poignée de chambres agréables dans des bâtiments pittoresques ; il y a aussi quelques chambres de style motel. Pas de cuisine, mais on peut y dîner. En partenariat avec le parc national, les propriétaires, qui connaissent bien le secteur, ont balisé des sentiers (ouverts à tous) dans les paysages glaciaires environnants. Ils pourront vous renseigner.

**Heinaberg Guesthouse** GUESTHOUSE €€

(☎858 2628 ; heinabergiceland@gmail.com ; s/tr/qua sans sdb petit-déj inclus 11 300/23 400/27 800 ISK). Des petites chambres (ambiance chalet) aménagées dans une ferme laitière, confortables et impeccables – 3 simples très douillettes, quelques triples et une chambre familiale pour 4. Accès à la cuisine et vue superbe. Jetez un coup d'œil aux bâtiments modernes de la laiterie – ils sont impressionnants.

♥ **Hólmur** GUESTHOUSE €

(☎478 2063 ; www.holmurinn.is ; s/d sans sdb à partir de 10 600/13 800 ISK). L'étape idéale pour les familles : logement bon marché à la ferme (l'option duvet est encore moins chère) et plein de petits amis à plumes et à poils. Excellent restaurant sur place, le Jón Ríki (p. 340).

**Lambhús** BUNGALOWS €€

(☎662 1029 ; www.lambhus.is ; bung option duvet 18 000-22 000 ISK ; ⏲juin-août). Des canards, des chevaux... et 11 jolis petits bungalows en bois (pour 4 à 6 pers, parfaits pour les familles), le tout au cœur de paysages splendides. Les propriétaires, une adorable famille polyglotte, travaillent aussi comme guides depuis des années. Draps : 2 000 ISK/personne.

**Brunnhóll** HÔTEL RURAL €€

(☎478 1029 ; www.brunnholl.is ; d petit-déj inclus 27 750 ISK). L'hôtel de cette sympathique ferme laitière abrite des chambres sans prétention, avec une vue superbe. Les propriétaires fabriquent la délicieuse Jöklaís ("crème glacée du glacier"), que vous pourrez goûter au buffet du soir (complet 6 400 ISK, soupe et salades 2 650 ISK) ouvert à tous, ou acheter à la ferme.

**Hoffell** HÔTEL RURAL, GUESTHOUSE €€€

(Glacier World ; ☎478 1514 ; www.glacierworld.is ; d avec/sans sdb 30 500/20 500 ISK). La pension de l'Hoffell, assez originale, est appréciée pour ses chambres claires et récentes, avec sdb partagées et cuisine à disposition. Une ancienne étable a été réaménagée pour offrir des chambres d'hôtel avec sdb. Pour les résidents uniquement : accès gratuit aux *hot pots* extérieurs et restaurant sur place.

Les visiteurs profitent d'un accueil chaleureux et les activités proposées (accessibles aussi aux personnes extérieures) sont un plus – **circuits en quad** jusqu'au glacier (à partir de 14 000 ISK) et divers *hot pots* extérieurs (600 ISK ; ⏲7h-22h).

Les propriétaires, qui coopèrent avec le parc national, vous renseigneront sur les environs de la ferme, spectaculaires, et sur la route de 4 km qui mène au Hoffellsjökull.

**Fosshótel Vatnajökull** HÔTEL €€€

(☎478 2555 ; www.fosshotel.is ; ch petit-déj inclus à partir de 28 000 ISK). Cet hôtel de chaîne haut de gamme, à 14 km au nord-ouest d'Höfn, est passé de 26 à 66 chambres. L'extension moderne, en béton et bois, est une réussite, avec ses nuances de bleu et de gris qui rappellent la nature que l'on peut admirer depuis les chambres. Les plus anciennes, qui ont été rénovées, restent moins agréables que les nouvelles, plus luxueuses. Restaurant sur place (plats dîner 2 900-5 950 ISK).

♥ **Árnanes Country Lodge** HÔTEL RURAL €€

(☎478 1550 ; www.arnanes.is ; d avec/sans sdb petit-déj inclus 29 900/23 700 ISK ; ⏲mars-oct). Cet établissement pimpant de 18 chambres (de motel ou d'hôtel) est à 6 km d'Höfn. Ouvert uniquement en été, l'agréable restaurant (plats 2 600-6 900 ISK) privilégie les produits locaux. Possibilité de promenades à cheval pour cavaliers débutants à confirmés (y compris pour les non-résidents).

**Seljavellir Guesthouse** GUESTHOUSE €€
(☎478 1866 ; www.seljavellir.com ; s/d petit-déj inclus 26 000/28 500 ISK). Ce complexe tout en longueur compte 20 chambres à l'élégance minimaliste, qui bénéficient toutes d'une vue splendide. L'accueil est chaleureux. Une adresse de premier choix, située en face de l'Árnanes Country Lodge, à 6 km d'Höfn.

## Où se restaurer

La plupart des hébergements sur cette section de la route ont des restaurants, souvent ouverts aux non-résidents. Les seuls magasins pour faire vos courses sont à Kirkjubæjarklaustur et à Höfn.

**Jón Ríki** ISLANDAIS €€
(☎478 2063 ; www.jonriki.is ; plats déj 1 390-2 590 ISK, dîner 2 390-6 490 ISK ; ⊙11h30-14h juin-fin août, 18h-21h30 toute l'année). Ce restaurant épatant installé dans une ferme (Hólmur, p. 339) est une véritable surprise avec son décor original, sa petite brasserie artisanale et ses plats succulents, très bien présentés, préparés à partir de produits locaux : langoustine grillée, poitrine de porc rôtie, *skyr* au chocolat blanc pour le dessert. Sandwichs et soupes au déjeuner ; les pizzas restent au menu le soir. Très fréquenté ; réservation conseillée le soir.

Entre septembre et mai, la carte du dîner est plus restreinte qu'en été, et il est vraiment recommandé de réserver afin d'avertir les propriétaires de votre venue.

**Þórbergssetur Restaurant** ISLANDAIS €€
(www.hali.is/restaurant ; Hali ; plats déj 1 550-3 100 ISK, dîner 3 200-5 500 ISK ; ⊙11h-21h). Le musée d'Hali, le Þórbergssetur (p. 336), se double d'un excellent café-restaurant dont la spécialité est l'omble chevalier. Situé à 13 km à l'est de Jökulsárlón, il est très fréquenté.

# Höfn

1 700 HABITANTS

Malgré sa population restreinte, la principale localité du Sud-Est fait l'effet d'une ville étendue quand on a auparavant roulé à travers des espaces déserts. Le cadre est stupéfiant : par beau temps, flânez au bord de l'eau, asseyez-vous sur un banc et admirez le Vatnajökull et les autres glaciers.

"Höfn" signifie "port", et ce nom est fort approprié. Extrêmement dépendante de la pêche et des usines de poisson, cette bourgade moderne est connue pour ses *humar* (il s'agit en fait de langoustines et non pas de homards).

Les voyageurs se déplaçant en bus transitent par Höfn, et beaucoup s'y arrêtent pour profiter des nombreux services ; l'été, mieux vaut réserver votre logement. Sur les horaires de bus et autres documents, vous lirez peut-être Höfn í Hornafirði (ce qui signifie Höfn dans l'Hornafjörður) ; c'est un moyen de différencier la ville de tous les autres *höfn* (ports) du pays.

## À voir et à faire

Les activités permettant d'explorer l'immensité glacée du Vatnajökull – randonnées glaciaires, circuits en Super-Jeep ou en motoneige, exploration de lagunes en kayak – sont proposées le long de la Route circulaire à l'ouest d'Höfn.

Dans la bourgade, vous pourrez vous promener et admirer la vue depuis deux courts chemins au bord de l'eau – l'un près de l'Hótel Höfn, l'autre sur Ósland.

**Gamlabúð** ÉDIFICE REMARQUABLE, MUSÉE
(www.vjp.is ; Heppuvegur 1 ; ⊙8h-20h juin-août, 9h-17h mai et sept, 9h-13h oct-avr). Cet entrepôt de 1864, qui abritait autrefois le musée régional des Arts et Traditions populaires, a été transféré de la périphérie de la ville à un emplacement plus central, près du port d'Höfn. Il a été rénové pour servir de centre d'information (p. 343), et abrite de belles expositions sur les merveilles (dont la flore et la faune) du parc national du Vatnajökull, symbole de la région. Il y a également des projections de films documentaires.

**Ósland** PROMENADE
Ce promontoire situé à 1 km derrière le port (dirigez-vous vers le monument aux marins – Óslandsvegur – sur les hauteurs) est un terrain marécageux parsemé de lagunes, que contourne un sentier de promenade. C'est une belle balade pour observer les oiseaux marins, mais gare aux plongeons en piqué des sternes arctiques !

**Sundlaug Hafnar** PISCINE
(Víkurbraut 9 ; tarif plein/enfant 800/200 ISK ; ⊙6h45-21h lun-ven, 10h-19h sam-dim). La piscine municipale découverte ; toboggans, *hot pots* et bain de vapeur.

**Silfurnesvöllur** GOLF
(Dalbraut ; 9 trous, 1/2 pers 3 500/5 000 ISK). Il y a un parcours de 9 trous et un petit clubhouse à l'extrémité de Dalbraut, au nord de la ville.

## Höfn

## Höfn

### À voir
1 Gamlabúð ........ B3

### Activités
2 Ósland ........ B4
3 Silfurnesvöllur ........ A1
4 Sundlaug Hafnar ........ A3

### Où se loger
5 Guesthouse Dyngja ........ A4
6 HI Hostel ........ A1
7 Höfn Camping & Cottages ........ B2
8 Hótel Edda ........ A4
9 Hótel Höfn ........ A2
10 Milk Factory ........ B1
11 Old Airline Guesthouse ........ A3

### Où se restaurer
12 Hafnarbúðin ........ A4
13 Humarhöfnin ........ A3
14 Kaffi Hornið ........ A3
15 Nettó ........ A3
16 Nýhöfn ........ B3
Ósinn ........ (voir 9)
17 Pakkhús ........ B4

### Achats
Vínbúðin ........ (voir 15)

### Renseignements
Centre d'information de Gamlabúð ........ (voir 1)

Combien d'occasions aurez-vous de jouer au golf sous le soleil de minuit, avec vue sur les glaciers ? Location de clubs possible.

## Fêtes et festivals

**Humarhátíð** FOIRE GASTRONOMIQUE

Tous les ans à la fin juin ou au début juillet, la fête de la Langoustine (les homards islandais) d'Höfn met à l'honneur ce succulent crustacé, que les pêcheurs locaux trouvent en abondance. Il y a généralement une fête foraine, des danses et de la musique. L'alcool coule à flots.

## Où se loger

Voici une liste d'hébergements dans Höfn même, mais il y a beaucoup d'autres bonnes adresses (souvent avec un restaurant sur place) sur la Route circulaire, à l'ouest de la ville. L'été, les tarifs sont élevés car la région est très fréquentée. Consultez les sites Web pour les tarifs actualisés ; des réductions sont consenties en hiver. On peut aussi louer des appartements en ville.

**Höfn Camping & Cottages** CAMPING, BUNGALOWS €

(☎478 1606 ; www.campsite.is ; Hafnarbraut 52 ; empl 1 500 ISK/pers, bung d/qua 15 000-22 000 ISK ; ⏲avr-oct ; @). De nombreux voyageurs séjournent dans ce camping situé sur la route principale menant à Höfn, où les patrons ne sont jamais avares de bons conseils sur la région. Il y a 11 bungalows (bon rapport qualité/prix), pouvant loger jusqu'à 6 personnes – certains avec WC privatifs ; douches communes. Le camping compte un terrain de jeux, une laverie et du matériel de camping en vente à la réception.

**HI Hostel** AUBERGE DE JEUNESSE €

(☎478 1736 ; www.hostel.is ; Hvannabraut 3 ; dort/d sans sdb 5 500/18 800 ISK). Depuis la station-service, suivez les panneaux indiquant le seul hébergement à Höfn pour les budgets serrés, à l'écart dans un quartier résidentiel. Bien qu'immense (elle occupe une ancienne maison de retraite), l'auberge est souvent bondée en été. On y trouve tout le nécessaire : une laverie et une cuisine (mais pas d'espace détente). Remise de 700 ISK pour les membres HI. Draps : 1 850 ISK.

**Milk Factory** GUESTHOUSE €€
(☎478 8900 ; www.milkfactory.is ; Dalbraut 2 ; d/qua petit-déj inclus 24 600/31 750 ISK). Cette vieille laiterie au nord d'Höfn a été restaurée de façon magistrale. Les 17 chambres sont dignes d'un hôtel moderne ; deux sont accessibles aux personnes handicapées. Bien qu'elles ne disposent pas de cuisine, les six suites spacieuses avec mezzanine pour 4 personnes sont idéales en famille ou entre amis. Vélos gratuits pour les résidents.

**Guesthouse Dyngja** GUESTHOUSE €€
(☎846 0161 ; www.dyngja.com ; Hafnarbraut 1 ; d sans sdb petit-déj inclus 19 300 ISK ; @). Un jeune couple adorable a su insuffler charme et gaieté à cette petite pension de 5 chambres, idéalement située sur le port. On aime les couleurs vives, le tourne-disque et la collection de vinyles, le petit-déjeuner en self-service, la terrasse et les bons conseils sur la région. Ajout intéressant : une suite (23 200 ISK) avec sdb, au rez-de-chaussée.

**Old Airline Guesthouse** GUESTHOUSE €€
(☎478 1300 ; www.oldairline.com ; Hafnarbraut 24 ; d sans sdb petit-déj inclus 19 200 ISK). Cette nouvelle pension au centre de la bourgade resplendit sous les bons soins de Sigga, un hôte très accueillant. Elle compte 5 chambres récentes (sdb communes), un salon spacieux et une cuisine (petit-déjeuner en self-service). Mention spéciale pour la laverie gratuite. L'Old Airline est accolée à un petit magasin d'informatique.

**Dynjandi** GUESTHOUSE €€
(☎849 4159 ; www.dynjandi.com ; Route 1 ; d/qua sans sdb petit-déj inclus 17 000/24 000 ISK). Sur la Route circulaire dans un cadre magnifique, au pied des montagnes à 3 km de la bifurcation pour Höfn (et à 9 km du village), voici une petite pension douillette de 3 chambres dans une ferme équestre. Les hôtes austro-allemands, très sympathiques, sont des éleveurs de chevaux et guides de randonnée (sur terre ou glaciaire) passionnés. Ils vous renseigneront sur la région.

**Hótel Höfn** HÔTEL €€
(☎478 1240 ; www.hotelhofn.is ; Víkurbraut ; d petit-déj inclus à partir de 28 600 ISK). Cet hôtel d'affaires est souvent occupé par des groupes en été. Les chambres (TV) ont été rénovées avec goût dans des tons neutres ; demandez-en une avec vue sur le glacier – mais d'autres clients auront certainement eu la même idée ! Le restaurant sur place, l'**Ósinn** (☎478 1240 ; www.hotelhofn.is ; Víkurbraut ; plats 2 590-7 350 ISK ; ⏲12h-22h), sert de bons petits-déjeuners – au 3e étage sans ascenseur.

**Hótel Edda** HÔTEL €€€
(☎444 4850 ; www.hoteledda.is ; Ránarslóð 3 ; s/d 28 700/31 200 ISK ; ⏲mi-mai à sept ; @). Avec une terrasse et un salon superbes d'où l'on profite d'une belle vue, l'hôtel Edda, bien situé près du port, est une bonne adresse – malgré des prix excessifs. Les chambres simples et sans prétention ont toutes une sdb ; certaines donnent sur le glacier. Petit-déjeuner à 2 050 ISK.

## Où se restaurer et prendre un verre

*Le humar* (langoustine) est la spécialité d'Höfn. Il est habituellement servi grillé (juste la queue ou l'animal entier) dans du beurre à l'ail. Les prix commencent à plus de 7 000 ISK. Si votre budget ne vous l'autorise pas, optez pour des plats moins onéreux, à base de ces crustacés également, comme la bisque, les sandwichs et la pizza ou les pâtes aux langoustines.

C'est au **Heimahumar**, un *food truck* garé l'été devant le Nettó, que vous trouverez les wraps et paninis à la langoustine les moins chers de la ville (autour de 1 850 ISK).

**Hafnarbúðin** RESTAURATION RAPIDE €
(Ránarslóð ; en-cas et repas 400-2 600 ISK ; ⏲9h-22h lun-ven, 10h-22h sam-dim). Ce petit restaurant à l'ancienne est un sympathique survivant de l'espèce, avec son ambiance joyeuse et sa carte de grill typique (hot dogs, burgers et sandwichs toastés). On y sert un bon *humarloka* (sandwich à la langoustine) pour 2 000 ISK. Il y a même un comptoir de vente à emporter pour les automobilistes.

**Nýhöfn** ISLANDAIS €€
(☎478 1818 ; www.nyhofn.is ; Hafnarbraut 2 ; plats 3 200-5 900 ISK ; ⏲12h-22h mi-mai à mi-sept). Ce charmant "bistrot nordique", qui occupe la maison construite par le premier habitant d'Höfn en 1897, a conservé son atmosphère d'autrefois. La carte met l'accent sur les produits locaux, avec quelques touches venues d'ailleurs, de la bruschetta à la langoustine au ceviche péruvien, en passant par le burger à l'orge, végétarien et bio. Petit bar dans la cave.

À NE PAS MANQUER

## LA FERME DE STOKKSNES

À 7 km à l'est de l'embranchement pour Höfn, juste avant que la Route circulaire ne s'engage dans un tunnel au col d'Almannaskarð, suivez les panneaux indiquant la ferme de Stokksnes, au sud. Après 4,5 km dans un cadre sauvage dominé par le mont Vestra Horn, vous découvrirez l'adorable petit **Viking Café** (www.vikingcafe-iceland.com ; gaufres et gâteaux 900 ISK ; ⌚9h-19h mai-oct). Prenez le temps d'y faire une halte.

C'est le propriétaire de la ferme qui tient le café. Il fait payer 800 ISK aux visiteurs pour explorer son incroyable domaine, qui comprend un **décor de cinéma** figurant un pittoresque village viking, et des kilomètres de **plages de sable noir** sur lesquelles paressent des phoques, avec le Vestra Horn en arrière-plan.

Notez que le décor de cinéma, construit en 2009 par le réalisateur islandais Baltasar Kormakúr, s'animera peut-être très bientôt, lorsque le cinéaste dirigera un film sur les Vikings – un projet sur lequel il travaille depuis longtemps. Espérons que le décor restera en place après le tournage !

Vous pourrez camper dans les environs, en demandant l'autorisation du propriétaire (1 500 ISK/pers, entrée à la ferme comprise).



**Kaffi Hornið** ISLANDAIS €€
(☎478 2600 ; www.kaffihornid.is ; Hafnarbraut 42 ; buffet déj 2 350 ISK, plats 2 950-6 450 ISK ; ⌚11h30-22h). Un bar-restaurant sans prétention dans un chalet. L'ambiance est moins sophistiquée qu'au Humarhöfnin ou au Pakkhús, mais les plats de langoustine sont presque aux mêmes prix. Le buffet de soupes et de salades du déjeuner est vraiment bon, et la carte va du hamburger au saumon grillé. Sélection de bières artisanales.

♥ **Pakkhús** ISLANDAIS €€€
(☎478 2280 ; www.pakkhus.is ; Krosseyjarvegur 3 ; plats 3 100-6 790 ISK ; ⌚12h-22h mi-mai à mi-sept, 17h-21h mi-sept à mi-mai). Dans un ancien entrepôt du port, le Pakkhús est réputé pour sa cuisine d'une inventivité rare dans l'Islande rurale. La carte sur laquelle est indiqué le nom du bateau qui ramène son produit phare, la langoustine, mérite un coup de chapeau. Langoustine locale de premier ordre donc, agneau et canard ; desserts subtils pour conclure le repas en beauté : qui résistera au "*skyr* du volcan" ?

Pas de réservations. Vous devrez peut-être attendre pour obtenir une table, mais il y a un bar au rez-de-chaussée.

♥ **Humarhöfnin** ISLANDAIS €€€
(☎478 1200 ; www.humarhofnin.is ; Hafnarbraut 4 ; plats 2 900-8 400 ISK ; ⌚12h-22h mars-sept, 12h-21h oct-nov). Le Humarhöfnin sert de la "langoustine gastronomique" dans un cadre soigné et chaleureux, où une grande attention est portée aux détails : les rebords de fenêtre sont décorés de plantes aromatiques et les tables sont parées de roses. Les prix des plats à base de langoustines commencent à 7 000 ISK ; la délicieuse baguette à la langoustine (4 300 ISK) et la pizza (2 900 ISK) sont plus économiques.

**Nettó** SUPERMARCHÉ
(Miðbær ; ⌚9h-20h lun-sam, 10h-19h dim). Dans le centre commercial Miðbær. Faites des provisions – la prochaine épicerie, dans les deux directions, est à des kilomètres ! La boulangerie vend des sandwichs, des salades, des sushis. DAB devant le centre commercial.

**Vínbúðin** VINS ET SPIRITUEUX
(Miðbær ; ⌚11h-18h lun-jeu, 11h-19h ven, 11h-16h sam, horaires réduits sept-avr). Chaîne d'État.

## ℹ Renseignements

**Centre d'information de Gamlabúð**
(☎470 8330 ; www.visitvatnajokull.is ; Heppuvegur 1 ; ⌚8h-20h juin-août, 9h-17h mai et sept, 9h-13h oct-avr). À deux pas du port, le Gamlabúð abrite un centre d'information sur le parc national du Vatnajökull. On y trouve des expositions intéressantes, ainsi qu'un office du tourisme local (cartes en vente). Renseignez-vous sur les activités et les sentiers.

## ℹ Depuis/vers Höfn

### AVION

L'aéroport d'Höfn se trouve à 6,5 km au nord-ouest de la ville. Eagle Air (www.eagleair.is) assure toute l'année une liaison entre Reykjavík et Höfn (à partir de 18 600 ISK l'aller).

### BUS

Les bus des différentes compagnies qui passent par Höfn ne s'arrêtent pas tous au même endroit : renseignez-vous pour savoir où se trouve l'arrêt qui vous concerne.

Les bus circulant entre Höfn et Reykjavík s'arrêtent dans les localités et aux sites les plus importants : Jökulsárlón, le Skaftafell, Kirkjubæjarklaustur, Vík, Skógar, Hvolsvöllur, Hella et Selfoss. Tarifs et horaires à jour sur les sites Web.

En hiver, il n'y a pas de correspondance entre Egilsstaðir et Höfn (le bus n°62a ne circule pas).

Services assurés par **SBA-Norðurleið** (☎ 550 0720 ; www.sba.is ; arrêt à la station-service N1) :

- Bus n°62a pour Egilsstaðir (9 400 ISK, 5 heures, 1/jour juin à mi-sept). S'arrête à Djúpivogur, Breiðdalsvík et aux fjords le long des routes 92 et 96.
- Bus n°62a pour Mývatn (15 500 ISK, 7 heures 30, 1/jour juin à mi-sept)
- Bus n°62a pour Akureyri (19 000 ISK, 9 heures 15, 1/jour juin à mi-sept)

Services assurés par **Sterna** (☎ 551 1166 ; www.icelandbybus.is ; arrêt au camping) :

- Bus n°12a pour Reykjavík (11 600 ISK, 10 heures 15, 1/jour juin à mi-sept)

Services assurés par **Strætó** (☎ 540 2700 ; www.straeto.is ; arrêt devant la piscine) :

- Bus n°51 pour Reykjavík (12 180 ISK, 7 heures 15, 2/jour juin à mi-sept, 1/jour dim-ven le reste de l'année)

Services assurés par **Reykjavík Excursions** (☎ 580 5400 ; www.re.is ; arrêt à la station-service N1) :

- Bus n°19 pour Skaftafell (5 500 ISK, 4 heures 15, 1/jour juin à mi-sept). S'arrête 2 heures 30 à Jökulsárlón. On peut l'emprunter pour un circuit d'une journée avec retour à Höfn (5 heures 15 d'arrêt à Skaftafell).

# D'Höfn à Djúpivogur

La portion de 105 km de route qui longe la partie sud-est de l'Islande, entre Höfn et Djúpivogur, s'enorgueillit également de panoramas spectaculaires. Cette route sinueuse ne passe que devant une poignée de fermes, au pied de sommets vertigineux.

## Stafafell

Comme posée au milieu de nulle part, Stafafell est une ferme ovine solitaire au pied des montagnes. Elle fait une base de randonnée idéale pour explorer le Lónsöræfi, l'une des plus grandes réserves naturelles d'Islande.

Les possibilités de balades à la journée sont nombreuses dans les collines et les vallées au nord de Stafafell. Le sentier bien balisé qui relie Stafafell au **Hvannagil**, un canyon de rhyolite coloré sur la rive est de la rivière Jökulsá í Lóni, offre peut-être la plus belle randonnée à la journée de la région (14,3 km ; 4-5 heures aller-retour). Les fermiers vous fourniront plus de détails.

Trois frères possèdent la ferme. L'un tient une pension et loue des bungalows tout simples (☎ 478 1717 ; www.stafafell.is ; ch sans sdb 4 000 ISK/pers, bung draps inclus 18 000-22 000 ISK) ; un autre gère un camping sommaire ouvert en été (empl 1 500 ISK/pers).

Le site www.stafafell.is est une mine d'informations.

## Lónsöræfi

Si vous voyagez en Islande pour découvrir l'ermite qui est en vous, la réserve naturelle de Lónsöræfi, reculée et accidentée, est idéale. Cette zone sauvage protégée, qui s'étend sur 320 km² à l'intérieur des terres, au-delà de Stafafell, est un univers minéral de montagnes de rhyolite colorées et escarpées et de vallées profondes, et l'une des plus grandes réserves d'Islande.

Les randonnées dans cette région sont ardues et réservées aux marcheurs chevronnés (certains itinéraires nécessitent de traverser de larges cours d'eau). Les plus longues vont vers la partie est du Vatnajökull, et vers le nord-ouest jusqu'au mont Snæfell ("montagne de neige" ; 1 833 m).

Bien que le Lónsöræfi ne fasse pas partie du parc national du Vatnajökull, le site Web du parc (www.vatnajokulsthjodgardur.is) détaille les sentiers qui y mènent, et les centres d'information des visiteurs de Skaftafell, Höfn et Skríðuklaustur (dans l'Est, et qui couvre la zone du parc national autour du Snæfell) pourront vous conseiller et vous vendre les cartes topographiques dont vous aurez sûrement besoin. Le site www.stafafell.is fournit aussi de bons renseignements sur la manière d'accéder à la région, bien qu'il ne soit pas toujours à jour.

La seule route de la réserve est la F980, une piste cahoteuse de 25 km qui se termine à Illikambur. Elle ne convient qu'aux conducteurs expérimentés au volant d'une Super-Jeep – il y a une rivière profonde au débit rapide à traverser ; les petits 4x4 n'y parviendront pas. Contactez **Glacier Journey** (☎ 478 1517 ; www.glacierjourney.is ; ⏲ mi-juin à mi-oct) si vous souhaitez être véhiculé vers ou depuis le Lónsöræfi pour une randonnée (11 900 ISK l'aller, 2 pers minimum).

## ☞ Circuits organisés

**South East ehf** EN JEEP
(☎846 6313 ; www.southeasticeland.is). Siggi organise des circuits en Super-Jeep personnalisés et réputés dans le Sud-Est. Une excursion de 5 heures au départ d'Höfn vous conduit par exemple jusqu'au Lónsöræfi (25 000 ISK/pers). Sur réservation.

**Icelandic Mountain Guides** RANDONNÉE
(IMG ; ☎587 9999 ; www.mountainguides.is). IMG propose une traversée de 5 jours (50 km, à partir de 152 000 ISK) dans le Lónsöræfi, avec hébergement en refuge (en voyageant du nord au sud). Retrouvez ce trek sur le site Web de l'agence, sous le nom de "In the Shadow of Vatnajökull".

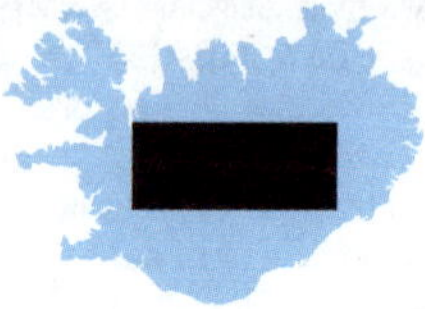

[redacted]

# Les hautes terres

**Dans ce chapitre ➡**


Piste de Kjölur ......347
Piste de Sprengisandur... 352
Piste d'Askja ....... 354
Piste de Kverkfjöll ...357


## Le top des merveilles naturelles

- Askja (p. 356)
- Herðubreið (p. 356)
- Hveravellir (p. 350)
- Kverkfjöll (p. 357)
- Drekagil (p. 356)
- Kerlingarfjöll (p. 351)
- Holuhraun (p. 356)

## Le top des lieux de baignade

- Víti (p. 356)
- Hveravellir (p. 350)
- Laugafell (p. 352)
- Kerlingarfjöll (p. 351)

## Pourquoi y aller

Les voyageurs qui ont suivi la Route circulaire en pensant que les villes et les stations-service étaient bien rares, et que les moutons étaient sans doute plus nombreux que les hommes, n'ont encore rien vu. Dans les hautes terres intérieures, les services, les hébergements et les ponts sont pratiquement inexistants. Tout comme les secours en cas de problème.

En regardant ces étendues désolées, on pourrait se croire dans l'*outback* australien, ou sur la Lune. Les astronautes d'*Apollo* se sont d'ailleurs entraînés ici avant de marcher sur l'astre lunaire.

Cet isolement (associé au plaisir de voir en vrai ce que l'on apprend dans les cours de géologie) est l'attrait principal de l'île. Et, si certains sont déçus par les paysages mornes de l'intérieur du pays, d'autres, à l'inverse, sont impressionnés par la nature à l'état plus brut. Un isolement exaltant, des panoramas grandioses... et des déplacements difficiles : une excellente préparation s'impose.

## Bon à savoir

- **Piste de Kjölur** (Route 35/F35). Route nord-sud traversant le pays. Desservie par des bus en été. Pas de rivière à traverser à gué.
- **Piste de Sprengisandur** (Route 26/F26). Route nord-sud traversant le pays. Desservie par des bus en été.
- **Piste d'Askja** (Öskjuleið ; route F88 ou F905/910). Accès depuis le nord de l'Islande à la caldeira d'Askja, au mont Herðubreið et au nouveau champ de lave d'Holuhraun. Empruntée par de nombreux tour-opérateurs, en particulier au départ de Mývatn.
- **Piste de Kverkfjöll** (routes F905, F910, puis F902). Accès depuis le nord de l'Islande (ou l'est, via la Route 910) aux grottes de glace du Kverkfjöll. Quelques agences passent par cet itinéraire.

## Piste de Kjölur

Pour découvrir les déserts centraux de l'Islande en évitant de traverser des rivières à gué, la piste de Kjölur (ou Kjalvegur), longue de 200 km, comporte des ponts sur tous les cours d'eau. En été, des bus quotidiens l'utilisent même comme "raccourci" entre Reykjavík et Akureyri.

En venant du sud, la Route 35 débute juste après Gullfoss ; elle traverse deux grands glaciers avant d'arriver près de Blönduós, sur la côte nord-ouest. Elle atteint son plus haut point (environ 700 m) entre les calottes glaciaires du Langjökull et du Hofsjökull, près du mont Kjalfell (1 000 m). Sa section nord passe par Blöndulón, un grand lac artificiel exploité par la centrale hydroélectrique Blanda. La route est en meilleur état au nord qu'au sud.

Habituellement, la piste de Kjölur ouvre mi-juin et ferme en septembre (en fonction des conditions climatiques).

### Circuits organisés

En été, les services de bus réguliers peuvent servir à se déplacer ou à organiser des excursions à la journée.

**Saga Travel** EN JEEP
(☎558 888 ; www.sagatravel.is). De juillet à octobre (selon la météo), Saga Travel propose au départ de Reykjavík un circuit guidé d'une journée jusqu'à Akureyri (59 990 ISK). Il passe par les sites incontournables du Cercle d'or puis par la piste de Kjölur au nord, et marque un arrêt à Hveravellir (assez long pour que l'on puisse se baigner). À l'arrivée, vous pourrez choisir de séjourner à Akureyri ou de reprendre l'avion pour Reykjavík (vol non compris dans le tarif).

### Où se loger et se restaurer

Outre les hébergements très fréquentés du Kerlingarfjöll et de Hveravellir, deux organisations gèrent des refuges le long de la piste (apportez votre duvet). Il est indispensable de réserver. Les campeurs peuvent s'installer à côté des refuges.

Vous pourrez vous restaurer au Kerlingarfjöll et à Hveravellir ; partout ailleurs, vous devrez prévoir des provisions. Les refuges possèdent généralement une cuisine – où vous ne trouverez pas toujours des ustensiles.

**Gljásteinn** REFUGES €
(☎486 8757 ; www.gljasteinn.is ; empl 1 200 ISK/pers, dort 6 000 ISK ; ⌚mi-juin à août). Possède 3 refuges bien équipés à proximité immédiate de la route, parfaits pour ceux qui voyagent en voiture, à pied ou à cheval. Du sud au nord :

➡ **Fremstaver**
(N 64°45.207', W 19°93.699'). Refuge confortable de 25 couchages avec cuisine, sur le versant sud du mont Bláfell.

➡ **Árbúðir**
(N 64°609.036', W 19°702.947'). Bon refuge de 30 couchages avec cuisine et douches chaudes. Sur les berges de la Svartá, au bord de la Route 35 à 42 km au nord de Gullfoss. Sur place, un petit café vend de la nourriture et de l'artisanat.

➡ **Gíslaskáli**
(N 64°744.187', W 19°432.508'). Très bon choix : 50 couchages, cuisine, salle à manger, salon et douches chaudes. À 4 km au nord de l'embranchement vers le Kerlingarfjöll et à 1 km de la Route 35.

**Ferðafélag Íslands** REFUGES €
(☎568 2533 ; www.fi.is ; empl 1 800 ISK/pers, dort 5 000-5 500 ISK). Gère les refuges présentés ci-dessous du sud au nord. Tous sont équipés de toilettes et d'une cuisine (sans ustensiles). Réservez pour les couchages.

### CIRCUITS DANS LES HAUTES TERRES

Outre les excursions à la journée à destination d'Askja et de Kverkfjöll, et les lignes de bus d'été desservant les pistes de Kjölur et de Spengisandur, des circuits de plusieurs jours permettent de découvrir les hautes terres.

**Icelandic Mountain Guides** (www.mountains.is) propose un circuit de 8 jours à travers la région, incluant Mývatn et Landmannalaugar (à partir de 315 000 ISK).

**Eldhestar** (www.eldhestar.is) organise des treks à cheval de 8 jours sur les pistes de Kjölur et de Spengisandur – réservés aux cavaliers chevronnés.

Si le temps vous manque, les survols touristiques offrent un superbe aperçu des paysages de la région – en avion depuis Akureyri et Mývatn, ou en hélicoptère depuis Möðrudalur.

## À ne pas manquer

❶ La marche dans le champ de lave, la vue sur la caldeira et un bain dans les eaux du cratère Víti à **Askja** (p. 356)

❷ Les sculptures de glace dans les grottes géothermiques du **Kverkfjöll** (p. 357)

❸ Un hommage à la "Reine des montagnes", l'**Herðubreið** (p. 356)

❹ Une pensée pour les proscrits (et les fantômes) sur la **piste de Sprengisandur** (p. 352), la plus longue et la plus isolée d'Islande

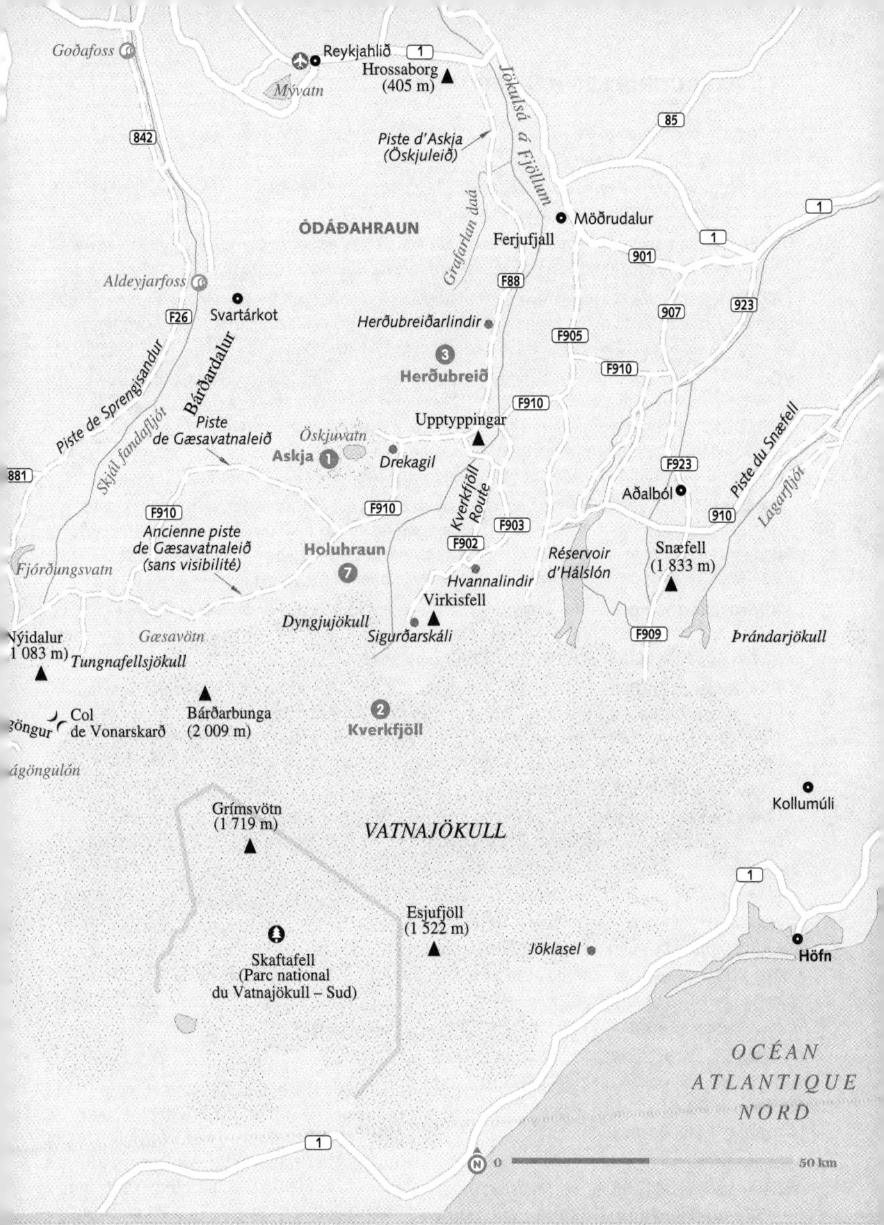


5 Des haltes aux sources thermales et aux rochers escarpés que l'on gravit facilement le long de la **piste de Kjölur** (p. 347)

6 Les nouveaux chemins de randonnée qui sillonnent le majestueux massif du **Kerlingarfjöll** (p. 351)

7 Un cours de géologie grandeur nature et une balade impressionnante sur le dernier champ de lave en date, à **Holuhraun** (p. 356)

### PARCOURIR LES HAUTES TERRES

**Conditions climatiques** Imprévisibles. La neige n'est pas rare, même en plein été. Prévisions sur www.vedur.is.

**Date d'ouverture des routes** Dépend de la météo ; généralement entre début juin et début juillet. Consultez www.road.is ou appelez le ☎1777.

**Sécurité** Ne partez pas sans avoir consulté les alertes et conseils mis en ligne sur www.safetravel.is ; enregistrez votre itinéraire sur ce site et emportez de bonnes cartes.

**4x4** Les pistes des hautes terres sont réservées aux robustes 4x4 surélevés, car le terrain est accidenté et les traversées de rivière sont souvent dangereuses. Apprenez à franchir un cours d'eau avant votre départ : cela ne s'improvise pas !

**Convoi** Il est recommandé de voyager à deux voitures. Ainsi, si l'une s'embourbe ou tombe en panne, l'autre pourra la tirer, chercher de l'aide ou conduire les passagers à l'abri. Sachant que la circulation est plus importante en juillet et août, cette précaution n'est pas indispensable sur les itinéraires les plus populaires en été – cela reste en revanche vivement conseillé sur les pistes moins fréquentées.

**Carburant** La seule station-service des hautes terres est à Hrauneyjar, au sud de la piste de Sprengisandur. Vous pourrez aussi vous approvisionner à Möðrudalur, non loin de l'une des entrées nord de la piste d'Askja. Il n'y a pas de station-service à Hveravellir sur la piste de Kjölur (malgré ce qui est annoncé sur certains sites Web). Faites le plein avant de partir.

**Approvisionnement** Selon votre itinéraire, il vous faudra peut-être un supplément d'essence. Dans tous les cas, faites le plein de provisions avant votre départ, car les points de vente sont très rares dans les hautes terres.

**Bus et/ou circuits** Ils constituent une bonne solution. En été, vous pourrez prendre les bus tout-terrain sur les pistes de Kjölur et de Sprengisandur pour effectuer un circuit d'une journée (par exemple, de Reykjavík à Akureyri) ; ou prévoir des étapes le long de l'itinéraire. Des agences proposent des Super-Jeeps confortables et emploient des chauffeurs/guides expérimentés.

**Voies balisées** Dans les hautes terres, comme partout ailleurs, restez sur les axes balisés. La conduite hors piste, illégale, nuit gravement au fragile écosystème islandais.

➡ **Hvítárnes**
(N 64°37.007', W 19°45.394'). Tenu par un gardien bénévole entre début juillet et fin août : 30 couchages et une cuisinière à gaz (pas d'ustensiles de cuisine).

➡ **Þverbrekknamúli**
(N 64°43.100', W 19°36.860). À environ 4 km sud-est de la petite calotte glaciaire du Hrútafell : 20 couchages (réservation indispensable) – pas de gardien.

➡ **Þjófadalir**
(N 64°48.900', W 19°42.510'). Au pied du mont Rauðkollur, à environ 12 km au sud-ouest de Hveravellir : 12 couchages (réservation indispensable) – pas de gardien.

## Hvítárvatn

Le lac bleu pâle de Hvítárvatn, à 35 km au nord-est de Gullfoss, est la source de la rivière glaciaire Hvítá. C'est une destination prisée des agences de rafting de Reykjavík. Une langue du Langjökull, la seconde plus grande calotte glaciaire d'Islande, plonge dans le lac et forme des icebergs, qui ajoutent à la beauté du site.

## Hveravellir

La réserve naturelle de Hveravellir, à mi-chemin entre Gullfoss au sud et la Route circulaire au nord, est appréciée pour sa zone géothermique avec fumerolles et sources thermales. Elle compte parmi ses bassins le Bláhver, d'un bleu scintillant ; l'Öskurhólshver, qui émet un jet constant de vapeur ; et un magnifique bassin artificiel (500 ISK pour les clients à la journée ; inclus dans le tarif de l'hébergement). Une autre source thermale, l'Eyvindurhver, doit son nom au hors-la-loi Fjalla-Eyvindur : Hveravellir aurait été l'une de ses nombreuses cachettes dans les hautes terres.

Hveravellir est signalée à 30 km au nord de la bifurcation vers le Kerlingarfjöll (environ 90 km au nord de Gullfoss et 90 km au sud de la Route circulaire). Les bus y marquent un arrêt (1 heure environ).

Il n'y a plus de pompe à essence à Hveravellir.

## Où se loger et se restaurer

Si vous venez avec vos provisions, renseignez-vous sur l'accès à la cuisine en réservant votre place en refuge. On peut aussi manger au petit café ouvert toute la journée, qui sert le petit-déjeuner (1 800 ISK), des soupes, des sandwichs, des gâteaux et des plats chauds (1 800-2 500 ISK) – burgers, ragoût de poisson, poulet et pommes de terre...

**Hveravellir** REFUGE €
(été 452 4200, toute l'année 894 1293 ; www.hveravellir.is ; empl 1 800 ISK/pers, dort 7 500-9 300 ISK ; juin-sept/oct). Hveravellir compte 2 refuges de 50 couchages (draps : 2 000 ISK ; chambres privatives disponibles), un terrain de camping et un café-épicerie. Les équipements de cuisine sont réservés aux occupants d'un seul des 2 refuges (l'"Old Hut") ; ils ne sont pas accessibles aux campeurs. Le personnel, serviable, vous conseillera sur les sentiers des environs.

# Kerlingarfjöll

Jusque dans les années 1850, les Islandais croyaient que cette chaîne de montagnes abritait de dangereux hors-la-loi. On pensait qu'ils vivaient dans une vallée isolée, au cœur du massif de 150 km². Si forte était cette croyance qu'il fallut attendre le milieu du XIXe siècle pour que quelqu'un s'aventure dans le Kerlingarfjöll, qui ne fut entièrement exploré qu'en 1941 par l'association Ferðafélag Íslands.

Parsemé de sources thermales, ce paysage coloré, entrecoupé d'arêtes et de pics déchiquetés (le point culminant est le Snækollur, 1 477 m), est spectaculaire. Une superbe marche de 5 km (1 heure 30) mène du Kerlingarfjöll Highland Centre au secteur géothermique de **Hveradalir**. Vous pourrez aussi rejoindre en voiture (15 min) le parking du mont Keis, non loin à pied de Hveradalir.

Le Kerlingarfjöll est à 10 km de la Route 35 sur la Route F347. Le bus s'y arrête.

## Où se loger et se restaurer

Si vous transportez des provisions, vous pourrez les cuisiner au Kerlingarfjöll Highland Centre. Sinon, un petit restaurant propose un buffet au petit-déjeuner (1 750 ISK), des sandwichs et des soupes durant la journée, et des plats simples et savoureux le soir (ragoût de poisson, saumon au four, soupe d'agneau).

**Kerlingarfjöll Highland Centre** GUESTHOUSE €€
(été 664 7878, toute l'année 664 7000 ; www.kerlingarfjoll.is ; empl 1 850 ISK/pers, d avec sdb petit-déj inclus 27 850 ISK ; mi-juin à mi-sept). Cet excellent centre isolé compte quelques chalets et bungalows, avec douche ou sdb commune et draps en supplément (option duvet 4 650-6 100 ISK), un camping, une cuisine commune, un restaurant correct (plats dîner 3 100-3 500 ISK) et des *hot pots* naturels. Tarifs actualisés et infos sur les sentiers des environs sur le site Web.

## Depuis/vers la piste de Kjölur

### BUS

En été, des bus circulent régulièrement le long de la piste de Kjölur entre Reykjavík et Akureyri (dans les deux sens). On peut les emprunter comme simples moyens de transport ou pour des excursions à la journée. Ces liaisons sont comprises dans certains forfaits de bus.

Services assurés par **SBA-Norðurleið** (www.sba.is) :

- Bus n°610 Reykjavík-Akureyri, n°610a Akureyri-Reykjavík (17 000 ISK aller, 10 heures 30, 1/jour mi-juin à mi-sept). Arrêts de 30 minutes à Geysir et Gullfoss, de 15 minutes au Kerlingarfjöll et de 1 heure à Hveravellir (le temps d'une baignade).

Si le bus semble attrayant à première vue, sachez qu'après une heure d'émerveillement dans ce paysage désolé, les 9 heures suivantes pourront vous sembler longuettes si vous ne descendez pas en chemin.

### VOITURE

La Route 35 (parfois indiquée F35) est une piste de montagne. Aussi, même s'il est techniquement possible de l'emprunter avec une voiture de tourisme, nous vous le déconseillons (des nids-de-poule/ornières sont presque assez profonds pour engloutir une voiture, vous risquez d'endommager le châssis et le trajet sera lent et cahoteux). Les compagnies de location interdisent formellement d'emprunter cet itinéraires avec leurs voitures ordinaires. Les conducteurs de 4x4 n'auront pas de problèmes.

Si vous avez une voiture de tourisme et souhaitez avoir un aperçu des hautes terres, sachez que les premiers 14 km de la piste (au nord de Gullfoss) sont asphaltés.

## Piste de Sprengisandur

Pour les Islandais, le nom de Sprengisandur évoque des hors-la-loi, des fantômes et de longs cortèges de moutons dans un paysage désolé. La piste de Sprengisandur (F26), la plus longue d'Islande sur un axe nord-sud, traverse d'inquiétantes landes désertiques.

La Sprengisandur offre des panoramas splendides du Vatnajökull, du Tungnafellsjökull et de l'Hofsjökull, ainsi que de l'Askja et de l'Herðubreið, à l'ouest. Une piste plus ancienne, aujourd'hui abandonnée, court à quelques kilomètres à l'ouest.

La piste de Sprengisandur part de la Route 842, près de Goðafoss, dans le nord-ouest de l'Islande. Après 41 km, on passe sous un portail métallique rouge ; c'est là que démarre la F26. À 2,5 km du portail, une affiche indique les sites et les plus beaux endroits de l'itinéraire. Il faut parcourir encore 1 km pour découvrir l'une des plus belles cascades du pays, l'**Aldeyjarfoss**. L'eau dévale de la falaise dans une gorge étroite, bordée d'orgues basaltiques caractéristiques.

Après la cascade, la piste continue sur 240 km vers le sud-ouest à travers un territoire inhospitalier jusqu'à la vallée de Þjórsárdalur. Il existe deux autres itinéraires pour rejoindre Sprengisandur ; tous deux sont reliés à la route principale à mi-chemin.

La piste ouvre généralement début juillet.

### Laugafell

Principal site en venant du Skagafjörður, le Laugafell, une montagne haute de 879 m, comporte quelques sources thermales sur son versant nord-ouest. À proximité, **Ferðafélag Akureyrar** (Touring Club d'Akureyri ; FFA ; ☎juil-août 822 5192 ; www.ffa.is ; N 65°01.630', W 18°19.950' ; empl 1 800 ISK/pers, dort 6 500 ISK) possède un refuge de 35 lits, avec une cuisine et une magnifique piscine naturelle, chauffée par la géothermie. Un gardien est présent en juillet et août. Le reste de l'année, contactez le FFA via son site Internet.

Le Laugafell se dresse près de la voie d'accès à l'Eyjafjörður en direction de la piste de Sprengisandur, soit à 87 km au sud d'Akureyri par les routes 821 et F821. Il n'est pas possible d'y accéder en bus.

On peut aussi rejoindre le Laugafell par la voie d'accès au Skagafjörður, à 93 km par les routes 752 et F752.

Des agences d'Akureyri, dont The Traveling Viking (p. 256), organisent des excursions en 4x4 d'une journée dans la région.

### Nýidalur

Le Nýidalur (également appelé Jökuldalur), le massif juste au sud de la calotte glaciaire de Tungnafellsjökull, fut découvert par un voyageur égaré en 1845. Avec un **camping et des refuges** (☎juil-août 860 3334 ; www.fi.is ; N 64°44.130', W 18°04.350' ; empl 1 800 ISK/pers, dort 7 500 ISK) et de belles randonnées, c'est l'étape la plus appréciée des voyageurs sur la piste de Sprengisandur. Les refuges disposent de cuisines (sans ustensiles) et de douches (500 ISK ; un gardien est présent en juillet-août. Il est indispensable de réserver. À environ 100 km de Hrauneyjar.

Parmi les deux rivières, celle à 500 m du refuge peut être difficile à franchir, même avec un 4x4. Demandez conseil au gardien.

Les services de bus réguliers de la piste de Sprengisandur s'arrêtent ici.

### Hrauneyjar

Étonnamment, à l'endroit le plus désolé à l'ouest du Þórisvatn, dans le secteur de Hrauneyjar, une *guesthouse* et un hôtel ouvrent toute l'année. Au croisement de la piste de Sprengisandur (F26) et de la F208 vers Landmannalaugar, ils sont pratiques pour explorer la région, sillonnée de sentiers balisés.

### RANDONNÉE À KJÖLUR

À la recherche d'une randonnée de plusieurs jours en indépendant dans la région ?

**Ancienne piste de Kjalvegur** (www.fi.is). Une randonnée facile et pittoresque de 3 jours (39 km) de Hvítárvatn à Hveravellir (ou inversement). Le chemin suit l'ancienne piste cavalière de Kjölur (à l'ouest de la piste actuelle), en passant par les refuges de montagne de Hvítárnes, de Þverbrekknamúli et de Þjófadalir (p. 350).

**Hringbrautin** (www.kerlingarfjoll.is/routes). Un éprouvant circuit de 3 jours (47 km) autour du massif du Kerlingarfjöll, depuis/vers le Kerlingarfjöll Highland Centre (p. 351) ; refuges à Klakkur et Kisubotnar.

### TERRITOIRES HORS LA LOI

Traditionnellement en Islande, les proscrits perdaient tous leurs droits, et leurs ennemis pouvaient les tuer sans conséquence. De nombreux *útilegumenn* (hors-la-loi), tel Eiríkur Rauðe (Erik le Rouge), s'exilèrent à l'étranger. D'autres se réfugièrent dans les montagnes et les vallées de l'arrière-pays, où rares étaient ceux qui osaient les poursuivre.

Quiconque pouvait survivre une année entière dans ces déserts désolés devait être hors du commun. Les hors-la-loi islandais étaient crédités de toutes sortes d'exploits terribles, et la population craignait ces territoires inhospitaliers, considérés comme le repaire du Mal. Les *útilegumenn* vinrent ainsi grossir les rangs des géants et des trolls, et enrichir les récits populaires, comme la fantastique *Saga de Grettir*.

Un hors-la-loi devint le sujet de quantité de légendes. Fjalla-Eyvindur ("Eyvindur des montagnes"), un charmant et incorrigible voleur du XVIIIe siècle, s'enfuit dans les hautes terres avec son épouse et continua à se faire des ennemis en volant des moutons pour survivre. Dans toute la région, vous verrez des abris et des cachettes où il se serait terré, et vous entendrez des récits sur sa capacité à survivre dans des conditions extrêmes, sans se laisser rattraper par ses poursuivants.

Vous pourrez vous procurer du carburant au Highland Center Hrauneyjar. En venant de l'ouest par la Route 32 (qui bifurque de la Route 30 entre Selfoss et Flúðir), une route asphaltée mène à Hrauneyjar. On peut également arriver par la Route 26, qui quitte la Route circulaire près d'Hella.

L'établissement loue - cher - des 4x4 (36 500 ISK les 12 heures !), ce qui vous permettra d'explorer les hautes terres si vous êtes venu avec une voiture ordinaire ou en bus. Les bus qui empruntent la piste de Sprengisandur passent à Hrauneyjar.

## Où se loger et se restaurer

Les hébergements de Hrauneyjar pratiquent des tarifs élevés. De par la proximité de Landmannalaugar, ils sont très demandés.

**Highland Center Hrauneyjar** GUESTHOUSE €€
(☎487 7782 ; www.hrauneyjar.is ; s/d avec petit-déj à partir de 19 800/22 500 ISK ; @). La "Hrauneyjar Guesthouse" loue des petites chambres sommaires de configurations variables et propose une option duvet onéreuse (s/d 9 600/11 800 ISK, petit-déj non compris). Un restaurant correct sert au déjeuner et au dîner (plats 1 500-4 900 ISK).

**Hotel Highland** HÔTEL €€€
(☎487 7782 ; www.hotelhighland.is ; s/d avec petit-déj 32 050/36 250 ISK ; juin-sept ; @). Si vous recherchez des prestations plus luxueuses - chambres confortables, bar, restaurant gastronomique réputé, *hot pot* et sauna - et ne craignez pas de payer le prix fort, privilégiez cet hôtel, à 1,4 km du Highland Center Hrauneyjar (mêmes propriétaires).

## Veiðivötn

Cette région splendide, juste au nord-est de Landmannalaugar, est un enchevêtrement de petits lacs dans un bassin volcanique, un prolongement de la fissure qui a formé le Laugahraun dans la réserve naturelle de Fjallabak. C'est un endroit merveilleux à explorer, au fil des pistes pour 4x4 qui serpentent à travers les sables de téphra entre les lacs (réputés pour la pêche à la truite). Pour rejoindre Veiðivötn, suivez la Route F228 à l'est de Hrauneyjar.

## Depuis/vers la piste de Sprengisandur

### BUS

En juillet-août, Reykjavík Excursions (www.re.is/iceland-on-your-own/) offre 2 services réguliers sur la piste de Sprengisandur (la mise en service coïncide avec la date d'ouverture des routes). Ils sont compris dans plusieurs forfaits de bus.

Services assurés par Reykjavík Excursions :

- **Bus n°14 Landmannalaugar-Mývatn, n°14a Mývatn-Landmannalaugar** (16 500 ISK, 10 heures, tlj fin juin-début sept). Ce service régulier sert aussi de bus touristique – longs arrêts à Nýidalur, Aldeyjarfoss et Goðafoss.
- **Bus n°17 Reykjavík-Mývatn, n°17a Mývatn-Reykjavík** (20 500 ISK, 12 heures, tlj fin juin-début sept). Fait fonction de bus touristique – haltes à Nýidalur, Aldeyjarfoss et Goðafoss.

En été, les bus réguliers transportent les vélos (3 500 ISK) sur la piste de Sprengisandur.

### VOITURE

Il n'y a aucune station-service le long de la piste. Hrauneyjar est à 240 km de Goðafoss ; soyez prévoyant.

Les stations-service les plus proches sont à Akureyri (en venant de l'Eyjafjörður), à Varmahlíð (en venant du Skagafjörður) ou à Fosshóll, près de Goðafoss (en venant du nord par la route principale via Bárðardalur). Vous trouverez du carburant à Hrauneyjar si vous arrivez du sud.

**Depuis l'Eyjafjörður** Du nord, la F821 (voie d'accès à l'Eyjafjörður), qui part du sud de l'Eyjafjörður (au sud d'Akureyri), rejoint l'itinéraire venant du Skagafjörður à Laugafell.

**Depuis le Skagafjörður** Du nord-ouest, la F752 (voie d'accès au Skagafjörður), longue de 81 km, relie le sud du Skagafjörður (la ville la plus proche est Varmahlíð sur la Route circulaire) à la piste de Sprengisandur. Les routes se rejoignent près du lac de Fjórðungsvatn, à 20 km à l'est d'Hofsjökull.



# Piste d'Askja

La piste d'Askja (Öskjuleið) traverse les hautes terres jusqu'à l'Herðubreið (1 682 m), la "Reine des montagnes" chère aux Islandais, et l'immense caldeira d'Askja, la merveille la plus prisée du désert. Principale route d'accès, la Route F88 part de la Route circulaire à 32 km à l'est du Mývatn. On peut aussi accéder à l'Askja plus à l'est via les routes F905 et F910 (près de Möðrudalur).

La Route F88 quitte la Route circulaire au niveau du **Hrossaborg**, un cratère en forme d'amphithéâtre vieux de 10 000 ans – il a servi de décor au film de science-fiction *Oblivion* (de Joseph Kosinski ; 2013), avec Tom Cruise. La F88, plate sur la majeure partie du trajet, longe la rive ouest de la rivière glaciaire Jökulsá á Fjöllum, serpente à travers un désert de téphra, puis sinue dans l'**Ódáðahraun** (littéralement "champ de lave des Criminels"), un champ de lave accidenté de 4 400 km².

Après un long parcours dans les plaines érodées par la lave et les inondations, on atteint la charmante oasis d'**Herðubreiðarlindir**, au pied de l'Herðubreið. La route se dirige alors vers l'ouest à travers des dunes et des coulées de lave, passe par les refuges de **Dreki** et grimpe à flanc de colline vers l'Askja, où vous laisserez votre voiture pour rejoindre à pied la caldeira, à 2,5 km.

## Activités

Pour les randonneurs indépendants, le site Web de Ferðafélag Akureyrar (www.ffa.is) décrit le **sentier de l'Askja** (Öskjuvegurinn en islandais). Cet itinéraire du FFA, sur lequel on trouve des refuges dans l'Ódáðahraun, part d'Herðubreiðarlindir et va jusqu'à la ferme de Svartárkot, dans la vallée supérieure de Bárðardalur (Route 843). Les lits dans les refuges doivent être réservés bien à l'avance auprès de FFA. Consultez le site Web.

Le site du parc national (www.vatnajokulsthjodgardur.is) offre également des renseignements sur les randonnées.

Il est recommandé aux marcheurs indépendants au long cours d'informer les *rangers* et de consigner leur itinéraire sur www.safetravel.is.

Mývatn Tours (p. 355) constitue le meilleur choix pour le transport des randonneurs dans la région. Cette agence pourra vous déposer à un refuge et venir vous récupérer quelques jours plus tard.

## Circuits organisés

### Randonnées

**Ferðafélag Akureyrar** RANDONNÉE
(Touring Club d'Akureyri ; FFA ; ☎462 2720 ; www.ffa.is ; Strandgata 23, Akureyri). Deux fois par an (en été), il organise une randonnée de 5 jours d'un refuge à un autre (68 000 ISK/pers) sur le sentier de l'Askja. Consultez la page "*Touring Program*" sur son site. Programme en islandais ; cherchez "Öskjuvegur" en juillet-août pour trouver les dates.

**Icelandic Mountain Guides** RANDONNÉE
(IMG ; ☎587 9999 ; www.mountainguides.is). IMG propose des randonnées de plusieurs jours dans la région, dont une de 5 jours de Mývatn à Askja (95 km ; à partir de 205 000 ISK), et une autre de 7 jours d'Askja à Nýidalur (95 km ; à partir de 239 000 ISK).

### Circuits en Super-Jeep

Plusieurs tour-opérateurs proposent des circuits en Super-Jeep à Askja, de mi-juin (quand la route ouvre) à septembre/octobre (aussi tard que le temps le permet).

D'Akureyri, prévoyez une longue journée (jusqu'à 15 heures) ; partez plutôt de Reykjahlíð à Mývatn (11-12 heures). Si vous préférez un rythme moins soutenu (et souhaitez découvrir le calme absolu des soirées dans les hautes terres), optez pour un circuit de 2 jours.

Pour tous les circuits, vous devrez apporter ou commander votre pique-nique. Certains opérateurs font halte pour un café en fin d'après-midi à Möðrudalur, d'autres poursuivent plus au sud jusqu'au nouveau champ de lave d'Holuhraun. Prenez un maillot de bain et une serviette pour un plongeon dans le cratère du Víti, à Askja.

Avec le développement du tourisme, la plupart des tour-opérateurs offrent davantage d'excursions dans les hautes terres, dont des circuits sur mesure de plusieurs jours, des randonnées guidées et des expéditions en 4x4 vers des sites naturels moins connus. Ils proposent aussi plus de circuits en hiver (dans d'énormes Super-Jeeps insensibles aux intempéries). Consultez les sites Internet pour les prix et réductions en cours et pour connaître le matériel à prévoir.

**Fjalladýrð** EN JEEP

(☎471 1858). Ce prestataire est installé à la ferme de Möðrudalur sur la Route 901 – idéal pour accéder à Askja via la F905 et la F910. Il offre des excursions à la journée vers Askja (36 000 ISK). Des circuits jusqu'à Kverkfjöll sont également possibles (1 ou 2 jours ; prix variable selon le nombre de participants). Hébergement et restauration de qualité à la ferme. Consultez sa page Facebook.

**Geo Travel** EN JEEP

(☎864 7080 ; www.geotravel.is). Une excellente petite agence, gérée par deux Islandais de la région. Excursions en petit groupe à la journée au départ de Reykjahlíð et à destination d'Askja et d'Holuhraun (37 000 ISK). Circuits de 2 jours à Holuhraun, Askja et Kverkfjöll (95 000 ISK) également.

**Saga Travel** EN JEEP

(☎558 8888 ; www.sagatravel.is). Des sorties fiables en petit groupe partent chaque jour d'Akureyri et de Mývatn (depuis Akureyri/Mývatn 49 500/41 900 ISK) – le circuit depuis Akureyri part à 6h30 et peut durer jusqu'à 16 heures. Également : circuit de 2 jours, avec nuit en refuge ou camping (depuis Akureyri/Mývatn 139 000/133 000 ISK).

**Jeep Tours** EN JEEP

(☎898 2798 ; www.jeeptours.is). Des circuits uniques depuis Egilsstaðir, dans l'est de l'Islande – les autres prestataires rejoignent Askja par le nord. Vous visiterez l'Askja (44 500 ISK) ou le Kverkfjöll (44 500 ISK) au cours d'un circuit d'une journée. Vous suivrez la Route 910 (goudronnée) jusqu'au barrage de Kárahnjúkar, puis emprunterez des pistes de 4x4 moins connues.

**Mývatn Tours** EN BUS

(☎464 1920 ; www.askjatours.is). Excursions dans un bus tout-terrain depuis Reykjahlíð, chaque jour de fin juin à début septembre (20 000 ISK). La meilleure option pour les randonneurs qui veulent rejoindre la région et reprendre le bus un autre jour – comptez 12 000 ISK l'aller entre Reykjahlíð et Dreki.

**North Travel** EN BUS

(☎898 4499 ; ww.northtravel.is). En partenariat avec la compagnie de bus SBA-Norðurleið, un circuit hebdomadaire prisé de 3 jours Askja-Kverkfjöll-Vatnajökull (via Holuhraun), de fin juin à août. Part chaque lundi d'Akureyri et prend des passagers à Mývatn. Comptez 55 000 ISK, transport et services du guide compris – nourriture et hébergement en sus (les places en refuge sont réservées).

## Herðubreiðarlindir

L'oasis d'Herðubreiðarlindir, une réserve riche en mousses, en angéliques et en épilobes à feuilles larges (fleur rose violacé de l'Arctique), a été créée par des sources naissant sous la coulée de lave de l'Ódáðahraun. Elle offre une vue superbe sur l'Herðubreið (à condition que vous ne trouviez pas un épais brouillard ou une tempête de sable).

### PROJET DE PARC NATIONAL DANS LES HAUTES TERRES

De nombreuses associations et organisations islandaises (associations de loisirs, défenseurs de l'environnement, agences gouvernementales, professionnels du tourisme...) conjuguent leurs efforts pour obtenir la création d'un parc national dans les hautes terres. L'objectif est d'assurer la protection de la vaste étendue sauvage, ainsi qu'une gestion responsable de ses ressources. La zone envisagée couvrirait quelque 40 000 km$^2$ (et engloberait la totalité de l'actuel parc national du Vatnajökull).

Cette proposition est en partie destinée à combattre l'industrie de l'énergie, en plein essor en Islande. En obtenant le classement, les défenseurs du projet espèrent limiter le développement de la zone et empêcher la captation des rivières et l'exploitation des secteurs géothermiques (ils craignent la construction de barrages, de centrales hydroélectriques et de pylônes à haute tension).

Les sondages montrent que la population est favorable à 61% à la création de ce parc. Le soutien de la communauté internationale est important : une pétition circule. Retrouvez le projet détaillé sur www.halendid.is.

Le petit complexe touristique d'Herðubreiðarlindir comprend un bureau d'information tenu par les gardiens en été, un camping et le confortable **refuge de Þorsteinsskáli** (☎822 5191 ; www.ffa.is ; N 65°11.544', W 16°13.360' ; empl/dort 1 800/6 500 ISK/pers) avec 30 lits, des douches chaudes (500 ISK) et une cuisine. Il est impératif de réserver.

Derrière le refuge se tient un autre repaire du hors-la-loi Fjalla-Eyvindur ; il y aurait vécu pendant l'hiver 1774-1775, se nourrissant de racines d'angélique et de viande de cheval crue, conservée sur le toit de sa cachette pour retenir la chaleur.

Herðubreiðarlindir se trouve à environ 60 km du Hrossaborg, à la pointe nord de la Route F88 ; il faut parcourir encore 35 km pour rejoindre Drekagil.

## Herðubreið

Montagne la plus caractéristique d'Islande, l'Herðubreið (1 682 m) est surnommé la "Reine des montagnes". Sa beauté a inspiré de nombreux peintres et poètes islandais.

Si l'Herðubreið (littéralement "large d'épaules") semble sorti d'un moule à gâteau, cette image n'est pas très éloignée de la réalité. Il s'agit d'un mont *móberg*, formé par des éruptions volcaniques sub-glaciaires. Si la glace du Vatnajökull devait soudainement disparaître, le Grímsvötn et le Kverkfjöll ressembleraient à l'Herðubreið.

## Drekagil

La gorge de Drekagil ("gorge du Dragon"), à 35 km au sud-ouest de l'Herðubreið, doit son nom à la formation rocheuse (en forme de dragon) qui la surplombe. La gorge, derrière les refuges de Dreki, évoque les paysages désertiques de l'Arizona ou du Sinaï. Attendez-vous à des vents mordants et à des températures glaciales.

Les **refuges de Dreki** (Askja Camp ; ☎822 5190 ; www.ffa.is ; N 65°02.503', W 16°35.690' ; empl/dort 1 800/7 500 ISK/pers ; ⏲mi- ou fin juin-début sept) constituent une base idéale pour explorer le secteur. Gérés par Ferðafélag Akureyrar et gardés, ils peuvent accueillir 60 personnes ; on y trouve des douches, une cuisine et un centre d'information. L'accès aux équipements (aux sdb notamment) coûte 500 ISK/personne. Le camping est autorisé, mais le vent et le froid peuvent être oppressants (le site d'Herðubreiðarlindir, à 35 km, est plus confortable).

La gorge spectaculaire offre une promenade facile jusqu'à une belle cascade et une randonnée de 8 km suit un chemin balisé jusqu'à Askja. Un autre sentier balisé de 20 km conduit au refuge de Bræðrafell.

Des *rangers* (☎842 4357) sont présents à Drekagil en été. Le parking d'Askja est à 8 km de route de Drekagil.

À Drekagil, la piste de Gæsavatnaleið (F910) quitte la piste d'Askja pour traverser de vastes étendues. Elle rejoint la piste de Sprengisandur à Nýidalur, à 125 km. Cet itinéraire, qui implique plusieurs passages de rivière, est réservé aux gros 4x4.

## Askja

Le paysage désolé de la caldeira d'Askja est la principale destination des circuits dans cette partie des hautes terres. Cette immense caldeira de 50 km² est accessible par une marche facile de 2,5 km depuis le parking.

La couleur saphir du **lac Öskjuvatn**, au cœur de la dépression, est inoubliable. Elle contraste avec les eaux d'un bleu laiteux du petit **cratère du Víti** jouxtant la caldeira.

Bien que l'eau soit un peu fraîche pour un bain relaxant (entre 22 et 30°C), un plongeon dans le lac du Víti fait partir des charmes d'un circuit à Askja. La descente au fond du cratère est glissante, mais moins raide qu'il n'y paraît – elle peut être fermée pour des raisons de sécurité.

Le parking d'Askja est à 8 km de Drekagil par la route. De là, un sentier pédestre pittoresque de 2,5 km mène à la caldeira à travers les champs de lave. Cette marche facile peut devenir de difficulté moyenne pendant la fonte des neiges et si la météo est mauvaise.

Des balades gratuites (1 heure) guidées par un *ranger* partent du parking d'Askja tous les jours à 13h de mi-juillet à mi-août.

## Holuhraun

Ce gigantesque champ de lave couvant encore par endroits est le dernier en date en Islande (2014-2015). Un vol panoramique permet d'en apprécier l'étendue. Holuhraun est accessible par la route depuis Drekagil : suivez les panneaux indiquant le sentier balisé, qui permet de marcher sur une petite portion de lave – cette surface fragile, tranchante et déchiquetée exige la prudence. Au point d'accès au champ, on remarque aisément la délimitation entre l'ancien champ de lave et le nouveau, ainsi que l'interaction entre la rivière et la lave.

### ET LA CALDEIRA FUT

Le cataclysme qui forma le lac de la caldeira (et le cratère du Víti) se produisit en 1875, quand le volcan projeta 2 $km^3$ de téphras, avec une force telle que des débris atteignirent l'Europe continentale. Les cendres de l'éruption empoisonnèrent de nombreuses têtes de bétail en Islande du Nord, provoquant une vague d'émigration aux États-Unis. Le volcan n'est pas éteint et une telle catastrophe pourrait se reproduire.

Après l'éruption initiale, une chambre magmatique s'effondra, formant un cratère de 11 $km^2$, à 300 m sous le bord du cratère d'explosion d'origine. Cette nouvelle dépression se remplit d'eau et devint le lac Öskjuvatn, le deuxième d'Islande en profondeur (220 m).

En 1907, les chercheurs allemands Max Rudloff et Walther von Knebel canotaient sur le lac quand ils disparurent ; leurs corps ne furent jamais retrouvés. Des courants et des tourbillons furent évoqués ; néanmoins, le mauvais état du bateau et l'eau glacée peuvent facilement expliquer leur mort. Un cairn et une plaque commémorative dédiés aux deux hommes se dressent au bord de la caldeira.

Durant l'éruption de 1875, un évent proche du coin nord-est du lac explosa et forma le **cratère du Víti**, dont l'eau est chauffée par la géothermie. Il y a un autre cratère du Víti ("enfer" en islandais) à Krafla, près de Mývatn.

Les *rangers* de Drekagil peuvent vous renseigner sur le site et vous rappeler les consignes de sécurité. S'agissant d'une zone volcanique active, il ne faut quitter les sentiers balisés sous aucun prétexte.

Holuhraun est signalé depuis Drekagil : prenez la Route F910 vers le sud et suivez les panneaux (environ 24 km).

### Depuis/vers la piste d'Askja (Öskjuleið)

Aucun transport public ne circule le long de la piste d'Askja. Choisissez l'un des nombreux circuits ou louez un gros 4x4 et préparez-vous aux cahots (demandez conseil pour traverser les rivières à gué). La piste ouvre habituellement en juin (milieu ou fin du mois).

Si vous avez rejoint Askja par la F88, repartir par la F910 vous évitera de revenir par le même itinéraire. D'Askja, vous pouvez aller à l'est vers Egilsstaðir ou à l'ouest sur la piste de Gæsavatnaleið (F910) jusqu'à Sprengisandur (renseignez-vous localement sur les conditions). Pour atteindre les grottes de glace du Kverkfjöll, suivez la F910 vers l'est, puis la F902 vers le sud.

Attention : il n'y a aucune station-service le long de la piste. Les plus proches sont à Möðrudalur (90 km d'Askja) et Mývatn (120 km d'Askja).

## Piste de Kverkfjöll

La piste de Kverkfjöll se faufile dans les hautes terres jusqu'au secteur du Kverkfjöll, au nord de la calotte glaciaire du Vatnajökull.

Le Kverkfjöll, un groupe de pics formés par un grand volcan central, est partiellement recouvert par la glace du Kverkjökull, une langue septentrionale du Vatnajökull. Ce nom désigne désormais aussi les grottes de glace remplies de sources thermales qui se forment souvent sous le bord est du glacier Dyngjujökull, en raison de l'intense activité géothermique dans le secteur.

Plusieurs sites intéressants jalonnent la route secondaire F902 (qui bifurque de la Route F10), dont les deux collines pyramidales d'**Upptyppingar**, près du pont sur la Jökulsá á Fjöllum, et l'oasis de **Hvannalindir**, à 20 km au nord du refuge de Sigurðarskáli (hébergement et infos pour le Kverkfjöll).

Derrière le refuge, un chemin balisé (2 km aller-retour) grimpe au sommet du **Virkisfell** (1 108 m), où la vue sur le Kverkfjöll et la source de la Jökulsá á Fjöllum est spectaculaire.

### Kverkfjöll

Source de la tumultueuse Jökulsá á Fjöllum, la rivière la plus importante du centre du pays, le Kverkfjöll forme aussi l'une des plus grandes zones géothermiques d'Islande.

Les **grottes de glace inférieures du Kverkfjöll** sont situées à 3 km du refuge de Sigurðarskáli et à 15 minutes de marche du bout de la piste de 4x4. À cet endroit, la rivière chaude coule sous le glacier, et des nuages de vapeur s'élèvent et créent des motifs sur les parois de glace. Ce site spectaculaire pourrait être à l'origine du cliché associé à l'Islande : un pays de glace et de feu.

De gros blocs de glace tombent fréquemment du plafond ou peuvent fermer l'entrée. Renseignez-vous sur le point d'accès le plus sûr et sur les consignes de sécurité. À l'intérieur des grottes, des émanations de soufre peuvent être dangereuses.

## LE DERNIER CHAMP DE LAVE… EN DATE

Le 16 août 2014, des détecteurs ont constaté une augmentation de l'activité sismique sur et autour du volcan Bárðarbunga, l'un des nombreux volcans enfouis sous la calotte glaciaire du Vatnajökull. Cet immense système volcanique s'étend sous la partie nord-ouest de la calotte glaciaire.

Le magma dans la caldeira du Bárðarbunga a formé une lame de roche magmatique sous un glacier émissaire, le Dyngjujökull. Le 29 août, une fissure éruptive, avec de spectaculaires fontaines de lave, est apparue à Holuhraun, un champ de lave vieux de 200 ans à 5 km du bord du Dyngjujökull.

L'éruption s'est poursuivie pendant près de 6 mois, devenant ainsi l'éruption la plus importante d'Islande depuis 230 ans. Les chiffres sont impressionnants : le nouveau champ de lave basaltique s'étend sur 85 km$^2$, mesure de 10 à 14 m d'épaisseur et pèse aussi lourd qu'un troupeau de 600 millions d'éléphants. La lave était à 1 180°C en atteignant la surface. La rivière et la terre alentour sont encore en pleine évolution.



Des grottes inférieures, les circuits conduits par des *rangers* continuent sur le glacier lui-même. Des circuits guidés plus longs mènent sur le glacier jusqu'au remarquable secteur géothermique de Hveradalur.

## Circuits organisés

À moins d'avoir un robuste 4x4, un circuit organisé est le seul moyen de visiter le Kverkfjöll. Si vous disposez d'un véhicule, vous pouvez vous garer et rejoindre les grottes à pied. Aller plus loin en voiture est fortement déconseillé sans guide.

Outre de courtes marches aux alentours, les *rangers* basés au refuge de Sigurðarskáli proposent des randonnées guidées par beau temps : de 3 heures sur le **glacier émissaire du Kverkjökull** (10 500 ISK) ou de 8 à 10 heures dans la zone géothermique de **Hveradalur** (17 000 ISK), à 1 700 m d'altitude – équipement compris dans les tarifs. Plus de détails au ☎863 9236 (en été) ou par mail à ferdafelag@egilsstadir.is.

Des agences proposent également des circuits. Depuis l'Est, **Wild Boys** (☎864 7393, 896 4334 ; www.wildboys.is) organise des randonnées dans le secteur, et Jeep Tours (p. 355) propose une excursion à la journée en Super-Jeep au départ d'Egilsstaðir. Un circuit de 2 jours au départ de Möðrudalur figure au catalogue de Fjalladyrð (p. 355). Depuis Mývatn, Geo Travel (p. 267) offre un circuit sur 2 jours (Askja-Kverkfjöll). Le circuit très apprécié de North Travel (p. 355 ; 3 jours, Askja-Kverkfjöll-Vatnajökull) permet d'embarquer à Akureyri ou à Mývatn.

## Où se loger

**Sigurðarskáli** REFUGE €
(☎été 863 9236, toute l'année 863 5813 ; www.ferdaf.is ; N 64°44.850', W 16°37.890' ; empl 1 800 ISK/pers, dort 7 500 ISK ; ⏱mi-juin à début sept). Le Sigurðarskáli offre un hébergement confortable (75 lits) et un camping bien entretenu. Cuisine équipée, toilettes et douches – les campeurs payent un supplément de 800 ISK pour l'accès aux équipements du refuge – à la cuisine notamment.

## Renseignements

Le Kverkfjöll fait partie du vaste parc national du Vatnajökull. Consultez le site Web du parc (www.vjp.is).

En début de saison (en général mi-/fin juin), vous aurez plus de chances d'accéder aux grottes (le redoux provoque la fonte de la glace et la chute de gros blocs). Renseignez-vous auprès du *ranger* sur l'état des grottes et suivez ses recommandations pour une exploration sûre. Un circuit organisé permet de bénéficier de l'expérience d'un professionnel.

## Depuis/vers la piste de Kverkfjöll

La piste de Kverkfjöll (F902 ; Kverkfjalaleið) ouvre en juin (milieu ou fin du mois).

La piste de Kverkfjöll relie Möðrudalur (à 70 km à l'est de Mývatn, près de la Route circulaire) au refuge de Sigurðarskáli, à 3 km des grottes inférieures, via la F905, la F910 et la F902. Après avoir visité Askja, vous pouvez rejoindre Kverkfjöll en suivant la Route F902 vers le sud (70 km).

La station-service de Möðrudalur est le dernier endroit où vous pourrez faire le plein.

# Comprendre l'Islande

**L'ISLANDE AUJOURD'HUI.......................360**

Nouvelles fraîches d'un pays qui ne l'est pas moins : boom du tourisme et situation politique.

**HISTOIRE.......................................362**

Vikings et Parlement, joug étranger et disette. Découvrez un passé millénaire.

**ENVIRONNEMENT..............................372**

Entre glaciers, geysers et volcans, tout sur un paysage à l'irréelle beauté.

**CULTURE........................................380**

Des manuscrits médiévaux à la pop moderne, l'Islande est riche d'un patrimoine singulier.

**LES ISLANDAIS..............................388**

Les Islandais ont une solide réputation de peuple paisible, soucieux de l'égalité des sexes, animé d'un esprit de résilience, créatif et résolument optimiste.

**CUISINE ISLANDAISE.........................393**

Au-delà des spécialités les plus déroutantes, régalez-vous d'une cuisine islandaise de qualité, mâtinée d'autres influences nordiques.

# L'Islande aujourd'hui

**La fréquentation touristique a explosé ces dernières années. Grâce à une croissance annuelle de 30% depuis 2010, l'économie du pays s'est stabilisée après la crise bancaire de 2008. Le tourisme a apporté son lot de changements, et la course est lancée pour adapter les infrastructures à ce nouveau développement. Parallèlement, le contrôle des capitaux mis en place pendant la crise a été allégé, et le peuple n'a pas hésité à faire pression sur le gouvernement pour qu'il réagisse face à des scandales très médiatisés.**

### À voir

**101 Reykjavík** (2000). Comédie noire, à Reykjavík, adaptée d'un livre d'Hallgrímur Helgason.

**Jar City** (2006). Très bon film policier d'après un roman d'Arnaldur Indriðason.

**Heima** (2007). Documentaire sur la tournée du groupe Sigur Rós.

**Des chevaux et des hommes** (2013). Une description poétique des liens qui unissent chevaux et hommes.

**Béliers** (*Hrútar* ; 2015). L'histoire de deux frères et de leurs moutons.

**The Homecoming** (*Blóðberg* ; 2015). Comédie dramatique moderne et malicieuse sur une famille "parfaite".

### À lire

**Sagas islandaises** (traduction Régis Boyer, Bibliothèque de la Pléiade, 1987). Indispensable pour qui s'intéresse à ce genre littéraire.

**Gens indépendants** (Halldór Laxness, 1934-1935 ; Fayard, 2004). Tragi-comédie pessimiste.

**Islandia** (Marc Védrines, Dargaud, 2006-2008). Bande dessinée en 3 tomes mêlant aventure, fantastique et sorcellerie dans l'Islande du XVIIe siècle.

**L'Homme du lac** (Arnaldur Indriðason, Métailié, 2008). Histoire captivante, par le maître du polar nordique.

**Le Moindre des mondes** (Sjón, Rivages, 2008). Récit d'aventures fantastique dans un XIXe siècle poétique.

## Un tourisme en plein essor

Les visiteurs curieux ont commencé à affluer après l'éruption de l'Eyjafjallajökull en 2010. Il faut dire que l'office du tourisme islandais a sauté sur l'occasion pour lancer une grande campagne publicitaire vantant les charmes du pays. La fréquentation touristique a explosé depuis 2010 pour atteindre 1,7 million de visiteurs en 2016, et le développement de nombreux services a suivi. Le secteur touristique est désormais à l'origine de 31% des exportations de biens et services du pays (contre 18,8% en 2010), représente 4,6% du PIB et emploie 14,1% de la main-d'œuvre. Il n'y a aucun signe de fléchissement : les volcans et la performance de l'équipe nationale de football à l'Euro 2016 ont continué à assurer le spectacle, sans parler des nombreux films et séries tournés sur l'île, comme *Game of Thrones*.

## Le revers de la médaille

Le tourisme a indéniablement renforcé l'économie nationale. De nombreux Islandais en apprécient les retombées en termes d'activités, de services et d'ouverture internationale ; 56% reconnaissent que cette hausse de la fréquentation a créé des emplois, et 62% considèrent qu'elle a renforcé leur propre intérêt pour la nature de leur pays.

Mais tout n'est pas rose. Les locations à court terme accroissent la pression sur les appartements du centre de Reykjavík. De nouveaux rapports confirment les effets destructeurs sur l'environnement, et l'on ne compte plus les opérations de sauvetage sur des glaciers, en montagne ou sur des plages battues par les vagues, alors que les équipes sont constituées de volontaires et financées par des dons. En 2016, plus de 75% des Islandais considéraient que la pression exercée par le tourisme sur l'environnement était trop forte.

Des mesures ont été prises pour tenter de remédier aux différents problèmes : limitation des locations type

Airbnb, ajout de pancartes et de barrières sur certains sites, nouvelle législation sur le camping, campagne de sensibilisation (inspired.visiticeland.com/academy) et prévention des risques pour les randonneurs, incités à s'enregistrer sur www.safetravel.is.

## Protéger l'Islande

Le fragile environnement islandais peut-il résister aux contraintes auxquelles il est soumis ? La majorité des touristes viennent avant tout pour profiter de la nature vierge ; si la tendance se maintient, ils pourraient être 3 millions en 2020. Mais combien de visiteurs les cascades, sentiers de randonnée et champs de lave peuvent-ils supporter ? Et comment protéger ces sites naturels tout en continuant à offrir aux voyageurs et aux Islandais ce qu'ils en attendent ?

L'accent est mis sur la promotion du tourisme durable et la sensibilisation à la préservation de cet environnement si particulier. En 2016, 53% des Islandais pensaient que les efforts devaient porter sur l'amélioration des infrastructures et de l'organisation, 34% sur celle des transports et des routes.

L'Islande tire également profit de ses immenses ressources en énergies renouvelables (principalement géothermique et hydraulique). Les résidents en bénéficient, mais les faibles coûts attirent aussi de gros consommateurs d'énergie, comme les fonderies d'aluminium, très controversées, et les *data centers*, dont l'impact environnemental est moindre.

## Scandales politiques

L'Islande, qui est l'un des rares pays à avoir poursuivi les banquiers tenus responsables de la crise financière de 2008, garde à l'œil ses dirigeants. En avril 2016, lorsque le scandale des Panama Papers révéla les écarts financiers du Premier ministre Sigmundur Davíð Gunnlaugsson, une énorme vague de protestations s'ensuivit. Dans un premier temps, Gunnlaugsson parut vouloir démissionner, puis il se ravisa et précisa qu'il ne se retirait que temporairement, refusant d'abandonner son poste au gouvernement et son statut de leader du Parti du progrès (FSF). Sigurður Ingi Jóhannsson (FSF) le remplaça en tant que Premier ministre suppléant.

En proie à une vague de colère contre ses dirigeants, l'Islande élut en juin 2016 son premier nouveau président en 20 ans : l'historien et écrivain Guðni Thorlacius Jóhannesson. La même année, le contrôle des capitaux mis en place pendant la débâcle économique fut allégé – ce qui fut rendu possible en partie grâce au développement touristique.

Lors des élections parlementaires anticipées d'octobre 2016, le Parti de l'indépendance (parti de centre-droit) remporta 29% des voix, le Mouvement des verts et de gauche 15,9% et le Parti pirate 14,5%. Le FSF n'obtint que 11,5% des voix. En janvier 2017, Bjarni Benediktsson devint Premier ministre à la tête d'une coalition tripartite.

POPULATION : **330 000 HABITANTS**

SUPERFICIE : **103 000 KM²**

VISITEURS : **1,7 MILLION (2016)**

MOUTONS : **481 000**

ÉLECTRICITÉ PRODUITE À PARTIR D'ÉNERGIES RENOUVELABLES : **100%**

### Sur 100 personnes en Islande

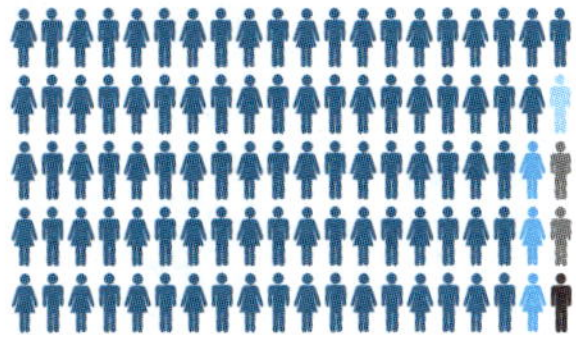

**93** sont islandaises
**3** sont polonaises
1 vient d'un autre pays du Nord
2 sont d'une autre nationalité
**1** est asiatique

### Religions
(% de la population)

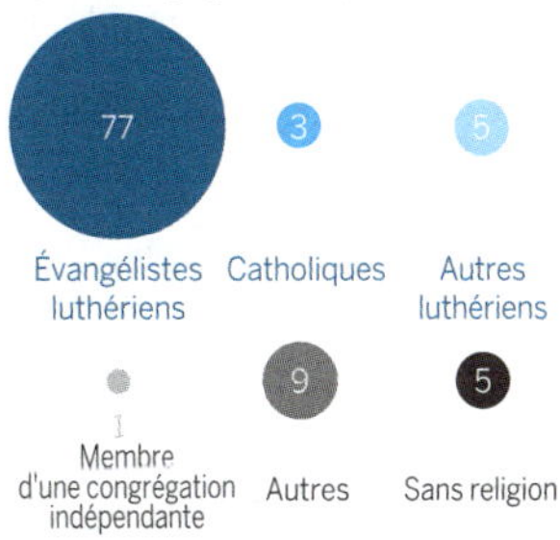


### Population au km²

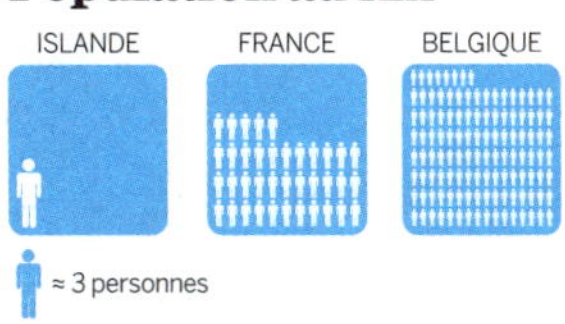

# Histoire

**Jeune d'un point de vue géologique, résolument indépendante et souvent rudoyée par les catastrophes naturelles (et, plus récemment, économiques), l'Islande est riche d'une histoire mouvementée et passionnante, où se mêlent Vikings, littérature et batailles politiques. Rien, en ces contrées inhospitalières, n'augurait d'une vie facile. Les épreuves et les difficultés ont façonné l'âme de l'Islande moderne, consciente de son passé orageux, remarquablement résistante, sereinement novatrice et fière d'elle, à juste titre.**

## Premiers voyageurs et moines irlandais

Si, sur le plan géologique, l'Islande est née il y a environ 20 millions d'années, c'est autour de 330 av. J.-C. que l'île apparaît pour la première fois dans l'histoire européenne. Ainsi, Pythéas, explorateur grec, décrit l'île de Thulé, située à six jours de navigation au nord de la Bretagne, comme une terre absente de ses cartes, surgissant d'une "mer figée".

Pendant longtemps, les mythes et récits de tempêtes violentes, de vents furieux et de barbares à tête de chien gardèrent les explorateurs à distance du grand océan du Nord, l'*oceanus innavigabilis*. Les moines irlandais, installés aux îles Féroé en quête de solitude et d'isolement, furent les premiers à débarquer en Islande. Les *papar* (pères) irlandais se seraient installés en Islande autour de l'an 700. En 825, le moine Dicuil décrivit un territoire plongé dans l'obscurité en hiver, mais où l'on pouvait, pendant les nuits d'été, "effectuer n'importe quelle tâche, même ôter les poux d'une chemise, comme en plein jour". À n'en pas douter un portrait de l'Islande et de ses longues nuits d'été. Les *papar* fuirent à l'arrivée des Vikings, au début du IX<sup>e</sup> siècle.

On pourra se procurer l'*Atlas des Vikings 789-1100. De l'Islande à Byzance : les routes du commerce et de la guerre* (Autrement, 1995), de John Haywood.

## L'arrivée des Vikings

Après les moines irlandais, les habitants suivants arrivèrent de Norvège. Ce fut l'âge de la colonisation, qui s'étala de 870 à 930, durant lequel des conflits politiques en Scandinavie continentale obligèrent de nombreux habitants à fuir. La majorité de ces colons étaient des Scandinaves du peuple : fermiers, éleveurs et commerçants, mariés à des Bretonnes (d'Angleterre), à des Irlandaises et à des Écossaises.

### CHRONOLOGIE

**600-700**

Des moines irlandais accostent et s'installent en Islande. S'il existe peu de preuves archéologiques de cette présence, l'élément *"papar"* (pères) figure dans des noms de lieux.

**850-930**

Des colons vikings arrivent de Norvège et de Suède, baptisent l'île Snæland (terre de Neige), puis Garðarshólmi (île de Garðar) et enfin Ísland (terre de Glace). Les fermes se multiplient sur le territoire.

**871**

Le Viking norvégien Ingólfur Arnarson navigue jusqu'à la côte sud-ouest et s'installe dans une baie qu'il baptise Reykjavík (baie des Fumées).

Les Vikings ont probablement découvert l'Islande par hasard, après s'être égarés sur la route des îles Féroé. Le premier d'entre eux, Naddoddr, partit de Norvège et atteignit la côte est vers l'an 850. Il baptisa l'endroit Snæland (terre de Neige), avant de prendre le chemin du retour.

Deuxième visiteur de l'Islande, Garðar Svavarsson fit le tour de l'île et s'installa à Húsavík, sur la côte nord, pour passer l'hiver. Il repartit au printemps, mais des membres de son équipage restèrent sur place. Ils devinrent ainsi les premiers habitants de l'Islande.

Vers 860, le Norvégien Flóki Vilgerðarson accosta au Snæland. Il navigua en suivant les corbeaux et, après quelques erreurs, arriva à destination, ce qui lui valut le surnom de Hrafna-Flóki (Flóki aux Corbeaux). Hrafna-Flóki atteignit le Vatnsfjörður, sur la côte ouest, mais déchanta devant les icebergs qui flottaient dans le fjord. Il rebaptisa le pays Ísland (terre de Glace) et repartit en Norvège. Finalement, il revint en Islande et s'établit dans la région du Skagafjörður, sur la côte nord.

Selon le *Livre des Islandais*, écrit au XIIe siècle, la première installation volontaire revint à Ingólfur Arnarson, qui quitta la Norvège avec son frère de sang Hjörleifur. Il débarqua à Ingólfshöfði (sud-est de l'Islande) en 871, puis longea la côte et construisit sa maison en 874 dans un lieu qu'il nomma Reykjavík (baie des Fumées), en référence aux vapeurs des sources thermales. Hjörleifur s'installa à côté de l'actuelle ville de Vík ; il fut assassiné par ses esclaves peu de temps après.

C'est un fascinant rituel païen qui aurait conduit Ingólfur à Reykjavík. Chez les Vikings, la tradition voulait qu'à l'approche d'une terre, on jette à la mer des piliers du trône (symboles d'autorité du chef de clan). L'endroit où les dieux les pousseraient serait l'emplacement de la nouvelle demeure du Viking – une pratique qui fut ensuite respectée par d'innombrables migrants arrivant de Norvège.

**Où retrouver l'esprit viking**

*Musée national, Reykjavík*

*The Settlement Exhibition, Reykjavík*

*Parc national de Þingvellir, près de Selfoss*

*Víkingaheimar (musée du Monde viking), Njarðvík*

*Reconstitution d'Eiríksstaðir, Dalir*

*Vestiges de la ferme de Stöng, Þjórsárdalur*

*The Settlement Centre, Borgarnes*

*Sites de la Saga de Njáll le Brûlé, Hvolsvöllur*



## La formation de l'Alþing (Althing)

Lorsque le fils d'Ingólfur, Þorsteinn, atteignit l'âge adulte, l'île était déjà largement colonisée par de nombreux fermiers, et le besoin de se doter d'un gouvernement se faisait ressentir. Les propriétaires terriens se réunirent dans des assemblées régionales pour réguler le commerce et gérer les conflits. Mais la nécessité d'une assemblée à l'échelle de l'île entière s'imposa rapidement. À l'époque, cette idée était encore nouvelle ; les Islandais la tinrent pour une amélioration au regard du système oppressif de la monarchie nordique qu'ils avaient subi précédemment.

Au début du Xe siècle, Þorsteinn Ingólfsson présida la première grande assemblée régionale près de Reykjavík et, dans les années 920, le légiste autoproclamé Úlfljótur fut envoyé en Norvège pour étudier les lois norvégiennes et proposer un système de gouvernance pour l'Islande.

Le mot "Viking" vient de *vik*, qui signifie "baie" ou "crique" en vieux norrois. Il renverrait aux mouillages choisis par les Vikings lors de leurs attaques.

**930**

Fondation de l'Alþing, le plus ancien Parlement du monde encore en activité. Un représentant élu mémorise les lois et aide à résoudre les différends lors des rassemblements annuels.

**986**

Erik le Rouge donne naissance à la première colonie européenne pérenne au Groenland et fonde les villes d'Eystribyggð et de Vestribyggð dans le sud-ouest du pays.

**1000**

L'Islande se convertit au christianisme sous la pression du roi norvégien, mais les croyances et les rituels païens perdurent. Leif le Chanceux débarque à Terre-Neuve – il serait le premier Européen à avoir gagné l'Amérique.

**1100-1230**

Âge d'or de la littérature islandaise et écriture des sagas en vieux norrois. De nombreux textes sont attribués à Snorri Sturluson – historien, poète et homme politique le plus habile de son temps.

Dans le même temps, Grímur Geitskör fut chargé de trouver un lieu pour établir l'Alþing (ou Althing, Parlement). Situé près de la frontière est de la propriété d'Ingólfur, le site de Bláskógar semblait idéal, entre lac et plaine boisée. Cette dernière était bordée d'une longue falaise (du fait de la dorsale médio-atlantique) d'où les orateurs et les représentants pourraient surplomber la foule en contrebas.



## LES VIKINGS

Au VIIIe siècle, de plus en plus de Norvégiens se retrouvèrent sans terre. Les progrès dans le domaine de la construction navale les poussèrent à partir en quête de fortune et d'aventure.

Dès les années 780, des fermiers norvégiens s'étaient pacifiquement installés dans les Orcades et les Shetland. L'âge des Vikings proprement dit fut inauguré par un événement sanglant : en 793, des Vikings pillèrent le monastère de Saint-Cuthbert, sur l'île de Lindisfarne, au large de la côte du Northumberland (Angleterre).

Les attaques de monastères se révélant très fructueuses, après les îles Britanniques, les Vikings jetèrent leur dévolu sur le reste de l'Europe continentale. Bien qu'assez belliqueux, ils n'étaient pas plus violents que les autres envahisseurs. C'est probablement le succès rapide et l'étendue géographique de leurs prises qui furent à l'origine de leur terrible réputation.

Les Vikings revinrent de leurs premières attaques avec de puissants navires : ils assassinèrent, réduisirent à l'esclavage, assimilèrent ou déplacèrent les populations locales, et envahirent de nombreuses régions en Grande-Bretagne, en Irlande, en Normandie et jusqu'en Russie. Ils atteignirent même l'Espagne maure (Séville fut attaquée en 844) et le Moyen-Orient (jusqu'à Bagdad). Constantinople fut assaillie six fois mais jamais soumise, et des Vikings finirent par devenir mercenaires à la solde de l'Empire byzantin.

Selon la tradition islandaise, l'installation des Vikings en Islande serait due au tyrannique Harald Haarfager (Harald à la Belle Chevelure), roi de la région de Vestfold, au sud-est de la Norvège. En 890, pris d'aspirations expansionnistes, il remporta une importante victoire navale à Hafrsfjord (Stavanger), où les chefs et les fermiers vaincus préférèrent fuir plutôt que de se soumettre. Beaucoup se rendirent alors en Islande.

En 986, tandis que les attaques vikings se poursuivaient en Europe, Eiríkur Rauðe (Erik le Rouge) partit vers l'ouest avec 500 hommes et fonda la première colonie européenne permanente au Groenland. Leif le Chanceux, son fils, explora la côte nord-est de l'Amérique en l'an 1000 et baptisa ce nouveau continent Vínland ("terre du Vin"). L'hostilité des *skrælings* (Indiens d'Amérique) empêcha les Vikings de s'y installer durablement.

Les raids se raréfièrent à mesure que la Scandinavie se dotait de structures nationales. L'âge des Vikings s'acheva en 1066 avec la mort du roi de Norvège Harald Harðráði, dernier grand aventurier viking, lors de la bataille de Stamfordbridge, en Angleterre.

**1104**

Éruption de l'Hekla. Le volcan recouvre la vallée de Þjórsárdalur et ses fermes prospères d'une épaisse couche de cendres, de pierres et de scories.

**1200**

L'Islande sombre dans l'anarchie pendant l'âge des Sturlungar. Le gouvernement est dissous ; en 1281, l'Islande passe sous domination norvégienne.

**1241**

Soixante-dix hommes armés se présentent chez Snorri Sturluson, à Reykholt, avec l'ordre de l'emmener en Norvège pour répondre d'une accusation de trahison. Snorri est poignardé à mort dans sa cave.

**1397**

Le 17 juin, l'union de Kalmar, conclue en Suède, unit la Norvège, la Suède et le Danemark sous la coupe d'un roi unique. Ce traité confère au Danemark le contrôle de l'Islande.

En 930, Bláskógar fut renommé Þingvellir (Thingvellir), plaines de l'Assemblée. Þorsteinn Ingólfsson obtint le titre honorifique d'*allsherjargoði* (chef suprême) et Úlfljótur devint le premier *lögsögumaður* ("celui qui dit la loi"), tenu de mémoriser et de réciter chaque année les lois du pays. Il partageait le pouvoir législatif avec 48 *goðar* (chefs).

Malgré des querelles entre certains chefs et la remise en cause permanente des allégeances, le nouveau système parlementaire perdura.

Lors de la réunion annuelle de l'an 1000, la foule était largement divisée entre païens et chrétiens, et la guerre civile menaçait. Selon le *Livre des Islandais,* Þorgeir, juriste et fin diplomate, se retira pendant une journée et une nuit pour trouver une solution. À son retour, il décréta que l'Islande devait se convertir au christianisme. Cependant, les païens (comme lui) garderaient le droit de pratiquer leur croyance en privé. Cette décision préserva l'unité nationale et, bientôt, les premiers évêchés furent fondés à Skálholt, dans le Sud-Ouest, et à Hólar, dans le Nord.

Au cours des années qui suivirent, les assemblées nationales organisées pendant plusieurs jours à Þingvellir devinrent le plus grand événement social de l'année. Tout citoyen libre pouvait y assister. Les célibataires venaient chercher un conjoint, des mariages étaient contractés et célébrés, on négociait des affaires commerciales, on procédait à des duels ou des exécutions, et la Cour d'appel statuait sur les cas litigieux.

L'Alþing (Althing) est le plus ancien Parlement démocratique du monde : il a fonctionné sans discontinuer depuis sa fondation, en 930.

## L'anarchie et l'âge des Sturlungar

La fin du XIIe siècle correspond à l'âge des sagas, période au cours de laquelle des historiens et des écrivains immortalisèrent des histoires mettant en scène les premiers migrants, les luttes familiales, les passions amoureuses et les personnages héroïques. Ce que l'on sait de cette époque vient en grande partie de deux imposants volumes traitant de la colonisation : l'*Íslendingabók* (le *Livre des Islandais*), une fresque historique écrite au XIIe siècle par Ari Þorgilsson (Ari l'Érudit), et le *Landnámabók* (le *Livre de la colonisation*).

Au début du XIIIe siècle, la relative paix qui régnait depuis 200 ans fut mise à mal. Les perpétuelles luttes de pouvoir entre chefs rivaux provoquèrent de violents affrontements, et des armées privées, à l'instar des bandes de Vikings de jadis, attaquèrent des fermes. Cette sombre période de l'histoire islandaise est connue sous le nom d'âge des Sturlungar, en référence au puissant clan éponyme. Les événements tragiques et sanglants de cette période de quarante années sont rapportés avec force illustrations dans les trois volumes de la *Saga des Sturlungar*.

Alors que l'Islande sombrait dans le chaos, le roi norvégien Hákon Hákonarson encouragea les chefs, prêtres et nouveaux aristocrates à se

Régis Boyer, le grand spécialiste français de l'Islande médiévale, a publié maints ouvrages et traductions, dont *L'Islande médiévale* (Belles Lettres, 2001) et *Les Vikings* (Perrin, coll. Tempus, 2015), dans lequel il remet en cause l'image du Viking sanguinaire.

**1402-1404**

La peste noire (la "mort noire") s'abat sur l'Islande, 50 ans après la première épidémie en Europe. L'île perd environ la moitié de sa population.

**1550**

Après plusieurs tentatives, le roi Christian III finit par imposer le luthéranisme après que l'évêque catholique Jón Árason fut capturé et décapité à Skálholt, de même que deux de ses fils.

**1590**

L'évêque Guðbrandur Þorláksson publie une carte assez précise de l'Islande. La mer est parsemée de monstres aux allures de baleines et il est précisé que l'Hekla "vomit des roches avec un bruit terrible".

**1602**

Le Danemark instaure un monopole commercial qui donne aux entreprises danoises et suédoises des droits exclusifs en Islande. Cela se traduit par un appauvrissement de l'île.

soumettre à son autorité. Les Islandais n'eurent d'autre choix que de dissoudre le gouvernement local et de jurer fidélité au roi. Un accord de confédération entre les deux territoires fut signé en 1262. En 1281, un nouveau code de loi, le Jónsbók, fut instauré par le roi, et l'Islande passa sous domination norvégienne.

Régis Boyer a traduit plusieurs sagas majeures, réunies dans un volume intitulé *Sagas islandaises*, publié à la Bibliothèque de la Pléiade (Gallimard, 1987, rééditées depuis). Certains autres récits figurent dans le volume *Sagas légendaires islandaises* (Anacharsis, 2012).

La Norvège envoya immédiatement des évêques norvégiens à Hólar et à Skálholt et imposa de lourds impôts. Les anciens chefs se disputèrent les postes importants, en particulier celui de *járl* (comte), qui fut finalement attribué à l'impitoyable Gissur Þorvaldsson. C'est ce dernier qui avait assassiné, en 1241, le célèbre historien et écrivain Snorri Sturluson.

Pendant ce temps, le volcan Hekla connut trois éruptions, couvrant de cendres un tiers du territoire. Une mini-période de glaciation s'ensuivit, marquée par de terribles hivers qui anéantirent troupeaux et récoltes. La peste noire tua la moitié de la population de l'île.

## Les Danois entrent en scène

En 1397, l'union de Kalmar, signée par la Norvège, la Suède et le Danemark, mit l'Islande sous tutelle danoise. Après des conflits opposant l'Église et l'État, le gouvernement danois saisit les propriétés du clergé et imposa la Réforme luthérienne en 1550. L'évêque catholique d'Hólar, Jón Árason, entouré de fidèles, tenta de résister. Mais il fut emmené avec ses deux fils à Skálholt, où ils furent décapités.

En 1602, le roi du Danemark imposa un monopole commercial attribuant aux entreprises suédoises et danoises des droits exclusifs en Islande pour des périodes de 12 ans. S'ensuivirent des extorsions généralisées, des importations de marchandises abîmées ou de qualité inférieure, et d'autres calamités qui allaient durer encore 250 ans. Ce monopole eut néanmoins un aspect positif. Afin de contourner l'embargo et de stimuler l'industrie locale, le puissant trésorier royal Skúli Magnússon créa des ateliers de tissage, de tannerie et de teinture de la laine, posant ainsi les fondations de la Reykjavík moderne.

On doit également à Régis Boyer la version française du *Livre de la colonisation de l'Islande* (Brepols, 2000).

## Nouvelles épreuves

Cet appauvrissement sous l'ère danoise se doubla de raids barbaresques dans les fjords de l'Est et la péninsule de Reykjanes, puis dans les îles Vestmann en 1627. La population sans défense tenta de se cacher dans les falaises et les grottes d'Heimaey, mais les pirates pillèrent l'île, tuant ou emmenant des centaines d'habitants à bord de leurs navires. Certains furent conduits jusqu'à Alger pour y être vendus comme esclaves. Treize d'entre eux furent libérés après le versement d'une rançon par les Islandais. La plus célèbre fut Guðríður Símonardóttir, qui rentra en Islande et épousa le célèbre poète islandais Hallgrímur Pétursson – les trois cloches de l'Hallgrímskirkja portent leur nom et celui de leur fille.

**1625-1685**
Période de la chasse aux sorcières dans les fjords de l'Ouest : 21 Islandais sont exécutés, à commencer par Jón Rögnvaldsson, mort sur le bûcher pour avoir notamment "élevé un fantôme".

**1627**
"Enlèvements par les Turcs" : des pirates barbaresques envahissent l'est de l'Islande et les Vestmannaeyjar, faisant des centaines de prisonniers et tuant tous ceux qui leur résistent.

**1703**
Premier recensement : le pays compte 50 358 habitants, dont 55% de femmes. Les hommes, occupés aux travaux de force, sont plus touchés par la malnutrition.

**1783-1784**
Le Laki entre en éruption ; les gaz toxiques provoquent la mort de 25% de la population et de plus de 50% du bétail. Les nuages de cendres touchent toute l'Europe.

À cette même période, la chasse aux sorcières qui sévissait en Europe toucha aussi les rivages islandais. Contrairement au continent, la plupart des persécutions concernèrent des hommes : sur les 130 cas répertoriés dans les annales des tribunaux, seuls 10% visaient des femmes. Les accusés les plus chanceux étaient condamnés au fouet, tandis qu'une vingtaine furent brûlés vifs. L'accusation principale portait sur l'empoisonnement ou sur la possession d'objets ou d'ouvrages traitant de magie.

Si le XVIIIe siècle fut le siècle des Lumières pour une partie de l'Europe continentale, ce fut celui des fléaux pour l'Islande. La population, estimée à 50 000 personnes, fut en proie à de nombreuses épidémies, dont celle de la variole. En 1707, 18 000 victimes furent comptabilisées. À cela s'ajoutèrent plusieurs éruptions volcaniques, dont celles du Katla en 1660, en 1721 et de nouveau en 1755 ; celles de l'Hekla en 1693 et en 1766 ; et celles de l'Öræfajökull en 1727.

En 1783, le Laki entra dans une phase éruptive exceptionnelle d'une durée de huit mois, crachant des milliards de tonnes de lave et de nuages toxiques. Des dizaines de fermes furent détruites et les poussières et vapeurs toxiques détruisirent les cultures et le bétail. La famine provoqua la mort de quelque 9 000 Islandais. Les nuages de cendres touchèrent toute l'Europe, provoquant des phénomènes météorologiques telles des pluies acides ou des inondations. Les autorités danoises envisagèrent alors sérieusement de "rapatrier" ce qui restait de la population islandaise (réduite à seulement 47 000 personnes en 1801) au Danemark.

*À la grâce des hommes* (Pocket, 2016), d'Hannah Kent, est un roman inspiré de l'histoire vraie de la dernière exécution publique en Islande. Minutieusement documenté, il se déroule en 1829 et évoque à merveille l'éprouvante vie rurale islandaise.

## Le retour à l'indépendance

Au XIXe siècle, après cinq siècles d'oppression étrangère et sensibles à l'appel de la liberté qui soufflait sur l'Europe, les premières revendications des indépendantistes se firent entendre. En 1855, l'érudit islandais Jón Sigurðsson fit rétablir le libre commerce et, en 1874, le pays se dota d'un projet de Constitution et reprit le contrôle de ses affaires intérieures.

Les premiers partis politiques islandais se formèrent à cette époque et l'urbanisation commença autour de la capitale et de quelques autres bourgades. Le développement de l'industrie de la pêche attira de nombreux paysans miséreux touchés par les éruptions volcaniques successives ; celle de l'Askja en 1875 fut la plus spectaculaire et décima une partie du bétail de l'île. Incapables de trouver du travail sur les seuls bateaux de pêche, près de 16 000 Islandais entre 1870 et 1914 émigrèrent vers l'Amérique du Nord en quête d'une vie meilleure.

En 1918, l'Islande signa l'acte de l'Union et devint un État indépendant au sein du royaume du Danemark ; ce dernier continua à gérer la défense et la politique étrangère des Islandais.

**1786**

Fondation officielle de Reykjavík, qui compte à peine 200 habitants. La ville reçoit une charte de commerce et les marchands sont incités à s'y installer au moyen d'avantages fiscaux.

**1855-1890**

L'Islande avance vers l'indépendance, avec le rétablissement du libre commerce et un projet de Constitution. Les Islandais migrent en masse en Amérique du Nord pour échapper à la misère.

**1917-1918**

L'Islande est touchée par "l'hiver des grands gels". Les températures atteignent -38°C et des icebergs bloquent tous les ports.

**1918**

L'emprise du Danemark sur l'Islande se relâche peu à peu. Après l'autonomie de 1904, l'acte de l'Union est signé le 1er décembre. L'Islande devient un État indépendant au sein du royaume du Danemark.

Pendant la Première Guerre mondiale, l'augmentation des prix à l'exportation de la laine, de la viande et du poisson permit au pays de se développer. À la veille de la Seconde Guerre mondiale, l'Islande déclara sa neutralité, dans l'espoir de maintenir ses liens commerciaux avec à la fois la Grande-Bretagne et l'Allemagne.

Le 9 avril 1940, l'invasion du Danemark par l'Allemagne contraignit l'Alþing à gérer les affaires étrangères de l'Islande. Un an plus tard, le 17 mai 1941, les Islandais réclamèrent l'indépendance totale. La république d'Islande naquit officiellement à Þingvellir, le 17 juin 1944, jour officiel de la fête de l'Indépendance.

*Pêcheur d'Islande* (1886 ; Gallimard, 1988), de Pierre Loti, évoque la vie des "Islandais", ces marins bretons qui partaient pêcher en mer d'Islande entre 1850 et 1930.

## La Seconde Guerre mondiale et l'intervention des États-Unis

L'absence totale de forces militaires islandaises inquiétant les Alliés, en mai 1940, les Britanniques envoyèrent des troupes dans l'île, ce qui permit la modernisation d'une partie des infrastructures du pays.

En 1941, les Britanniques furent remplacés par les forces américaines, étant entendu qu'elles quitteraient le territoire à la fin de la guerre. De fait, l'armée américaine se retira en 1946, en conservant toutefois une base militaire à Keflavík. Après la guerre, une fois repris le contrôle de leur pays, les Islandais devinrent très méfiants à l'égard de toute ingérence étrangère. Lorsque le gouvernement fut sollicité pour devenir membre fondateur de l'OTAN en 1949, des émeutes éclatèrent à Reykjavík. Les autorités acceptèrent finalement d'adhérer à l'OTAN, mais à condition que l'Islande ne participe à aucune manœuvre ou opération militaire et qu'aucune base ne soit établie dans le pays en temps de paix.

Cet accord fut rapidement rompu. Lorsque la guerre de Corée éclata, les États-Unis s'installèrent à nouveau sur l'île à partir des années 1950 et 1951. Pendant 40 ans, l'Islande devint une importante station de surveillance : les effectifs en hommes et en matériel ne cessèrent de s'accroître à la base de Keflavík. Très controversée, la présence militaire américaine ne prit fin qu'en septembre 2006, à la fermeture de la base.

## L'Islande moderne

En moins d'un siècle, l'Islande passa du statut de pays parmi les plus pauvres d'Europe à celui de pays au niveau de vie parmi les plus élevés de la planète, en première place au palmarès mondial du développement humain.

Pendant la guerre froide, l'Islande connut une période de croissance, de reconstruction et de modernisation. Achevée en 1974, la Route circulaire désenclava les régions isolées, en particulier celle du Sud-Est. Des projets comme la centrale géothermique de Krafla, dans le Nord-Est, et celle

**1940-1941**

Après l'occupation du Danemark par les nazis, le Royaume-Uni envoie des troupes en Islande, de peur que l'Allemagne n'y installe une garnison. Une base américaine est ensuite établie à Keflavík.

**1944**

Une majorité d'Islandais vote pour l'indépendance vis-à-vis du Danemark ; la république d'Islande est officiellement fondée le 17 juin. Le roi Christian X adresse ses félicitations par télégramme.

**1966**

La télévision publique islandaise diffuse ses premières émissions en septembre.

**1974**

La construction de la Route circulaire autour de l'île s'achève par l'ouverture du pont de Skeiðarárbrú le 14 juillet. Jusqu'alors, la ville d'Höfn était l'une des plus isolées d'Islande.

de Svartsengi, à côté de Reykjavík, furent lancés. Dans les années 1970, l'essor de l'industrie de la pêche amena l'Islande à repousser les limites de sa zone de pêche. En résulta une "guerre de la morue", le Royaume-Uni refusant d'entériner cette nouvelle zone. Durant sept mois de conflit, de multiples incidents opposèrent les navires islandais et les chalutiers britanniques : coups de feu, filets de pêche sectionnés et abordages volontaires visaient à intimider l'adversaire.

Il faut dire que, malgré une évolution en dents de scie, l'industrie de la pêche a toujours revêtu une importance capitale pour l'île. Après la réévaluation à la baisse des quotas dans les années 1990 (pour permettre le renouvellement des ressources halieutiques après une période de surpêche), le secteur connut une crise, qui fit monter le chômage et chuter fortement la couronne. Avec la stabilisation de l'industrie de la pêche, le pays entama peu à peu sa reconstruction économique. De nos jours, la pêche représente encore 22% des biens et services marchands exportés, et 12% du PIB, et emploie 4,2% de la population active. Son évolution future est fragilisée par le déclin inexorable des ressources halieutiques.

À partir de 2003, en dépit d'un moratoire à l'échelle mondiale, l'Islande, comme la Norvège et le Japon, recommença à chasser les baleines sous le prétexte d'un programme de recherche scientifique. Aujourd'hui, la chasse aux baleines de Minke se poursuit dans les eaux territoriales islandaises, suscitant de nouvelles condamnations internationales. En revanche, la chasse aux rorquals communs, une espèce menacée, est suspendue depuis 2016.

On pourra lire *Comment l'Islande a vaincu la crise* (Éditions Versilio, 2013), par le cofondateur de Rue 89, Pascal Riché.



## Après la crise financière

La forte dépendance de l'Islande à la pêche et aux importations de marchandises s'est toujours traduite par des prix relativement élevés et par la vulnérabilité d'une économie dépendante du contexte international. Cette fragilité est apparue spectaculairement en septembre 2008, quand la crise économique mondiale a frappé le pays de plein fouet. De violentes manifestations se sont déroulées pendant des mois devant le Parlement islandais, tandis que la popularité du gouvernement de l'époque fondait aussi rapidement que les réserves bancaires du pays.

Le Premier ministre Geir Haarde a démissionné en janvier 2009. La première mesure importante de sa remplaçante, Jóhanna Sigurðardóttir, a été de demander l'adhésion à l'UE et à la zone euro.

En avril 2010, l'Islande est revenue en tête de l'actualité internationale quand un nuage de cendres causé par l'éruption de l'Eyjafjallajökull a paralysé le trafic aérien en Europe pendant six jours. En comparaison de cette éruption, celle du volcan Grímsvötn, l'année suivante, a semblé relever de la broutille - ses cendres n'ayant perturbé les transports

**1975**

Troisième "guerre de la morue" entre l'Islande et le Royaume-Uni. Ces querelles portant sur les zones de pêche dans l'Atlantique nord éclatent au moment où l'Islande accroît ses eaux territoriales (années 1950-1970).

**1980**

Vigdís Finnbogadóttir est élue présidente du pays. Elle est la première femme au monde à accéder à ce poste.

**1986**

Mikhaïl Gorbatchev, secrétaire général de l'URSS, et Ronald Reagan, président des États-Unis, participent à une rencontre au sommet à la maison Höfði (Reykjavík).

**2006**

Après 45 ans d'existence, la base militaire américaine de Keflavík ferme ses portes. Le gouvernement approuve la reprise de la chasse commerciale à la baleine.

## LA DÉBÂCLE ÉCONOMIQUE DE L'ISLANDE

Jusqu'au début de l'année 2008, l'Islande était confiante dans son économie. Pourtant, le naufrage économique est bel et bien venu de son navire financier. Alors que les banques locales avaient grossi au point de peser dix fois le PIB de l'île, les effets de la crise financière mondiale prirent des allures de tremblement de terre, balayant en quelques mois l'économie du pays.

En octobre 2008, la Bourse islandaise s'effondra : la couronne plongea, perdant la moitié de sa valeur en quelques jours ; les trois banques nationales furent placées sous administration judiciaire et le pays entier frôla la banqueroute.

En novembre 2008, le Fonds monétaire international (FMI) accorda un prêt de 2,1 milliards de dollars à l'Islande, tandis que ses voisins scandinaves renflouaient ses caisses à hauteur de 3 milliards de dollars. En raison de l'inflation galopante, de la baisse des salaires et des licenciements, les revenus des Islandais diminuèrent d'un quart en termes réels. La crise économique se doubla d'une crise politique ; d'importantes manifestations à Reykjavík entraînèrent la démission du Premier ministre en janvier 2009.

Hausse de l'endettement des ménages et de l'inflation, chômage à 10%, et émigration massive d'Islandais vers la Norvège furent quelques-uns des effets de cette crise.

Contrairement à ce qui se fit dans d'autres pays, le gouvernement et les Islandais refusèrent que l'argent des contribuables vole au secours des établissements bancaires privés, préférant donner la priorité au système de protection sociale, aider les citoyens les plus touchés par la crise et laisser les créanciers des banques privées se débrouiller. Bien que ceux-ci (pour beaucoup, des fonds d'investissement britanniques) cherchent toujours à récupérer leur argent, les mesures adoptées par l'Islande ont été saluées par le FMI et par de nombreux économistes.

Ces décisions atypiques semblent payer. Tandis que d'autres nations sont contraintes par les effets de l'austérité et confrontées à un taux de chômage record, l'Islande paraît repartir du bon pied. Depuis 2016, le taux de chômage est redescendu à 2,9% environ et le contrôle des capitaux mis en place pendant la reprise est progressivement allégé.

aériens que pendant trois jours. En 2014, les grondements du volcan Bárðarbunga ont à nouveau rappelé l'instabilité géologique du pays, tout comme les soubresauts du Katla en 2016.

Paradoxalement, l'éruption de 2010, qui a propulsé malgré elle l'Islande sur le devant de la scène, a entraîné un décollage du tourisme. L'ouverture de nouvelles lignes aériennes et une couverture médiatique concertée au plan national ont abouti à un incroyable essor touristique (+ 264% entre 2010 et 2015). Le pays est devenu la destination touristique européenne à la croissance la plus rapide, avec toutes les retombées positives (croissance économique, emplois) et négatives (problèmes d'infrastructures, impact écologique) que cela implique.

**2008**

La crise économique mondiale frappe l'Islande de plein fouet, provoquant une débâcle bancaire. Les trois plus grandes banques s'effondrent.

**2009**

L'Islande fait acte de candidature à l'adhésion à l'UE. Les négociations sont ouvertes en 2010, puis interrompues en 2013.

**2009**

Jóhanna Sigurðardóttir accède au poste de Premier ministre et devient le premier chef de gouvernement ouvertement homosexuel de l'ère moderne.

**2010**

Le volcan situé sous le glacier Eyjafjallajökull entre en éruption en mars. En avril, son panache de cendres haut de 9 km bloque l'activité aérienne européenne pendant 6 jours.

C'est dans ce contexte de convalescence économique que les Islandais se sont rendus aux urnes en avril 2013. La population était alors sévèrement touchée par les mesures d'austérité du gouvernement et les sociaux-démocrates au pouvoir ont subi un revers cinglant – le centre-droit, rassemblant le Parti du progrès et le Parti de l'indépendance, a fait campagne avec succès sur les thèmes de l'allègement de la dette, de la baisse des impôts et de l'opposition à l'adhésion de l'Islande à l'UE.

Au début de l'année 2014, ce gouvernement de coalition a mis un frein à toutes les négociations avec l'UE – et ce, en dépit de sa promesse d'organiser un référendum sur la poursuite ou non des négociations. En mars 2015, l'Islande a officiellement retiré sa candidature à l'adhésion à l'UE. Le retour de la croissance économique sur l'île et l'impopularité des quotas de pêche imposés par Bruxelles sont en grande partie à l'origine de cette décision.

Pour des informations sur l'actualité du pays, reportez-vous au chapitre *L'Islande aujourd'hui*, p. 360.

En avril 2016, la fuite des documents du cabinet d'avocats Mossack Fonseca (les "Panama Papers") a révélé l'implication dans le scandale financier de trois ministres islandais, et notamment du Premier ministre Sigmundur Davíð Gunnlaugsson, contraint à la démission à la suite de manifestations monstres. Sigurður Ingi Jóhannsson a assuré son intérim dans l'attente d'élections législatives anticipées en octobre 2016. Favori des sondages, le Parti pirate, prônant la démocratie directe dans un esprit libertaire, n'a pas réalisé la percée escomptée. Le Parti de l'indépendance, conservateur, a remporté les élections, sans toutefois obtenir de majorité absolue. Après de longues tractations, le chef du parti, Bjarni Benediktsson, est devenu Premier ministre à la tête d'une coalition de centre-droit.

En juin 2016, le pays, gagné par un sentiment antisystème, a élu, après six mandats consécutifs du sortant, Olafur Ragnar Grimsson, un nouveau président : l'historien et écrivain Guðni Thorlacius Jóhannesson.



**2013**

Lors des élections législatives, les sociaux-démocrates essuient un échec cinglant. Un nouveau gouvernement de coalition rassemblant les partis de centre-droit prend la tête du pays.

**2013**

807 000 étrangers visitent l'Islande (contre 320 000 en 2003). L'année suivante, ils sont plus d'un million. Et pas moins de 1,3 million en 2015.

**2014-2016**

En 2014 et 2015, des éruptions se succèdent sur le Bárðarbunga, un important volcan situé sous la calotte glaciaire du Vatnajökull. À la mi-2016, une recrudescence de l'activité sismique du Katla est détectée.

**2016**

Des manifestations éclatent à la suite du scandale financier mis au jour par les "Panama Papers" ; le Premier ministre, Sigmundur Davíð Gunnlaugsson, est contraint à la démission.

# Environnement

**Difficile de ne pas être ébloui par la variété des paysages islandais : la désolation des champs de lave lunaires et des vastes étendues désertiques, la splendeur des fjords abrupts et scintillants et des collines émeraude, l'étrangeté des vallées glaciaires, des mares de boue bouillonnantes et des majestueux volcans couverts de glace et de brume. Cette incroyable diversité et cette rencontre des extrêmes ne peuvent qu'attirer et fasciner les visiteurs.**

## Instable Islande

Située sur la dorsale médio-atlantique, une immense fracture de 15 000 km de long séparant deux des principales plaques tectoniques terrestres, l'Islande offre une formidable leçon de géologie grandeur nature. Tentez de vous rappeler vos devoirs d'écolier sur les types de volcans, la définition d'une solfatare (soufrière ; une ouverture volcanique émettant des vapeurs sulfureuses), ou encore la différence entre lave et magma.

L'Islande est l'une des plus jeunes terres de la planète, formée par des éruptions volcaniques sous-marines à la frontière entre les plaques nord-américaine et eurasiatique il y a environ 20 millions d'années. La croûte terrestre n'y mesure qu'un tiers de son épaisseur normale, et du magma continue de s'élever en faisant s'écarter les deux plaques. Le résultat est clairement visible à Þingvellir (Thingvellir), où la grande faille d'Almannagjá s'élargit de 1 à 18 mm par an, et au mont Námafjall (près de Mývatn), où des fumerolles jalonnent le rift.

L'Islande a une superficie de 103 000 km$^2$, ce qui équivaut grosso modo à celle du Portugal. Le pays possède 30 volcans actifs. Son territoire est recouvert à 3% par des lacs, à 11% par des glaciers et des calottes glaciaires, à 23% par de la végétation, et à 23% par de la lave et d'autres zones désertiques.

### Volcans

La finesse de la croûte terrestre et le mouvement des plaques tectoniques provoquent de passionnants phénomènes volcaniques. Certains volcans sont actifs, d'autres sont éteints ou en sommeil. Les éruptions linéaires, lors desquelles des cratères se forment à la suite de l'ouverture d'une fissure active, constituent la forme d'éruption la plus répandue en Islande. Toujours instable, la série de cratères autour du Laki, appelés Lakagígar – il y en a plus d'une centaine sur un rayon de 25 km –, en est l'exemple le plus extraordinaire. L'éruption qui survint au Laki en 1783 fut exceptionnelle. La lave recouvrit alors 565 km$^2$ sur une épaisseur de 12 m, et d'énormes quantités de gaz sulfuriques furent dégagées dans l'atmosphère ; près de 20% de la population islandaise fut décimée par les conséquences dramatiques de ce cataclysme et la famine qui s'ensuivit. Des historiens considèrent que cette éruption fut l'un des éléments déclencheurs de la Révolution française de 1789. Elle perturba en effet pendant plusieurs années les récoltes des pays européens.

Certains des volcans islandais les plus actifs se trouvent sous des glaciers. Dans ce cas, les éruptions de lave en fusion provoquent la fonte des glaces, ainsi que des inondations (*jökulhlaup*, ou débâcle glaciaire) et des coulées de boue (*lahar*) qui peuvent être encore plus dévastatrices. Ce fut le cas lors de l'éruption de l'Eyjafjallajökull en 2010, à l'origine d'inondations destructrices qui endommagèrent notamment une partie de la Route circulaire ; le volcan projeta par ailleurs dans l'atmosphère un immense panache de cendres volcaniques qui cloua au sol pendant près d'une semaine les avions de l'hémisphère Nord. Également très actif, le Grímsvötn, situé sous la calotte glaciaire du Vatnajökull, se réveilla à son tour en mai 2011, mais avec de moindres conséquences pour l'environnement.

Outre les éruptions sous-glaciaires, les phénomènes sous-marins ne sont pas rares. L'île de Surtsey sortit littéralement de mer en 1963 ; elle a depuis donné aux scientifiques l'occasion d'observer comment les morceaux fumants d'une terre nouvellement créée sont colonisés par la faune et la flore. Surtsey est interdite au public, mais on peut gravir de nombreux cônes comme l'Hekla, l'Eldfell – qui a bien failli ensevelir Heimaey en 1974 – et le Snæfellsjökull, sur la péninsule de Snæfellsnes.

Les dernières éruptions ont été moins tragiques – on les qualifie souvent d'"éruptions touristiques" car leurs fontaines de lave et leurs nuages de cendres sont très impressionnants et photogéniques, mais ne causent pas de graves dégâts.

Cela dit, le principal danger réside dans les émissions gazeuses : dioxyde de carbone, gaz acides et gaz fluorés, qui empoisonnèrent les habitants et décimèrent les troupeaux lors de l'éruption du Laki en 1783. Le bureau de météorologie islandais (Veðurstofa Íslands ; www.vedur.is) surveille les éruptions, les tremblements de terre qui souvent les précèdent, et les émissions qui en découlent. Lors de l'éruption du Bárðarbunga en 2014-2015, ils établirent chaque jour un bulletin d'information. Actuellement, ce sont le Katla et l'Hekla qu'il faut garder à l'œil, car des éruptions semblent s'annoncer.

L'Islande n'est pas réellement un pays arctique : l'île s'arrête à quelques kilomètres du cercle polaire. Pour franchir cette ligne imaginaire, il faut rejoindre l'île de Grímsey, le seul morceau d'Islande en zone arctique.

## Geysers, sources chaudes et fumerolles

À 70 km à l'est de la capitale, le site de Geysir (du verbe islandais qui signifie "jaillir") a donné son nom aux phénomènes éruptifs de sources chaudes décrits en géologie. Le Grand Geyser, qui existe depuis au moins 800 ans, est plus ou moins puissant selon les périodes ; la hauteur de son jet dépend de la pression interne et donc de l'activité sismique de l'île. Il fut un temps où il crachait de l'eau jusqu'à une hauteur de 80 m (et même 120 m en 2000) ; mais il s'est depuis considérablement assagi et ne jaillit plus que 2 ou 3 fois par jour. Son voisin, le geyser Strokkur, est nettement plus fiable. Tel un véritable métronome, il se déclenche toutes les 5 à 10 minutes et crache une colonne d'eau de 15 à 30 m de hauteur.

Les geysers sont des phénomènes assez rares puisqu'il n'en existe qu'un millier sur Terre. En Islande, l'eau qui a traversé la roche par

### GLOSSAIRE GÉOLOGIQUE

**Basalte** Type le plus commun de lave solidifiée. Cette roche volcanique noire, dure et dense se solidifie souvent sous la forme de colonnes hexagonales.

**Roche ignée** Roche formée par la lave ou le magma se solidifiant.

**Moraine** Accumulation de pierres, d'argile et de sable entraînés puis déposés par un glacier.

**Obsidienne** Roche de couleur sombre à noire, vitreuse, formée par la solidification rapide de lave sans cristallisation.

**Rhyolite** Roche volcanique claire à grain fin, proche du granit par sa composition.

**Scorie** Gravier volcanique poreux qui a refroidi rapidement tout en bougeant, créant ainsi une surface vitreuse composée de cristaux riches en fer qui lui donnent une apparence étincelante.

**Téphra** Fragments solides projetés dans l'air lors d'une éruption volcanique.

percolation avant d'être surchauffée par le magma peut faire surface de plusieurs autres manières. Elle peut prendre la forme de sources, de bassins ou de rivières à la température élevée. On trouve des sources chaudes partout en Islande, notamment à Landmannalaugar, dans la rivière de Hveragerði et dans le bassin situé au pied du cratère du Víti (Askja). Les Islandais ont depuis longtemps apprivoisé ces cadeaux de la nature en construisant des piscines géothermales et des spas. Les deux plus beaux sites sont les Mývatn Nature Baths et le fameux Blue Lagoon ; il ne s'agit pas de piscines naturelles creusées dans la roche, mais de lagunes artificielles alimentées par l'eau provenant des centrales géothermiques voisines.

En 2002, les scientifiques ont découvert la deuxième plus petite créature du monde, le *Nanoarchaeum equitans*, un micro-organisme qui vit dans l'eau proche de l'ébullition d'une cheminée hydrothermique près de la côte nord de l'Islande.

Les fumerolles apparaissent là où l'eau à très haute température atteint la surface de la Terre sous forme de vapeur – l'exemple le plus intéressant se trouve à Hverir, où le sol semble littéralement cuire et où la vapeur d'eau chargée de soufre jaillit par des fissures. Les marmites de boue, plus tranquilles, sont aussi plus opaques ; dans celle de Seltún (Krýsuvík), sur la péninsule de Reykjanes, une source d'eau chaude se mêle à la boue et à l'argile. Les giclées colorées de certaines marmites sont dues à la présence de minéraux (soufre jaune, fer rouge), ainsi qu'à des bactéries et à des algues extrêmophiles qui se plaisent dans ce milieu bouillonnant et acide.

## Glaciers

Les glaciers et les calottes glaciaires recouvrent environ 11% du territoire islandais. La plupart sont le résultat d'une période de mini-glaciation qui débuta sur l'île il y a 2 500 ans. Ils se forment du fait de l'accumulation de la neige et des températures le plus souvent négatives. Sous son propre poids, la neige se comprime lentement et finit par constituer la calotte glaciaire.

Le Vatnajökull, le prince des glaciers d'Islande (il est à peu près grand comme la Corse), couvre 8% de la surface de l'île. Il s'agit de la plus vaste calotte glaciaire en dehors des pôles. Sur le pourtour de cette immense masse de glace, les glaciers et les rivières de glace se déplacent lentement pour descendre vers les vallées. Ce mouvement transporte des sédiments rocheux qui sont déposés dans des moraines grisâtres au pied des montagnes ou dans de vastes *sandar* (plaines d'alluvions glaciaires ; singulier : *sandur*), comme le Skeiðarársandur dans le sud-est de l'Islande. Le processus peut aussi être très rapide si les volcans sous-glaciaires entrent en éruption et provoquent un *jökulhlaup* capable de charrier d'immenses blocs de glace et des rochers : le *jökulhlaup* causé en 1996 par l'éruption du Grímsvötn a détruit le plus long pont d'Islande et changé la physionomie de certaines vallées.

*Islande. Splendeurs et colères d'une île* (Belin, 2010), de Michel et Anne-Marie Detay, nous offre un voyage naturaliste illustré par de superbes photos dans ce pays de feu et de glace.

À l'extrémité de certains glaciers, on trouve parfois une lagune, comme celle de Jökulsárlón (littéralement "lagune du glacier"). Là, des blocs de glace se détachent du Breiðamerkurjökull (une ramification du Vatnajökull) – c'est le processus de vêlage des glaciers – et dérivent en d'innombrables icebergs aux formes invraisemblables vers l'océan. Une teinte d'un bleu lumineux indique une glace plus ancienne : des siècles de compression chassent les bulles d'air qui donnent à la glace sa transparence argentée habituelle (la teinte bleue des icebergs peut aussi être due à la réfraction de la lumière).

Les glaciers ont façonné une grande partie du paysage islandais depuis sa création, formant vallées et fjords. La glace avance ou recule selon les périodes. Comme ailleurs sur la planète, des marqueurs précis indiquent que les grandes calottes glaciaires islandaises – le Vatnajökull, dans le Sud-Est ; le Mýrdalsjökull, dans le Sud ; et le Langjökull et l'Hofsjökull, dans les hautes terres – fondent plus rapidement depuis l'an 2000. Les glaciologues estiment que le Snæfellsjökull, à l'ouest, dont l'épaisseur ne

**LE MACAREUX MOINE**

Membre de la famille des pingouins (Alcidacés), le macareux moine (*Fratercula arctica*, ou *lundi* en islandais) passe une bonne partie de l'année en mer. Mais pendant quatre ou cinq mois, il rejoint la terre ferme pour se reproduire, fidèle au même partenaire et au même terrier (de plusieurs pièces !) creusé dans la falaise.

Récemment encore, 60% de la population mondiale de macareux se reproduisait en Islande et de grandes colonies étaient visibles autour de l'île de fin mai à août. Malheureusement, le nombre de macareux a brutalement chuté dans le sud du pays au cours de la dernière décennie. Ils continuent de fréquenter cette région – les macareux des Vestmannaeyjar (îles Vestmann) constituent la plus grande colonie au monde –, mais en plus petit nombre et avec un taux de reproduction bien inférieur. On en ignore la raison, mais on pense que le réchauffement des océans a entraîné le déclin de leur principale source de nourriture, l'anguille de sable. Il est également possible que la chasse et les collectionneurs d'œufs soient en cause.

Que les amateurs d'observation des oiseaux se rassurent : les populations de macareux présentes dans le nord et l'ouest du pays semblent moins touchées (pour l'instant). On peut toujours voir ces volatiles photogéniques sur les falaises de Grímsey et de Drangey, ainsi qu'à Borgarfjörður Eystri (dans l'Est), dans les fjords de l'Ouest et sur la péninsule de Snæfellsnes.

dépasse pas 30 m, pourrait avoir disparu dans quelques décennies. De même que certains glaciers issus des grandes calottes glaciaires. D'autres fondent et perdent leur statut de glacier, comme ce fut le cas de l'Ok (l'ancien Okjökull, dans l'Ouest), en 2014.

# Faune et flore

## Mammifères terrestres et faune marine

Excepté les moutons, les vaches et les chevaux, on croise peu d'animaux en Islande. Le seul mammifère terrestre indigène est le renard arctique, que l'on observe surtout dans la région du Hornstrandir, une magnifique péninsule dans les fjords de l'Ouest. Dans l'Est, on aperçoit parfois des troupeaux de rennes. Importés de Norvège au XVIII^e^ siècle, ils peuplent aujourd'hui les versants des montagnes. Des ours polaires dérivent parfois du Groenland sur des morceaux de banquise. Ils sont rarement les bienvenus en Islande, et souvent abattus par des fermiers.

En revanche, l'Islande se targue d'une riche faune marine. Lors d'excursions en bateau au départ d'Húsavík, dans le nord de l'île, on peut voir des dauphins, des marsouins, des baleines de Minke et des baleines à bosse, mais également des cachalots, des rorquals communs, des rorquals boréals, des globicéphales, des orques et des baleines bleues. On trouve des phoques dans les fjords de l'Est, autour de la péninsule de Vatnsnes (nord-ouest de l'Islande), dans la région du Mýrar sur la côte sud-est (notamment à Jökulsárlón), dans le Breiðafjörður à l'ouest et dans les fjords de l'Ouest.

> Importé par les Vikings, le cheval islandais pure race *(Equus scandinavicus)* est une race petite et résistante parfaitement adaptée aux conditions difficiles du pays. Ce cheval possède cinq allures dont le *tölt*, un galop si coulé que le cavalier peut boire une bière sans en renverser une goutte !

## Oiseaux

L'avifaune est particulièrement riche en Islande, notamment pendant la période de nidification, entre mai et août. Les colonies s'installent le long des falaises côtières et dans les îles, dont certaines sont des réserves naturelles. Le plus connu des oiseaux est le macareux moine avec sa petite tête ronde et son bec orange. On trouve également de vastes colonies de fous de Bassan, des guillemots, des goélands, des pingouins tordas, des mouettes tridactyles et des fulmars. On peut voir aussi, en moins grand nombre, des chevaliers sylvains, des sternes arctiques, des labbes, des puffins des Anglais, des pluviers dorés, des océanites tempêtes et des océanites cul-blanc. Dans la partie sud des fjords de l'Ouest, on aperçoit parfois un rare pygargue à queue blanche (ou Aigle des mers), une espèce menacée. Par ailleurs, l'Islande compte de nombreuses espèces de canards, de lagopèdes, de cygnes, de grives mauvis, de plongeons et de gerfauts, ainsi que deux espèces de hiboux.

La sterne arctique a l'âme d'un kamikaze : elle vous attaque si vous approchez de son nid. Lorsque vous marchez en territoire peuplé de sternes, portez un chapeau, levez un bras en l'air ou ayez un long bâton : elles s'en prennent toujours au point culminant.

### Végétation, fleurs et champignons

L'Islande a été largement déforestée il y a bien longtemps : les forêts qui recouvraient une partie de l'île au début de la colonisation ont disparu à la suite du peuplement et du développement de l'élevage. Cependant, le reboisement s'est imposé comme une préoccupation majeure depuis le début du XXe siècle et le phénomène s'est accéléré ces dernières années. Certaines vallées bien abritées sont boisées, tout comme des versants de montagnes. À Reykjavík, les rues sont bordées de feuillus de différentes espèces importées.

En dehors de la couverture forestière, la végétation est d'une étonnante variété, même s'il faut l'examiner de près pour s'en rendre compte. Elle se réduit en effet le plus souvent à un tapis de plantes qui s'étend au ras du sol, comme pour mieux s'agripper à une terre qui s'érode facilement. L'érosion par le vent et les dégâts causés par les véhicules qui font du hors-piste posent de gros problèmes.

En été, collines et vallées se couvrent d'un tapis de fleurs. La plupart de ces végétaux (on en dénombre 450 environ) sont des espèces importées, en particulier le lupin soyeux, devenu une nuisance après avoir été un auxiliaire environnemental. Un sondage réalisé en 2004 a permis de choisir la fleur nationale. L'heureuse élue a été la dryade à huit pétales (*Dryas octopetala – holtasóley* en islandais –, le bouton d'or des landes). Vous apercevrez dans les zones caillouteuses et sur les affleurements rocheux cette fleur de quelques centimètres de diamètre avec ses huit délicats pétales blancs et un cœur jaune vif.

Les régions côtières se composent généralement d'herbes rases, de tourbières et de marécages. À plus haute altitude, la toundra domine.

On trouve aussi en Islande quelque 2 000 espèces de champignons. Le long des sentiers de randonnée, sur le bord des routes ou dans les champs, on en voit de toutes sortes, allant du blanc à l'orange vif.

Dans le Sud et l'Est, les récentes coulées de lave sont vite colonisées par des mousses, qui recouvrent le terrain rocheux irrégulier d'un tapis vert. Les coulées plus anciennes, dans l'Est et à plus haute altitude, sont généralement colonisées par des lichens. La mousse d'Islande *(Cetraria islandica)* gris-vert ou brun pâle, visible partout, est en réalité un lichen.

L'angélique officinale *(Angelica archangelica)* pousse à l'état sauvage dans de nombreuses régions. Appréciée pour ses vertus médicinales depuis l'ère des Vikings, elle figure dans un nombre croissant de recettes de cuisine. Parmi les bières Kaldi, on en trouve même une à l'angélique (la Stinnings Kaldi).

## Parcs nationaux et réserves

L'Islande compte aujourd'hui trois parcs nationaux et plus d'une centaine de réserves naturelles, monuments naturels et zones protégées, représentant au total 18 806 km² (soit environ 18% de la superficie du pays). Un projet de parc national des Hautes Terres (www.halendid.is) est à l'étude. Il protégerait 40 000 km² à l'intérieur de l'île, soit 40% de la superficie du pays. Une pétition en faveur de ce projet, que tout le monde peut signer, est en cours (voir le site Web).

L'Umhverfisstofnun (Agence islandaise de l'environnement ; www.ust.is) est chargée de protéger nombre de ces sites. Son site Web fournit des informations sur les actions menées, ainsi que des renseignements sur la façon de respecter la nature. Par ailleurs, cette agence recrute chaque été des bénévoles pour participer à des projets dans les parcs.

Le parc national de Þingvellir (p. 113), le plus ancien d'Islande, englobe un beau lac de 84 km², la faille d'Almannagjá, d'une grande importance géologique, et le site historique du premier Parlement islandais (l'Alþing). Il figure sur la liste du patrimoine mondial de l'Unesco.

Le parc national du Snæfellsjökull (p. 194), créé en 2001 dans l'ouest du pays, protège le Snæfellsjökull, ainsi que la côte et les champs de lave environnants. Plus grand parc national d'Europe, le parc national du Vatnajökull (p. 283) couvre environ 13% de la surface totale de l'Islande. Issu en 2008 de la fusion entre deux parcs préexistants, le Skaftafell, dans le sud-est du pays, et le Jökulsárgljúfur, plus au nord, il protège la totalité de la calotte glaciaire du Vatnajökull, la puissante cascade de Dettifoss et une grande variété de curiosités géologiques.

Pour tout savoir sur les oiseaux visibles en Islande, consultez le portail ornithologique www.oiseaux.net.



# Écologie

La faible densité de population, les vastes étendues sauvages, l'absence d'industrie polluante et l'utilisation de l'énergie géothermique et hydroélectrique (qui représentaient respectivement 66 et 20% de l'énergie primaire utilisée en 2014) valent à l'Islande une réputation

## CHASSE À LA BALEINE

La chasse à la baleine devint une activité commerciale lucrative à la fin du XIX<sup>e</sup> siècle, grâce à l'apparition des bateaux à vapeur et des harpons explosifs. Les chasseurs norvégiens construisirent 13 grandes stations de pêche en Islande et pêchèrent jusqu'à l'extinction presque complète de l'espèce en 1913. Les Islandais se lancèrent à leur tour dans cette pêche en 1935 ; puis, le nombre de baleines ayant encore une fois dangereusement diminué, la pêche commerciale fut interdite par la Commission baleinière internationale en 1986. L'Islande a repris la pêche à la baleine en 2006, au grand dam des écologistes du monde entier. Pourquoi les Islandais pêchent-ils la baleine aujourd'hui ? La question n'est pas simple.

Les autorités islandaises soulignent qu'elles ont toujours privilégié une gestion durable des populations de baleines, comme pour toutes les autres ressources marines, en respectant les quotas de capture annuels conseillés par l'Institut islandais de recherche marine, pour les baleines de Minke et les rorquals. Pour les saisons 2014 et 2015, ces quotas étaient de 229 et 154 individus, respectivement.

Ces chiffres suscitent néanmoins la polémique, car les rorquals communs, en particulier, figurent sur la Liste rouge des espèces menacées publiée par l'Union internationale pour la conservation de la nature (IUCN). En 2016, la pêche au rorqual fut interrompue en raison de difficultés commerciales avec le Japon, mais le futur est incertain.

L'office du tourisme islandais soutient que l'industrie nationale de la pêche à la baleine nuit à l'observation de ces animaux (une opinion contestée par le ministère des Industries et de l'Innovation). Vu l'explosion du nombre de touristes, l'idée est qu'une baleine vaut davantage vivante que morte – on gagne plus à les montrer qu'à les consommer. Paradoxalement, entre 40 et 60% de la viande de baleine islandaise est consommée par des touristes curieux, alors que seuls 3% des Islandais en mangent régulièrement. Elle est en grande partie exportée vers le Japon, bien que la demande décline. En 2012, le Fonds international pour la protection des animaux (IFAW) et IceWhale (Icelandic Whale Watching Association) ont lancé une grande campagne ("Venez nous voir, pas nous manger") pour encourager les visiteurs à observer les baleines plutôt que les consommer ; leur pétition a réuni plus de 100 000 signatures en 2016. Les restaurants islandais qui ne servent pas de viande de baleine sont répertoriés sur leur site et sur leur application *Whappy*.

L'industrie de la pêche à la baleine est visée par une autre condamnation internationale. En 2014, 35 nations, dont les États-Unis, l'Australie et certains pays européens, ont officiellement protesté auprès des autorités islandaises par voie diplomatique. Une nouvelle campagne américaine, intitulée "Don't Buy From Icelandic Whalers" (www.dontbuyfromicelandicwhalers.com), encourage le public à ne pas acheter de poisson auprès des grossistes ou revendeurs qui s'approvisionnent auprès des sociétés baleinières islandaises. Pour l'instant, toutefois, la pêche à la baleine continue.

de pays écologique. La maîtrise de la géothermie depuis des décennies par les techniciens et ingénieurs islandais fait de ces derniers des experts reconnus au niveau mondial et de l'Islande, un laboratoire pour l'énergie du futur.

Cette énergie non polluante, fournie par la nature, n'intéresse pas seulement les Islandais. Des groupes étrangers en quête d'énergie bon marché convoitent les rivières glaciaires et les zones géothermiques. Le spécialiste américain de l'aluminium, Alcoa, est à l'origine d'un des projets les plus controversés. Achevé en 2009, le complexe hydroélectrique de Kárahnjúkar (p. 300), dans l'est du pays, a été le plus grand chantier de l'histoire islandaise. Il comprend un réseau de barrages et de tunnels, un immense lac artificiel, une centrale électrique et des kilomètres de lignes à haute tension alimentant une fonderie située au bord d'un fjord à Reyðarfjörður, 80 km plus loin.

Les cartes *Forlagið (Mál og Menning)* comprennent maintenant quelques suppléments thématiques, comme la *Fuglakort* (ornithologie), l'*Höggunarkort* (tectonique), la *Jarðfræðikort* (géologie) ou la *Plöntukortið* (botanique). Le texte est en islandais et en anglais.



Le groupe américain souligne que l'aluminium qui est produit sur ce site utilise une énergie non polluante. En revanche, l'immense barrage construit pour alimenter son usine a profondément modifié le paysage. Les objections soulevées à l'époque par les écologistes n'ont guère rencontré d'échos parmi les habitants qui se satisfaisaient des perspectives économiques. L'est de l'Islande ne compte que 12 500 habitants et la mobilisation citoyenne face à ce type de projet immense est donc forcément compliquée.

## Le pouvoir de l'énergie

Le barrage et l'aluminerie de Kárahnjúkar sont une terrible illustration du dilemme auquel l'Islande se trouve confrontée aujourd'hui. Pour assurer sa prospérité économique, le pays cherche à s'imposer comme l'un des grands acteurs de l'énergie du futur. Grâce à ses sources illimitées en énergies géothermique et hydroélectrique, auxquelles s'ajoute aujourd'hui l'énergie éolienne (pour en savoir plus, consultez le site www.nea.is), elle produit plus d'électricité par habitant que tout autre pays dans le monde – deux fois plus que la Norvège, qui arrive en seconde position. Cela dit, elle est également en première position pour ce qui est de la consommation d'énergie par habitant car 80% de l'électricité produite est vendue à une poignée d'entreprises internationales installées sur place (comme les fonderies d'aluminium) ; son exportation générerait de nouveaux revenus.

L'Islande et le Royaume-Uni étudient ainsi la possibilité d'exporter de l'énergie hydroélectrique par l'intermédiaire d'un câble sous-marin long de 1 000 km ; ce projet, appelé Atlantic SuperConnection, porte le nom d'IceLink au Royaume-Uni (voir www.atlanticsuperconnection.com). L'Islande espère également continuer à accueillir des entreprises gourmandes en énergie en devenant notamment un leader mondial des *data centers*, où sont regroupés les serveurs qui stockent les données informatiques.

Si de tels projets se concrétisent, l'Islande devra produire toujours plus d'énergie et donc forcément construire des barrages hydroélectriques et des centrales géothermiques, ainsi que des kilomètres de lignes électriques à très haute tension. Ces infrastructures devront voir le jour dans des espaces sauvages, et en particulier dans les hautes terres centrales. D'où la lutte engagée par des ONG islandaises (21 à l'heure actuelle regroupées sous le collectif Hjarta Landsins ou "cœur de l'Islande") qui défendent l'idée de protéger ce territoire en le classant parc national, afin de permettre un meilleur contrôle des projets industriels. Landvernd, une association de défense de l'environnement (www.landvernd.is), fait des points réguliers sur les programmes en cours et les actions de défense de l'environnement.

## Le poids du tourisme sur l'environnement

Chaque année, plus de 1,5 million de touristes se rendent désormais en Islande pour des vacances de rêve dans un cadre naturel splendide. Or, cet afflux de visiteurs met précisément en danger ce qui fait le succès du pays : sa nature jusqu'ici préservée.

Les Islandais s'inquiètent à juste titre de savoir si ce pays de 330 000 habitants et les infrastructures existantes sont capables de faire face à la demande et au comportement des visiteurs. Les médias rapportent régulièrement des cas de touristes qui mettent à mal la nature ou prennent des risques inconsidérés, qui partent en randonnée par mauvais temps sans l'équipement nécessaire, restent coincés en traversant une rivière en voiture, s'aventurent en voiture sur un glacier, tombent d'une falaise ou sont emportés par la mer... En février 2016, par exemple, des touristes ont sauté sur les icebergs de la lagune de Jökulsárlón. Les vidéos et réseaux sociaux diffusant ce genre d'attitude irrespectueuse ou risquée (comme le clip “I'll Show You” dans lequel Justin Bieber se roule dans une étendue de mousse fragile, en 2015) encouragent la désinvolture vis-à-vis des règles et du bon sens.

Les opérations de sauvetage sont assurées par l'Icelandic Association for Search and Rescue (ICE-SAR ; www.icesar.com), une association extrêmement compétente et respectée. Ses membres sont tous des volontaires, et son fonctionnement est financé par des dons. L'ICE-SAR met l'accent sur la prévention et l'éducation, notamment sur son site Web (www.safetravel.is) et via l'application “112 Iceland” qui permet aux voyageurs d'enregistrer les itinéraires de leurs randonnées et excursions.

Des panneaux ont été mis en place, malgré la réticence des habitants (ils défigurent le paysage), des cordes ont été installées le long de certains sentiers (que certains touristes continuent d'ignorer) et une campagne de sensibilisation a été lancée (inspired.visiticeland.com/academy). Le gouvernement a également instauré de nouvelles règles interdisant aux camping-cars de stationner la nuit au bord des routes ou sur des parkings, et ce afin d'éviter que les bas-côtés ne se transforment en salles de bains et toilettes sauvages.

Au final, la protection de l'environnement islandais doit être un objectif commun entre les Islandais – qui peuvent améliorer leurs infrastructures et la réglementation, et nourrir une conscience environnementale – et les visiteurs – qui doivent rester attentifs aux conseils des habitants et respecter le pays où ils se trouvent.

Le pâturage intensif a entraîné une dramatique érosion des sols. Dans les années 1950 et 1960, c'était un acte patriotique de semer des graines de lupin d'Alaska sur des sols stériles pour combattre ce problème. De vastes zones ont été revégétalisées avec succès, mais aujourd'hui, cette grande fleur menace la biodiversité islandaise, privant de lumière des mousses, lichens et arbustes indigènes.

### Vers un quota ou un “pass nature” ?

Les autorités envisagent de prélever une redevance unique (sous la forme d'une taxe d'arrivée payable à l'aéroport ou d'un “pass nature” dont le prix dépendra de la durée du séjour), afin que les voyageurs contribuent à la protection et à l'entretien des sites naturels. Ce projet ne paraît pas déraisonnable, dans la mesure où la population islandaise est contrainte d'accueillir des randonneurs venus de toute l'Europe et des bus remplis de vacanciers qui nécessitent l'installation de nouvelles infrastructures et l'entretien de celles existantes. Les routes, canalisations, stations-service et salaires des *rangers* représentent un coût important lorsqu'il est rapporté au nombre d'habitants.

Il est parfois question d'instaurer un système de loterie ou une limitation du nombre de visiteurs dans certaines régions ou sur certains itinéraires (comme le trek du Laugavegurinn), mais rien n'est décidé pour l'instant. À suivre.

# Culture

**L'Islande compense son isolement, ses hivers interminables et un faible peuplement par une passion pour la culture sous toutes ses formes. Son patrimoine littéraire singulier s'étend des sagas médiévales mouvementées aux romans noirs à succès d'aujourd'hui. Il semble également que faire partie d'un groupe musical soit un passage obligé pour tout Islandais, et le pays a vu naître nombre de grands interprètes. Les artistes s'inspirent du mode de vie et des paysages grandioses de leur terre natale pour exprimer leur identité typiquement islandaise par le biais du cinéma, de l'art, du design...**

## Littérature

Sanglantes, mystiques et nuancées, les sagas de la fin du XIIe et du XIIIe siècle comptent parmi les chefs-d'œuvre de la culture islandaise. Les célèbres *Passíusálmar* (*Psaumes de la Passion*), écrits en 1659 par le révérend Hallgrímur Pétursson, ont longtemps été lus ou chantés pendant le carême. Au XXe siècle, Halldór Laxness, lauréat du prix Nobel de littérature, a propulsé l'Islande sur la scène littéraire mondiale. Mais les Islandais ne se reposent pas sur leurs lauriers : aujourd'hui, le pays s'enorgueillit du plus grand nombre d'écrivains et de traductions littéraires par habitant dans le monde.

Régis Boyer a traduit l'intégralité de l'Edda poétique dans un ouvrage intitulé, tout simplement... *L'Edda poétique* (Fayard, coll. Espace intérieur, 1992).

### Les sagas

Les sagas en prose de l'Islande médiévale figurent parmi les œuvres les plus imaginatives et émouvantes du début de la littérature. Ces récits épiques et brutaux sont ponctués de passages empreints de sagesse, de magie, de mélancolie et d'amour.

Rédigées entre le XIIe siècle et le début du XIVe, les sagas racontent la vie, les conflits et les amours tragiques de héros hauts en couleur et de leurs familles. Guerriers, poètes ou hors-la-loi, ces personnages vécurent à l'époque de la colonisation. Si la plupart des sagas sont des œuvres anonymes, la *Saga d'Egill* a été attribuée à Snorri Sturluson. Certaines constituent des sources importantes pour les historiens, comme la *Saga des Groenlandais* et la *Saga d'Erik le Rouge*, qui décrivent les voyages entrepris par Erik et sa famille, notamment son fils Leif (qui débarqua en Amérique du Nord).

Dans *Contes et Légendes de la mythologie nordique* (Ancre de marine, 2010), Jean Mabire nous conte les mondes extraordinaires des dieux du Nord.

Rédigées au cours des siècles durant lesquels l'Islande se désespérait d'être sous les jougs norvégien et danois, les sagas n'apportaient pas seulement un divertissement, mais aussi un fort sentiment d'appartenance culturelle. Les soirs d'hiver, les gens se retrouvaient dans les fermes pour la *kvöldvaka* (veillée) et, tandis que les hommes tressaient les crins des chevaux pour fabriquer des cordages et que les femmes filaient la laine ou tricotaient, un membre de la famille lisait les sagas ou récitait des *rímur* (poèmes épiques de style allitératif).

Les sagas restent très présentes de nos jours. La langue ayant peu évolué depuis l'époque des Vikings, les Islandais, jeunes et vieux, se plaisent à les lire dans le texte. La plupart des gens peuvent en citer de longs passages, connaissent les fermes où les personnages vécurent et moururent, et affluent au cinéma pour voir les dernières adaptations

### LES GRANDES SAGAS ISLANDAISES

**La Saga d'Egill** Située en grande partie près de l'actuelle ville de Borgarnes, elle a pour personnage central Egil Skallagrímsson, un homme complexe, retors et sensible. Poète (ou *skald*) réputé, guerrier triomphant, habile négociateur et petit-fils d'un loup-garou/métamorphe, il vécut jusqu'à un âge avancé, contrairement à bien des héros de sagas.

**La Saga des Gens du Val-au-Saumon** (Saga de Laxdæla). Cette saga tragique se déroulant dans le Breiðafjörður et le Dalir (nord-ouest de l'Islande) est riche en mariages ratés, amours contrariées et meurtres.

**La Saga de Njáll le Brûlé** Njál et Gunnar, deux des plus grands héros de saga islandais, sont entraînés dans 50 années d'une rivalité fatale entre deux familles (reportez-vous également à l'encadré p. 142).

**La Saga de Gisli Sursson** Quintessence des histoires de hors-la-loi, cette saga parle de vengeance, de fratricide et de bannissement.

**Völsungasaga** (Saga des Völsung). Certaines parties de cette saga vous sembleront peut-être familières, puisque Richard Wagner (*L'Anneau du Nibelungen*) et J. R. R. Tolkien (*Le Seigneur des anneaux*) y ont puisé des épisodes.

**La Saga d'Eyrbyggja** Cette saga mineure située dans la péninsule de Snæfellsnes mérite d'être lue pour son ambiance originale et surnaturelle ; c'est le seul récit médiéval islandais où des fantômes sont traduits devant un tribunal pour avoir hanté des lieux.

de ces récits intemporels. Pour en savoir plus, consultez l'Icelandic Saga Database (www.sagadb.org). On peut admirer les manuscrits originaux des sagas à la Culture House de Reykjavík (Þjóðmenningarhúsið, p. 64).

## Poésie eddique et scaldique

Les premiers colons venus d'autres régions scandinaves apportèrent avec eux leurs traditions poétiques, et ces poèmes furent retranscrits par écrit à partir du XIIe siècle.

Les poèmes eddiques se regroupent en trois catégories : mythologique, gnomique (porteur de vérités intemporelles) et héroïque. Ils sont composés en vers libres, sur une structure très proche de celle de l'ancienne poésie germanique. La poésie mythologique évoquant les antiques dieux norrois constitue sans doute une provocation délibérée à l'égard des sentiments chrétiens croissant en Islande. La poésie gnomique apparaît dans une œuvre majeure, les *Hávamál* (Dits du Très-Haut), qui exaltent les vertus du quotidien. Quant aux poèmes eddiques héroïques, ils sont analogues par la forme, le fond et les caractères aux premières œuvres germaniques telles que les *Nibelungenlied*.

La poésie scaldique était composée à l'origine par les scaldes (poètes de cour norvégiens) pour célébrer les hauts faits des rois scandinaves ; elle développa ensuite d'autres thèmes, à mesure que le genre croissait en popularité. Le plus célèbre scalde fut Egill Skallagrímsson – celui de la *Saga d'Egill* – qui, entre autres exploits, s'attira l'hostilité mortelle d'Eiríк "hache sanglante", roi de Jorvík (actuel York), en 948. Après avoir été capturé et condamné à mort, dans la nuit précédant son exécution, Egill composa une ode à Eiríк. Le monarque flatté fit relâcher Egill sain et sauf. Son poème est aujourd'hui connu sous le nom d'*Höfuðlausn* (Rançon de la tête).

"Je préfère aller nu-pieds que sans livre" (*Betra er berfættum en bókarlausum að vera*), affirme un vieux dicton islandais. Les Islandais aimant toujours passionnément l'écrit, il est naturel que Reykjavík appartienne au réseau des villes créatives de l'Unesco pour la thématique de la littérature ; la capitale offre d'ailleurs toutes sortes de circuits et de programmes dans ce domaine.

Les poèmes scaldiques, essentiellement conçus pour des éloges, concentrent en quelques vers à la structure très stricte une foule de descriptifs. Outre des règles extrêmement rigides concernant les allitérations, le nombre de pieds ou les syllabes accentuées, ces poèmes doivent respecter aussi des figures de style très complexes. L'une d'elles, le *kenning*, consiste à remplacer le mot propre par une métaphore filée : le sang est ainsi appelé "rosée de blessure", une bataille est souvent désignée comme "le glorieux chant des Walkyries" et un bras peut être décrit comme un "perchoir de faucon".

## Littérature contemporaine

L'Islande publie le plus grand nombre de livres par habitant du monde et affiche un taux d'alphabétisation de 100%.

Le lauréat du prix Nobel de littérature, Halldór Laxness, domine de son génie la littérature contemporaine. Parmi les autres écrivains notoires figurent notamment un auteur de littérature pour enfants du début du XX^e^ siècle : le révérend Jón Sveinsson (dit Nonni), natif d'Akureyri. Inspirés de sa jeunesse en Islande, ses récits sur les aventures du jeune Nonni ont été écrits essentiellement en allemand et traduits en 40 langues. Un des épisodes a été publié en français sous le titre de *Nonni. Aventures d'un jeune Islandais racontées par lui-même* (éditions Elor, 2001, dès 9 ans). La maison de Sveinsson, à Akureyri, est devenue un intéressant musée. Le poète et dramaturge Jóhann Sigurjónsson (1880-1919) est surtout connu pour *Les Proscrits* (Éditions Théâtrales, coll. Scènes étrangères, 2002), une biographie de Fjalla-Eyvindur, un proscrit du XVIII^e^ siècle. Le texte fut adapté au cinéma par le réalisateur suédois Victor Sjöström en 1917. Parmi les autres maîtres de la littérature islandaise, signalons également Gunnar Gunnarsson (1889-1975), dont

### HALLDÓR LAXNESS

Au cours de sa longue vie, Halldór Laxness (1902-1998) a remodelé le visage de la littérature islandaise et remis à l'honneur les récits épiques. Il est l'auteur islandais le plus célèbre du XX^e^ siècle. Pourtant, une quinzaine seulement de ses 51 romans, innombrables nouvelles, pièces et poèmes sont disponibles en français.

Né Halldór Guðjónsson, l'auteur choisit comme nom de plume celui de la ferme familiale, Laxnes (auquel il ajouta un "s"). Doté d'une curiosité insatiable et d'une plume féconde, Laxness publia sa première œuvre à 14 ans et commença à voyager à 17 ans. Il rejoignit un monastère au Luxembourg, où il se convertit au catholicisme, étudia le latin et rédigea son premier vrai roman, *Undir Helgahnúk* (*Sous le pic sacré*). Assez vite déçu par la vie monastique, il fit un bref retour en Islande, puis se rendit en Italie où il écrivit *Vefarinn Mikli frá Kasmír* (*Le Grand Tisserand de Cachemire*), dans lequel il explique sa désaffection pour l'Église et son intérêt croissant pour les idées de gauche. Dans les années 1930, Laxness partit en Amérique tenter sa chance à Hollywood dans l'industrie cinématographique naissante, avant d'embrasser la cause du communisme et de se rendre souvent dans le bloc soviétique. En 1962, Laxness s'établit définitivement dans la banlieue de Reykjavík (sa maison, près de Mosfellsbær, est aujourd'hui transformée en musée). C'est là qu'il écrivit *Skáldatími* (*Le Temps des poètes*), poignante abjuration de tous ses écrits à la gloire du Parti communiste.

En 1955, Laxness se vit décerner le prix Nobel de littérature et devint un héros dans son pays. Ses ouvrages sont de petits bijoux d'ironie dont les personnages, aussi égarés soient-ils, sont dépeints avec compassion. Son roman le plus célèbre, *Gens indépendants* (1934-1935 ; Fayard, coll. Littérature étrangère, 2004), sombre tragi-comédie écrite dans un style foisonnant et évocateur, décrit les rudes conditions de vie dans l'Islande du début du XX^e^ siècle. Le récit, centré sur l'obstiné paysan Bjartur de Summerhouses et sa famille laborieuse, plonge le lecteur dans le quotidien d'une ferme traditionnelle. Autre grand roman, *La Cloche d'Islande* (1943-1946 ; GF Flammarion, 1998), une trilogie dans l'esprit des sagas, dresse un tableau de la misère et de l'injustice qui accablaient le peuple islandais sous la domination danoise. Parmi ses autres œuvres disponibles en français, signalons *Lumière du monde* (1937-1940 ; Aubier, 1992), *La Saga des Fiers-à-bras* (1952 ; Anacharsis, coll. Fictions, 2011), *Le Paradis retrouvé* (1960 ; Gallimard, coll. Imaginaire, 1990) et *Les Annales de Brekkukot* (1957 ; Fayard, coll. Littérature étrangère, 2009), qui portent l'empreinte de ses recherches vers le taoïsme.

on pourra notamment lire en français *Frères jurés* (1918 ; Fayard, coll. LIttérature étrangère, 2000), et Þórbergur Þórðarson (Thorbergur Thordarson ; 1888-1974).

Parmi les œuvres disponibles en français d'écrivains plus récents, figure *La Sagesse des fous* (Points, coll. Grands Romans, 2009), d'Einar Kárason, extraordinaire évocation de la vie à Reykjavík dans les années 1950. C'est le premier tome d'une saga familiale qui s'étend sur trois générations, mais dont les deux autres tomes n'ont malheureusement pas encore été publiés en français. *101 Reykjavík* (Actes Sud, 2002), d'Hallgrímur Helgason, dont a été tiré un film (voir p. 386), est une comédie noire sur la vie de Hlynur, jeune homme peu porté sur le travail à l'imagination fertile, qui vit toujours chez sa mère dans le centre de Reykjavík. Plus noir encore, et zébré d'humour, *Les Anges de l'univers* (10/18, coll. Domaine étranger, 2001), d'Einar Már Gudmundsson, est un étrange roman basé sur les délires schizophréniques d'un homme enfermé dans un hôpital psychiatrique. La *Saga de Gunnlöd* (Corti, coll. Merveilleux, 2002), de Svava Jakobsdóttir, mêle vie contemporaine et mythologie nordique.

Arnaldur Indriðason est l'auteur de romans policiers se déroulant principalement à Reykjavík, qui sont pour beaucoup des best-sellers. La plupart sont aujourd'hui traduits en français, et publiés aux éditions Métailié et au format poche aux éditions Points. Vous pourrez lire notamment *La Cité des jarres* (2005), adapté au cinéma par Baltasar Kormákur sous le titre de *Jar City* (2006), *La Femme en vert* (2007), *L'Homme du lac* (2008), *Hiver arctique* (2009), *Étranges Rivages* (2013), qui a pour cadre les fjords de l'Est, *Opération Napoléon* (2015) et *Dans l'ombre* (2017). Arni Thorarinsson, donc les romans paraissent chez les mêmes éditeurs, s'est imposé comme une autre figure incontournable du polar islandais. À lire notamment : *Le Dresseur d'insectes* (2008), *Le Septième Fils* (2010) et *L'Ange du matin* (2012). Les thrillers d'Yrsa Sigurðardóttir ont également été traduits dans de nombreux pays – *Indésirable* (Actes Sud, coll. Actes noirs, 2016) est son dernier roman publié en français. L'univers sombre de Ragnar Jónasson est désormais accessible aux lecteurs francophones aux éditions La Martinière et en poche aux éditions Points. *Snjór* (2016), qui se déroule dans la septentrionale Siglufjörður, et *Mörk* (2017), récompensé par trois prix littéraires et présenté comme le Cluedo au pays des fjords, en sont de belles illustrations.

D'autres écrivains sont à découvrir, comme Guðrún Eva Mínervudóttir, qui a notamment signé *Le Créateur* (Autrement, 2014), un roman noir psychologique ; et Sjón, ancien membre du groupe Sugarcubes, auteur d'une aventure fantastique dont l'action se déroule au XIX^e^ siècle intitulée *Le Moindre des mondes* (2007). Enfin, Audur Ava Ólafsdóttir s'est fait connaître en France avec *Rosa Candida* (Zulma, 2010), un roman délicat, mêlant douceur, sentiments et humour fantasque. *L'Exception* (2014) et *Le Rouge vif de la rhubarbe* (2016) ont été traduits chez le même éditeur.

Le traducteur Éric Boury est le grand spécialiste de la littérature islandaise contemporaine en France. Et si on lui doit toute la série Erlendur d'Arnaldur Indridason en français, il ne se cantonne pas pour autant aux polars. *La Valse de Valeyri* (Gallimard, 2016), roman polyphonique contant 16 destins enchevêtrés de Gudmundur Andri Thorsson, et *Les Rois d'Islande* (Galaade, 2017), d'Einar Mar Gudmundsson, figurent parmi ses dernières traductions publiées.

# Musique

## Pop, rock et électro

L'Islande se distingue dans le monde de la musique pop-rock. Parmi les musiciens mondialement célèbres, Björk et son ancien groupe, les Sugarcubes, arrivent bien sûr en tête. De son album de platine *Debut* (1993) à son dernier, *Vulnicura* (2015), Björk reste une artiste majeure.

Le groupe Sigur Rós a emboîté le pas à Björk sur le chemin de la célébrité. Commencez par les albums *Ágætis Byrjun* (1999) et *Takk* (2005), unanimement salués par la critique internationale, ou l'un des derniers en date, *Kveikur* (2013). Le film *Heima*, qui suit la tournée du groupe en 2007, est également incontournable. Jónsi, le chanteur de Sigur Rós, a aussi connu le succès avec son joyeux album solo *Go* (2010).

Le groupe indé-folk Of Monsters and Men a fait un malheur dans les *charts* nord-américains en 2011 avec son premier album, *My Head is an Animal*. Le single *Little Talks* tiré de cet album est arrivé numéro un du classement des meilleures chansons de rock alternatif établi par le magazine américain *Billboard* en 2012. Leur dernier album, *Beneath the Skin* (2015), s'est immédiatement classé 3e au top 200 américain.

Ásgeir Trausti, plus connu sous le nom d'Ásgeir, a fait un tabac avec l'album en anglais *In the Silence* (2014) – ses concerts à l'étranger se jouent à guichets fermés.

À Reykjavík, la salle de concert Harpa, à la pointe de la technologie, se distingue par sa façade couverte de miroirs hexagonaux, ses quatre scènes et son acoustique exceptionnelle.

La scène musicale florissante de Reykjavík connaît un afflux régulier de nouveaux groupes et sons – visitez le site www.icelandmusic.is pour vous faire une idée de sa variété. Plusieurs membres du groupe indé-folk Seabear se sont fait un nom en solo, comme Sin Fang (écoutez l'album *Flowers* sorti en 2013) et Sóley (*We Sink*, 2012 et *Ask the Deep*, 2015). Le groupe indé-folk minimaliste Árstíðir a rencontré un vif succès sur YouTube en 2013 avec un hymne islandais du XIIIe siècle chanté a cappella dans une gare allemande. En 2016, ils ont sorti *Verloren Verleden* en collaboration avec Anneke van Giersbergen. Le duo Kiasmos mixe une électro minimaliste et mélancolique, qu'illustre bien leur album éponyme, *Kiasmos* (2014).

GusGus, un groupe de pop électronique avec neuf albums à son actif, a assuré la première partie du concert de Justin Timberlake en 2014 à Reykjavík. En septembre 2016, Sturla Atlas, prodige du hip-hop/R&B islandais a fait la première partie de l'autre Justin (Bieber) – le clip de la chanson de Bieber *I'll Show You* a été tourné en Islande. Gisli Pálmi compte parmi les autres rappeurs islandais célèbres.

On peut également citer le groupe d'électro FM Belfast, qui a fondé son propre label pour enregistrer son premier album, *How to Make Friends*, en 2008 (le plus récent, *Brighter Days*, date de 2014).

Múm mélange électro expérimentale et instruments traditionnels (dernier album en date : *Smilewound*, 2013). L'une de ses membres, Sigurlaug Gísladóttir, a sorti *Mr. Silla* en 2015. Prins Póló, qui tire son nom d'une barre chocolatée, produit une dance-pop aux textes soignés. Le dernier album pop d'Hafdís Huld, *Home*, séduira les amateurs, tout comme le rock garage exubérant du Benny Crespo's Gang. Le groupe Just Another Snake Cult taquine le psychédélique avec son album *Cupid Makes a Fool of Me* (2013), tandis que Singapore Sling fait du rock pur jus. Une liste bien loin d'être exhaustive…

## Musique live en Islande

Le Reykjavík Arts Festival (fin mai-début juin) offre l'occasion de découvrir les arts visuels, la littérature, la musique et les arts de la scène islandais.

Les salles de concert changent constamment à Reykjavík – consultez le journal et site Web gratuit *Reykjavík Grapevine* (www.grapevine.is) ou son application mobile pour connaître les adresses et les dates. La scène musicale islandaise est de plus en plus active, partout dans le pays. Si votre séjour coïncide avec l'un des nombreux festivals musicaux, précipitez-vous ! Le fabuleux Iceland Airwaves (p. 27 ; à Reykjavík tous les ans en novembre) présente des talents islandais et de grands noms internationaux ; c'est également le cas du Secret Solstice (en juin).

## Musique traditionnelle

Jusqu'à l'arrivée du rock'n'roll au XXe siècle, l'Islande ne connaissait guère d'instruments de musique. Les Vikings avaient apporté avec eux la *fiðla* et le *langspil*, sortes de boîtes à deux cordes que le musicien posait sur ses genoux et dont il jouait avec un archet. Jamais utilisés seuls, ces instruments servaient à accompagner des chanteurs.

Les instruments sont donc longtemps restés un luxe inconnu, le chant étant alors la seule forme musicale. Les deux grands types de chants étaient les *rímur,* poèmes ou récits épiques tirés des sagas, chantés sous forme de sourdes mélopées (Sigur Rós s'y est essayé), et les *fimmundasöngur,* chants en duo croisé. Coupée des influences extérieures, la musique vocale islandaise n'évolua guère du XIVe au XXe siècle – elle réussit par ailleurs à conserver des harmonies qui furent interdites par l'Église dans le reste de l'Europe sous prétexte qu'elles étaient l'œuvre du diable !

L'Islande possède un vaste répertoire de chansonnettes que les enfants apprennent avant même d'aller à l'école et que la plupart des Islandais chantent encore avec plaisir dans leur vieil âge. Elles ressortent chaque fois que les différentes générations se retrouvent : fêtes familiales, sorties, camping. Les deux favorites (qu'on entend sans cesse) sont *Á Sprengisandi*, une chanson sur les bergers et les proscrits des hautes terres désertiques, et une berceuse inspirée de la légende selon laquelle la femme du proscrit Fjalla-Eyvindur jeta son bébé affamé dans une cascade. Des florilèges de cette musique traditionnelle sont vendus un peu partout, dans les magasins de musique et dans les boutiques de souvenirs.

Dans tout le pays, des chœurs chantent de la musique traditionnelle, tandis que des albums, comme *Inspired by Harpa - The Traditional Songs of Iceland* (2013), permettent de découvrir les chants folkloriques islandais, ou *rímur*.

Chaque année, le festival Les Boréales (www.lesboreales.com), organisé à Caen en octobre-novembre et présenté comme une plateforme ouverte sur la création artistique des pays nordiques (Islande comprise), fait la part belle au théâtre, à la littérature, à la musique, au cinéma, au cirque, à la danse...



## Cinéma

L'industrie cinématographique islandaise, qui n'a véritablement décollé qu'au début des années 1980, est néanmoins jalonnée de quelques œuvres marquantes. Les courts et longs métrages sont souvent remarqués et récompensés pour leurs sujets profonds et une prise de vue superbe mettant en valeur la puissance des paysages islandais.

En 1992, le monde du cinéma s'est pour la première fois tourné vers l'Islande lors de la nomination du film *Les Enfants de la nature* de Friðrik Þór Friðriksson (Fridrik Thor Fridriksson) aux Oscars, dans la catégorie du meilleur film étranger. Ce film raconte l'échappée belle dans la campagne d'un couple de personnes âgées enfermées dans un hospice à Reykjavík. Son réalisateur est une véritable légende dans le milieu cinématographique islandais. Parmi ses autres films, citons notamment *Cold Fever* (1994), *Les Anges de l'univers* (2000) et *The Sunshine Boy* (2009), un documentaire sur les enfants autistes. Il produit également de nombreux films.

Si un film a placé Reykjavík sur la scène cinématographique, c'est bien *101 Reykjavík* (2000), réalisé par Baltasar Kormákur et tiré du roman d'Hallgrímur Helgason. Cette comédie noire explore le monde du sexe et de la drogue à travers la vie d'un tire-au-flanc qui habite dans le centre de Reykjavík. Dans *Jar City* (2006), le séduisant Ingvar E. Sigurðsson incarnait Erlendur, l'inspecteur préféré des Islandais (personnage récurrent de l'écrivain Arnaldur Indriðason). *The Survivre* (2012), basé sur l'histoire vraie d'un homme qui survit à un naufrage dans les îles Vestmann, a rencontré un grand succès et, l'année suivante, Kormákur a commencé une carrière hollywoodienne en tournant *2 Guns*, avec Denzel Washington et Mark Wahlberg, puis *Everest*, avec Keira Knightley, Robin Wright et Jake Gyllenhaal, en 2015. À la tête des RVK Studios, Kormákur a créé et produit l'excellente série à l'atmosphère opressante, *Ófærð* (*Trapped*, diffusée en France en 2016) – l'action se déroule à Seyðisfjörður, dans l'est du pays, mais c'est Siglufjörður, dans le nord, qui a servi de décor. Son thriller *Eiðurinn* (*The Oath*) est sorti en 2016 en Amérique du Nord et devrait bientôt être distribué en France sous son titre islandais.

## GROS PLAN SUR L'ISLANDE

L'Islande a aujourd'hui la faveur des équipes de cinéma. La beauté du pays et les avantages financiers consentis par le gouvernement ont incité les réalisateurs hollywoodiens à tourner dans l'île. Amusez-vous à repérer les paysages islandais dans des films à grand succès comme *Tomb Raider* (2001), *Meurs un autre jour* (2002), *Batman Begins* (2005), *Mémoires de nos pères* (2006), *Stardust* (2007), *Voyage au centre de la Terre* (2008), *Prometheus* (2012), *Oblivion* (2013), *Star Trek: Into Darkness* (2013), *La Vie rêvée de Walter Mitty* (2013) ou *Noé* (2014), et dans la série de HBO *Game of Thrones* (sites entre Mývatn et Gjáin). Le succès de Christopher Nolan, *Interstellar* (2014), et l'épisode récent de Star Wars *Le Réveil de la Force* (2015) ont également été tournés en partie en Islande. La série britannique *Fortitude* à été filmée à Reyðarfjörður, dans l'est de l'Islande (bien que l'action soit censée se dérouler en Norvège). Et puis, il y a les films comme *Land Ho!* (2014), dont l'action (comme le tournage) se passe en Islande.

Les réalisateurs ne sont pas les seuls à aimer l'Islande. Des musiciens choisissent aussi l'île pour tourner leurs clips, à commencer par des artistes islandais comme Björk, Of Monsters and Men ou encore Sigur Rós. *Heima*, filmé lors de la tournée de Sigur Rós en 2007, met à l'honneur les Islandais, leurs cascades grondantes et leurs montagnes escarpées. Le clip *Holocene* de Bon Iver (2011), de 6 minutes, mériterait d'être repris par l'Office national du tourisme islandais dans ses campagnes publicitaires. Celui de la chanson de Justin Bieber *I'll Show* You pourrait, lui, servir à montrer ce qu'il ne faut pas faire : destruction de la mousse, baignade dans les lagunes glaciaires…

Des agences proposent des circuits sur les lieux de tournage – renseignements sur l'appli *Iceland Film Locations* (www.filmlocations.is).

Nominé aux Academy Awards, *Des chevaux et des hommes* (2013), de Benedikt Erlingsson, a fait sensation pour sa description surréaliste des destins croisés d'un groupe d'hommes et de chevaux, observés à travers le regard de ces derniers. Également acteur, Erlingsson a joué dans *Volcano* (*Eldfjall*, 2011), de Rúnar Rúnarsson, l'histoire d'un couple âgé contraint de quitter les îles Vestmann à la suite de l'éruption de l'Eldfjall et qui s'efforce de concilier la maladie et la famille. Avec *Sparrows* (*Þrestir*), sorti en France en 2016, Rúnarsson a remporté un beau succès international. Le film fait le portrait poignant du désarroi d'un garçon de 16 ans, qui doit laisser sa mère à Reykjavík pour retourner vivre avec son père sur une île isolée des fjords de l'Ouest (il a été tourné en grande partie à Flatey).

Pour tout savoir sur les longs métrages, documentaires et films d'animation islandais, consultez www.icelandicfilmcentre.is.

*Béliers* (*Hrútar* ; 2015), réalisé par Grímur Hákonarson, est une comédie dramatique attachante relatant la vie de deux frères que tout sépare, sauf leurs moutons. Le film a connu une belle carrière international : primé à Cannes dans la catégorie Un certain regard en 2015, il a représenté l'Islande pour l'Oscar du meilleur film en langue étrangère en 2016.

Pour un film plus léger, voyez *The Homecoming* (*Blóðberg*, 2015), comédie dramatique intelligente et moderne, dans laquelle une famille “parfaite” voit son existence chamboulée. Vous apprécierez aussi le film *Albatross* (2015), dans lequel un citadin, Tommi, échoue pour l'été au golf de Bolungarvík avec une brochette de personnages complètement dingues.

Pour un panorama du cinéma islandais d'hier et d'aujourd'hui, consultez le site Web : www.icelandiccinema.com.

## Peinture et sculpture

Parmi les artistes les plus réputés d'Islande, beaucoup ont étudié à l'étranger avant de revenir au pays se colleter avec l'énigmatique âme islandaise. Résultat : un style influencé par les autres pays européens, et des thèmes inspirés par les sagas et les paysages islandais.

Le premier peintre paysagiste islandais fut le prolifique Ásgrímur Jónsson (1876-1958), qui produisit un nombre étonnant d'huiles et d'aquarelles. On peut voir ses œuvres à la Galerie nationale d'Islande, à Reykjavík.

Élève d'Ásgrímur, Jóhannes Sveinsson Kjarval (1885-1972), dont le succès ne se dément pas, a passé son enfance à Borgarfjörður Eystri, un village reculé de l'est du pays. Ses premières commandes furent des dessins de leurs fermes que voulaient emporter avec eux les émigrants, mais il est surtout célèbre pour ses premiers dessins au fusain des villageois et pour ses paysages surréalistes. Un bâtiment tout entier, superbe, du musée d'Art de Reykjavík (le Kjarvalsstaðir) porte son nom.

Le peintre islandais contemporain le plus célèbre est sans doute l'icône du pop art Erró (Guðmundur Guðmundsson, né en 1932), qui a fait don de tous ses tableaux à l'Hafnarhús du musée d'Art de Reykjavík. L'artiste islando-danois Olafur Eliasson (né en 1967), qui crée d'imposantes installations, a également conçu la façade de l'Harpa, la grande salle de concert de Reykjavík. Páll Guðmundsson (né en 1959), sculpteur et plasticien d'Húsafell à l'œuvre évocatrice, est, par ailleurs, le créateur d'un étonnant *steinharpa*, sorte de xylophone en pierre et rhubarbe, dont il joue avec le groupe Sigur Rós.

De nombreux peintres et musiciens islandais s'épanouissent dans plusieurs disciplines. Certains font sensation à l'étranger, comme Ragnar Kjartansson, digne représentant de ces artistes mi-peintres, mi-acteurs, réalisateurs ou musiciens. L'Hafnarhús du musée d'Art de Reykjavík et les galeries de la capitale leur rendent un bel hommage.

## Architecture et design

Si les maisons longues vikings d'Islande ont succombé aux outrages du temps, les techniques traditionnelles de construction à base de tourbe et de bois n'en furent pas moins utilisées jusqu'au XIX$^{e}$ siècle. On en trouve un bon exemple à Glaumbær, dans le nord du pays.

Guðjón Samúelsson (1887-1950), l'un des architectes islandais les plus connus du XX$^{e}$ siècle, s'est efforcé de créer un style typiquement islandais. On peut admirer ses réalisations minimalistes dans tout le pays, comme l'église Hallgrímskirkja et la piscine Sundhöllin, à Reykjavík, la Þingvallabær (ferme dans le parc national de Þingvellir) ou encore l'Héraðsskólinn, une ancienne école de Laugarvatn, dans le Sud-Ouest.

Les designers, artistes et architectes islandais sont généralement basés à Reykjavík, même si les choses commencent à changer en raison du boom touristique. De nombreux artistes s'associent et ouvrent des boutiques et galeries d'art, pour y exposer leurs œuvres d'une grande diversité : des coupes fabriquées en radis aux créations de mode. L'Iceland Design Centre (p. 59), à Reykjavík, fournit de nombreux renseignements et organise tous les ans la DesignMarch (p. 24), au cours de laquelle d'innombrables expositions et ateliers sont ouverts au public.

Le musée du Design et des Arts appliqués (www.honnunarsafn.is), à Garðabær, au sud de Reykjavík, présente des créateurs islandais du début du XX$^{e}$ siècle à aujourd'hui, et possède une boutique de design, Kraum.

# Les Islandais

**Des siècles d'isolement et d'épreuves ont donné un caractère particulier à cette nation homogène et faiblement peuplée. Les Islandais sont très attachés à leur terre natale et à leur histoire. Cette population de 330 000 habitants a tendance à affronter l'adversité avec un mélange de courage, de franchise et d'originalité, teinté d'un humour noir... forcément glacé.**

## La devise des Islandais : "Þetta reddast" ("Tout finit par s'arranger")

Les Islandais ont une réputation de gens solides, tenaces et prosaïques. Les localités rurales restent attachées à l'agriculture et à la pêche. Sur le plan strictement géographique, le mot "rural" peut s'appliquer à la majeure partie du pays, en dehors de la région de la capitale – cela étant, il ne concerne en fait que 36% de la population totale.

*Les Islandais* (Ateliers Henry Dougier, coll. Lignes de vie d'un peuple, 2014) est un court ouvrage écrit par Gérard Lemarquis, correspondant du journal *Le Monde*, parti à la rencontre des habitants de l'île, connus ou inconnus. Gérard Lemarquis est également l'auteur d'une anthologie de la poésie islandaise.

Vivant sur une île isolée marquée par un environnement difficile, les Islandais se montrent volontiers portés sur l'autarcie. Habitués à ne compter que sur eux-mêmes, ils détestent qu'on leur dicte leur conduite.

Derrière ce caractère bien trempé, se cache également un peuple éduqué et créatif. Le riche patrimoine culturel de l'île en atteste, tout comme le niveau élevé des études suivies par ses habitants. Il suffit de se promener dans le centre-ville de Reykjavík pour s'en rendre compte. Ici, l'art est une passion et les pratiques culturelles sont variées et souvent particulièrement originales. Musique, design, mode, cinéma, littérature : l'énergie créatrice des habitants est présente dans tous les domaines.

Ce caractère confiant et intrépide a été mis à rude épreuve durant la crise financière de 2008. Des soupes populaires ont fleuri dans la capitale et des milliers de jeunes Islandais ont quitté le pays pour tenter leur chance en Norvège. Mais la résilience a ici rang de qualité nationale. Aujourd'hui, le taux d'émigration a chuté, un parfum de confiance flotte à nouveau dans l'air et de nouvelles entreprises ont vu le jour pour répondre à l'essor du tourisme. Le pays se remet doucement à croire dans le vieux dicton "*Þetta reddast*" ("Tout finit par s'arranger"), qui est même passé au rang de devise nationale.

L'espérance de vie en Islande est l'une des plus élevées au monde : 81,8 ans pour les hommes et 84,5 ans pour les femmes.

Si l'influence américaine a toujours été marquée en Islande, en particulier du fait de la présence des GI dans l'ancienne base de Keflavík pendant des dizaines d'années, les Islandais se sentent aussi culturellement très proches des pays scandinaves. Calmes et toujours réservés, les Islandais, comme les Scandinaves, ne font guère état de leurs sentiments en présence d'un inconnu. Cependant, les Islandais faisant preuve d'un patriotisme assumé, ils aiment aussi savoir ce que l'on pense d'eux et de leur île à l'extérieur. Ainsi, on vous demandera souvent comment vous trouvez l'Islande. La participation de l'Islande à l'Euro de football 2016 a d'ailleurs apporté une belle illustration de ce nationalisme joyeux : le "clapping" des supporters a fait un tabac, sans parler du déplacement en France de près de 10% de la population de l'île venue soutenir son équipe. Toute l'année, une métamorphose spectaculaire s'opère les vendredis et samedis soir, lorsque les inhibitions tombent et que la parole circule aussi librement que l'alcool.

## Mode de vie

Au cours du siècle dernier, le mode de vie a profondément changé en Islande : la population, répartie auparavant en communautés familiales vivant isolées dans des fermes disséminées ou dans des villages du littoral, compose désormais une société largement urbanisée. Aujourd'hui, près des deux tiers des Islandais vivent dans la région de Reykjavík, où les jeunes des zones rurales s'installent souvent pour finir leurs études et travailler. Pour autant, le récent essor du tourisme régional, à l'origine de créations d'entreprises et d'emplois au niveau local, a redonné de l'attractivité à l'intérieur des terres.

L'âge du départ à la retraite est fixé à 67 ans. Il n'est pas rare pour un Islandais de cumuler plusieurs emplois, surtout pendant la courte saison touristique qui voit affluer des centaines de milliers de visiteurs.

Jusqu'en 2008, date du début de la crise financière, les Islandais ont consommé sans retenue, vivant à crédit grâce à des banques dont le poids cumulé représentait presque 10 fois le PIB du pays. Le naufrage économique a pu être évité grâce à l'adaptabilité, la résilience et l'imagination des Islandais. Même si la situation économique n'a pas retrouvé son niveau d'avant 2008, la plupart des menaces qui planaient au-dessus de l'île ont disparu.

Le goût pour les loisirs est ici à l'aune de l'acharnement au travail. La détente des vendredis et samedis soir à Reykjavík vire à des excès de folie. En témoignent également la popularité des maisons de vacances dans le pays et le nombre exceptionnel de piscines publiques, hauts lieux de convivialité.

Jusqu'en 1988, l'Islande n'avait qu'une seule chaîne de télévision, qui ne fonctionnait pas le jeudi afin que les citoyens puissent se livrer à des activités plus constructives. On dit que beaucoup d'enfants nés avant 1988 ont été conçus un jeudi.

## Être une femme en Islande

En 2016, l'Islande s'est retrouvée en tête, pour la 8e année consécutive, de l'indice du Forum économique mondial qui mesure l'égalité entre les hommes et les femmes dans 136 pays du monde. Cet écart est mesuré dans les domaines de l'accès aux soins et à l'éducation, ainsi que du pouvoir économique et politique.

Les sagas qui racontent la colonisation de l'Islande sont peuplées de femmes fortes (telle Hallgerður Höskuldsdóttir, qui refusa de sauver la vie

### QUE DISENT LES NOMS ISLANDAIS ?

Les noms islandais se composent du prénom suivi du prénom du père (plus rarement de la mère), auquel on ajoute le suffixe *dóttir* (fille de) pour les filles ou *son* (fils de) pour les garçons. Ainsi, Jón, fils de Einar, sera Jón Einarsson et Guðrun, fille de Einar, sera Guðrun Einarsdóttir.

Les patronymes islandais revenant à faire dire aux gens comment se nomme leur père, les Islandais se contentent d'utiliser les prénoms, même quand ils s'adressent à des étrangers. Ainsi, ils appellent le président ou le chef de la police par leurs prénoms, ce qui donne un côté hautement démocratique à cette société ! Dans l'annuaire téléphonique, ce sont les prénoms qui apparaissent, par ordre alphabétique.

Environ 10% des Islandais ont des noms de famille (qui remontent pour la plupart au début de l'époque de la colonisation), mais ils sont rarement utilisés. Pour tenter d'uniformiser le système, la législation interdit à quiconque de prendre un nouveau nom de famille ou d'adopter le nom de famille de son conjoint.

Il existe aussi une liste officielle des prénoms dont on peut appeler ses enfants. Tout ajout à cette liste doit être auparavant approuvé par le comité national compétent. Pour les quelque 5 000 naissances qui ont lieu chaque année en Islande, le comité recevrait environ une centaine de demandes et en rejetterait la moitié. Ses exigences tiennent notamment au fait que les noms "doivent pouvoir avoir une terminaison grammaticale islandaise", et "n'entrent pas en conflit avec la structure linguistique de l'Islande".

de son époux à cause d'une gifle qu'il lui avait assénée plusieurs années auparavant). Les femmes devaient autrefois s'occuper de la ferme, du bétail et des cultures pendant que les hommes partaient en mer. Hommes et femmes luttaient donc en parallèle pour survivre dans des mondes hostiles. Toutefois, l'égalité entre les sexes, qui est maintenant ancrée dans les gènes de la société islandaise, est un phénomène assez récent.

*Nouvelles d'Islande* (Magellan & Cie, coll. Miniatures, 2011) est un recueil de six nouvelles qui nous parle de l'Islande d'aujourd'hui, tout en s'inscrivant dans la veine de la tradition littéraire nationale.

Si les femmes ont obtenu le droit de vote en 1915, ce n'est qu'après les mouvements protestataires des années 1970 que les attitudes ont évolué. La "grève des femmes" du 24 octobre 1975, lors de laquelle 30 000 femmes ont défilé pour réclamer l'égalité des salaires avec les hommes, a constitué une date charnière.

En 1980, l'Islande est devenue la première démocratie à élire une femme – la très aimée Vigdís Finnbogadóttir – à la présidence de la République. En 2009, le pays était encore une fois précurseur en choisissant pour Premier ministre une femme ayant publiquement révélé son homosexualité, Jóhanna Sigurðardóttir. En Islande, 78,5% des femmes travaillent ; il s'agit de l'un des taux les plus élevés du monde occidental.

Le système de protection sociale est si performant que les mères isolées n'ont pas trop à s'inquiéter de l'aspect matériel : les dispositions relatives aux congés de maternité sont très favorables, la garde ne coûte pas cher, la maternité n'est pas considérée comme incompatible avec le travail ou les études, et les mères célibataires ne sont pas stigmatisées. Enfin, 90% des enfants de moins de 5 ans sont scolarisés.

# Religion

## Religion nordique

À l'époque de la colonisation, la religion de l'Islande était l'Ásatrú, qui signifie "foi dans les Aesir" (ou "Ases", principal panthéon des anciens dieux nordiques). C'était l'ancienne religion, de souche indo-européenne, de la plupart des peuples germaniques. Le *Galdrabók*, un texte islandais médiéval, révèle que les gens invoquaient encore les Aesir bien après l'adoption du christianisme dans le nord de l'Europe. Le panthéon comptait de nombreux dieux ; Þór (Thor), Óðinn et Freyr constituaient la grande trinité vénérée dans toute la Scandinavie. La pratique était étroitement liée au culte des grandes forces naturelles. Óðinn, dieu borgne de la Guerre et de la Poésie, était le chef des dieux. En l'absence de guerre, en Islande, la plupart des gens vénéraient Þór, le maître du tonnerre, du vent, de l'orage et des désastres naturels : se le concilier était vital pour les paysans et les pêcheurs. Freyr et sa sœur jumelle Freyja, les enfants de la divinité de la mer Njörður, étaient le dieu et le déesse de la Fertilité et de la Sexualité. Freyr était en charge de la permanence des espèces.

L'Islande est le pays le plus paisible du monde selon l'indice mondial de la paix (GPI), qui la classe en tête de liste tous les ans depuis 2008. Cet indice est basé sur des critères comme le taux de crimes violents, l'instabilité politique et le pourcentage de détenus.

Alors que les autres religions conservent un nombre d'adeptes constant, l'Ásatrúarfélagið (organisation néo-païenne visant à faire revivre une forme de l'Ásatrú) progresse. Avec 3 187 fidèles, c'est aujourd'hui la plus grande organisation religieuse non chrétienne du pays (en augmentation de 19% depuis 2015).

## Christianisme

L'Islande s'est convertie au christianisme vers l'an 1000. Ce changement de religion releva d'un choix politique. Les chrétiens et les païens constituaient deux factions radicalement opposées, dont la division menaçait l'intégrité du pays. Þorgeir, le *lögsögumaður* (celui qui dit la loi), appela à la modération et il fut finalement décidé que le christianisme deviendrait la nouvelle religion officielle, mais que les païens continueraient à pouvoir pratiquer la leur en privé. Aujourd'hui, environ 80% des Islandais appartiennent à l'Église protestante luthérienne, comme c'est d'ailleurs le cas dans les autres pays scandinaves. Cela dit, beaucoup ne sont pas pratiquants et les églises sont très peu fréquentées.

## Ancêtres et recherche génétique

Si la recherche biotechnologique se porte bien en Islande, c'est en partie grâce à l'historien Ári le Savant qui vécut au XII$^{e}$ siècle. Son *Livre de la colonisation* (*Landnámabók*) et son *Livre des Islandais (Íslendingabók)* permettent de retracer la généalogie islandaise jusqu'au IX$^{e}$ siècle.

En 1996, le neuroscientifique Kári Stefánsson a reconnu que ce matériel généalogique, appliqué à la population exceptionnellement homogène de l'Islande, faisait du pays un laboratoire d'études génétiques idéal. En 1998, le gouvernement a voté, non sans oppositions, la création d'une base de données regroupant, par consentement présumé, toutes les informations généalogiques, génétiques et médicales des Islandais. Décision encore plus contestée, il a autorisé la société de biotechnologies de Kári Stefánsson, Decode Genetics, à créer cette base de données, et à s'en servir afin d'identifier les gènes responsables de maladies héréditaires. La décision a soulevé un tollé dans le pays et des débats dans le monde entier sur ses implications quant aux droits de l'homme et à l'éthique médicale. Tandis que la controverse faisait rage (et que les investisseurs affluaient), la société s'est mise au travail. La base de données a été déclarée anticonstitutionnelle en 2003, et Decode, qui a fait faillite en 2010, a été vendue en 2012 à Amgen, le géant américain des biotechnologies. Toutefois, Decode avait eu le temps de constituer une base de données pour la recherche en s'appuyant sur l'ADN et les données cliniques de plus de 100 000 volontaires (un tiers de la population), et d'isoler des gènes mutants liés à l'infarctus du myocarde, aux AVC et à la maladie d'Alzheimer.

Si les Islandais parlent la langue la plus proche de celle des Vikings, leur sang scandinave est, au niveau du peuplement originel de l'île, le plus mêlé de tous les pays nordiques. L'étude de leur ADN montre que leur patrimoine génétique est en grande partie celtique, ce qui suggère que beaucoup de colons vikings auraient eu des enfants de leurs esclaves britanniques et irlandaises.

### LE MONDE SURNATUREL : LE PEUPLE CACHÉ

Il suffit de voir les étranges paysages islandais pour comprendre pourquoi les habitants croient leur pays peuplé par le *huldufólk* (peuple caché) et les fantômes.

*Jarðvergar* (gnomes), *álfar* (elfes), *ljósálfar* (fées), *dvergar* (nains), *ljúflingar* (mignons), *tívar* (esprits de la montagne) et *englar* (anges) habitent les laves. Il font l'objet d'histoires transmises de génération en génération, et de nombreux Islandais affirment en avoir vu, ou connaître quelqu'un qui en a vu.

Comme en Irlande, on raconte que des problèmes surviennent lorsqu'on tente de construire une route sur les maisons du *huldufólk* : le temps se dégrade, les machines ne fonctionnent plus et les ouvriers tombent malades. En 2014, la "fantaisie" islandaise a de nouveau fait la une de l'actualité internationale. La construction d'une route reliant la péninsule d'Álftanes à la banlieue reykjavikoise de Garðabær a en effet été interrompue après que des militants se sont inquiétés du fait que cela perturberait l'habitat des elfes.

Quant aux fantômes, ils sont tenus pour des êtres palpables, non des ombres flottantes comme ailleurs en Europe. Írafell-Móri (*móri* et *skotta* désignent respectivement les fantômes mâle et femelle) a besoin de dîner chaque soir, et l'un des plus célèbres revenants du pays, Sel-Móri, a le mal de mer quand il s'embarque clandestinement sur un bateau – deux fantômes qui hantent les mêmes parages joignent quant à eux leurs forces pour redoubler de méfaits. On dit souvent que les empilements de roches et les formations de lave aux formes étranges sont des trolls surpris par le lever du soleil et pétrifiés pour l'éternité.

D'après les enquêtes d'opinion, plus de la moitié des Islandais croient à l'existence du *huldufólk* (ou du moins n'écartent pas cette possibilité). Mais attention : les Islandais ne supportent pas que les visiteurs leur demandent s'ils croient à ces créatures surnaturelles ou qu'ils se montrent attendris face à une telle croyance. Alors même s'ils n'y croient pas vraiment, ce n'est pas devant un étranger qu'ils l'admettront ! Pour en savoir plus, participez à un circuit à Hafnarfjörður, à 10 km de Reykjavík ou à un cours d'initiation de 4 heures dispensé par l'école des elfes islandaise (Álfaskólinn ; www.elfmuseum.com) à Reykjavík.

Ceux qui souhaitent obtenir des renseignements sur leurs origines islandaises pourront consulter le Centre d'émigration islandaise (www.hofsos.is), à Hofsós, et le Snorri Program (www.snorri.is).

Aujourd'hui dirigée par une nouvelle équipe, Decode continue d'explorer les mystères du génome humain. En 2014, la société a de nouveau lancé une campagne très contestée encourageant les Islandais à renseigner leur matériel génétique pour enrichir sa base de données. Une fois l'étude achevée, la société s'est trouvée en mesure d'attribuer un matériel génétique aux Islandais qui n'avaient pas participé – soulevant au passage un certain nombre de questions éthiques : faut-il, par exemple, informer les porteurs de gênes dangereux, même s'ils n'ont pas souhaité participer ? Pour l'heure, cela reste illégal.

# Cuisine islandaise

**Pour ceux qui la connaissent mal, la cuisine islandaise rime souvent avec requin fermenté ou tête de mouton. Une vision bien restrictive, si l'on songe à la grande variété de poissons et de fruits de mer, à la qualité des produits des fermes d'élevage et de culture, ou encore aux astucieuses techniques de conservation de la nourriture remises au goût du jour par les grands chefs de la cuisine néo-nordique.**

## Patrimoine culinaire

La cuisine islandaise a été marquée par des siècles de misère et de frugalité. Les paysans-pêcheurs islandais avaient la vie dure : avec la rareté des terres cultivables et la rudesse des interminables hivers, les récoltes étaient maigres, tandis qu'en bord de mer, la pêche côtière suffisait à peine pour vivre. Le mouton, le poisson, ainsi que les oiseaux marins et leurs œufs constituaient la nourriture de base et l'on mangeait jusqu'au moindre morceau de chaque animal : frais ou séché, salé, fumé, lacto-fermenté, voire enterré (dans le cas de la chair de requin) pour assurer la conservation en prévision des années de mauvaises récoltes.

Depuis quelques années, les producteurs et chefs locaux revisitent des recettes et techniques traditionnelles, avec un résultat parfois singulier. En Islande, le mouvement Slow Food, qui privilégie les aliments locaux, remporte un franc succès.

*La Cuisine des pays nordiques* (Phaidon, 2016), du chef suédois Magnus Nilsson, est un recueil de 650 recettes traditionnelles et quotidiennes de tous les pays nordiques, dont l'Islande.

## Spécialités locales

### Poisson et fruits de mer

"La mer est la moitié de notre pays", affirme un dicton islandais. Effectivement, le poisson est au cœur de l'alimentation : prépondérant sur les marchés, il est cuisiné de multiples façons dans les restaurants.

Dans le passé, les Islandais conservaient les joues et la langue du *þorskur* (cabillaud ou morue) – des morceaux délicats – et exportaient le reste. Aujourd'hui, on trouve couramment des filets de *þorskur* au menu, ainsi que du *ýsa* (églefin), du *bleikja* (omble chevalier) et du *skötuselur* (lotte), très prisé pour sa texture charnue. Parmi les autres poissons, signalons le *lúða* (flétan), le *steinbítur* (poisson-chat), le *sandhverfa* (turbot), le *sild* (hareng), le *skarkoli* (plie) et le *skata* (pocheteau gris). En été, on peut goûter au *silungur* (truite d'eau douce) et au *villtur lax* (saumon sauvage). L'*eldislax* (saumon d'élevage) se déguste toute l'année et figure sur la carte d'innombrables restaurants (dans sa version fumée).

L'*harðfiskur*, que l'on mange souvent en en-cas avec du beurre, est vendu dans les supermarchés et sur les marchés. Il s'agit d'églefin (ou d'un autre poisson), que l'on aura dépouillé puis mis à sécher en plein air.

Les *rækja* (crevettes), les *hörpudiskur* (coquilles Saint-Jacques) et les *kræklingur* (moules) se pêchent dans les eaux islandaises. Les moules fraîches apparaissent au début de l'été. Les *leturhumar*, que les Islandais appellent "homard" mais qui sont en fait des langoustines, sont un vrai délice. Höfn, dans le Sud-Est, en est la capitale. Elle organise chaque année une grande fête de la Langoustine.

Le poisson salé (filets de morue salés et séchés au vent) était si important pour les Islandais qu'il figurait jadis sur le drapeau du pays !

### Viande

L'agneau islandais est très réputé. En été, les moutons broutent en liberté dans les hautes terres et les vallées, avant le *réttir* (rassemblement des troupeaux) de septembre. Ensuite, ils passent l'hiver dans les étables. Résultat : une viande très tendre avec un léger goût de gibier. La plupart des restaurants le proposent en filet, sauté ou fumé.

La viande de bœuf est excellente, mais l'animal étant moins répandu, les prix sont plus élevés. Le cheval figure également sur les tables. Il est considéré comme un mets délicat, et souvent appelé "filet de poulain".

Dans l'est du pays, où les rennes sauvages sont plus fréquents dans les hautes terres, on trouve de la viande de renne sur les cartes. La chasse est très réglementée – la saison s'étend de fin juillet jusqu'à septembre.

Côté oiseaux, le *lundi* (macareux), autrefois servi fumé ou grillé, se fait rare dans les assiettes depuis que la population diminue de manière inquiétante. Autre oiseau marin, le *svartfugl*, traduit par "*blackbird*" sur les cartes en anglais, est en réalité du guillemot. Les restaurants gastronomiques privilégiant les produits de saison proposent aussi, en automne, de l'*heiðagæs* (oie à bec court) rôtie.

**Quelques spécialités régionales**

*Langoustines : Höfn*

*Tomates : Flúðir*

*Renne : Egilsstaðir et l'Est*

*Hverabrauð ("pain de sources chaudes") : Mývatn*

*Moules : Stykkishólmur*

*Cheval : Skagafjörður*

### Desserts

Dégustez le *skyr*, un délicieux laitage à base de lait écrémé (que l'on désigne souvent comme le yaourt islandais). On le sert couramment avec du sucre, des fruits (des myrtilles par exemple) et un peu de crème fraîche. On en trouve dans les supermarchés et dans les restaurants.

Les *pönnukökur* sont de fines crêpes sucrées et parfumées à la cannelle. Les *kleinur* (beignets), moelleux et délicieux, ont pour variantes les *ástar pungur* (boules d'amour), des boulettes de pâte épicée. Ces desserts sont vendus dans les boulangeries, à côté d'un impressionnant assortiment de gâteaux et de pâtisseries – l'un des rares doux legs de l'occupation danoise.

Les fermes laitières préparent de délicieuses glaces, largement présentes sur les cartes des restaurants.

## Boissons

### Boissons sans alcool

Une vie sans *kaffi* (café) serait impensable pour les Islandais. Dans les cafés et les stations-service, une imposante cafetière pleine trône

**TOUR D'HORIZON CULINAIRE**

Commencez par goûter au poisson et à l'agneau. Ensuite, vous aurez peut-être envie de tester des mets comme la baleine, le macareux ou l'*hákarl* (requin du Groenland fermenté), en sachant que leur consommation n'est pas sans poser problème (voir l'encadré p. 80). En revanche, avec les délices suivants, régalez-vous sans compter !

**Skyr** Sorte de yaourt épais et crémeux, parfois assaisonné de sucre et de baies. Il se consomme sous forme de yaourt à boire ou de dessert, et c'est aussi l'ingrédient vedette de préparations comme le cheese-cake, la crème brûlée, ou encore le "skyramisu".

**Hangikjöt** Viande séchée – généralement de l'agneau fumé – servie en fines tranches (plat de Noël).

**Harðfiskur** Morceaux de haddock séché, généralement consommés avec du beurre.

**Pýlsur** Hot dog à l'agneau, au bœuf et au porc, avec des oignons crus et frits, du ketchup, de la moutarde et de la rémoulade acidulée (demandez un "*eina með öllu*" – un complet).

**Réglisse** Salée ou enrobée de chocolat, elle occupe une place de choix dans les confiseries.

**Rúgbrauð** Pain de seigle noir, à la mie compacte. Dans la région du Mývatn, régalez-vous de *hverabrauð* – pain cuit sous terre grâce à la vapeur des sources géothermales.

### LA CUISINE TRADITIONNELLE, OU L'ART DE TOUT MANGER !

Dans la cuisine traditionnelle, tout était bon à manger : tête, intestins, foie, rognons... Il ne fallait rien laisser se perdre ! Si ces plats ne figurent plus guère au menu des restaurants, on peut en consommer dans les buffets de *þorramatur* (littéralement, "aliments de Þorri"), pendant la fête d'hiver de Þorrablót (du nom du mois de Þorri dans l'ancien calendrier norrois, soit de mi-janvier à mi-février). Pour l'occasion, le *brennivín* (eau-de-vie) coule à flots.

**Svið** Tête de mouton bouillie mangée telle quelle ou macérée dans du vinaigre.

**Sviðasulta** Fromage de tête fait à partir du *svið*.

**Slátur** (mot signifiant "abattage"). Se présente sous deux formes : la *lifrarpylsa* est une panse de brebis farcie d'un mélange d'intestins de mouton, de foie et de graisse, puis cuite (elle rappelle le fameux haggis écossais). Le *blóðmör* contient en plus du sang de mouton (proche du boudin).

**Súrsaðir hrútspungar** Pain de testicules de bélier cuits dans du petit-lait puis tassés dans un moule.

**Hákarl** Le plus célèbre des mets islandais ! L'*hákarl* est un requin du Groenland qu'il faut laisser six mois enfoui sous terre pour qu'il devienne comestible (sa chair fraîche est toxique car elle a une forte teneur en acide urique liée au fait que l'animal "transpire" son urine). Les effluves d'ammoniac sont difficilement supportables pour des étrangers, mais le goût est meilleur que l'odeur... D'aucuns jugent toutefois l'arrière-goût un peu rude... Il est d'usage d'avaler une rasade de *brennivín* (eau-de-vie) pour le faire passer.

sur le comptoir et certaines boutiques offrent gracieusement un café à leurs clients. Les établissements servant des expressos, des *latte*, des cappuccinos et des mokas, de plus en plus prisés, fleurissent jusque dans les hameaux les plus isolés. Le thé a moins la cote auprès des Islandais, et le choix dans les commerces en est plutôt limité.

Grands amateurs de caféine, les Islandais détiennent le record du monde de consommation de Coca-Cola par habitant. Également appréciés : les sodas de fabrication locale Egils Appelsín, à l'orange, et Egils Malt Extrakt, qui a le goût d'une bière très sucrée.

L'eau en bouteille n'est pas proscrite en Islande, mais elle le devrait car l'eau du robinet, généralement en provenance directe d'un glacier, est très pure.

La fête de la Bière (1er mars) remonte à 1989, glorieuse année où la bière fut légalisée en Islande (elle fut interdite pendant la majeure partie du XXe siècle). Comme de juste, il règne pour l'occasion une ambiance particulièrement débridée dans les boîtes et les bars de Reykjavík.

## Boissons alcoolisées

La consommation d'alcool en Islande est rarement modérée. C'est particulièrement vrai à Reykjavík où, le week-end, les buveurs en ingurgitent des quantités impressionnantes.

La vente de bière, vin et spiritueux est interdite aux moins de 20 ans. Seuls les bars et les restaurants qui possèdent une licence, ainsi que les Vínbúðin (www.vinbudin.is), les magasins de vins et de spiritueux d'État, peuvent vendre de l'alcool. Ces derniers sont une bonne cinquantaine dans l'île, si bien que l'on en trouve pratiquement un dans chaque bourg comportant plus de deux rues, et une douzaine dans Reykjavík et sa périphérie. Dans les zones urbanisées, ils ouvrent généralement de 11h à 18h du lundi au samedi (jusqu'à 19h le vendredi) et sont fermés le dimanche. Dans les villages, ils n'ouvrent qu'une heure ou deux en fin d'après-midi. La file d'attente est impressionnante le vendredi vers 17h. Prévoyez au moins 1 200 ISK pour une bouteille de vin d'importation et environ le tiers des tarifs des bars pour la bière.

Les stations-service et les supermarchés vendent un breuvage peu alcoolisé (2°) appelé "*pilsner*", qui n'a plus beaucoup de succès auprès des Islandais. Egils, Gull, Thule et Viking, les principales marques de bière islandaises, sont des lagers ou des pils standards. On trouve aussi des bières d'importation. Ces dernières années, d'excellentes distilleries et brasseries locales ont fleuri en Islande. Elles produisent selon les cas du whisky, de la vodka et quantité de bières artisanales de grande qualité – pour plus de détails, reportez-vous p. 88. Découvrez les bières saisonnières, en particulier celles qui sont brassées avant Noël.

Le chef new-yorkais Anthony Bourdain a décrit l'*hákarl* (requin du Groenland fermenté) comme étant "probablement la pire chose [qu'il ait] jamais eue en bouche".

L'alcool est réputé très onéreux en Islande ; toutefois, ce n'est pas entièrement vrai. Une pinte de bière dans un bar coûte entre 1 000 et 1 600 ISK. À Reykjavík, nombre d'établissements pratiquent l'*happy hour* en début de soirée (500-700 ISK). Afin d'alléger votre budget boissons, téléchargez l'application pour Smartphone *Reykjavík Appy Hour*.

L'alcool traditionnel islandais, le *brennivín* (littéralement "vin brûlé"), est une puissante eau-de-vie à base de pommes de terre fermentées et aromatisées aux graines de carvi. Il a le surnom peu engageant de *svarti dauði* ("mort noire") ; c'est le breuvage incontournable pour accompagner toute dégustation de "friandises" traditionnelles (p. 395).

# Établissements

## Restaurants

Les meilleurs restaurants se trouvent à Reykjavík, mais il existe aussi, en dehors de la capitale, quelques établissements à la réputation flatteuse qui s'adressent à une clientèle de touristes en quête de saveurs authentiques. Ces restaurants travaillent en collaboration avec des petits producteurs locaux : cultivateurs d'orge, mytiliculteurs, producteurs de légumes, éleveurs de moutons et pêcheurs. Ces produits sont travaillés en cuisine le plus souvent sans ajout d'autres ingrédients.

L'écart de prix entre une table gastronomique et un restaurant moyen est assez faible. À choisir, mieux vaut opter pour le haut de gamme. Dans les campagnes cependant, le choix se limite souvent au seul restaurant du village, généralement celui de l'hôtel local, et au grill de la station-service. Au cœur de la saison estivale, on peut avoir beaucoup de mal à obtenir une table sans avoir réservé, et/ou il faut attendre longtemps.

La petite école de cuisine Salt Eldhús (www.salteldhus.is) de Reykjavík propose des cours de cuisine gastronomique à base d'ingrédients locaux.

Les cartes proposent habituellement au moins un plat de poisson, un plat végétarien (souvent des pâtes) et quelques plats de viande (l'agneau figure en bonne place). Nombre de restaurants offrent aussi la possibilité de manger moins cher, en optant pour un hamburger ou une pizza. Il y a souvent de la soupe en plat au déjeuner (sous la forme d'un buffet de soupes et salades), ou en entrée au dîner. La *fiskisúpa* (soupe de poisson) se prépare selon des recettes traditionnelles ; la *kjötsúpa* (soupe à la viande) se compose généralement de légumes mélangés avec des morceaux de viande d'agneau.

À Reykjavík, et à un moindre degré à Akureyri, on trouve de plus en plus de restaurants thaïlandais, japonais, italiens, mexicains, indiens ou chinois. On rencontre également d'autres belles surprises, tels le restaurant éthiopien de Flúðir et le restaurant marocain de Siglufjörður. Les restaurants ouvrent généralement de 11h30 à 14h30 et de 18h à 22h, tous les jours. Même en été, les cuisines peuvent fermer vers 21h.

### RESTAURANTS : FOURCHETTES DE PRIX

Les rubriques *Où se restaurer* de ce guide sont divisées en trois catégories, basées sur le prix moyen d'un plat principal.

**€** moins de 2 000 ISK (15 €)

**€€** 2 000-5 000 ISK (15-39 €)

**€€€** plus de 5 000 ISK (39 €)

### Cafés et pubs

Les cafés-bars un peu bohèmes, où l'on peut s'attarder autour d'un café, bavarder ou tapoter sur son ordinateur, fleurissent dans le centre de Reykjavík. Leurs cartes vont de la soupe basique et du sandwich à l'assiette de poisson en passant par le burger créatif. Depuis quelques années, elles se sont rapprochées de celles des restaurants (avec des tarifs *ad hoc*). Les cafés se multiplient également en dehors de la capitale.

À Reykjavík, de nombreux cafés se métamorphosent en bar à l'atmosphère endiablée les soirs de week-end ; ils restent alors généralement ouverts jusque vers 4h ou 5h. Ailleurs, l'ambiance est beaucoup plus calme et feutrée, même si la vie nocturne est animée le vendredi et le samedi à Akureyri.

En Islande, le carvi sert à parfumer le fromage, le café, le pain noir et le *brennivín*. Mi-août, après la floraison, certains habitants de Reykjavík se rendent sur l'île de Viðey pour récolter des graines de carvi.

### Stands de hot dogs et stations-service

Les Islandais aiment manger sur le pouce. Si vous apercevez une file d'attente à Reykjavík, elle conduit probablement à un stand de *pýlsur* (hot dogs). Les grosses stations-service comportent souvent des cafétérias et des bons grills, pas chers et très fréquentés. Ils proposent des sandwichs et des plats de restauration rapide entre 11h et 21h/22h. Certains servent un menu copieux pour le déjeuner, le plus souvent avec de la soupe à la viande, du poisson, du mouton, etc.

### Supermarchés et boulangeries

Chaque ville, bourg ou village possède au moins une supérette. Ce sont généralement les 10-11, les enseignes les plus chères, qui ferment le plus tard. Les supermarchés Bónus (reconnaissables à leur enseigne voyante, jaune ornée d'un cochon rose) sont à bas prix. Vous trouverez aussi des magasins Hagkaup, Kjarval, Krónan, Nettó, Nóatún, Samkaup-Strax et Samkaup-Úrval. Les heures d'ouverture varient beaucoup : à Reykjavík, la plupart des enseignes ouvrent tous les jours de 9h à 23h. En dehors de la capitale, les horaires sont plus restreints. Certains établissements sont fermés le dimanche.

Les *bakarí* (boulangeries) à l'ancienne sont appréciées des visiteurs et l'on en trouve dans la plupart des localités (parfois installées dans les supermarchés). Elles sont généralement ouvertes de 7h/8h à 16h en semaine (parfois aussi le samedi). Elles vendent toutes sortes de pains, gâteaux et sandwichs à petits prix, servent du café et disposent généralement de tables et de chaises.

La plupart des produits d'épicerie étant importés, les prix sont souvent exorbitants (deux ou trois fois plus chers que sur le continent européen). En revanche, les poissons (en conserve ou fumés) et les produits laitiers sont étonnamment abordables. Les fruits et légumes cultivés localement sont toujours frais, contrairement à ceux qui sont importés.

Les gastronomes apprécieront sans doute les circuits culinaires "Culinary Coastline" proposés par Saga Travel (www.sagatravel.is) au départ d'Akureyri, ainsi que les circuits dans l'Ouest organisés par Crisscross (www.crisscross.is).

## Végétariens et végans

Pas de problèmes pour les végétariens et les végans à Reykjavík. On trouve d'excellents cafés-restaurants ne servant pas de viande dans la ville, et bien d'autres restaurants proposent des plats *veggie* (gageons que vous aurez envie de prendre tous vos repas chez Gló !). En dehors de la capitale, la plupart des restaurants affichent au moins un plat végétarien au menu, mais il s'agit le plus souvent de pâtes au fromage et à la tomate ou de pizzas avec fromage, poivrons et oignons. Les végans devront le plus souvent se préparer à manger.

# Guide pratique

**CARNET PRATIQUE . . 400**
Ambassades et consulats . . . . . . . . . . . 400
Argent . . . . . . . . . . . . . . . . 400
Assurance . . . . . . . . . . . . . . 401
Bénévolat. . . . . . . . . . . . . . . 401
Cartes et plans . . . . . . . . . 402
Désagréments et dangers . . . . . . . . . . . . 403
Douane. . . . . . . . . . . . . . . . 404
Électricité . . . . . . . . . . . . . 404
Enfants. . . . . . . . . . . . . . . . 405
Formalités et visas. . . . . . . . . . . . . . . . 405
Handicapés . . . . . . . . . . . . 405
Hébergement . . . . . . . . . . 406
Heure locale . . . . . . . . . . . 409
Heures d'ouverture . . . . . .410
Homosexualité . . . . . . . . . .410
Internet (accès) . . . . . . . . .410
Jours fériés . . . . . . . . . . . . .410
Poste. . . . . . . . . . . . . . . . . . .411
Problèmes juridiques . . . . 411
Renseignements touristiques. . . . . . . . . . . . .411
Santé . . . . . . . . . . . . . . . . . .411
Téléphone . . . . . . . . . . . . . .412
Toilettes . . . . . . . . . . . . . . . .413
Travailler en Islande. . . . . .413

**TRANSPORTS . . . . . . 414**
**DEPUIS/VERS L'ISLANDE. . . . . . . . . . . . . 414**
Entrer en Islande . . . . . . . .414
Voie aérienne . . . . . . . . . . .414
Voie maritime . . . . . . . . . . .415
**VOYAGES ORGANISÉS . . 416**
**COMMENT CIRCULER. . . 417**
Avion. . . . . . . . . . . . . . . . . . .418
Bateau . . . . . . . . . . . . . . . . .418
Bus . . . . . . . . . . . . . . . . . . . .418
Stop et covoiturage . . . . . .419
Transports locaux. . . . . . . 420
Vélo. . . . . . . . . . . . . . . . . . . 420
Voiture et moto. . . . . . . . . .421

**LANGUE . . . . . . . . . . 426**
Glossaire . . . . . . . . . . . . . . 428

# Carnet pratique

## Ambassades et consulats

Vous trouverez la liste complète des pays ayant une ambassade ou un consulat à Reykjavík, ainsi que des représentations islandaises à l'étranger sur le site du ministère islandais des Affaires étrangères (www.mfa.is ; cliquez sur *Diplomatic Missions*, puis *Foreign Missions*).

### Ambassades et consulats d'Islande à l'étranger

**France** Ambassade (☎01 44 17 32 85 ; www.iceland.is/iceland-abroad/fr ; 52 av. Victor-Hugo, 75016 Paris). Consulats honoraires à Boulogne-sur-Mer, Bordeaux, Caen, Lyon, Marseille, Nice et Strasbourg.

**Belgique** Ambassade (☎02 238 50 00 ; www.iceland.is/iceland-abroad/be ; rond-point Schuman 11, 1040 Bruxelles). Consulat honoraire à Bruxelles et Embourg.

**Suisse** Contactez les représentations islandaises en Belgique.

**Canada** Ambassade (☎613 482 1944 ; www.iceland.is/iceland-abroad/ca/francais ; 360 Albert St, Suite 710, Ottawa, Ontario K1R 7X7). Consulats honoraires à Calgary, Edmonton, Halifax, Montréal, Quebec, Regina, St. John's, Toronto et Vancouver ; consulat général à Winnipeg.

### Ambassades et consulats étrangers en Islande

**France** Ambassade (☎575 9600 ; www.ambafrance-is.org ; Túngata 22). Section consulaire (☎575 9611). Consulats honoraires à Akureyri et Egilsstaðir.

**Belgique** Consulat honoraire (☎570 0300 ; magnus@garri.is ; Lyngháls 2). Dépend de l'ambassade d'Islande à Oslo.

**Suisse** Consulat honoraire (☎551 7172 ; jvh@ruv.is ; Laugavegur 13). Dépend de l'ambassade d'Islande à Oslo.

**Canada** Ambassade (☎575 6500 ; www.canadainternational.gc.ca/iceland-islande ; Túngata 14)

## Argent

La devise nationale est la couronne islandaise (ISK). Il existe des pièces de 1, 5, 10, 50 et 100 ISK, et des billets de 500, 1 000, 2 000, 5 000 et 10 000 ISK.

Certains tour-opérateurs indiquent leurs tarifs en euros, pour éviter les fluctuations de la monnaie, mais vous pourrez régler en couronnes islandaises.

### Cartes bancaires

- En Islande, la plupart des achats s'effectuent avec une carte bancaire.
- Pour payer avec votre carte bancaire, ainsi que pour faire le plein aux pompes en libre-service, un code PIN à quatre chiffres est nécessaire.
- Vérifiez auprès de votre banque que votre carte fonctionne à l'étranger ; renseignez-vous également sur les frais éventuels.
- Les principales cartes – Visa, MasterCard et, dans une moindre mesure, Amex, Diners et JCB – sont acceptées dans la plupart des magasins, des restaurants et des hôtels.
- Vous pourrez même payer par carte le Flybus qui relie l'aéroport international au centre de Reykjavík, ce qui est très pratique à l'arrivée.
- Emportez en revanche suffisamment d'espèces si vous prévoyez de séjourner dans des fermes ou de visiter des villages isolés.

### Distributeurs automatiques de billets (DAB)

- Puisque vous aurez peu à payer en espèces, vos retraits pourront se limiter à de petites sommes.
- Dans presque toutes les villes islandaises, il y a une banque avec un DAB (*hraðbanki*) ; les cartes MasterCard, Visa, Maestro et Cirrus sont notamment acceptées.
- On trouve des DAB dans les grandes stations-service et les centres commerciaux.

## L'ISLANDE PRATIQUE

**Réductions** Les étudiants et les seniors ont droit à des réductions sur les vols intérieurs, et sur certains ferries, bus, circuits et musées, sur présentation d'un justificatif.

**Lessive** Il est difficile de trouver des laveries. Les campings, auberges de jeunesse et pensions disposent parfois d'une machine à laver (payante) mise à la disposition des clients. Des hôtels d'affaires proposent un service de blanchisserie, plutôt cher. Vous trouverez aussi des machines à laver dans certains appartements de location.

**Journaux et magazines** Le quotidien *Morgunblaðið*, qui paraît en islandais, est associé au site Web Iceland Monitor (icelandmonitor.mbl.is/news), qui diffuse des informations locales en anglais. Le journal d'informations *Iceland Review* (www.icelandreview.com) rapporte aussi des infos touristiques. *Reykjavík Grapevine* (www.grapevine.is) propose d'excellents articles à destination des touristes et sur la vie quotidienne en Islande ; il annonce l'agenda des manifestations à venir. Sa version papier gratuite est disponible partout.

**Radio** RÚV (www.ruv.is), la radio nationale islandaise, compte trois stations : Rás 1 (infos, météo, programmes culturels), Rás 2 (musique pop, actualités) et Rondó (musique classique).

**Tabac** Il est interdit de fumer dans les lieux publics fermés, y compris dans les cafés, bars, discothèques, restaurants et transports. La plupart des hébergements sont non-fumeurs.

**Poids et mesures** Le système métrique est en usage en Islande.

### TVA

L'Islande applique une taxe sur la valeur ajoutée (TVA) à 24% – taux réduit à 11% sur certains produits et services, notamment sur l'alimentation et le logement. Les prix indiqués tiennent compte de la TVA.

### Pourboires

Le service et la TVA sont toujours inclus dans les tarifs. Il n'est pas nécessaire de donner un pourboire – même si quelques pièces laissées pour arrondir la note ou le service seront toujours appréciées.

### Change

Les espèces et les chèques de voyage peuvent être échangés contre des couronnes islandaises dans toutes les grandes agences bancaires (présentes dans les villes assez importantes).

## Assurance

➡ Bien que l'Islande soit une destination très sûre, il est conseillé de souscrire une police d'assurance qui vous couvrira en cas d'annulation de votre voyage, de vol, de perte de vos affaires, de maladie ou encore d'accident.

➡ Lisez avec la plus grande attention les clauses en petits caractères : c'est là que se cachent les restrictions. Vérifiez notamment que les sports et activités "à risques", comme la randonnée, la plongée, l'équitation, le ski ou la motoneige, ne sont pas exclus de votre contrat, ou encore que le rapatriement médical d'urgence, en ambulance ou en avion, est couvert.

➡ Attention ! Avant de souscrire une assurance, vérifiez que vous ne bénéficiez pas déjà d'une assistance par votre carte bancaire, votre mutuelle ou votre assurance automobile. C'est bien souvent le cas.

➡ Reportez-vous également au chapitre *Transports*, p. 414.

## Bénévolat

Le bénévolat est une bonne manière de découvrir, à moindres frais, la société et les paysages islandais. En France, des organismes offrent l'occasion de participer bénévolement à des projets tournés vers l'action sociale, la construction, les arts ou l'environnement, parfois sur des périodes courtes, de 1 à 4 semaines. Certaines associations s'adressent plus spécifiquement aux jeunes. Il s'agit d'une bonne formule pour s'immerger dans le pays, connaître l'envers du décor touristique et bénéficier d'une ambiance internationale (les volontaires viennent en général de divers pays).

Vous pourrez contacter le **Comité de coordination pour le service volontaire international** (CCVIS ; ☎01 45 68 49 36 ; ccivs.org ; Maison de l'Unesco, 1 rue Miollis, 75015 Paris) et consulter les sites de **France Volontaires** (☎01 53 14 20 30 ; www.france-volontaires.org ; 6 rue Truillot, BP220, 94203 Ivry-sur-Seine Cedex), la plateforme des volontariats solidaires à l'international, et du **Centre d'information sur le volontariat international** (www.civiweb.com), qui constituent d'excellents points de départ pour rechercher une mission et s'interroger sur son engagement.

**Cotravaux** (☎01 48 74 79 20 ; www.cotravaux.org ; 11 rue de Clichy, 75009 Paris) est un "réseau d'acteurs du travail volontaire" qui regroupe des associations, dont plusieurs proposent des missions en Islande, en lien avec des partenaires locaux. Vous en trouverez la liste (avec coordonnées et liens) sur son site Web.

En Islande, **Iceland Conservation Volunteers** (www.ust.is/the-environment-agency-of-iceland/volunteers), l'Office national pour la protection de la nature, connu sous le nom d'Umhverfisstofnun (UST), recrute chaque été environ 200 bénévoles pour des projets de conservation dans le pays. Il s'agit généralement de créer ou d'entretenir des sentiers dans le parc national du Vatnajökull. Ses programmes courts (inférieurs à 4 semaines) sont souvent gérés en collaboration avec des associations comme SEEDS et Worldwide Friends. Pour des missions plus longues, l'association locale **Trail Teams** propose des projets de 11 semaines en été ; consultez le site Web de l'UST.

Vous pourrez aussi contacter le **Centre du renard arctique** (Melrakkasetur ; ☎456 4922 ; www.arcticfoxcenter.com ; adulte/enfant 1 200 ISK/gratuit ; ⏲9h-18h juin-août, 10h-16h sept-mai ; 📶), qui offre des possibilités de bénévolat dans les fjords de l'Ouest.

**SEEDS** (www.seeds.is). Chantiers bénévoles (souvent sur 2 ou 3 semaines), essentiellement axés sur la nature et l'environnement (aménagement de sentiers, écologie), mais aussi sur la construction et la rénovation d'édifices publics, et l'organisation de festivals et événements.

**Workaway** (www.workaway.info/index-fr.html) cherche à promouvoir les échanges entre les voyageurs/bénévoles et des familles ou associations, dans des secteurs variés (travail au pair ou à la ferme, etc.).

# Climat

## Akureyri

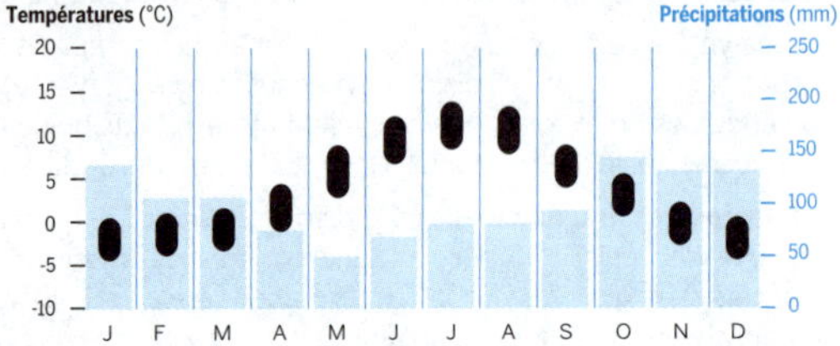


## Vík

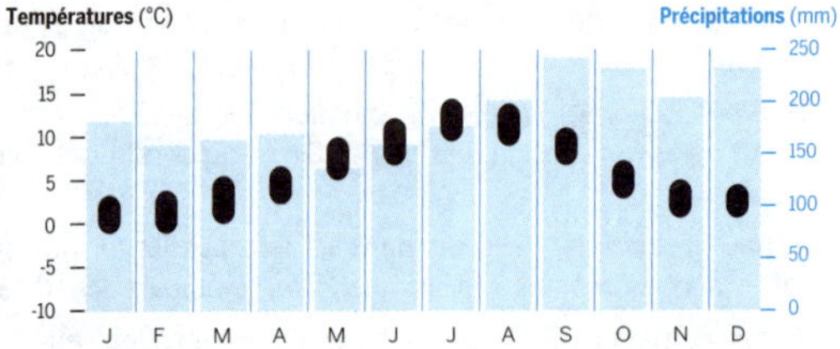


## Reykjavík

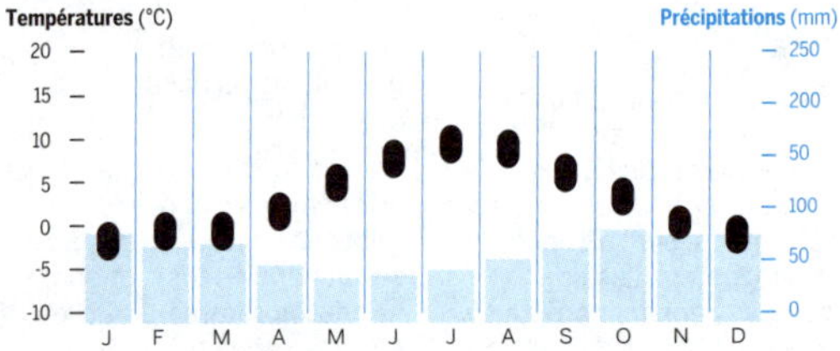


**Worldwide Friends** (www.wf.is). Divers chantiers bénévoles : nature et environnement, projets communautaires, et événements artistiques et culturels.

**WWOOF** (www.wwoofindependents.org). Le réseau World Wide Opportunities On Organic Farms propose des misions de travail volontaire dans des fermes biologiques en Islande (même s'il n'existe pas de branche islandaise). En échange d'un travail bénévole, les hôtes offrent le couvert, le gîte, et la possibilité d'en apprendre plus sur l'agriculture biologique.

# Cartes et plans

➡ En France, l'IGN et Michelin publient des cartes de l'Islande (respectivement au 1/750 000 et au 1/600 000). De nombreuses cartes sont disponibles chez d'autres éditeurs.

➡ Ces dernières années, l'Islande a investi dans la construction de routes et de tunnels ; de nombreux tronçons, auparavant recouvert de graviers, ont également été asphaltés. Une carte récente est donc indispensable.

➡ Les centres d'information touristique distribuent gratuitement des cartes et plans des villes et régions, ainsi que la brochure touristique intitulée *Around Iceland*, qui contient de nombreux renseignements, ainsi que des plans de villes.

➡ L'éditeur Ferðakort (www.ferdakort.is) vend des cartes en ligne et dispose d'un rayon à la **librairie Iðnú** (carte p. 56 ; ☎517 7200 ; www.ferdakort.is ; Brautarholt 8 ; ⊙10h-17h lun-jeu, 10h-16h ven), à Reykjavík. Autre bon éditeur, Forlagið (Mál og Menning) propose un vaste choix de cartes, que vous trouverez dans sa **boutique** (carte p. 60 ; ☎580 5000 ; www.bmm.is ; Laugavegur 18 ; ⊙9h-22h lun-ven, 10h-22h sam ; ) à Reykjavík et en ligne (www.forlagid.is – cliquez sur *Bækur og Kort*, puis sur *Landakort*).

➡ Ces deux éditeurs proposent de bonnes cartes touristiques de l'Islande (1/500 000 ou 1/600 000 ; 2 000 ISK environ), utiles pour circuler en voiture. L'atlas routier de Ferðakort (1/200 000, 5 000 ISK), plus précis, indique les hébergements, musées et piscines.

➡ Ferðakort et Forlagið publient également de nombreuses cartes régionales – le second en propose 8 au 1/200 000 (1 700 ISK la carte). Il existe aussi 31 cartes topographiques très détaillées au 1/100 000 couvrant tout le pays – parfaites pour les randonneurs – et des cartes thématiques – sagas, géologie, ornithologie...

➡ Pour la randonnée, les offices du tourisme locaux et les accueils des parcs nationaux vendent souvent des cartes bon marché détaillant les itinéraires alentour.

## Désagréments et dangers

L'Islande possède un taux de criminalité très bas. Les principaux risques sont liés à la sécurité routière, à la météo changeante et aux conditions géologiques.

Pour savoir comment voyager en Islande en toute sécurité, consultez le site **Safetravel** (www.safetravel.is), créé à l'initiative de l'Icelandic Association for Search and Rescue (ICE-SAR ; association islandaise de recherches et de secours). Vous y trouverez notamment des infos sur l'application pour smartphone "112 Iceland" et sur comment enregistrer votre itinéraire ou plan de voyage auprès de l'ICE-SAR – ou d'un ami ou contact.

### Sécurité routière

➡ Il existe des dangers spécifiques (p. 421) pour les conducteurs en Islande : présence de bétail sur les routes, ponts à voie unique, côtes sans visibilité, absence de revêtement, etc.

➡ Les nombreuses routes F (p. 421) sont réservées aux 4x4, en raison de la présence de passages à gué. Elles ne sont ouvertes que quelques mois dans l'année, en été principalement.

➡ Pour connaître les conditions de circulation, consultez le site www.road.is ou appelez le ☎1777.

### Conditions météo

➡ Ne sous-estimez jamais les dangers liés aux conditions météorologiques. Il est essentiel d'avoir une tenue et un équipement adaptés.

➡ Toute l'année, préparez-vous à devoir faire face au mauvais temps. Les conditions peuvent changer à tout instant ; les randonneurs doivent impérativement s'informer sur les prévisions météorologiques avant de partir. Appelez le ☎902 0600 (composez le "1" après l'introduction) ou consultez le site en.vedur.is pour des prévisions en anglais. Vous pourrez aussi télécharger **l'application Veður**, du bureau météorologique islandais (Icelandic Meteorological Office, IMO).

➡ Des refuges d'urgence sont installés aux endroits où il existe un risque de rester bloqué par les intempéries.

➡ En hiver, emportez systématiquement de la nourriture, de l'eau et des couvertures dans votre véhicule.

➡ Les voitures de location sont généralement équipées de pneus neige en hiver.

### Risques géologiques

➡ En randonnée, la traversée des rivières peut être périlleuse : en été, avec la fonte des glaciers, les ruisseaux se muent parfois en torrents rugissants.

➡ Dans les régions où le sable volcanique est meuble, les vents violents peuvent provoquer de grosses tempêtes de sable.

➡ De nombreux sentiers côtiers ne sont accessibles qu'à marée basse ; prenez des renseignements fiables et procurez-vous les horaires des marées (*sjávarfallatöflur*).

➡ Dans les zones géothermiques, restez sur les passerelles ou sur les

### CONSEILS AUX VOYAGEURS

La plupart des gouvernements possèdent des sites Internet qui recensent les dangers possibles et les régions à éviter.

➡ **Ministère des Affaires étrangères français** (www.diplomatie.gouv.fr)

➡ **Ministère des Affaires étrangères de Belgique** (diplomatie.belgium.be)

➡ **Département fédéral des Affaires étrangères suisse** (www.dfae.admin.ch)

➡ **Ministère des Affaires étrangères du Canada** (www.voyage.gc.ca)

### ACHATS DÉTAXÉS

Toute personne résidant en dehors de l'Islande peut se faire rembourser la TVA si ses achats dépassent 6 000 ISK (dans un même point de vente). Repérez les magasins indiquant "*tax-free shopping*" sur leur vitrine. Vous devrez demandez un formulaire et le présenter en quittant le pays.

À l'aéroport de Keflavík, avant l'enregistrement, rendez-vous au guichet chargé du remboursement à l'd'Arion Banki muni de votre formulaire, de votre passeport, des reçus/factures et de vos achats. Les biens ne doivent pas être usagés. Les heures d'ouverture du bureau coïncident avec celles des vols.

Si vous quittez l'Islande par bateau, vous devrez effectuer la même démarche au bureau des douanes avant le départ.

Renseignements détaillés sur www.globalblue.com.

parcelles de terre solides, et évitez les fines couches moins foncées autour des fissures fumantes ou des trous de boue.

➡ De même, méfiez-vous de l'eau des sources chaudes et des trous de boue – elle peut jaillir du sol à une température de 100°C.

➡ Gare aussi aux dangereux sables mouvants à l'extrémité des glaciers ; ne vous aventurez jamais sur la glace sans crampons et piolets, et prenez garde aux crevasses.

➡ La neige peut cacher des crevasses, des morceaux de lave tranchants ou des pentes glissantes recouvertes de scories.

➡ Demandez toujours conseil aux *rangers* ou à des habitants bien informés avant de partir en randonnée autour de volcans en activité.

➡ Les randonnées et ascensions de glacier en indépendant sont réservées aux alpinistes aguerris. Il est toujours préférable d'être accompagné d'un guide.

➡ On trouve rarement des panneaux d'avertissement et des barrières dans les zones à risques (cascades, fronts glaciaires, falaises). Faites preuve de bon sens ; surveillez vos enfants.

## Douane

Les restrictions douanières sont assez strictes en Islande. Consultez le site www.customs.is.

Les plus de 20 ans ont le droit d'importer sans taxe :

➡ 1 l de spiritueux, 750 ml de vin et 3 l de bière, ou

➡ 3 l de vin et 6 l de bière, ou

➡ 1 l de spiritueux et 6 l de bière, ou

➡ 1,5 l de vin et 12 l de bière, ou

➡ 18 l de bière

À noter également :

➡ Les plus de 18 ans peuvent importer 200 cigarettes ou 250 g de tabac.

➡ On peut également importer jusqu'à 3 kg de nourriture (les produits à base d'œufs, de viande et de lait frais sont proscrits), à condition que la valeur totale n'excède pas 25 000 ISK. Une solution à considérer pour faire des économies.

➡ Pour éviter toute contamination, le matériel de pêche et les vêtements d'équitation doivent être accompagnés d'un certificat vétérinaire de désinfection. À défaut, vous paierez la désinfection en arrivant. Il est interdit de pénétrer sur le territoire avec du matériel d'équitation usagé (selles, brides, etc.). Reportez-vous au site www.mast.is.

➡ De nombreux visiteurs embarquent leur véhicule sur le ferry en provenance du Danemark. Des dérogations douanières sont accordées pour les séjours d'un an maximum.

## Électricité

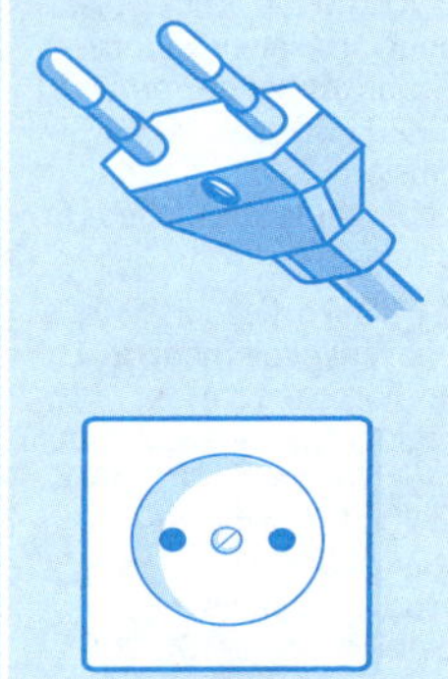

230 V/50 Hz

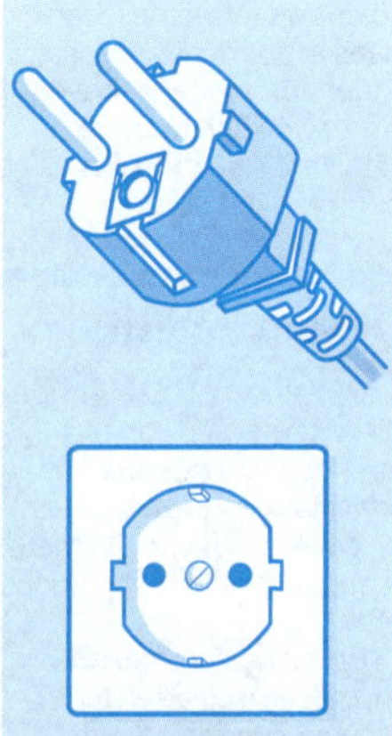

230 V/50 Hz

# Enfants

Il est assez facile de voyager avec des enfants en Islande. Si peu d'activités et de sites leur sont spécifiquement destinés, le pays tout entier constitue un formidable terrain d'aventure. Les paysages somptueux, la faune et la flore offrent moult occasions de réviser les cours de science – ou de prendre de l'avance sur les programmes ! Attention toutefois : une extrême prudence est de mise sur les terrains potentiellement dangereux, notamment sur les falaises et aux abords des cascades.

Les innombrables piscines et la gentillesse des habitants contribuent au bon déroulement des choses. Vos bambins adoreront les colonies d'oiseaux, les chutes d'eau, les zones volcaniques et les glaciers. Les activités à faire en famille ne manquent pas : randonnée, circuit en Super-Jeep, balade à cheval, observation des baleines, sortie en bateau, marche sur les glaciers (à partir de 8-10 ans environ)...

Avec un grand choix d'activités et d'équipements, Reykjavík est la destination n°1 des familles. Il faut couvrir de grandes distances pour explorer le reste du pays. Aussi peut-il être sage de se limiter à une ou deux régions.

Vous pourrez vous procurer la carte bilingue anglais-islandais *Íslandskort barnanna*, destinée aux familles avec de jeunes enfants et publiée par Forlagið (Mál og Menning).

Pour des conseils d'ordre général sur les voyages en famille, consultez l'ouvrage *Voyager avec ses enfants*, publié par Lonely Planet.

## Pratique

- Dans les musées et les piscines, les enfants peuvent entrer gratuitement ou payer moitié prix, selon les endroits. L'âge limite pour le tarif adulte varie d'un endroit à un autre (entre 12 et 18 ans).
- Sur les vols intérieurs et les circuits d'Air Iceland (www.airiceland.is), les 2-11 ans paient demi-tarif et les moins de 2 ans voyagent gratuitement.
- La plupart des bus et des agences de tourisme offrent une remise de 50% pour les enfants entre 4 et 11 ans. Les circuits de Reykjavík Excursion (www.re.is) sont gratuits pour les moins de 11 ans et à demi-tarif pour les 12-15 ans.
- Les compagnies internationales de location de voitures proposent des sièges enfant moyennant un supplément (à réserver).
- Météo capricieuse, froid, pluie : le camping n'est pas forcément la meilleure solution avec des petits. Les enfants de 2 à 12 ans paient généralement moitié prix dans les campings, mais aussi dans les *guesthouses*, les fermes et d'autres hébergements. Habituellement, les moins de 2 ans logent gratuitement.
- De nombreuses auberges de jeunesse, *guesthouses* et fermes possèdent des chambres familiales. Les grands hôtels ont parfois des lits de bébé.
- À Reykjavík et dans les grandes villes, les restaurants offrent souvent des menus enfant et des chaises hautes.
- On trouve des espaces réservés au change dans les toilettes de certains musées et d'autres institutions. Ailleurs, vous devrez improviser.
- Allaiter en public ne pose généralement pas de problème.
- Le lait en poudre, les couches et les autres produits de base sont disponibles partout.

# Formalités et visas

- L'Islande est membre de l'espace Schengen – ce qui signifie qu'elle a levé les contrôles aux frontières pour les voyageurs en provenance d'autres États membres.
- Pour un séjour inférieur à 3 mois, les Français, les Belges et les Suisses peuvent entrer en Islande avec une carte d'identité ou un passeport en cours de validité (le permis de conduire n'est pas une pièce d'identité).
- Les Canadiens doivent fournir un passeport valide au moins 3 mois après la date du retour. Notez que la durée totale d'un séjour au sein de l'espace Schengen ne doit pas excéder 3 mois sur une période de 6 mois.
- Nous vous conseillons de photocopier tous vos documents importants (carte d'identité, pages d'introduction de votre passeport, cartes bancaires, police d'assurance, billets d'avion, permis de conduire, etc.). Emportez un jeu de ces copies, que vous conserverez à part des originaux. Vous remplacerez ainsi plus aisément ces documents en cas de perte ou de vol. Vous pouvez également en laisser une copie dans un fichier joint à un e-mail envoyé sur votre propre messagerie.
- Pour toute question sur les visas et les permis en général, contactez le **bureau de l'Immigration islandais** (Icelandic Directorate of Immigration, Útlendingastofnun ; www.utl.is).

# Handicapés

L'Islande n'est pas la destination d'Europe du Nord la plus facile d'accès pour les voyageurs handicapés.

- Pour plus de détails, contactez **Þekkingarmiðstöð Sjálfsbjargar** (☎550 0118 ; www.thekkingarmidstod.is), le centre d'information pour les personnes handicapées.
- Fruit d'une initiative danoise à l'origine, le site **God Adgang** (www.godadgang.dk) permet de localiser les prestataires de services islandais qui bénéficient d'un label d'accessibilité.
- Les agences **All Iceland Tours** (www.allicelandtours.is) et **Iceland Unlimited** (www.icelandunlimited.is) proposent des voyages sur mesure pour les personnes à mobilité réduite. **Gray Line Iceland** (www.grayline.is) organise des circuits touristiques et des excursions à la journée depuis Reykjavík et conseille les voyageurs aux besoins spécifiques.
- À Reykjavík, les bus urbains sont équipés pour les fauteuils roulants. Ailleurs, les bus sont souvent pourvus de marches qui en compliquent l'accès.
- En France, l'**APF** (Association des paralysés de France ; Paris ☎01 53 80 92 97 ; www.apf.asso.fr ; 13 place de Rungis, 75013 Paris) et l'association **Handi Voyages** (handivoyages.free.fr) peuvent fournir des informations utiles sur les voyages accessibles. L'association **Ailleurs & Autrement** (www.ailleursetautrement.fr) organise des voyages adaptés aux personnes à mobilité réduite. Il existe également des agences de voyages spécialisées, parmi lesquelles **Access Tourisme Service** (☎02 38 74 28 40 ; www.access-tourisme.com ; 24 rue du 11-Novembre, 45130 Charsonville). **Yanous** (www.yanous.com) et **handicap.fr** (www.handicap.fr) constituent de bonnes sources d'information.

Le guide Lonely Planet *Accessible Travel Online Resources* (en anglais) est téléchargeable gratuitement sur lptravel.to/AccessibleTravel.

## Hébergement

L'Islande possède un large choix d'hébergements, du refuge pour *backpackers* aux hôtels de luxe, en passant par les auberges de jeunesse, les fermes, les *guesthouses*, les appartements et les cottages/chalets/bungalows. L'été, on trouve même des chambres dans les établissements scolaires !

La plupart des hôtels de luxe ou de charme sont installés à Reykjavík et dans des destinations touristiques du Sud-Ouest, même s'il en existe quelques-uns dans d'autres régions.

Face à l'afflux toujours plus important de touristes, beaucoup de nouveaux hôtels et *guesthouses* ont ouvert ces dernières années, et bon nombre d'établissements déjà existants se sont agrandis et modernisés. Pourtant, la demande dépasse souvent l'offre dans les lieux les plus touristiques (Reykjavík, le Sud, Mývatn). Dans ce contexte, les tarifs, déjà très élevés en été, tendent encore à augmenter. Et, vu les prix, les hébergements ne sont pas toujours à la hauteur : les chambres, généralement impeccables, sont en revanche souvent petites, et dotées de cloisons fines et d'équipements limités.

À noter :

- Pour venir entre juin et août (mais aussi en mai ou septembre, ce qui n'était pas le cas auparavant), réservez tôt tous vos hébergements (sauf pour les campings, dans lesquels c'est rarement nécessaire). À Reykjavík, il faut réserver toute l'année.
- Les centres d'information touristique fournissent généralement les coordonnées de tous les hébergements de leur ville/région. Les grands centres assurent un service de réservation (moyennant une commission modique – 500 ISK environ). Toutefois, il est uniquement disponible sur place et non par e-mail. Aussi, mieux vaut ne pas trop s'y fier et anticiper – certains endroits affichent très vite complet – faut de quoi vous risquez de devoir loger à des kilomètres de votre première intention.
- C'est souvent en contactant directement les établissements que l'on bénéficie des meilleurs tarifs. Pour ceux qui n'ont pas de site Web, la réservation se fait via des sites tiers – Booking.com, très utilisé en Islande, permet de visualiser tous les hébergements disponibles dans une zone et aux dates choisies. Les établissements ont parfois une page Facebook ; n'hésitez pas à vérifier.
- Attention, les prix augmentent chaque année et vous pourrez noter des différences avec ceux annoncés dans ce guide. Les sites Web des hébergements indiquent toujours les tarifs actualisés.
- De septembre à mai, la plupart des *guesthouses* et hôtels réduisent leurs prix de 10 à 50%. Là encore, consultez les sites Web.

### HÉBERGEMENT : FOURCHETTES DE PRIX

Prix pour une chambre double en haute saison :

**€** moins de 15 000 ISK (110 €)

**€€** 15 000-30 000 ISK (110-225 €)

**€€€** plus de 30 000 ISK (225 €)

## NOUVELLE LÉGISLATION SUR LE CAMPING

Depuis 2015, une nouvelle législation sur le camping s'applique en Islande. Elle vise avant tout à interdire le camping sauvage sur le bord des routes ou les parkings.

Vous la trouverez détaillée sur le site d'Umhverfisstofnun, l'agence de protection de l'environnement, (www.ust.is), sous le titre "*Where can I camp in Iceland*?" (Où puis-je camper en Islande ? – à la rubrique *Further Information*). Pour résumer, si vous possédez un véhicule de camping (camping-car, caravane, tente roulotte, etc.), vous devez impérativement séjourner dans un camping aménagé ou demander une autorisation.

La loi est plus permissive pour les randonneurs et les cyclistes, qui devront néanmoins obtenir le feu vert du propriétaire du terrain, rester à bonne distance des campings officiels, ne pas dépasser le nombre de tentes autorisé et s'abstenir de s'installer sur des terres cultivées.

- Certains hôtels et *guesthouses* ferment en hiver – ne serait-ce que pendant la période entre Noël et le Nouvel An. Quand nous n'indiquons rien à ce sujet dans nos descriptifs, cela signifie que l'adresse est ouverte toute l'année.
- Les prix sont parfois indiqués en euros, afin d'éviter les fluctuations du taux de change, mais le paiement se fait en couronnes islandaises (ISK).
- Les *guesthouses* et les fermes proposent différents types d'hébergements : camping, chambres avec/sans sdb, lits avec ou sans draps (prévoir un duvet), cottages/chalets/bungalows avec ou sans cuisine et/ou sdb. Consultez les sites Web pour obtenir tous les détails.
- Nous indiquons si une sdb privative est disponible, si les draps sont inclus ou si l'option duvet est proposée, et si le petit-déjeuner est inclus.

## Auberges de jeunesse

**Hostelling International Iceland** (www.hostel.is) gère 35 excellentes auberges de jeunesse en Islande. Dans certains endroits, notamment à Reykjavík et Akureyri, on trouve également des auberges indépendantes. Il est vivement conseillé de réserver, surtout de juin à août.

La moitié des auberges de jeunesse d'Hostelling International sont ouvertes toute l'année. Vérifiez sur Internet les périodes d'ouverture.

Toutes les auberges de jeunesse offrent des douches chaudes, une cuisine équipée et l'option duvet. La plupart proposent également des chambres privatives, parfois avec sdb. Si vous n'avez pas de duvet, vous pourrez louer des draps (tarifs variables ; comptez environ 2 000 ISK/pers pour le séjour).

Lorsqu'il est proposé, comptez 1 750-2 000 ISK pour le petit-déjeuner.

Adhérez à **Hostelling International** (www.hihostels.com) dans votre pays pour bénéficier d'une réduction de 700 ISK/personne. Les non-membres paieront environ 5 000 ISK en dortoir et 7 500/12 000 ISK pour une chambre simple/double (tarif supérieur avec une sdb privative). Les enfants de moins de 12 ans ont droit à une réduction de 1 500 ISK.

## Camping

On trouve des *tjaldsvæði* (campings aménagés) dans presque toutes les villes, ainsi que dans des fermes et le long des principaux chemins de randonnée. Les meilleurs sont équipés de machines à laver, d'espaces pour cuisiner et de douches chaudes ; d'autres n'offrent rien d'autre qu'un robinet d'eau froide et des toilettes. Certains sont rattachés à la *sundlaug* (piscine municipale) – on peut ainsi accéder aux douches pour un prix modique.

La météo en Islande est très changeante. Aussi, il est conseillé d'investir dans une tente de qualité. Quelques boutiques à Reykjavík louent du matériel de camping et certaines agences de location de voitures fournissent tentes, matelas et matériel de cuisine.

Avec l'augmentation du nombre de visiteurs, les campings sont de plus en plus bondés, et les sanitaires à une ou deux douches suffisent tout juste à satisfaire aux besoins des campeurs. Pour réduire l'attente, vous pouvez éventuellement utiliser les sanitaires de la piscine du coin.

Il est rarement nécessaire (ou possible) de réserver. Les campings des petites villes sont souvent dépourvus de personnel : guettez le numéro de téléphone du gardien, affiché dans les sanitaires, ou bien la note qui invite à régler au centre d'information touristique ou à la piscine. Il arrive aussi que le gardien passe en soirée pour percevoir les paiements.

Ayez ce qui suit à l'esprit :

- Lorsque vous campez dans un parc national ou une réserve naturelle, respectez les règles d'usage : laissez le

## OPTION DUVET

Spécificité bien islandaise, l'option "duvet" est proposée dans les auberges de jeunesse, de nombreuses *guesthouses* et quelques hôtels. Pour un prix réduit, vous pourrez profiter d'un lit en utilisant votre propre sac de couchage. Cette option n'implique pas forcément un lit en dortoir – en général, vous obtiendrez une chambre classique, mais sans les draps. Prévoyez une serviette, ainsi qu'une taie d'oreiller. Le petit-déjeuner n'est jamais compris dans cette formule. Notez que l'option duvet est davantage proposée en dehors de la haute saison estivale.

site dans l'état où vous l'avez trouvé, utilisez du savon biodégradable et emportez tous vos détritus.

➡ Les feux de camp sont interdits : apportez un réchaud. Les stations-service vendent des cartouches de butane et du combustible liquide. Les cartouches bleues pour Campingaz ne sont pas disponibles partout ; les grises, de type Coleman, sont plus répandues.

➡ L'emplacement de camping-car ou de caravane coûte de 1 200 à 1 800 ISK/personne. Comptez 800 ISK supplémentaires pour l'électricité. La douche est souvent payante.

➡ Une "taxe de séjour" de 111 ISK par emplacement est en vigueur. Certains campings l'incluent dans le tarif individuel, d'autres la facturent en supplément.

➡ Vous pourrez éventuellement acheter la Camping Card (www.campingcard.is), qui coûte 149 € et donne droit à 28 nuits dans 44 campings du pays, pour 2 adultes et 4 enfants maximum (elle n'inclut pas la taxe de séjour, ni les suppléments pour les douches ou l'électricité). Plus de détails sur le site Web.

➡ La plupart des campings ouvrent de mi-mai ou du 1er juin à mi-septembre. Certains grands sites avec bungalows et cottages ouvrent toute l'année.

La situation n'est toutefois pas figée : de plus en plus de visiteurs louent des camping-cars hors saison et cherchent des campings aménagés – contactez les offices du tourisme locaux pour plus d'infos.

➡ En été, si vous décidez de plier la tente en raison du mauvais temps, sachez qu'il vous sera difficile de trouver un toit à la dernière minute dans une *guesthouse* ou une auberge.

➡ L'annuaire gratuit **Áning** (disponible dans les offices du tourisme) recense de nombreux campings en Islande, sans être exhaustif.

## Guesthouses

Le terme islandais *gistiheimilið* (*guesthouse* ou pension) recouvre une large gamme d'établissements, des chambres d'hôtes dans des demeures familiales aux cottages indépendants, en passant par des bâtiments entièrement dédiés.

On en trouve de tous genres, de la *guesthouse* contemporaine chic à celle au décor anonyme ou suranné. La sdb est souvent commune.

Il s'agit la plupart du temps d'établissements confortables à l'ambiance familiale, mettant à disposition une cuisine et un salon TV, et proposant un buffet au petit-déjeuner (soit inclus, soit en supplément pour 2 000 ISK environ). Si l'accès à une cuisine est primordial pour vous, n'oubliez pas de vérifier avant de réserver.

Certaines *guesthouses* prévoient une option duvet à prix réduit, sans pour autant la proposer ; n'hésitez pas à vous renseigner à ce sujet.

En général, l'option duvet coûte 7 000 ISK, la chambre double entre 18 000 et 24 000 ISK en été, et le logement indépendant (sans draps) est à partir de 17 000 ISK la nuit. Les chambres avec sdb affichent souvent des tarifs similaires à ceux des chambres d'hôtel.

## Hôtels

Toutes les grandes villes possèdent au moins un hôtel d'affaires, généralement doté de chambres confortables et quelconques, avec sdb privée, téléphone, TV et parfois un minibar, ainsi que d'un restaurant correct.

En été, les tarifs des simples/doubles commencent autour de 20 000/28 000 ISK, buffet du petit-déjeuner inclus. Dans les régions touristiques, une chambre double dans un hôtel confortable sans être luxueux peut facilement dépasser les 34 000 ISK au plus fort de l'été.

Les prix baissent notablement en dehors de la haute saison (juin à août) ; on trouve alors de meilleurs tarifs en ligne.

Les plus grandes chaînes d'hôtels sont **Icelandair Hotels** (www.icelandairhotels.is), **Fosshótel** (www.fosshotel.is), **Keahotels** (www.keahotels.is) et **CenterHotels** (www.centerhotels.is). La nouvelle chaîne **Stracta Hótels** (www.stractahotels.is), basée à Hella, projette de développer son activité.

Des chaînes hôtelières internationales souhaitent s'implanter à Reykjavík, dont l'attractivité est grandissante. Hilton a ouvert un hôtel et l'inauguration d'un établissement cinq étoiles Marriott Edition est prévue pour 2018.

#### HÔTELS D'ÉTÉ

Pendant les vacances scolaires, de nombreux internats, universités et centres de conférences se transforment en hôtels d'été. La plupart sont ouverts de début juin à fin août (certains plus longtemps) ; 11 établissements sont regroupés dans la chaîne baptisée **Hótel Edda** (www.hoteledda.is), chapeautée par Icelandair Hotels.

Le plus souvent, l'hébergement est simple (chambres fonctionnelles avec lits jumeaux et lavabo, sanitaires partagés) ; certains offrent toutefois des chambres avec sdb privatives, ainsi que quelques chambres "Edda Plus" qui ont, outre une sdb privée, la TV et le téléphone.

Quelques hôtels Edda possèdent des dortoirs (avec option duvet) ; la plupart abritent un restaurant.

Comptez autour de 3 000 ISK pour un hébergement en dortoir avec option duvet (le cas échéant) ; 28 000/18 000 ISK pour une chambre double avec/sans sdb privative ; et environ 2 000 ISK pour le petit-déjeuner.

### Refuges de montagne

Des clubs de randonnée et des prestataires touristiques privés assurent l'entretien des *skálar* (refuges de montagne ; *skáli* au singulier) le long des principaux itinéraires de randonnée. Ces refuges sont ouverts à tous ; on y dort en sac de couchage, dans des dortoirs sommaires. Certains disposent d'une cuisine et d'un terrain pour camper, et il y a parfois un gardien durant la saison estivale.

On peut rejoindre les refuges de Landmannalaugar, de Þórsmörk et d'Askja en 4x4, et ceux du Hornstrandir en bateau. Les autres ne sont généralement accessibles qu'à pied.

Les coordonnées GPS des refuges sont indiquées dans les différents chapitres de ce guide.

Principale organisation dans ce secteur, **Ferðafélag Íslands** (Iceland Touring Association ; carte p. 56 ; ☎568 2533 ; www.fi.is ; Mörkin 6) possède 15 refuges en Islande. Les meilleurs sont gardés et possèdent des douches (500 ISK en supplément), une cuisine et l'eau potable ; les plus modestes offrent des lits, des toilettes et un espace rudimentaire pour cuisiner. Comptez 5 000-7 500 ISK pour les non-membres. On peut parfois camper pour environ 1 800 ISK/personne.

**Ferðafélag Akureyrar** (Touring Club d'Akureyri ; carte p. 250 ; ☎462 2720 ; www.ffa.is ; Strandgata 23 ; ⏲15h-18h lun-ven mai-août, 11h-13h lun-ven sept-avr) gère des refuges dans le Nord-Est (notamment sur la piste d'Askja) et **Útivist** (☎562 1000 ; www.utivist.is ; Laugavegur 178 ; ⏲12h-17h lun-ven) en possède à Básar et au col de Fimmvörðuháls à Þórsmörk.

Dans tous les cas, mieux vaut réserver auprès de l'organisme concerné, car les dortoirs affichent vite complet.

### Refuges d'urgence

Des refuges d'urgence, orange vif, sont installés dans les cols de haute montagne et les secteurs isolés du littoral (ils sont généralement indiqués sur les cartes). Ces refuges contiennent des rations de survie, du combustible, des couvertures et une radio pour appeler à l'aide. Il est illégal de les utiliser en dehors d'une situation d'urgence.

### Séjours à la ferme

De nombreuses fermes offrent plusieurs possibilités (camping, duvet, chambre classique et bungalow ou chalet). Avec le temps, certaines sont devenues de véritables gîtes ou hôtels ruraux.

#### RÉSERVATIONS EN LIGNE

Trouvez un vol, un séjour ou un hôtel en quelques clics dans la rubrique "Réservations" de www.lonelyplanet.fr.

Les services sont variables : certaines proposent des repas ou disposent d'une cuisine pour les hôtes, d'autres sont dotées de *hot pots* ; la plupart organisent des balades à cheval ou des activités telles que la pêche. Sur la route, des pancartes signalent les fermes assurant un hébergement et indiquent les services offerts.

Les tarifs sont similaires à ceux des *guesthouses* en ville : environ 6 500 ISK avec l'option duvet et 10 000-15 000 ISK/personne pour un lit classique. Le petit-déjeuner est généralement inclus ; comptez environ 7 000 ISK pour le dîner (souvent servi à heure fixe).

L'organisme **Icelandic Farm Holidays** (www.farmholidays.is) regroupe quelque 170 fermes. *Discover Iceland*, son annuaire, est disponible gratuitement dans la plupart des centres d'information touristique. Son précieux site Web dispose d'une base de données permettant de faire des recherches. L'organisme peut se charger d'organiser des *packages* pour les voyageurs indépendants.

## Heure locale

- L'Islande est à l'heure GMT (comme Londres), hiver comme été. Elle n'applique pas de changement d'heure.
- De fin octobre à fin mars, quand il est 12h à Paris, il est 11h à Reykjavík.
- Le reste de l'année, quand il est 12h à Paris, il est 10h à Reykjavík.

### OUVERTURES SAISONNIÈRES

En dehors de Reykjavík, de nombreux sites et commerces à destination des touristes n'ouvrent qu'en été, généralement de juin à août.

Toutefois, face à l'essor fulgurant du tourisme, des enseignes locales étendent et assouplissent leurs dates d'ouverture (des *guesthouses* ou restaurants saisonniers ouvrent un peu en mai, voire en avril, et ne ferment que fin septembre ou en octobre si la demande l'exige).

Avec la hausse du nombre de visiteurs en hiver, certains professionnels ouvrent même toute l'année (en particulier le long de la Route circulaire). Notez cependant que beaucoup d'hôtels et de *guesthouses* ferment entre Noël et le Nouvel An.

Il est toujours préférable de consulter les sites Web et de demander autour de vous.

La plupart des musées (surtout en dehors de la capitale) n'appliquent des horaires réguliers qu'en été (de juin à août) ; de septembre à mai, les heures d'ouverture peuvent être extrêmement restreintes (quelques heures par semaine). Toutefois, de nombreuses institutions accueillent volontiers les visiteurs qui en font la demande. Même si vous n'appartenez pas à un grand groupe, n'hésitez pas à les contacter via leur site Web ou l'office du tourisme local.

## Heures d'ouverture

Les horaires varient selon les périodes de l'année (certains établissements ferment hors saison). Généralement, ils sont plus étendus de juin à août. Voici les heures d'ouverture classiques :

**Administrations** lun-ven 9h-17h

**Banques** lun-ven 9h-16h

**Bars** dim-jeu 10h-1h ; ven-sam 10h-tard (entre 3h et 6h)

**Cafés** 10h-18h

**Magasins** lun-ven 10h-18h, sam 10h-16h ; parfois ouverts le dimanche dans certains centres commerciaux et à Reykjavík.

**Postes** lun-ven 9h-16h ou 16h30 (18h dans les grandes villes)

**Restaurants** 11h30-14h30 et 18h-21h ou 22h

**Stations-service** 8h-22h ou 23h

**Supermarchés** 9h-20h (23h à Reykjavík)

**Vínbúðin (magasins d'État de vins et spiritueux)** Horaires variables ; en dehors de Reykjavík, beaucoup n'ouvrent que quelques heures par jour.

## Homosexualité

Les Islandais sont très ouverts vis-à-vis de l'homosexualité, même si la scène gay reste discrète, y compris à Reykjavík (voir p. 90).

## Internet (accès)

Le Wi-Fi est très répandu en Islande.

- La plupart des hébergements et restaurants offrent une connexion, tout comme les bus. Elle est en général gratuite. Vous devrez parfois demander le code d'accès.
- La plupart des stations-service N1 disposent d'une connexion gratuite.
- Si vous avez besoin de voyager avec votre propre accès Wi-Fi, sachez que Trawire (iceland.trawire.com) loue des modems portables 4G avec connections illimitées à partir de 10 $US/jour (possibilité de connecter jusqu'à 10 ordinateurs portables, smartphones ou tablettes).
- Certaines agences de location de camping-cars proposent un système de modem en option.
- Même dans les petites villes, la majorité des bibliothèques disposent d'ordinateurs reliés à Internet ; une somme modique est souvent demandée.
- De nombreux centres d'information touristique proposent un accès à la Toile, souvent gratuit pour un bref usage.

## Jours fériés

Les jours fériés sont souvent l'occasion de se retrouver en famille ou, lorsqu'ils correspondent à un week-end, d'aller camper à la campagne. Si vous projetez un séjour pendant une période de congés ou un week-end prolongé (pendant la fête des Commerçants, par exemple), réservez longtemps à l'avance les refuges de montagne et les moyens de transport.

Voici les jours fériés nationaux :

**Nouvel An** 1er janvier

**Pâques** mars ou avril (des Jeudi et Vendredi saints jusqu'au lundi de Pâques)

**Premier jour de l'été** premier jeudi après le 18 avril

**Fête du Travail** 1er mai

**Ascension** mai ou juin

**Dimanche et lundi de Pentecôte** mai ou juin

**Fête de l'Indépendance** 17 juin

**Fête des Commerçants** premier lundi d'août

**Noël** du 24 au 26 décembre

**Saint-Sylvestre** 31 décembre

### Vacances scolaires

Les vacances d'été s'étendent de la première semaine de juin à la troisième semaine d'août, ce qui correspond à la période d'ouverture de la plupart des hôtels d'été et des hôtels Edda.

Les vacances de Noël durent environ 2 semaines (du 20 décembre environ jusqu'au 6 janvier). Il y a également des vacances scolaires au printemps (une semaine environ), autour de Pâques.

## Poste

Le service postal islandais (www.postur.is) est fiable et efficace.

Envoyer une lettre/carte postale en Europe revient à 180/310 ISK ; pour expédier un courrier vers d'autres parties du monde, comptez 240/490 ISK. On trouve en ligne tous les tarifs, ainsi que la liste des bureaux de poste et leurs horaires.

## Problèmes juridiques

La police islandaise est généralement discrète et il est peu probable que vous ayez à faire à elle.

Gardez néanmoins ces quelques points à l'esprit :

- La législation est très stricte concernant l'alcool au volant. Deux verres d'alcool peuvent suffire à vous faire dépasser le taux d'alcoolémie autorisé de 0,4g/l ; vous essuierez alors un retrait de permis et une grosse amende.
- En cas d'infraction au code de la route, et notamment d'excès de vitesse, vous pourrez être conduit au poste de police pour payer une amende sur-le-champ.
- Si vous êtes ivre et que votre comportement attente à l'ordre public, vous risquez de passer la nuit en cellule de dégrisement – vous serez généralement relâché au matin.
- La possession, l'usage et le trafic de drogues sont lourdement condamnés : les contrevenants encourent de longues peines de prison et de grosses amendes.
- En cas d'arrestation, vous pourrez demander à ce que l'on prévienne votre ambassade ou votre consulat.

## Renseignements touristiques

Vous trouverez les coordonnées des offices du tourisme et centres d'information locaux dans les chapitres régionaux de ce guide. L'Islande ne possède pas d'offices du tourisme dans les pays francophones.

### Sites Web

**Visit Iceland** (fr.visiticeland.com), le site touristique officiel du pays, contient des informations complètes. Jetez aussi un coup d'œil au site **Inspired by Iceland** (www.inspiredbyiceland.com) pour y trouver... l'inspiration.

Chaque région possède son propre site :

**Reykjavík** (www.visitreykjavik.is)

**Le Sud-Ouest** (www.visitreykjanes.is, www.south.is)

**L'Ouest** (www.west.is)

**Les fjords de l'Ouest** (www.westfjords.is)

**Le Nord** (www.northiceland.is, www.visitakureyri.is)

**L'Est** (www.east.is)

**Le Sud-Est** (www.south.is, www.visitvatnajokull.is)

### Applications pour smartphones

Il existe d'innombrables applications pour smartphones destinées aux voyageurs. Procurez-vous **112 Iceland** pour voyager en toute sécurité, ainsi que **Veður**, dédiée à la météo. Les applications des compagnies de bus comme **Strætó** (☎540 2700 ; www.bus.is) et **Reykjavík Excursions** (☎580 5400 ; www.re.is) sont utiles. Il est aussi pratique de pouvoir accéder à des cartes hors connexion.

Il existe une multitude d'autres applications couvrant des thèmes variés – histoire, langue islandaise, observation des aurores boréales, visites guidées de la capitale... À Reykjavík, les applications Grapevine (Appy Hour, Craving et Appening) sont précieuses pour trouver les meilleures adresses de la capitale.

> **NUMÉRO D'URGENCE**
>
> Pour appeler la police, une ambulance ou les pompiers en Islande, composez le ☎112.

## Santé

Voyager en Islande ne présente guère de risque pour la santé. Le niveau d'hygiène est élevé et on ne recense aucune espèce dangereuse. Aucun vaccin spécifique n'est exigé.

### Assurance

Il est conseillé aux ressortissants de l'Union européenne et aux Suisses de se procurer une **carte européenne d'assurance maladie** (CEAM ; à demander au moins 15 jours avant le départ) auprès de leur caisse d'assurance maladie. Gratuite, individuelle et nominative, elle permet de bénéficier d'une prise en charge pour les soins de santé d'urgence.

Les ressortissants d'autres pays devront payer leurs soins médicaux en totalité (et se faire rembourser plus tard par leur assurance, s'ils en ont une).

Pour de plus amples informations sur les soins aux touristes, rendez-vous sur le site www.sjukra.is/english/tourists (en anglais).

Consultez également la rubrique *Assurance*, p. 401.

### Eau du robinet

L'eau du robinet en Islande compte parmi les plus pures du monde et sa consommation est totalement sûre. Les Islandais s'amusent d'ailleurs de voir les touristes acheter de l'eau en bouteille...

Si l'eau géothermique chaude sent le soufre, ce n'est pas le cas de l'eau froide.

### Disponibilité et coût des soins médicaux

Les soins médicaux sont d'excellente qualité, et le personnel médical parle très souvent anglais. Toutefois, ces services sont limités en dehors des zones urbaines.

Pour les bobos sans gravité, les pharmacies peuvent être de bon conseil et fournir des médicaments sans ordonnance (cherchez les enseignes *apótek*, pharmacie). Elles pourront vous orienter vers un spécialiste si nécessaire.

On peut aussi se faire soigner en se rendant dans un dispensaire : *heilsugæslustöð* en islandais. Pour la région de Reykjavík, vous en trouverez la liste sur www.heilsugaeslan.is. Ailleurs, demandez à l'office du tourisme ou à votre hébergement où est le dispensaire le plus proche.

### Hypothermie et gelures

Le principal risque de santé encouru par les voyageurs est l'exposition à des températures extrêmes. Une préparation adaptée est donc essentielle. Même en période estivale, la météo peut changer rapidement en montagne. Emportez des vêtements chauds et imperméables, et prévenez d'autres personnes de votre itinéraire.

L'hypothermie aiguë est due à la chute soudaine de la température corporelle en un court laps de temps. L'hypothermie chronique est causée par une baisse graduelle de la température corporelle sur plusieurs heures. Elle débute par des frissons et une perte de jugement et de l'équilibre. En l'absence d'un réchauffement, s'ensuivent alors apathie, confusion et coma. Évitez toute perte de chaleur supplémentaire en cherchant un abri, en enfilant des vêtements secs et chauds, en buvant des boissons chaudes et sucrées, et en vous rassemblant pour partager la chaleur corporelle.

Les gelures sont provoquées par le gel. Leur gravité varie en fonction du vent (froid), de la température extérieure et de la durée d'exposition. Les gelures débutent par des engelures (peau blanche et engourdie), qui disparaissent généralement lors d'un réchauffement. En cas de gelure profonde, la peau cloque et devient noire. Les tissus touchés peuvent être définitivement détériorés. Portez des vêtements appropriés et secs, hydratez-vous et mangez en quantité suffisante. Un réchauffement rapide est impératif.

## Téléphone

- D'Islande, pour téléphoner dans un autre pays, composez le ☎00, puis l'indicatif du pays (☎33 pour la France, 32 pour la Belgique, 41 pour la Suisse et 1 pour le Canada), suivi du numéro de votre correspondant sans l'éventuel 0 initial.
- Pour appeler en Islande depuis l'étranger, composez le code d'accès international en vigueur dans votre pays (☎00 en France, en Belgique et en Suisse, ☎011 au Canada), suivi de l'indicatif ☎354 et des 7 chiffres du numéro de téléphone (il n'y a pas d'indicatifs régionaux en Islande).
- Les téléphones publics sont rares en Islande. On en trouve parfois devant les bureaux de poste, les gares routières ou les stations-service. Les cabines acceptent généralement les cartes bancaires et les pièces de monnaie. Comptez environ 20 ISK par minute pour un appel local.
- Les numéros gratuits commencent par ☎800 ; les numéros de téléphone portable par ☎6, ☎7 ou ☎8.
- La version numérique de l'annuaire comprend des plans utiles : en.ja.is.
- Renseignements téléphoniques : ☎118 (locaux) ou ☎1811 (internationaux).

### Téléphones portables

- Le plus pratique et le moins cher pour téléphoner au tarif local est d'acheter une carte SIM islandaise, à insérer dans votre propre téléphone portable. Avant de partir, vérifiez que votre opérateur permet ce type de manipulation. Si vous résidez hors d'Europe, assurez-vous aussi que votre téléphone fonctionne

#### À LA LETTRE

Étant donné le mode de formation particulier des patronymes islandais – on ajoute au prénom du père les suffixes *-dóttir* ("fille de") pour les filles et *-son* ("fils de") pour les garçons –, les répertoires téléphoniques adoptent un classement alphabétique par prénoms.

sur le réseau européen GSM 900/1800.

➡ On trouve des cartes SIM prépayées et des recharges dans les librairies, les épiceries et les stations-service partout dans le pays, ainsi qu'à bord des avions d'Icelandair.

➡ Le réseau mobile islandais Síminn (www.siminn.is/prepaid) fournit la meilleure couverture réseau ; il est suivi par Vodafone (vodafone.is/english/prepaid). Ces deux opérateurs proposent une formule appels + Internet mobile incluant une carte SIM locale ; comptez 2 000 ISK chez Síminn (avec un crédit de 2 000 ISK pour les appels et l'Internet mobile).

### Cartes téléphoniques

Pour appeler d'une cabine, les cartes téléphoniques les moins chères sont à 500 ISK ; vous les trouverez dans les épiceries et les stations-service. On trouve des cartes permettant de passer des appels internationaux à bas prix dans de nombreux commerces et chez les marchands de journaux.

## Toilettes

On est parfois étonné de voir figurer ce sujet aux informations nationales, mais leur réelle pénurie et des histoires de touristes en train de se soulager dans des parkings ou des cimetières, entre autres, font régulièrement bondir les Islandais. La nouvelle législation sur le camping est la conséquence directe du fait que la nature est de plus en plus souillée par les campeurs et les voyageurs en camping-car qui stationnent en dehors des emplacements prévus.

On trouve des toilettes publiques à Reykjavík et dans les villes principales. En revanche, les sites naturels (aussi fréquentés que la lagune glaciaire de Jökulsárlón ou les chutes de Seljalandsfoss, sur la Route circulaire) ne sont souvent pas aménagés pour faire face à un nombre de visiteurs en plein essor. Les files d'attente s'allongent devant les rares toilettes, notamment quand les cars de touristes arrivent. On trouve aussi de longues portions de route sans sanitaires (comme les 100 km de la Route circulaire entre Höfn et Djúpivogur).

Nous vous conseillons de bien préparer votre voyage, de vous arrêter dès que vous trouvez des toilettes (dans les stations-service N1 par exemple) et d'avoir sur vous quelques pièces (souvent 200 ISK) pour payer leur utilisation. Ne vous soulagez pas en public. En cas d'urgence, trouvez un endroit à l'écart, ne creusez pas une terre fragile et ne laissez pas sur place le papier toilette usagé.

## Travailler en Islande

L'afflux de touristes dans le pays crée un besoin de main-d'œuvre supplémentaire. Pour être recruté en tant que saisonnier (pour faire le ménage, ou à la réception ou au service dans les hôtels, *guesthouses* et restaurants, par exemple), vous devrez être originaire d'un pays de l'Union européenne (ou plus largement de l'Espace économique européen). Si vous recherchez un emploi à long terme, la connaissance de l'islandais pourra vous être demandée (c'est moins le cas dans les secteurs de la programmation informatique, des jeux vidéo et du tourisme).

Pour les personnes originaires d'un pays extérieur à l'Espace économique européen, les choses se compliquent, car il est nécessaire d'avoir un permis de travail, souvent impossible à obtenir sans l'aval d'une entreprise locale. Pour des renseignements détaillés, consultez le site Web du ministère de l'Immigration : www.utl.is.

Pour débuter vos recherches, nous vous conseillons de visiter le site Web du Vinnumálastofnun, le ministère du Travail islandais. (www.vinnumalastofnun.is). Vous y trouverez des renseignements sur le travail en Islande, ainsi que des liens vers des agences pour une aide supplémentaire.

# Transports

## DEPUIS/VERS L'ISLANDE

Ces dernières années, l'Islande est devenue beaucoup plus accessible, grâce à un choix accru de vols et de destinations. Le ferry (depuis le nord du Danemark) constitue une bonne alternative pour les Européens souhaitant voyager avec leur propre véhicule (et ayant du temps).

Trouvez un vol, un séjour ou un hôtel en quelques clics dans la rubrique "Réservations" de www.lonelyplanet.fr.

## Entrer en Islande

L'Islande fait partie de l'espace Schengen. Pour un séjour inférieur à 3 mois, les Français, les Belges et les Suisses peuvent entrer dans le pays avec une carte d'identité ou un passeport en cours de validité. Le permis de conduire n'est pas une pièce d'identité valable. Les Canadiens doivent être en possession d'un passeport, valide au moins 3 mois après la date du retour.

Pour plus de détails, reportez-vous p. 405.

## Voie aérienne

### Aéroports et compagnies aériennes

L'**aéroport international de Keflavík** (KEF ; ☎525 6000 ; www.kefairport.is/english) est le principal aéroport international du pays. Il est situé à 48 km au sud-ouest de Reykjavík.

Le petit **aéroport domestique de Reykjavík** (Reykjavíkurflugvöllur ; carte p. 56 ; www.reykjavikairport.is ; Innanlandsflug), proche du centre-ville, accueille les vols intérieurs, ainsi que les vols depuis/vers le Groenland et les îles Féroé.

De plus en plus de compagnies (dont des low cost) desservent l'Islande depuis l'Europe ou l'Amérique du Nord. Certaines proposent uniquement des liaisons entre juin et août. La liste des transporteurs desservant le pays est disponible en ligne. Rendez-vous sur fr.visiticeland.com (rubrique Guide pratique/Voyage en Islande).

En voici quelques-uns :

**Icelandair** (www.icelandair.com). La compagnie nationale affiche d'excellentes statistiques en termes de sécurité. Pour les vols entre l'Europe et l'Amérique du Nord, elle offre la possibilité de faire une escale (*stopover*) de 7 nuits maximum en Islande, sans supplément de tarif.

**Air Iceland** (www.airiceland.is). La principale compagnie pour les vols intérieurs. Dessert le Groenland et les îles Féroé.

**Transavia** (www.transavia.com). La filiale low cost de KLM-Air France propose des vols réguliers en été.

**WOW Air** (www.wowair.com). Cette low cost islandaise dessert un nombre croissant de destinations en Europe et en Amérique du Nord.

Pour une liste de tour-opérateurs proposant des circuits et parfois des vols secs, reportez-vous à la rubrique *Voyages organisés*, p. 416. Consultez également l'encadré *Agences en ligne*, p. 416.

### Depuis la France

**Icelandair** (☎01 44 51 60 51 ; www.icelandair.fr)

**AVERTISSEMENT**

Les informations contenues dans ce chapitre sont particulièrement susceptibles de changements. Vérifiez directement auprès de la compagnie aérienne ou de l'agence de voyages les modalités d'utilisation de votre billet d'avion. N'hésitez pas à comparer les prestations. Les détails fournis ici doivent être considérés à titre indicatif et ne remplacent en rien une recherche personnelle attentive.

### VOYAGES ET CHANGEMENTS CLIMATIQUES

Tous les moyens de transport fonctionnant à l'énergie fossile génèrent du $CO_2$ – la principale cause du changement climatique induit par l'homme. L'industrie du voyage est aujourd'hui dépendante des avions. Si ceux-ci ne consomment pas nécessairement plus de carburant par kilomètre et par personne que la plupart des voitures, ils parcourent en revanche des distances bien plus grandes et relâchent quantité de particules et de gaz à effet de serre dans les couches supérieures de l'atmosphère. De nombreux sites Internet utilisent des "compteurs de carbone" permettant aux voyageurs de compenser le niveau des gaz à effet de serre dont ils sont responsables par une contribution financière à des projets respectueux de l'environnement. Lonely Planet "compense" les émissions de tout son personnel et de ses auteurs.

assure toute l'année des liaisons régulières directes entre Paris et Reykjavík (3 heures 30, de 5 à 15 vols/semaine selon la saison, à partir de 400 € aller-retour en moyenne – dès 300 € hors saison), au départ de Roissy-Charles-de-Gaulle ou d'Orly. Elle dessert également Akureyri via Reykjavík en été. La low cost **WOW Air** (wowair.fr) propose chaque jour des vols directs entre Paris (Roissy-Charles-de-Gaulle) et Reykjavík (à partir de 150-200 € aller-retour environ), ainsi que quelques vols depuis Lyon en haute saison. **Transavia** (☎ 0 892 058 888 ; www.transavia.com) assure une liaison Paris (Orly)-Reykjavík de mai à septembre. Air France n'offre pas de vol direct vers l'Islande.

Vous pourrez également vous renseigner auprès d'un voyagiste :

**Thomas Cook** (☎0 892 701 088 ; www.thomascook.fr)

**Voyageurs du Monde** (☎01 42 86 16 00 ; www.vdm.com)

## Depuis la Belgique

Selon la saison, **Icelandair** (☎02 346 30 60 ; www.icelandair.com) assure entre 3 et 7 vols directs hebdomadaires entre Bruxelles et Reykjavík (3 heures 15, à partir de 400 € aller-retour environ, fréquence maximale de juin à août). Elle propose également des vols avec escale en partenariat avec plusieurs compagnies, comme SAS, British Airways ou KLM. Brussels Airlines ne dessert pas l'Islande.

Voici quelques adresses utiles en Belgique :

**Airstop** (☎070 233 188 ; www.airstop.be)

**Connections** (☎070 23 33 13 ; www.connections.be)

**Gigatours Voyages Éole** (Éole à Bruxelles ☎02 672 35 03 ; www.voyageseole.be)

## Depuis la Suisse

De mars à fin octobre, **Icelandair** (www.icelandair.com) propose des vols directs depuis Zurich (3 heures 50, à partir de 500 FS aller-retour). De mi-mai à mi-octobre, elle assure également entre 2 et 5 vols directs hebdomadaires au départ de Genève (3 heures 50, à partir de 500 FS aller-retour, fréquence maximale de mi-juin à début septembre). Renseignez-vous sur les offres d'**Edelweiss Air** (☎0848 333 593 ; www.flyedelweiss.com), qui relie Zurich à Reykjavík en été, et d'**easyJet** (☎0848 28 28 28 ; www.easyjet.com), qui propose des prix intéressants au départ de Genève et de Bâle.

Vous pourrez aussi contacter **STA Travel** (☎058 450 49 49 ; www.statravel.ch).

## Depuis le Canada

**Icelandair** (☎800 223 5500 ; www.icelandair.ca) propose des vols directs à destination de Reykjavík depuis Edmonton (6 heures 15, toute l'année), Halifax (4 heures 15, de juin à mi-octobre), Montréal (5 heures 30, fin mai à mi-octobre), Toronto (5 heures 30, toute l'année) et Vancouver (7 heures 15, début mai à fin septembre). Les tarifs débutent autour de 700 $C pour un aller-retour en classe économique (il est plus difficile de trouver un tarif intéressant au départ de Vancouver). **Air Canada** (☎1 888 247 2262 ; www.aircanada.com) propose également des vols directs pour Reykjavík au départ de Montréal et Toronto.

Vous pourrez notamment vous renseigner auprès de :

**Expedia** (www.expedia.ca)

**Orbitz** (www.orbitz.com)

**Travel Cuts – Voyages Campus** (☎1 800 667 2887 ; www.travelcuts.com)

**Travelocity** (www.travelocity.ca)

# Voie maritime

Une fois par semaine, **Smyril Line** (☎298 345900 ; www.smyrilline.com) assure une liaison en car-ferry, assez chère et très prisée, entre Hirtshals (Danemark) et Seyðisfjörður, dans l'est de L'Islande, via Tórshavn (îles Féroé). Le *Norröna* circule toute l'année. Les traversées en hiver dépendent toutefois des conditions météorologiques – consultez le site Web pour plus de détails.

Les tarifs varient fortement en fonction des dates de traversée, du

## AGENCES EN LIGNE

Vous pouvez réserver votre vol via une agence en ligne ou vous renseigner auprès d'un comparateur de vols :

- www.bourse-des-vols.com
- www.ebookers.fr
- www.expedia.fr
- www.govoyages.com
- www.illicotravel.com
- www.kayak.fr
- www.opodo.fr
- www.skyscanner.fr
- voyages.kelkoo.fr
- www.voyages-sncf.com

véhicule (le cas échéant) et du type de cabine choisi. Le trajet entre Hirtshals et Seyðisfjörður prend 47 heures.

On peut faire une escale aux îles Féroé. Contactez Smyril Line ou consultez le site Internet pour connaître les formules.

# VOYAGES ORGANISÉS

Des tour-opérateurs proposent des circuits et des séjours en Islande. Beaucoup offrent la possibilité de voyages à la carte ; certains incluent dans leurs périples des escapades au Groenland, au Spitzberg, en Norvège ou aux îles Féroé. Tous font la part belle à l'extraordinaire richesse naturelle du pays – fjords, geysers, volcans, glaciers, observation des aurores boréales, mais aussi des baleines, des macareux... Le grand air est bien évidemment l'atout phare du pays et vous pourrez notamment en profiter à pied, à cheval, à skis ou avec des raquettes au pied. Ceux qui aspirent à davantage de confort et de tranquillité opteront par exemple pour un autotour, un circuit en 4x4 ou une croisière. Quelle que soit la formule, les prix sont généralement élevés. Ils descendent rarement en dessous de 1 500 € par personne pour un séjour de 8 jours, vols internationaux compris. Pour des circuits organisés locaux, reportez-vous p. 44.

## Spécialistes de l'Islande et des pays du Nord

**66° Nord** (☎04 78 92 30 80 ; 36-37 quai Arloing, 69009 Lyon ; www.66nord.com). Voyages individuels et sur mesure ou accompagnés (de 4 à 15 jours), randonnée pédestre ou équestre, ski, raquettes, par un spécialiste des terres polaires.

**Comptoir des voyages** (Paris ☎01 53 10 30 15 ; 2 au 18 rue Saint-Victor, 75005 Paris, Lyon ☎04 72 44 13 40 ; 10 quai Tilsitt, 69002 Lyon, Toulouse ☎05 62 30 15 00 ; 43 rue Peyrolières, 31000 Toulouse, Marseille ☎04 84 25 21 80 ; 12 rue Breteuil, 13001 Marseille ; www.comptoir.fr). Séjours, circuits itinérants et autotours, de 5 à 15 jours ; nombreuses idées de voyages : road-trip, l'Islande en famille, rando libre, week-end bien-être... Plusieurs circuits au Groenland.

**Grand Nord Grand Large** (☎01 40 46 05 14 ; 75 rue de Richelieu, 75002 Paris ; www.gngl.com). Ce spécialiste des voyages polaires propose des activités d'été (randonnée, navigation...) et d'hiver (ski de fond, ski de randonnée, raquettes, observation des aurores boréales...), ainsi que des croisières (certaines incluent le Spitzberg et le Groenland). Différentes formules (individuel, accompagné, autotour...), de 5 à 16 jours.

**Island Tours** (☎01 56 58 30 20 ; 23 boulevard Henri-IV, 75004 Paris ; www.islandtours.fr). Circuits accompagnés, autotours, croisières (incluant le Groenland, la Norvège et le Spitzberg), week-ends et courts séjours, organisation des moyens de transport et des hébergements, voyages thématiques (marathon de Reykjavík, éclipse et aurores boréales, etc.)...

**Nord Espaces** (☎01 45 65 00 00 ; 35 rue de la Tombe-Issoire, 75014 Paris ; www.nord-espaces.com). Escapades, autotours, circuits accompagnés, croisières, voyages "découverte", de 6 à 14 jours.

**Scanditours** (☎01 55 87 82 05 ; La Maison de la Scandinavie, 54-56 avenue Bosquet, 75007 Paris ; www.scanditours.fr). Nombreux circuits pour découvrir le pays, de 4 à 14 jours – en voiture de location, en 4x4, avec marches, possibilité de mini-croisières, randonnées à cheval...

**Voyages Gallia Tourisme** (☎01 53 43 36 25 ; Paris 30 rue de Mogador, 75009 Paris ; Toulouse 16 rue Cécile-Brunschvicg, 31200 Toulouse ; islande.voyages-gallia.fr). Pour ceux qui souhaitent rejoindre l'Islande en bateau avec la compagnie Smyril Line.

## Randonnée et aventure

**Akaoka** (☎04 84 25 06 15 ; www.akaoka.com ; 15 place des Halles, 34190 Gange). Cette agence affiliée à The International Ecotourism Society organise des randonnées et des autotours (dont des circuits en 4x4) en Islande.

## SITES WEB UTILES

**Safetravel** (www.safetravel.is). Pour savoir comment voyager en toute sécurité en Islande.

**Office météorologique islandais** (www.vedur.is ; ou appelez le ☎902 0600, et faites le 1 après la présentation). Il ne faut jamais sous-estimer la météo en Islande, ni son effet sur les déplacements. Ce site donne des prévisions fiables. Il existe également une application à télécharger, appelée *Veður*.

**Vegagerðin** (www.road.is). Le site du service des routes islandaises détaille les ouvertures et fermetures des routes du pays. Consultez-le si vous projetez d'explorer les coins les moins visités d'Islande ou les hautes terres, et pour vous renseigner sur l'accessibilité des routes en hiver.

**Covoiturage en Islande** (www.samferda.is). Un site pratique pour mettre en relation conducteurs et passagers. Ces derniers contribuent souvent aux frais d'essence. C'est une alternative intelligente au stop pour les passagers, et un bon moyen de financer en partie la location du véhicule et/ou l'essence pour les conducteurs.



**Allibert** (☎04 76 45 84 84 ; www.allibert-trekking.com). Plusieurs agences en France (Paris, Chamonix, Chapareillan, Toulouse et Villeneuve-Loubet), ainsi qu'en Belgique (☎02 318 32 02) et en Suisse (☎022 519 03 23). Ce spécialiste du trekking propose de nombreux circuits – randonnée, trekking, ski de rando, ski nordique et raquettes –, de 6 à 20 jours. Différents niveaux de difficulté et formules (avec/sans les vols internationaux, les repas, etc.).

**Atalante** (www.atalante.fr) ; Paris (☎01 55 42 81 00 ; 18 rue Séguier, 75006 Paris) ; Lyon (☎04 72 53 24 80 ; 36 quai Arloing, 69009 Lyon) ; Chamonix (☎04 72 53 24 80 ; 319 Av. Ravanel-le-Rouge, 74440 Chamonix-Mont-Blanc). Nombreuses formules – marche et découverte, trek ou séjour en liberté –, de 8 à 20 jours.

**Aventure et Volcans** (☎04 78 60 51 11 ; BP 3154, 73 cours de la Liberté, 69406 Lyon Cedex 03 ; www.aventurevolcans.com). Circuits de différentes durées : la saga des volcans ; lacs, cratères, fjords et glaciers ; cratères, glaciers et aurores boréales.

**Chamina Voyages** (☎04 66 69 00 44 ; Naussac, BP 5, 48300 Langogne ; www.chamina-voyages.com). Randonnées (itinérantes ou semi-itinérantes), accompagnées ou libres, pour des durées allant de 8 à 15 jours environ.

**Fjallabak** (☎354 511 3070 ; Skólavörðustigur 12, Reykjavík ; fjallabak.is). Cette agence de voyages francophone basée à Reykjavík propose notamment des treks sans portage, des séjours de découverte itinérante pour petits groupes et des voyages naturalistes (observation des oiseaux, volcanologie, géologie, photographie).

**Huwans Clubaventure** (www.huwans-clubaventure.fr) ; Paris (☎01 44 32 09 30 ; 18 rue Séguier, 75006 Paris) ; Lyon (☎04 96 15 10 52 ; 38 quai Arloing, 69009 Lyon) ; Marseille (☎04 96 15 10 20 ; 4 rue Henri-et-Antoine-Mauras, 13016 Marseille). Une quinzaine de circuits tournés vers la randonnée (pédestre ou équestre) et la découverte, de niveau facile à modéré, de 5 à 20 jours (nombre de jours de marche variable).

**Nomade Aventure** (www.nomade-aventure.com) ; Paris (☎01 46 33 71 71 ; 40 rue de la Montagne-Sainte-Geneviève, 75005 Paris ; autres agences à Lyon, Toulouse et Marseille). Des circuits et voyages individuels, tranquilles ou dynamiques, en voiture, en 4x4, ou axés sur la neige. De 8 à 15 jours.

**RandoCheval** (☎04 37 02 20 00 ; 2 place Charles-de-Gaulle, 38200 Vienne ; www.randocheval.com). Découverte de l'Islande (et de ses chevaux) grâce à une dizaine de randonnées au choix, de 4 à 9 jours, en été et à l'automne.

**Terres d'aventure** Paris (☎01 70 82 90 00 ; www.terdav.com ; 30 rue Saint-Augustin, 75002 Paris) ; nombreuses agences en France ; également en **Belgique** (Bruxelles ☎02 543 95 60), en **Suisse** (Genève ☎022 518 05 13) et au **Canada** (Montréal ☎0714 722 09 09). Voyages en groupe ou individuels, de 8 à 15 jours – randonnée, neige, ski de fond, raquettes, désert, îles... Par un spécialiste du voyage à pied".

**Zig Zag Randonnées** (☎01 42 85 13 93 ; www.zigzag-randonnees.com ; 54 rue de Dunkerque, 75009 Paris). Six circuits de randonnée en Islande, de 8 à 14 jours (possibilité d'extension aux Vestmannaeyjar).

# COMMENT CIRCULER

L'Islande ne possède pas de réseau ferroviaire. Généralement, les visiteurs choisissent de louer une voiture pour circuler.

De juin à mi-septembre environ, un réseau de bus correct rallie les principales destinations de l'île ; les liaisons sont plus rares en dehors de l'été. Vous pourrez envisager d'emprunter des vols intérieurs pour profiter au mieux du temps dont vous disposez pour votre séjour.

Consultez également le chapitre *La Route ciculaire*, p. 36.

## Avion

L'Islande possède un réseau de vols intérieurs étendu, et les Islandais empruntent presque aussi facilement les avions que les bus. En hiver, l'avion peut même être le seul moyen de rallier certaines destinations – toutefois, les horaires peuvent être perturbés par les conditions climatiques.

Les vols intérieurs partent de l'**aéroport domestique de Reykjavík** (Reykjavíkurflugvöllur ; carte p. 56 ; www.reykjavikairport.is ; Innanlandsflug), et non de l'aéroport international de Keflavík.

Quelques petits aéroports proposent régulièrement des vols touristiques – par exemple à Mývatn et à Skaftafell ; c'est également le cas des aéroports domestiques de Reykjavík et d'Akureyri. Les vols en hélicoptère connaissent une popularité croissante.

### Compagnies aériennes

**Air Iceland** (Flugfélag Íslands ; ☎570 3030 ; www.airiceland.is). À ne pas confondre avec la compagnie internationale Icelandair. Destinations couvertes : Reykjavík, Akureyri, Grimsey, Ísafjörður, Vopnafjörður, Egilsstaðir et Þórshöfn. Également : circuits en avion d'une journée.

**Eagle Air** (☎Reykjavík 562 4200 ; www.eagleair.is). Vols réguliers au départ de Reykjavík et à destination de 5 petits aéroports : celui des Vestmannaeyjar, d'Húsavík, d'Höfn, de Bíldudalur et de Gjögur. Également : plusieurs circuits à la journée.

## Bateau

Plusieurs ferries circulent toute l'année en Islande. Les voitures peuvent embarquer sur toutes les lignes importantes. Attention : il est vivement recommandé de réserver pour embarquer avec un véhicule.

- **Herjólfur** (www.herjolfur.is). Entre Landeyjahöfn, dans le sud de l'Islande et les Vestmannaeyjar.
- **Sævar** (www.hrisey.net). Liaisons fréquentes et pratiques entre Árskógssandur, dans le Nord, au nord d'Akureyri, et l'île de Hrísey.
- **Baldur** (www.seatours.is). Entre Stykkishólmur, dans l'Ouest et Brjánslækur, dans les fjords de l'Ouest.
- **Sæfari** (www.saefari.is). Entre Dalvík, dans le Nord et l'île de Grímsey, sur le cercle polaire.

De juin à août, des bateaux partent régulièrement de Bolungarvík et d'Ísafjörður vers diverses destinations du Hornstrandir (fjords de l'Ouest).

## Bus

Le pays dispose d'un vaste réseau de bus longue distance, desservi par quelques grosses compagnies. La carte *Public Transport in Iceland*, gratuite, présente une vue d'ensemble des lignes existantes ; vous pourrez vous la procurer dans les offices du tourisme ou la consulter en ligne sur www.publictransport.is.

De juin aux alentours de la mi-septembre, des bus réguliers desservent la plupart des sites de la Route circulaire, les secteurs de randonnée populaires du Sud-Ouest, les principales localités des fjords de l'Ouest et de l'Est, ainsi que les péninsules de Reykjanes et de Snæfellsnes. Le reste de l'année, certains services sont maintenus quotiennement, tandis que d'autres sont tout bonnement supprimés.

En été, des bus tout-terrain empruntent quelques-unes des routes F (routes de montagne, voir l'encadré p. 421), dont les pistes de Kjölur, de Sprengisandur et d'Askja dans les hautes terres (impraticables en voiture ordinaire).

Bon à savoir : de nombreuses liaisons de bus peuvent aussi faire office d'excursions à la journée (arrivé à sa destination finale, le bus passe quelques heures sur place avant de regagner son point de départ ; il peut aussi marquer des haltes d'une demi-heure dans divers sites touristiques sur son itinéraire).

Les compagnies de bus opèrent depuis différentes gares routières ou arrêts. Reykjavík compte plusieurs gares routières. Dans les petites villes, les bus s'arrêtent généralement à la station-service principale (cela vaut tout de même la peine de vérifier).

De nombreux bus sont équipés du Wi-Fi gratuit.

La plupart sont suivis par GPS – cela permet de voir lorsqu'ils approchent de votre arrêt.

### Compagnies

Voici les grandes compagnies de bus :

**Reykjavík Excursions** (☎580 5400 ; www.re.is)

**SBA-Norðurleið** (☎550 0700 ; www.sba.is)

**Sterna** (☎551 1166 ; www.icelandbybus.is)

**Strætó** (☎540 2700 ; www.bus.is)

### Forfaits

Les compagnies de bus proposent chaque été des forfaits (valables de début ou mi-juin à la première semaine de septembre). Lors de nos recherches, aucun ne couvrait les fjords de l'Ouest, mais les liaisons via les pistes de Sprengisandur et Kjölur dans les hautes terres pouvaient être incluses.

Si vous envisagez de visiter l'Islande en bus, renseignez-vous avant d'acheter un forfait. Il reste en effet nettement plus pratique (et plus économique si l'on voyage à plusieurs) de louer un véhicule.

Certains forfaits sont limités dans le temps, tandis que d'autres vous permettent de voyager librement tant que vous restez dans la même direction (par exemple si l'itinéraire décrit une boucle).

Un forfait vous condamne à recourir aux services d'une compagnie donnée ; or, aucune ne propose le réseau d'itinéraires parfait. Chacune a ses lacunes en termes de secteurs couverts, et la plupart des lignes ne sont desservies qu'une fois par jour. La compagnie Strætó, qui possède le réseau le plus étendu et offre les services les plus fréquents, ne propose aucun forfait. Vous aurez peut-être tout intérêt à acheter des billets distincts pour chaque tronçon, et à recourir à la compagnie offrant le meilleur itinéraire au moment opportun. Pour des tarifs actualisés, consultez les sites Web des différents transporteurs.

### FORFAITS "ICELAND ON YOUR OWN PASSPORTS"

Reykjavík Excursions et SBA-Norðurleið s'associent pour proposer des forfaits appelés "Iceland On Your Own" ; toutes les précisions sur www.ioyo.is.

Leurs avantages :

- Pistes de Kjölur et de Sprengisandur incluses.
- Bonnes liaisons dans le Sud (grâce au réseau très dense de Reykjavík Excursions).
- Destinations desservies dans le Nord (entre autres) : secteur Akureyri/Húsavík, Ásbyrgi et Dettifoss (grâce au réseau de SBA-Norðurleið).

Leur principal inconvénient :

- Sur la côte ouest, une partie de la Route circulaire n'est pas desservie – les forfaits circulaires mettent cap au nord par la piste de Kjölur, puis empruntent la Route circulaire.

Les forfaits :

**Circle Passport** De Reykjavík à Varmahlíð via la piste de Kjölur, puis le long de la Route circulaire dans tout le pays (42 000 ISK).

**Beautiful South Passport** Trajets sur toute la côte sud (de Reykjavík à Höfn) ; inclut le trajet jusqu'à Gullfoss, Þórsmörk, Landmannalaugar et Lakagígar (3/5/9/11 jours 24 500/36 000/53 000/60 500 ISK).

**Beautiful South Circle Passport** Côte sud (de Reykjavík à Skaftafell), plus Landmannalaugar (22 000 ISK).

**Highlights Passport** Pistes de Kjölur et de Sprengisandur, plus la côte sud et le secteur nord autour d'Akureyri et d'Húsavík – pas de desserte dans l'Est, de Mývatn à Höfn (7/11/15 jours 46 500/66 000/80 000 ISK).

**Highland Circle Passport** Valable pour une boucle via les pistes de Sprengisandur et de Kjölur. Également : de Reykjavík à Skaftafell (44 000 ISK).

**Combo Passport** Combine la Route circulaire (sauf la partie occidentale) et les deux pistes des hautes terres, plus quelques itinéraires dans le nord et le sud de l'île (7/11/15 jours 58 000/77 000/91 500 ISK).

**Hiking Passport** Le forfait le plus vendu, et à juste titre. Si vous faites le trek du Laugavegurinn, vous pouvez être déposé à Landmannalaugar et reprendre un bus à la fin de l'itinéraire à Þórsmörk (ou vice versa). Si vous randonnez dans le Fimmvörðuháls, vous pourrez prendre une correspondance entre Skógar et Þórsmörk (12 500 ISK).

### FORFAITS "BUS PASSPORTS"

Sterna propose 4 forfaits utilisables sur son réseau. Plus de détails sur www.icelandbybus.is.

Leurs avantages :

- Couvrent l'intégralité de la Route circulaire (côte ouest comprise), ainsi qu'un itinéraire dans les hautes terres (Kjölur).
- Pas de limite dans le temps.

Leur principal inconvénient :

- Itinéraires limités en dehors la de Route circulaire.

Les forfaits :

**East Circle Passport** De Reykjavík à Varmahlíð via la piste de Kjölur, puis le long de la Route circulaire dans tout le pays (42 900 ISK).

**Full Circle Passport** La Route circulaire, tout simplement (36 900 ISK).

**Ultimate Passport** La Route circulaire, plus Landmannalaugar et Þórsmörk ; inclut également 2 excursions d'une journée depuis Reykjavík : le Cercle d'or et la péninsule de Reykjanes (69 900 ISK).

**Highland Hikers Passport** Landmannalaugar, Þórsmörk et Skógar ; comprend le transport en bus jusqu'au point de départ de votre randonnée, ainsi que le retour depuis l'arrivée (12 500 ISK).

## Stop et covoiturage

Faire du stop n'est jamais sans risque, et nous le déconseillons. Même minime, il existe toujours un danger, et il faut en être conscient. Néanmoins, nous avons rencontré quantité de touristes voyageant en stop en Islande et qui, pour la plupart, en étaient satisfaits. Sachez qu'il n'est pas toujours évident pour un homme seul d'être pris rapidement.

Dans tous les cas, armez-vous de patience et choisissez un emplacement stratégique : près d'un carrefour, d'une station-service ou encore d'un supermarché Bónus, plutôt que dans une ligne droite.

En arrivant dans un hébergement, n'hésitez pas à faire savoir où vous comptez vous rendre le lendemain. Un autre voyageur allant dans la même direction vous emmènera peut-être.

Si vous souhaitez faire du covoiturage, consultez le site **Carpooling in Iceland** (www.samferda.is). Il est attendu des passagers qu'ils contribuent aux frais d'essence.

# Transports locaux

## Bus

Reykjavík possède un réseau de bus locaux étendu, couvrant tous les faubourgs et allant jusqu'à Akranes, Borgarnes, Hveragerði, Selfoss et Hvalfjarðarsveit. Pour des renseignements sur les itinéraires, les tarifs et les horaires, rendez-vous sur www.straeto.is.

Il existe des services de bus locaux à Akureyri, à Ísafjörður et dans les régions de Reykjanesbær (Keflavík et Njarðvík) et des fjords de l'Est.

## Taxi

La plupart des taxis sont établis dans la région de Reykjavík, mais on en trouve aussi dans les autres villes principales. En dehors de Reykjavík, il est préférable de réserver.

Les taxis sont équipés d'un compteur. Ils peuvent revenir assez cher. Les chauffeurs n'attendent pas de pourboire.

Lors de nos recherches, Uber et Lyft n'étaient pas implantés en Islande.

# Vélo

Si le cyclotourisme se développe en Islande, il faut être prêt à affronter des conditions très rudes.

Les vents violents, les pluies battantes, les tempêtes de sable, le grésil et les rafales de neige soudaines peuvent survenir à tout moment de l'année. Mieux vaut rester souple quant à l'organisation afin de pouvoir attendre le retour du beau temps en cas de besoin.

Sachez en outre que vous devrez rouler près des voitures sur la Route circulaire – il n'y a pas de bande d'arrêt d'urgence, et encore moins de voie réservée.

Les grandes compagnies de bus transportent les vélos à bord de leurs véhicules ; vous disposerez donc d'une solution de repli en cas de mauvais temps ou si votre escapade à vélo dans les hautes terres ne se déroule pas comme prévu. Sachez toutefois qu'il n'est pas possible de réserver l'emplacement pour votre vélo. Vous n'aurez rien à débourser dans les bus **Strætó** (☎540 2700 ; www.bus.is) ; avec d'autres compagnies, comme **Sterna** (☎551 1166 ; www.icelandbybus.is), **SBA-Norðurleið** (☎550 0700 ; www.sba.is) et **Reykjavík Excursions** (☎580 5400 ; www.re.is), il vous en coûtera environ 3 500 ISK.

Il est difficile de se procurer des pièces de rechange et des kits de réparation pour les crevaisons en dehors de Reykjavík. Apportez les vôtres ou achetez-en dans la capitale. Sur la route, il est indispensable de savoir effectuer les réparations de base.

Si vous voulez vous attaquer à l'intérieur du pays, sachez que la piste de Kjölur, qui franchit les principaux fleuves par des ponts, est assez facilement accessible aux cyclistes. Autre itinéraire moins exigeant : la F249 jusqu'à Þórsmörk. Les fjords de l'Ouest offrent d'excellentes opportunités pour les voyageurs à vélo, malgré la rudesse du terrain.

## Transporter son vélo

La plupart des compagnies aériennes embarqueront votre vélo en soute si vous l'emballez correctement dans une housse de protection.

À l'aéroport international de Keflavík, un lieu est mis à disposition pour démonter ou remonter son vélo – il s'agit d'un conteneur à 100 m à l'est de la sortie du côté des arrivées. Le **Reykjavík City Hostel** (carte p. 56 ; ☎553 8110 ; www.hostel.is ; Sundlaugavegur 34 ; dort à partir de 4 750 ISK, d avec/sans sdb 17 900/12 900 ISK ; P@☎) propose également un espace dédié et garde en consigne les housses à vélo. À l'aéroport international de Keflavík, c'est le **Bílahótel** (www.bilahotel.is) qui assure un service de consigne pour les bagages et les housses (dans le même bâtiment que Geysir Car Rental).

Le ferry **Smyril Line** (www.smyrilline.com) en provenance du Danemark transporte les vélos pour 15 € l'aller.

## Location

Les loueurs de VTT s'adressent à une clientèle visant plutôt une utilisation locale qu'un long périple.

Si vous avez l'intention de découvrir le pays à vélo, mieux vaut apporter le vôtre ou en acheter un à l'arrivée.

**Reykjavík Bike Tours** (www.icelandbike.com) loue des vélos de tourisme.

## Renseignements

**Cycling Iceland** (www.cyclingiceland.is). Version en ligne de la carte *Cycling Iceland*, très détaillée et rééditée chaque année.

**Icelandic Mountain Bike Club** (fjallahjolaklubburinn.is). Les pages en anglais sont une mine de renseignements.

**The Biking Book of Iceland** Si vous lisez l'anglais, soyez à l'affût des guides d'Ómar Smári Kristinsson, qui répertorie dans plusieurs volumes les randonnées à vélo dans les fjords de l'Ouest, l'ouest, le sud-ouest et le sud de l'Islande (toutefois, certains ne sont disponibles qu'en islandais).

### ROUTES F

Les routes F sont des pistes en terre très accidentées, dont le tracé est parfois pratiquement inexistant. La lettre "F" vient du mot *fjall*, qui signifie "montagne". Ne confondez pas ces routes très cahoteuses avec les routes "normales" non goudronnées, en principe praticables avec deux roues motrices, même si certaines sont très bosselées et rudes pour les petites voitures basses sur roues.

- Sur les cartes et les panneaux, le "F" précède le numéro de la route (F26, F88, etc.).
- La période varie selon la météo, mais elles ouvrent en général entre mi-juin et fin juin.
- Les routes F sont réservées aux 4×4. Si vous les empruntez avec une voiture de location ordinaire, vous ne serez en aucun cas couvert par l'assurance. Ces routes sont dangereuses pour les petites voitures : ne prenez pas de risque. Si vous souhaitez les parcourir en indépendant, louez un 4×4. Sinon, montez dans un bus tout-terrain ou faites un circuit en Super-Jeep.
- Avant de vous engager sur une route F, renseignez-vous sur ce qui vous attend (traversées de rivière, par exemple) et vérifiez qu'elle est ouverte sur toute sa longueur. Le site www.road.is répertorie les routes de montagnes ouvertes.
- Bien que certaines routes F soient pratiquement invisibles dans la nature environnante, s'écarter des routes balisées est strictement interdit partout en Islande, car cela endommage les écosystèmes fragiles.



## Voiture et moto

Être motorisé donne une liberté inégalée pour découvrir l'Islande. Les routes sont globalement bonnes et il y a peu de trafic, (surtout une fois sorti de la capitale et du Sud-Ouest), si bien qu'il est relativement facile de circuler.

- La Route circulaire (Route 1) ceinture tout le pays. À l'exception de petits tronçons dans l'est de l'île, elle est entièrement goudronnée. La plupart des localités située en retrait de la Route circulaire sont desservies par des routes en asphalte ou en gravier.
- Dans les régions côtières, certaines routes spectaculaires n'en finissent pas de tournicoter pour franchir des cols de montagne et s'enfoncer dans de longs fjords. Les déplacements y sont incroyablement lents. En été, on peut néanmoins aller presque partout (sauf dans les hautes terres et sur les routes F) avec un véhicule ordinaire à deux roues motrices.
- En hiver, les fortes neiges peuvent entraîner la fermeture de nombreuses routes. Celles de montagne ne sont généralement ouvertes qu'à partir du mois de juin, et certaines deviennent inaccessibles dès le mois de septembre. Pour connaître l'état des routes, consultez le site www.road.is.
- On vous poussera peut-être à louer un GPS. Si vous vous cantonnez aux routes bien tracées, avec une bonne carte à jour et si vous êtes capable de la lire correctement, vous devriez vous en sortir sans. En revanche, le GPS peut vite devenir indispensable si vous envisagez d'emprunter des pistes peu fréquentées. Aussi, réfléchissez-y à deux fois avant de refuser de débourser les frais de la location.

### Permis de conduire

Les Français, les Belges, les Suisses et les Canadiens peuvent conduire en Islande avec leur permis de conduire national.

### État des routes et sécurité

Il est bon de garder à l'esprit les quelques spécificités et points suivants.

**Bétail** En été, les moutons qui paissent dans les champs s'aventurent souvent sur les routes. Ralentissez lorsque vous apercevez des animaux près de la route.

**Routes non goudronnées** Le passage aux graviers est signalé par le panneau *Malbik Endar*. Ralentissez avant d'arriver sur les gravillons pour éviter de déraper. La plupart des accidents impliquant des conducteurs étrangers sont dus à une vitesse excessive et inadaptée aux routes non revêtues. Si votre voiture commence à déraper, lâchez la pédale d'accélérateur et tournez doucement le volant pour orienter la voiture dans la direction où vous voulez qu'aillent les roues avant. Ne freinez pas.

**Côtes sans visibilité** La plupart des routes sont à deux voies, avec des talus escarpés et sans bas-côté. Attendez-vous à voir des véhicules arriver au milieu de la route et ralentissez en gardant votre droite à l'approche des côtes sans visibilité, indiquées par le panneau *Blindhæð*.

**Ponts à voie unique** Ralentissez et préparez-vous à céder le passage à l'approche des ponts à voie unique (indiqués *Einbreið Brú*). Le véhicule le plus proche du pont est prioritaire.

## FRANCHIR UN COURS D'EAU

Si vous randonnez ou conduisez dans les hautes terres, vous serez certainement amené à franchir des cours d'eau dépourvus de pont. Voici quelques points à garder à l'esprit.

- La neige, en fondant, fait monter le niveau des cours d'eau. Mieux vaut donc franchir une rivière tôt le matin, avant que le soleil ne fasse grimper la température, et de préférence pas dans les 24 heures qui suivent un orage.
- Évitez les zones où le cours d'eau est étroit, qui ont toutes les chances d'être profondes. Plus le gué est large, plus il est susceptible d'être peu profond. C'est au centre des portions droites et à l'extérieur des méandres que le courant est le plus fort. Choisissez un point où l'eau est calme.
- Ne franchissez jamais une rivière juste au-dessus d'une cascade, et évitez de traverser des cours d'eau en crue (que l'on reconnaît à leur eau boueuse et lisse, charriant débris et végétation).

**Pour les randonneurs**

- Une surface lisse trahit une rivière trop profonde pour être franchie à pied. Si l'eau arrive plus haut que la cuisse, la rivière est infranchissable sans une solide expérience et un équipement spécial.
- Avant de tenter le passage d'un cours d'eau profond ou rapide, assurez-vous de pouvoir vous débarrasser de votre sac à mi-course si nécessaire.
- Les randonneurs en solo utiliseront un bâton de randonnée pour sonder le fond de la rivière afin de trouver le meilleur passage et pour se stabiliser dans le courant.
- Ne traversez jamais un cours d'eau pieds nus. Si vous ne voulez pas mouiller vos chaussures de randonnée, emportez avec vous des bottes ou des sandales.
- En traversant, faites face au courant et évitez de regarder vers le bas : vous pourriez avoir le vertige et perdre l'équilibre. À deux, vous pourrez vous stabiliser mutuellement en vous tenant par l'épaule.
- Si vous tombez à l'eau, n'essayez pas de vous relever. Retirez votre sac (mais ne le lâchez pas), roulez sur le dos, et pointez les pieds vers l'aval. Essayez ensuite de vous diriger vers une zone peu profonde ou vers la rive.

**Pour les conducteurs**

- Si vous ne voyagez pas en convoi, il est plus prudent d'attendre d'autres voitures avant de vous lancer. Regardez où et comment traversent les conducteurs expérimentés. Vous devrez peut-être vérifier au préalable la profondeur du cours d'eau et la rapidité du courant à pied (en recourant aux techniques et outils des randonneurs ; munissez-vous notamment d'un bâton de marche). Une règle d'or : si vous n'avez pas l'impression de pouvoir franchir un cours d'eau à pied, ne vous y essayez pas non plus avec un véhicule.
- Aidez-vous du courant : traversez en diagonale dans le sens du courant, à petite vitesse. Gardez une vitesse constante, sans vous arrêter ni changer de rythme, en allant un tout petit peu plus vite que le courant (si vous allez trop lentement, vous risquez de rester coincé ou que de l'eau entre dans le pot d'échappement).

**Éblouissement** Le soleil est souvent bas à l'horizon ; des lunettes de soleil sont recommandées.

**Conditions hivernales** En hiver, assurez-vous que votre véhicule est équipé de pneus neige ou de chaînes, et emportez une pelle, des couvertures, de la nourriture et de l'eau.

**Cendres et tempêtes de sable** Les cendres volcaniques et de violentes tempêtes de sable peuvent écailler la peinture, et même renverser le véhicule. Les zones à risques sont signalées par des panneaux orange.

**Routes F** Les "routes F" sont réservées aux 4x4.

**Franchissement de cours d'eau** Sur les routes de l'intérieur, les ponts sont rares. Les passages à gué sont indiqués sur les cartes par un "V". Pour des conseils sur le franchissement des cours d'eau, reportez-vous à l'encadré ci-dessus.

**Tunnels** Les tunnels sont nombreux en Islande, et certains sont à voie unique, ce qui n'est pas sans angoisser certains conducteurs ! Un panneau à l'entrée indique qui est prioritaire. Il y a plusieurs zones d'arrêt à l'intérieur des tunnels (indiquées par un "M"). Lorsque le refuge est situé de votre côté, vous êtes obligé de vous arrêter pour laisser passer les véhicules arrivant en face.

## Code de la route

- La conduite se fait à droite.
- Le port de la ceinture de sécurité est obligatoire à l'avant comme à l'arrière.
- Les codes doivent être allumés en permanence.
- Le taux d'alcoolémie autorisé est de 0,4 g/l. Deux verres d'alcool peuvent suffire à le dépasser.
- Il est interdit d'utiliser son téléphone portable au volant, sauf avec un kit mains libres.
- Le siège auto est obligatoire pour les enfants de moins de 6 ans.
- Il est interdit de conduire hors route (c'est-à-dire en hors des routes balisées et des pistes de 4x4.

### LIMITATIONS DE VITESSE

- Agglomération : 50 km/h
- Routes non asphaltées : 80 km/h
- Routes asphaltées : 90 km/h

## Carburant et pièces détachées

- Des stations-service, espacées régulièrement, jalonnent tout le pays. Dans les hautes terres, mieux vaut cependant vérifier vos niveaux et l'emplacement de la prochaine station avant de vous embarquer pour un long trajet.
- Lors de notre passage, l'essence sans plomb et le diesel coûtaient environ 205 ISK (1,75 €) le litre.
- Les routes sont souvent désertes : veillez à avoir un cric, une roue de secours et des câbles de démarrage (lorsque vous louez une voiture, vérifiez qu'ils sont bien présents).
- En cas de panne ou d'accident, appelez en priorité votre agence de location.
- Si vous êtes membre d'un automobile-club affilié à Arc Europe, il se peut qu'en cas de panne vous soyez couvert par l'automobile-club islandais, le **Félag Íslenskra Bifreiðaeigenda** (FÍB ; www.fib.is), par ailleurs réservé aux résidents. Renseignez-vous avant de partir.
- Le numéro d'urgence du FÍB, accessible 24h/24, est le ☎511 2112. Même si vous n'êtes pas membre, il pourra vous informer et vous donner les numéros de téléphone de services de remorquage et de dépannage.

## Location

Être motorisé constitue le seul moyen d'accéder à certaines parties de l'île. Même si la location d'une voiture revient très cher en comparaison des prix pratiqués dans d'autres pays (les tarifs islandais sont les plus élevés d'Europe), elle reste plus intéressante que le bus ou l'avion sur les lignes intérieures, surtout si vous partagez les frais à plusieurs. Essayez de trouver les bonnes affaires et réservez en ligne.

Pour louer une voiture, il faut avoir 20 ans au minimum (23 à 25 ans pour un 4x4) et présenter un permis de conduire valide.

Les modèles les moins chers à disposition (généralement des petites voitures à hayon) coûtent entre 10 000 et 12 000 ISK/jour en haute saison (juin à août). Comptez environ 15 000 ISK pour le plus petit modèle de 4x4, qui a une garde au sol plus haute qu'une voiture classique mais ne permet pas de franchir les cours d'eau les plus larges ; il faut prévoir un minimum de 20 000 ISK pour un plus gros 4x4.

Les tarifs incluent le kilométrage illimité et la TVA (24%), et en général une assurance-collision sans franchise (*collision damage waiver*-CDW).

Les tarifs à la semaine sont un peu plus avantageux. Les prix les plus bas sont proposés de septembre à mai.

Vérifiez les clauses en petits caractères, car les coûts additionnels (assurance complémentaire, prise en charge à l'aéroport, restitution dans un lieu différent de celui de départ) peuvent vite coûter cher.

L'hiver, pour des raisons de sécurité, il est recommandé de choisir un véhicule plus gros et plus robuste, de préférence un 4x4 (et surtout pas un véhicule ordinaire compact).

De nombreuses agences sont dévalisées en été. Réservez longtemps à l'avance.

Certaines agences de voyages (comme Hostelling International Iceland et Icelandic Farm Holidays) proposent des forfaits incluant la location d'une voiture.

La plupart des loueurs sont basés dans les régions de Reykjavík et Keflavík, et possèdent des bureaux ou guichets en ville et à l'aéroport. Les plus grandes agences ont des antennes ailleurs dans le pays (généralement à Akureyri et Egilsstaðir).

Si vous arrivez en bateau à Seyðisfjörður, vous trouverez des loueurs de voitures à Egilsstaðir, à proximité.

Quelques agences de location de voitures :

**Átak** (www.atak.is)

**Avis** (www.avis.is)

**Budget** (www.budget.is)

**Cars Iceland** (www.carsiceland.com)

**Cheap Jeep** (www.cheapjeep.is)

**Europcar** (www.europcar.is). La plus grosse compagnie en location d'Islande.

### ACHETER DU CARBURANT : MODE D'EMPLOI

La plupart des petites stations-essence sont en self-service et les pompes sont automatiques. Il est généralement possible de demander à la caisse de passer la pompe en mode manuel et de payer ensuite. Pour faire le plein :

- Mettez votre carte dans l'appareil, puis suivez les instructions.
- L'étape suivante dépend du type de machine. Sur les nouveaux écrans tactiles, vous pouvez choisir l'option "Full Tank" (réservoir plein) ou rentrer le montant maximum que vous souhaitez dépenser ; attendez ensuite que la pompe autorise l'achat. Vous ne serez de toute façon débité que du prix du carburant effectivement mis dans le réservoir (soit n'importe quel montant jusqu'au plafond que vous aurez choisi).
- Sélectionnez le numéro de votre pompe.
- Remplissez votre réservoir.
- Si vous avez besoin d'un reçu, insérez à nouveau votre carte.

La première fois que vous ferez le plein, rendez-vous dans une station-service avec du personnel, au cas où il y aurait un problème. Notez que vous devrez posséder une carte bancaire fonctionnant avec un code secret à 4 chiffres. Si vous n'avez pas de carte à code, achetez une carte prépayée dans une station N1, que vous pourrez ensuite utiliser dans les pompes à essence automatiques.

**Geysir** (www.geysir.is)

**Go Iceland** (www.goiceland.com)

**Hertz** (www.hertz.is)

**SADcars** (www.sadcars.com). Véhicules plus anciens, et donc moins chers (en théorie).

**Saga** (www.sagacarrental.is)

#### AUTOPARTAGE

La plate-forme **Cario** (www.cario.com) permet de louer des véhicules privés directement aux résidents. Si vous optez pour cette solution, faites une estimation du coût et lisez bien les termes du contrat. Il semblerait que les prix ne soient pas très différents de ceux proposés par les agences de location. Les véhicules sont souvent plus vieux, et vous n'aurez pas la sécurité d'être assisté par une agence en cas de problème.

#### LOCATION DE CAMPING-CARS

Alliant hébergement et transport, la location d'un camping-car est une solution de plus en plus prisée. Outre qu'elle permet de réduire les coûts, elle offre en été une grande liberté de mouvement (contrairement à tous les autres hébergements, il n'est pas nécessaire de réserver les emplacements de camping). Il n'est pas impossible de voyager en camping-car l'hiver, mais nous ne le recommandons pas : peu d'installations vous seront ouvertes en cette période, et les conditions météo peuvent être dangereuses.

Les grandes agences de location de voitures proposent généralement des camping-cars, mais il existe des solutions plus originales : véhicules aménagés spécifiquement pour les voyageurs sac au dos ou les familles, ou véritables véhicules tout-terrain. Certaines agences louent du matériel susceptible de rendre votre voyage plus confortable (GPS, matériel de cuisine et réchaud, barbecue, duvets, chaises de camping, matériel de pêche, bornes Wi-Fi portables, etc.).

Notez que les camping-cars doivent désormais impérativement stationner sur des terrains aménagés. Reportez-vous à l'encadré *Nouvelle législation sur le camping*, p. 407.

Quelques agences de location de camping-cars :

**Camper Iceland** (www.campericeland.is)

**Go Campers** (www.gocampers.is)

**Happy Campers** (www.happycampers.is)

**JS Camper Rental** (www.js.is). Camping-cars tout-terrain.

**Rent Nordic** (www.rent.is)

#### LOCATION DE MOTOS

**Biking Viking** (www.rmc.is/en/biking-viking). Location de motos, circuits et services.

## Assurance

Un véhicule immatriculé dans un pays scandinave ou membre de l'UE est considéré comme ayant une assurance valide en Islande. Si votre véhicule est immatriculé ailleurs, vous devrez être en possession d'une "carte verte" pour prouver que vous êtes assuré pour la conduite en Islande. Renseignez-vous auprès de votre assureur dans votre pays.

Lorsque vous louez un véhicule, lisez attentivement le contrat. Il comprend généralement une assurance au tiers et une assurance-collision sans franchise (*collision damage waiver* – CDW). En cas de franchise, vérifiez bien son montant, qui peut se révéler extrêmement élevé.

Les véhicules de location ne sont pas assurés pour les dégâts aux pneus, aux phares, aux pare-brise ni aux bas de caisse si vous conduisez sur des routes non goudronnées, que vous avez traversé des cours d'eau ou des tempêtes de cendre ou de sable. De nombreuses compagnies insisteront pour vous vendre une assurance complémentaire pour couvrir ces risques. À vous de voir si cette assurance convient à vos projets, à vos besoins et au prix que vous êtes prêt à payer dans un tel cas, et d'évaluer son coût selon la durée de votre location et les régions que vous comptez visiter. Il est impossible de prévoir les conditions climatiques que vous allez rencontrer lors de votre voyage.

## Transport de véhicules

Vu les prix élevés des locations, il peut être intéressant d'arriver avec son propre moyen de locomotion. En été, le ferry de Smyril Line en provenance du Danemark transporte jusqu'en Islande de très nombreux véhicules arrivant de toute l'Europe (réservez longtemps à l'avance).

Pour être exempté de taxe à l'importation, les conducteurs devront présenter les papiers de leur véhicule, l'attestation d'assurance (ou "carte verte") et leur permis de conduire.

L'exemption de taxe à l'importation est accordée au point d'arrivée, pour un délai maximal de 12 mois. Vous devrez vous engager à ne pas prêter ou vendre le véhicule. Pour plus de détails, adressez-vous à la **direction des Douanes** (www.customs.is).

Pour un séjour de longue durée, il peut être plus avantageux de faire venir son véhicule par la société de transport maritime **Eimskip** (www.eimskip.is), dotée de porte-conteneurs. Il s'agit d'un service onéreux, qui implique de nombreuses tracasseries administratives. Mais il peut être utile à ceux qui ont beaucoup de matériel à transporter ou possèdent un camping-car/4x4 bien équipé. Eimskip dessert 5 lignes maritimes dans l'Atlantique Nord.

# Langue

L'islandais fait partie de la famille des langues germaniques, comme l'allemand, l'anglais, le néerlandais et toutes les langues scandinaves à l'exception du finnois.
C'est une langue proche du vieux norrois qui conserve d'ailleurs certaines lettres anciennes telles que le "eth" (*ð*) et le "thorn" (*þ*) qui existaient en vieil anglais. Attention : les noms de lieux peuvent être orthographiés de différentes manières en fonction du contexte grammatical. Ne l'oubliez pas en lisant les horaires de bus ou les panneaux routiers.

La plupart des Islandais parlent anglais, mais assez rarement français. Avec l'anglais, vous n'aurez pas de mal à vous faire comprendre, mais toute tentative de s'exprimer dans la langue locale sera fort appréciée.

En lisant notre transcription phonétique colorée comme si c'était du français, vous serez compris. Les doubles consonnes correspondent à un son long. Dans notre transcription, öy se prononce "œil", et kh correspond au "ch" allemand, comme dans "*buch*", ou à la *jota* espagnole. L'accent tonique porte généralement sur la première syllabe du mot.

## CONVERSATION ET EXPRESSIONS DE BASE

| | | |
|---|---|---|
| **Bonjour.** | *Halló.* | *ha*·lo |
| **Au revoir.** | *Bless.* | bles |
| **Merci.** | *Takk./ Takk fyrir.* | tak/ tak *fi*·rir |
| **Excusez-moi.** | *Afsakið.* | *af*·sa·kidh |
| **Pardon.** | *Fyrirgefðu.* | *fi*·rir·gev·dhu |
| **Oui.** | *Já.* | yao |
| **Non.** | *Nei.* | nay |

**Comment allez-vous ?**
*Hvað segir þú gott?* — kvadh *se*·yir thou got

### LIRE L'ISLANDAIS

| Lettre | Prononciation |
|---|---|
| **Á á** | ao (comme dans "Mao") |
| **Ð ð** | dh (comme le "th" anglais proche de "z") |
| **É é** | ié (comme dans "pied") |
| **Í í** | i (comme dans "vie") |
| **Ó ó** | o (comme dans "bateau") |
| **Ú ú** | ou (comme dans "cou") |
| **Ý ý** | i (comme dans "vie") |
| **Þ þ** | th (comme le "th" anglais proche de "s") |
| **Æ æ** | aï (comme dans "ail") |
| **Ö ö** | eu (comme dans "neuf") |

**Bien. Et vous ?**
*Allt fínt. En þú?* — alt fint en thou

**Comment vous appelez-vous ?**
*Hvað heitir þú?* — kvadh *hay*·tir thou

**Je m'appelle...**
*Ég heiti...* — iékh *hay*·ti...

**Parlez-vous anglais ?**
*Talar þú ensku?* — *ta*·lar thou *ens*·ku

**Je ne comprends pas.**
*Ég skil ekki.* — iékh skil *e*·ki

## ORIENTATION

**Où est (l'hôtel) ?**
*Hvar er (hótelið)?* — kvar er (*ho*·te·lidh)

**Pouvez-vous me montrer (sur la carte) ?**
*Geturðu sýnt mér (á kortinu)?* — *ge*·tur·dhu sint miér (ao *kor*·ti·nu)

**Quelle est votre adresse ?**
*Hvert er heimilisfangið þitt?* — kvert er *hay*·mi·lis·fan·gidh thit

## AU RESTAURANT

**Que me recommandez-vous ?**
*Hverju mælir þú með?* — kver·yu maï·lir thou medh

**Avez-vous des plats végétariens ?**
*Hafið þið grænmetisrétti?* — ha·vidh thidh graïn·me·tis·rié·ti

**Je vais prendre...**
*Ég ætla að fá...* — iékh aït·la adh fao...

| | | |
|---|---|---|
| **Santé !** | *Skál!* | skaol |
| **Je voudrais..., s'il vous plaît.** | *Get ég fengið..., takk.* | get iékh fen·gidh... tak |
| **une table pour (quatre)** | *borð fyrir (fjóra)* | bordh fi·rir (fyo·ra) |
| **l'addition** | *reikninginn* | rayk·nin·gin |
| **la carte des boissons** | *vínseðillinn* | vin·se·dhit·lin |
| **le menu** | *matseðillinn* | mat·se·dhit·lin |
| **ce plat** | *þennan rétt* | the·nan riét |
| **bouteille de (bière)** | *(bjór)flösku* | (byor)·fleus·ku |
| **(tasse de) café/thé** | *kaffi/te (bolla)* | ka·fi/te (bot·la) |
| **verre de (vin)** | *(vín)glas* | (vin)·glas |
| **eau** | *vatn* | vat |
| **petit-déjeuner** | *morgunmat* | mor·gun·mat |
| **déjeuner** | *hádegismat* | hao·de·yis·mat |
| **dîner** | *kvöldmat* | kveuld·mat |

## URGENCES

| | | |
|---|---|---|
| **Au secours !** | *Hjálp!* | hyaolp |
| **Laissez-moi !** | *Farðu!* | far·dhu |
| **Appelez... !** | *Hringdu á...!* | hring·du ao... |
| **un médecin** | *lækni* | laïk·ni |
| **la police** | *lögregluna* | leu·rekh·lu·na |

**Je me suis perdu/e.**
*Ég er villtur/villt.* — iékh er vil·tur/vilt

**Où sont les toilettes ?**
*Hvar er snyrtingin?* — kvar er snir·tin·gin

### PANNEAUX

| | |
|---|---|
| **Inngangur** | Entrée |
| **Útgangur** | Sortie |
| **Opið** | Ouvert |
| **Lokað** | Fermé |
| **Bannað** | Interdit |
| **Snyrting** | Toilettes |

### NOMBRES

| | |
|---|---|
| **1** | *einn* |
| **2** | *tveir* |
| **3** | *þrír* |
| **4** | *fjórir* |
| **5** | *fimm* |
| **6** | *sex* |
| **7** | *sjö* |
| **8** | *átta* |
| **9** | *níu* |
| **10** | *tíu* |
| **20** | *tuttugu* |
| **30** | *þrjátíu* |
| **40** | *fjörutíu* |
| **50** | *fimmtíu* |
| **60** | *sextíu* |
| **70** | *sjötíu* |
| **80** | *áttatíu* |
| **90** | *níutíu* |
| **100** | *hundrað* |

## COMMERCES ET SERVICES

**Je cherche...**
*Ég leita að...* — iékh lay·ta adh...

**Combien cela coûte-t-il ?**
*Hvað kostar þetta?* — kvadh kos·tar the·ta

**C'est trop cher.**
*Þetta er of dýrt.* — the·ta er of dirt

**Il y a un défaut.**
*Það er gallað.* — thadh er gat·ladh

| | | |
|---|---|---|
| **Où se trouve... ?** | *Hvar er...?* | kvar er... |
| **la banque** | *bankinn* | baon·kin |
| **le marché** | *markaðurinn* | mar·ka·dhu·rin |
| **la poste** | *pósthúsið* | post·hou·sidh |

## TRANSPORTS

**Est-ce accessible en transport public ?**
*Er hægt að taka rútu þangað?* — er haïkht adh ta·ka rou·tu thaon·gadh

**Où puis-je acheter un billet ?**
*Hvar kaupi ég miða?* — kvar köy·pi iékh mi·dha

**Est-ce le/l'... pour (Akureyri) ?**
*Er þetta... til (Akureyrar)?*
er the·ta... til (a·ku·ray·rar)

| | | |
|---|---|---|
| **bateau** | *ferjan* | fer·yan |
| **bus** | *rútan* | rou·tan |
| **avion** | *flugvélin* | flukh·vié·lin |

**À quelle heure est le... bus ?**

| | | |
|---|---|---|
| *Hvenær fer... strætisvagninn?* | | kve·naïr fer... straï·tis·vag·nin |
| **premier** | *fyrsti* | firs·ti |
| **dernier** | *síðasti* | si·dhas·ti |

**Un billet... (pour Reykjavík), s'il vous plaît.**
*Einn miða... (til Reykjavíkur), takk.*
aïtn *mi*·dha... (til *rayk*·ya·vi·kur) tak

| | | |
|---|---|---|
| **aller simple** | *aðra leiðina* | *adh*·ra *lay*·dhi·na |
| **aller-retour** | *fram og til baka* | fram okh til *ba*·ka |
| **Je voudrais un taxi...** | *Get ég fengið leigubíl...* | get iékh *fen*·gidh *lay*·gu·bil... |
| **à (9h)** | *klukkan (níu fyrir hádegi)* | *klu*·kan (*ni*·u *fi*·rir *hao*·de·yi) |
| **demain** | *á morgun* | ao *mor*·gun |

**Combien cela coûte-t-il pour... ?**
*Hvað kostar til... ?* — kvadh *kos*·tar til...

**Arrêtez-vous ici, s'il vous plaît.**
*Stoppaðu hér, takk.* — *sto*·pa·dhu hiér tak

**S'il vous plaît, conduisez-moi à (cette adresse).**
*Viltu aka mér til (þessa staðar)?* — *vil*·tu *a*·ka miér til (*the*·sa *sta*·dhar)

# GLOSSAIRE

Reportez-vous au chapitre *Cuisine islandaise* (p. 393) pour connaître le vocabulaire et les expressions utiles à table.

**á** – rivière (comme dans Laxá, ou rivière du saumon)
**álfar** – elfes
**austur** – est

**basalte** – roche volcanique sombre, qui se solidifie souvent sous la forme de colonnes hexagonales
**bíó** – cinéma
**bær** – ferme

**caldeira** – cratère formé par l'effondrement d'un cône volcanique

**dalur** – vallée

**Edda** – recueils de poésie de l'âge des Vikings, source de connaissance sur les mythes et légendes scandinaves
**ey** – île

**fjall (ou fell)** – montagne
**foss** – chute d'eau, cascade
**fjörður** – fjord
**fumerolle** – émanation gazeuse provenant d'un volcan

**gata** – rue
**geyser** – source chaude jaillissant par intermittence
**gistiheimilið** – *guesthouse*, pension
**gjá** – fissure, rift
**goðar/goði** (s/pl) – chefs politiques et religieux de certaines régions, avant la christianisation

**hestur** – cheval
**höfn** – port
**hot pot** – bain chaud en plein air (sorte de Jacuzzi ou de bassin thermal) que l'on trouve dans les piscines et dans certains hébergements. En islandais, *hot pot* se dit *heitur pottur.*
**hraun** – champ de lave
**huldufólk** – peuple caché
**hver** – source chaude

**Íslands** – Islande

**jökull** – glacier, calotte glaciaire (*ice cap*)

**kirkja** – église
**kort** – carte

**Landnámabók** – *Livre de la colonisation* ; texte historique décrivant de façon très détaillée la colonisation de l'Islande par les Scandinaves
**laug** – piscine
**lón** – lagune
**lopapeysa/lopapeysur** (s/pl) – pull de laine islandais
**lundi** – macareux

**mudpot** – type de source chaude contenant des boues que les gaz volcaniques font bouillonner
**mörk** – bois ou forêt

**nes** – cap, promontoire
**norður** – nord

**puffling** – bébé macareux

**reykur** – fumée, comme dans Reykjavík (littéralement, "baie des Fumées")

**safn** – musée
**sagas** – légendes islandaises
**sandur** – plaine de sable glaciaire
**scories** – produits volcaniques riches en vacuoles, de très faible densité
**sími** – téléphone
**skáli** – cabane ; snack-bar
**stræti** – rue
**suður** – sud
**sumar** – été
**sundlaug** – piscine chauffée

**téphra** – produits volcaniques, en dehors de la lave
**tjörn** – mare, lac
**torg** – place de la ville
**tunnel de lave** – tunnel souterrain créé par un écoulement de lave sous une croûte solide (*lava tube*)

**vatn** – lac (comme dans Mývatn, ou "lac des Moucherons"), eau
**vegur** – route
**vestur** – ouest
**vetur** – hiver
**vík** – baie
**vogur** – crique, baie
**volcan bouclier** – volcan en pente douce formé par des coulées de lave fluide (*shield volcano*)

# En coulisses

## VOS RÉACTIONS ?

Vos commentaires nous sont très précieux et nous permettent d'améliorer constamment nos guides. Notre équipe lit toutes vos lettres avec la plus grande attention. Nous ne pouvons pas répondre individuellement à tous ceux qui nous écrivent, mais vos commentaires sont transmis aux auteurs concernés. Tous les lecteurs qui prennent la peine de nous communiquer des informations sont remerciés dans l'édition suivante, et ceux qui nous fournissent les renseignements les plus utiles se voient offrir un guide.

Pour nous faire part de vos réactions, prendre connaissance de notre catalogue et vous abonner à notre newsletter, consultez notre site Internet : **www.lonelyplanet.fr**

Nous reprenons parfois des extraits de notre courrier pour les publier dans nos produits, guides ou sites Web. Si vous ne souhaitez pas que vos commentaires soient repris ou que votre nom apparaisse, merci de nous le préciser. Notre politique en matière de confidentialité est disponible sur notre site Internet.

## À NOS LECTEURS

**Merci à tous les voyageurs qui ont utilisé la dernière édition de ce guide et qui nous ont écrit pour nous faire part de leurs conseils, de leurs suggestions et de leurs anecdotes :** Adèle et Fabien, Émilie et Alexandre Baratié, Philippe Bassetti, B. Besson, Marc Bollard, Aurélien Censier, A. Chauleur, Olivier Debré, Ludivine Deneuville, D. Gassmann, Maëlle Larcher, Olivier Laterali, Gwenael Le Guellec, Anne-Sophie Libert, Julie Massabuau, Laetitia Morel, Émeline Pasquiou, Anne Pelletier, Morgan Tournadre, Magali Vernez, Lucie Wattine

## UN MOT DES AUTEURS

### Carolyn Bain

J'aimerais pouvoir remercier chaque Islandais (et chaque expatrié et compagnon de voyage) – propriétaire de *guesthouse*, *ranger* de parc national ou guide dans les hautes terres – qui, au cours de mes visites, m'a permis de mieux voir, de mieux comprendre, de mieux aimer ce pays. Un sincère *takk fyrir* à tous ceux qui m'ont aidée ; merci pour ces conversations inoubliables, pour ces renseignements précieux et pour votre gentillesse. Un grand merci à James Smart pour la mission de rêve qu'il m'a confiée, et bravo à ma merveilleuse collaboratrice, Alexis Averbuck.

### Alexis Averbuck

Travailler sur l'Islande a été un pur bonheur, et cela n'aurait pu être possible sans les nombreuses personnes qui m'ont aidée. Un grand merci à Heimir Hansson (fjords de l'Ouest), à Jón Björnsson (Hornstrandir), à Dagný Jóhannsdóttir (Sud-Ouest), à Kristján Guðmundsson (Ouest), à Ragnheiður Sylvía Kjartansdóttir (qui connaît Reykjavík et tout le reste), à Einar Sæmundsen (Þingvellir) et à Helga Garðarsdóttir (Laugavegurinn). Svava Guðjónsdóttir a gardé un œil sur les chiffres. Edda et Páll ont rendu mon séjour à Húsafell inoubliable. Carolyn s'est révélée encore une fois une collaboratrice brillante, efficace et généreuse. Le soin que James a porté au livre commande le respect. Rachel, Jenny, Oren et Timothy ont assuré ! Ils ont fait de nos escapades islandaises une aventure familiale. Quant à Ryan, je dirai simplement : génial.

## CRÉDITS PHOTOGRAPHIQUES

Données des graphiques climatiques adaptées de Peel MC, Finlayson BL & McMahon TA (2007) "Updated World Map of the Köppen-Geiger Climate Classification", Hydrology and Earth System Sciences, 11, 1633-44.

Photographie de couverture : champ géothermique, Kerlingarfjöll, Martin M303/Shutterstock ©

# À PROPOS DE CET OUVRAGE

Cette 4e édition française du guide *Islande* est une traduction-adaptation de la 10e édition du guide *Iceland*, publiée en anglais par Lonely Planet, et écrite et actualisée par Carolyn Bain et Alexis Averbuck (qui avaient également écrit la précédente édition).

**Traduction**
Véronique Mondon
et Pauline Tardieu-Collinet

**Direction éditoriale**
Didier Férat

**Adaptation française**
Marie Thureau

**Responsable prépresse**
Jean-Noël Doan

**Maquette** Christian Deloye

**Cartographie** Cartes originales de David Kemp, adaptées par Eduardo Yanes Blanch pour la version française

**Couverture** Adaptée par Laure Wilmot pour la version française

**Remerciements à** Rose-Hélène Lempereur, Michel MacLeod et Jean-Victor Rebuffet pour leur précieuse contribution au texte, à Christiane Mouttet pour la correction, à Julie-Pomme Seramour pour la préparation du manuscrit, à Camille Marie pour la préparation du manuscrit et les renvois de page, à Dominique Spaety pour son soutien précieux, et à toute l'excellente équipe du bureau de Paris. Enfin, merci à Darren O' Connell, Andy Nielsen, Chris Love, Jacqui Saunders, Glenn van der Knijff et Claire Murphy du bureau australien, et à Clare Mercer, Joe Revill, Sarah Nicholson, Luan Angel et Becky Henderson du bureau de Londres.

# Index

**ORDRE ALPHABÉTIQUE**

Dans cet index, la lettre islandaise Þ apparaît après le T.


## A

activités 38, **46**, *voir aussi* à chaque activité
  hivernales 246, 241
aéroports 414
Akrafjall, mont 175
Akranes 175
Akureyrarkirkja 249
Akureyri 248, **250**
  achats 262
  activités 249
  circuits organisés 251
  environs 264
  fêtes et festivals 257
  prendre un verre et faire la fête 261
  renseignements 262
  se loger 257
  se restaurer 259
  sortir 261
  transports 263
  voir 249
alcool 88, 395
  achat 84
  Borgarnes 181
Aldeyarfoss, cascade d' 265
Aldeyjarfoss, cascade d' 352
Álfaborg 302
Álftavatn 154
Almannagjá, faille d' 115
Alþing 365
  histoire 363
  parc national de Þingvellir 113, 114, 115
  Reykjavík 55
ambassades 400
Árbúðir 347
architecture 23, 387
Arctic Henge 287
argent 400
Arnarfjörður 208, 209
Arnarson, Ingólfur 333, 363
Arnarstapi 196, **30**
Arnarvatnsheiði, lac d' 184
Árnes 131, 226
Ásbyrgi, gorge d' 284
Askja 356
assurance 401
  automobile 424
  santé 411
Auðunarstofa 237
Aurora Reykjavík 59
aurores boréales 156, **5**, **9**, **134**, **156**, **157**
  Aurora Reykjavík 59
Austari-Jökulsá 234
Austurvöllur 55
auteurs 429, 448
avion 414, 418

## B

Baðstofa, grotte de 196
Bæjarstaðarskógur 327
baignade 42
  Reykjavík 67
Bakkagerðiskirkja 301
Baldvinsskáli 146, 160
baleines 41, **132**
  chasse à la baleine 369, 377
  Húsavík 281
  musée de la Baleine d'Húsavík 277
  observation des baleines 25, 277, 281, **135**
  Reykjavík 69
  Whales of Iceland 59
Bárðarbunga, volcan 358
Bárðarlaug 196
Básar 160
bateau 42, 415
bénévolat 401
Berserkjahraun, champ de lave 190
Berufjörður 315
bibliothèque de l'Eau 187
bière 88
  bière du Vatnajökull 338
Bíldudalur 208
Biskupabúð 115
Bjargtangar, phare de 205
Bjarnarfjörður 225
Bjarnarflag 274
Bjarnarhafnarfjall, mont 190
Bláa Kirkjan 305
Blábjörg 302
Blönduós 232
Blue Lagoon 69, 103, **8**, **159**
Bobby Fischer Center 128
boissons 394, *voir aussi* alcool
Bolungarvík 217
Borg á Mýrum 181
Borgarbyggð 175
Borgarfjörður Eystri 301
Borgarfjörður, vallée du 182
Borgarnes 175, **178**
  environs 181
Botnstjörn 285
Breiðafjörður 185
Breiðamerkurfjall, mont 334
Breiðamerkurjökull 334
Breiðamerkursandur 333
Breiðarlón 334
Breiðavík (Est) 302
Breiðavík (fjords de l'Ouest) 205
Breiðavík (Ouest) 197
Breiðdalsvík 314
Breiðdalur 314
Brennisteinsalda, mont 149
*brennivín* 88
Brennugjá 115
Brimurð 170
Brjánslækur 205
Broddanes 223
Brúnavík 302
Brúnavíkurskarð, col de 302
Brunnar 206
Brydebúð 165


Références des **cartes**
Références des **photos**

Búðahraun 197
Búðardalur 199
budget 19
hébergement 406
restaurants 396
Búðir (Ouest) 197, **34**
Búðir (Sud-Ouest) 115
Búland 144
Búlandstindur 315
Búrfell 136
bus 37, 418, 420
Bustarfell 290
Byggðasafnið Hvoll 246

## C

camping 20, 407
carburant 423
achat 424
cartes 402
cartes bancaires 400
cascades, *voir* chutes d'eau
centrale géothermique d'Hellisheiði 123
centrale hydroélectrique de Ljósafoss 115
centrale hydroélectrique de Sigölduvirkjun 144
Centre de l'émigration est-islandaise 289
Centre de l'émigration islandaise 238
Centre de musique folklorique islandaise 239
Centre des pygargues à queue blanche 204
Centre du renard arctique 218
Centre historique du cheval islandais 237
Centre scientifique et pédagogique de Sudurnes 111
Cercle de diamant 36, 256
Cercle d'or 69, 102, 113
itinéraire 114
chapelle Steingrímsson 320
Charcot, Jean-Baptiste 111
chevaux islandais 159, 375, **12**, **159**
Centre historique du cheval islandais 237
chiens de traîneau 241, **240**
chutes d'eau 23, *voir aussi* à chaque chute ou cascade
cinéma 360, 385
circuits organisés 44, *voir aussi* voyages organisés
climat 402
code de la route 423
collection Ásgrímur Jónsson 65
compagnies aériennes 414
Corne Royale 222
covoiturage 37, 419
crise financière de 2008 369, 370
cuisine 23, 293
culture 380

## D

Dalatangi, phare de 308
Dalbær 219
Dalir 199
Dalvík 246
Davíðsgjá 116
design 23, 387
Dettifoss, cascade de 286, **32**
Dimmuborgir 272
*djammið* 87
Djúpalónssandur 194
Djúpavík 225
Djúpifjörður 204
Djúpivogur 315
Dómkirkja 57
douane 404
Drangajökull, calotte glaciaire du 219
Drangey 236
Drangsnes 224
Draugasetrið 127
Drekagil, gorge de 356
Dreki 354
Drekkingarhylur 115
Duushús 107
duvet, option 408
Dyngjujökull 358
Dynjandi, cascade de 209, **22**
Dynjandivogur, baie de 209
Dýrafjörður 210
Dyrfjöll, monts 300
Dyrhólaey 162

## E

eau du robinet 412
Edda 141, 381
Eggin í Gleðivík 315
Egilsstaðir 294, **296**
Eiríksstaðir 199
Eiríksstaðir, reconstitution d' 199
Eldey 111
Eldfell, volcan 169
Eldfellshraun 169
Eldgjá 144
Eldheimar 167
Eldhraun 274
électricité 404
Emstrur 154
énergie 378
enfants, voyager avec des 405
environnement 361, 372
équitation 42, *voir aussi* chevaux islandais
Erpsstaðir 199
Esja, mont 175
Eskifjörður 309
Est 291, **292**
fjords de l'Est 301
hautes terres 300
itinéraires 295
transports 294
Eyjafjallajökull 122, 143, 144, 146, 153, 155, 162, 253, **252**
centre d'accueil des visiteurs de l'Eyjafjallajökull 145
éruption de 2010 369
Eyjafjarðarsveit, vallée d' 264
Eyjafjörður 248
Eyjan 285
Eyrarbakki 126

## F

Fagrifoss, cascade de 324
Fálki 198
Fáskrúðsfjörður 312
faune 21, 375
espèces menacées 80
observation de la faune 39, 133
femme, être une 389
Féroé, îles 70
fêtes et festivals 24
Fimmvörðuháls, randonnée du 146, **15**
refuge 160
Fish Factory 313
Fjaðrárgljúfur, canyon de 331
Fjallabak, piste de 144
Fjallsárlón 334, **13**
fjords de l'Ouest 201, **203**
voiture 207
Fláajökull 337
Flatey 190
Flateyri 211
Fljótshlíð 143

Références des **cartes**
Références des **photos**

Fljót vallée de 238
Flóahreppur 128
Flögufoss, cascade de 314
Flókalundur 204
flore 375
Flosagjá 115
Flúðir 121, **242**
Fólkvangur Neskaupstaðar 311
Frakkar á Íslandsmiðum 312
Français 210, 212, 312
  Frakkar á Íslandsmiðum 312
Fremrihnaukur 327
Fremstaver 347
Freysnes 331
Frostastaðavatn 149

## G

galerie nationale d'Islande 65
Gallerí Fold 64
*Game of Thrones* 183
Gamlabúð 340
Garðskagi, cap de 110
Garður 110
Gatklettur 195
Gauksmýri 232
géoparc du Katla 162
Gerðuberg 197, 198
geysers 373
Geysir 118, **29**
Gígjökull, langue glaciaire du 160
Gilsfjörður 204
Gíslaskáli 347
Gjáin 136
Gjógv 70
glaciers 374
Gláma 327
Glaumbær 233
Gljúfurárbui, cascade de 144
glossaire 428
  géologique 373
Gluggafoss, cascade de 143
Glymur, cascade de 175
Goðafoss, cascade de 265
Goðaland 146, 155
Grænavatn 113
grands labbes 325
Grenivík 264
Grettislaug 236
Grímsey (fjords de l'Ouest) 224
Grímsey (Nord) 266
Grímsvötn, lac du 328
Grindavík 111
Grjótagjá 271
Groenland 73
Grótta 66
grottes de glace 241, 328, **31**, **240**, **258**
Grotte Viðgelmir – The Cave 184
Grundarfjörður 191
Grunnavík 221
Gullfoss, chutes de 119
Gunnarsson, Gunnar
  Skriðuklaustur 299
Gunnuhver 111

## H

Háafjall 234
Hafgrímsstaðir 233
Hafnaberg, falaises d' 111
Hafnarfjall, mont 182
Hafnarfjörður 100
Hafnarhólmi 301
Hafrahvammagljúfur, gorge d' 300
Háifoss, cascade d' 136
Hali 335
Hallgrímskirkja 59
Hallmundarhraun 184
Hallormsstaðaskógur 298
handicapés, voyageurs 405
Harpa 64, **261**
Haukadalur, vallée d' 210
Haukadalur, vallée d' 118
hautes terres 346, **348**
  transports 350
hébergement 20, 23, 406
Héðinsfjörður 239
Heimaey 167, **17**, **168**
  achats 173
  activités 170
  circuits organisés 171
  éruption de 1973 170
  histoire 167, 170
  renseignements 173
  se loger 171
  se restaurer 172
  transports 173
  voir 167
Heimaklettur 169
Heinabergsjökull 337
Hekla 138, 253, 364, **252**
Hekla Center 137
Helgafell, volcan 170
Helgafell, mont 190, 192
Helgustaðanáma 309
Hella 139
Hellisgerði 100
Hellisheiði 290
Hellissandur 193
Hellnahellir 137
Hellnahraun 196
Hellnar 195
Hellulaug 204
Hengifoss, cascade d' 299
Héraðssandur 290, 300
Herðubreið, mont 356
Herðubreiðarlindir 355
Herjólfsdalur 170
Hesteyrarbrúnir 222
Hesteyri 222
Hestir 70
heure locale 409
heures d'ouverture 410
histoire 22, 362
Hjálparfoss, chutes d' 136
Hjalteyri 247
Hjarðarholt 200
Hjörleifshöfði 167
Hlíðarendi 143
Hlíðarfjall, mont 274
Hlíðarfjall, domaine skiable de 249, **240**
Hljóðaklettar 285
Hljómskálagarður 58
Hlöðuvík 222
Hlöðuvíkurós 222
Hnjótur 205
Hof 333
Höfðavík 299
Höfði 272
Hoffellsjökull 337
Höfn 340, **341**
Hofsós 237, **12**
Hólar í Hjaltadalur 237
Hólaskjól 144
Hólmanes, péninsule d' 310
Hólmatindur, mont 309, 310
Hólmatungur 286
Hólmavík 223
Holuhraun 356
homosexuelle, communauté 410
  Reykjavík 90
Hörðubreið, point de vue d' 144
Hornbjarg 222, **10**
Hornbjargsviti 221
Hornstrandir, péninsule du 219, **220**
  randonnée 219
Hornvík 222
Höskuldsstaðir 200
*hot pots* 21, 243, **243**
Hrafnseyri 209
Hrafntinnusker 154
Hraundrangi 234
Hrauneyjar 352
Hrífunes 322
Hringbrautin 352

Hrísey 261
Hrossaborg 354
Hrútafjörður 230
Húnaflói, baie d' 230
Húsadalur 155
Húsafell 183
Húsavík 276, **278**
circuits organisés 277
renseignements 281
se loger 279
se restaurer 280
transports 281
voir 277
Húsavíkurkirkja 277
Húsey 306
Húsið á Eyrarbakka 126
Hvalfjörður 175
Hvallátur 205
Hvammstangi 230
Hvannadalshnúkur, mont 331
Hvannagil 344
Hvannalindir 357
Hvanngil 153, 154
Hveragerði 123, **124**, **242**
Hveravellir 350
Hverfisgallerí 64
Hverfjall 271, cratère de
Hverir 275
Hvítá 120
Hvítafjall, mont 302
Hvítárnes 350
Hvítárvatn 350
Hvítserkur 231
Hvolsvöllur 140

## I

i8 64
Illugastaðir 231
indépendance 367
Ingjaldsandur 210
Ingólfshöfði 333

Références des **cartes**
Références des **photos**

Internet (accès) 410
Into the Glacier 184
Ísafjarðardjúp 218
Ísafjörður 212, **214**
Íslenska Stríðsárasafnið 309
itinéraires 28

## J

jardin botanique de Reykjavík 66
Jökuldalur, vallée de 144
Jökulfell, crête du 327
Jökulsá 334
Jökulsá á Fjöllum 283
Jökulsárgljúfur (parc national du Vatnajökull – Nord) 283
Jökulsárlón 69, 334, **5**, **10**
jours fériés 410

## K

Kaldaklofsfjöll 153
Kaldalón, vallée de 219
Kaldbaksvík 225
Kaldbakur 210
Kaldidalur, piste de 184
Kaldidalur, vallée de 184
Kálfaströnd 272
Kárahnjúkar, barrage de 300
Karl og Kerling 285
Katla 253
Kaupvangur 289
kayak 42
Keflavík 107, **108**
Kelduhverfi 282
Keldur 141
Kerhólakambur 175
Kerið, cratère de 121
Kerling 224
Kerlingarfjöll, chaîne du 351
Kervíkurfjall 170
Kirkjubæjarklaustur 320
Kirkjufell, mont 191, **135**
Kirkjugólf 320
Kistufell, mont 175
Kjarnaskógur 251
Kjarnsvíkurskarð 222
Kjölur 352
Kjós 327
Klaustur, *voir* Kirkjubæjarklaustur
Kleifarvatn 113
Klettshellir, grotte marine de 171
Kling & Bang 64
Klyppstaður 302
Kolbeinsfjara 302
Kolugljúfur, gorge de 232
Kópasker 287
Kópavogur 101
Krafla 275, **268**
Krauma 182
Kristínartindar, mont 327
Krýsuvíkurberg, falaise de 113
Kverkfjöll 357
Kvíárjökull, glacier du 334
Kvíkan 111

## L

Læknishúsið 221
Lagarfljót 298
Lagarfljótsormurinn 298
Lakagígar 323
Laki 323
éruption 366
Lambatindur 225
Landbrotshólar 320
Landlyst 169
Landmannahellir 150
Landmannalaugar 149, **38**
Landskirkja 169
Langanes, péninsule de 289
Langidalur 160
Langisjór 144
Langjökull 184
grottes de glace 184, **31**
langue 426
Látrabjarg, falaises aux oiseaux de 206
Látrabjarg, péninsule de 205
Laufás 264
Laugafell, mont 352
Laugar 200
Laugardalur 66
Laugarvatn, lac 117
Laugavegur 59
Laugavegurinn, trek du 151, 153, **152**
LAVA – centre islandais de volcanologie et de sismologie 140
Laxness, Halldór 382
musée Gljúfrasteinn Laxness 113
législation 411
camping 407
Leifsbúð 199
Leirhnjúkur 275
*Le Voyageur du Soleil* 65
Lindarbakki 302
Listasafn Árnesinga 123
Litla-Laxá 122
littérature 360, 380
Ljótipollur 149
Loðmundarfjörður 302
Lofthellir 272
Lögberg 115
Lómagnúpur 325
Lóndrangar 195
Lónsöræfi 344
*lopapeysur* 94, **261**
Lystigarðurinn 249
Lýsuhóll 197
Lýsuhólslaug 197

## M


macareux 25, 40, **17**, **35**, **133**
macareux moine 375
Mælifell 166
Magni 146, 253, **252**
Maison de la culture (Húsavík) 277
Maison de la culture (Reykjavík) 64
maison du Sorcier 225
Maison nordique 65
Malarrif 195
Málmey 238
Markarfljót 144
Markarfljótsgljúfur 153
Melanes 206
Melbugsá 286
Minjahúsið 235
Minjasafn Austurlands 294
Mjóifjörður (Est) 308
Mjóifjörður (fjords de l'Ouest) 219
mode de vie 389
Móði 146, 253
Möðrudalur 276
Mosfellsbær 113
moto 421
motoneige 42
musée d'Akureyri 249
musée d'Art ASÍ 64
musée d'Art d'Akureyri 249
musée d'Art de Reykjavík 55
  Ásmundarsafn 66
  Hafnarhús 55
  Kjarvalsstaðir 64
musée d'Art Gerðarsafn 101
musée d'Art populaire et d'Art brut islandais 264
musée de la Baleine d'Húsavík 277
musée de Langabúð 316
musée de la Photographie de Reykjavík 55
musée de la Sorcellerie 223
musée de l'Élevage ovin 223
musée de l'Ère du hareng 239
musée de l'Exploration 277
musée de l'office du tourisme de Reykhólar 204
musée des Arts et Traditions populaires (Akranes) 175
musée des Arts et Traditions populaires (Skógar) 147
musée des Fjords de l'Ouest 212
musée des Sagas 59
musée des Traditions de Dalir 200
musée des Traditions populaires 110
musée des Volcans 187
musée d'Hafnarfjörður 100
musée du Borgarfjörður 179
musée du Requin de Bjarnarhöfn 190
musée du Rock and roll islandais 107
musée Einar Jónsson 65
musée en plein air d'Árbær 67
musée Gljúfrasteinn Laxness 113
musée islandais des Monstres marins Skrímslasetur 208
musée Jón Sigurðsson 209
musée Mánárbakki 282
musée maritime Ósvör 217
Musée maritime viking 59
musée Minjasafn Egils Ólafssonar 205
Musée national 65
musée ornithologique de Sigurgeir 274
Musée phallologique islandais 64
musée Sigurjón Ólafsson 66
Muséum d'histoire naturelle 217
muséum d'histoire naturelle de Kópavogur 101
musique 383
Mykines 70
Mýrdalsjökull 162
Mýrdalssandur 167
Mývatn, lac 265, **268**
  Est 271
  Nord 274
  Ouest 273
  Sud 273
Mývatn Nature Baths 274


## N


Námafjall, mont 275
Nauthólsvík, plage géothermale de 67
Neskaupstaður 311
Nikulásargjá 115
Njarðvík 107
noms islandais 390, 412
Nonnahús 249
Nonsense Museum 211
Nord 227, **228**
Norðdalsá, delta de la 302
Norðudalur 299
Norðurfjörður 226
Norðurnámur 149
Norður Salt 204
Norska Húsið 185
Núpshliðarháls 113
Núpsstaður 325
Nýibær 237
Nýidalur 352
NÝLO 64
Nyrðrihnaukur 327


## O


Ódáðahraun 354
Oddi, monastère d' 141
Oddsskarð 310
Ofanleitishamar 171
Ögur 218
oiseaux 375
  musée ornithologique de Sigurgeir 274
  réserve ornithologique d'Eldey 111
Ólafsfjörður 245
Ólafsvík 192
Ólafsvíkurkirkja 192
Omnom Chocolate 59
Öndverðarnes 198
Önundarfjörður 211
Öræfajökull 331
Orgelsmiðjan 127
Óshlíð, mont 213, 216
Ouest 174, **176**
Öxará 115
Öxarárfoss, cascade d' 115
Öxnadalur 234


## P


Pakkhúsið 192
*papar* 362
Papey 316
parc des 100 cratères 111
parc national de Þingvellir 113, **134**
  activités 116
  circuits organisés 116
  renseignements 116
  se loger 116
  se restaurer 116
  transports 117
  voir 114

parc national du Reykjanesfólkvangur 112
parc national du Snæfellsjökull 194
parc national du Vatnajökull 332, 335, *voir aussi* Jökulsárgljúfur *et* Skaftafell
parcs nationaux et réserves naturelles 376, *voir aussi* à chaque parc ou réserve
Patreksfjörður 207
pêcheurs d'Islande 210, 212, 312, 368
  Frakkar á Íslandsmiðum 312
peinture 386
Peningagjá 115
péninsule de Reykjanes 103
  Nord-Ouest 110
  renseignements 109
  Sud-Ouest 111
péninsule de Snæfellsnes 69
Perlan 65
permis de conduire 421
peuple caché 391
phoques 41, **41**, **133**
piste d'Askja 346, 354
piste de Kjölur 346, 347
piste de Kverkfjöll 346, 357
piste de Sprengisandur 346, 352
plaques tectoniques 115
plongée 44
  Eyjafjörður 248
politique 361
Pont entre deux continents 111
population 361
poste 411


Références des **cartes**
Références des **photos**


## R

Ráðhús 55
rafting 42
randonnée 21, 39, 40
  Eyjafjallajökull 146
  fjords de l'Est 302
  Jökulsárgljúfur 282
  péninsule du Hornstrandir 222
  randonnée glaciaire 42
  Skaftafell 326
  trek du Laugavegurinn 151, 153
Rangárvellir 141
raquettes 241
Rauðanes 288
Rauðasandur 205
Rauðfeldsgjá 197
Rauðhólar 285
Raufarhöfn 287
Raufarhólshellir 123
régions 48, **51**
religion 361, 390
renards arctiques 39, 218, **132**
  Centre du renard arctique 218
  Station de recherche sur le renard arctique 218
renseignements touristiques 411
réserve naturelle de Flói 126
réserve naturelle de Þórsmörk 155
réserve naturelle d'Heiðmörk 67
réserve naturelle du Hornstrandir 219
réserve naturelle du Vatnsfjörður 204
restaurants 396
  glossaire 427
*réttir* 27
Reyðarfjörður 309
Reykhólar 204
Reykholt (Ouest) 182
Reykholt (Sud-Ouest) 120
Reykjadalur 123
Reykjafjöll 153
Reykjahlíð 270
Reykjanesbær 107
Reykjanes, péninsule de 103, **103**
Reykjanesviti, phare de 111
Reykjarfjarðarlaug 209
Reykjarfjörður 225
Reykjavík 52, **13**, **54**, **56**, **60**
  achats 91
  activités 67
  cafés 83
  circuits organisés 68
  environs 99
  excursions 69
  histoire 54
  itinéraire 54
  orientation 95
  prendre un verre et faire la fête 87
  réductions 65
  renseignements 96
  se loger 74
  se restaurer 80
  sites Web 59, 90
  sortir 90
  transports 96
  voir 54
Reykjavík City Card 65
Reykjavík Zoo & Family Park 66
Reynisdrangur 164
Reynisfjall, mont 164
Reynisfjara 162
Rif 193
Route 1, *voir* Route circulaire
Route 35 120
Route circulaire 32, 36, 313, 368, **11**
routes F 421

## S

Sæheimar 169
Safnahúsið 311
*Saga d'Egill* 180, 381
*Saga de Gisli Sursson* 381
*Saga de Njáll le Brûlé* 140, 142, 200, 224, 331, 334, 381
*Saga des Gens du Val-au-Saumon* 199, 200, 381
*Saga d'Eyrbyggja* 381
Saga Geopark 175
sagas 380, *voir aussi* à chaque saga
  âge des sagas 363, 365
  musée des Sagas 59
  Sögusetrið 140
  The Saga Center 191
  The Settlement Centre 175
Sagnheimar Byggðasafn 169
saisons 18, 410, **18**
Salurinn 101
Sandar 324
Sandgerði 110
santé 411
Sauðárkrókur 234
Saurbæjarkirkja 175
Saxhöll, cratère de 194
Saxhólsbjarg 198
sculpture 386
sécurité 164, 403
  sécurité routière 421
Selasetur Íslands 230
Selfoss 128, **129**
Selfoss, cascade de 286
Seljalandsfoss, chutes de 144, **158**
Seltjarnarnes 66
Seltún 113
Seyðisfjörður 303, **14**, **304**
  environs 308

Siglufjörður 239
Sigurðardóttir, Jóhanna 369, 370
Silfra, fissure de 116, **45**
sites Web 19, 59
transports 417
Sjómannagarður 193
Sjóminjasafn Austurlands 310
Sjöminjasafnið á Eyrarbakka 126
Sjónarnípa 327
Sjónarsker 327
Skaftafell (parc national du Vatnajökull – Sud 326, **326**
activités 326, 329
agences spécialisées 329
renseignements 330
se loger 330
se restaurer 330
transports 330
Skaftafellsheiði, mont 327
Skaftafellsjökull 327
Skagafjörður 232
Skálanes 308
Skálholt 121
Skansinn 169
Skarðsdalur, domaine skiable de 239
Skarðsvík 198
Skeiðarársandur 325
ski 241
Skógafoss, chute de 147, **240**
Skógar 147
Skólavörðustígur 59
Skoruvíkurbjarg 289
Skötufjörður 218
Skriðuklaustur 299
Skrúður 210
Skútustaðagígar 273
Skútustaðir 273
Slyppugil, vallée de 160
Snæfell 301
Snæfellsjökull 194, 253
Snæfellsnes, péninsule de 185, **43**, **186**
Sud 195
Snæfjallaströnd 219
snorkeling 44
Snorrastofa 182
société islandaise 388
Södull 153
Sögusetrið 140
Sólheimajökull 161
Sólheimasandur 162
Sönghellir 197
sources chaudes 373
Staðarskáli 223
Stafafell, ferme de 344
Stafdalur, domaine skiable de 305
Stafkirkjan 169
Stafnsnes 171
Stakhólstjörn 273
Stakkabót 170
Stakkholtsgjá, canyon 155
Stapafell, mont 197
Station de recherche sur le renard arctique 218
Stefánshellir 184
Steinasafn Petru 313
Steinshús 219
Stekkjarkot 107
Steypa 192
Stöðvarfjörður 313
Stokkseyri 127
Stokksnes, ferme de 343
Stöng 136
stop 37, 419
Stóraklif 169
Stórhöfði 170
Stórihver 149
Stórurð 300
Strandir, côte du 223
Strokkur 118
Sturluson, Snorri 182, 366
Snorrastofa 182
Stykkishólmskirkja 187
Stykkishólmur 185, **32**, **188**
Sud 122
se loger 123
Súðavík 218
Sud-Est 317, **318**
se loger 321
Sud-Ouest 102, **105**
renseignements 109
Suðureyri 212
Súgandafjörður 209
Súgandisey 187
Surtsey 172
Surtshellir 184
Svalvogar 210
Svartifoss 327
Sveifluháls 113
Sveinsson, Jón 382
Nonnahús 249
Svínafell 331
Svínafellsjökull 331
Svödufoss, chutes de 193
Svörtuloft, falaises aux oiseaux de 198
Systrafoss, cascade de 320
Systravatn, cascade de 320


## T


Tækniminjasafn Austurlands 305
Tálknafjörður 208
taux de change 19
taxe sur la valeur ajoutée (TVA) 401
remboursement 404
taxi 420
Teigarhorn 315
téléphone 412
Terras-neuvas 312, *voir aussi* Français *et* pêcheurs d'Islande
Frakkar á Íslandsmiðum 312
The Saga Center 191
The Settlement Centre 175
The Settlement Exhibition 55
Tindafjöll, mont 143
Tindastóll, mont 236
Tindfjallajökull 153, 155
Tindfjöll 160
Tjörnes, péninsule de 282
Tjörnin 55
toilettes 413
Tórshavn 70
tourisme, essor du 360, 379
transports 19, 414
glossaire 427
sécurité routière 403
Traustholtshólmi 136
travailler en Islande 413
Tröllahellir 285
Tröllakirkja 160
Tröllaskagi, péninsule 237
Tungudalur 213
Tungustapi 200
tunnel Ísafjörður-Suðureyri-Flateyri 212


## Þ


Þakgil 166
Þingeyrar 232
Þingeyri 209
Þingvallabær 115
Þingvallakirkja 115
Þingvallavatn 115
Þingvellir, plaine de 115
Þjóðhátíð 171
Þjóðveldisbærinn 136
Þjófadalir 350
Þjórsá 131
Þjórsárdalur, vallée de
Est 137
Ouest 131
Þórbergssetur 336
Þórðarhöfði, promontoire de 238

Þórðarson, Þórbergur 336
  Þórbergssetur 336
Þorlákshöfn 126
Þórshöfn 288
Þorskafjörður 204
Þórsmörk 69, 153, 155, **159**
Þúfubjarg, falaises aux oiseaux de 195
Þverbrekknamúli 350

## U

Úlfljótsvatn 115
Unaðsdalur 219
Upptyppingar 357
urgences 19, 411
Urriðafossar, cascade d' 286

## V

vacances scolaires 411
Valahnúkur 111
  randonnée 160
Varmahlíð 232
Vatnajökull 162, 253, **252**
Vatnsborg 198
Vatnsfjörður 204
Vatnshellir 195
Vatnsnes, péninsule de 231
végétarisme 397
Veiðileysufjörður 222
Veiðivötn 353
Vellankatla 115
vélo 37, 44, 420
Verne, Jules 185, 194, 196, 253
Vestari-Jökulsá 234
Vestdalur 305
Vestmannaeyjar 167
Vestmann, îles, *voir* Vestmannaeyjar
Vestra Horn, mont 343
Vesturdalur 285
Viðey 99
Vígðalaug 117
Vigur 216
Vík 164
Vík í Mýrdal, *voir* Vík
Víkingaheimar 107
Vikings 362, 364
  Víkingaheimar 107
Víkurkirkja 165
Vindbelgjarfjall, mont 274
Virkisfell, mont 357
visas 405
Víti (hautes terres) 356, **16**
Víti (Nord) 275
voiture 37, 421
  depuis/vers l'étranger 415, 425
  location 423
Volcano House 56
volcans 372
  LAVA – centre islandais de volcanologie et de sismologie 140
  musée des Volcans 187
  Volcano House 56
Völsungasaga 381
Vopnafjörður 289
voyage durable 44
voyages organisés 416, *voir aussi* circuits organisés

## W

Whales of Iceland 59
Wilderness Center 299

## Y

Ytra-Þórunnarfjall 286
Ytri-Rangá 139
Ytri-Tunga 198


Références des **cartes**
Références des **photos**

# Légende des cartes

## À voir

- Château
- Monument
- Musée/galerie/édifice historique
- Ruines
- Église
- Mosquée
- Synagogue
- Temple bouddhiste
- Temple confucéen
- Temple hindou
- Temple jaïn
- Temple shintoïste
- Temple sikh
- Temple taoïste
- Sentō (bain public)
- Cave/vignoble
- Plage
- Réserve ornithologique
- Zoo
- Autre site

## Activités, cours et circuits organisés

- Bodysurfing
- Plongée/snorkeling
- Canoë/kayak
- Cours/circuits organisés
- Ski
- Snorkeling
- Surf
- Piscine/baignade
- Randonnée
- Planche à voile
- Autres activités

## Où se loger

- Hébergement
- Camping

## Où se restaurer

- Restauration

## Où prendre un verre

- Bar
- Café

## Où sortir

- Salle de spectacle

## Achats

- Magasin

## Renseignements

- Banque
- Ambassade/consulat
- Hôpital/centre médical
- Accès Internet
- Police
- Bureau de poste
- Centre téléphonique
- Toilettes
- Office du tourisme
- Autre adresse pratique

## Géographie

- Plage
- Refuge/gîte
- Phare
- Point de vue
- Montagne/volcan
- Oasis
- Parc
- Col
- Aire de pique-nique
- Cascade

## Agglomérations

- Capitale (pays)
- Capitale (région/État/province)
- Grande ville
- Petite ville/village

## Transports

- Aéroport
- Poste frontière
- Bus
- Téléphérique/funiculaire
- Piste cyclable
- Ferry
- Métro
- Monorail
- Parking
- Station-service
- Station de métro
- Taxi
- Gare/chemin de fer
- Tramway
- U-Bahn
- Autre moyen de transport

*Les symboles recensés ci-dessus ne sont pas tous utilisés dans ce guide*

## Routes

- Autoroute à péage
- Voie rapide
- Nationale
- Route secondaire
- Petite route
- Chemin
- Route non goudronnée
- Route en construction
- Place/rue piétonne
- Escalier
- Tunnel
- Passerelle
- Promenade à pied
- Promenade à pied (variante)
- Sentier

## Limites et frontières

- Pays
- État/province
- Frontière contestée
- Région/banlieue
- Parc maritime
- Falaise
- Rempart

## Hydrographie

- Fleuve/rivière
- Rivière intermittente
- Canal
- Étendue d'eau
- Lac asséché/salé/intermittent
- Récif

## Topographie

- Aéroport/aérodrome
- Plage/désert
- Cimetière (chrétien)
- Cimetière (autre)
- Glacier
- Marais/mangrove
- Parc/forêt
- Site (édifice)
- Terrain de sport

## LES GUIDES LONELY PLANET

Une vieille voiture déglinguée, quelques dollars en poche et le goût de l'aventure, c'est tout ce dont Tony et Maureen Wheeler eurent besoin pour réaliser, en 1972, le voyage d'une vie : rallier l'Australie par voie terrestre via l'Europe et l'Asie. De retour après un périple harassant de plusieurs mois, et forts de cette expérience formatrice, ils rédigèrent sur un coin de table leur premier guide, *Across Asia on the Cheap*, qui se vendit à 1 500 exemplaires en l'espace d'une semaine. Ainsi naquit Lonely Planet, dont les guides sont aujourd'hui traduits en 12 langues.

# NOS AUTEURS

**Carolyn Bain**

Auteure et éditrice de guides de voyage depuis 16 ans, Carolyn a vécu, travaillé et étudié dans diverses parties du monde – comme Londres, le Danemark, Saint-Pétersbourg et Nantucket. Elle est souvent amenée à quitter Melbourne et l'Australie pour des contrées plus septentrionales, afin de couvrir de nombreuses destinations pour Lonely Planet, de l'*outback* australien aux lumineuses îles grecques, en passant par les cabanes à homards du Maine et les lacs des Alpes slovènes. Sa préférence allant aux pays nordiques, elle se rend régulièrement en Islande et au Danemark, pour le travail comme pour le plaisir. Carolyn écrit pour plusieurs éditeurs sur les voyages et la cuisine.

**Alexis Averbuck**

Native d'Oakland en Californie et diplômée d'Harvard, Alexis Averbuck a voyagé et vécu aux quatre coins du monde, du Mexique à l'Inde et au Sri Lanka, en passant par l'Europe et l'Antarctique. Elle vit depuis plusieurs années sur l'île d'Hydra, en Grèce, et se consacre à la découverte de son nouveau pays d'adoption. Ce qui ne l'empêche pas d'aller goûter les huîtres de Bretagne et d'explorer les villages et collines provençaux, ou de s'aventurer jusqu'en Islande, sur les champs de lave irréels, les fjords scintillants et les langues glaciaires. Auteure de guides de voyage depuis plus de 20 ans, Alexis a passé un an en Antarctique, traversé le Pacifique à la voile et rédigé des livres sur ses périples en Asie, en Europe et en Amérique. Elle apparaît à la télévision et dans des vidéos pour parler de ses voyages et promouvoir l'esprit d'aventure. Alexis est également artiste-peintre. Retrouvez-la sur : www.alexisaverbuck.com.

**Islande**

4e édition
Traduit et adapté de l'ouvrage *Iceland, 10th edition, May 2017*

© Lonely Planet Global Limited 2017
© Lonely Planet et Place des éditeurs 2017
Photographes © comme indiqué 2017

Dépôt légal Juin 2017
ISBN 978-2-81616-365-0

Imprimé par Pollina, Luçon, France - 83152
Réimpression 02, janvier 2018

En Voyage Éditions | un département place des éditeurs

Bien que les auteurs et Lonely Planet aient préparé ce guide avec tout le soin nécessaire, nous ne pouvons garantir l'exhaustivité ni l'exactitude du contenu. Lonely Planet ne pourra être tenu responsable des dommages que pourraient subir les personnes utilisant cet ouvrage.

Tous droits de traduction ou d'adaptation, même partiels, réservés pour tous pays. Aucune partie de ce livre ne peut être copiée, enregistrée dans un système de recherches documentaires ou de base de données, transmise sous quelque forme que ce soit, par des moyens audiovisuels, électroniques ou mécaniques, achetée, louée ou prêtée sans l'autorisation écrite de l'éditeur, à l'exception de brefs extraits utilisés dans le cadre d'une étude.

Lonely Planet et le logo de Lonely Planet sont des marques déposées de Lonely Planet Global Limited.

Lonely Planet n'a cédé aucun droit d'utilisation commerciale de son nom ou de son logo à quiconque, ni hôtel ni restaurant ni boutique ni agence de voyages. En cas d'utilisation frauduleuse, merci de nous en informer : www.lonelyplanet.fr